国家出版基金项目
NATIONAL PUBLICATION FOUNDATION

上博楚竹書哲學文獻研究

丁四新等 著

河北出版傳媒集團
河北教育出版社

圖書在版編目（CIP）數據

上博楚竹書哲學文獻研究／丁四新等著．--石家莊：河北教育出版社，2022.11

ISBN 978-7-5545-7400-3

Ⅰ．①上…　Ⅱ．①丁…　Ⅲ．①竹簡文－研究－中國－戰國時代　Ⅳ．①K877.54

中國版本圖書館 CIP 數據核字 (2022) 第 237613 號

書　　名　上博楚竹書哲學文獻研究
　　　　　SHANGBO CHUZHUSHU ZHEXUE WENXIAN YANJIU
作　　者　丁四新　等

策　　劃　王書華
責任編輯　劉書芳　馬海霞
裝幀設計　牛亞勛
出　　版　河北出版傳媒集團
　　　　　河北教育出版社
　　　　　http://www.hbep.com
　　　　　（石家莊市聯盟路705號，050061）
印　　製　河北新華第一印刷有限責任公司
開　　本　787毫米×1024毫米　1/16
印　　張　55.25
字　　數　748千字
版　　次　2022年11月第1版
印　　次　2022年11月第1次印刷
書　　號　ISBN 978-7-5545-7400-3
定　　價　198.00圓

目録

緒　言

一

本書是筆者主持的教育部人文社會科學重點研究基地重大項目『上博楚竹書儒道哲學文獻研究』（12JJD750003）結題成果的再整理和提高，它包括『思想研究』和『竹書注譯』兩個部分。

出土先秦秦漢簡牘和帛書是近半個世紀以來國内外相關學界的研究熱點和重點。大抵説來，以1998年爲界，1973年年底至20世紀90年代中期爲一個階段，屬於帛書和竹簡研究並重的時期；而1998年5月郭店楚墓竹簡的出版，正式開啓了竹簡或竹書時代。其中，郭店簡的出版是一個標誌性事件。隨後，上海博物館藏戰國楚竹書、清華大學藏戰國竹簡、北京大學藏秦簡和西漢竹書、湖南大學岳麓書院藏秦簡、安徽大學藏戰國竹書等的相繼整理和出版，在相關學界掀起了一波又一波的研究熱潮。近年，南昌海昏侯墓出土了大批西漢竹簡，荆州龍會河出土了三百多枚戰國竹簡，也非常值得期待。可以預見，竹簡或竹書研究的熱潮還將持續一段相當長的時間。

上海博物館藏戰國楚竹書非常重要，它們基本上屬於子書和經書性質，在重新認識、還原和建構先秦哲學、思想的基本結構和内涵方面起着重要作用。關於上博簡的發現及其製作時代，馬承源在《前言：戰國楚竹書的發現、保護和整理》一文中有較爲詳細的説明。[一] 據此文，上博簡是分兩批入藏的，一批於 1994 年春出現在香港文物市場上，並於當年 5 月入藏上海博物館；另一批於 1994 年秋冬之際出現在香港文物市場上，並於同年冬天入藏該館。又據馬承源的説法，它們其實屬於同一批竹簡，第二批竹簡可以跟第一批竹簡綴合，且在内容上是相關的，故它們應當出自同一座楚墓。這兩批竹簡，完、殘簡合計一千二百餘支，有三萬多字。[二] 馬承源還説，這些竹簡『當時傳聞約來自湖北』，他甚至推想，它們有可能同出於郭店墓地。關於這兩批竹簡的製作時代，馬承源綜合多種因素推斷，上博簡是『楚國遷郢以前貴族墓中的隨葬品』。總之，上博簡的抄寫時代大約與郭店簡相當，是戰國中期偏晚至戰國晚期偏早的抄本。

從 2001 年至 2012 年，《上海博物館藏戰國楚竹書》一共出版了九册。這九册所收篇目分别是：第一册（2001）刊載了《孔子詩論》《緇衣》《性情論》三篇。其中《緇衣》簡亦見於郭店簡和今本《禮記》；《性情論》亦見於郭店簡，不過整理者稱之爲《性自命出》。第二册（2002）刊載了《民之父母》《子羔》《魯邦大旱》《從政（甲篇）》《從政（乙篇）》《昔者君老》《容成氏》七篇，重一篇。不過，兩篇《從政》簡實際上應當爲一篇，整理者誤分爲兩篇。《子羔》《容成氏》原有篇題，《民之父母》亦見於《禮記》之《孔子閒居》篇。又《子羔》與《魯邦大旱》《孔子詩論》同簡制，學者或據此認爲這三篇竹書同卷，甚至同書，應合稱爲《子羔》。第三册（2003）刊載了《周易》《仲弓》《恒先》《彭祖》四篇。《恒先》原有篇

[一] 馬承源主编：《上海博物館藏戰國楚竹書（一）》，上海古籍出版社 2001 年版，前言。

[二] 還有一些竹簡散落了，如《緇衣》《子羔》《周易》《參德》四篇散落的竹簡即被香港中文大學文物館收藏。消息來源可參見《上海博物館藏戰國楚竹書》（一）（二）（三）（五）的相關説明部分。香港中文大學所收藏的簡牘，參見陳松長編著：《香港中文大學文物館藏簡牘》，香港中文大學文物館 2001 年版，第 12—16 頁。

題。第四册（2004）刊載了《采風曲目》《逸詩》《昭王毁室》《昭王與龔之脽》《柬大王泊旱》《内禮》《相邦之道》《曹沫之陳》九篇。《逸詩》包含《交交鳴烏》和《采薪》兩首詩，《昭王毁室》和《昭王與龔之脽》兩篇連續抄寫在十支竹簡上，中間有墨節分開。《内禮》《曹沫之陳》原有篇題，《内禮》與《大戴禮記·曾子立孝》等傳世書篇有關。第五册（2005）刊載了《競建内之》《鮑叔牙與隰之諫》《季康子問於孔子》《姑成家父》《君子爲禮》《弟子問》《三德》《鬼神之明》《融師有成氏》九篇。《鬼神之明》和《融師有成氏》兩篇連續抄寫在八支竹簡上，中間有墨節分開；《競建内之》原有篇題。第六册（2007）刊載了《景公瘧》《孔子見季桓子》《莊王既成》《平王問鄭壽》《平王與王子木》《慎子曰恭儉》《用曰》《天子建州（甲本）》《天子建州（乙本）》九篇，重一篇。《景公瘧》《莊王既成》和《慎子曰恭儉》原有篇題。《景公瘧》所記事件，可參見《左傳·昭公二十年》和《晏子春秋》的有關部分。《平王與王子木》的事迹，參見《史記·楚世家》《左傳·昭公十九年》。第七册（2008）刊載了《武王踐阼》《鄭子家喪（甲本）》《鄭子家喪（乙本）》《君人者何必然哉（甲本）》《君人者何必然哉（乙本）》《凡物流形（甲本）》《凡物流形（乙本）》《吴命》八篇，重三篇。《凡物流形（甲本）》《吴命》原有篇題。《武王踐阼》，傳世古籍見於《大戴禮記·武王踐阼》；《鄭子家喪》，可參見《左傳》《史記》的相關部分；《吴命》大致同於《國語·吴語》。第八册（2009）刊載了《子道餓》《顔淵問於孔子》《成王既邦》《王居》《志書乃言》《命》《李頌》《蘭賦》《有皇將起》《鶹鷅》十篇。《王居》和《命》原有篇題。第九册（2012）刊載了《成王爲城濮之行（甲本）》《成王爲城濮之行（乙本）》《靈王遂申》《陳公治兵》《舉止王天下（五篇）》《邦人不稱》《史蒥問於夫子》《卜書》十二篇，重一篇。其中，《舉止王天下》五篇分别是《古公見太公望》《文王訪之於尚父舉治》《堯王天下》《舜王天下》《禹王天下》，它們連續抄寫在三十五支竹簡上，中間以墨節分開。上博竹書的具體情況，可以參看整理者在釋文前所撰的説明。合計起來，上博簡已出版九册共七十一篇，其中五種重篇，一種本不當分篇（《從政》）。這六十五篇竹書涉及哲學、宗教、歷史、文學、樂音和政治、軍事、教育等方面，内容十分廣泛；同時，它們爲戰國古文字的研究提供了豐富的原始資料，大步促進了今人的認字水平。

從傳統學問分類的角度看，上博楚竹書的大多數篇目屬於子書和經書性質，其思想含量和學術價值很高。而在這些竹書中，儒家著作占了大多數，道家著作爲三四篇，僅有個別篇目可能屬於陰陽家、兵家或墨家著作。爲了更好地理解其學術價值和思想内涵，我們對於上博楚竹書作了進一步分類，第一類是儒家竹書，以孔子爲中心，與孔子或孔子弟子有直接關係，它們包括《孔子詩論》《緇衣》《顔淵問於孔子》《仲弓》《弟子問》《季康子問於孔子》《孔子見季桓子》《民之父母》《内禮》《君子爲禮》《子羔》等篇。第二類仍然是儒家竹書，但難以直接看出其與孔子的關係，它們包括《性情論》《容成氏》《昔者君老》《天子建州》《武王踐阼》《從政》《君人者何必然哉》等篇。第三類屬於道家竹書，它們包括《恒先》《彭祖》《凡物流形》三篇。第四類在儒道兩家之外，《曹沫之陳》屬於兵家著作，《參德》大概屬於陰陽家著作，《鬼神之明》跟墨家思想有關，而《慎子曰恭儉》可能是慎到的著作。順便指出，上博簡包含《周易》一篇，竹書《周易》固然很重要，但由於它本身不是一個哲學文本，且筆者已出版《楚竹書與漢帛書〈周易〉校注》一書，故原計劃沒有將其列入本書的研究範圍。

從思想内涵出發，上博楚竹書真正令筆者感興趣的地方，一是它們可以直接呈現出孔子或孔門弟子的思想，二是它們包含了豐富的早期儒家的政治思想，三是它們包含了早期道家的思想。它們主要反映了從春秋末期至戰國中期儒家和道家思想的一些基本面貌，而這一點，正是促使筆者申請相關計劃，系統研究上博簡的原因所在。

二

學界對於上博楚竹書的研究大體上是從2002年開始的。是年11月，上海古籍出版社出版了《上海博物館藏戰國楚竹書》第一册。此後，每出一册，相關學者旋即展開追蹤研究。前八册的出版都引起了學者們的强烈關注，但第九册的出版没有産生多大影響，這是因爲一方面上博楚竹書冗長的出版節奏過度消耗了相關學者的研究熱情，另一方面清華簡的出版極大地轉移了相關學者的注意力〔一〕。

從總體上看，學界對於上博楚竹書的研究可以分爲兩大類型。一種是基礎性研究，它包括考古學、文字學、文獻學和歷史學等的研究。此種研究爲上博簡的哲學或思想研究提供了基礎和前提。上博竹簡在1994年入藏後隨即做了脱水、清理和文物保護、鑒定的工作。儘管原整理者爲上博楚竹書的出版傾注了大量心血，但不能不説，全部九册竹書的釋文、注釋存在大量問題，在竹簡編聯、文字隸定、文句訓釋和文意疏通上都需要重新討論和修訂。從2002年至2005年，『簡帛研究』網站（www.jianbo.org）承擔了上博簡即時研究的重任；從2006年至2008年，『簡帛』網站（www.bsm.org.cn）承擔了相關即時研究的重任；自2009年之後，『復旦大學古文字與古文獻研究中心』網站（www.gwz.fudan.edu.cn）成爲上博簡即時研究的主要

〔一〕 至2012年年底，清華簡已出版三册。參見清華大學出土文獻研究與保護中心編：《清華大學藏戰國竹簡》（壹）（貳）（叁），中西書局2010年、2011年、2012年版。

平臺。此外，《古文字研究》《簡帛》《出土文獻與古文字研究》《出土文獻》《上博館藏戰國楚竹書研究》等刊物對於上博簡的文字隸定、釋讀、訓釋及文獻學、歷史學的研究等做出了巨大貢獻。從釋讀看，除原整理者外，李零、陳偉、季旭昇、何琳儀、徐在國、陳劍、李學勤、裘錫圭、劉釗、劉信芳、沈培、李守奎、劉樂賢、趙平安、白於藍、黄人二、林志鵬等人的貢獻較爲突出。季旭昇主編的《〈上海博物館藏戰國楚竹書〉讀本》系列、陳偉的《新出楚簡研讀》、李零的《上博楚簡三篇校讀記》、黄人二的《上海博物館藏戰國楚竹書研究》系列、蕭毅的《楚簡文字研究》、池田知久監修的《上海博楚簡の研究》系列、福田哲之的《中國出土古文獻與戰國文字之研究》、饒宗頤/徐在國的《上博藏戰國楚竹書字匯》、侯乃峰的《上博楚簡儒學文獻校理》等，都是值得重視的研究文獻。

另一種是高層次研究，包括哲學史、思想史和經學史的研究。此類研究以上博楚竹書中所見各種哲學概念、命題和思想内容爲中心，其成果與本書的『思想研究』部分是同性質的，爲本研究計劃最終成果的完成提供了最相近的比照和參考。丁四新主持的『楚地出土簡帛文獻思想研究』（2002）、張傑主持的『郭店簡與上博簡中的儒家政治哲學研究』（2005）、李鋭主持的『出土簡帛古書的學派判定研究』（2007）、曹峰主持的『近年出土黄老思想文獻研究』（2007）、王中江主持的『出土簡帛文獻與古代中國哲學新發現綜合研究』（2011）等，其課題性質是相同的。此後，還有一些相關課題立項，筆者就不再一一羅列了。從這些成果來看，曹峰的《上博楚簡思想研究》《近年出土黄老思想文獻研究》、王中江的《簡帛文明與古代思想世界》、郭齊勇主編的《儒家文化研究》第一輯、丁四新等主編的《楚地簡帛思想研究》（第三至第七輯）、張傑的《從簡帛中挖掘出來的政治哲學》、湯淺邦弘的《戰國楚簡與秦簡之思想史研究》、淺野裕一的《上博楚簡與先秦思想》《戰國楚簡研究》、日本郭店楚簡研究會編的《楚地出土資料と中國古代文化》、葉國良主編的《出土文獻研究方法論文集》、郭梨華的《出土文獻與先秦儒道哲學》、李鋭的《新出簡帛的學術探索》、楊華的《新出簡帛與禮制研究》等書，都與上博簡直接相關。另外，陳靜、白奚等學者關於上博簡《恒先》篇的論文亦值得參考。

就單篇來看，《孔子詩論》《性情論》《緇衣》《民之父母》《容成氏》《子羔》《周易》《武王踐阼》《内禮》《恒先》《參德》《凡物流形》等竹書引起了相關學者較多的關注和討論。其中，《孔子詩論》《緇衣》《周易》《容成氏》四種竹書均有研究專書出版。《孔子詩論》有劉信芳的《孔子詩論述學》（2003）、陳桐生的《〈孔子詩論〉研究》（2004）、鄭玉姗的《上博（一）孔子詩論研究》（2008）、曹建國的《楚簡與先秦〈詩〉學研究》（2010）、晁福林的《上博簡〈詩論〉研究》（2013）問世，而《周易》則有濮茅左的《楚竹書〈周易〉研究——兼述先秦兩漢出土與傳世易學文獻資料》（2006）、陳仁仁的《戰國楚竹書〈周易〉研究》（2010）、侯乃峰的《〈周易〉文字匯校集釋》（2009）、鄭玉姗的《出土與今本〈周易〉六十四卦經文考釋》（2010）及丁四新的《楚竹書與漢帛書〈周易〉校注》（2011）出版，甚爲壯觀。

總之，上博簡的研究已取得了許多重要研究成果，成績不凡，這不但表現在竹簡的編聯、字形的隸定和釋讀、文本的訓釋上，而且表現在其思想的研究，特别是單篇竹書的思想研究上。不過，十餘年來，上博簡研究存在一些較大的不足和缺陷，也是毋庸置疑的，這主要表現在：第一，大多數成果很繁雜，很瑣碎，且它們一般屬於小學和考據性質；第二，絶大多數成果以單篇竹書爲論述前提，是促狹而孤立的研究；第三，語文性的研究與思想性的研究結合不足，做思想研究的學者對於語文性研究成果的利用不够充分和盡心；第四，思想性研究的相關論著較少，它們尚不足以揭示上博簡的思想内涵和價值所在。因此推進上博簡朝着思想研究的方向前進和深化，並作全面而系統的研究，這是我們當前面臨的一個必要任務。有鑒於此，筆者在本項目的執行過程中采取點面相結合的辦法，既關注重點篇目的研究，又同時開展綜合性的研究。以孔子爲中心的竹書、《禮記》類竹書、儒家政治類竹書和道家類竹書，是本書的重點研究對象。我們撰寫《上博楚竹書哲學文獻研究》（包括『思想研究』和『竹書注譯』兩個部分），正是完成如上任務的成果匯集，一方面深化學界對於上博楚竹書的思想研究，另一方面借此重新思考了先秦哲學的一些基本問題。

三

本書的兩個基本研究任務：一是較爲全面地梳理、論述和討論上博楚竹書的哲學内容和内涵，並形成了思想研究的成果；二是從上博楚竹書中挑選出一些思想性較强的篇目來作簡明而直接的注譯，並形成其相關成果。這兩種成果合起來，即爲本書的基本内容，故本書定名爲《上博楚竹書哲學文獻研究》。藉助前者，筆者期望深化對上博楚竹書思想的理解，系統地闡明其基本内容及其思想貢獻。藉助於後者，筆者期望能够在簡帛學界和中國哲學界之間架起一座便利而牢靠的橋樑。

具體説來，我們的研究工作是這樣展開的：

第一，對於上博楚竹書的注譯，在遴選篇目的基礎上，我們先作集釋，後作讀本，其目標是作成一份真正具有『讀本』性質的注譯成果。筆者長期從事簡帛文獻的研究和教學，在武漢大學任教期間曾多次開設『出土簡帛哲學文獻選讀』課程。除了部分課時用來作講座之外，大多數課時是學生在作講讀和討論。根據老師的要求，學生需預先作竹書集釋，然後在課堂上演示，大家共同討論。通過這種方式，大家得以充分了解和檢討學界在上博簡的簡序、文字釋讀、文句訓釋和文意理解上的是非得失，在吸收正確、可靠意見的基礎上大家形成了相對可靠的文本理解。筆者任教於清華大學後，也將此種教學方式貫徹到簡帛讀書會之中。本書的各位撰稿人都接受了此一訓練，都具有良好的研讀簡帛文獻的能力。近十年來，在撰寫上博楚竹書注譯文稿的過程中，我們仍然是這樣要求自己的：（一）參考學者的意見，重新審訂每篇竹書的簡序；（二）甄別文字釋讀的正確與否，淘汰錯誤的意見；（三）搜集有價值的注釋並作比較，以確定最可靠的訓釋；（四）形成新的理解，做出評論和提出新觀點。筆者認爲，做好集釋是做好本書注譯的基礎。從體例來看，本書的注譯部分設置了『簡介』『原文』『注釋』『今譯』『思想』和『參考文獻』六個部分。本書注譯成果的初稿，曾於2018年11月2日邀請陳靜研究員和曹峰、劉國勝、李鋭教授作了專門的審閲。在隨後兩年，我們對本書的注譯部分作了較大的修改和補充。值得指出，相對於原計劃，我們又增加了數篇竹書作爲研究對象。

第二，對於上博楚竹書哲學文獻的思想研究，我們的工作可以分爲兩大類，一類是個案研究，另一類是綜合研究。個案研究涉及《孔子詩論》《性情論》《容成氏》《恒先》《凡物流形》《參德》等重要篇目，綜合研究則涉及孔子類、《禮記》類和儒家政治思想類著作。後者所涉及竹書較多，故我們采取了綜合研究的辦法。在此基礎上，我們梳理和分析了這些竹書的思想内涵，比較了它們與先秦諸子的思想關係，並力圖闡明其主題、結構、特質和學派歸屬等問題。在觀點上，我們一方面主張創新，但另一方面認爲創新必須是恰當而真實的。而且，整個論述必須平允有度。而在整個研究中，我們始終關心上博簡在多大程度上能够改變人們對於先秦哲學之思想内涵的問題，上博簡的意義和價值最終也繫於此。

我們研究上博楚竹書所遇到的難點大概有三：（一）竹書文本的訓讀。在很大程度上，竹書對於今人來説是『陌生人』或『遠方的來客』，它們穿越歷史的塵土而兀然地展現在我們面前。竹書在文字、文本上的陌生性自不待言，其思想上的陌生性也是不難見到的。傳世先秦秦漢典籍一般有古人注疏，訓釋成熟，出土文獻則不然，没有現成的注疏可據，故上博竹書的釋字和訓釋都衹能在當代學者間循環展開。據筆者的感覺，上博楚竹書的原釋文和訓釋大多不够成熟，不準確和不通順的地方很多，甚至簡序也往往存在較大問題。對於這些問題，我們主要是通過集釋和比較的辦法來解決。通過集釋，我們研讀竹書的能力及對相關意見的批判能力得到了很好的培養和大步的提升。（二）竹書學派性質的判定。此方面的難點主要存在於兩個方面，一是個别竹書的學派性質難以判定，二是如何再判斷儒家竹書更具體的學派歸屬。『學派』是漢人纔正式建立起來的概念，司馬談《論六家要旨》有『六家』的説法（《史記·太史公自序》），《漢書·藝文志》有九流十家的分别，但畢竟這兩種分法都衹是對於諸子學派性質的簡單歸類，距離先秦百家爭鳴的實際情況較大。今天，我們在諸子的分派問題上又多了一層障礙，即受到了當代語境的嚴重干擾。正因爲如此，在作竹書的學派判定之前，我們應當努力廓清自身的主體性迷思，做到態度更爲謹慎、冷静，證據更爲客觀、踏實。（三）分辨竹書思想的新價值。上博楚竹書有哪些思想是今人前所未知的觀念和學説，並且它們在多大程度上將改變今人對於先秦哲學或思想的看法？這是兩個重大問題。而對於它們的回答，一方面依賴於我們對其思想的研究深度，另一方面依賴於我們對於整個先秦思想的掌握程度。

我們研究上博楚竹書的方法主要有：（一）語言學的方法。所謂語言學的方法包括古文字、古音韻和訓詁學等方法。筆者要求每位課題參與人應當熟悉郭店簡和上博簡的原字形，掌握上古聲韻相通的基本規則，熟悉根據語境判斷字義的技巧，自覺運用电子檢索工具來調查關鍵字詞和術語的古典含義。（二）二重文獻比較、分析法。此種方法是將出土文獻與傳世文獻作比較，並加以分析的方法。運用此種方法的目的，一是爲了更好地辨明竹書的思想内涵，二是爲了更公允地推考和判斷竹書的學派性質。不過，在判斷竹書學派性質的問題上，筆者還强調考據與義理相結合的方法。考據是爲了充分調查和占有材料，但它衹有與義理相結合纔有意義，因爲學派性質或學派歸屬歸根結底是根據其思想屬性來判斷的。（三）解釋學的方法。此處所説的解釋學方法包括兩種，一種是文本解釋學的方法，另一種是哲學解釋學的方法。文本解釋學的方法是，本書對竹書的字詞、文義解釋采取從整體到部分和從部分到整體的循環解釋法。同時，如何理解竹書的思想還涉及我們對於整個戰國思想背景的把握，整個戰國思想的背景也是筆者在此所説的『文本』概念之一。所謂哲學解釋學的方法，指從竹書文本到先秦哲學思想系統，或者從哲學觀念到竹書文本的解釋方法。此種方法的運用，使得我們對於整個竹書的解釋看起來是哲學的。哲學解釋是理解上博楚竹書的高級形態。（四）思想分析的方法。此種方法是研究上博楚竹書哲學文獻之思想的同一性方法，也是本書所運用的最根本、最重要的方法。在研究的過程中無論我們使用了多少種方法，從筆者設置的主題來看，它們都必須指向或通過『思想分析』來發揮其作用，甚至本書的注譯部分從根本上來説也不過是爲了理解竹書的思想。『思想分析』方法的出發點是『思想』，其歸終同樣是『思想』。『分析』强調内涵的推演和闡明，但本書同時注意結合先秦整體的思想背景來作分析，以避免分析的主觀化。

四

《上博楚竹書哲學文獻研究》不僅在一定程度上超過了原課題設計的預期目標，而且在形式和觀點上都取得了一些創新。應當説，本書的寫作，推進了學界對於上博楚竹書之思想内容的研究和理解。

除了首次以『哲學文獻』的名義將上博簡相關文獻集合在一起而具有很强的學科意識之外，本書注譯部分也取得了一些創新，具有自身的特點。其一，本部分由『簡介』『原文』『注釋』『今譯』和『思想』五個部分組成，其中『今譯』和『思想』兩項是研究上博簡的同類成果一般没有的。需要指出，我們對每一篇注譯的參考文獻作了匯總，編入書末，作爲總參考文獻。其二，本書的注譯以『讀本』爲目標，在忠實可靠的基礎上强調其可讀性。爲此，本部分所列竹書『原文』儘量采用通行字，同時『注釋』力求簡明扼要。目前，學界關於上博簡的研究文章一般很繁瑣，技術性很强，可讀性很差，非常不便於從事中國哲學研究的學者接近它和使用它。其三，從時間來看，本部分是上博簡哲學文獻的最新讀本，它廣泛參考了相關成果，吸收了衆多意見，故本書的注譯部分是值得重視和推廣的。

本書的思想研究部分在形式和觀點上都有所創新，其中後者是主要的。個案研究和綜合研究是本部分的兩種主要形式。前者是相關學者普遍采用的方式，而後者則甚少采用。在個案研究上，本部分最突出的例子是《恒先》，本書對它的研究由三章構成，應當説在多個層面和多個問題上推進了學界對於此篇竹書的認識。在綜合研究上，本部分最突出的例子是對以孔子爲中心的竹書和對儒家政治思想類竹書的研究，具體成果參見本書第四章和第五章，應當説這兩章在較大程度上彌補了當前上博簡研究所存在的缺陷。從内容來看，本部分的觀點和創新可以大體概括如下：

第一章至第三章分别論述了竹書《孔子詩論》《性情論》和《容成氏》的思想。（一）第一章認爲，《孔子詩論》主要表達了孔子的詩學，甚至可以説，在目前所有可見的文獻中，孔子詩學在此篇竹書中得到了最充分的體現。孔子詩學的最一般原則是『詩亡隱志，樂亡隱情，文亡隱意』，志、情、意三者都圍繞『情感』展開。《孔子詩論》對於具體詩篇的解釋都體現了此一原則。此篇竹書還特别强調詩的道德性内涵，通過『以色喻於禮』而達到了『賢於其初者』的突破，使人的情感生命上升爲道德生命。竹書《孔子詩論》與春秋時期流行的『斷章取義』及《毛詩序》『美刺兩端』的解詩原則是不同的：『斷章取義』的目的是交往應酬，而『美刺兩端』的目的是作政治諷喻；據竹書可知，孔子解詩以道德教化爲本，與『斷章取義』説和『美刺兩端』説大殊。（二）第二章認爲，竹書《性情論》（即郭店簡《性自命出》）以情和以氣論性，這是其重要特點；從道德的角度看，《性情論》的『性』概念可能包含『性善』之意。『性』通過『心取』的作用而表發爲情，竹書的『情』兼具真實和情感兩義；禮樂的生作是以人情爲基礎的。『心』是『性』『情』的共同主宰。『心術』是修道的『四術』之一，它是一種内在的精神修煉，與外在的禮樂教化是相區别的。竹書《性情論》還提出了『四海之内其一性也』和『教所以生德於中』的重要觀點。《性情論》的心性學説是目前所知最早、最系統的心性學説。（三）第三章認爲，《容成氏》屬於子書性質，其前半部分通過堯、舜、禹三聖禪讓的傳説深入地闡發了儒家的禪讓思想。此篇竹書顯示，從賢賢相禪到父子相繼的轉變很可能是因爲『賢』所包含的『才能』力量最終超過了所謂『道德』力量的結果。同時，在由堯所開啓的禪讓觀念中，『能禪性』正是通過『能讓性』表現出來的：前者主要是一個政治哲學的問題，而後者與道德哲學具有密切關係。不過，在權位轉移的過程中，『讓』的原則轉變爲程式化的『五讓』禮制，却在一定意義上異化了人們對於『賢』的傳統内涵的理解，道德性的因素反而因此禮制的開啓而隱蔽不彰。由此而言，從堯的『視賢』『興賢』『讓賢』到舜、禹的『五讓』，最後到啓的『攻益自取』，不管它們表面上看來有多麽大的間隔，但它們具有邏輯上的一貫性，這是可以肯定的。

第四章和第五章屬於綜合研究，前者論述了孔子類竹書的思想，後者論述了儒家政論類竹書的思想。（一）在第四章中，我們將《仲弓》《季康子問於孔子》《弟子問》《孔子見季桓子》和《顔淵問於孔子》等篇稱之爲孔子類竹書或《論語》類竹書，它們都以孔子爲中心，並且其中部分語句即見之於今本《論語》。

這類文獻主要表現的是孔子的政治思想，以『爲政』爲關鍵詞。在這些竹書中，孔子强調道德教化，同時注重爲政者自身的德行修養。此外，這類竹書記述了孔子的『民務』思想，包括孔子對於民衆的犯罪和犯過的不同態度和處理方法，以及孔子區分仁人和邪僞之民的思想等。此類竹書很可能是編纂《論語》的材料來源；而通過比較這類竹書與今本《論語》相關章段，可以闡明《論語》文本的形成及其演變問題。（二）第五章以政權問題爲中心，集中論述了上博楚竹書的儒家政治哲學思想。這類竹書認爲政治權力來源於天下人，是天下人的公器。此公器關聯着天命、民心和德能三者，而此三者通過此公器彼此産生作用和影響，共同爲政權的合法性奠定基礎。從統治者或爲政者的角度來看，這即要求他一方面必須持續不斷地修德聚能，另一方面又必須不遺餘力地依據『仁』的原則來治理人民。如此，他纔能够順應天命和合乎人心，從而可以獲得政權，或者可以維繫此一政權。統治的合法性取決於『德』『能』兩個因素，一旦德衰或能退，人君的統治就會喪失其合法性。在政權的轉移方式上，上博儒家竹書設想了三種方式，即『禪讓』『世襲』和『革命』三種。這三種方式，是早期儒家政治哲學討論的一個思想重點。從精神層面看，政權轉移的終極根據在於仁道，『仁』是爲政治國的根本價值原則。

第六章至第九章論述了道家竹書的哲學思想，其中前三章專門討論《恒先》的相關問題及其思想，後一章則專論《凡物流形》。（一）第六章認爲《恒先》的宇宙生成論可以分爲三重，第一重以『恒先』爲終極始源，將整個宇宙的生成劃分爲『恒無』和『氣有』兩大階段；第二重以『濁氣』『清氣』爲起點，指向人、物的生成及其如何生成；第三重以『或』爲起點，指向名事世界的生成。竹書的『氣』概念可劃分爲本原之『氣』『濁氣、清氣』和『天地之氣』三種，它們在宇宙生成論中的位置和功能都不相同。『恒先』的特性是『無有』，而『有』又以『氣』來作規定，『無有』即是『氣』的否定狀態，因此《恒先》的哲學基調是氣論。從竹書上下文來看，『自生』是指『氣』的自生，此一觀念不能應用到宇宙生成的每一階段上。竹書所説『或作』及論萬物的生作，帶有泛靈論的色彩。（二）第七章着重研究了《恒先》的疑難概念『或』，認爲它在竹書中作不定代詞用，是『或物』『某物』之義；在生成論上，它介於無（『恒先』）和有（『氣』『有』）之間；從位置和功能來看，它大致相當於《莊子·至樂》篇所説的『芒芴』。（三）第八章在溯源渾天説的宇宙生成論和結構論的基礎上，着重探討竹書《太一生水》《恒先》兩篇與渾天説之理論來源的關係問題。本章認爲，《太一生水》的『水』非常近似於《渾天儀注》中的『水』，而《恒先》『濁氣生地，清氣生天』是渾天説相關理論要素的最早源頭，因此渾天説的部分理論要素和特徵在戰國中期很可能已經出現。（四）第九章主要論述了《凡物流形》的哲學思想。本篇竹書不僅對形物世界作了具體描述，而且着重關注和思考了形物世界統一的本原及其生命根源的問題。竹書認爲，生者與死者、明界與幽界是貫通一體，而不是彼此隔絶的。竹書闡述了『道』與『一』的關係，提出了『有一，天下無不有』的本體説，論述了『察一』『得一』和『守一』的功夫論；認爲『察道』是『修身而治邦家』的依據，而『修養』和『治邦家』則是『察道』的兩種功用。

第十章和第十一章論述了《參德》和《鬼神之明》兩篇竹書的思想及其相關問題。（一）第十章認爲《參德》篇的題名應當爲『參德』，而不應當讀爲『三德』；『參德』是指明王與天時、地財、人力相並的無思之德。此篇竹書非常重視『天時』的概念，這個概念既包括春夏秋冬四時節氣、惡劣天象和一月的弦日、望日，又包括每一日的平旦、天明等時間點。竹書主張敬順『天時』，提出了『天惡毋忻』『平旦毋哭』『明毋歌』『弦望齊宿』等具有濃厚宗教色彩的禁忌禮節。『天時』來源於『天』，『天』指皇天上帝，是一神性的、主宰性的天。『天禮』是上天意志的體現，是人所必須遵行的規定和秩序。在治道方面，竹書主張人君以『無思』之德與天時、地財和人力相參；同時，又主張人君應以『度官於人』的原則來選拔官吏，應當『臨民以仁』。從總體上來看，《參德》篇綜合了陰陽家、儒家、農家和道家的思想，其學派性質較爲複雜。（二）第十一章分析和討論了竹書《鬼神之明》篇的鬼神觀，認爲『鬼神有所明，有所不明』是此篇竹書的根本觀點，而『明』與『不明』是就鬼神能否做到賞善罰惡來説的。從超越的角度來看，賞善罰惡是鬼神的應然法則，但從現實的角度來看，鬼神會出現『善者或不賞，暴者或不罰』的情況。竹書作者從鬼神的能力和意願上猜測了『鬼神不明』而無法做到賞善罰惡的原因，衹不過作者認爲他對此不能明知。竹書所持鬼神觀與《墨子》一書所表達的墨子的鬼神觀有根本區别，墨子堅信鬼神之明，且永遠、完全可以做到『善者必賞，暴者必罰』，因此本章認爲，此篇竹書不太可能是墨子或墨家學派的著作。

歸納起來，本書的兩種成果一在於給學界提供了一份關於上博楚竹書哲學文獻的新讀本，有利於學者特别是非簡帛學者進入上博簡的文本和内容，有助於專家學者對於上博簡和先秦哲學展開相關研究。二在於比較全面地研究了上博簡特别是儒家和道家簡的哲學思想，有的論域和問題是我們首次提出來的，有的論域和問題雖然出自其他學者，但是我們作了深化和拓展。本書在此基礎上提出了一些新觀點和新看法。據筆者所知，本書是學界第一部全面、系統地梳理和研究上博楚竹書哲學思想的著作，其學術價值不言而喻。

五

上博簡和郭店簡、清華簡、馬王堆帛書等衆多出土文獻一起，已經或正在改變着學者對於先秦哲學、思想的理解和看法，而不衹是爲相關研究帶來了所謂豐富的新材料。筆者認爲，出土簡帛文獻爲先秦哲學、思想的研究不僅帶來了充沛的活力和十足的魅力，而且在較大程度上正在改寫春秋戰國哲學史，其學術價值和意義非常重大。在一定意義上也可以説，一個當代學者如果不深入研究出土簡帛文獻的思想，那麽這即意味着他很可能喪失研究先秦秦漢哲學、思想的資格。

有的學者會不以爲然，可能彌漫着如下觀點或想法：其一，對於理解先秦秦漢哲學、思想來説，流傳下來的傳世典籍是足够的，也是最重要的；其二，出土文獻之所以没有流傳下來，是因爲其内容不重要，被淘汰了。這兩種互爲因果的觀點和想法，筆者私下曾聽到一些時賢曾表達過。但筆者在此不得不説，這是兩種看似充滿邏輯，實則大謬不然的觀點和看法！近半個世紀的出土材料，特别是其中的大量經子書籍，爲今人重新理解、還原和構建先秦哲學和思想，不僅提供了細節上的豐富性，而且提供了内涵上的深刻性，包括結構性的思想變化。

馬王堆帛書《經法》《十六經》《稱》《道原》四篇是今人重構黄老學説的主要材料，而如果没有這四篇文獻的發現，那麽今人對於黄老思想的理解是很抽象、很模糊的，是漫汗而不切實際的。在這四篇帛書的基礎上，我們纔得以斷定，戰國至西漢前期的道家主幹是黄老而不是老莊，是政治哲學而不是以追求個體自由爲目的的生命哲學，其核心概念是『無爲』而不是『自然』。郭店簡《老子》的發現進一步證明了這些觀點，因爲此種《老子》甲組的主題即爲『道恒無爲』。

據筆者的考證，郭店簡《尊德義》《六德》《成之聞之》三篇很可能是孔子本人的著作[二]，《性自命出》也有可能是孔子本人的著作。流行説法是，《性自命出》是孔子弟子的著作，但即便如此，筆者認爲，它很

〔二〕 丁四新：《郭店簡〈尊德義〉篇是孔子本人著作》，《孔子研究》2020 年第 5 期。

可能主要反映了孔子的性命思想。這四篇竹書的發現將極大地改變人們關於孔子著作的觀念，並在很大程度上改變人們對於孔子思想體系及其内容的理解。根據這幾篇竹書可知，性命論和位分倫理學説是孔子的兩大思想創造，其理論價值十分重大。另外，上述幾篇竹書的出土不但改變了我們關於孔子的著作觀，而且這幾篇出土竹書對於研究孔子的思想來説，應該比《論語》更爲直接和更爲重要。不僅如此，上博藏孔子類（或《論語》類）竹書進一步在一定程度上打破了《論語》的神秘性和權威性。《論語》其實是一個經由孔子弟子及其再傳弟子精心編撰及在漢代經過朝廷和經師有意抬升的文本。而這一文本的權威化和經典化，可能是導致孔子本人著作遭到忽視乃至失傳的原因之一。

對於『孔子的詩學是什麽』這一問題，以前人們衹能通過《論語》的隻言片語及漢人的一些説法來作歸納和回答，但上博竹書《孔子詩論》的發現從根本上改變了此一窘迫狀况。此篇竹書是真正意義上的孔子詩學文獻，它在詩學上的重要性顯然超過了迄今所見其他任何一部或一篇文獻。竹書『詩亡隱志，樂亡隱情，文亡隱意』這三句話，不僅是對孔子詩學之基本原則的揭示，而且是對先秦儒家詩學之一般原則的揭示，意義十分重大。可以説，《孔子詩論》將人們對於孔子及早期儒家詩學的認識提升到了一個新的高度。

出土簡帛書證明了孔子之孫——子思是一位非常重要的先秦儒家，其思想是先秦儒學乃至中國儒學的重要組成部分。在以往的中國哲學史教科書中，子思子及其思想遭到了學者的嚴重忽視，《中庸》與子思分離，且其著作時代通常被置後於秦漢之際。《史記·孔子世家》曰：『子思作《中庸》。』《隋書·音樂志》載沈約曰：『《中庸》《表記》《坊記》《緇衣》皆取《子思子》。』這一傳統説法長期受到否定。現在看來，傳統説法仍然是可靠的。《禮記》將《坊記》《中庸》《表記》《緇衣》四篇連抄在一起，這不會是無緣無故的；而郭店簡和上博簡《緇衣》的發現，則直接證明了司馬遷、沈約之説的可信可靠。而簡帛書《五行》的出土不但揭示了『思孟五行』説(《荀子·非十二子》)的具體内容，而且由於其與《中庸》具有文本和思想上的密切聯繫，故『子思作《中庸》』的傳統説法重新變得可信起來。《五行》和《中庸》這兩篇文章均以修身成德爲主題，從一定意義上來説，它們代表了先秦儒學的思想深度。而因此，子思子在先秦儒學史上的地位就變得十分重要了。

對人君之最高權位的合法性問題的思考，是先秦儒家政治哲學的一個重要組成部分。春秋末期至戰國早期儒學對於此一問題的看法或觀點是什麽，因爲文獻不足徵，所以人們的認識往往是模糊的，有的學者甚至没有意識到此一問題。綜合郭店簡《唐虞之道》和上博簡《容成氏》《子羔》等篇來看，戰國早期儒家對於天子最高權位之合法性的思考已經達到了相當複雜和深刻的地步：《唐虞之道》强調了『愛親』與『尊賢』的統一；《容成氏》闡明了『能讓性』是『能禪性』的前提，並對禪讓和世襲兩種制度作了區别和評價；《子羔》篇則認爲『德賢』比『神種』(『天之子』)更爲重要，更具合法性。總結起來，這三篇竹書從理論上發展了孔子的堯舜禹禪讓説，是先秦政治哲學思想發展的一個重要環節。在此基礎上，孟子與萬章關於天子之權位的對話(《孟子·萬章上》)纔是合理的。此外，郭店簡、上博簡和清華簡包含了衆多關於治道或治理哲學的佚書，它們大大豐富和深化了春秋末期至戰國早中期儒家民本主義治理哲學的思想内涵。

以上所列數點，大體上以中國哲學爲視角，在幾個方面顯示了出土簡帛文獻具有極高的學術價值，它們對於先秦哲學、思想的還原和重構具有重要的作用。出土簡帛書的發現、整理和研究，是當代中國學界和國際漢學界的大事和盛事，目前仍處於其整理和研究的高峰階段。從内容看，上博楚竹書很重要，思想含量很高。自2013年以後，學者對於上博楚竹書的整理和研究進入了一個新的階段。本書專門研究了上博簡的哲學文獻，這包括思想研究和注譯兩個部分。我們希望，本書的注譯部分能够給中國哲學界進入上博楚竹書研究提供一條方便途徑；同時希望，本書的思想研究部分能够給人們理解上博楚竹書的思想提供一些觀點、問題和啓示。希望本書的出版，有助於深化對上博楚竹書的研究，有助於推進先秦哲學的研究。

上編　思想研究

第一章　竹書《孔子詩論》的詩學思想

第一節　《孔子詩論》的主要内容與相關研究

《孔子詩論》是上海博物館藏戰國楚竹書中的一篇，共存簡二十九支，全文一千〇六字。是篇竹書評論了近六十首《詩》，並多次引『孔子曰』對這些詩篇作了評論。篇題《孔子詩論》（下文或簡稱《詩論》）係整理者馬承源先生據文意擬定。竹書《詩論》區别於以美、刺説詩的漢代詩學，它主張對詩作原始情意的闡發。在《孔叢子》《孔子家語》《説苑》等早期儒家説詩遺文之外，《詩論》進一步展現了先秦儒家詩教的面貌。[一]

根據評論内容的不同，竹書《詩論》大致可以分爲三個部分。[二] 主體部分（第一至八章）是對具體詩篇的評述，篇幅最多，如言：『《蟋蟀》知難，《仲氏》君子；《北風》不絶人之怨。』第九、十兩章是孔子對

[一] 李存山：《〈孔叢子〉中的『孔子詩論』》，《孔子研究》2003 年第 3 期。

[二] 《孔子詩論》的簡序編連有多種方案，本文采取侯乃峰在李學勤基礎上的調整簡序，並依據其分章。見氏著：《上博楚簡儒學文獻校理》，上海古籍出版社 2018 年版。

《風》《雅》《頌》的整體概括，如言：『《頌》，平德也，多言後。其樂安而遲，其歌申而易，其思深而遠。』第十二章是孔子對詩、樂、文三種特性的總體性概括：『（孔子曰）詩亡隱志，樂亡隱情，文亡隱意。』

自2001年《詩論》整理出版以來，學界對該篇的文字校釋、簡序編連、篇名擬定和詩學思想等諸方面展開了熱烈的討論，發表在期刊上的論文多達兩百餘篇。雖然《詩論》主要涉及對《詩經》所含篇目之文學意涵的評論，但其評論仍然與先秦儒家思想及其概念密切相關，因此不少學者即對竹書的相關思想内涵作了探討。

相關研究大多引竹書《性情論》爲理論根據，認爲《詩論》一方面高揚詩歌的性情，另一方面以禮對詩歌的情感作了約束。[一] 這一看法基本把握住了《詩論》的要旨，但在我們看來，目前的研究尚存在一些不足。其一，部分研究成果完成時間較早，學界對此篇竹書文句的釋讀尚未形成一致意見，故這些研究成果或多或少是建立在不正確釋讀文句的基礎上的，其結論也因此未必妥帖。其二，一些學者的分析局限於對《詩論》相關理論和例子的字面翻譯，對其中情與禮的内涵及其關係未能有深入的思想分析與構建。其三，部分學者將《性情論》視爲《詩論》的哲學理論基礎，而未能基於《詩論》本身作相關詩學理論的構建。[二] 《性情論》與《詩論》出自同一批竹簡，它們都涉及了諸如情、性等概念，都有對詩樂和性情的論述，因此這兩篇竹書可以互相聯繫，彼此參考。但是，當具體研究某一種竹書並試圖建立其理論系統時，我們主要應當從

[一] 如曹建國：《孔子論〈詩〉與上博簡〈孔子詩論〉之比較》，《孔子研究》2003年第3期，曹峰：《『色』與『禮』的關係——〈孔子詩論〉、馬王堆帛書〈五行〉、〈孟子·告子下〉之比較》，《孔子研究》2006年第6期。

[二] 如陳桐生：《哲學·禮學·詩學——談〈性情論〉與〈孔子詩論〉的學術聯繫》，《中國哲學史》2004年第4期。

此篇竹書内部尋找其根據。一方面，《詩論》本身並未像《性情論》一樣就哲學概念進行大量系統的聯繫，更多的是以零碎的短語形式出現並分布在《詩論》的不同地方，亦未對『性』進行系統的建構，故二者文本形制上相似性不足。並且，二者的竹簡形制並不一致，這就進一步削弱了兩份文獻的同質性關聯。另一方面，《詩論》本身解詩形式多變，有學者推斷可能是孔門詩教的記録，如江林昌以爲『簡文的主題是孔子的弟子關於孔子授《詩》内容的追記』，這種論斷也藴含了一種判斷，即《詩論》的内容可能不是一時一地一人的單獨主觀創作，而有可能是從孔子以來詩教傳統的不斷累積與記録，因此其中的部分内容並不一定是在《性情論》基礎上的創作。[一]

有鑒於此，本文將主要從《孔子詩論》文本内部出發並建構其詩學理論，並在前人研究的基礎上對《孔子詩論》的相關概念之間的關係作一分析與構建。

第二節　《孔子論詩》的原則：情、志、意

一、詩亡隱志，樂亡隱情，文亡隱意

雖然《詩論》的主體部分大多是對『詩』的具體評論，但亦有總括性的議論。第1號簡曰：

[一] 江林昌：《上博竹簡〈詩論〉的作者及其與今傳本〈毛詩序〉的關係》，《文學遺産》2002年第2期。

孔子曰：詩亡隱志，樂亡隱情，文亡隱意。

在各種簡序編排中，第1號簡不是被安置在《詩論》開頭，便是被安置在結尾處，顯示出各家對該簡重要性的認識。《詩論》以「孔子曰」的形式爲該論斷增加了權威性，而《詩論》的詩學原則亦從此簡中可以窺得。

這三句話應該如何理解？「亡」通「無」。首先來看最直接也是被最多學者關注的「情」字。整理者於此字未有注釋，顯然是以爲此字無須解釋。但是學者對先秦「情」字的内涵長久以來多有爭議，如葛瑞漢認爲先秦之「情」字無「情感」義，而衹是作爲「實」「真正的」「真正地」含義出現。[一]應當說，先秦文獻中的「情」字大多確實不能釋爲「情感」義，尤其是在戰國以前的文獻中。但自郭店簡《性自命出》《語叢二》出版以來，葛氏此説受到相當大的挑戰。《性自命出》言「情生於性」，許多學者認爲便是「喜、愠、懼、慈、愛、惡、欲、知等情」生於性，認爲「情」即「情感」義或至少包含「情感」義。[二]基於對這一觀念的繼承，大多學者在使用《詩論》此處的「情」字時亦未經考辨，直接默認其爲現代的「情感」義。[三]

[一]［美］江文思（James Behuniak Jr.）、［美］安樂哲（Roger T. Ames）編：《孟子心性之學》，社會科學文獻出版社2005年版，第76頁。

[二] 持此説者甚多。如陳來：《郭店楚簡之〈性自命出〉篇初探》，《孔子研究》1998第3期；李天虹：《〈性自命出〉與傳世先秦文獻「情」字解詁》，《中國哲學史》2001第3期。

[三] 如陳桐生：《哲學·禮學·詩學——談〈性情論〉與〈孔子詩論〉的學術聯繫》，《中國哲學史》2004年第4期。

但需要注意的是，簡文使用的其他『情』字大多仍可取『實』之義，如第11號簡『情愛也』可據《荀子·修身》『術禮義而情愛人』解釋爲『實』。而至於『樂亡隱情』之『情』，仍有少部分學者將其解釋爲『實』，如周鳳五所説：『情，實也，即「身必從之，言及則明舉之而毋僞」也。』[一]

二、『情』與情實、情感的關係

那麽，此處的『情』應如何理解？我們可以從三方面來進行判斷，同時亦從這三方面進一步理解與分析《詩論》的『詩亡隱志，樂亡隱情，文亡隱意』原則的内涵。

其一，根據所在文句進行分析。『詩亡隱志，樂亡隱情，文亡隱意』三句處於前後呼應的關係中，故『志』『意』的含義有助於我們理解『情』。而理解了『情』的含義，我們也就相應地可以對『志』『意』的含義有更進一步的把握。

對於『志』『意』，宋儒有過區分，如朱子言『志是心之所之，一直去底。意又是志之經營往來底，是那志底脚。凡營爲、謀度、往來，皆意也』[二]。但這二字在先秦的區别尚不明顯，經常可以見到二字並舉且互相解釋的情况。《説文·心部》解『志』爲『意也』，解『意』爲『志也』。而此二字在一般語境下大致可以理解爲『意向』『意願』，如第8號簡云：『《小旻》多擬，擬言不中志者也。』在大臣爲言不由衷，在幽王

[一] 周鳳五：《〈孔子詩論〉新釋文及注解》，上海大學古代文明研究中心、清華大學思想文化研究所編：《上博館藏戰國楚竹書研究》，上海書店出版社2002年版，第156頁。

[二] ［宋］黎靖德編：《朱子語類》卷五，中華書局1986年版，第96頁。

則忠言逆耳，則此處「志」可理解爲「意念」。[一]

而當此二者與「情」並舉時，則往往被賦予更具體的内涵。「意」字，《潛夫論·務本》曰：「詩賦者，所以頌善醜之德，洩哀樂之情也，故温雅以廣文，興喻以盡意。」[二]「意」即包含愛惡、哀樂等情感。而「志」字，《左傳·昭公二十五年》曰：「民有好惡、喜怒、哀樂，生於六氣，是故審則宜類，以制六志。哀有哭泣，樂有歌舞，喜有施舍，怒有戰鬭；喜生於好，怒生於惡。」杜預注：「爲禮以制好惡、喜怒、哀樂六志，使不過節。」[三]此説將情、志齊一，以好惡喜怒哀樂爲志的外延，可見情感是志的一個重要面向。因此，「情」「意」「志」往往混一互用。《申鑒·雜言下》曰：「凡情、意、心、志者，皆性動之别名也……惟所宜各稱其名而已。」[四]這是説情、意、志三者皆是出於性的，爲性之所動、所發。

而在另一些文獻中，除了如今所言的「情感」外，「志」具有更廣闊的外延。《春秋繁露·玉杯》曰：

禮之所重者在其志。志敬而節具，則君子予之知禮。志和而音雅，則君子予之知樂。志哀而居約，則君子予之知喪。故曰：非虚加之，重志之謂也。[五]

〔一〕吴文軒：《〈孔子詩論〉集釋與詩義匯考》，吉林大學碩士學位論文，2017年，第163頁。
〔二〕［漢］王符著，［清］汪繼培箋：《潛夫論箋校正》，中華書局1985年版，第19頁。
〔三〕楊伯峻：《春秋左傳注》，中華書局1981年版，第1458頁。
〔四〕［漢］荀悦著，［明］黄省曾注，孫啟治校補：《申鑒校注補》，中華書局2012年版，第208頁。
〔五〕［清］蘇輿：《春秋繁露義證》，中華書局1992年版，第27頁。

哀的情感是志的一種形態，敬、和則是志的另外兩種形態，而敬、和並不完全屬於今天一般意義上所言的情感。志是心之所向，而情感是所向的一個層面。考察『志』在《孔子詩論》中的使用，我們也可以得到一致的結論。如第26號簡言『《蓼莪》有孝志』，可以理解爲孝的情感。孝雖然有情感爲基礎，但亦含道德價值之判斷。因此，通過志、情、意的並舉，一方面我們可以認爲此處之『情』具有情感的因素，或者説情感是此處之『情』的重要含義，另一方面亦不完全將情感理解爲生理層面的表達，其亦具有道德感和價值感的因素。

當然，情、志、意不是在任何情況下都毫無區別的。《大戴禮記·文王官人》言：『探取其志，以觀其情；考其陰陽，以觀其誠；覆其微言，以觀其信。』[二] 這便是孔穎達『在己爲情，情動爲志』的先聲，以爲情具有比志更内在的特質。但從《詩論》中情、意、志三者的並列來看，此處三者並無存在如此區別。在《朱子語類》中，學生問『詩言志，聲依永，律和聲』，朱子答曰：『古人作詩，只是説他心下所存事。』[三] 情、意、志便是心中所存、所感。

其二，從文章的内容判斷，即從《詩論》全文在詩歌評論鑒賞的具體應用中來推斷『情』『志』『意』的含義。將《詩論》中對於具體詩篇的評價進行歸納：

《詩論》曰：『《甘棠》之愛』『敬愛其樹，其報厚矣』。《甘棠》爲懷念召伯所作，《詩論》以『愛』之情概括此詩。

[二] ［清］王聘珍：《大戴禮記解詁》，中華書局1983年版，第188頁。

[三] ［宋］黎靖德編：《朱子語類》卷七十八，中華書局1986年版，第2005頁。

《詩論》曰：『思古人也。』這是評論《緑衣》詩的。《緑衣》爲悼亡之作，《詩論》點明思念爲此詩核心。

《詩論》曰：『情，以其獨也。』這是評論《燕燕》詩的。《燕燕》爲送别之詩，《詩論》點出詩中孤獨之情。

《詩論》曰：『喻其悁者。』這是評論《木瓜》詩的。《木瓜》云：『投我以木瓜，報之以瓊琚。』《詩論》以『悁』言憂之情。

《詩論》曰：『情喜其至也。』這是評論《唐風·有杕之杜》詩的。此詩爲盼客之意，鄭玄《箋》曰：『何但飲食之，當盡禮極歡以待之。』《詩論》『喜其至』言詩人喜悦之情至極。

《詩論》曰：『不絶人之怨。』這是評論《北風》詩的。此詩言衛國威虐，百姓攜持而去。《詩論》言人『怨』之情。

《詩論》曰：『猶有怨言。』這是評論《墉風·柏舟》詩的。此詩云：『母也天只，不諒人只！』故《詩論》言其『既曰天也，猶有怨言。』

《詩論》曰：『其愛婦悡。』這是評論《揚之水》詩的。悡，恨也。此詩言妻子對丈夫戍守在外的懷思、離恨。

《詩論》曰：『愛婦。』這是評論《采葛》詩的。此詩云：『一日不見，如三秋兮。』《詩論》則解釋爲對女子的愛戀。

《詩論》曰：『悶。』這是評論《邶風·柏舟》詩的。此詩云：『憂心悄悄，愠于群小。』《詩論》以爲其有煩悶之情。

《詩論》曰：『得而悔之也。』這是評論《隰有萇楚》詩的。『國人疾其君之淫恣』，故《詩論》言國人有『悔』之情。

《詩論》曰：『以色喻於禮。』這是評論《關雎》詩的。色，言思慕之情也。

《詩論》曰：『其絶，忕而士。』這是評論《涉溱》詩的。《涉溱》疑爲毛詩《鄭風·褰裳》篇。忕，《説文·心部》：『思也。』而，此也。士，男子。《詩論》以此詩言思慕之情。

上述所引《詩論》對《詩》篇目的評論皆從詩歌所表達的個人情感入手，涉及的具體情感有愛、思戀、孤獨、怨恨、喜悦、煩悶、悔恨。《詩論》對男女情事亦不加貶斥，亦不作過度政治化的解讀。如《關雎》，《詩序》以『后妃之德』論之，而《詩論》承《論語》『樂而不淫』，認爲其是『以琴瑟之悦，擬好色之願』，更貼近詩歌原旨。又如《采葛》，《詩序》言『懼讒』，而《詩論》直言『愛婦』，與詩文『一日不見，如三秋兮』若合符節。這也正是《詩論》以情解《詩》的具體應用，可見最後總云『詩亡隱志，樂亡隱情，文亡隱意』所言不虛。

其三，通過傳世文獻的印證，考察早期文獻中『情』與『詩/樂』關係中情的内涵。[二] 對於情與樂的關係，《禮記·樂記》曰：

凡音者，生人心者也。情動於中，故形於聲。聲成文，謂之音。是故治世之音安以樂，其政和。亂

[二] 先秦詩樂一體，《漢書·藝文志》曰：『誦其言謂之詩，詠其聲謂之歌。』故情—樂關係亦在考察範圍。

世之音，怨以怒，其政乖。亡國之音，哀以思，其民困。〔一〕

此處將「情」視爲「中」，將「音」視爲「情」「形」的對象，並給出了具體例證，即治世人情歡樂故音安樂，亂世人情哀怨故音怨怒。雖未直言「情」即情感，但爲一時一地人心之中所感，並以音之怨、怒、哀、思爲例，故可以説此「情」是與情感之義關係密切。

《毛詩正義》序亦曰：

夫《詩》者，論功頌德之歌，止僻防邪之訓，雖無爲而自發，乃有益於生靈。六情靜於中，百物盪於外，情緣物動，物感情遷。若政遇醇和，則歡娱被於朝野，時當慘黷，亦怨刺形於詠歌。作之者所以暢懷舒憤，聞之者足以塞違從正。發諸情性，諧於律吕。〔二〕

其中有「六情」與「情性」二詞。六情，《白虎通·情性》言：「喜怒哀樂愛惡謂六情。」〔三〕故可以理解爲具體情感的總稱。情性，雖「情」亦有「性」義，如《淮南子·本經》曰：「人愛其情。」高誘注：「情，性也。」〔四〕此處情性之「情」結合上下文來看亦當作情感義，亦可參見《論衡·本性》。是篇曰：「情性者，

〔一〕［漢］鄭玄注，［唐］孔穎達疏：《禮記正義》，北京大學出版社2000年版，第1077頁。
〔二〕［漢］毛亨傳，［漢］鄭玄箋，［唐］孔穎達疏：《毛詩正義》，北京大學出版社1999年版，第3頁。
〔三〕［清］陳立：《白虎通疏證》，中華書局1994年版，第382頁。
〔四〕何寧：《淮南子集釋》，中華書局1998年版，第588頁。

人治之本，禮樂所由生也……性有卑謙辭讓，故制禮以適其宜；情有好惡喜怒哀樂，故作樂以通其敬。』[一]『情』與『詩/樂』的關係在漢代文獻中得到大量表述，而此種關係中的『情』一般皆可理解爲『情感』。如《潛夫論・務本》云：『詩賦者，所以頌善醜之德，洩哀樂之情也，故温雅以廣文，興喻以盡意。』[二]故《釋名》曰：『樂，樂也，使人好樂之也。』直接將音樂與快樂相聯繫。

而在先秦文獻中，類似的表述則不多見，亦不甚清晰。《荀子・樂論》曰：

夫樂者，樂也，人情之所必不免也。[三]

人情，《荀子・王霸》曰：『夫人之情，目欲綦色，耳欲綦聲，口欲綦味，鼻欲綦臭，心欲綦佚。此五綦者，人情之所必不免也。』[四]《王霸》篇是就情欲而言，但此處《樂論》篇將音樂、快樂、人情三者相聯繫，使得此處的『人情』與《王霸》篇之情欲有所區分，含有一定的感情義。這種人情觀念在《禮記・禮運》中就更加清晰地和具體情感相關聯：『何謂人情？喜、怒、哀、懼、愛、惡、欲，七者弗學而能。』[五]

因此，從以上三層分析來看，『詩亡隱志，樂亡隱情，文亡隱意』便是表達了作者對於心之所感作爲詩

〔一〕黄暉：《論衡校釋》，中華書局1990年版，第132頁。
〔二〕［漢］王符著，［清］汪繼培箋：《潛夫論箋校正》，中華書局1985年版，第19頁。
〔三〕［清］王先謙撰，沈嘯寰、王星賢點校：《荀子集解》，中華書局1988年版，第379頁。
〔四〕同上書，第211頁。
〔五〕［漢］鄭玄注，［唐］孔穎達疏：《禮記正義》，北京大學出版社2000年版，第689頁。

歌核心價值的確立。即使『情』不完全等於今日的情感，而是『實情』之類的内涵，但必然與情感關聯緊密。而從其已發的特徵來看，《詩論》之『情』其實並不具有作爲葛瑞漢所言的『形而上』的本質的特徵。

這種人之所存所感與詩樂往往具有緊密的關聯，故《詩論》言『詩亡隱志，樂亡隱情，文亡隱意』。『亡（無）隱』正是通過雙重否定的方式反映了《詩論》對於詩、情關係的緊密性的認識。人的情感萬千，却並非時時刻刻流露在表面之上。故《禮記·禮運》云：『欲惡者，心之大端也。人藏其心，不可測度也。』[一]《左傳·襄公二十五年》載仲尼曰：『志有之，「言以足志，文以足言」。』[二] 唯有通過語言方能將志、情表達出來。《詩論》第 20 號簡曰：

其有隱志，必有以喻也。

隱志、隱情需要得到表達、宣洩，這是人的一個本質特徵。而詩樂正是一個完美的媒介。《禮記·樂記》言：『詩，言其志也；歌，詠其聲也；舞，動其容也。三者本於心，然後樂氣從之。是故情深而文明，氣盛而化神，和順積中而英華發外，唯樂不可以爲僞。』情感發自心而出於口便多成詩、樂，詩人往往情感充沛，故《詩論》言『詩亡隱志，樂亡隱情，文亡隱意』便是展現了詩樂與所情所感的緊密關聯，而志、情、意作爲心之所感所發正是詩論的核心概念。

[一] ［漢］鄭玄注，［唐］孔穎達疏：《禮記正義》，北京大學出版社 2000 年版，第 689 頁。

[二] 楊伯峻：《春秋左傳注》，中華書局 1981 年版，第 1106 頁。

第三節 《孔子詩論》的價值取向：由色至禮

《詩論》重情，是否情便是其認爲的最高價值呢？在對《關雎》的評論中，《詩論》提出了更進一步的層面：禮。

一、以色喻於禮

儒家重禮的傳統自古有之，孔子便以『克己復禮』解仁。《詩論》中亦有多處以禮來論詩，如贊《大田》之卒章『知言而有禮』，云：『《清廟》，王德也，至矣！敬宗廟之禮，以爲其本。』這都是强調禮的重要性與正面價值。而在對情、禮重視的基礎上，《詩論》進一步通過《詩》構建出二者之間的聯繫。

兹引《詩論》中《關雎》相關簡文如下：

《關雎》之改，《樛木》之時，《漢廣》之智，《鵲巢》之歸，《甘棠》之報，《緑衣》之思，《燕燕》之情，蓋曰動而皆賢於其初者也。（簡10）

《關雎》以色喻於禮……兩矣，其四章則喻矣。以琴瑟之悦，擬好色之願。以鐘鼓之樂……好，反納於禮，不亦能改乎？（簡10、14、12）

《關雎》之改，則其思益矣。（簡11）

簡文關於《關雎》的評論並不晦澀，其主旨便是説《關雎》引導人由好色改變爲好禮，故言『以色喻於禮』。色，整理者言：『謂「窈窕淑女」，在此不用作貶義。』對『色』的追求在現代的定義中應屬於『欲』的範疇，但是在先秦兩漢並無總是如此嚴格的區分，情感與欲求有時亦可被歸到同一範疇下，如《荀子·正名》以『説、故、喜、怒、哀、樂、愛、惡、欲』爲一類，《禮記·禮運》以『喜怒哀懼愛惡欲』爲『七情』。而《詩論》此處所言之『色』亦不全然是對色欲的追求，亦含有愛戀與思慕之情。色，《説文·色部》曰：『色，顔气也。』儒家文獻中多有舉色進行論述，如《論語·子罕》曰：『吾未見好德如好色者也。』

《詩論》三言『民性固然』，又曰『見其美必欲反其本』『甚貴其人，必敬其位；悦其人，必好其所爲，惡其人者亦然』『其有隱志，必有以喻也』。『民性固然』的『性』字，與思孟乃至宋儒所言之『性』相差甚遠，更多的衹是對人的常見性情的一些總結；不過，也指出了一些《詩》篇所反映的一些難以改變的植根於人性情深處的習性。《孟子·告子上》告子曰：『食色，性也。』〔一〕《孟子·盡心下》曰：『口之於味也，目之於色也，耳之於聲也，鼻之於臭也，四肢之於安佚也，性也，有命焉，君子不謂性也。』〔二〕其中的『性』字，正是對於情、欲『弗學而能』的『固然』的表述。

《詩論》所認識到的『民性固然』與《詩》所展現的人類情感活動之豐富，意味着性情的存在是先天且難以泯滅的。上節已總結了《詩論》在對《詩》的評論中正視了人類之豐富情感的合理性，並由此異於漢代

〔一〕［宋］朱熹：《四書章句集注》，中華書局1983年版，第326頁。

〔二〕同上書，第369頁。

詩學的特徵。但正視情感並不意味着可以完全依據喜怒哀樂等情感而行事，如《禮記·檀弓下》所言『有直情而徑行者，戎狄之道也』[一]。因此，在高揚以情解詩的基礎上，《詩論》進一步提出了『以色喻於禮』的命題，要求對情感進行進一步的深化/規範。

二、何以能以色喻於禮

那麼何以色能喻於禮呢？簡文『以色喻於禮』後殘缺，因此無法見到竹書《詩論》對於該論斷的進一步解釋。不過，帛書《五行》『由色喻於禮』一段文字可供我們參考，兹引如下：

> 喻而知之，謂之進之。弗喻也，喻則知之矣，知之則進耳。喻之也者，自所小好喻乎所大好。『窈窕淑女，寤寐求之』，思色也。『求之弗得，寤寐思服』，言其急也。『悠哉悠哉，輾轉反側』，言其甚急也。如此其甚也，交諸父母之側，爲諸？則有死弗爲之矣。交諸兄弟之側，亦弗爲也。交諸邦人之側，亦弗爲也。畏父兄，其殺畏人，禮也。由色喻於禮，進耳。[二]

喻，曉也，此處特言從小的愛好明曉到大的愛好。《關雎》中對『窈窕淑女』的思是熱切、急迫的，然而這樣强烈的情感亦不足以使你交諸父母兄弟邦人之側，這説明禮爲大好，色爲小好。

[一] ［漢］鄭玄注，［唐］孔穎達疏：《禮記正義》，北京大學出版社2000年版，第283頁。
[二] 裘錫圭主編：《長沙馬王堆漢墓簡帛集成（肆）》，中華書局2014年版，第92—93頁。

值得注意的是，這裏論證『禮之好大於色』之『好』並非通過批評『色』的負面之處，而是展示了禮對心靈更强大的吸引。這種吸引通過情境的設置形象地展現出來，人不僅好色，更好禮。情與禮的緊密關聯在出土文獻中得到了大量闡述，如郭店簡《性自命出》云『禮作於情』（簡 18），郭店簡《語叢一》云『禮因人之情而爲之節文者也』（簡 31、97），郭店簡《語叢二》云『情生於性，禮生於情』（簡 1）。[一]

而《詩論》更進一步展現了内在於禮的情感因素，使得情與禮不産生實質性的衝突。竹書《詩論》曰：

以琴瑟之悦，擬好色之願。以鐘鼓之樂……好，反納於禮……

竹書《詩論》贊《關雎》以琴瑟之禮來節其好色之情，然其所言琴瑟、鐘鼓之禮亦有『悦』『樂』之情。可見禮、情並無截然對立的衝突，甚至禮中亦有情感的支撑，故能『以色喻於禮』，是一種自然的轉變。所謂『禮者，因人情爲文』（《韓詩外傳》卷二）是也。這一禮、情一致的思路在之後的一些文獻中亦得到了保留。《春秋繁露·天道施》言：『夫禮，體情而防亂者也。民之情，不能制其欲，使之度禮。目視正色，耳聽正聲，口食正味，身行正道，非奪之情也，所以安其情也。』[二] 故曹峰認爲的《詩論》此爲『思色之心實在太重了，需要通過「禮」來抑止它』的説法不太妥當，是未有體會到《詩論》中的禮對情非是限制而是超

[一] 武漢大學簡帛研究中心、荆門市博物館編著：《楚地出土戰國簡册合集（一）·郭店楚墓竹書》，文物出版社 2011 年版，第 100、140、153 頁。

[二] ［清］蘇輿：《春秋繁露義證》，中華書局 1992 年版，第 469—470 頁。

越。[二]

『以色喻於禮』因而便可自然導向《詩論》所希望的結果，即通過對情與禮的『喻』，便可使得『動而皆賢於其初者也』。《詩論》第10號簡曰：

《關雎》之改，《樛木》之時，《漢廣》之智，《鵲巢》之歸，《甘棠》之報，《緑衣》之思，《燕燕》之情，蓋曰動而皆賢於其初者也。

所謂『初者』，即初始未經教化之性情。人在經過禮樂的教化之後，諸如好色的本性能够『反納於禮』，完成由小好到大好的改變，從而超越了初始的性情，即『賢於其初者』。且『動而皆賢於其初者』在七首詩之後，這説明『反納於禮』然後完成超越的並非局限於《關雎》一首詩，而是對七首詩的普遍描述與總結，故李鋭解釋言：『各詩中舉動，當皆有後勝於初之處。』[三] 因而可以看作《詩論》在以情解詩原則上的一個推進。

綜上所言，《詩論》在對作爲詩歌基礎的『情』進行强調，並以情爲重要解詩原則對《詩》進行解讀的基礎上，進一步提出了作爲對『情』的超越的『禮』。超越與限制或者取代有着本質區别。《詩論》通過

[二] 曹峰：《『色』與『禮』的關係——〈孔子詩論〉、馬王堆帛書〈五行〉、〈孟子·告子下〉之比較》，《孔子研究》2006年第6期。

[三] 李鋭：《上博楚簡補札》，[美]艾蘭（Sarah Allan）、邢文編：《新出簡帛研究——新出簡帛國際學術研討會文集》，文物出版社2004年版，第142頁。

『喻』和『改』，説明了『情』與『禮』在其框架下本質上的共通性與無礙性。正如《禮記·祭義》所言：『教民相愛，上下用情，禮之至也。』[一]《詩》爲這一情—禮關係提供了討論的範本；而《詩論》通過對《詩》中『以色喻於禮』與『賢於其初』的闡發，一方面保留了對情的肯定，另一方面提出了情至於禮這一超越、發展的途徑。

第四節 《孔子詩論》的歷史意義：從春秋到兩漢

《詩論》通過對詩作中創作者情感的分析，强調了詩人之志的重要性。詩與志的關聯古已有之，『詩言志』的觀點在《尚書》中便已經提出。《尚書·堯典》曰：『詩言志，歌永言。』[二]但是這一論斷在春秋時期的具體實踐中却呈現出異於《詩論》的面貌，《漢書·藝文志》曰：『古者諸侯卿大夫交接鄰國，以微言相感，當揖讓之時，必稱《詩》以諭其志。』[三]這是説春秋之時，人們用《詩》來表達的是自己的『志』，而非詩人的『志』。這一點在春秋時期的『斷章取義』中表現得十分明顯。那麽，從春秋時期的『詩言志』到《詩論》的『詩亡隱志』，其間發生了怎樣的變化？《詩論》的解詩原則又對後世産生了怎樣的影響？

[一]［漢］鄭玄注，［唐］孔穎達疏：《禮記正義》，北京大學出版社2000年版，第1327頁。
[二]［漢］孔安國傳，［唐］孔穎達疏：《尚書正義》，北京大學出版社1999年版，第79頁。
[三]［漢］班固撰，［唐］顔師古注：《漢書》，中華書局1999年版，第1383頁。

一、春秋時期的『斷章取義』

『斷章取義』是春秋時代引詩、賦詩的方式。賦，誦也。賦詩，即與會者在飲食宴樂外交之際吟誦《詩》篇。引詩，則指在談話、寫作中引用詩句以説明、支撑自身觀點。所謂斷章，即用詩時不取全詩而僅取其中一章或幾章。

『斷章』原是就賦詩而言。在《左傳·襄公二十八年》中，盧蒲癸曰：『宗不余辟，余獨焉辟之？賦詩斷章，余取所求焉，惡識宗？』[一] 賦詩時取詩中與自己所想表達情感相關的詩章而不取全篇，即爲『賦詩斷章』。盧蒲癸以『賦詩斷章』的用詩方式爲譬喻，認爲『賦詩斷章』的核心便在於我求取我所需要的事物。因此，楊伯峻指出：『春秋外交常以賦詩表意，賦者與聽者各取所求，不顧本義，斷章取義也。』[二] 春秋時期賦詩不顧本義的用例甚多，如《左傳·襄公十四年》曰：

夏，諸侯之大夫從晉侯伐秦，以報櫟之役也。晉侯待于竟，使六卿帥諸侯之師以進。及涇，不濟。叔向見叔孫穆子，穆子賦《匏有苦葉》，叔向退而具舟。[三]

[一] 楊伯峻：《春秋左傳注》，中華書局 1981 年版，第 1145—1146 頁。

[二] 同上書，第 1146 頁。

[三] 同上書，第 1008 頁。

《匏有苦葉》歌詠的是年輕女子在河邊徘徊等待未婚夫時喜悦、焦躁的心情，而此處襄公十四年的情景却是諸侯之師到了河邊不渡河，因而穆子賦《匏有苦葉》，從而取詩中『深則厲，淺則揭』表達無論水深淺軍隊都要渡河的决心，與原詩所述之等侯並無直接關涉。

賦詩如此，引詩亦然。如《論語・八佾》中孔子與子夏以本是描述女子之美的《衛風・碩人》中的『巧笑倩兮，美目盼兮』句來討論禮，與詩之本義無甚關涉。

當然，『斷章取義』並不必然意味所取之義與《詩》之原義無關或者矛盾，亦存在有符合詩歌原義的使用的情況。如《左傳・文公三年》曰：

公如晋，及晋侯盟……晋侯降，辭。登，成拜。公賦《嘉樂》。[一]

《嘉樂》之詩本即贊頌君王德行、威儀，此處魯文公即取《嘉樂》本義贊頌晋襄公。

但是綜合我們上述的春秋時期賦詩、引詩的情形來看，『詩言志』在春秋時期的實質是言使用者之志，這一點在符合詩義的用詩情形下也不例外。《左傳・襄公二十七年》：『鄭伯享趙孟於垂隴，子展、伯有、子西、子産、子大叔、二子石從。趙孟曰：「七子從君，以寵武也。請皆賦以卒君貺，武亦以觀七子之志。」』[二] 此處便明確指出賦詩所觀之志乃『七子之志』，而非詩人作爲創作者的志。

[一] 楊伯峻：《春秋左傳注》，中華書局 1981 年版，第 531 頁。
[二] 同上書，第 1134 頁。

而《孔子詩論》中的『志』則明確爲詩人之志。《詩論》曰：『《蓼莪》有孝志。』又曰：『《小旻》多擬，擬言不中志者也。』以作詩之人的『志』作爲解詩的基本原則。這一解釋原則關注詩人的心志與情意，認爲詩是詩人之志的外化，要求讀者對作者的志進行還原、把握。《詩論》主張『詩亡隱志』，通過詩文了解、把握詩人的情志，這是對春秋時期『斷章取義』用詩原則的突破與發展。『斷章取義』固然使得詩作在使用者的語境中獲得了新的内涵和生命，却使得詩作本身的意味得不到彰顯，詩人的情感與理念得不到尊重，詩歌語言的幽妙更得不到細緻考量。

而在《詩論》的視野下，詩作不再單純地作爲表達的媒介，其本身的内涵得到考察與發顯。這與孟子的『以意逆志』的要求有着一致之處。《孟子·萬章上》曰：

故説《詩》者，不以文害辭，不以辭害志。以意逆志，是爲得之。[二]

此處孟子反對咸丘蒙斷章取義的對詩的解讀，『不以文害辭，不以辭害志』，主張從詩句的整體文意把握詩旨，從而逆測詩人之志，與《詩論》所言『詩亡隱志』所强調詩人之志的内涵一致。但孟子此處未對『以意逆志』之『意』的原則與内涵作進一步解釋，因而後儒爭論頗多。[三] 而《詩論》則在其豐富的解詩實踐中展現出其解釋的基點是作詩之人的情意，主張通過把握作者的情意從而對詩人之志、詩作之旨進行理

[二]［宋］朱熹：《四書章句集注》，中華書局1983年版，第306頁。

[三] 如朱熹、趙岐以爲『意』指讀者之意，吴淇以爲其指詩人之意。

解，樹立了以情解詩的詮釋原則，這是《詩論》對於春秋時期詩學的一個重大發展。

另外，正如上一節所論，《詩論》不僅僅止於情，還將禮義的思想注入詩學的詮釋中，從而深化了儒家詩學的理論内涵與深度，對後世的詩學理論産生了重大的影響。

二、漢代的美刺解詩

既然《詩論》對春秋時期的詩學做出了巨大的突破，那麼它的詩學解釋原則是否在後世得到了繼承呢？這就需要對漢代的詩學進行考察。

據《漢書·藝文志》，漢代傳授《詩經》分别有魯申公、齊轅固、燕韓生、趙毛萇四家。[一] 四家《詩》中，《魯詩》《齊詩》與《韓詩》皆未能完整流傳，僅《毛詩》完整留存至今。但對於失傳的三家《詩》的輯佚自南宋王應麟以來已有諸多成果，其中尤以王先謙《詩三家義集疏》最爲集大成。因此，我們可以通過比對四家《詩》與《詩論》對同一篇的詮釋來觀察其間的聯繫與差異。

《關雎》是《詩經》首篇，歷代注家皆對此篇多有闡發。此處便以《關雎》爲例比較漢四家《詩》與竹書《詩論》的區别。

先看《魯詩》的説法。《史記·十二諸侯年表》曰：『周道缺，詩人本之衽席，《關雎》作。』《漢書·杜欽傳》曰：『后妃之制，夭壽治亂存亡之端也。是以佩玉晏鳴，《關雎》歎之，知好色之伐性短年，離制度之

[一]《漢書·藝文志》曰：『漢興，魯申公爲《詩》訓故，而齊轅固、燕韓生皆爲之傳。或取《春秋》，采雜説，咸非其本義。與不得已，魯最爲近之。三家皆列於學官。又有毛公之學，自謂子夏所傳，而河間獻王好之，未得立。』參見［漢］班固撰，［唐］顔師古注：《漢書》，中華書局 1999 年版，第 1356 頁。

生無厭，天下將蒙化，陵夷而成俗也。故詠淑女，幾以配上，忠孝之篤、仁厚之作也。』劉向《列女傳・魏曲沃負傳》曰：『周之康王夫人晏出朝，《關雎》豫見，思得淑女以配君子。』王充《論衡・謝短》曰：『周衰而《詩》作，蓋康王時也。康王德缺於房，大臣刺晏，故《詩》作。』袁宏《後漢紀》載楊賜語曰：『昔周康王承文王之盛，一朝晏起，夫人不鳴璜，宮門不擊柝，《關雎》之人見幾而作。』《後漢紀・皇后紀論》曰：『故康王晚朝，《關雎》作諷。』《古文苑》載張超《誚青衣賦》曰：『周漸將衰，康王晏起，畢公喟然，深思古道，感彼《關雎》，性不雙侶，願得周公，配以窈窕，防微消漸，諷諭君父。孔氏大之，列冠篇首。』

再看《齊詩》的説法。《漢書・匡衡傳》曰：『孔子論《詩》，以《關雎》爲始。言太上者民之父母，后夫人之行不侔乎天地，則無以奉神靈之統而理萬物之宜，故《詩》曰：「窈窕淑女，君子好仇。」言能致其貞淑，不貳其操，情欲之感無介乎容儀，宴私之意不形乎動靜，夫然後可以配至尊而爲宗廟主。此綱紀之首、王教之端也。』

又看《韓詩》的説法。王應麟《詩考》六引《韓詩叙》曰：『《關雎》，刺時也。』《後漢書・明帝紀》李注引《韓詩薛君章句》曰：『詩人言雎鳩貞潔慎匹，以聲相求，隱蔽於無人之處，故人君退朝入於私宮，后妃御見有度，應門擊柝，鼓人上堂，退反宴處，體安志明。今時大人内傾於色，賢人見其萌，故詠《關雎》，説淑女，正容儀以刺時。』

最後看《毛詩》的説法。王先謙《詩三家義集疏》引之曰：『《關雎》，后妃之德也。風之始也，所以風天下而正夫婦也。故用之鄉人焉，用之邦國焉。』[一]

[一] 以上諸引文，參見［清］王先謙：《詩三家義集疏》，中華書局 1987 年版，第 4—5 頁。

比較以上四家《詩》，其中《魯詩》有以史論詩的特色，對《關雎》的製作背景作了細緻的推論，劉向、王充、楊賜、張超等人皆以《關雎》爲周康王時作，認爲康王失德，周德漸衰，故詩人作《關雎》刺之。同時，《魯詩》認爲《關雎》明后妃之制，『詠淑女，幾以配上』，從而希望君王返之於忠孝仁厚。《齊詩》則强調君主與其夫人道德品行的重要性，要求其克制情欲、宴私，如此方可爲『綱紀之首、王教之端』。而《韓詩》以《關雎》爲刺詩，認爲當時君主開始沉溺於美色，故賢人作《關雎》『説淑女，正容儀』。《毛詩》亦以《關雎》主后妃之德，認爲其德可以風天下、正夫婦。由此可見，四家《詩》對《關雎》的詮釋其實都較爲近似，皆以爲該詩主旨爲后妃之德，爲刺詩。

但是，這樣的理解與第一節所分析的《詩論》中關於《關雎》『以琴瑟之悦，擬好色之願』的詮釋有較大差距。尤其《齊詩》釋《關雎》『情欲之感無介乎容儀』，主張不以情欲繫心使之着於容儀，更是表現出了一種反對情欲、情禮相對的態勢，與《詩論》構成了直接矛盾。

整體而言，漢四家《詩》雖有各自的特色，但就其對《詩》的詮釋來看，主要仍是從政治興衰與倫理道德的層面來進行釋讀，皆以美刺言詩。據學者考證，四家《詩》所認爲的美詩、刺詩皆占總篇目的一半以上，因此，可以説美刺言詩是四家的通識。[一] 當然，在四家《詩》中，偶爾也可以見到以情性解《詩》的案例，如《韓詩》以《漢廣》爲『悦人也』，但這樣的案例並不多見，不占據主導地位，亦不成系統。而就詮釋原則而言，《齊詩》雖有情性説，認爲『詩之爲學，情性而已』，但在具體解《詩》的過程中，受限於兩漢的政治文化，並未體現出對詩人之情的特別尊重，與《詩論》的以情解詩也尚存一定差距。因此，我們可

〔一〕 趙茂林：《兩漢三家〈詩〉研究》，揚州大學博士學位論文，2004年，第183頁。

以説，美刺而非情性是漢代解《詩》的主流觀念。

那麼，《詩論》的以情解《詩》的理念爲何未能在漢代得到繼承？這一問題由於没有文獻的證據，因而難以有確定的答案。但若從詮釋學的角度來看，我們似乎可以認爲，這是由於漢代四家《詩》過度發揮了《詩論》對詩人之志的强調和孟子『以意逆志』和『知人論世』的觀念，走到了與『斷章取義』相反的另一個極端。對詩人之志進行剖析，往往需要我們對詩人的生活經歷與詩作的事件背景有着深入的了解。但《國風》中的大部分詩篇缺乏顯然的歷史人物與事件的明證，這就使得對這些詩作的還原性詮釋産生了較大困難，使詮釋者無法對詩人之志形成準確的把握。而面對這一詮釋困境，漢四家《詩》所采取的解決辦法便是主觀地爲這些詩作尋找、附會其可能的作者與背景，如以《關雎》爲康王時所作。在這種主觀的尋找與附會的過程中，詮釋者反而離《詩》的本義愈發遥遠。蔡宗齊以爲，《毛詩》區别於孟子歸納式的復原式解釋方法，采取的是演繹的方法，在爲諸詩找尋作者替代人的基礎上『從某種倫理的或社會政治的角度點出作品的主題，然後再以詩中情節的發展來解釋和證明這一預設的主題』。[二] 這一論斷也適用於漢四家《詩》與《詩論》之間的區别，《詩論》對於詩作的情感與思想的分析，往往是基於直接文本或者未脱離文本太遠，因而其分析往往不覺牽强。而四家《詩》則有過度發揮、過度詮釋之嫌，過度强調政教的思想，在《詩》的許多的詮釋上與詩作的字面含義相距甚遠。

因此，結合我們對春秋與兩漢詩學的考察，應當説《詩論》代表着詩學從春秋到漢代發展過程中一個重

[二]　蔡宗齊、金濤：《從『斷章取義』到『以意逆志』——孟子復原式解釋理論的産生與演變》，《中山大學學報（社會科學版）》2007年第6期。

要的中間階段。從春秋用詩到《詩論》再到漢四家《詩》，詩學詮釋完成了從『斷章取義』到以情、禮解詩再到美刺説詩的變遷，其詮釋焦點也完成了從用詩者自身到詩作本身再到詩作的可能作者與背景上的轉移。而在這三種不同的詮釋思路中，《詩論》以其客觀性與直觀性更容易得到當代讀者的認同與理解。

第二章　竹書《性情論》的心性學説

首見於郭店楚墓竹簡，再見於上海博物館藏戰國楚竹書的《性情論》（郭店簡稱爲《性自命出》），是一篇介於孔孟之間的重要出土儒家文獻，因其深入探討心、性、情及其相互間的關係而備受矚目。但是，與大多數出土文獻研究遭遇的尷尬局面一樣，《性情論》的研究也呈現出各自爲説、入主出奴的困境，研究所得結果也是五花八門，甚至不啻天壤。就拿此篇的學派類别來説，除了主流認可的儒家説之外，尚有道家説[一]、雜家説[二]；而在儒家説之内，又有思孟學派説、荀子先導説[三]。就此篇的作者來説，有子思説、公孫尼子説、世碩説、子弓説。[四]

[一] 陳鼓應：《〈太一生水〉與〈性自命出〉發微》，《道家文化研究》第十七輯，生活·讀書·新知三聯書店，1999 年版，第 405—407 頁。

[二] 韓東育：《〈性自命出〉與法家的『人情論』》，《史學集刊》2002 年第 2 期。

[三] 張茂澤：《〈性自命出〉篇心性論大不同於〈中庸〉説》，《人文雜誌》2000 年第 3 期；顔炳罡：《郭店楚簡〈性自命出〉與荀子的情性哲學》，《中國哲學史》2009 年第 1 期。

[四] 子思説、公孫尼子説、世碩説、子弓説分别見丁四新：《論〈性自命出〉與思孟學派的關係》，《中國哲學史》2002 年第 4 期；陳來：《郭店楚簡之〈性自命出〉篇初探》，《孔子研究》1998 年第 3 期；丁四新：《郭店楚墓竹簡思想研究》，東方出版社 2000 年版，第 209 頁；顔炳罡：《郭店楚簡〈性自命出〉與荀子的情性哲學》，《中國哲學史》2009 年第 1 期。

就此篇論述之核心主題來説，有性情説、心術説、教化説。[一] 短短一篇文章竟能造成如此之大的爭議、得出如此相互排斥的結論，真是咄咄怪事！

面對如此繁亂複雜的研究局面，學者們需要做的是，擱置一切的先入之見，直面文本本身，讓其義理思想從文本當中自發地顯現出來。出土文獻與傳世文獻的比較，是出土文獻研究的慣常做法，但是比較的研究方法要躲開比較的陷阱，以免得出出土文獻甲篇與傳世文獻乙篇相似或者不相似，諸如此類的結論。與其得出這樣没有意義的結論，不如僅僅揭示出出土文獻本身的義理思想爲止。

需要肯定的是，《性情論》是儒家類文獻，在時間上晚於孔子而早於孟子，確定無疑是七十子或其後學的作品。因此，我們要警惕將孟子或者荀子的思想不自覺地滲入對《性情論》的詮釋中來。而其論述重心則落在心、性、情及其關係之上，因此，對《性情論》的深入理解的關鍵在於對心、性、情及其關係的恰當認識。

第一節 上博簡《性情論》與郭店簡《性自命出》文本的比較

由於該篇佚文有兩個文本即上博簡《性情論》與郭店簡《性自命出》出土，並且在文本上二者頗有差

[一] 郭齊勇、趙法生持心術説，陳群持教化説。參見郭齊勇：《郭店楚簡〈性自命出〉的心術觀》，《安徽大學學報（社會科學版）》2000年第5期；趙法生：《心術還是心性？——〈性自命出〉心術觀辯證》，《哲學研究》2017年第11期；陳群：《教而生德於心——以『教』爲中心的〈性自命出〉研究》，《人文雜誌》2015年第6期。

異，因此在進入文本義理的分析之前，有必要比較兩文本間的差異乃至優劣，並對差異産生的原因給出一個可能的解釋。

據整理者的説明，《性情論》現存四十支竹簡，完整簡長約五十七釐米，有三道編繩，全篇共一千二百五十六字。與郭店簡《性自命出》比較，二者的差異可分爲如下幾點：第一，《性自命出》分爲上下兩篇，《性情論》則不分篇；第二，《性情論》自第21號簡後有數個段落有着與《性自命出》不同的編排次序；第三，《性自命出》多出一些《性情論》所没有的文句；第四，兩個文本用字各有不同。就二者的差異來説，學界一般認爲《性自命出》的内容更爲完整，各簡的編排次序也更佳。

就《性情論》與《性自命出》的研究來説，後者一方面由於出土較早，占天時之先，一方面由於相對於前者的優點，成爲該篇佚文研究的重心所在。以至於《性情論》釋文發表的近十年之中，研究論文不論從數量上還是在深度上，都呈現出一種『缺失』的狀態。[一] 當然，出現這種研究狀况的落差實屬必然，畢竟二者是屬於同一篇佚文的不同文本，差異衹是内部的。但是，仍舊有問題存在，比如《性情論》開篇是『凡人雖有生』，而《性自命出》則作『凡人雖有性』，對此處『生』與『性』的異文，學者們已排除了誤抄誤寫的可能性，因此衹能理解爲兩個抄寫者對此有着不同的理解。又比如，《性自命出》第14號簡中的『凡道，心術爲主』，《性情論》對應的文本有殘缺，但李零等人根據竹簡的形制，補寫爲『凡道，心爲主』，從而使得

[一] 筆者在『知網』上衹搜到了五篇《性情論》的專題論文，分别是，陳來：《郭店楚簡〈性自命出〉與上博簡〈性情論〉》，《孔子研究》2002年第2期；周鳳五：《上博〈性情論〉小箋》，《齊魯學刊》2002年第4期；李景林：《讀上博簡〈性情論〉的幾點聯想》，《吉林大學社會科學學報》2002年第6期；徐在國：《上博簡〈性情論〉補釋一則》，《史學集刊》2003年第1期；梁静：《上博〈性情論〉研究與郭店本的對比》，《出土文獻》2019年第1期。相比之下，有關《性自命出》的研究論文僅2019年就有四篇。

該句後文中『道四術』的討論更爲複雜化。[一] 心性是該篇佚文的核心議題，而恰恰在與心性緊密相關的文句上，兩個文本存在異文，這便十分值得重視。除此，《性自命出》第67號簡『居喪必有夫戀戀之哀』後有一句『君子身以爲主』，而在《性情論》則没有相應的文句。同樣，《性自命出》第34號簡『喜斯陶』一段也爲《性情論》所無。

《性情論》與《性自命出》除了上述文字、文句上的差異之外，還有一點顯著的不同就是分篇問題，《性情論》不分篇而《性自命出》分上下兩篇。在《性情論》釋文公布之前，學界就《性自命出》是一篇還是兩篇的問題展開了長期的討論，直到《性情論》公布，纔終結了這一問題。[二] 但是，兩種文本編排表現出來的差異是否反映出了不同的思想取向，以及如何理解這種文本之間的差異性，問題仍然存在。

《性情論》是否爲《性自命出》的原始文本，抑或相反？我們知道，《性自命出》實際上是較《性情論》爲優的本子，因此在時間次序上，《性情論》的文本可能更爲原始。但這衹是一種可能。另一種可能則是二者有一個共同的祖本，並分别從原始祖本中衍化而出，如同陳來教授所指出的：『何以不同傳本章序不同，這可能需要從傳經經師的章句不同來解釋。』[三] 很難判斷這兩種可能哪一種是歷史真實，目前衹能兩存之。

以上就《性情論》與《性自命出》的差異性作了概括性的論述，而需要再次强調的是，這種差異是佚文内部的差異，對差異的把握有助於對該篇佚文義理的深入化理解。但是就本章對《性情論》的研究來説，這

[一] 梁靜：《上博〈性情論〉研究與郭店本的對比》，《出土文獻》2019年第1期。
[二] 參見廖名春：《郭店簡〈性自命出〉的編連與分合問題》，《中國哲學史》2000年第4期。
[三] 陳來：《郭店楚簡〈性自命出〉與上博簡〈性情論〉》，《孔子研究》2002年第2期。

種差異祇有有限的意義，並且由於研究狀況的客觀限制，我們必須站在《性自命出》的研究成果之上。

第二節　性：普遍而向善的人性

《性情論》論性的文字是相當複雜的，丁爲祥將之歸類爲七個層次：以人論性、以天論性、以氣論性、以心論性、以情論性、以習論性、以善惡論性。[一] 分而言之，竟有七個層次之多，《性情論》論性之複雜可見一斑。但是，《性情論》作爲一個思想文本，其性論當是七個層次統合於一的，而非七個層次相互攻訐，以致得出作者論性前後不一、有矛盾之處的結論。

一、與『生之謂性』的關係

《性情論》開篇即論性，曰：

凡人雖有生，心無正（定）志，待物而後作，待悦而後行，待習而後定。喜怒哀悲之氣，性也。及其見於外，則物取之【也。性】自命出，命自天降。道始於情，情生於性。始者近情，終者近義。知情者能出之，知義者能入【之。好惡，性也；所】好【所】惡，物也。善不善，性也；所善所不善，勢也。（簡1—3）

[一] 丁爲祥：《從〈性自命出〉看儒家性善論的形成理路》，《孔子研究》2001年第3期。

其中包含了所謂以天論性、以氣論性、以情論性、以善惡論性數個層次。簡文講『性自命出，命自天降』，是以天爲人性之根據。以天爲根據之人性，雖然不必然地就具有善或惡的道德屬性，但已然説明人性的普遍性。因此簡文下文就直接點出：『【四海之】内，其性一也。』（簡4）『性一』意味着不論聖人凡夫，其原初之性是同一的。但這原初同一之性並不是封閉的實體，而是『喜怒哀悲之氣』。用氣來刻畫性，意味着性是可變化的。《性情論》第5號簡曰：『凡性，或動之，或逆之，或實之，或厲之，或屈【之，或養之】，或長之。』就表明了性的可變化性，並爲教化之可能提供了依據。『喜怒哀悲之氣，性也。』顯然是以情來界定性，『情生於性』，性之實質就是未發之情。因此，普遍而同一之性表明情爲人普遍所具有，是人性的實質。不可否認，這的確是『生之謂性』的傳統，亦即是一種自然人性論。

竹書『好惡，性也』一句，常被斷章取義地理解，從而得出了性有善有惡的結論。但很明顯，『好惡，性也』衹有在『好惡，性也；所好所惡，物也』的完整語境中纔能得到準確的理解。『好惡』是在性物對待的關係中得以言説的，借用『能所』範疇，則『好惡』衹是性之『能』而已，並不是對性的本質規定。『及其見於外，則物取之也。』性物之間是物取性應的關係，性做出或好或惡的反應，取决於性所對之物的好惡狀態，而與性自身無關。並且，當惡而惡在價值判斷上，與當好而好一樣，屬於好的而非屬於惡。同樣，從『善不善，性也；所善所不善，勢也』，我們也無法確定『性』的善惡然否。

二、性的『性善』含義

那麼，《性情論》之性論是否僅是一種自然人性而無道德屬性呢？簡文説：『未教而民恒，性善者也。』（簡22）這句話在其所處的語境中是就教化的施行來説的，亦即『性善者』是施教者而非民。由於此處的

『性善』不是一種普遍性的論述，因此在邏輯上尚有兩種可能的情況存在：教而民恒與教而民未恒。[一]需要注意，此處的『性善』不是指性之本來面目，而是對現實人性的描述。故此，『教而民恒』的施教者尚未達至『性善』的地步，但仍然可以使民恒。至於『教而民未恒』的施教者，其現實之人性恐怕還處於一個初步的階段，甚至是性惡。因此，在『四海之内，其性一也』的普遍人性下，現實之人性呈現出差異。這並不意味着《性情論》論性的矛盾，而是考慮到了原初人性與現實人性兩個層面。

首先，由上文的分析可知，原初人性具有可改變的性質，這在物性與人性的比較中，得到了進一步的説明：『【牛生而張，雁生而伸，其性使然；人而學或使之也】。』（據郭店簡《性自命出》補）對於牛、雁來説，它們的原初性自然造就其現實性。但是對於人來説，同一的原初人性必然要通過『學』『使』纔能獲得現實人性。

其次，既然現實人性有着善的層次差異，而現實人性又源於原初人性，那麼原初人性至少要有善的基質，否則性善之説將是無法理解的。簡文説：

> 凡性，或動之，或逆之，或實之，或厲之，或屈【之，或養之】，或長之。凡動性者，物也。逆性者，悦也。實性者，故也。厲性者，義也。屈性者，勢也。養性者，習也。長性者，道也。（簡5—6）

實性、厲性、養性、長性昭示了性向善發展的可能，屈性則從反面指出了性朝不善一面的轉變。值得注

[一] 丁四新：《郭店楚墓竹簡思想研究》，東方出版社2000年版，第178頁。

意的是，屈性意味着性之自然趨向的屈服，是對原初人性的扭曲。顯然，作者發現了原初人性之中的『善端』，此『善端』通過『故』『義』『習』『道』的長養、充實自然而趨向於性善。因此，從原初人性來説，簡文也是持一種性善論，祇不過原初之善有被歪曲的可能，從而成爲不善的現實人性。而從現實人性來看，性善者有之，性惡者有之。性惡者不是不移之下愚，仍然有通過教化而向善的可能性。

再次，《性情論》在仁與性之間建立了緊密的聯繫，儘管仁不是其主要論述的內容。竹書曰：

> 【忠，信恕，義之方也；義，敬之方也；敬，物之節也。篤，仁之方也；仁，性之方也，性或生之。忠，信之方也；信，情之方也】；情出於性。愛類七，唯性愛爲近仁。智類五，唯義道爲近忠。惡類三，唯惡不仁爲【近義】。（簡33—34）

在性與物的對待中，性內而物外。仁直接與內在之性相關，『性或生之』，仁是由性生出的，並且基於性而發的愛近於仁。雖然，簡文没有直接肯定性的實質爲仁，也没有以仁來界定性，但在作者看來，仁是相當內在的，尤其當與外物密切相關的『義』對舉時，仁的內在性更加顯豁了。以仁論性，性之具有善端的含義也就更加值得肯定了。

最後，『情生於性』，簡文積極肯定了『情』的美善義。簡文曰：『凡人情爲可悦也，苟以其情，雖過不惡。不以【其】情，雖難不貴。』（簡21—22）人情是普遍可悦的，而性祇是情之未發狀態，以情反觀性，則性之美善義無疑也是可以肯定的。

綜上述，以情、氣界定的性雖然屬於『生之謂性』的傳統，但其不是與道德人性絶緣的。《性情論》肯定原初人性的普遍同一性，原初人性有着向善的潛藏基質，並認爲原初人性如能自然生長並加以長養充實之功，會必然指向『善』的現實人性。而就現實人性來説，由於原初人性並不能必然地達至性善的境地，從而呈現出性善者與性不善者並存的差異性局面。因此，《性情論》中的人性論是就原初人性和現實人性兩個層面來言説的，二者在理論上是相互支撑、相互依存的。另外，從人性論的角度看，《性情論》無疑是思孟學派的作品，至於其作者是子游、公孫尼子、子思還是他們的後學，則仍然無法得到確切的答案。

第三節　情：作爲禮樂根基的美情

一、情的美善性質

《性情論》重情是得到學者們普遍承認的，其特點在對情高度而積極的認可。竹書第2號簡曰：『道始於情，情生於性。始者近情，終者近義。知情者能出之，知義者能入【之】。』情奠基於性，而又是人道的開始。並且，奠基於性的情就其自身而言，就有美善的性質。竹書曰：

凡人情爲可悦也，苟以其情，雖過不惡。不以【其】情，雖難不貴。未言而信，有美情者也。（簡21—22）

在有關《性情論》情的研究中，情字字義的探討是個重要的話題。一般而言，情字有情實、情感兩義。[一] 在《性情論》此段所引文字中，情是兼具兩義的。衹有兼具了情實義，人情纔是可悦的。也就是説，真情實感纔能够是可悦的。更重要的是，在簡文作者看來，由性而發的情本來就是真情實感，是一種善的情。因此，情就算有所過度，也不足以成爲惡的事物。但這是就情的原初狀態來説。與性相似，情在其生發過程中也有受到歪曲的可能。故而，在現實的層面上，有美情者是對原初真情實感的保持者。因此，『未之爲而人信之』（簡殘 2 + 殘 5、殘 1）的情也是美情。簡文有『君子美其情』（簡 20）之説，所謂『美其情』，並不是説情本身是惡的或者善惡不定，故需要美之，而是以情爲美。竹書對情之美善義的肯定，還表現在情與信的緊密關聯上，簡文説：『【信，情之方也。】』（簡 33—34）反過來，也表現在對『僞』的消極評價上，簡文説『凡人僞爲可惡也』（簡 39），又説『人之不能以僞也，可知也』（簡 32）。

作者肯定情的美善義，在哲學上有着深刻的含義，趙法生指出：『在《性自命出》（即上博簡《性情論》）看來，情不僅是道的出發點，是詩書禮樂産生的源頭，更是道德培養的原動力，是詩書禮樂教化所以有效的不可或缺的前提。』[二] 誠然，在《性情論》中，不僅人道，而且禮樂都是基於情纔得以展開的。

二、情與禮樂

在《性情論》論情的文字中，有關禮樂與情之關係的論述占據着主要位置。先看禮與情之關係。《性情

[一] 李天虹：《〈性自命出〉與傳世先秦文獻『情』字解詁》，《中國哲學史》2001 年第 3 期；丁四新：《論郭店楚簡『情』的内涵》，《現代哲學》2003 年第 4 期；李加武、吴婧婧：《〈性自命出〉『情』義初探》，《阜陽師範學院學報（社會科學版）》2014 年第 1 期。

[二] 趙法生：《心術還是心性？——〈性自命出〉心術觀辯證》，《哲學研究》2017 年第 11 期。

論》第10—13號簡曰：

禮【作於】情，或興之也，當事因方而制之；其先後之叙，則宜（義）道也。或叙爲之節，則文也。【致容】貌，所以文節也。君子美其情，貴其宜（義），善其節，好其容，樂其道，悦其教，是以敬焉。拜，【所以爲敬也】；其□（數），文也。幣帛，所以爲信與徵也；其詞（治），宜（義）道也。笑，喜〈禮〉之淺澤也；樂，喜〈禮〉之【深澤也】。

雖然情過不惡，但過情終非情之理想狀態。禮之製作就是爲了使情有所節制，從而避免過情甚至僞情的出現。『禮作於情』的方式或者途徑有二：第一是『或興之也』。情之生發是由於物取未發之性，禮的作用就在於使情因順『事』『方』而恰如其分地興發出來，從而獲得秩序化、條理化。而秩序化、條理化就是『義』的原則。連劭名認爲：『文獻中儒家常常將禮樂制度稱爲「道」。』[一] 如若其然，則『始者近情，終者近義』在此得到了具體化的解釋。第二是『或叙爲之節』。如果情之生發本來就具有秩序和條理，那麼禮的作用就在於文飾這種已然條理化之情。

再看樂與情之關係。《性情論》第14—17號簡曰：

【凡】聲，其出於情也信，然後其入撥人之心也厚。聞笑聲，則鮮如也斯喜。聞歌謠，【則陶如也

[一] 連劭名：《論郭店楚簡〈性自命出〉中的「道」》，《中國哲學史》2000年第4期。

斯】奮。聽琴瑟之聲，則悸如也斯難（戁）。觀《賚》《武》，則齊如也斯作。觀【《韶》《夏》，則勉如也斯斂】。詠思而動心，喟如也。其居節也久，其反善復始也慎，其出入也順，司（始）其德【也。鄭衛之樂，則非其】聲而從之也。凡古樂龍（愉）心，益樂龍（愉）【指，皆教其】人者也。《賚》《武》樂取，《韶》《夏》樂情。

與禮一樣，樂也是奠基於人之真情實感的，並且祇有出於真情實感之聲纔能够深切地打動人之心。李天虹指出，這段文字『自笑聲、歌謡至琴瑟之聲、賚武韶夏之樂，由淺及深，闡發樂對人的心理、思想的感染、浸潤作用』[一]。誠然，《性情論》論樂是與心緊密聯繫在一起的，所謂『詠思而動心』『古樂雍心』就直接體現了樂對於心的作用。反過來心對聲也有影響：『其聲變，則其心從之矣。其心變，則其聲亦然。』顯然，在《性情論》看來，心聲是一如的。

作爲教化方式的禮樂，是與詩、書並舉的。《性情論》第8—10號簡曰：

> 詩、書、禮樂，其始出也皆生於人……聖人比其類而論（倫）會之，觀其先後而逆順之，體其宜而節文之，理其情而出入之，然後復以教。

『其始出皆生於人』，具體來説，就是生於人情，人情亦是聖人創作詩、書的根據。就禮樂的具體製作來

[一] 李天虹：《郭店簡〈性自命出〉中的樂論》，甘肅省文物考古研究所、西北師範大學文學院歷史系編：《簡牘學研究》第三輯，甘肅人民出版社2002年版，第68頁。

說，是『體其宜而節文之，理其情而出入之』。『其』，當指代人（情）。聖人因人情作禮樂，依禮樂施教於人。顯然，以人情爲禮、樂共同源頭的看法大不同於《禮記·樂記》。《樂記》認爲，禮樂有不同的來源，一則曰『樂由中出，禮自外作』，再則曰『樂也者動於内者也，禮也者動於外者也』。《樂記》也認爲，樂産生於人情，但認爲禮的産生却外在於人情。《性情論》將禮奠基在人情之上，實意味着爲外在的禮找到了『内在』的根基與依據。

第四節　心：主宰性情與心術

一、心與性情

在《性情論》中，心、性、情是三個相互交織的概念，對心的分析勢必牽涉到性、情。簡文開篇就是心、性一起來言説的，第1—4號簡曰：

> 凡人雖有生，心無正（定）志，待物而後作，待悦而後行，待習而後定。……凡人雖有性，心弗取不出。凡心有志也，無與不可：性之不可獨行，猶口之不可獨言也。……【四海之】内，其性一也；其用心各異，教使然也。

引文開頭的『凡人雖有生』，郭店簡《性自命出》作『凡人雖有性』，可能體現了兩位抄寫者不同的理解。作『生』字意味着生命，《性情論》此句的意思就是説，人有生命而心無確定的方向。引文第二句則作『凡人雖有性』，從上文以氣言性可知，性也是無定的。在性物的對待中，衹有通過心取，二者方能建立聯繫。並且，心對性有主宰的作用，如果没有心的同意認可，性之生發將是不可能的。可見，心、性均内在而無定，有着極其密切的關係。就二者的差異來説，簡文認爲，人的原初人性是普遍而同一的，但人之用心則各各有異。在現實的層面上，用心之異是『教』導致的，但其根據在於『心無定志』。『心無定志』與『凡心有志』不相矛盾，毋寧説心是有志而無定志的。

另外，需要注意，此處的『教』未必含有教化的含義，更多的是與上文所引『古樂𤕫心，益樂𤕫嗜，皆教其人者也』之『教』是同一個意思，是一個價值中立的詞。因爲，教化的作用是，使得心、性、情共同趨向於現實層面的善。

心與情的關係，是通過心與樂的關係來表現的，這在本章論情部分已有涉及。總而言之，心、情關係可以歸結爲兩點，第一點是在性物的對待關係之中，心取性出發而爲情，性能够發而爲情關鍵在於心，在這個意義上，心同樣也是情的主宰。第二點，就是心與聲的一如，聲變心從，心變聲從。

二、心術與『生德於中』

在《性情論》對心的論述中，『心術』是個十分重要的概念，也備受學者們的關注，如郭齊勇、趙法生等人都認爲，《性情論》的中心内容是『心術』。[一] 對『心術』的理解涉及心與道的關係問題，第7—10號

[一] 郭齊勇：《郭店楚簡〈性自命出〉的心術觀》，《安徽大學學報（社會科學版）》2000年第5期；趙法生：《心術還是心性？——〈性自命出〉心術觀辯證》，《哲學研究》2017年第11期。

簡曰：

凡道，【心術】爲主。道四術也，唯人道爲可道也；其三術者，道之而已。詩、書、禮樂，其始出也皆生於【人。詩】，有爲爲之也。書，有爲言之也。禮樂，有爲舉之也。聖人比其類而論（倫）會之，觀其先後而逆順之，體其宜而節文之，理其情而出入之，然後復以教。教，所以生德於中者也。

有一種意見認爲，『凡道，心術爲主』當作『凡道，心爲主』。這種意見殊難理解，不可從。因爲『術』與『道』對言，指道之分派，『術』自身也有路的含義。心術，即是心所由途徑的意思。道四術，則分別是心術、詩術、書術、禮樂術。〔一〕很明顯，簡書是把四術分爲了兩組，即内在的心術和作爲教化方式的詩、書、禮樂三術。儘管簡書着重强調了『心術』在人道四術中的重要性，這一點也被現代學者意識到了，但遺憾的是，竹書缺乏對『心術』的具體闡釋，故此我們無法得知心所由之途徑是什麽樣的，這條途徑通往何方。與此不同，詩、書、禮樂三術的教化活動却能够直接影響到心，使德性能够自然地從内心中生發出來。既然教化的目的是『生德於中』，中即是心，那麽『心術』作爲内在的精神修煉，也恐與德性的培養有關。而且就德性培養的途徑來説，内在心術的重要性要遠遠高於詩、書、禮樂的教化三術。

但是，『生德於中』説的是德内在於心之中，德與心顯然不是一回事，亦即德不是心的本然屬性。而

〔一〕丁四新：《論郭店楚簡『情』的内涵》，《現代哲學》2003 年第 4 期；匡釗：《簡書〈性自命出〉中『道四術』探析》，《江漢論壇》2011 年第 7 期。

《性情論》提到的仁、義等德目顯然又都是外在的，那麼，德到底是指什麼？顯然，與性有着密切的關係。性作爲未發之物，也是内在於心的，因此所謂『生德於中』，就是通過心術或者教化的方式，使得性中善的基質生發出來，德也就是性中所發之善了。而在這個過程中，心自身有着狀態的變化，即從『有志而無定志』之心轉變爲『簡簡之心』『拙拙之心』『恒忻之志』。也因此，在《性情論》的實踐哲學中，心、性、情都同時發生了轉變。心的變化如上所言；性在心術和教化的交互作用下，從善的基質長養爲性善；情則在教化作用下，保持自身原初的美善，並節制它的過度。

而心之所以能有狀態的轉化，並作爲性、情的樞紐，則在於心有着『思』的特點。簡文説：『凡思之用心爲甚。』『凡用心之躁者，思爲甚。』蒙培元指出，『思是性之發用和情的實現的重要條件』，『《性自命出》對於思的論述，可以看作是思孟學派發展中的一個重要環節』。[一]

除了心與性、情的關係，《性情論》還涉及心與身的關係，第31—32號簡曰：

凡學者求其【心爲難。從其所爲，近得之矣，不如以樂之速也。雖能其事，不能其心，不貴。求其】心有爲（僞）也，弗得之矣。人之不能以僞也，可知也。不過十【舉，其心必在焉，察其見者，情焉失哉】！

簡文認爲，了解一個人的内心是困難的，但仍然有兩條途徑，一是通過他的行爲，二是通過他的喜好。

[一] 蒙培元：《〈性自命出〉的思想特徵及其與思孟學派的關係》，《甘肅社會科學》2008年第2期。

人之内心是無法僞裝的，而且必將通過外在的行爲呈現出來。簡文雖然講的是如何求心的問題，但從行爲求心的路徑，已經預設了心與身的統一。《性情論》第37—38號簡曰：

> 有其爲人之節節如也，不有夫柬柬（簡簡）之心則采。有其爲人之柬柬（簡簡）如也，不有夫恧〈恒〉忻之志則慢。人之【巧】言利詞（辭）者，不有夫詘詘（拙拙）之心則流。人之悦然可與和安者，不有夫奮作之情則侮。

『節節如』『簡簡如』等都是對人之身體面貌的描述，但僅有儀態的合乎法度還是不够的，必然還要有『簡簡之心』『恒忻之志』作爲支持，纔能保證不采、不慢。

第五節　教化與心性

對教化的闡發是《性情論》中與其心性學説密切相關的重要内容，並且在上文對心、性、情的分别闡釋中，有關教化的論析也已得到展開。此處，再略論之。

首要的問題是，教化何以可能？《性情論》從人禽之辨的角度，把教化的可能奠基於心性之上，簡文説：『牛生而張，鴈生而伸，其性使然；人而學或使之也。』（簡4）牛一生下來隨即就可以舒張身體，鵝孵化而出也隨即就能伸長脖子，這是它們的本性如此。人却與之不同，人必須要通過學與使。可見，動物之性是生來即可表現，而不可更改的；而人的性需要學與使，纔能完全生發出來。《性情論》第4號簡曰：

【凡物無不異也者。剛之樹（祝）也，剛取之也；柔之約，柔取之也。四海之】內，其性一也；其用心各異，教使然也。

這也是對人物之别的説明，簡文認爲，物之表現各不同，其原因可歸結爲物之或剛或柔的性質。但就人而言，每個人都擁有普遍而同一的人性，但是人類的用心却各各有異，而究其原因，則在於『教』。我們認爲，此處的『教』還不是教化的意思，而更接近於『習』的意思，也就是『習』使得『用心』有異。這個『教』的含義略同於簡文『古樂疴心，益樂疴嗜，皆教其人者也』之『教』，二者都不是教化之意。而教化則恰在於對各異之用心的克服，培養内在於心中的德性。在這方面，教化就具體表現爲禮樂的教化，《性情論》第7—10號簡曰：

凡道，【心術】爲主。道四術也，唯人道爲可道也；其三術者，道之而已。詩、書、禮樂，其始出也皆生於【人。詩】，有爲爲之也。書，有爲言之也。禮樂，有爲舉之也。聖人比其類而論（倫）會之，觀其先後而逆順之，體其宜而節文之，理其情而出入之，然後復以教。教，所以生德於中者也。

禮樂從根源上來説，源於人之情，通過對人情的『比』『類』『倫會』等，詩、書、禮樂得以被聖人製作出來，成爲教化的内容。而作爲教化的詩、書、禮樂，又反過來作用於人情，從而『生德於中』。由上文的分析可知，『德』是與『性』密切相關者，『生德於中』就是使得性中所含的善質生發出來。

在《性情論》看來，人之性是可變化的，並且人性之生發，需要一系列外部因素的作用。簡文云：『凡性，或動之，或逆之，或性之，或屈之，或養之，或長之。』其中，『實性者』爲『故』，而『故』則是『有爲者也』，『有爲』就指詩、書、禮樂指教化而言。由此可知，教化不僅『生德於中』，而且在人之性已發之後，仍然對性有充實的作用。可見，教化是貫徹性之未發、已發而言的。

綜上所述，在《性情論》的心性學説中，教化具有十分重要的作用，教化奠基於人情，反過來作用於人情，通過『生德於中』『實性』，使得現實層面的人性善成爲可能。

第六節　結論

子貢曰：『夫子之言文章，可得而聞也；夫子之言性與天道，不可得而聞也。』（《論語·公冶長》）子貢不可得聞，未必就意味孔子不言性與天道，至少就七十子或其後學來説，他們是談論性與天道的，而且還談論得頗爲深入。屬於七十子或其後學著作的《性情論》，談論的就是一種具有較高理論深度的心性論思想，這一方面表現在對心、性、情及其與之相關的道、教、禮、樂等概念或觀念的深入思考，另一方面則體現在心、性、情三者密不可分的相互纏繞中。而這兩個特點也是思孟心性論、理學心性論所共有的。

借用《禮記·中庸》『未發』『已發』的觀念，可以恰當地用來描述《性情論》性與情之間的關係。未發之性被界定爲『喜怒哀悲之氣』，而已發之情則生於性。如果我們認爲情即是喜怒哀悲的話，那麼性的本質就是情，情根據未發、已發可分爲兩個階段，把未發的階段稱之爲性。以氣、以情論性屬於告子所謂『生之謂性』（《孟子·告子上》）的自然人性論傳統，屬於這個傳統的性一般是善惡不定、或善或惡的。而在《性情論》中，性含善的基質而有向善的可能性，並且這被現實層面的『性善者』所證實。因此，自然人性論也可以是性善論。但是《性情論》中的性善論並非孟子的性善論，因爲前者没有肯定仁義内在而爲性的本質。《性情論》對仁義的看法雖然肯定義與内在之性有着聯繫，但還是有着仁内義外的意味；而仁雖近於出自性之愛，但仍然不够内在。

那麽，當我們説《性情論》是一種性善論時，究竟是在何種意義上言説的呢？在《性情論》中，性的實質含義是「喜怒哀悲之氣」，性含有善之基質，也是就「喜怒哀悲之氣」來説的。《禮記·中庸》曰：「喜怒哀樂之未發謂之中，發而皆中節謂之和。中也者，天下之大本也；和也者，天下之達道也。」《中庸》以未發而内在的「喜怒哀樂」爲中，並將之視爲天下之大本，如果我們將「中」視爲「性」，那麽此性無疑是善的，如此方可作爲天下之大本。回到《性情論》，性善也就意味着「喜怒哀悲之氣」處於一種和諧的狀態就是善，而這種狀態是本然就有的。唯有如此，方能解釋已發之情何以在其原初就是美善的：作爲未發之性的「喜怒哀悲之氣」本然就是善的，所以發而爲情，情也是善的。顯然，這是完全不同於孟子的一種性善論主張，表達方式和思想内核與《中庸》有着更爲近緣的關係。孔孟之間，七十子及其後學傳播着各自的學問，不僅各自對人性有着不同的看法，而且在性善論的論域内也有着豐富的差異性。孟子之前，性善論不僅存在，而且還具有一種迴異的形態。

第三章　竹書《容成氏》『禪讓』觀念論析

竹書《容成氏》是一篇頗爲重要的出土儒家佚籍。關於這篇文章的内容，一般以爲由叙述『禪讓』和『革命』的兩部分文字組成。〔一〕不過，依筆者看來，所謂叙述『禪讓』内容的第一部分文字其實也包含了『授賢』與『禪讓』的兩種觀念，二者是遞進關係。因而，從第6號簡『昔者堯處於丹府與藋陵之間』一句到第34號簡講述堯、舜、禹禪讓故事的内容，應當單獨爲一個部分。它與第一部分文字在内容上是相區别的，爲此筆者可以提供三條顯而易見的理由。其一，第一部分文本在最高政治權力的轉移問題上主張所謂『不授其子而授賢』的觀點，而第二部分文本則由『授賢』演進爲着重論述所謂『禪讓』觀念。在此，『授賢』與『禪讓』在觀念上是不能輕易混同的。〔二〕『禪讓』所説的儒學意義是，竹書對於此前權力轉移過程中的『授受』方式從政治倫理學及儒家的道德理想主義的角度做出了深刻反思。其二，第一部分文本將容成氏

〔一〕 參見李零寫作的『説明』。李零釋文注釋：《容成氏》，馬承源主编：《上海博物館藏戰國楚竹書（二）》，上海古籍出版社2002年版，第249頁。

〔二〕 儒墨都有『尚賢』『授賢』的思想，但從思想特性上來看，『禪讓』説更接近儒家的政治哲學觀念。

等約二十位遠古帝王放在一起籠統論述，顯而易見在作者的思想世界中他們别爲一組，而與竹書對於堯、舜、禹禪讓故事的詳細叙述形成了鮮明對比。其三，堯、舜、禹之間形成了一個完整的禪讓故事結構，堯的興起在本質上意味着『禪讓』觀念及禪讓制的開始，禹的死亡則意味着禪讓制的崩潰。這樣，禪讓制的興亡可能與堯、舜、禹三聖對於『禪讓』觀念的理解及其實踐特性的不同具有密切關係。而第一部分文本雖然也着重叙述了一位遠古帝王的德業功勳，但是與堯、舜、禹的故事比較起來，它在思想特徵上頗有區别，且其塑造出來的歷史發展綫索也是斷裂或者暗昧不清的。

基於以上理由，本章僅根據竹書《容成氏》有關堯、舜、禹的文本來討論此篇的『禪讓』觀念。

第一節　堯：『禪讓』觀念的確立

竹書《容成氏》對於堯、舜、禹三聖的叙述，無論在思想觀念、叙述内容還是在表達方式上，都頗爲相近或一致。

一、堯的『禪讓』觀念

對於堯，竹書《容成氏》是這樣説的[一]：

[一] 竹簡編聯，乃根據陳劍重新編定的次序。因造字繁難，竹簡原文一般從寬式。句讀與訓釋，以李零、陳劍等的意見爲基礎，筆者略有改正。參見陳劍：《上博簡〈容成氏〉的竹簡拼合與編連問題小議》，簡帛研究網，2003 年 1 月 9 日；李零釋文注釋：《容成氏》，馬承源主編：《上海博物館藏戰國楚竹書（二）》，上海古籍出版社 2002 年版，第 250—293 頁。

（一）昔堯處於丹府與藋陵之間，堯賤施而時是貯（著），不勸而民力，不刑殺而無盗賊，甚緩而民服。於是乎方百里之中率，天下之人就，奉而立之，以爲天子。於是乎方圓千里，於是乎持板正位，四向綏和，懷以來天下之民。（簡6—7）

（二）是以視賢，履地戴天，篤義與信，會兹天地之間，而包兹四海之内，畢能其事，而立爲天子。堯乃爲之教曰：『自入焉，余穴窺焉，以求賢者而讓焉。』堯以天下讓於賢者，天下之賢者莫之能受也。萬邦之君，皆以其邦讓於賢【者，萬邦之賢者莫之能受也。百姓之人，皆以其位讓於】賢者，而賢者莫之能受也。於是乎天下之人，以堯爲善興賢，而卒立之。（簡8—11、13）

（三）昔舜耕於鬲丘，陶於河濱，漁於雷澤，孝養父母，以善其親，乃及邦子。堯聞之而美其行。堯於是乎爲車十又五乘，以三從舜於甽畝之中。舜於是乎始免蓺，投耨錨，介而坐之子（兹），堯南面，舜北面，舜於是乎始語堯天地人民之道。與之言政，悦簡以行；與之言樂，悦和以長；與之言禮，悦博以不逆。堯乃悦。堯（簡13—14、8）……【堯乃老，視不明】，聽不聰。堯有子九人，不以其子爲後，見舜之賢也，而欲以爲後。【舜乃五讓以天下之賢者，不得已，然後敢受之】。（簡12、23）

上引前兩段文本，無疑以堯爲論述的中心。第三段引文雖然大部分文字都以舜爲叙述中心，但是此時舜尚爲堯臣，而且堯對於舜的未來政治命運及對於禪讓制的成立都起着决定作用，因而此段引文仍應當納入以堯爲叙述中心的話題之中。第一段文字説，堯興起於丹府與藋陵之間，雖然對於『丹府與藋陵之間』的地理環境，竹簡没有直接説明，不過從下文來看，它似乎指一片荒蕪之地。而在此一片荒蕪之地中，堯何以能够成爲天子？這是竹書的關鍵問題之一。在論述此一問題之前，我們首先來看這段簡文所説『天子』一名的含義。竹簡說，由於堯具有大德，於是『方圓百里之中率，天下之人就，奉而立之，以爲天子』，此『天下之人』不過是在天下的方圓百里之地内的人口，此『天子』也不過是統轄百里之地的天子。以此爲基礎，堯德在外王層面上不斷開展，於是産生了方圓千里意義上的『天子』，竹書曰：『於是乎方圓千里，於是乎持板正位，四向綏和，懷以來天下之民。』順此推論，即有所謂方圓萬里意義上的『天子』了。由此，可以肯定，『天子』一名的真正含義不在於所轄面積的廣窄，而在於人君與『天』是否具有真實的關聯，衹要真實地得到『天』的命令、許可，他就是所謂『天子』。『天子』與疆域面積的大小並無直接關係。而『天下』一詞則是『在天之下』的意思，與作爲普天之下無所不包之義並不相同。前一義的『天下』，乃是爲了突出人，特別是『人君』與『天』的關聯性；而後一義的『天下』，則明顯受到了突出中央政權觀念的影響，且表明了德行觀念在一定程度上的失落。進一步可以推斷，與堯同時並立的君主從竹簡來看並不在少數，而堯不過是其中最爲傑出的一位，他被『方圓百里』『方圓千里』之地的人民相繼奉立爲『天子』而已。[一] 因此，在作者的思想世界中，『天子』與一般意義上的『人君』具有根本不同的含義，它在竹書中是一個神性化的政治術語。

堯被人們反復推戴爲『天子』，而他成爲『天子』的原因是什麽，也即是說，堯爲什麽能够從『丹府與藋陵之間』興起，而成爲『天子』呢？竹書簡潔地認爲『堯賢』。同時，堯被人們奉立爲天子的過程，在竹

[一] 需要指出，竹書《容成氏》第一部分文本提及約二十位遠古帝王，其中一些名號被傳世古籍排上了譜系，但是没有任何一部古籍將這二十位遠古帝王都完整地排列上。據此處『天子』一名及『天下』一詞的含義，有些遠古帝王在時間上可能存在並時關係，如炎帝、黄帝即是如此。

書的作者看來，正是由於人們『興賢』的結果。

何謂『賢』？竹書對『堯賢』的叙述頗不一般。堯爲政，並不苛嚴，相反非常寬緩，完全不依賴於惠施、刑賞這些常規的治國之道，但是老百姓却心甘情願地服從其統治，每個人都勤懇、努力地去做自己應當做的事情，而不去幹偷竊等不良行爲。此種意思，兩見於第6號簡、第43號簡的文字。不僅如此，第7號簡還説堯『於是乎持板正位，四向綏和，懷以來天下之民』，將其無爲而治、寬恤民命的儒家精神更加深入地展露了出來。《論語・泰伯》記『子曰』：『大哉！堯之爲君也。巍巍乎，唯天爲大，唯堯則之。蕩蕩乎，民無能名焉。巍巍乎，其有成功也。焕乎，其有文章。』同書《衛靈公》載『子曰』：『無爲而治者，其舜也與？夫何爲哉！恭己正南面而已。』其意與竹書所説的無爲思想是一致的。順便指出，儒家與道家的『無爲』概念不同，道家剽剝儒家的仁義、禮樂思想，儒家則反而根據仁義、禮樂觀念提出了『爲政以德』的主張，以之反對政、刑、爵、賞的方法及其背後相關的人性理論。《論語・爲政》載『子曰』：『爲政以德，譬如北辰，居其所而衆星共之。』同篇載『子曰』：『道之以政，齊之以刑，民免而無恥。道之以德，齊之以禮，有恥且格。』在孔子的思想世界中，人的存在意義是極其偉大的，他不是統治者實現其統治的工具，而是人實現其自身存在意義的目的。而這一目的的實現，有賴於孔子『爲政以德』觀念的指導。竹書《容成氏》對於『堯賢』的叙述，正體現了此一精神。而所謂堯之『賢』，也着重在於此『德』。

堯被奉立爲天子，其賢固然非常重要，甚至在作者的思想世界中，這是確定堯作爲一個具體的生命個體而成爲天子的基本根據，但是堯可能成爲天子，其賢並非唯一重要的因素。堯被立爲天子，與百姓『興賢』的觀念及其活動也密切相關。而且，問題的重要性還在於，堯也顯然在其自身被百姓奉立爲天子的『奉立』活動過程中，深刻地反省到了『興賢』觀念對於己身之政治生命及慰藉民心、安治天下的重要性。堯成爲天子無疑是這一觀念流行的結果，但是堯能够反省到此一觀念，並在其政治實踐中更加努力、自覺地提倡和維護此一原則，則是堯突出的精神貢獻。而從此一堯的精神中，『禪讓』觀念可以發展出來，乃是必然的事情。比較起來，這些觀念都没有在文本的第一部分中出現，至少没有明確出現。第一部分文本中的遠古帝王『皆不授其子而授賢』，這是當時氏族社會的習俗使然，還是他們的自覺意識所爲？竹簡没有闡明這一點。而且，在其『授賢』的原則下，當時衹能實行所謂『賢賢相授』的精英統治方式。在與此種精英之權力交替方式密切相關的統治活動過程中，精英們對國家的最高統治權的掌握問題可能是缺乏自我反省的，因而可能以『賢』的名義來壟斷國家治權，進而演變爲專横、獨斷的統治，國家的最高權位（天子之位）也因此完全可能被他們一己的意志所主宰和決定，而純成爲一私意的表達。最終，『賢』的内涵或其定義標準也可能因爲被極少數人所壟斷，而使『賢賢相授』的原則面臨危殆和終結局面。堯的思想反省及其相關的政治活動的作用之一，即是使『賢賢相授』的政治權力轉移原則走出自我置陷的危險，而發展出更爲深刻的政治哲學思想。這就是上述第二、三段引文所要表達的主要内容。

第二段引文首先叙説堯『視賢』的政治活動。『視』當如字讀，不讀作『示』。『視』是察看、考察之義。堯根據『履地戴天，篤義與信』和『畢能其事』兩條原則，來考察、甄别真正的『賢人』。在堯對『賢』的理解中，包含了内聖、外王兩個方面，前者説明『賢』在與天地相溝通的同時承擔起整個宇宙的命運，並且能够固守、維護『義』『信』的人道原則和生命原則，後者則説明了『賢者』必須完全具備處理他所應當擔負的一切現實事務，這是『天子』之作爲天子的根據，這是其與道德含義上的『聖人』的不同之處。誠然，從『視賢』而言，堯對『賢』的選擇具有其特定的標準，但是其所謂『視賢』的目的，不是單純爲了選擇『接班人』，而是爲了從本質上深化對『天子』權位的反思，這一反思的首要目標直接指向既已在天子之位的堯聖本身。堯對於自身的反省，當然出自其對『賢』與『天子之位』關係的深刻認識，反省的目的在於讓『天下爲公』及『賢』作爲天子之位的合法性根據的觀念確立下來。堯不願滿足於一己的權力私欲，從而視天子之位，乃至天下本身爲私器、私物。在此種『視賢』『求賢』的政治活動中，『讓賢』的觀念必然由此開顯出來。

『讓賢』觀念與第一部分所論『授賢』的觀念不同，按照《孟子・萬章上》的批評，『授賢』在較大程度上仍然有將天子之位私相授受的危險，從終極的權源來看（『天』），人間的天子在本質上無權將天下或國家的最高權力授與任何一個他所選定的接班人（『後』），而堯之所以能够在實際的政治活動中將天子之位傳給舜，而舜又傳給禹，乃由於他們得着這個『天理』，且不以人之喜好滯塞此一『天理』。竹書『讓賢』的觀念無疑與孟子的相關思考在實質上是相一致的。在『讓賢』觀念中，個人，哪怕是極其聖明的個人，也祇是實現此一『天理』，實現所謂『天下爲公』理念的一個有限工具。在此工具的意義上，天理纔不會被人欲所遮蔽，也不會被『法』『術』『勢』構建的政治威權勢力所桎梏，而真正的『賢者』纔得以可能居處於天子之位。毫無疑問，從竹簡來看，『禪讓』觀念最先起源於堯對權力的理性思考；而且，在他那裏，『讓』從邏輯上來説當優先於『禪』這一概念，也即是説，堯正是從『能讓性』開出了『能禪性』。當然，從竹簡文本來説，堯對於『賢』與『天子之位』的理解實際上已經超越了『讓』先於『禪』，或『能讓性』開出『能禪性』的判斷，而與後來被孟子以『天與』『民與』所道出的觀念頗相一致。不過，《論語・泰伯》載『子曰』：『巍巍乎！舜禹之有天下也，而不與焉。』同書《堯曰》曰：『堯曰：「諮！爾舜。天之曆數在爾躬，允執其中，四海困窮，天禄永終。」舜亦以命禹。』這説明自孔子以來，儒學所理解的堯、舜、禹的禪讓事件，不但在理性上有超越的存在根據，而且三聖對於『天子』權力以及『天下』大物的認識，也是置放在超越的存在根據之下的。正是由於堯能讓賢，所以纔最終真實地驗證了堯賢爲『天下之賢者莫之能受也』，乃賢之極致的論述。不僅如此，在『堯賢』的照射下，萬邦之君、萬家之主在讓賢的政治活動過程中，也都做到了『賢者莫之能受也』的理想境地。『賢』與『位』真實而恰如其分地相配相匹，這是作者的理想所在，也當與其深刻的政治哲學思考有關。

在此叙述的基礎上，作者的思考更推進一層，竹書曰：『於是乎天下之人，以堯爲善興賢，而卒立之。』所謂『興賢』，其實是『讓賢』的結果；『讓賢』無疑是中心，但是『興賢』也證明了『讓賢』的合法性；因『讓』，所以所有的政治權位纔不會輕易異化，而所有的『賢人』也纔會因其賢而自然、恰如其分地居於其當居之位。竹簡説，堯也正是因爲『讓賢』而『善興賢』，而『卒立』爲天子。這是政治事件上的傳奇，但也説明了作者已將『讓』及由『讓』所包含的道德性内涵，看作一切政治權力的基礎。

二、堯舜的禪讓

如果説第二段引文通過『視賢』『讓賢』『興賢』三個概念，將『禪讓』的原則在堯一人身上充分地揭示出來，從而論明了他之所以被奉立爲天子的合理性和合法性基礎，那麽第三段引文則將『禪讓』的權力交替原則在堯、舜二聖之間展開。這一方面是對舜成爲天子的合理性及合法性的説明，同時也是對堯所主張的『禪讓』觀念的最後也是最爲重要的一次考驗。這次考驗，無疑更加體現了道德性，也即是内聖方面的重要性。

首先，我們來看舜成爲天子的合理性因素。與堯相比，竹簡的作者更爲關注他的修身方面，其儒家化的思想特徵至爲明顯。在舜聖的思想性格上，其身力踐行（『陶於河濱，漁於雷澤』）和孝養天下（『孝養父母，以善其親，乃及邦子』）的精神，乃是其成爲天子的全部合理性理由的最爲根本的因素。舜之所以能上達天聽，乃根本由於此兩種品格；而堯之所以能『聞之而美其行』，也根本由此而出：無疑，這即是堯舜禪讓行爲在觀念上的生命綫。

其次，在聽聞之後，堯又親自面見舜聖，與他舉行了帶有考察性質的談話，竹書説：『與之言政，悦簡以行；與之言樂，悦和以長；與之言禮，悦博而不逆。』而舜也告訴堯『天地人民之道』。顯然，從天地人我、内聖外王等多個方面，堯完成了對舜的全面考察，而舜也完全符合堯對於『賢』的要求，於是『堯乃悦』。聯繫第一、二兩段引文來考慮，可知堯在被百姓反復推戴爲天子的同時，内心裏其實一直保持着『讓』的精神，他本人即是『讓』的道德精神的化身。所以從某種意義上來説，他一生實際上都在尋找可禪之人，並且爲這一禪退時刻的到來早已作好了思想上的準備。在堯的思想世界中，政府的每一個權位皆是公器，此公器與個人並不必然關聯在一起，尤其不是聽任個人意欲掌控的私有之物；對於此公器而言，任何個人都是憑藉其賢德、賢能而與之關聯在一起的，因而任何人、任何一次的居位掌權活動都僅僅具有臨時性而不具備永恒性的特徵；而且權位不是人的生命活動的出發點，也不是人的存在意義的終極目的，相反作爲公器的權位的意義乃在於它是實現人的存在意義的手段，但主要不是爲了某個個人欲望的滿足而設置的手段。堯、舜、禹之有天下而『不與焉』，甚至像《孟子·盡心上》所説的『棄天下如棄敝屣』『終身訢然，樂而忘天下』的精神境界，衹有在這種道德理想主義的政治哲學中纔真正成爲可能。

再次，『堯老』儘管從生理、壽命上來説是其必須禪位的客觀條件，但是堯理性地反省到此一點，而毅然決定讓位於舜，這與那些權欲薰心的政客們迥然不同，形成鮮明對比。先秦儒家在諸子重塑古史的思潮中，以理性的精神將堯、舜、禹的禪讓故事構造成爲一個道德理想主義的典型案例，在今天看來，這仍然具有積極意義。

最後，竹書説堯不以其子爲『後』，而是『見舜之賢，欲以爲後』。這當然是堯所内涵的『禪讓』精神的真實體現。而因此堯授位於舜，不是私授，而是因彼之可授（『賢』）而授之，不過是以此理而授之罷了。而舜面對堯授，竹書説：『乃五讓天下之賢者，不得已，然後敢受之。』『五讓』概念的出現，值得充分注意，説明從堯到舜，這種權力更替的『禪讓』原則已經完全程式化、制度化了。也即是説，『讓』的觀念已從精神性的原則轉化爲具體的禮制法則。同時，『五讓』既實質地表明了此一制度的禮意，又切實地説明了受者『不得已』的心理狀態，以及在此心理狀態中天子權位的公共性，及其具有絶對的神聖性和不可侵犯性。在究竟處，這是儒家對於權力的基本態度之一，而對於國家權力的公共性的捍衛，是先秦儒學的一個重要的思想任務。

第二節　舜：禪讓的繼續及其内在否定因素

一、舜：禪讓的繼續

在舜受位聽政之後，人與大自然相安共處的和諧關係主要因爲來自大自然的因素而被打破[一]，人類的生

[一] 在堯舜之前的人的存在狀態，常常被先秦諸子設想爲理想社會，人與自然具有天然和諧的關係，這可以參看《莊子》『外雜篇』的有關描述。當然，也有部分諸子的看法不同。從《容成氏》來看，作者默認了舜以前人與自然處於和諧狀態，這是竹書論述的前提。

存環境受到嚴重威脅和挑戰。此時作爲天子的舜，即必須承擔起拯救天下的重任。竹書《容成氏》曰：

舜聽政三年，山陵不處，水潦不湝，乃立禹以爲司工。禹既已受命，乃卉服、箁箬帽、芺執藝□，疋□□、面皯散、脛不生之毛，闓泚湝流。禹親執畚耜，以陂明都之澤，決九河之滐（堨），於是乎夾州、徐州始可處〖也〗。禹乃通淮與沂，東注之海，於是乎競州、莒州始可處也。禹乃通蔞與易，東注之海，於是乎荓州始可處也。禹乃通三江五湖，東注之海，於是乎荊州、揚州始可處也。禹乃通伊、洛，並瀍、澗，東注之河，於是乎豫州始可處也。禹乃通涇與渭，北注之河，於是乎虘〈遳〉州始可處也。禹乃從漢以南爲名谷五百，從漢以北爲名谷五百。（簡23、15、24—28）

天下之民居定，乃飭食，乃立后稷以爲田。后稷既已受命，乃食於野，宿於野，覆穀換土，五年乃穰。民有餘食，無求不得，民乃賽（慾），驕態始作，乃立皋陶以爲李（理）。皋陶既已受命，乃辨陰陽之氣，而聽其訟獄，三年而天下之人無訟獄者，天下大和均。舜乃欲會天地之氣而聽用之，乃立質以爲樂正。質既受命，作爲六律六吕，辨爲五音，以定男女之聲。當是時也，癘疫不至，妖祥不行，禍災去亡，禽獸肥大，卉木晋長。昔者天地之佐舜而佑善，如是狀也。舜乃老，視不明，聽不聰。舜有子七人，不以其子爲後，見禹之賢也，而欲以爲後。禹乃五讓以天下之賢者，不得已，然後敢受之。（簡28—30、16—18）

在堯統治的時代，『舜賢』已通過其自身的行爲活動及堯的親自考察而得到肯定和證明；且堯禪舜讓這一過程本身更闡明了舜受位爲天子的合法性所在。在舜統治的時代，作爲合法性根據的『舜賢』又得到了進一步的驗證。竹書作者將舜看作面對天下大亂的自然環境和社會環境而承擔起疏通自然、貞定天下之重任的偉大英雄。按照竹簡和傳世文獻的記載，舜確然建立了重建自然、社會和人自身之和諧關係的豐功偉績，但是舜建立此一豐功偉績並非僅僅憑藉其一己的力量，相反他恰恰是通過倚重賢能之臣的智慧和能力來建立的。《禮記·中庸》説：『舜其大知也與！舜好問而好察邇言，隱惡而揚善，執其兩端，用其中於民，其斯以爲舜乎！』應當説，《中庸》引『子曰』的這一段話，道出了舜用人的精神實質，而與簡文相表裏。舜用人雖然有中庸之德，但是無論竹書還是孔子對他的贊揚，主要是從用智用賢的角度來説的。竹書説『立禹以爲司工』，『天下之民居定』；又説『立后稷以爲田』，『民有餘食，無求不得』；又説『立皋陶以爲李（理）』，『三年而天下之人無訟獄者，天下大和均』；又説『立質以爲樂正』，『以定男女之聲』。由於用賢得當，所以當時産生了『當是時也，癘疫不至，妖祥不行，禍災去亡，禽獸肥大，草木晋長』（簡16—17）的盛世和諧景象。這無疑主要是舜及其善於用賢的功勞，同時也被作者用來説明與天地相溝通的舜德的聖明。竹書説：『昔者天地之佐舜而佑善，如是狀也。』

二、舜的禪讓實踐所包含的内在否定因素

與堯通過『讓賢』的發明和推行而使賢者處位的觀念不同的是，無論舜多麽善於孝養天下，他對於『賢』的把握態度可能更多是從客觀情景的需要出發來加以考慮的，因而不可避免地帶有某種程度的實用主義色彩。這種實用主義的『用賢』色彩，表現在其處理人的道德品格（『德』）與才能（『才』）的關係時，就必須做出切合實際的用人決定（『用權』）。同時，我們也看到，在舜用權以用賢的統治下，天子的『用命』即成爲一個典型的政治特徵。不能不説，舜雖效法『中庸』之道而行，但是在其對於重要政治活動

做出决策的過程中，『賢』一格的道德性根基（『德』）在一定程度上確實存在隱蔽不彰的危險。

當然，對於道德根基堅實而又踐行中庸之道的大舜來説，無論是其統治時使用權力還是其禪讓時對於權力的授受，他都基於對人的生命意義的自覺而合乎性格地真誠對待『權力』這一現象物，不讓私欲污染公權（『天子權位』）的純潔性。從這一點來看，舜『極高明而道中庸』（《禮記·中庸》）的生命境界即是在具體政治實踐中『兼濟天下』的最高儒家典範，恐怕連堯也無法匹及。正是由於他具有此等堅如磐石的道德性根基，舜雖君臨天下日久，但他對權力却不會産生絲毫棧戀。舜老，如堯之例將天子之位傳給了禹，竹書説：『舜有子七人，不以其子爲後，見禹之賢也，而欲以爲後。』而禹也如舜之例，按照『五讓』之禮讓賢，『不得已，然後敢受之』，這樣禹爲天子的時代即到來了。不過，必須指出，從現有竹簡文字來看，禹被視爲大賢而禪以天子之位，與舜被禪之原因相較，顯然竹書突出了禹的才幹與能力的方面，而對於禹之道德性的考量則在一定程度上被舜忽視了。拋開歷史決定論的觀點不言，單純從人的主觀思想世界來看，禹之後爲什麽禪讓制不能貫穿下去？難道與『賢』的定義，選賢標準的側重和改變，以至於疏忽『德』之重要性，没有絲毫的關係嗎？

第三節　禹：禪讓内涵的改變與禪讓制的終結

對於『天子之位』所當具備的道德性根源的忽視，在禹聽政時期受到了進一步的强化。堯對舜所作的考察方式與内涵，在禹最後的禪賢活動過程中，至少從文本上看來已經所存無幾了。『禪讓制』在被程式化的同時，其程式化本身在權力轉移過程中也慢慢吞噬了人們的道德理想和道德選擇的創造活動。不僅如此，程式化，甚至將禪讓體制的刻板化，慢慢地吞噬和擠壓了受者的道德自覺和責任意識。在此種狀態下，皋陶和伯益自主的道德性内涵必然被空洞化，他們的一切行爲在爲了舜、禹所處的『天子之位』的存在意義而盡力表演的同時，却喪失了其道德性表演的堅定意志及其偉大能力，所以在竹書和一些傳世文獻中，他們的人格，尤其是其道德性的内涵没有留下獨立的、充分的記録。而這一點，似乎爲禪讓傳統在禹後的終結埋下了作爲内因的種子。

一、禹：『禪讓』内涵的改變

竹書《容成氏》曰：

禹聽政三年，不制革，不刃金，不舂矢。田無踐，宅不工，關市無賦。禹乃因山、陵、坪、隰之可邦邑者而繁實之，乃因邇以知遠，去苛而行簡，因民之欲，會天地之利。夫是以近者悦治，而遠者自至，四海之内及四海之外皆請貢。禹然後始爲之號旗，以辨其左右，使民毋惑。東方之旗以日，西方之旗以月，南方之旗以蛇，中正之旗以熊，北方之旗以鳥。禹然後始行以儉，衣不褺美，食不重味，朝不車逆，春不穀米，饎不折骨。製服被黼。禹乃建鼓於廷，以爲民之有謁告者訊焉。擊鼓，禹必速出，冬不敢以滄辭，夏不敢以暑辭。身言孝祇，方爲三造，覃聖之紀。東方爲三造，西方爲三造，南方爲三造，北方爲三造，以越於溪谷，濟於廣川，高山登，蓁林【□□□□□□□□下不】亂泉。所曰聖人，其生易養也，其死易葬，去苛慝，是以爲名。禹有子五人，不以其子爲後，見皋陶之賢也，而欲以爲後。皋陶乃五讓以天下之賢者，遂稱疾不出而死。禹於是乎讓益，啓於是乎攻益自取。（簡18—22、31、33—34）

上面所引簡文都是説在受位聽政期間禹的政治事迹的。除講禹聽政三年，天下太平的事迹之外，這段簡文有關禹功的重要信息還有：（一）建成了衆多邦邑，懷柔遠近；（二）始爲號旗，以辨左右；（三）行儉建鼓，聽民之謁告；（四）身言孝祇，方爲三造。（五）身力行政，治爵行禄。這些内容，與《論語·泰伯》所説一段文字在思想上是相應的。《論語·泰伯》載『子曰』：『禹，吾無間然矣！菲飲食而致孝乎鬼神，惡衣服而致美乎黻冕，卑宫室而盡力乎溝洫。禹，吾無間然矣！』孔子對於禹的這些評論和贊美，前兩條主要是從禮治的角度而言。在孔子的眼中，禹是以禮治國、治天下的聖人典範。後一條，乃孔子贊美禹甘於苦己，以身家性命爲天下謀取安寧的無私行爲。而實際上，更根本的是對禹本身所具有的無私和仁愛精神的贊美。比較竹書和上引孔子的贊辭，可知竹書有關禹的叙述更爲具體。

從史料和思想上來看，這幾段關於禹的簡文有幾點值得特别注意。其一，以前，人們往往祇注意到禹自苦以救天下的一面，而忽略了他『因山、陵、坪、隰之可邦邑者而繁實之』的功績。孔子説禹『卑宫室而盡力乎溝洫』，這句話確實説明了禹對其自身提出了嚴苛的要求，不過這一刻苦自矯的精神正是爲了百姓安居樂業、建邦立邑服務的。

其二，禹對禮樂的創制之功，不僅被一些先秦諸子所忽略，而且他所創制的禮樂在來源和意義上具有特别之處，這一點以前的文獻未曾提及。[一] 禹所制的『號旗』，目的是給人民提供辨别方位之用。所謂『號旗』，是具有象徵符號意義的旗幟。而這些象徵符號，乃古人實踐智慧長期積澱的産物，具有特定的文化内

[一] 墨子『節用』『毁古之禮樂』，而自認爲推崇禹道。據《論語》及竹書《容成氏》，在儒家古史傳説系統中，禹非常推崇禮樂，對禮樂文化多有創建。莊子學派批評了墨子之道，可參見《莊子·天下》篇。

涵。不過，從其用途來看，一般民衆在此被設定爲盲目者，他們需要順從『號旗』的引導。由此而言，『號旗』無疑又具有號令、規範的作用，它們所涵攝的力量在無形中突出了天子的重要性，加强了天子的權威。實際上所有的文明創制之物，一方面在爲全體人民服務的同時，另一方面也强化了統治者的權威，異化了人的真性。中國歷代王朝一直强調黼黻文章相辨隔的文物制度，即與此有異曲同工之妙。有鑒於此，《莊子·駢拇》等篇的作者即對類似於『號旗』之物展開了深刻批判，主張『焚符破璽』『剖斗折衡』『殫殘天下之聖法』（《莊子·胠篋》），以爲不激烈如此即不足以恢復真正的人性。

其三，這段有關『號旗』的文字，將五方（東、西、南、中、北）與五象（日、月、蛇、熊、鳥）聯繫起來。此種搭配比較特殊，在此前出土或現有的傳世文獻中未曾見到。日東升西落，月西朔東晦，以日月之象表現東西之方，此乃先秦通識。古人由此又制定了朝日夕月之禮（參見《國語·周語上》）。所謂朝日夕月之禮，就是在春分之時祭日於東門之外，秋分之時祭日於西門之外。在古代的思想世界中，日月之象更多地與自然崇拜的宗教觀念相關，所以在民間宗教、數術、神話思想中流傳甚廣。[一]『南方之旗以蛇』，蛇屬巳位，在南方，此説見蕭吉《五行大義·論禽蟲》所載《式經》，《式經》曰：『巳有騰蛇之將，因而配之。蛇，陽也，本在南。』蕭吉所引《式經》現已失傳，不過可以肯定它與『式』這種數術工具密切相關。竹書云『中正之旗以熊』『北方之旗以鳥』，雖然在《周禮·春官·司常》的『九旗』制度中可以找到相似文字，

[一] 例如，馬王堆漢墓出土的非衣帛畫，其上部表示天界，下部表示冥界。非衣覆蓋在棺蓋上，其上部也表示北方，下部也表示南方。由北向南看，非衣上部的左面畫有日、烏、扶桑，右面畫有月、蟾蜍、嫦娥，是日東月西之象。馬王堆出土非衣帛畫共兩件，一件見於一號墓，一件見於三號墓。參見湖南省博物館、中國科學院考古研究所編：《長沙馬王堆一號漢墓》，文物出版社1973年版；湖南省博物館、湖南省文物考古研究所編著：《長沙馬王堆二、三號漢墓》第一卷，文物出版社2004年版。

但是畢竟它們並不確切對應。而且，中熊、北鳥之説頗爲怪異，不見於其他文獻，與《禮記・曲禮》「前朱鳥而後玄武，左青龍而右白虎」的説法比較起來，更是相隔殊遠。〔一〕1987年出土的河南濮陽西水坡四十五號墓，屬於仰韶文化遺址，距今約六千五百年。墓中埋葬的成年男子，左右兩邊分别擺放着蚌塑龍虎圖案〔二〕，馮時等學者對整個墓葬作了仔細研究和考證，認爲它們正好代表了以北斗星爲中心的「左青龍，右白虎」的星象圖，證明在遠古時期中國古人已經創制了一套完整的曆法系統。〔三〕1978年發掘的隨縣曾侯乙墓，約下葬於公元前434年。在此墓出土的第166號衣箱的箱面蓋上繪有一幅以北斗爲中心，其周圍爲「左青龍，右白虎，前朱雀，後玄武」四個星區的二十八宿星象圖。〔四〕這證明《禮記・曲禮》所述四象方位圖具有悠久傳統，在先秦是人所共知的天文常識，它也深入地影響了楚人的天文觀。不過，竹書《容成氏》所説南蛇、中熊、北鳥的方位圖象，與此頗不相符，説明此篇竹書的相關説法很可能出自以「熊」爲圖騰的楚人數術傳統。同時，此篇竹書也可能説明了儒學一方面在楚地流傳的過程中與數術結合，另一方面也説明了楚人對堯、舜、禹等遠古帝王的傳説形成了自己的流傳版本。

〔一〕所引《國語》《五行大義》《周禮》等文獻，李零已指出。參見李零釋文注釋：《容成氏》，馬承源主編：《上海博物館藏戰國楚竹書（二）》，上海古籍出版社2002年版，第265—266頁。

〔二〕濮陽市文物管理委員會等：《河南濮陽西水坡遺址發掘簡報》，《華夏考古》1988年第1期。

〔三〕馮時：《河南濮陽西水坡四十五號墓的天文學研究》，《文物》1990年第3期。

〔四〕箱蓋上的圖案以朱筆彩繪而成，「斗」字位於箱蓋面的中心，大書，從斗從主，是「斗」字的一種寫法，其中四筆被書者故意引長，分别指向環繞在箱蓋四周的二十八宿四宫的四個中心宿。在東西宫的兩旁，書者分别用朱筆繪有龍虎圖案；在衣箱的另兩邊側，一邊繪有朱色鳥雀之形，一邊則純爲黑色的漆面。學者認爲此圖象與所謂「前朱雀，後玄武」之説相符。參見湖北省博物館編：《隨縣曾侯乙墓》，文物出版社1980年版。

其四，由禹所開創的『孝祇三造』之禮，又是另外一個特別的發明。所謂『孝祇三造』，即在東、西、南、北四方各行三造之禮，孝敬天神地祇人鬼，以此來延續聖人的綱紀。這樣，禮樂的製作亦與禮敬天地的宗教精神密切相關，而禹就是根據人類固有的天地意識而將其禮樂化的精英人物。此外，大禹還建鼓於庭、治爵行禄，而這些政治創制，是不可能離開禮樂文化的背景的。墨家把『以自苦爲極』（《莊子·天下》）看作大禹的唯一精神，雖然看到了大禹自苦具有『置萬國』（《莊子·天下》）之功，但是其『毀古之禮樂』（《莊子·天下》）的主張，則完全背離了禹『自苦』的根本目的——文化創制的用心。無疑，墨子祇得到禹道之一端，而孔子在《論語·泰伯》中的評論則『扣其兩端』，把捉到了其精神實質。墨子對於禹道的實用主義理解，最終祇能將人自身的價值虛無化和工具化，難怪《莊子·天下》篇的作者悲哀地評論道：『以此教人，恐不愛人；以此自行，固不愛己。……使人憂，使人悲，其行難爲也，恐不可以爲聖人之道！反天下之心，天下不堪，墨子雖獨能任，奈天下何？離於天下，其去王也遠矣。』

二、禪讓制的終結

禹功確實偉大，不過從其對於最高政治權力的把握來看，禹對於『禪讓』觀念的處理在精神實質上作了較大改變。從竹書可以看出，舜在執政期間主要是通過任官授權的政治活動來體現其高明、偉大之處。相比之下，無論是在做司工之時還是在執政天下之後，禹對於重要政治活動都是直接且深入地置身於其中的。可以推斷，他對於權力的把握方式及對於權力的理解與堯、舜二聖不盡相同，禹似乎具有某種專權獨斷的迹象。在禹登上天子之位後，這促使他改變了『禪讓』觀念的精神内涵，而不是推進了此一觀念的内涵發展。竹一個比較明顯的例子是，以前由皋陶掌管的審斷獄訟的權力，在禹登上帝位之後，居然由他直接取代了。

書曰：『禹乃建鼓於廷，以爲民之有謁告者訊焉。擊鼓，禹必速出，冬不敢以滄辭，夏不敢以暑辭。』有趣的是，當禹最終將天子之權位通過禪讓方式交給皋陶的時候，皋陶却堅決拒絶了，竹書曰：『五讓以天下之賢者，遂稱疾不出而死。』而當禹將天子之位轉授給益的時候，却發生了『啓於是乎攻益自取』的武力政變事件，並最終導致了公天下的禪讓制的覆亡。這説明，禹至少在一定程度上應當爲這一悲劇性的重大政治事件負上相應的政治責任，同時也深刻地説明了禹的政治存在方式（包括總攬大權、專注事功、樹立政治權威及其背後的指導性觀念）在一定程度上也是對於『禪讓』觀念的異化。

第四節　小結：堯、舜、禹禪讓的思想要點

竹書《容成氏》關於堯、舜、禹三聖的文字，從叙述結構和思想要點上來看，可以概括爲如下幾點：

其一，堯起於貧賤，他被擁戴爲天子的過程，也是其不斷自我禪讓天子的過程。從竹書内容來説，『禪讓』的政治哲學原則實際上是由堯聖一人創立和實踐出來的，堯實現了從單純的『授受』（或『授賢』）到『禪讓』（或『讓賢』）觀念的巨大轉變，從而將『天子之位』爲『公位』『公權』的思想，真正清晰地表露出來。堯特别關心『天子之位』所包含的道德性内容，其對舜的考察也主要體現在道德性的關切上面，表明他一直在深切地思考『天子』的本質性爲何及作爲天子如何可能保持這一本質的問題。在堯的思想世界中，『天子之位』無疑衹是爲『天下』服務的。可就當時的歷史情勢來説，『公天下』的觀念必須通過禪讓的政治統治形式纔能得以更好表現。

其二，舜從事耕陶等生産活動，這表明他同堯一樣起於貧賤，但是他『孝養天下』的道德實踐和政治理

想恰恰體現和滿足了堯對於『天子之位』所設定的道德和政治兩個方面的精神内涵。舜最終繼承天子之位，這雖然體現了堯的道德意志，但更體現了堯爲『天子之位』設定合理性内涵所具有的堅實力量。不過，舜繼天子之位後，面對當時惡劣的自然和人文環境，他不得不從多個方面開創官僚體制，如命禹爲司工、后稷爲司農、臯陶爲理官、質爲樂正，這是舜作爲天子之後的主要工作。無疑，『用賢』的觀念在舜命衆官的過程中得到了積極而充分的顯示，但是也就是在此『用賢』的政治命令過程中，『賢』作爲『才』或『能』的含義被一再顯揚出來。在有關舜的所有竹書文字中，祇見其自律的道德要求，却不見其有意律他的道德意志的發用。不能不説，從堯到舜，『天子之位』所包含的道德理想主義的内涵可能被過分緊張的政治事功活動所淹没，被來自大自然的過度壓迫所吞没了。

其三，禹繼舜而來，在各個方面都有重大建樹。除在舜之時治九州以外，禹又在其統治時期推行了『國家化』和『城市化』的活動，對於禮樂制度有重大新創。不過，禹的這一系列措施更體現了『賢』作爲『能』之一義所具有的特定意涵。可以肯定，從竹書來看，禹的道德精神，尤其在堯所設定的所謂『天子』的精神内涵上來説，作爲道德精神之純粹自身，禹顯然没有在其任何的私人活動或個人的政治實踐中得到特别傾心的關注和有力的刻畫。因此，可以斷定，『賢』作爲『德』的内涵在禹的時代進一步消没和退隱了。禹之後，儘管禹的讓賢之意可能是千真萬確的，但是此一傳説故事仍不免發生了『啓於是乎攻益自取』的政變悲劇。這樣看來，從賢賢相禪到父子相繼，應當是『賢』所包含的『才能』力量最終超過了其『道德』因素的結果。

其四，在叙述結構上，堯、舜、禹三者既被編織在一個政治哲學的觀念裏，又被編織在一個連續而相同的故事結構中。如竹書説：『堯有子九人，不以其子爲後，見舜之賢也，而欲以爲後。【舜乃五讓以天下之賢者，不得已，然後敢受之】。』又説：『舜有子七人，不以其子爲後，見禹之賢也，而欲以爲後。禹乃五讓以天下之賢者，不得已，然後敢受之。』又説：『禹有子五人，不以其子爲後，見皋陶之賢也，而欲以爲後。皋陶乃五讓以天下之賢者，遂稱疾不出而死。禹於是乎讓益，啓於是乎攻益自取。』這三段簡文分屬三個文本單位，在敘述結構上呈現出驚人的一致性，即：

> 堯/舜/禹有子九/七/五人，不以其子爲後，見舜/禹/皋陶之賢也，而欲以爲後，舜/禹/皋陶乃五讓以天下之賢者，不得已，然後敢受之。

這種驚人一致的言説方式，尤其體現在其關於堯有子九人、舜有子七人、禹有子五人故事結構的塑造上，足見此篇竹書並非歷史性的記録，而是作者有心塑造的結果。這是子書的典型特點之一。從思想上來看，在反復的敘述中，『讓』和『五讓』觀念被一再突顯出來。『讓』，乃爲君之德；『五讓』，則是禮也。必五讓而後成就禪讓的君道，足見作者懷抱着儒家道德主義的政治情懷。而自堯開啓禪讓之後，『能禪性』正是通過『能讓性』表現出來：前者主要是一個政治哲學的問題，而後者則與道德哲學具有密切關係。不過，在權位轉移的過程中，『讓』的原則轉變爲程式化的『五讓』禮制，却在一定意義上異化了人們對於『賢』的傳統内涵的理解，道德性的因素反而因此禮制的開啓而隱蔽不彰了。由此而言，從堯的『視賢』『興賢』『讓賢』到舜、禹的『五讓』，最後到啓的『攻益自取』，不管它們之間表面看來具有多大的思想隔閡，但是它們具有内在的、一貫的邏輯則是可以肯定的。

其五，需要指出，禹可能仍然屬於『不以其子爲後』的『禪讓』觀念的真實而堅定的實踐者，這從禹先後兩讓於皋陶、伯益的故事可以得到證明。不過，即使禹真心實意讓後於天下，可是畢竟與啓「攻益自取」之事正相反對。其中的原因和意義究竟是什麼？對此，竹書《容成氏》的相關文字具有一定的暗示性或啓示性：雖然這些暗示或啓示，與孟子及縱横家的相關解釋不盡相同[一]，然而禹功的建立却最終在一定程度上導致了聖聖相傳的禪讓制的滅亡。這一點似乎是確鑿無疑的。

[一] 縱横家將禹啓之變和啓奪取政權的事件看作禹有意排斥異己而培植子啓勢力的結果。參見《孟子·萬章》所述「人有言」部分及《韓非子·外儲説》潘壽説燕王之言等。

第四章　上博藏孔子類戰國竹書的思想

在已經公布的上博竹書中，《仲弓》《季康子問於孔子》《弟子問》《孔子見季桓子》及《顔淵問於孔子》較爲相近，它們記載的都是孔子與弟子或時人的對話，與今本《論語》形式較爲相近，可以稱爲孔子類戰國竹書。但值得注意的是，上述文獻在内容、篇幅上遠超今本《論語》，尤其是其中的《仲弓》篇，其所討論的『爲政何先』這一問題的相關内容，以精要的論述被載於《論語·子路》的『仲弓問政』章中。因此，若從《論語》曾被多次編撰的史實來看，至少可以確定《仲弓》篇與《論語》密切相關。如果再從寬泛的意義上講，似乎可以如郭沂所主張的，將上博竹書的上述文獻統稱爲《論語》類文獻。〔一〕既然這些文獻與《論語》有着如此緊密的關聯，那麼它們的出土必然會引發一些思考，解決一些較爲重要的思想史難題。比如説，綜觀上述文獻可知，其所論以孔子的爲政思想爲中心。這對進一步理解孔子『爲政以德』的爲政思

〔一〕關於『《論語》類文獻』的提法，郭沂説：『可想而知，孔子弟子三千，登堂入室者七十有二，因而當時一定存在大量關於孔子言行的記載……今本《論語》衹有一萬餘字，顯然衹是當時孔子言行録的很少的一部分。如上所述，它僅出自孔門德行、文學兩科高足。《論語》之外那些門人所記孔子言行録的性質與《論語》一樣，故我們可稱之爲《論語》類文獻。』見氏著：《郭店竹簡與先秦學術思想》，上海教育出版社2001年版，第354頁。郭氏雖未明確將筆者提到的上述文獻視爲《論語》類文獻，但從其界定出發，他大概將上述文獻包括在内。

想，較爲重要。此外，《仲弓》内容如此豐富，而被記於《論語》的内容却極爲精煉，並且問題也從『爲政何先』變成了『問政』，究竟應該如何解釋這一現象呢？其實，上述問題關涉的是《論語》的文本演變問題。那麽，通過分析上博竹書的孔子類文獻，是否可以對《論語》的文本演變問題有所推進呢？這些問題無疑都是值得探討的。

第一節　孔子類竹書的爲政思想

關於孔子的爲政思想，學者多有研究〔一〕，已基本揭示其内容。概括而言，主要包括以下三點：以『爲政以德』作爲其總原則，以『正名』及『復禮』作爲其手段、方法，以『舉賢才』及『重德教』等作爲其具

〔一〕以往關於孔子爲政思想的研究，專著方面以梁啓超、蕭公權、匡亞明、蔡尚思等人的研究爲代表；論文方面則有楊玉清、劉祚昌、錢遜、王傑、喻中、聶長建、詹世友、王涵林、陳衛平等人的論述。參見梁啓超：《先秦政治思想史》，岳麓書社2010年版，第80—99頁；蕭公權：《中國政治思想史》，新星出版社2005年版，第33—55頁；蔡尚思：《孔子思想體系》，上海人民出版社1982年版，第62—79頁；楊玉清：《儒家政治哲學——寫在「儒家的政治哲學」的前面》，中華孔子研究所編：《孔子研究論文集》，教育科學出版社1987年版，第24—32頁；劉祚昌：《孔子的政治理想——兼論孔子的教育活動與他政治理想的關係》，中華孔子研究所編：《孔子研究論文集》，教育科學出版社1987年版，第249—268頁；錢遜：《孔子德治思想淺析》，中華孔子研究所編：《孔子研究論文集》，教育科學出版社1987年版，第417—423頁；王傑：《爲政以德：孔子的德治主義治國模式》，《中共中央黨校學報》2004年第2期；喻中：《説「爲政以德」》，《讀書》2009年第7期；聶長建：《「爲政以德」的政治哲學解讀》，《華中科技大學學報（社會科學版）》2010年第5期；詹世友、王涵林：《「爲政以德」：孔子政治倫理思想的内在邏輯理路》，《倫理學研究》2010年第4期；陳衛平：《孔子爲政以德的理論内涵》，《江南大學學報（人文社會科學版）》2013年第1期。

體内容。隨着上博竹書的公布，因其中《仲弓》《季康子問於孔子》《孔子見季桓子》及《顔淵問於孔子》等文獻均是孔子與弟子、季桓子及季康子等關於爲政問題的對話，故而爲進一步探尋孔子爲政思想提供了可能。今以這些文獻爲中心，結合《論語》《禮記》等傳世文獻，以期進一步闡釋孔子的爲政思想。

一、『導民興德』的教化與『仁之以德』的民務

政教合一係儒家政治思想的特色之一，儒家特别强調對民衆的道德教化。作爲儒家創始人的孔子，尤爲注重這一點。如孔子在告誡冉有時，即闡明了此點。《論語·子路》曰：

> 子適衛，冉有僕。子曰：『庶矣哉！』冉有曰：『既庶矣，又何加焉？』曰：『富之。』曰：『既富矣，又何加焉？』曰：『教之。』

孔子認爲，在爲政實踐中應當注重聚民及富民，『聚民』講的是人口增多，『富民』講的是百姓的富裕。在『聚民』和『富民』之後，孔子認爲更關注民衆的道德教化。因爲誠如朱子所言，若不注重對民衆的教化，則民衆極有近於禽獸的可能。[一] 孔子的這一觀念爲孟子所發揮，《孟子·梁惠王上》曰：

> 無恒産而有恒心者，惟士爲能。若民，則無恒産，因無恒心。苟無恒心，放辟邪侈，無不爲已。及

[一] 朱子曰：『富而不教，則近於禽獸，故必立學校明禮義以教之。』［宋］朱熹：《四書章句集注》，中華書局 1983 年版，第 144 頁。

陷於罪，然後從而刑之，是罔民也。焉有仁人在位，罔民而可爲也！是故明君制民之産，必使仰足以事父母，俯足以畜妻子；樂歲終身飽，凶年免於死亡。然後驅而之善，故民之從之也輕。今也制民之産，仰不足以事父母，俯不足以畜妻子；樂歲終身苦，凶年不免於死亡。此惟救死而恐不贍，奚暇治禮義哉！王欲行之，則盍反其本矣。五畝之宅，樹之以桑，五十者可以衣帛矣。雞豚狗彘之畜，無失其時，七十者可以食肉矣。百畝之田，勿奪其時，八口之家可以無飢矣。謹庠序之教，申之以孝悌之義，頒白者不負戴於道路矣。老者衣帛食肉，黎民不飢不寒；然而不王者，未之有也！

引文中，孟子對何以需要富民（即恒産）及教化作了説明，並指出教化的目的在於使民衆能够明孝悌之義。『申之以孝悌之義』即朱子的『明禮義』。孟子的這一發揮，也使得孔子重視對民衆的道德教化這一觀念，得到了更爲詳盡的説明。孔子重視教化，在《論語》他處亦有述及。如孔子在回答子張問『何謂四惡』時，認爲：『不教而殺謂之虐。』（《論語·堯曰》）孔子主張在使用『殺』這一刑罰時，必須以教化爲前提；不加教化之殺，在孔子看來就是虐民之政。孔子的這一觀念在《仲弓》等上博竹書文獻中亦有闡釋。

竹書《仲弓》提到導民興德的問題，即『若此三者，既聞命矣。敢問導民興德如何？』[二]（簡17、11）雖然由於簡文殘缺，無法得知孔子的具體回答，然而這一問題是在『爲政何先』之後被問及的，足見『導民

[一] 關於《仲弓》簡的編連與釋文，本章主要參考了李朝遠、陳劍、李鋭、晁福林、趙炳清、梁靜的意見。參見李朝遠釋文注釋：《仲弓》，馬承源主編：《上海博物館藏戰國楚竹書（三）》，上海古籍出版社2003年版，第261—284頁；陳劍：《上博竹書〈仲弓〉篇新編釋文（稿）》，簡帛研究網，2004年4月19日；李鋭：《〈仲弓〉新編》，孔子2000網，2004年4月22日；晁福林：《上博簡〈仲弓〉疏證》，《孔子研究》2005年第2期；趙炳清：《上博簡三〈仲弓〉的編聯及講釋》，簡帛研究網，2005年4月10日；梁靜：《上博楚簡〈仲弓〉篇研究》，《中國典籍與文化》2013年第1期。

興德』的教化問題之重要。在回答仲弓所問『民務』問題時，孔子同樣認爲教化極爲重要。因爲它關涉民衆能否行善，即『一日以善立，所學皆終。一日以不善立，所學皆崩。可不慎乎』（簡 24—25）。

既然教化如此重要，那麼教化的内容爲何呢？雖然孟子明確提到教化是『申之以孝悌之義』，且朱子亦指出教化在於使民衆『明禮義』，但這畢竟是孟子及朱子的發揮。《論語·述而》篇對這一問題有所闡述，云：『子行四教：文，行，忠，信。』關於此四者所指爲何，邢昺《疏》曰：『「文」指先王之遺文，「行」指德行。在心爲德，施之爲行。中心無隱謂之忠，人言不欺謂之信。』[一] 從邢昺的解釋來看，文和行是見之於外，較爲具體的；而忠、信則是内在於心的德。在《仲弓》中，孔子對教化的内容有所闡述。孔子在回答仲弓『導民興德』問題時，指出：『雖有孝德，其……』（簡 13）由於簡文殘缺，孔子闡述導民興德的詳細内容不得全知，但可以肯定其中是包含孝德的。這亦可説明孟子與朱子關於教化内容的闡釋較爲可取。從『雖有孝德』的『雖』字來看，孔子所言的教化之德，内容似乎更多。那麼，還有哪些内容呢？上博竹書《顔淵問於孔子》對此有一定的討論。

《顔淵問於孔子》共記載了顔淵向孔子請教的三大問題，分别是『内事』『内教』及『至名』。[二] 學者對

[一] 黄懷信：《〈論語〉匯校集釋》，上海古籍出版社 2008 年版，第 628 頁。

[二] 關於《顔淵問於孔子》的編連，本章以復旦大學出土文獻與古文字研究中心研究生讀書會（以下簡稱復旦讀書會）的編連爲準，釋文還參考了濮茅左、讀書會、李鋭、陳偉、黄人二、趙思木的意見。參見濮茅左釋文注釋：《顔淵問於孔子》，馬承源主編：《上海博物館藏戰國楚竹書（八）》，上海古籍出版社 2011 年版，第 137—165 頁；復旦大學與吉林大學古文字專業研究生聯合讀書會：《〈上博八·顔淵問於孔子〉校讀》，復旦大學出土文獻與古文字研究中心網，2011 年 7 月 17 日；李鋭：《讀上博八札記（一）》，孔子 2000 網，2011 年 7 月 18 日；陳偉：《〈顔淵問於孔子〉内事、内教二章校讀》，簡帛網，2011 年 7 月 22 日；黄人二、趙思木：《讀〈上海博物館藏戰國楚竹書（八）·顔淵問於孔子〉書後》，簡帛網，2011 年 7 月 26 日。

『内教』的解釋，存有差異。簡文的整理者濮茅左認爲指孝親、祭宗之教，並引《禮記·祭統》中『是故君子之教也，外則教之以尊其君長，内則教之以孝於其親』作助解，指出内教與五教（父義，母慈，兄友，弟恭，子慈）相同，與《孔子家語·王言解》中七教（上敬老而下益孝，上尊齒而下益悌，上樂施而下益寬，上親賢而下擇友，上好德而下不隱，上惡貪而下恥爭，上廉讓而下恥節）類似。[一] 陳偉認爲應當讀爲『入教』，指教化深入人心。[二] 黄人二、趙思木認爲指一定範圍内的教化，此處指齊國内的教化。[三] 王化平認爲應當讀爲『立教』，指的是爲政者通過自身修養爲民衆樹立榜樣，形成一種教化。[四] 這四種解釋何者更爲可取呢？竹書《顔淵問於孔子》曰：

孔子曰：『修身以先，則民莫不從矣；前【之】以博愛，則民莫遺親矣；導之以儉，則民知足矣；前之以讓，則民不爭矣。又迪而教之，能能，賤不肖而遠之，則民知禁矣。如進者勸行，退者知禁，則其於教也不遠矣。』（簡6—7、9）

就上引簡文而言，首先，從『修身以先』『前之以博愛』及『導之以讓』來看，孔子强調的是爲政者通過自身的修德，然後使民衆達到『莫不從』『莫遺親』及『不爭』的教化效果，這樣的教化方式可以稱之爲

[一] 濮茅左釋文注釋：《顔淵問於孔子》，馬承源主編：《上海博物館藏戰國楚竹書（八）》，上海古籍出版社2011年版，第147頁。

[二] 陳偉：《〈顔淵問於孔子〉内事、内教二章校讀》，簡帛網，2011年7月22日。

[三] 黄人二、趙思木：《讀〈上海博物館藏戰國楚竹書（八）·顔淵問於孔子〉書後》，簡帛網，2011年7月26日。

[四] 王化平：《讀〈上博八·顔淵問於孔子〉札記四則》，簡帛網，2011年9月20日。

『身教』。這與王化平從教化的方式方面來界定『内教』是一致的。其次，從『前之以博愛』『導之以儉』『前之以讓』及『賤不肖而遠之』中，可以得知孔子教化的内容，即『博愛』『節儉』『謙讓』及『賤不肖』。這些内容若以《論語》『文，行，忠，信』四者來界定的話，應當歸於『行』，即德行。濮茅左認爲，『内教』指孝親、祭宗之教，與此處所言的教化内容似乎並不相關，但若結合《仲弓》中『雖有孝德』的論述來看，濮氏的説法亦未偏差過遠。最後，教化必然期望達到一定的效果。『民莫不從矣』『民莫遺親矣』『民知足矣』『民不爭矣』及『民知禁矣』，是對『内教』效果的最好説明。而要達到這樣的效果，則其教化必須深入人心。這就説明陳偉將『内教』解釋爲『入教』，亦有一定的根據。

在解決了『内教』的概念理解之後，可以回到之前的教化内容問題。在上面的論述中，簡文和研究者都提及了教化的内容問題，强調教化的内容包括博愛、節儉、謙讓等。用今日的學術話語來説，教化的内容可以概括爲道德。正是從教化的内容出發，學界常稱孔子的教化思想爲德教。

在闡述孔子教化問題時，竹書《季康子問於孔子》等文獻亦討論了與教化問題相關的民務問題。此篇竹書對於民務問題作了集中討論。[一] 在簡文一開始，季康子就提出了民務問題，云：『肥從有司之後，抑不知民務之焉在？』（簡1）孔子認爲民務即在於『仁之以德』，指出：『仁之以德，此君子之大務也。』（簡2）

[一] 關於《季康子問於孔子》的編連與釋文，本章主要參考了濮茅左、陳劍、李鋭、福田哲之、劉洪濤的意見。參見濮茅左釋文注釋：《季康子問於孔子》，馬承源主編：《上海博物館藏戰國楚竹書（五）》，上海古籍出版社2005年版，第193—236頁；陳劍：《談談〈上博（五）〉的竹簡分篇、拼合與編聯問題》，簡帛網，2006年2月19日；李鋭：《讀〈季康子問於孔子〉札記》，簡帛研究網，2006年3月6日；［日］福田哲之：《上博五〈季康子問於孔子〉的編連與結構》，丁四新主編：《楚地簡帛思想研究》第三輯，湖北教育出版社2007年版，第53—69頁；劉洪濤：《説上海博物館藏戰國竹書〈民之父母〉中的『詩』字》，簡帛網，2006年9月6日。

那麽，究竟何謂『仁之以德』呢？在《季康子問於孔子》中，孔子認爲：

君子玉其言而慎其行，敬成其德以臨民，民望其道而服焉，此之謂仁之以德……（簡3—4）

從這一闡釋來看，孔子對『仁之以德』的理解，實際上就是强調爲政者當注重自己的道德修養，認爲正是通過爲政者的修德，從而使民衆歸服於己。這與上文述及孔子教化問題類似，足見爲政者的道德修養在孔子爲政思想的重要意義。此處孔子對於民務問題的論述，未涉及民務的具體内容，而是討論民務的基本原則。而《仲弓》則對民務的具體内容及其重要性有所闡釋。

在竹書《仲弓》篇中，仲弓請教於孔子的第三個問題便是民務問題（簡27、15）。孔子對仲弓的這一提問極爲贊賞，認爲：『大哉問乎，足以教矣。』（簡15）由此足見民務是極爲重要的，否則孔子不會如贊許林放問禮之本一樣贊許仲弓此問。[一] 並且孔子認爲爲政者應當『竭其情』『盡其慎』地做好民務中的三件事情[二]，更見民務之重要。那麽，民務的具體内容爲何呢？孔子認爲至少包含祭、喪、行三個方面，並説明其何以當慎重的理由。竹書《仲弓》篇曰：

[一] 就孔子思想而言，禮的重要性是毋容置疑的。孔子在稱許林放問禮之本時説：『大哉問！』（《論語・八佾》）此處孔子同樣稱許道：『大哉問乎！』足見民務的重要。

[二] 竹書曰：『君子所竭其情、盡其慎者三。』此句簡文，爲《仲弓》篇第15、20號簡，兩簡當連讀。

夫祭，至敬之本也，所以立生也，不可不慎也。夫喪，至愛之卒也，所以成死也，不可不慎也。夫行，巽（？）華（？）學……之。一日以善立，所學皆終。一日以不善立，所學皆崩，可不慎乎？（簡6、23—25）

在孔子看來，祭祀之所以應當慎重，歸因於祭祀是對逝者生命的追思，在祭祀中應當『祭如在』（《論語・八佾》）。喪之所以應當慎重，是因爲喪意味着至愛的離去。孔子之重視行，歸因於行有善惡，而善惡的確立又是由教化所致，因此教化應當也是民務中不可或缺的一部分。孔子指出對祭、喪及行三者，爲政者應當『竭其情』『盡其慎』，並强調『不可不慎』，足見三者對於民務的重要。但也説明三者並非指民務的全部，至少教化也應當屬於民務。

綜上所述，結合《論語》等傳世文獻，對上博竹書《仲弓》《季康子問於孔子》《顔淵問於孔子》等文獻中有關孔子爲政思想的教化與民務問題作了探討。其中，多處談到了爲政者應當注重修德。在孔子的爲政思想中，爲政者的道德修養，亦是其重要内容，以下將就這一問題加以探討。

二、『修身以先』與『先有司』：爲政者的道德修養

梁啓超將儒家的政治思想概括爲『人治主義』『禮治主義』或『德治主義』[一]，這一概括較爲準確。德治主義要求在政治活動中，堅持以德爲主。這一點在上文討論教化與民務問題時，已經有所體現，即特别强調

[一] 梁啓超：《先秦政治思想史》，岳麓書社2010年版，第76—77頁。

對民衆的德行引導。作爲政治活動的另一方，爲政者又當如何呢？孔子的主張是極爲明確的，爲政者必須注重其道德修養。

蕭公權將爲政者應當注重自身的道德修養這一觀念，概括爲『以身作則』，並指出：『蓋政事盡於行仁，而行仁以從政者之修身爲起點。』[一] 這一觀念表現在教化方面，即爲『身教』，如上文所論。那麼，這一觀念還包括哪些内容呢？先看《論語》的論述。孔子在回答季康子問政時，指出：『政者，正也。子帥以正，孰敢不正！』（《論語・顔淵》）不過，孔子並未就何謂『正』的問題加以闡釋，而是指出『正』的方法，即爲政者的『正』。他認爲通過爲政者的『正』，即可使民衆歸於『正』。簡言之，爲政的方法即在於爲政者自己的修德以正。這一觀念在《論語》其他處亦被論及，如《子路》篇記『子曰』：

其身正，不令而行。其身不正，雖令不從。

苟正其身矣，於從政乎何有？不能正其身，如正人何？

孔子的這一觀念在上博竹書《仲弓》等文獻中，亦被述及。上文論述教化與民務的問題時，曾涉及兩段簡文，與孔子注重爲政者的道德修養相關。竹書曰：

孔子曰：『修身以先，則民莫不從矣；前【之】以博愛，則民莫遺親矣；導之以儉，則民知足矣；

[一] 蕭公權：《中國政治思想史》，新星出版社 2005 年版，第 44 頁。

前之以讓，則民不爭矣。又迪而教之，能能，賤不肖而遠之，則民知禁矣。如進者勸行，退者知禁，則其於教也不遠矣。』（《顔淵問於孔子》簡6—7、9）

君子玉其言而慎其行，敬成其德以臨民，民望其道而服焉，此之謂仁之以德……（《季康子問於孔子》簡3—4）

孔子認爲在對民衆進行教化時，應當推行身教，即注重爲政者自身的修養，從而使民衆歸服於己。孔子指出在政治活動中，應當『修身以先』，做到『前之以博愛』『導之以儉』及『前之以讓』。通過爲政者修德，從而使民衆『莫遺親』『知足』及『不爭』，即所謂『不令而行』，達到『民莫不從矣』的效果。而在論述『君子之大務在仁之以德』時，則指出爲政者當嚴守言行一致，保持對道德的崇敬，這樣民衆方能誠服於爲政者。觀此，足見爲政者的修德對於孔子爲政思想的重要。

此外，《仲弓》《顔淵問於孔子》兩篇均論及『先有司』，這同樣是爲政者當注重修德這一觀念的體現。在回答仲弓關於『爲政何先』這一問題時，孔子明確提到四點，即『老老而慈幼』『先有司』『舉賢才』及『宥過赦罪』（《仲弓》簡7）。對於這一問題，《論語·子路》亦有問答，曰：

仲弓爲季氏宰，問政。子曰：『先有司，赦小過，舉賢才。』曰：『焉知賢才而舉之？』曰：『舉爾所知，爾所知，爾所不知，人其舍諸？』

『先有司』究竟所指爲何呢？《論語·子路》篇未作任何解釋，竹書《仲弓》篇則載有殘文，其文爲

『夫民安舊而重遷』（簡8）和『有成，是故有司不可不先也』（簡9）。從殘文來看，『先有司』肯定是針對民衆的。並且指出民衆的一大特性在於『安舊而重遷』，而『先有司』即是針對民衆的這一特性而有所作爲，故而簡文以『有成』結束對『先有司』的論述。但僅就殘文而言，仍難以揭示『先有司』的含義。學者對於《仲弓》『先有司』的解釋，大致有兩種意見，分别以晁福林、廖名春爲代表。晁福林認爲，『先有司』是指『爲政者必須先順應民意而選拔有司』。〔一〕晁氏之得出這一解釋，係依據其對『夫民安舊而重遷』的解釋。晁氏認爲『安舊而重遷』當讀爲『安舊而重舉』，指的是民衆既習慣於故舊之人，還重視新選拔出來的人。〔二〕基於對『夫民安舊而重舉』的解讀，晁福林纔將『先有司』作如上解釋。其實，晁福林的觀點與王肅、皇侃及邢昺等人主張的『爲政者當先任有司』〔三〕，基本上是一致的，祇是晁氏特别强調要順應民意而選拔有司。廖名春在將『夫民安舊而重遷』解釋爲『老百姓安於守舊而不習慣於改革變新』的基礎上，認爲『先有司』指的是爲政者的率先垂範。〔四〕並且廖氏指出，注重爲政者的率先垂範，不僅包括仲弓手下的屬吏，還包括仲弓本人。〔五〕兩説似乎均有一定道理，實則當從廖説。從《仲弓》的文意來看，『先有司』是回答『爲政何先』的，孔子列舉了『老老而慈幼』『先有司』『舉賢才』及『宥過赦罪』四者，若將『先有司』

〔一〕晁福林：《從上博簡〈仲弓〉看孔子的『爲政』思想》，《齊魯學刊》2004年第6期。
〔二〕同上。
〔三〕關於『先有司』，王肅認爲指『言爲政當先任有司，而後責其事』；皇侃認爲指『先委任其屬吏，責以舊事』；邢昺認爲指『爲政當先委任屬吏，各有所司，而後責其成事』。均參見黄懷信：《論語匯校集釋》，上海古籍出版社2008年版，第1145頁。
〔四〕廖名春：《楚簡〈仲弓〉與〈論語·子路〉仲弓章讀記》，《淮陰師範學院學報》2005年第1期。
〔五〕同上。

作『先委任有司』解，則明顯與『舉賢才』這一項有重複之嫌。因爲『委任有司』肯定是委任賢才，這樣『舉賢才』似乎就顯得多餘。而孔子又明確列舉了『先有司』及『舉賢才』兩項，則説明其内容是有差異的。故而此處『先有司』的解釋當以廖説爲長。

通過以上對於『先有司』的討論，不難看出，孔子是非常重視爲政者的自身修養的。在政治活動中，固然需要重視爲政者自身的修養，以求形成對於民衆的言傳身教，從而使整個社會達到符合禮義的和諧狀態。然而，在具體的政治活動中，爲政者及民衆難免會出現一些過錯，甚至犯罪行爲。對於這一問題，孔子所論又是如何呢？以下將作討論。

三、『仁人之道』及『宥過赦罪』：爲政標準與對民衆罪過的態度

政治活動一般都由爲政者與民衆組成，如何處理爲政者與民衆的關係，是爲政思想的一個重要問題。孔子以『爲政以德』作爲其爲政思想的總原則，在處理爲政者與民衆關係這一問題時，要求爲政者應當在注重自身道德修養的基礎上，對民衆『道之以德，齊之以禮』（《論語·爲政》）。而在政治活動中，欲使這一基本原則得以貫徹，首先需要解決的問題就是對民衆的特性有所認識。衹有針對民衆的特性，方能有具體的實施方法、措施。同時，又必須建立起較爲具體的理想模式，而不能僅僅停留於原則中。這樣看來，《孔子見季桓子》所提出的『仁人之道』與『邪僞之民』就具有重要的意義。通過對二者的分析，可以揭示孔子對民衆特性的分析以及較爲具體的德治模式。

在濮茅左釋文的基礎上，陳劍對《孔子見季桓子》作了重新編連，使其具有最大的可讀性。[二] 陳劍將《孔子見季桓子》分爲四個編連組，並指出：『其中第一組必在篇首，第二組很可能當接於其後；第三組是最大一個編聯組，包括 5 支整簡和 1 支斷簡，共兩百多字，據之可以了解本篇的主要内容。』[三] 陳劍所言中肯，其實第三組應該也是與前兩組緊密相關的。在第一個編連組中，季桓子提出『仁者是能行聖人之道』的論題（簡 4），並表達了向孔子『問禮不倦』的意願。第二個編連組緊接第一個編連組，季桓子與孔子將第一組的論題深入到『如夫仁人之未察，其行處可名而知歟』的論題（簡 6、10），而孔子在論述了『仁人』之後，開始對『非仁人』展開討論（簡 8）。由於簡文殘缺，具體内容不得而知。但從文意來看，應該是開始討論『非仁人』即『邪僞之民』的。第三個編連組則具體討論『仁人之道』與『邪僞之民』的問題。從第三個編連組的行文之始的『其物。邪僞之民，亦以其物』（簡 12）來看，這是對第二個編連組關於『仁人』與『非仁人』的深入和總結，故而云：『審二道以觀於民，雖有過，弗遠矣。』（簡 12）這樣看來，三個編連組還是緊密相連的。第三個編連組對於『仁人之道』與『邪僞之民』的詳細分析，最終是爲了解決『仁者行聖人之道』這一第一編連組提出的論題。通過以上對《孔子見季桓子》内容的簡要分析，不難看出，在第一個編

[二] 對於《孔子見季桓子》的編連與釋文，本章采用陳劍的編連，釋文則參考了濮茅左、陳劍、李鋭、梁静等人的觀點。參見濮茅左釋文注釋：《孔子見季桓子》，馬承源主编：《上海博物館藏戰國楚竹書（六）》，上海古籍出版社 2007 年版，第 193—236 頁；陳劍：《〈上博（六）·孔子見季桓子〉重編新釋》，復旦大學出土文獻與古文字研究中心網，2008 年 3 月 22 日；李鋭：《讀〈孔子見季桓子〉札記》，復旦大學出土文獻與古文字研究中心網，2008 年 3 月 27 日；梁静：《上博簡〈孔子見季桓子〉校釋》，簡帛網，2010 年 9 月 17 日。

[三] 陳劍：《〈上博（六）·孔子見季桓子〉重編新釋》，復旦大學出土文獻與古文字研究中心網，2008 年 3 月 22 日。

連組所提出的『仁者是能聖人之道』，實際上已經被轉化爲『仁人之道』。所以，仁人之道纔是孔子認爲應當追尋的。這樣看來，『仁人之道』就是孔子爲政思想的理想模式。而這一理想模式的提出，與孔子對於『邪僞之民』的認識是分不開的。

在竹書《孔子見季桓子》中，關於『仁人之道』，孔子説：

仁人之道，衣服必中，容貌不求異於人，不增（？）也。好罖隹（？）聚，仰天而嘆曰：役不奉芻，不昧（味）酒肉，不食五穀，擇處危岸，豈不難乎？（簡7、26、14）

關於『邪僞之民』，孔子説：

抑邪民之行也，好假美以爲茵，此與仁人二者也。夫邪僞之民，其術多方。（簡14、11）邪僞之民，衣服好豊〈豐〉，容貌皆求異於人。埝（閑）輂（輿）衛，輿（輕）道學淫，言不當其所，皆同其□；此邪民也。行年彌，久聞教，不察不依，其行板恭哀與兼，此邪民也。色不樸，出言不忌；見於君子，大爲毋懾；此邪民（簡19、17—18、13）

從上引文字可以概括出兩點要義：其一，『仁人之道』與『邪僞之民』是相對的，即『此與仁人二者也』，這是孔子對於民衆的基本認識。由此不難推知，孔子爲政的目的在於使『邪僞之民』轉化爲『仁人』，以期民衆均能行『仁人之道』。因此，將『仁人之道』作爲孔子德治的理想模式，應當是可取的。其二，就具體表現而言，仁人在着裝上必然與禮相符，且不異於常人；而邪僞之民則着裝怪異，與常人相異。並且仁人較易做到不困於酒肉、不貪食五穀等，而邪僞之民則不聞聖人教化而行，易學於淫亂之事，故而言語常不得當、出言毫無禁忌；且邪僞之民即便見君子，亦無所畏懼，無感於君子之德行。

無疑，孔子對於仁人與邪僞之民的論述應當還包括更多内容，但由於簡文殘缺，已經無法得知。僅就上引孔子所論而言，仁人所行是與道相符的、合於禮的；而邪僞之民則與道相悖，不合於禮。這樣看來，『仁人之道』是符合孔子『道之以德，齊之以禮』的基本規定的。由於此處『仁人之道』的内容較爲具體，亦可將其視爲富有具體内容的理想模式，是爲政者在政治活動中應當實現的標準所在。爲政者應當力求使『邪僞之民』轉化爲『仁人』。那麽爲政者如何纔能使『邪僞之民』轉化爲『仁人』呢？《孔子見季桓子》中並未言及（亦有可能是簡文殘缺了這一部分内容）。就孔子的爲政思想而言，無疑是通過教化來實現的。但誠如簡文所言，邪僞之民是難於聽聞教化的，如若邪僞之民因此而犯有過錯甚至罪行，又當如何處理呢？這一點，《孔子見季桓子》亦未言及（亦有可能是簡文殘缺）。然而通過上博竹書其他文獻，如《仲弓》及《季康子問於孔子》等，可以對這一問題有所解答。

民衆難免會犯一些過錯甚至罪行，這一點孔子是有所認識的，他説：『山有崩，川有竭，日月星辰猶【有】差，民無不有過。』（《仲弓》簡 19）既然過錯及罪行在所難免，關鍵的問題就是如何對待民衆的過錯與罪行，孔子認爲應當『宥過赦罪』（《仲弓》簡 10）。關於『宥過赦罪』，學者多有討論。李朝遠讀爲『赦過與罪』，是寬免過錯和罪行的意思，李鋭、許兆昌從之。[一] 陳劍讀爲『宥過赦罪』，釋義與李朝遠同。[二] 季旭昇讀爲『赦過舉罪』，指的是赦免無心之過，舉發有心之罪，黄人二、林志鵬及王化平讀法與季旭昇同。[三] 晁福林讀爲『改過舉罪』，指的是改正過錯與舉發罪行，並認爲『改過舉罪』的對象爲『有司』；楊懷源亦讀爲『宥過赦罪』，指減緩過錯與罪行。[四] 趙炳清讀爲『宥過舉罪』，指寬恕無心之小過及舉發有心之大罪。[五] 就上述解釋而言，對於『過錯』，諸家均認爲當寬恕之。當然，這裏的寬恕是有前提的，即有過錯之人必須接受道德教化，這就是孔子所强調的『德教不倦』（《仲弓》簡17）。若從文字訓釋出發，則當以『宥過』之説更爲可取。而對於『罪行』，諸家明顯存在兩種意見，一者認爲當舉發罪行，即讀爲『舉罪』；一者認爲當寬免罪行或者減免罪行，即讀爲『赦罪』或『赦過與罪』。究竟以何種意見更爲可取呢？從簡文『賢者刑政不緩』（《仲弓》簡17）來看，似乎應當指舉發罪行。然而若如此解釋，則似乎與孔子『道之以德，齊之以禮』之論相悖，因爲『道之以德，齊之以禮』就是針對『道之以刑，齊之以政』的。如此，這一問題還需要再作一番討論。

[一] 李朝遠釋文注釋：《仲弓》，馬承源主編：《上海博物館藏戰國楚竹書（三）》，上海古籍出版社2003年版，第268頁。李鋭：《〈仲弓〉新編》，孔子2000網，2004年4月22日；許兆昌：《從仲弓四問看戰國早期儒家的政治關注》，《史學月刊》2010年第9期。

[二] 陳劍：《上博竹書〈仲弓〉篇新編釋文（稿）》，簡帛研究網，2004年4月19日。

[三] 季旭昇：《上博三〈仲弓〉篇零釋三則》，簡帛研究網，2004年4月23日。黄人二、林志鵬：《上博藏簡第三册〈仲弓〉試探》，簡帛研究網，2004年4月23日；王化平：《上博簡〈仲弓〉與〈論語〉及相關問題探討》，《北方論叢》2009年第4期。

[四] 晁福林：《從上博簡〈仲弓〉看孔子的『爲政』思想》，《齊魯學刊》2004年第6期；《上博簡〈仲弓〉疏證》，《孔子研究》2005年第2期。楊懷源：《讀上博簡〈仲弓〉札記四則》，簡帛研究網，2004年8月7日。

[五] 趙炳清：《上博簡三〈仲弓〉的編聯及講釋》，簡帛研究網，2005年4月10日。

上博簡《季康子問於孔子》爲這一問題的解決提供了參考。在此篇竹書中，季康子在討論『居邦家之術』時，引葛戱今之言，認爲應當『大罪殺之，臧罪刑之，小罪罰之。』（簡21—22）這樣的爲邦之術被葛戱今稱爲『君子不可以不强，不强則不立』（簡8）。對於葛戱今的主張，孔子認爲雖言之甚美，但不可取。這是因爲在孔子看來，『君子强則遺，威則民不導，俞（？）則失衆，猛則無親，好刑則不祥，好殺則作亂』（簡9—10）。孔子認爲葛戱今所主張的强權政治或者威嚴政治，由於其强調『强』『威』『好刑』『好殺』，會導致社會不和諧，甚至民衆會作亂。有鑒於此，孔子指出爲政者在對待『罪行』的問題上，應當『大罪則赦之以刑，臧罪則赦之以罰，小罪則訾之』（簡20）。對比葛戱今的主張，孔子認爲在對待罪行的問題上應當慎用『殺』，並且主張寬恕處理民衆的罪行。這樣看來，《仲弓》關於罪行的討論就有比較清晰的結論，即孔子主張寬免或者減免民衆的罪行。當然，這並非指孔子不用殺或者刑政，如孔子仍認爲『大罪』當『赦之以刑』，即『刑政不緩』之意。而這其中，孔子一直强調德教，主張要『德教不倦』。這一點在《論語》中亦有所體現。如在回答季康子『殺無道以就有道』問題時，孔子説：『子爲政，焉用殺？子欲善而民善矣。君子之德風，小人之德草。草上之風，必偃。』（《論語·顔淵》）在孔子看來，爲政者無須用殺，而應當注重德教，以自身德性引導民衆從善，歸於有道。此外，如孔子在回答子張問『四惡』時指出：『不教而殺謂之虐。』（《論語·堯曰》）孔子並非不用殺或刑政，而是强調要以德教爲主，即『道之以德，齊之以禮』。這就充分説明了孔子爲政思想的德治主義的特性。

綜上可知，孔子對於民衆的過錯與罪行，是持德教爲主、刑政爲輔的觀念的。這是對孔子『爲政以德』的基本原則的貫徹。孔子的爲政目的，是以教化爲手段，從而使得民衆包括邪僞之民轉化爲仁人，以行『仁人之道』。總括而言，孔子主張『道之以德，齊之以禮』。

第二節　從孔子類竹書看孔子的『爲政以德』思想[一]

在談及出土簡帛研究的意義時，丁四新指出：應該將之置於其時代背景中去討論，從而有利於豐富思想史的研究，並解决一些未决的思想史難題。[二] 的確，出土文獻所載内容，可能是當時極爲重要而後來却消失的思想史料，因此，這些史料可以彌補一些非常重要的思想史細節。就上博竹書孔子類文獻而言，作爲早期的與《論語》緊密相關的文獻，它們對於我們解讀《論語》中孔子的一些重要的思想觀念無疑具有重要價值。在上一節的論述中，我們集中考察了上博竹書孔子類文獻的爲政思想。之所以作這樣的研究，並非選擇了特定的視角去解讀上述文獻，而是因爲它們的確都集中討論了這一問題。這樣一來，借用上述内容可以解决一些與孔子爲政思想相關的思想史難題。那麼，孔子爲政思想是否存在某些難題呢？如果存在的話，其難題又是什麼呢？

一、『爲政以德』爭議的學術史梳理

誠如上文所分析的，孔子的爲政思想的確包含多個層面。如果所論涉及《論語》《禮記》等傳世文獻的

[一] 本節内容曾以《孔子『爲政以德』辨析》爲題，發表在《道德與文明》2019 年第 3 期上。論文發表時，内容與此稍有區别；湖南省社科院的彭秋歸參與了本節内容的寫作和修改，故當時聯名發表此文。

[二] 丁四新：《先秦哲學探索》，商務印書館 2015 年版，第 220—225 頁。

話，其内容無疑將更爲豐富。不過，上部分討論的是孔子爲政思想的具體内容，這與以往對孔子爲政思想的研究較爲一致。然而誠如學者們所指出的，孔子的爲政思想確有其高度概括的原則，即梁啓超所謂的『德治主義』[一]。梁氏的概括，實際上根源於孔子自己的概括。關於爲政的總原則，孔子自定爲『爲政以德』，《論語·爲政》篇記『子曰』：『爲政以德，譬如北辰，居其所而衆星共之。』又記『子曰』：『道之以政，齊之以刑，民免而無恥。道之以德，齊之以禮，有恥且格。』這兩段文字都闡述了孔子的爲政思想，且都强調爲政應當『以德』。然而，『德』之所指却因《論語》一書的性質而未能確定[二]，因此，正是在對第一處文字的解釋中，引發了對『爲政以德』的持久争議，成爲思想史一大難題。

傳世文獻中對《論語》加以解釋的首推何晏的《論語集解》。《集解》中包咸（皇本作鄭氏）的注釋云：『德者無爲，如北辰之不移而衆星共之。』[三]對比注釋與原文可知，包氏最大的改變在於給『德』作了一個注釋，認爲『德』指的是無爲。並且他指出，所謂的『無爲』就如北辰本身的不移動，而是衆星圍繞北辰而動。包氏認爲孔子的爲政以德，其實就是無爲政治。包氏的這種觀念並非絶響，而是被後人所繼承和發揮，皇侃、邢昺乃至朱子、船山等都受其影響。皇侃注曰：『云「爲政以德」者，此明人君爲政教之法也。德者，得也。言人君爲政，當得萬物之性，故云以德也。故郭象云：「萬物皆得性謂之德。」夫爲政者奚事哉？得萬物之性，故云德而已也……北辰鎮居一地而不移動，故衆星共宗之以爲主也。譬人君若無爲而御民

[一] 梁啓超：《先秦政治思想史》，岳麓書社2010年版，第77頁。
[二] 衆所周知，《論語》係由孔子弟子或再傳弟子編輯而成，其中一些概念、觀念，甚至是一些重要的概念、觀念均未得到孔子的明確界定，而是由後人去解釋。這樣一來，對孔子哲學的解釋也就必然會多樣，也就必然會引發諸多争議。
[三] 黄懷信：《論語匯校集釋》，上海古籍出版社2008年版，第95頁。

以德，則民共尊奉之而不違背，猶如衆星之共尊北辰也。故郭象云：「得其性則歸之，失其性則違之。」』[二]皇侃對德作了具體的解釋，認爲『德』指『得萬物之性』。這種看法似乎與包氏之説有别。但在後面的論述中，皇侃又强調人君當如北辰的不移動一樣無爲，則民衆當如衆星一樣尊奉人君。足見，皇侃仍然堅持了以無爲來解釋『爲政以德』的取向。並且有進於包氏的是，皇侃直接引用道家代表人物郭象的解釋來闡釋這段文字，將之直接與道家哲學相關聯，也就真正做到了對這一文字的道家式解讀。不過，皇侃同時以『無爲』和以『得萬物之性』來解釋『德』，就必然意味着後者的『得』實際上就是以『無爲』的方式去『得』，否則兩種解釋之間就存在矛盾。而這樣的解釋也恰好與老子的無爲觀念極爲接近，也進一步説明，在對孔子這一文句的解釋上，已經明顯道家化了。

上述觀念絶非限於包氏、皇侃，在以對抗佛老而著稱的宋明理學中，亦有類似的看法。在宋明理學中，朱子對於經典的解釋可謂用功最勤且成果最爲豐碩者，其解釋是：『政之爲言正也，所以正人之不正也。德之爲言得也，得於心而不失之謂也。北辰，北極，天之樞也。居其所，不動也。共，向也，言衆星四面旋繞而歸向之也。爲政以德，則無爲而天下歸之，其象如此。程子曰：「爲政以德，然後無爲。」范氏曰：「爲政以德，則不動而化、不言而信、無爲而成。所守者至簡而能御煩，所處者至静而能制動，所務者至寡而能服衆。」』[三]朱子將『居其所』解釋爲『不動也』，這與包氏、皇侃的解釋相近；而從『爲政以德，則無爲而天下歸之』來看，則更能説明朱子仍然無法離開以無爲解釋『爲政以德』的語境。不過，仔細勘比朱子與

[二] 黄懷信：《論語匯校集釋》，上海古籍出版社 2008 年版，第 95 頁。
[三] [宋] 朱熹：《四書章句集注》，中華書局 1983 年版，第 53 頁。

包、皇二氏之説可知，朱子雖强調無爲，但無爲與爲政的關係並非如包、皇二氏所主張的，無爲就是爲政以德之德，而是主張爲政以德之後，其餘的爲政方式均無必要，從而使得爲政以德就如無爲一樣。質言之，朱子在爲政方式上是主張以德去爲政的，其客觀效驗則呈現爲無爲的樣態。正是在這一意義上，朱子引入程子之言作爲注脚。程子的意思是，爲政當以德爲其方式，然後纔會呈現出没有任何作爲的無爲形態。衆所周知，宋明理學的一大任務是弘儒學以辟佛老，這從上述朱子的解釋中即可看出。爲了恢復儒學的道德理想主義，朱子對自包氏以來的道家式解讀作了扭轉，使得爲政以德重回儒學的道德主義。正因如此，朱子在解釋『政』時，認爲是指『正人之不正』，『正』本身就包含了作爲，『正』與『不正』意味着道德、價值的判斷。據此可知，在對『爲政以德』的理解上，朱子肯定了『無爲』的意義，却又以道德、價值作爲『德』的本質意涵。這必然會引發一個爭議，即孔子的爲政思想究竟是無爲政治還是有爲的道德主義。並且這一爭議持續至今。

在朱子之後，對儒學經典注釋用功最勤的當屬王船山。關於『爲政以德』，船山的解釋是：『「爲政以德」而云不動，云無爲，言其不恃賞勸刑威而民自正也。蓋以施於民者言，而非以君德言也。若夫德之非無爲，則與北辰之非不動均也。不顯、篤恭之德，原静存、動察之極功。而況「德之爲言得」者，即「政之爲言正」之意，故言「爲」言「以」。如欲正人以孝，則君必行孝道而有得於心；欲正人以慈，則君必行慈道而有得於心。其以此爲政也，動之於微而未嘗有及於民之事，而理之相共爲經綸、氣質相與爲鼓盪者，以居高主倡，自有以移風易俗而天下動矣。』[一] 顯然，船山同樣不得不面對『無爲』與『德』的爭議。不過，其

[一]［清］王夫之：《讀四書大全説》，中華書局2011年版，第205頁。

解釋又有特殊之處。他指出，所謂『不動』『無爲』並非指的是君王或者爲政者的德性，而是指爲政的方式。因此，船山明確説『不動』『無爲』描述的是爲政者不需使用獎賞、刑罰、威嚴等爲政方式，而民可以自歸於正。在此，船山强調的是爲政者以自己的德行去影響人民，所以他認爲爲政者在位倡導，民間自會移風易俗，從而達到爲政之效。質言之，船山認爲『無爲』『不動』僅就爲政的效果而言，非指爲政者不當有所作爲。正是在這一意義上，他强調爲政者應當行孝道、慈道等。船山的上述觀念在其《四書箋解》中得到了更爲明晰的表述，其文云：『此「爲政」二字，是言爲政者，猶言人君能修德耳。德乃正心誠意以修身，如湯之「不邇聲色，不殖貨利」，文之「不顯亦臨，無射亦保」，初未及於民。蓋正己而物自正，非有禁令以正人之不正，故注言「無爲」。「譬如」二字緊頂上句，言爲政須以德，其理如此，勿誤作效説。「衆星共之」，是譬百姓觀瞻效法，視以爲趨向，非民之欣戴之也。祇在教化風俗上説，不及向背，與《孟子》「水就下，獸走壙」不同。』[一] 船山認爲，『爲政以德』强調的是人君自修其德，以使百姓效法其行。因此，『無爲』指的是爲政者自正之時，百姓自會效法，從而達到正己的效果。但絶非指爲政者當用禁令等有爲的方式，去迫使百姓歸於正。總之，船山認爲『爲政以德』僅僅是爲政者自身的修德，而『無爲』是就爲政者自修其德對於百姓的影響、效果而言的。顯然，船山同樣糾纏於『爲政以德』的『德』是作儒學的有爲之修己之德，還是作道家哲學的『無爲』之解釋當中。

如果説宋明儒的爭議帶有道統意識之爭，那麽現代學人的爭議則更能説明這一爭議的普遍性。在時賢中，主張以『無爲』解釋『爲政以德』者，喻中的觀點最爲尖鋭也最具代表意義。首先，喻中明確指出，現代學

[一] ［清］王夫之：《船山全書·四書箋解》，岳麓書社 2011 年版，第 168 頁。

人以道德、德治來解釋『爲政以德』絶不符合孔子的思想；繼而，他引用張舜徽先生的考訂，認爲道實際上就是道術，而道術的實質就是『無爲而無不爲』的君王南面之術；最後，基於以上兩步論證，他指出：『以上分析表明，當下流行的關於孔子的「爲政以德」的理解，很可能並不符合孔子的原意。』[一] 而他所認可的原意，正是包咸所提倡的要求君主以無爲的方式去執政。聶長建極爲推崇此説，他説：『這個發現讓筆者甚是歡喜，如果按照第一種理解，「爲政以德」和德治、人治相勾連，那麽孔子的思想價值在當今的法制社會是否要打折扣呢？而按照喻中的解釋，「爲政以德」對「無爲」的强調反而和西方近代的自由主義政治思想不謀而合。』[二] 在聶氏看來，正是因爲喻中發現了當以無爲去解釋『爲政以德』之『德』，從而使得孔子的爲政思想纔能在當今社會充分發揮其價值。言下之意，如果按照朱子、船山等宋明儒的解釋，則其價值將大打折扣。質言之，聶氏雖未明確否定德治之解釋的合理性，但他更傾向『無爲』的解釋。不過，時賢亦有肯定德治者，如陳來、陳衛平等即持這一看法。[三] 陳來指出：『總結起來，「道之以德」和「爲政以德」是孔子對古代「政以治民」和「政以正民」的重大改造。古代儒家强調政治德行對於政治過程的重要性，認爲政治的本質就是道德教化，堅持以美德爲政治的基礎，以善爲政治的目的，以仁貫通於政治的實踐，這些表現在現代社會的政治制度條件下，仍然有其不可忽略的意義。』[四] 不同於喻中、聶長建之説，陳來認爲即便是以道

[一] 喻中：《説『爲政以德』》，《讀書》2009 年第 7 期。

[二] 聶長建：《『爲政以德』的政治哲學解讀》，《華中科技大學學報（社會科學版）》2010 年第 5 期。

[三] 陳來：《論『道德的政治』——儒家政治哲學的特質》，《天津社會科學》2010 年第 1 期；陳衛平：《孔子爲政以德的理論内涵》，《江南大學學報（人文社會科學版）》2013 年第 1 期。

[四] 陳來：《論『道德的政治』——儒家政治哲學的特質》，《天津社會科學》2010 年第 1 期。

德、德治來解釋爲政以德，它仍對現代政治有利。顯然，陳來認爲『爲政以德』還是應當從德治、道德的角度來解釋。當然，現代學人對『爲政以德』的論述顯然不止上述四家，但其要義則仍在『無爲』與『德治』之爭。

綜上可知，自包氏以『無爲』解釋『爲政以德』以來，『爲政以德』的真實含義就一直存在爭議，爭議的要點在於：『德』的意思是『無爲』還是『道德』。那麽，究竟應該如何理解『爲政以德』呢？如果限於傳世文獻，似乎仍有可能停留於上述爭議之中。不過，由於大量出土文獻的存在，或許可以對上述問題有一種解答。

二、『爲政以德』重釋與辨析

在出土文獻面世以前，對『爲政以德』的解釋，依據的主要文獻是《論語》。那麽，『無爲』和『德治』在《論語》中是否均有依據呢？先看以『無爲』解釋『爲政以德』者。從文句的直接意思來看，幾乎所有注家都承認孔子的北辰之喻蘊含了『無爲』的意思。並且最爲重要的是，孔子曾明確肯定了無爲政治，他説：『無爲而治者，其舜也與！夫何爲哉？恭己正南面而已矣。』（《論語・衛靈公》）孔子認爲，作爲儒家聖人人格的舜，采取的便是無爲而治。因此，若從字面意思來看，主張以『無爲』來解釋『爲政以德』者，確有理據。不過，綜觀整個《論語》中論及無爲者，僅存上述兩處，並且『爲政以德，譬如北辰』一段文字尚非直接論述者。因此，此説雖有一定的文字依據，但證據稍顯不充分。這點若與以『德治』解釋『爲政以德』者相比，則更爲明顯。

在《論語》中，論及『爲政以德』者，除上引『譬如北辰』一段較有爭議的文字外，尚有另一段文句，即『子曰：道之以政，齊之以刑，民免而無恥。道之以德，齊之以禮，有恥且格』（《論語·爲政》）。對這一句的解釋，各家均未以『無爲』解釋『德』，如何晏的《論語集解》所引包氏之解釋是『德，謂道德也』。[一] 僅就『道德』二字而言，很難説它就是今天所言的『德治』，因爲老子同樣强調『道德』二字。當然，嚴格説來，老子的『道德』是兩個概念。不過，包氏並未如解釋『爲政以德』時那樣，明確地以『無爲』來解釋此處之『德』，則是十分明顯的。這一點，在皇侃的《義疏》中表現得更爲明顯。如上所述，皇侃即以『無爲』解釋『爲政以德』之『德』，不過在對『道之以德』的解釋中，雖然他同樣引用郭象的『德者，得其性者也』[二]，但並未明確指出此處的『德』是無爲，而是非常含混地指出：『云「道之以德」者，此即舉勝者也，謂誘引民以道德之事也。』[三] 與包氏一樣，皇侃同樣將『德』解釋爲『道德』，衹是他認爲爲政者當以道德之事來引導百姓，區别僅在道德和道德之事。顯然，堅持以無爲解釋『爲政以德』的包、皇二氏，均以道德來解釋『道之以德』。從根本上講，與上引文句本身的結構有關。從『道之以德』和『齊之以禮』來看，『道』和『齊』本身就意味着有爲。如以上論述得以成立，則主張以『無爲』解釋『德』者顯然就會陷入兩難之地，因爲它們對同一概念作了兩種不同的解釋。當然，若系統分析《論語》中的爲政思想，則會發現以『無爲』解釋『德』的理據更爲有限。

《論語》直接闡述孔子爲政思想的文字較多，如《顔淵》篇曰：『季康子問政於孔子，孔子對曰：「政

[一] 黄懷信：《論語匯校集釋》，上海古籍出版社2008年版，第105頁。
[二] 同上。
[三] 同上。

者，正也，子帥以正，孰敢不正！」』《子路》篇曰：『仲弓爲季氏宰，問政。子曰：「先有司，赦小過，舉賢才。」曰：「焉知賢才而舉之？」曰：「舉爾所知，不爾所不知，人其舍諸！」』同篇又曰：『子路問政。子曰：「先之，勞之。」請益。曰：「無倦。」』在回答季康子問政時，孔子明確指出，『政』即『正』，指的是爲政者當自身做到『正』，然後百姓無有不『正』。顯然，自身的正本就是有爲而作。至於後面提及的爲政之法，如『先之』『勞之』『先有司』『赦小過』『舉賢才』等，顯屬有爲之列。此外，在《論語》中，孔子所説爲政之方有『尊五美』『屏四惡』（《論語·堯曰》），又有『足食』『足兵』（《論語·顔淵》）和『居之無倦，行之以忠』（《論語·顔淵》）等，顯然同屬有爲之列。因此，以『無爲』來解釋『德』，在文字上的證據極爲有限。

此外，從出土文獻來看，同樣不當以『無爲』來解釋『德』。從本章第一節的論述來看，上博竹書中的《論語》類文獻均無論及無爲政治者，而德治則隨處可見。上文指出，上博竹書中的爲政思想，主要有三大主題：其一，導民興德的教化與仁之以德的民務；其二，以『修身以先』與『先有司』爲内容的爲政者之道德修養；其三，以『仁人之道』及『宥過赦罪』爲内容的爲政標準及對民衆罪過的態度。第一點主要討論的是教化和民務問題。孔子認爲，教化的目的是導民興德，而教化的内容則是『外則教之以尊其君長，内則教之以孝於其親』。顯然，就教化的内容而言，就是現在通泛意義上的專指儒學的道德。不僅如此，竹書《顔淵問於孔子》還明確指出導民興德的内容是『前之以博愛』『導之以儉』『前之以讓』。『博愛』『儉』『讓』三者，顯然同樣屬於儒學的道德範疇。第二點主要闡述的是爲政者的修養問題。從何以爲政者需要注重道德修養的角度來看，簡文的意思與《論語》中的『子帥以正，孰敢不正』一致，强調的都是爲政者自身的道德修養是爲政的前提，即『修身以先，則民莫不從矣』（《顔淵問於孔子》簡6）。而從修身的内容來看，則更能看出『德』的意涵。《顔淵問於孔子》指出，爲政者修身的内容是『前之以博愛』『導之以儉』『前之以讓』。誠如上文所指出的，『博愛』『儉』『讓』三者，顯然同樣屬於儒學的道德範疇，而絶不屬於『無爲』的範疇。第三點主要討論的是孔子對民衆罪過的態度。如上文所分析的，孔子反對葛戲今的看法，認爲應當『大罪則赦之以刑，臧罪則赦之以罰，小罪則訾之』（《季康子問孔子》簡20）。顯然，孔子認爲在對待罪行的問題上應當慎用『殺』，並且主張寬恕處理民衆的罪行。更爲重要的是，孔子認爲在處理民衆的罪過時，必須堅持『德教不倦』的原則。質言之，孔子認爲在爲政的處罰問題上應當有所作爲，但更應當以道德教化爲前提。顯然，在對待民衆的罪過上，孔子仍然堅持儒學的道德理想主義主張，而絶不主張『無爲』。通過上文的分析，不難發現，孔子是强調爲政者的作爲的。孔子認爲爲政者應當注重自身的道德修養，注重對民衆的教化，注重祭、喪、行等民務問題的處理；而對於犯有過錯或罪行的民衆，孔子雖然主張以教化爲前提對其加以寬恕，但仍然未取消刑罰。這足以説明孔子是堅持爲政者當有所作爲的。當然，孔子認爲爲政者的作爲是有前提的，即其作爲必須符合禮義。這就不能説孔子主張不作爲，主張爲政者當清淨無爲的。總之，通過對上博竹書孔子類文獻中的爲政思想之解讀可知，『爲政以德』之『德』當以道德的德治之解釋爲準。

綜上可知，對『爲政以德』之『德』的解釋的確當以道德、德治爲準。不過，通過對《論語》和上博竹書孔子類文獻的解讀可知，它們似乎並未對『德』『爲政以德』有明確界定，而是如孔子對仁的解釋一樣具有隨機指點的特性。那麽，孔子的『爲政以德』究竟有哪些具體内容呢？關於這一問題，時賢有較好的總結。在闡釋何謂『爲政以德』時，陳來指出：『爲政即從事政治的治理與領導，「以德」在字面上可能有兩種意義，即道德教化和道德表率。從整個句子來看，爲政以德並不是泛指以道德治理國家，而是特指爲政者以自己的道德作爲民人的表率，故後句説「譬如北辰居其所而衆星拱之」，即爲政者能作道德表率，人民自然都會歸向爲政者，如衆星環繞北極星一樣。』〔一〕在之後的分析中，陳氏進一步將『以德治國』概括爲兩個方面，即『「爲政以德」包含了兩個方面，一個是「導之以德」，反對刑殺治國，主張道德教化和引導；一個是「爲政以德」，突出政治領導者的德行，政治領導者的德行是孔子最爲重視的』〔二〕。陳氏以『爲政以德』和『導之以德』兩個方面來概括孔子的『爲政以德』思想，誠如上文所指出的，的確抓住了孔子爲政思想的核心。陳來的意思是『爲政以德』作爲孔子爲政思想的高度概括，包含了對民衆的道德教化、引導和爲政者的道德修養兩個方面。這種概括確有其據。誠如上文在概括上博竹書孔子類文獻的爲政思想時所總結的，孔子强調在爲政中應當注重導民興德，並且主張在民務上應當『仁之以德』，這些都是孔子强調爲政者應當注重教化的具體表現。孔子强調爲政者應當『修身以先』和『先有司』，這些都是孔子在强調爲政者應當注重自己的道德修養之表現。不過，我們從上文的分析可知，在民務和對待百姓罪過等問題上同樣體現了『爲政以德』的思想。此外，如孔子在回答子路問『衛君待子而爲政，子將奚先』時指出，當以正名爲先（《論語・子路》）；孔子在回答仲弓問『爲政何先』時所指出的舉賢才等。這些顯然都是『爲政以德』的具體表現，因此，『爲政以德』很難用某些具體的措施來概括，甚至可以説，『爲政以德』表現在爲政思想的方方面面。這樣看來，孔子顯然是將『爲政以德』運用在各項具體的爲政事務中。就此而言，可以將『爲政以德』

〔一〕陳來：《論『道德的政治』——儒家政治哲學的特質》，《天津社會科學》2010年第1期。
〔二〕同上。

視爲孔子爲政思想的基本原則。[一] 正是在這一意義上，梁啓超將「德治主義」視爲孔子爲政思想的原則。[二] 質言之，「爲政以德」既是孔子爲政思想的基本原則，在爲政活動中的各種運用都是「爲政以德」的具體體現。

綜上所述，我們已經闡釋了「爲政以德」的意涵與内容。但在梳理「爲政以德」的學術史爭議時，我們發現，皇侃、朱子、船山等都從形上學或者本體論的角度來解釋德，那麼這種做法是否可取呢？

在上文梳理「爲政以德」的解釋史時，除將「德」作「無爲」解外，還有一些解釋，如：皇侃引用郭象的「萬物皆得性謂之德」來解釋德，並認爲「爲政以德」之德指的是「言人君爲政，當得萬物之性」[三]；朱子指出，德是「德之爲言得也，得於心而不失之謂也」[四]。顯然，皇、朱二氏的解釋均依據「德者，得也」的古訓而來。而更爲一致且更爲根本的是，二氏均將德解釋成形上學或曰本體論的概念。這樣一來，從原則的角度來解釋德，無疑是可取的。同樣，德也就可以開顯爲不同的内容，即上文提及的作爲爲政方式之德。然而若從上博竹書《論語》類文獻所載孔子論德來看，上述説法實難成立。誠如上文所述，孔子在論述德時，都是非常具體的，如：孔子强調爲政者應當先修己德，而修德的内容則是博愛、讓、儉等；孔子强調要

[一] 時賢基本都持這種看法，如陳衛平在闡述孔子的爲政思想時，即以「修己志仁：爲政以德的基本前提」「教民趨善：爲政以德的主要手段」「和而不同：爲政以德的理想目標」爲主題來展開論述。顯然，陳氏以「爲政以德」將孔子爲政思想貫穿起來，亦可説是以「爲政以德」作爲爲政思想的基本原則。參見陳衛平：《孔子爲政以德的理論内涵》，《江南大學學報（人文社會科學版）》2013 年第 1 期，第 5—10 頁。

[二] 梁啓超：《先秦政治思想史》，岳麓書社 2010 年版，第 77 頁。

[三] 黄懷信：《論語匯校集釋》，上海古籍出版社 2008 年版，第 95 頁。

[四] [宋] 朱熹：《朱子全書》第六册，上海古籍出版社，安徽教育出版社 2002 年版，第 74 頁。

對民衆進行道德教化，而教化的内容則是文、行、忠、信等；孔子强調爲政要特别注重民務問題，並指出民務實際上就是仁之以德，在具體的事務上，孔子主張應當重視與孝悌慈緊密相關的祭、喪、行等；在對待民衆罪過問題上，孔子主張以道德教化爲前提，並主張減輕、赦免有罪過的民衆。此外，就《論語》所載孔子論德來看，亦是如此。孔子在回答子張問爲政者爲政應當具備何種德行時，指出應當做到『尊五美、屏四惡』，而所謂『五美』指的是『惠而不費，勞而不怨，欲而不貪，泰而不驕，威而不猛』，所謂『四惡』指的是『不教而殺謂之虐，不戒視成謂之暴，慢令致期謂之賊，猶之與人也，出納之吝謂之有司』（《論語·堯曰》）。顯然，綜觀孔子的這些具體主張可知，它們無不屬於經驗中的具體行爲範疇，絶非形上學的範疇。足見，皇侃、朱子等視德爲一形上學或曰本體論的概念之主張，是不可取的。質言之，孔子的『爲政以德』之『德』是在具體的德行上來論述的，而非從形上學的德性的角度來闡述的。當然，若追問皇侃、朱子等作形上學解釋的原因，則可能與道家哲學的影響有關。如本節第一部分所陳述的，自包氏開始，諸家均以『無爲』來解釋『爲政以德』之『德』，而『無爲』又是道家哲學的核心觀念。正是在這一機緣之下，諸家可能受老子『道生之，德蓄之』這一觀念的影響，從而將德解釋爲形上學的概念。不過，朱子、船山等顯然不是以道家哲學來解釋『爲政以德』之『德』的，但他們從形上學的角度來闡釋德則與皇侃等一致，這除了受到皇侃等的影響所致外，根本上講與其作爲宋明儒學家的身份有關。因爲相對於先秦儒學，尤其孔子哲學而言，宋明儒學的特質即在於儒學本體論的建立。

三、『無爲而治』試釋

雖然經過上文的疏解，的確應當以德治或者道德來解釋『爲政以德』之『德』，但孔子又確乎提及了無爲政治，即『無爲而治者，其舜也與！夫何爲哉？恭己正南面而已矣』（《論語·衛靈公》）。那麼這句話的意思究竟爲何呢？何晏的《論語集解》是這樣解釋的，其云：『言任官得其人，故無爲而治。』[一]《集解》認爲，正是因爲帝舜能够做到選賢舉能並使用恰當，因此舜就可以做到無爲而治。顯然，這一解釋中本就蘊藏矛盾於其中。《集解》明確主張帝舜是任官得當纔有無爲而治，而任官得人本即一種爲政的具體行爲，那麼此處的『無爲而治者，其舜也與』顯然不是從爲政的具體方式或者内容上來論述的。邢昺發揮《集解》的意思，指出：『所以無爲者，以其任官得人。夫舜何必有爲哉？但恭敬己身，正南面向明而已。』[二]邢昺認爲，帝舜之所以能够無爲而治，原因在於任官得人。但他似乎意識到這樣的解釋祇是在解釋《論語》的『無爲而治者，其舜也與』這一句話，所以他繼續解釋説，孔子何以認爲舜不需要有爲呢？因爲在任官得人的基礎上，舜祇需恭敬己身即可。顯然，邢昺的解釋更爲全面，他將前後兩句話融合在一起。其實，對《論語》的理解的確應當如邢昺的注釋一樣，將前後兩句關聯起來，即孔子所謂的『無爲』是指舜在爲政時祇需恭己正南面即可。不過，『恭敬己身』顯然屬於修己的範疇，當屬上文在闡述『爲政以德』之内涵時所説的『爲政者自身的德性修養』之列。質言之，恭己顯然屬於有爲的範疇。這樣看來，孔子的無爲而治不當從爲政方式或者内容的角度來理解。

那麼，又當如何在德治主義的背景下來理解『無爲而治』呢？朱子的解釋，或許提供了解答這一問題的可能途徑。朱子注云：『無爲而治者，聖人德盛而民化，不待其有所作爲也。獨稱舜者，紹堯之

[一] 黄懷信：《論語匯校集釋》，上海古籍出版社2008年版，第1367頁。

[二] 同上。

後，而又得人以任衆職，故尤不見其有爲之迹也。恭己者，聖人敬德之容。既無所爲，則人之所見如此而已。』[一] 朱子認爲『無爲而治』的意思是，由於聖人的恭己修德而民可自化，聖人除修德之外無須另有作爲。不過，朱子既然承認當聖人在爲政中當修己德，那就意味着他同樣承認修己德是一種有爲。因此，朱子進一步將無爲而治解釋爲『故尤不見其有爲之迹』。迹，可作迹象、痕迹解。朱子的意思是，在爲政中因舜能選賢舉能，故他衹需修己德即可使得天下大治。朱子認爲，從爲政的迹象上來看，舜的爲政過程就如同民衆是自我治理一樣，舜作爲爲政者除修己德之外是無有作爲的。理解朱子這一解釋的關鍵在於『迹』，也就是説，朱子認爲『無爲而治』闡述的是爲政的迹象。這從朱子説『既無所爲，則人之所見如此而已』中更可看出。在朱子看來，正是因爲爲政者除修己德之外無有作爲，而天下又得到大治，所以一般人會認爲爲政者（舜）是無爲而治的。朱子的這一解釋，亦可稱爲是從爲政的效驗、表現形式來界定無爲的。並且，朱子在解釋與無爲政治最相關的『爲政以德，譬如北辰居其所，而衆星共之』（《論語·爲政》）時，同樣持這一觀念。如前所述，朱子對此段引文的注釋是：『爲政以德，則無爲而天下歸之，其象如此。』[二] 『象』作『迹象』解，顯然與『不見其有爲之迹』的意思一致。因此可以説，從爲政的效驗、迹象、表現形式的角度來解釋無爲而治，至少就朱子的解釋而言是一貫的，因而確實具有一定的理據。並且朱子的這一解釋有其高妙之處。誠如上文所論，如果像包氏、皇侃、邢昺等人所主張的，『爲政以德』是指以無爲作爲爲政的内容或方式，那麽如何解釋他們在闡釋『道之以德』時未采用無爲之説呢？更爲重要的是，如何解釋本章所列《論

[一] ［宋］朱熹：《四書章句集注》，中華書局1983年版，第162頁。
[二] 同上書，第53頁。

語》和上博竹書孔子類文獻中的『爲政以德』的具體内容，與無爲之間的根本差異呢？然而若依朱子的解釋，則不存在上述的理論困境。朱子認爲『爲政以德』即指以道德作爲爲政的原則和方法，這就很好地概括了《論語》和上博竹書《論語》類文獻中的『爲政以德』的具體内容。朱子從爲政效驗、迹象的角度來解釋無爲，也就很好地説明了：何以爲政本身是有爲的，但孔子却主張舜是無爲而治的。因爲二者論述的層面有别。這樣看來，朱子的解釋明顯優於其他解釋，因而更可取。

綜上可知，孔子的『爲政以德』絶不能作道家式的『無爲政治』之解讀，仍當堅持德治主義、道德主義的解釋；孔子的『無爲而治』，最好的解釋可能是朱子從爲政效驗、迹象、呈現形式的角度之解釋。

第三節　從孔子類竹書看《論語》的文本演變

關於先秦至漢代的文本演變問題，丁四新有較多研究。依據對《周易》《老子》的文本變化之比較，他指出：『從先秦到劉向定編之前，至少有一部分子書文本實際上一直是在不斷發展和變化的。並且還可以發現，這些文本抄寫的相距時間愈近則其差異性愈小，愈遠則差異性愈大……楚簡本與漢簡本《老子》的抄寫時間相距甚遠，其差異性即很大；楚簡《民之父母》與《禮記·孔子閒居》《孔子家語·論禮》，楚簡《内禮》與《大戴禮記·曾子立孝》，楚簡《中弓》《君子爲禮》《弟子問》《顔淵問於孔子》與《論語》，及簡、帛《五行》等，皆是此例。』[一] 然則《論語》文本的演變是否真如丁老師所言呢？其演變又當如何呢？由於

[一] 丁四新：《早期〈老子〉〈周易〉『文本』的演變及其與『思想』之相互作用》，《中國社會科學》2013 年第 2 期。

文獻不足徵，以往研究較難推進，然而上博竹書《論語》類文獻的出土，爲解決這一問題提供了可能。

一、上博竹書《論語》類文獻的性質

本章在行文之始即指出，上博竹書中有一些文獻與《論語》在内容和文本特質上非常接近，它們可以稱爲《論語》類文獻，包括上博竹書的《仲弓》《季康子問於孔子》《孔子見季桓子》《弟子問》《顔淵問於孔子》等。這是從整體上來説的大致看法。不過，細究起來，學者的看法存在差異，主要有兩種觀點：其一，以黄人二爲代表，主張這些文獻是對《論語》某一章節的解釋，認爲這些文獻都是屬於解釋性的『傳』類文獻〔一〕；其二，以丁四新爲代表，認爲這些文獻是《論語》的抄本或者變化中的《論語》文本〔二〕。那麽，我們究竟應該如何看待這些《論語》類文獻呢？

既然《論語》與《論語》類文獻之間關係密切，那麽對兩種文獻加以比較無疑是回答上述問題的較好方法。如前所述，上博竹書《論語》類文獻在内容上都與《論語》的某些内容或思想密切相關，在此以内容關聯最爲緊密的《仲弓》爲例來展開討論。《論語·子路》載有關於仲弓問政的内容，其文曰：

〔一〕 黄人二指出：『《論語》的某些章句文字，在今日所見的出土文獻之中，已經有對其字句甲乙鋪陳大義地解釋之傳記文字出現。若視《論語》爲經，則這些文字，便是解經的傳。』繼而，他引用了五個具體的例子來證明其説，其中即有《仲弓》《忠信之道》等文獻。參見黄人二：《上博藏簡（五）〈君子爲禮〉與〈弟子問〉試釋——兼論本篇篇名爲〈論語弟子問〉與〈論語〉之形成和主要編輯時間》，《古代史與文物研究》2011 年第 6 期。

〔二〕 丁四新：《早期〈老子〉〈周易〉『文本』的演變及其與『思想』之相互作用》，《中國社會科學》2013 年第 2 期。

仲弓爲季氏宰，問『政』。子曰：『先有司，赦小過，舉賢才。』曰：『焉知賢才而舉之？』曰：『舉爾所知，爾所不知，人其舍諸？』

與之思想一致的竹書《仲弓》篇曰：

仲弓曰：『敢問爲政何先？』仲尼【曰】：『老老慈幼，先有司，舉賢才，宥過赦罪。……【罪】，政之始也。』仲弓曰：『若夫老老慈幼，既聞命矣。夫先有司，爲之如何？』仲尼曰：『夫民安舊而重遷，早使不行，委蛇……有成，是故有司不可不先也。』仲弓曰：『雍也不敏，雖有賢才，弗知舉也。敢問舉才如之何？』仲尼：『夫賢才不可掩也。舉爾所知，爾所不知，人其舍之者。』仲弓曰：『宥過赦罪，則民何懲（？）』……山有崩，川有竭，日月星辰猶差；民無不有過，賢者刑政不緩，德教不倦……』（簡5、28、7—8、14、9—10、19）

對比兩段文字可知，二者的差異主要有四點：其一，仲弓所問問題不同，《仲弓》問的是『爲政何先』，《論語》是『問政』；其二，《論語》中未見『老老慈幼』這一點；其三，《仲弓》記載的是『赦過與罪』，《論語》記載的是『赦小過』；其四，孔子的回答有很大不同，《論語》僅僅記載了孔子對於『舉賢才』的解釋。依黄人二之見，上博竹書《仲弓》是對《論語·子路》的解釋，是《論語》之傳。此説是否有據呢？的確，《仲弓》篇對《論語·子路》仲弓問政章節有更爲詳細的説明，不僅闡述了後者記載的『舉賢才』一問，而且還闡述了後者没有記載的『先有司』『赦過與罪』等問題。從内容上來看，《仲弓》篇的内容的確較之《論語·子路》所述更爲豐富。且如果按照廣義的解釋之説來看，的確符合解釋的形式。並且就《仲弓》篇所載而言，在仲弓提出問題之前，還有一段關於孔子師弟問答的背景記載。竹書《仲弓》曰：

季桓子使仲弓爲宰，仲弓以告孔子曰：『季氏使雍也從於宰夫之後，雍也憧愚，恐貽吾子羞，願因吾子而辭。』孔子曰：『雍，汝毋自惰也。昔三代之明王，有四海之内，猶來……與聞之，夫季氏河東之盛家也，亦……宜。小人之至者，教而事之，君子無所厭人。今汝相夫子，有臣萬人道（導）汝，思（使）老其家，夫[03]以行矣，爲之，余誨汝。』（簡1、4、26、18、2、16正、3、5）

上述對話闡述了季桓子任命仲弓爲家宰，仲弓本欲拒絶，但孔子却勸誡仲弓應當接受，並且表達了自己教導仲弓爲政的意願，從而有了後面的對話。這些内容在《論語》中僅僅爲『仲弓爲季氏宰』。如果依黄人二之見，那《仲弓》的確是對《論語》語焉不詳的記載作了詳細解釋。這與《史記》對於《論語》相同内容的轉述非常一致。如《史記·孔子世家》曰：

將適陳，過匡，顔刻爲僕，以其策指之曰：『昔吾入此，由彼缺也。』匡人聞之，以爲魯之陽虎。陽虎嘗暴匡人，匡人於是遂止孔子。孔子狀似陽虎，拘焉五日。顔淵後，子曰：『吾以汝爲死矣。』顔淵曰：『子在，回何敢死！』匡人拘孔子益急，弟子懼。孔子曰：『文王既没，文不在兹乎？天之將喪斯文也，後死者不得與於斯文也。天之未喪斯文也，匡人其如予何！』孔子使從者爲寧武子臣於衛，然後得去。

《史記》的這段話將《論語·子罕》篇的兩段話合並在一起，一段是：『子畏於匡，顔淵後。子曰：「吾以女爲死矣！」曰：「子在，回何敢死！」』另一段是：『子畏於匡。曰：「文王既没，文不在兹乎。天之將喪斯文也。後死者不得與於斯文也。天之未喪斯文也。匡人其如予何。」』《史記》不但將這兩段話合並在一起，並且它詳細闡述了其背景。《史記》顯然是對《論語》的兩段話進行了還原，這是一種典型的解釋方式，是漢代學者解釋經典的方式之一。這樣看來，似乎説明黄人二的觀點較爲可取。

不過，仔細勘校《仲弓》與《論語》可知，二者實際上有很大的差異：其一，《仲弓》中仲弓問的是『爲政何先』，而《論語》中仲弓問的是『爲政』，這兩者顯然有别。其二，《仲弓》中孔子認爲『爲政何先』的第四項内容是『赦過與罪』，而在《論語》中却是『赦小過』，兩者有根本的不同。首先，如果《仲弓》是對《論語》的解釋的話，那麼它顯然改變了《論語》的基本思想，即將孔子僅僅主張赦免臣民的小過改爲赦免臣民的罪與過。其次，如果結合《季康子問於孔子》所載，孔子認爲對待民衆罪過應當『大罪則赦之以刑，臧罪則赦之以罰，小罪則訾之』來看，顯然《仲弓》篇所述更加符合孔子的思想，而《論語》所述則與孔子思想尚有差距。最後，《仲弓》中孔子認爲『爲政何先』的第一項是『老老慈幼』，而這一項則未被《論語》記載。這樣看來，如果説《仲弓》是對《論語》的解釋、是《論語》之傳，那麼它顯然不符合解釋（傳）的基本要求，因爲它已經改變了《論語》的基本思想。並且更加值得懷疑的是，如果《仲弓》是對《論語》相關内容的解釋，何以會在解釋《論語》相關内容之後緊接着説：『若此三者，既聞命矣，敢問導民興德如何？』（《仲弓》簡17、11）從《仲弓》的文章結構來看，所謂『若此三者』即『先有司』『舉賢才』『赦過與罪』三者，仲弓在孔子回答了『爲政何先』的問題之後，接着問了如何『道民興德』的問題。而這一點在《論語》中却完全没有記載，如果要説《仲弓》是對《論語》的解釋，那《仲弓》已經完全不遵守經典的意思，而是任意地發揮了。而這一點，在歷代的經典解釋很難見到。因此可以肯定，《仲弓》絶對不是對《論語》相關内容的解釋，而更可能的是，《論語》的原本或者另一抄本。[一]

此外，上述結論還可以在《君子爲禮》中得到證明。《論語·顏淵》曰：

顏淵問仁。子曰：『克己復禮爲仁。一日克己復禮，天下歸仁焉。爲仁由己，而由人乎哉！』顏淵曰：『請問其目。』子曰：『非禮勿視，非禮勿聽，非禮勿言，非禮勿動。』顏淵曰：『回雖不敏，請事斯語矣！』

與上引文極其相近的竹書文字見於《君子爲禮》，曰：

顏淵侍於夫子，夫子曰：『回，君子爲禮，以依於仁。』顏淵作而答曰：『回不敏，弗能少居也。』夫子曰：『坐，吾語汝。言之而不義，口勿言也；視之而不義，目勿視也；聽之而不義，耳勿聽也；動而不義，身毋動焉。』顏淵退，數日不出……（簡1—2）

對比兩段文字可知，兩者雖然都强調仁、禮等孔子哲學的核心概念，但仍有重要區别：其一，論述重點有别。《君子爲禮》强調君子行禮之時，應當以仁爲依據；而《論語》則强調顏淵問何謂仁，重心在仁。其

[一] 需要説明的是，筆者所謂《仲弓》是《論語》的原本，指的是《論語》是後人所編纂而成的，而編纂就一定會有取捨。縱觀全部《論語》類竹書可知，其所載内容一般明顯多於今本《論語》，故這些竹簡極有可能是未經過編纂的原始抄本，此即筆者所謂『原本』。

二，與《仲弓》一樣，《君子爲禮》記載了這一對話的背景，而《論語》僅僅是提及『顔淵問仁』。其三，《論語》所載直接將仁與禮關聯在一起，而《君子爲禮》則增加了『義』這一概念來溝通仁與禮。與之前對《仲弓》和《論語》的比較一樣，在此同樣可以看到，《君子爲禮》似乎對《論語》語焉不詳的地方作了詳細解釋，似乎同樣是對《論語》的解釋。不過，同樣的問題是，解釋增加了經典的内容，這顯然違背了解釋的基本原則。因此，絶不能説《君子爲禮》是對《論語》的解釋，而是《論語》的原本或者抄本。

上文已經否定了上博竹書作爲《論語》之解釋的可能，認爲它們極有可能是《論語》的原本或者抄本。然而究竟它們是抄本還是原本呢？筆者以爲，更多的可能是抄本。僅從《仲弓》和《君子爲禮》的内容來看，似乎《論語》相關章節是對前兩種文獻的攫取和簡化，很符合編纂的形式規定。並且從《仲弓》《季康子問於孔子》《孔子見季桓子》及《顔淵問於孔子》的内容來看，其答問主題較爲一致，對話雙方一致，似乎更能説明上述文獻或當是《論語》編纂的原始記載。不過，與上述文獻一起的還有《君子爲禮》和《弟子問》兩篇，而這兩篇的内容却在形式上與今本《論語》非常一致，它們都記載了孔子師弟之間的問答，且篇幅與《論語》大致相同。這足以説明，上述文獻應當是編纂後的成果，而非原始文獻。此外，就已有記載而言，孔子的答問語録除《論語》《孔子家語》及《孔叢子》外，尚無其他記載。而依據上文對《仲弓》《君子爲禮》的分析，其内容又的確與《論語》相關内容一致或相近，更合理的結論是，這些《論語》類文獻應當是《論語》的不同抄本。

二、《論語》的文本演變

確定了上博竹書《論語》類文獻的性質之後，可以進一步討論《論語》的文本演變問題。目前可知的漢代以前的《論語》本子，主要有上博竹書《論語》類文獻、定州漢墓竹簡《論語》、南昌海昏侯竹簡《論語》和《古論語》《魯論語》《齊論語》《張侯論》《鄭玄本》等。[一] 通過比較各種文本的差異，無疑可以呈現《論語》文本的變化。

據郭沂、黄懷信之見，《鄭玄本》和《張侯論》是以《魯論語》爲底本，參校《古論語》和《齊論語》編輯而成。[二] 雖然此兩種版本是漢代存在的文本，但從文本的演變來看，二者均是依據他本修改而來，其價值顯然不及其所依據的原始文本，因此，在此主要討論前六種文本。當然，由於江西海昏侯墓竹簡《論語》尚未公布，在此亦不討論。從時間上來看，後四種文獻均屬漢代文本，而上博竹書《論語》類文獻則屬戰國晚期文獻。先看時間較近的四種文本。對於《魯論語》《齊論語》和《古論語》三種文本的異同之比較，學人多有討論[三]，在此僅引前人的結論如下：其一，篇章方面存在差異。依據對《漢書·藝文志》、何晏《論語集解叙》、《隋書·經籍志》等文獻的比較研究，學者指出：《魯論語》爲二十篇，即今本《論語》所用的篇章；《古論語》有二十一篇，有兩『子張』；《齊論語》有二十二篇，較之《魯論語》《古論語》多『問

[一] 據研究者的説法，南昌海昏侯墓出土的《論語》應該是《齊論語》的抄本。參見管理、楊軍、王意樂等：《江西南昌西漢海昏侯劉賀墓出土簡牘》，《文物》2018 年第 11 期。

[二] 郭沂：《郭店竹簡與先秦學術思想》，上海教育出版社 2001 年版，第 351—353 頁；黄懷信：《〈論語〉匯校集釋》，上海古籍出版社 2008 年版，第 23—29 頁。

[三] 朱維錚、王鐵、郭沂、黄懷信、夏德靠等對此多有討論。參見朱維錚：《〈論語〉結集脞説》，《孔子研究》創刊號，第 44—52 頁；王鐵：《試論〈論語〉的結集與版本變遷諸問題》，《孔子研究》1989 年第 3 期，第 61—65 頁；郭沂：《郭店竹簡與先秦學術思想》，上海教育出版社 2001 年版，第 351—353 頁；黄懷信：《〈論語〉匯校集釋》，上海古籍出版社 2008 年版，第 23—29 頁；夏德靠：《〈論語〉文本的生成及其早期流布形態》，《四川師範大學學報（社會科學版）》2014 年第 1 期。

王』『知道』二篇。其二，文字、章節次序方面存在差異。關於這一點，何晏認爲《古論語》在篇章次序上與《齊論語》《魯論語》不同，皇侃將何説闡述爲『古《論》篇次以《鄉黨》爲第二篇，《雍也》爲第三篇，内倒錯不可具説』；基於何、皇之説，可以肯定《齊論語》與《魯論語》在章節次序上應當大體一致，即皇侃所謂『與《魯論》大體不殊』[二]。此外，在文字上，何晏認爲與《魯論語》相同的二十篇中，《齊論語》的章句要多於《魯論語》；並且桓譚認爲，《古論語》與《齊論語》《魯論語》有四百餘字的差異。桓氏之説，從鄭玄的《注》中可以確證。鄭玄在注解《論語》時，指出了《古論語》中多處與底本《魯論語》不同的用字，如在注釋《學而》篇『傳不』時，鄭玄注云：『魯（即《魯論語》）讀「傳」爲專，今從古（即《古論語》）。』[三] 顯然，誠如已有研究所呈現的，《魯論語》《齊論語》和《古論語》三種不同的《論語》文本，無論是在篇章數目、章節次序還是在文字上都有差異：比較之下，《古論語》在文字、篇章數目、篇章次序上與其他兩種文本均有差異；《齊論語》與《魯論語》的主要差異在於，前者比後者的内容更多。但上述結論也揭示了另一事實，即上述差異顯然僅僅是文本形式上的差異，似乎三種文本的《論語》在所載内容上差異甚少；並且即便是内容最多的《齊論語》，它應該也包含了《魯論語》《古論語》的内容。這樣看來，古、齊、魯三種《論語》文本在内容上並無實際性的差異，其差異主要體現在文本形式上（篇章數目、篇章次序、文字）。

[二] 以上觀點參見［魏］何晏注，［宋］邢昺疏：《論語注疏》，北京大學出版社 2000 年版，第 2—5 頁。

[三] 《論語》鄭玄注本已佚，但 20 世紀鄭玄注《論語》在敦煌有殘卷發現。另外，《經典釋文》保留了其部分文字。本處所引例子，參見黄懷信：《〈論語〉匯校集釋》，上海古籍出版社 2008 年版，第 26 頁。

然而同樣作爲漢代文獻的定州漢墓竹簡《論語》，其與同時代的其他三種《論語》文本的差異如何呢？

在此之前，需要對定州漢墓竹簡《論語》略作説明。定州漢墓竹簡《論語》出土於西漢中山懷王劉修墓中，因劉修卒於公元前55年，所以它是早於公元前55年的《論語》抄本。何晏《論語集解叙》曰：『漢中壘校尉劉向言《魯論語》二十篇，皆孔子弟子記諸善言也。大子大傅夏侯勝、前將軍蕭望之、丞相韋賢及子玄成等傳之。』[二] 並且，劉來成説：『在定州漢墓竹簡中和《論語》一起出土的，還有蕭望之的奏議。蕭望之在當時是皇太子的老師，是傳授《魯論》的大師。劉修死後把《論語》同蕭望之的奏議放在一起，應不是偶然。』[三] 這樣看來，定州漢墓竹簡《論語》與《魯論語》關係密切。正是在這一意義上，劉氏認爲定州漢墓竹簡《論語》就是《魯論語》。他説：『在簡本中發現《魯論》所具有的文字，則應當是《魯論》本來的東西。』[三] 不過，劉來成的觀點並非定論，遭到學者的質疑。率先提出不同意見的是孫欽善和王素。孫氏認爲定州漢墓竹簡《論語》當屬漢代《古論語》系統[四]，王氏認爲定州漢墓竹簡《論語》與《張侯論》一樣，都是以《魯論語》爲底本，以《齊論語》爲校本，融合而成的比《張侯論》更早的《論語》文本[五]；之後，李學勤先生借用整理者對定州漢墓竹簡《論語》與傳本《論語》的比較，認爲定州漢墓竹簡《論語》可能

[二] ［魏］何晏注，［宋］邢昺疏：《論語注疏》，北京大學出版社2000年版，第3頁。

[三] 河北省文物研究所定州漢墓竹簡整理小組編：《定州漢墓竹簡〈論語〉》，文物出版社1997年版，第4頁。

[三] 同上。

[四] 孫欽善：《四部要籍注疏叢刊本〈論語〉》，中華書局1998年版，第4頁。

[五] 王素：《河北定州出土西漢簡本〈論語〉性質新探》，《簡帛研究》第三輯，廣西教育出版社1998年版，第459—470頁。

是《齊論語》[一]。繼而，單承彬、陳東、李若暉等都提出了不同的看法：單氏認爲定州漢墓竹簡《論語》應當是《張侯論》之外的另一《魯論語》系統的文本[二]，陳東通過研究定州漢墓竹簡《論語》的避諱問題認爲它是漢高祖時期獨立於魯、齊、古三《論》的又一文本[三]，李若暉認爲定州漢墓竹簡《論語》極有可能是與魯、齊、古三《論》並行的另一文本[四]。諸家在論證自己的觀點時，都采用了將定州漢墓竹簡《論語》與魯、齊、古三《論》進行比較的方法，比較的内容涉及章節、文字、篇次等方面，並且都認定前者與後三者之間存在差異。這樣看來，較爲可取的觀點可能是陳東、李若暉的觀點，即定州漢墓竹簡《論語》是與《魯論語》關係最爲密切又與魯、齊、古三《論》相互獨立的另一文本。

在確立定州漢墓竹簡《論語》的性質之後，即可比較其與同時期的古、齊、魯三種《論語》文本。在上文的分析中，筆者業已指出，諸家在論證其觀點時，都會涉及定州漢墓竹簡《論語》與古、齊、魯三種《論語》文本的比較，其結論主要有以下兩個方面：

其一，關於章節的差異。衆所周知，今本《論語》基本就是《張侯論》，而《張侯論》又是張禹以《魯論語》爲底本，參校《齊論語》修訂而成。並且如前所述，《齊論語》和《魯論語》的主要差别是：一者，《齊論語》在内容上多於《魯論語》；二者，《齊論語》還比《魯論語》多了《問王》《知道》兩章。但《齊

[一] 李先生得出這一結論，根據在於傳本（即今本）《論語》是依據《魯論語》爲底本修改而成的。參見李學勤：《八角廊漢簡儒書小議》，見氏著：《簡帛佚籍與學術史》，江西教育出版社2001年版，第391頁。
[二] 單承彬：《定州漢墓竹簡〈論語〉性質考辨》，《孔子研究》2002年第2期。
[三] 陳東：《關於定州漢墓竹簡〈論語〉的幾個問題》，《孔子研究》2003年第2期。
[四] 李若暉：《定州〈論語〉分章考》，《齊魯學刊》2006年第2期。

論語》《魯論語》在章節上却是一致的。而《古論語》除了有兩『子張』篇外，章節也與《魯論語》大體一致。因此，衹要將定州漢墓竹簡《論語》與今本《論語》作一比較，即可大致知曉其與古、齊、魯三種《論語》文本在章節上的差異。關於這一點，劉來成、陳東有詳細論述。劉氏指出：『定州漢墓竹簡《論語》也有獨特之處，如《鄉黨》「食不厭精」至「鄉人飲酒」，今本分爲二、三、五章的都有，而簡本衹是一章。《陽貨》「子貢曰：君子有惡乎？」今本别爲一章，而簡本則同上面「子路曰」合爲一章。特别是《堯曰》，今本爲三章，而簡本則爲二章。』[一] 劉氏認爲，就可見的殘簡而言，定州漢墓竹簡《論語》至少有三處章節與今本《論語》明顯不同。之後，陳東作了更爲詳細的對比，他指出：『現存殘簡與傳世本（即今本）分章明顯不同的衹有兩處。一是《子路》篇將「子路問曰君子尚勇乎」章與「子貢曰君子亦有惡乎」章合二爲一。傳世本中不見如此分法。二是《子罕》篇將「子在川上曰逝者如此夫」章與「子曰吾未見好德如好色者出」章連在一起。』[二] 關於後者，陳氏認爲因兩段文句無任何思想上的關聯，故極有可能是抄寫者的抄寫錯誤所致。[三]

不過，由於定州漢墓竹簡《論語》殘缺嚴重，因此很難作全面的比較。所幸的是，在定州漢墓楚簡《論語》中，還有『章數簡』十條。[四] 由於這些『章數簡』大多明確指出了章數和字數，而將之與今本《論語》進行比較可知，在章數和字數上都與今本一致的幾乎没有。那麼這是否意味着，定州漢墓竹簡《論語》與同

[一] 河北省文物研究所定州漢墓竹簡整理小組編：《定州漢墓竹簡〈論語〉》，文物出版社 1997 年版，第 2 頁。
[二] 陳東：《關於定州漢墓竹簡〈論語〉的幾個問題》，《孔子研究》2003 年第 2 期。
[三] 同上。
[四] 具體内容請參見河北省文物研究所定州漢墓竹簡整理小組編：《定州漢墓竹簡〈論語〉》，文物出版社 1997 年版，第 99—100 頁。

時的魯、齊、古三《論》在章節上有較大差異呢？關於這一問題，陳東作了詳細考察，其結論如下：

六一二號簡『凡二章【凡三百廿二字】』，對應今本《堯曰》篇，今本前兩章字數爲三百四十一字；

六一三號簡『凡卅七章……』，對應今本《述而》篇，今本僅有該篇有三十七章；

六一四號簡『……【章】……五百七十五字』，對應今本《爲政》篇，今本《爲政》篇字數爲五百八十一，最爲接近；

六一五號簡『凡【卅六】章・凡九百九十字』，對應今本《陽貨》篇，《陽貨》篇字數爲一千零二十字，字數最爲接近，並疑整理者將『廿』誤讀爲『卅』；

六一六號簡『凡卅章・凡七百九十字』，對應今本《子罕》篇，章數相同，字數相近（今本《子罕》篇爲八百一十二字）；

六一七號簡『凡【四十】四章……』，對應今本《憲問》篇，章數相同；

六一八號簡『【凡四十七章】【□□百八十一字】』，對應今本《衛靈公》篇（章數爲四十九，字數爲九百）；

六一九號簡『凡十三章……』，對應今本《季氏》篇，章數最接近（十四章）；

六二〇號簡『【凡十】三章……』，對應今本《先進》篇（二十三章），疑整理者將『廿三』誤讀爲『十三』；

六二一號簡『凡廿八章【・凡八百五十一字】』，對應今本《公冶長》篇，章數相同，字數相近

（八百七十一字）。[一]

從陳氏所作的比較來看，就章節而言，定州漢墓竹簡《論語》與今本《論語》大部分是一致的；字數上，竹簡《論語》大多少於與之相應的今本篇章。綜上可知，在章節上，定州漢墓竹簡《論語》與其同時的魯、齊、古三種《論語》本子雖有一些差異，但並没有根本的差異。這足以説明，抄寫時間較爲接近的《論語》文本，其差異並不大。

其二，關於文字的差異。劉來成在《定州漢墓竹簡〈論語〉介紹》中指出：『定州漢墓竹簡《論語》中的文字，差異很多，其中有的是抄寫者脱漏、抄錯或隨意簡寫的字，有的則是按底本上寫的字。』[二] 緊接着，劉氏列舉了百餘處定州漢墓竹簡《論語》與其他文本不同的文字[三]，並且在《釋文》也逐一指出與其他可見《論語》的用字差異。然而誠如劉來成自己所指出的，這些差異有很大一部分是因抄寫者的失誤而造成的。此外，據陳東的考察，造成這些差異的原因是，定州漢墓竹簡《論語》是口耳相傳的抄本。[四] 綜觀《釋文》的注釋可知，其中很大一部分文字差異是語氣助詞的差異。這樣看來，定州漢墓竹簡《論語》與其他《論語》文本在文字上的差異可能並不多。並且這裏所論述的僅是文字的差異，如果從文句、章節的意思來考察，則會發現它與今本《論語》非常接近。其中，差異較大的應當是《子張》篇的『學而優則仕，仕而優

〔一〕陳東：《關於定州漢墓竹簡〈論語〉的幾個問題》，《孔子研究》2003 年第 2 期。
〔二〕河北省文物研究所定州漢墓竹簡整理小組編：《定州漢墓竹簡〈論語〉》，文物出版社 1997 年版，第 2 頁。
〔三〕同上書，第 2—4 頁。
〔四〕陳東：《關於定州漢墓竹簡〈論語〉的幾個問題》，《孔子研究》2003 年第 2 期。

則學』，與之相應的今本《論語》却是『仕而優則學，學而優則仕』。但這畢竟是極爲少見的。總之，在文字上，定州漢墓竹簡《論語》與其時的魯、齊、古三《論》雖有一些差異，但無根本的差異，且内容是基本一致的。

綜上可知，就時間較近的四種《論語》文本而言，無論是在章節、篇次，還是在文字、内容上，它們都有一定的差異，但更多是趨向一致。足見，《論語》在這個時間段甚至更早時，已經形成了較爲穩定的文本。不過，作爲戰國晚期抄本的上博竹書《論語》類文獻，與上述四種文本相比，其差異則相當大，凸顯了《論語》文本的演變。

首先，思想或内容被遺棄。如本章第一節所呈現的，上博竹書《論語》類文獻所記的一些重要思想，在今本《論語》中都已經缺失。具體而言，有以下幾點：其一，《仲弓》中孔子回答『爲政何先』的内容雖然被扼要載於今本《論語》中，但被孔子稱贊爲『大哉問』的『民務』問題却未被記載；其二，《季康子問於孔子》中孔子對民衆罪過的看法，今本《論語》中未有記載；其三，《孔子見季桓子》中孔子對『邪僞之民』和『仁人』的區分，以及不同的治理方式等問題，今本《論語》同樣未有記載；其四，《顔淵問於孔子》中孔子對『内教』『内事』『至名』的闡釋，今本《論語》亦未載有。足見，與漢代各種文本的《論語》相比，戰國晚期的《論語》内容要豐富得多。

其次，思想或内容被簡化。如前所述，與《仲弓》問『爲政何先』的内容雖然被載於《論語·子路》中，但其内容被簡化的痕迹則相當明顯：其一，對話背景被簡化。《仲弓》詳細記載了這段對話的背景，與《史記》引《論語》時非常相似，然而在今本《論語》中却僅爲『仲弓爲季氏宰』。其二，回答内容被簡化。在《仲弓》中，除了『老老慈幼』之外，孔子對『先有司』『舉賢才』『赦過與罪』都作了回答，然而今本

《論語》僅記載了『舉賢才』一項。足見，上博竹書《論語》類文獻的思想或内容本來頗爲豐富，然而在其演變過程中却被簡化處理。

最後，思想或内容被改造。這一點，在上文中已有論及。如在《仲弓》中，仲弓明明問的是『爲政何先』，而在今本《論語》中却被改造成了『問政』；孔子的回答明明有『老老慈幼』一項，在《論語》中却消失了；孔子明確指出『爲政何先』的第四項是『赦過與罪』，但在今本《論語》中却被改造成『赦小過』。此外，今本《論語》對《君子爲禮》的改造同樣如此。如前所述，《君子爲禮》記載的背景本來是孔子主動向顔回闡述何謂『君子爲禮』，結果可能是因爲孔子提及君子爲禮當『以依於仁』，故而在今本《論語》中就直接被改造成『顔淵問仁』；並且孔子的回答明明是『言之而不義，口勿言也；視之而不義，目勿視也；聽之而不義，耳勿聽也；動而不義，身毋動焉』，却被改造成『非禮勿視，非禮勿聽，非禮勿言，非禮勿動』。並且這種改造可能會造成一些不良影響。以《君子爲禮》爲例，簡文的論述很好地將『仁』『義』『禮』三者關聯在一起，從而有助於理解『子曰：「君子義以爲質，禮以行之，孫以出之，信以成之。君子哉！」』（《論語・衛靈公》）然而今本《論語》的改造，却因僅言及仁與禮，不利於《論語》思想的内證。顯然，上博竹書《論語》類文獻所藴含的豐富思想或内容，在其演變過程中却不斷被改造。

綜上可知，上博竹書《論語》類文獻作爲戰國晚期的《論語》抄本，其思想或内容要比漢代以後的文本豐富得多。也正是在不斷演變的過程中，其思想或内容被遺棄、被簡化、被改造。總之，通過比較不同時期的《論語》文本即可看出，由於抄寫時間的不同，文本的差異也不同；抄寫時間較近者，其文本的差異不大；抄寫時間較遠者，其差異明顯增大。最後需要進一步追問的是，何以這些思想或内容會被遺棄、被簡化、被改造呢？原因之一或許是抄寫者或者編纂者的編纂意圖。[一] 任何一個抄本或者文本一定都是通過編纂者選編而成，其内容無疑是由編纂者的意圖決定的。如前所述，上博竹書《論語》類文獻的主題是爲政思想，因此，關於修養方面的思想似乎未被抄録。而反觀定州漢墓竹簡《論語》和今本《論語》，雖然爲政思想占了一定的篇幅，但相較於道德修養而言則是少之又少。正是因爲文本關注的主題不同，所以在選取材料時就會出現差異。這樣看來，由於定州漢墓竹簡《論語》和今本《論語》更多地關注道德修養的問題，所以極有可能删減了原本存在的爲政、政治思想的内容；而由於戰國時期的特殊政治環境，所以政治思想是時人關注的重點，故而上博竹書《論語》類文獻就抄寫了大量的政治、爲政的思想内容。質言之，文本的演變與編纂者的思想取向密切相關。

第四節　結論

上博竹書《論語》類文獻的出土，揭示了孔子爲政思想的更多内容。其中，强調對民衆的教化、注重爲政者自身的道德修養等内容，在今本《論語》等傳世文獻中亦有論及；但這些文獻中所載的内容，却可以細化對上述思想的理解。如對教化民衆的具體内容，由今本《論語》可知的是包含文、行、忠、信在内的德；而依據對上博竹書《論語》類文獻的分析可知，教化的内容顯然更多，至少包含了孝、博愛、儉、讓、能等内容。此外，這些文獻的價值之一，是解决了一些今本《論語》未能闡釋的思想難題。如《仲弓》中孔子對

[一]　此處所説『編纂』，並非指《論語》的原始結集，而是指在《論語》編纂成書之後不同版本的編纂。

於『先有司』的回答，爲我們理解『先有司』的意思提供了方便。當然，這些文獻亦包含了一些今本《論語》等傳世文獻所未記載的孔子思想，至少有以下三點：其一，《季康子問於孔子》《仲弓》所記載的民務思想；其二，《孔子見季桓子》中所記載的，孔子對民衆所作的仁人和邪僞之民的區分，以及基於兩種區分所應當采取的爲政方式等思想；其三，《仲弓》和《季康子問於孔子》中所記載的，孔子對於民衆犯罪與過錯的態度及其處理方式等思想。總之，上博竹書《論語》類文獻的出土，無論是在思想細化上，還是在思想內容上，都豐富了我們對於孔子政治思想的認識。

當然，對於簡帛文獻的研究，其重要的意義之一是可以解決一些思想史的難題。正是在闡述上博竹書《論語》類文獻的爲政思想中，筆者發現這些文獻都是從具體的德行的角度來理解『德』的，而這對於解決『爲政以德』的思想史難題極有幫助。有鑒於此，我們首先梳理了學術史上對『爲政以德』的解釋之爭，然後指出其爭議的要義有二：一是『德』與『無爲』的關係，二是『德』是否是一本體論的概念。最後，通過結合今本《論語》和上博竹書《論語》類文獻，筆者指出『爲政以德』的『德』顯然應該從道德、德治的角度來理解，且應當從『德行』來理解。並且通過對上博竹書《論語》類文獻的特質之分析，以及通過與今本《論語》的比較可知，它們可能就是《論語》的另一抄本。發現這一點極爲重要，它對於探尋《論語》文本的演變頗有助益。在確定上博竹書《論語》類文獻作爲戰國晚期《論語》抄本的性質之後，通過對漢代以前幾種《論語》的不同文本之比較，筆者發現，《論語》文本的演變同樣符合丁四新所揭示的漢代以前子書文本演變的一般規律，即：抄寫時間越近的文本，其差異越小，主要是在文字和章節、篇次上的細小差異；抄寫時間越遠的文本，其差異越大，一般都會有思想內容的差異。並且通過比較上博竹書《論語》類文獻和今本《論語》，我們會發現，前者的一些思想、內容在《論語》的演變過程中，或被遺棄，或被簡化，或被改造。究其原因，則與抄寫者、編纂者的思想取向和編纂意圖密切相關。

綜上可知，對上博竹書《論語》類的研究具有重要的意義。並且，其意義絶非僅限於此。至少藉助於本文的結論，我們可以肯定地指出，那種主張《論語》應當在漢代纔結集的觀點，是不可取的。

第五章　上博竹書的儒家政治哲學：以政權問題爲中心

政治權力問題無疑是政治的核心問題，人們對政治權力的本質所形成的一般認識即所謂政治權力觀，包括對政治權力的來源、存在目的、存在方式、轉移模式及其合法性等問題的基本看法，這些都是政治思想的關鍵内容。上博楚簡《緇衣》《民之父母》《子羔》《從政》《容成氏》《仲弓》《季庚子問於孔子》《武王踐阼》《君人者何必安哉》《顔淵問於孔子》等早期儒家文獻藴含着頗爲豐富的政治思想，其中有不少内容皆不同程度地觸及政治權力及相關問題，從不同層面、不同角度展示了早期儒家的政治權力觀。目前學界雖然從多方面、多視角對上博楚簡諸篇展開了廣泛而深入的討論，研究成果頗豐，但是尚未出現專門系統地探究其中有關早期儒家政治權力觀的著述，這爲本章的寫作提供了充分的立論空間。職是之故，本章將結合上博楚簡相關篇目，對早期儒家的政治權力觀作一考察。因爲政治權力的合法性問題關涉政治的基本理念和基本原則、政治理想、政治制度、權力結構等重要内容，對政治統治的有效性、政治秩序的穩定以及人民價值理想的實現等方面都具有決定性作用，乃貫穿於整個權力理論的根本性問題，所以本章首先闡明政權合法性之意涵及其根基[二]，其次論述政治權力的獲得與維繫之道及其目的，最後分析政治權力發生轉移的原因及其模式。

第一節　政治權力的性質：天、民與天下公器

從上博簡來看，早期儒家對政權的性質雖然没有系統的論述，但無疑有其十分深刻的思考。在他們看來，政治權力乃是源於天下百姓並最終爲了天下百姓的公器，它在本質上具有大公至正的特徵。這樣一種政權觀主要藴含在其『天民一體』的政權來源説和『天下爲公』的政權目的論之中。

一、政權的來源：天民一體

對於政權的來源問題，早期儒家是站在天民一體的立場上來闡釋的。[三]他們既將政權的來源歸於『天』，同時又認爲『天』即代表着天下人民的意志。所以對他們而言，政權的産生即『天授』『民予』的，『天』與『民』共同構成政權的來源。竹書《容成氏》曰：

昔堯處於丹府與藋陵之間，堯賤施而時是著，不勸而民力，不刑殺而無盗賊，甚緩而民服。於是乎

[二] 本文所謂『政權』，一般指政治權力，而非指現實社會中某個具體、特定的行政管理當局。

[三] 陳來將『天民合一』視爲中國早期政治哲學的三大主題之一。他認爲：『這樣一種思想的主旨是，天愛護人民，傾聽人民的聲願，天以人民的意願作爲自己宰理人世的意志。除了代表人民以外，天没有别的意志。』參見陳來：《中國早期政治哲學的三個主題》，《天津社會科學》2007 年第 2 期。

方百里之中率，天下之人就，奉而立之，以爲天子。於是乎方圓千里，於是乎持板正位，四向綏和，懷以來天下之民。是以視賢，履地戴天，篤義與信，會兹天地之間，而包兹四海之内，畢能其事，而立爲天子……堯以天下讓於賢者，天下之賢者莫之能受也……於是乎天下之人，以堯爲善興賢，而卒立之。〔一〕

可見，堯以前居處於丹府與藋陵之間，可能出身貧賤，因其有大德大功，所以被天下之人擁戴爲『天子』。他十分重視賢才，通過『視賢』『讓賢』的政治活動擇取真正的賢人立爲『天子』。在這裏，『「天子」一名的真正含義不在於所轄面積的廣窄，而在於人君與「天」是否具有真實的關聯，祇要真實地得到「天」的命令、許可，他就是「天子」』〔三〕。顯然，以『天子』來指稱政權的執掌者，突出了『政權』與『天』之間的關聯。也就是説，祇有得到天命，纔有資格成爲政權的執掌者。堯是在成爲『天子』之後，纔進行『視賢』『讓賢』的政治活動。由此説明，正因爲堯是『天子』，所以纔能獲得並行使政權。這就可以確證，政權是『天』所賦予的，『天』是政權産生的根源。同時，簡文又反復指出，堯是被『天下之人』奉立爲『天子』的。據此可知，堯之能成爲『天子』離不開廣大人民的擁戴。這表明，民心向背也是判定政權合法性的重要理據，祇有得民心者纔能禀受天命而成爲『天子』。堯作爲『天子』，既是天之所命，又是民之所立，而天所命者即是民所立者，足見天、民之間具有高度的一致性。這種一致性就在於：民心即是天命的體現，天

〔一〕 本文所引上博楚簡的釋文皆從寬式。《容成氏》篇的竹簡編聯及釋文，參見夏世華：《上海博物館藏楚竹書〈容成氏〉集釋》，丁四新、夏世華主編：《楚地簡帛思想研究》第四輯，崇文書局2010年版，第112—172頁。

〔三〕 丁四新：《楚簡〈容成氏〉『禪讓』觀念論析》，劉大鈞主編：《簡帛考論》，上海古籍出版社2007年版，第198頁。

命借民心來表達；而天賦政權即是民賦政權，政權根源於天也就是根源於民。由於政權的存在本於天命、民心（即公意），所以它就是平治天下、造福全民的公器，而統治者運行政權以治理天下就必須出於公心。簡言之，政權理當具有大公至正的本質，而絕不是由個人意欲支配的私有之物。

二、政權存在的根本目的：實現『天下爲公』的德治理想

在早期儒家的觀念中，政權是爲天下人的安身立命和整個社會的和諧穩定而設置的，其存在的根本目的在於實現『天下爲公』的德治理想。由此決定政權必當是普濟天下的公器，而絕非用來滿足某個人欲望的私有之物。在楚簡《容成氏》中，作者通過對禪讓制所達至的政治效果的描繪，表達了『天下爲公』的德治理想。這一政治理想的確立既指明了政權存在的目的和意義，也規定了政權的公共性本質。

首先來看《容成氏》對帝堯的論述。上引簡文指出，堯爲政治國達到了極高的理想狀態，他主張施行簡易、寬和的爲政之道，倡導以仁政來治理人民，乃至他被諸侯、百姓推戴爲『天子』。另外，該篇竹書又說：

> 舜聽政三年，山陵不處，水潦不湝，乃立禹以爲司工……天下之民居定，乃飭食，乃立后稷以爲田……五年乃穰。民有餘食，無求不得，民乃愻，驕態始作，乃立臯陶以爲李……三年而天下之人無訟獄者，天下大和均。
>
> 禹聽政三年，不制革，不刃金，不畧矢。田無踐，宅不工，關市無賦。禹乃因山、陵、坪、隰之可封邑者而繁實之，乃因邇以知遠，去苛而行簡，因民之欲，會天地之利，夫是以近者悅治，而遠者自至，

四海之內及四海之外皆請貢。

第一段文本叙述了舜治理天下的情况。在舜執政期間，先後實施了三大安邦利民的舉措：首先，命禹擔任司空以治理水災，使人民得以安居；其次，命后稷爲農官以治理農事，讓人民豐衣足食；最後，命皋陶擔任法官以治理獄訟之事，構建安定有序的社會環境。可見，舜執政始終以天下人民的福祉爲本，通過他的治理，整個天下呈現出一片生生不息、和諧穩定的氣象。第二段文本叙述了禹治理天下的事迹。禹執政三年，不制造兵革，不踏勘田地，不濫用民力，不收苛捐雜税，不行繁苛政令。其一切施爲舉措皆根據廣大人民的需求和意願而定，乃至天下百姓都誠心歸服。顯然，禹治國理政，仍是以萬民的福祉爲依歸，實行簡易寬和的爲政之道，輕徭薄賦，愛恤民命，使得整個社會都安定和諧、繁榮興盛。

歸納起來，堯、舜、禹三位君王治理天下有兩個共同特點：第一，他們都是本於匡濟天下、造福百姓的公心來爲政治國的，其執政是爲了建構一個和諧穩定的社會秩序，使人人都能安身立命、實現自我價值；第二，他們都主張通過施行仁政來成就天下爲公、天下和合的理想。從簡文的叙述來看，在德治理念的指引下，堯、舜、禹三聖王無疑都實現了公天下、和天下的政治理想。究其原因，主要是因爲他們都是德才兼備的賢者，並且獲得了政權，從而有資格治理天下。可見，對早期儒家而言，政權的存在是爲人民大衆的利益服務的，而絶非祇是爲了滿足個人的私利、私欲。既然如此，政權在根本上就是服務天下人、成就天下人的公器，絶不可私自爲用。堯、舜、禹三聖正因爲對政權大公至正的本質有着深切的體認，所以纔没有陷溺於權力欲，而是始終秉公執政以治理天下，積極推動天下爲公、萬邦和合之最高政治理想的實現。簡言之，從竹簡來看，早期儒家認爲，政權必須成爲源於天下人並最終爲了天下人的公器，它以大公至正爲理想特徵。

第二節　政治權力的合法性基礎：天命、民意與賢德賢能

所謂『政權的合法性基礎』，是指在一定的社會經濟、政治、思想文化背景之下，個人或集團獲得並維繫政權的正當理據或根本條件。從上博楚簡來看，早期儒家主要以天命、民意與賢德賢能作爲政權合法性的三大基礎。這三者具有内在的統一性，它們相涵互攝、相依互成，共同爲政權的合法性奠基。[一]

一、順應天命：政權合法性的形上基礎

在早期儒家看來，天是政權的最終來源，天命或天道是政權合法性的終極依據，衹有禀受天命、保有天命的人，纔能獲得並行使政權，也纔能維繫政權。如竹書《孔子詩論》曰：

【『帝謂文王，予】懷爾明德』，蓋誠謂之也。『有命自天，命此文王』，誠命之也。信矣！孔子曰：『此命也夫！文王雖欲已，得乎？此命也。』[二]

[一]　歐陽禎人從政權的天命支撐、道德支撐和制横措施三方面對先秦儒家的政權合法性理論進行了考察，但他並未討論政權的民意基礎；楊松禄指出，中國古代政權合法性理論是以天命、道德、民意爲支撐，但他對這三者之間的内在關聯缺乏論析，也没有把政治才能這一因素納入其中加以探討。參見歐陽禎人：《先秦儒家的政權合法性論證淺析》，《社會科學戰綫》2002 年第 5 期；楊松禄：《中國古代政權合法性探源》，《石河子大學學報（哲學社會科學版）》2010 年第 3 期。

[二]　此處竹簡的編聯及釋文，參見李學勤：《〈詩論〉簡的編聯與復原》，《中國哲學史》2002 年第 1 期。

據此可知，文王憑藉其美德而受命於天，又正因爲得到了天命，所以纔取得統治的合法性，從而得以興建和發展周邦。簡文中孔子所言正是在强調文王受命於天之意。文王能興起周邦，乃是他順應天命行事的結果。如果没有獲得天命，文王即使有伐商興周之志，那也是無法實現的。可見，文王伐商興周最終是由客觀、超越的天命所決定，而並不以其主觀的意志爲轉移。也就是説，文王握持政權以統治周邦，是以禀受天命爲前提和根據的。這種『受命爲王』的觀念亦見於楚竹書《子羔》篇，該篇曰：『舜其可謂受命之民矣。舜，人子也，【而】三天子事之。』[一] 這深刻地表明，受命爲王並非貴族階級纔能享有的特權，普通民衆也可以禀受天命而成爲君王。由此可知，不論君王的出身如何，欲『爲王』就必須先『受命』，一旦『受命』便可獲得『爲王』的資格，即取得執掌政權的合法性。這就意味着，天命是政權合法性的終極依據和形上根基。

當然，需要指出的是，以上所謂『天命』作爲至上人格神的意志或命令，同時蕴含着天道的意義。[二] 天道内在於人倫日用之中，乃是萬事萬物存在及運行的根本法則、一切價值和意義之根源。由於舜與文王受命的根據主要在於其具有大德，所以道德倫理便構成了『天命』的重要内涵。就此而言，『天命』當具有天道（普遍法則與價值根源）的意蕴。早期儒家認爲，唯有得道者纔能獲得並維繫政權，失道者則反之。據《容成氏》載，『紂爲無道，泯捨百姓，桎約諸侯，絶種侮姓，土玉水酒，天將誅焉』，於是武王『勴天威之』，

[一] 本文所引《子羔》篇的竹簡編聯及釋文，參見夏世華：《上海博物館藏楚竹書〈子羔〉集釋》，丁四新、夏世華主編：《楚地簡帛思想研究》第四輯，崇文書局 2010 年版，第 173—194 頁。

[二] 梁啓超説：『前此謂有一有感覺有情緒有意志之天直接指揮人事者，既而此感覺情緒意志，化成爲人類生活之理法，名之曰天道，公認爲政治所從出而應守，若此者，吾名之曰抽象的天意政治。』見氏著：《先秦政治思想史》，岳麓書社 2010 年版，第 26 頁。

從而奉行天命以討伐商紂。由此表明，順應天命或天道纔是取得執政合法性的終極理據。

二、合乎民心：政權合法性的民意基礎

在早期儒家的觀念中，作爲政權合法性之終極依據的『天命』實際上是通過『民意』與君王的『賢德賢能』來體現和貞定的，唯有具備大德大能進而贏得民心者纔能受命爲王。因此，民衆的意願和君王的道德、才能也是決定政權合法性的根本因素。

首先來看『民意』對政權合法性建構的作用和意義。前文已經指出，天命是民意的最高代表和終極支撑，民意是天命的體現與表達，二者之間具有内在統一性。這就意味着，祇有贏得民心者，纔能獲得天命，並因禀受天命而有資格爲王。民心向背無疑是判定政權合法性的重要依據。從楚簡《民之父母》篇來看，民心所向者也就是真正可以作爲『民之父母』者。『民之父母』的觀念藴涵着豐富的政治哲學意義〔二〕，它直接表明政權合法性的存在必須以民意爲基礎。竹書《民之父母》云：

【子】夏問於孔子：『……敢問何如而可謂民之父母？』孔子答曰：『民【之】父母乎，必達於禮樂之原，以至五至，以行三無，以横於天下。四方有敗，必先知之，其【可】謂民之父母矣。』〔三〕

〔二〕荆雨：《德與民：中國古代政權合法性之根據》，《社會科學戰綫》2008 年第 6 期；《從政治正當性視角看儒家『民之父母』思想的内涵及其當代意義》，《古代文明》2012 年第 1 期。

〔三〕本文所引《民之父母》篇，以濮茅左的竹簡編聯及釋文爲基礎，同時參考了龐樸、季旭昇、廖名春、陳劍等人的意見。參見濮茅左釋文考釋：《民之父母》，馬承源主編：《上海博物館藏戰國楚竹書（二）》，上海古籍出版社 2002 年版，第 149—180 頁。

這段文本主要在探討『何如而可謂民之父母』的問題，即具備何種條件的人纔有資格執掌政權以治理天下。孔子的答語指出，唯有通達禮樂之本原（即仁道）者，方能稱得上是『民之父母』。這即是説，爲民父母者必當滿懷仁德、愛民如子，其仁心大德充塞於整個天下，以至於四方有難，皆能先知先覺。這就要求統治者必須心繫人民、心懷天下，始終以廣大民衆的福祉爲依歸，能够傾聽民聲、體察民情、滿足民欲，以至於使天下之人皆有所安頓、有所成就。唯有如此，纔能得到廣大人民的擁護與支持，從而成爲『民之父母』意義上的理想君主，亦即真正保有執政合法性的統治者。

可見，在早期儒家看來，民心所向是政權合法性的基本保障。這一點在楚簡《緇衣》中體現得更爲明顯。《緇衣》簡曰：『子曰：民以君爲心，君以民爲體。【心好則體安之】，君好則民欲之。故心以體廢，君以民亡。』[一] 這裏把君與民的關係比作心與身的關係，意在表明，君、民之間是相互依存、相互支撑而不可分割的。當然，此處重在强調民對於君的作用和意義，即民心向背對於君主的興廢存亡具有決定性影響。民既可以立君，亦可以廢君，其關鍵即在於『君好』與否。若君愛民、重民，則民必擁君、尊君；若君虐民、殘民，則民必反君、廢君。因此，唯有仁民愛衆，纔能赢得民心，從而取得統治的合法性；反之，則必將喪失統治的合法性，以致被人民推翻。這就充分表明，政權合法性的獲得與維繫端賴於民意的支持。

[一] 本文所引《緇衣》篇的竹簡編聯及釋文，參見鄒濬智撰寫、季旭昇訂改：《〈緇衣〉譯釋》，季旭昇主編：《〈上海博物館藏戰國楚竹書（一）〉讀本》，萬卷樓圖書股份有限公司 2004 年版，第 84—155 頁；虞萬里：《上博簡、郭店簡〈緇衣〉與傳本合校補正（上）》，《史林》2002 年第 2 期。

三、擁有賢德賢能：政權合法性的德能基礎

既然民意是政權合法性的決定性因素，那麼什麼人纔可以獲得民心呢？早期儒家認爲，衹有道德高尚、能力超群的賢者纔能得到萬民的擁戴。這一點可從楚簡《容成氏》對堯『於是乎天下之人，以堯爲善興賢，而卒立之』的叙述中窺見端倪。據此可知，堯因爲『善興賢』而最終被天下人擁立爲天子，這就直接體現出人民百姓對堯『善興賢』這一舉動的充分肯定，也反映出當時人民對『興賢』的積極態度，而根本上則表明天下人對『賢』及『賢者』的認可。此即意味着，賢者能够贏得民心、順應民意，因而具備受命爲王的資格。

『賢』是《容成氏》篇十分重要的一個概念，它蘊含着執政者獲得政權的根本要求，决定着執政者能否取得統治的合法性。换言之，『賢』也是判定政權合法性的重要依據。根據《容成氏》的叙述，堯、舜、禹三位君王無一不是賢者，且他們都『不以其子爲後』，而是擇取真正的賢者立爲天子，主張『以天下讓於賢者』。由此表明，唯有賢者纔配居『天子』之位，纔有資格執掌政權。究竟何謂『賢』或『賢者』？《容成氏》在評論上古帝王的德業時指出：『其德欲清而尚恣，其政治而不賞，官而不爵，無勱於民，而治亂不倦，故曰賢。』竹簡認爲，上古帝王德行高尚，倡導無爲而治，好尚施惠於民；其政治才智高超，不用獎賞而事物得治，不加封爵位而臣下盡職，不勉勵督促而民能自覺努力，不用勞倦而天下大治。這就表明，上古帝王具有大德大智，由此纔視之爲『賢』。可見，『賢』在這裏就是對上古帝王之高尚道德與非凡才智的綜合評價。對於『賢』的含義，我們也可從堯納賢的標準中來把握。堯擇賢的標準是：『履地戴天，篤義與信，會兹天地之間，而包兹四海之内，畢能其事。』其中『履地戴天，篤義與信』是指賢者當具備正直剛健、重義

守信的德行，這是對賢者德行方面的要求；『會兹天地之間，而包兹四海之内，畢能其事』則指賢者當具有經緯天地、統御四海的才能，這是對賢者政治能力方面的要求。由此可知，衹有德才兼備的人才可稱之爲賢者。當然，就『賢』的内在規定而言，早期儒家更爲重視其中的道德意涵。如《容成氏》中記述：堯因舜『孝養父母，以善其親，乃及邦子』而『美其行』，並『三從舜於畎畝之中』，以至最終立舜爲繼位者，這充分説明道德在堯的擇賢標準中具有優先性。《子羔》篇則指出：『堯見舜之德賢，故讓之』『舜之德其誠賢矣，由諸畎畝之中而使，君天下而稱』，這就更加清楚地表明，『德』纔是『賢』的本質内涵，是人們受命爲王的根本依據。因此，早期儒家雖已充分認識到政治才能對於政權合法性建構的重要性，但他們顯然更爲强調道德因素在其中的根本性意義。

可見，在早期儒家的觀念中，德才兼備是獲得與維繫政權的基本條件，執政者既須擁有賢德，又須具備賢能，二者缺一不可。就此而言，個人的德行與才能無疑是影響政權合法性的重要因素。[一] 因此，統治者必須具備賢德賢能，纔能爲執政的合法性奠立堅實的根基。當然，對於早期儒家而言，道德因素在政權合法性的建構中無疑具有更爲根本性的作用。

總之，天命是政權合法性的終極依據，稟受天命者纔能執掌政權、治理天下；而天命通過民意來表達，視民心而定，贏得民心者纔能稟受天命；又因民心歸向於賢者，所以具有賢德賢能的人纔能贏得民心。顯

[一] 陳來指出：『從早期禪讓的政治文化傳統，到夏商兩代，在政權神授觀念的同時，也都傳留了一種由君主領袖的美德和才智來建立政治合法性的傳統。事實上，這種從才和德方面建構統治的合法性的意識，不僅爲君主和民衆共同接受，而且在氏族部落禪讓制度中更是必然如此的。』見氏著：《古代宗教與倫理》，生活·讀書·新知三聯書店 1996 年版，第 293 頁。

然，天命、民意與賢德賢能三位一體，爲政權合法性的建構提供了有力的支撑。

第三節　政治權力的獲得與維繫原則：『仁以得之，仁以守之』

早期儒家既以天命、民意與賢德賢能三者一體作爲政權合法性的基礎，這就要求執政者必須具備大德大能，由此纔能合乎民心、順應天命，從而取得統治的合法性。由於道德因素對政權合法性的建構具有最終決定作用，所以早期儒家强調以『仁』爲政權的獲得與維繫之道。楚簡《武王踐阼》甲篇云：

【武】王問於師尚父曰：『不知黄帝、顓頊、堯、舜之道存乎？意微茫不可得而睹乎？』師尚父曰：『在丹書，王如欲觀之，盍齋乎？將以書見。』……師尚父奉書，道書之言曰：『怠勝義則喪，義勝怠則長；義勝欲則從，欲勝義則凶。仁以得之，仁以守之，其運百【世】。不仁以得之，仁以守之，其運十世。不仁以得之，不仁以守之，及於身。』[二]

周武王滅商後即天子之位，如臨深淵、如履薄冰，汲汲於謀求爲政治國之道，於是向太師尚父（吕望）請教，尚父以丹書所言開示之，他指出：爲人君者治國理政，若怠惰勝過大義則會導致國家滅亡，而大義勝

[二]　本文所引《武王踐阼》篇的竹簡編聯及釋文，參見楊華：《上博簡〈武王踐阼〉集釋（上）》，《井岡山大學學報（社會科學版）》2010 年第 1 期。

過怠惰就能長治久安；若大義勝過私欲便會吉順，而私欲勝過大義就會有兇險。若以仁道得天下、守天下，則其國運可以持續百世；若以不仁之道得天下，而以仁道來守天下，則其國運可以持續十世；若以不仁之道得天下、守天下，則其國運衹能止於當時。由此可知，一國之存亡實端賴於執政者是否具有仁德以及能否實行仁道。也就是説，統治者能否正當合理地獲得並維繫政權，關鍵在於其仁與不仁。簡文之意顯然在强調，執政者必須始終本於仁道而行，方能得其位、守其位。所以，『仁以得之，仁以守之』纔是獲取政權與維持政權的根本之道。這就要求執政者既當以修身立德爲本，先正己以做好表率；同時又須堅持以仁治民，導民興德向善。這兩個方面相輔相成，唯有兼重並修，纔能將仁道真正貫徹落實，從而順天應人，贏得執政的合法性。

一、修身立德，率先垂範

早期儒家十分重視執政者的道德表率作用，他們認爲，執政者應當以修德正己爲本，唯有做到以身作則、率先垂範，人民纔會心悦誠服地歸順，並隨之而向善。據楚簡《顏淵問於孔子》所載，顏淵向孔子請教化民之道，孔子曰：『修身以先，則民莫不從矣；前【之】以博愛，則民莫遺親矣；導之以儉，則民知足矣；前之以讓，則民不爭矣。』[一] 這即是説，君上能先修身立德，則民皆自然順服；君上博愛，則民皆仁厚；君上節儉，則民皆易於知足；君上謙和有禮，則民皆好讓不爭。可見，在孔子看來，執政者欲化民成俗，就必先修身以正己，己身正然後纔能使民得正。這主要在强調，統治者應當注重道德修養、道德教化，如此纔能讓

[一] 本文所引《顏淵問於孔子》簡文，以復旦大學讀書會的編聯及釋文爲基礎，並參考了陳偉、黄人二、趙思木等人的意見。參見復旦大學與吉林大學古文字專業研究生聯合讀書會：《〈上博八·顏淵問於孔子〉校讀》，復旦大學出土文獻與古文字研究中心網，2011 年 7 月 17 日。

天下人信服，並使之興德向善。僅憑政治命令與刑罰措施是難以真正服衆化民的，因爲政令與刑罰終究是由執政者來制定和實施，若執政者自身品行端正，則無須教令，人民自會由之而行；若自身品行不正，則縱使三令五申，人民也不會服從。這正如楚簡《緇衣》所云：『子曰：「下之事上也，不從其所以命，而從其所行。」』可見，真正能讓萬民誠服的並非政令、刑罰等强制性手段，而是執政者的美德善行。因此，統治者必須以修身立德爲本。

從上博楚簡的相關文獻來看，早期儒家認爲執政者在道德修養上應當至少達到如下三點要求：

第一，必須具備敬、謙、信、恭、寬、惠、仁等品德。楚簡《從政》甲篇曰：

> 從政所務三：敬、謙、信。信則得衆，謙則遠戾，遠戾所以……。從政，敦五德，固三制，除十怨。五德，一曰寬，二曰恭，三曰惠，四曰仁，五曰敬。君子不寬則無以容百姓，不恭則無以除辱，不惠則無以聚民，不仁則無以行政，不敬則事無成。[一]

簡文中論及的『敬、謙、信、寬、恭、惠、仁』七德，是對執政者的基本德行要求。『敬』德要求執政者嚴肅認真、專心謹慎地治理天下。在早期儒家看來，執政者爲人處事敬與不敬關係到國家的存亡禍福。楚簡《武王踐阼》乙篇曰：『敬勝怠則吉，怠勝敬則滅。不敬則不定，弗〔彊〕則枉，枉者敗而敬者萬世。』

[一] 本文所引《從政》簡文，以湯淺邦弘的編聯及釋文爲基礎，並參考了陳美蘭、陳劍、陳偉等學者的意見。參見［日］湯淺邦弘：《〈從政〉的竹簡連接與分節》，見氏著：《戰國楚簡與秦簡之思想史研究》，萬卷樓圖書股份有限公司2006年版，第77—128頁。

可見，執政者能否持敬對於國家的安危治亂、政權的得失興替具有重大影響。因而統治者祇有具備『敬』德，纔能安邦定國、穩固政權。『謙』德要求執政者虛心謹慎、謙卑禮讓。《顔淵問於孔子》云：『前之以讓，則民不爭矣。』這就指出，執政者必須懂得謙讓，纔能使民不爭、和合天下。『信』德要求執政者真誠踏實、謹守信用，如此纔能得到民衆的信賴與支持。《緇衣》云：『信以結之，則民不倍。』統治者若能真心實意地對待人民，則人民自然不會叛離。所以執政者必須以誠待民，方能得到人民的真心擁護。『寬』德要求執政者寬宏大度，這樣纔能安邦利民。據楚簡《仲弓》篇載，孔子將『宥過赦罪』即寬恕過錯、赦免罪行視爲『政之始』[二]，强調爲政者應當寬以待民，實行寬和的政治。『恭』德要求執政者恭敬和順地對待人民，而不能倨傲自恃、作威作福。《緇衣》云：『恭以莅之，則民有遜心。』據此可知，執政者必須以恭敬之心待民，纔能真正贏得民心。『惠』德要求執政者廣施恩惠於民，以濟世利民爲己任。『仁』德要求執政者親民、愛民、恤民、重民，如此纔能得到萬民的擁戴。《緇衣》篇謂『慈以愛之，則民有親』，《顔淵問於孔子》篇將『老老而慈幼』視爲君子入仕之道，並指出『老老而慈幼，所以處仁也』。這些都表明，仁愛民衆、保有仁德乃是統治者獲得與維繫政權的基本要求。

第二，必須謹言慎行、言行一致。竹書《緇衣》曰：『【子曰：「君子道人以言，而恒以行。】故言則慮其所終，行則稽其所蔽，則民慎於言而謹於行。」』孔子指出，君子通過自己的言行來引導和教化人民，他們講話一定會考慮其可能導致的後果，行動必然會明察其可能造成的弊害，如此人民也會隨之而謹言慎行。

[二] 本文所引《仲弓》簡文，以陳劍的編聯及釋文爲基礎，並參考了晁福林、李鋭、梁靜等人的意見。參見陳劍：《上博竹書〈仲弓〉篇新編釋文（稿）》，簡帛研究網，2004 年 4 月 19 日。

這就要求執政者應當謹慎小心自己的言行舉止。謹言慎行的一個重要表現即是保持言行統一。竹書《從政》甲篇云：『可言而不可行，君子不言；可行而不可言，君子不行。』竹書《緇衣》亦曰：『子曰：「可言不可行，君子弗言；可行不可言，君子弗行。則民言不危行，行不危言。」』此是説，對於能言而不能行者，君子不言；對於能行而不能言者，君子不行。由此，人民纔會做到言行一致。這主要在於强調執政者應當慎言慎行、言行相顧，如此方能垂範天下、導化民衆。

第三，必須合理控制自己的欲求。執政者身處國家政治權力的中心，其私欲能否得到合理有效的控制，關係到國家的興衰成敗、人民的安危禍福。因此，早期儒家强調執政者必須以理節欲。根據竹書《武王踐阼》乙篇，太師尚父借丹書之語向周武王指點爲政之道，該篇竹書開首即曰：『志勝欲則昌，欲勝志則喪；志勝欲則從，欲勝志則兇。』此是説，若君王的志向勝過私欲，則國家便會吉順、昌盛；若私欲勝過志向，則國家便會兇險，甚至喪亡。這就是告誡統治者必須立德明道以遏止私欲，如此纔不致因一己之私的陷溺而導致喪權亡國。周武王受教之後，在坐席的四端刻銘以警戒自己。其中杖銘曰：『惡危？危於忿戾。惡失？失道於嗜欲。惡【忘？忘】於貴富。』牖銘曰：『位難得而易失，士難得而易外。』這裏指出，當人忿怒暴戾的時候就會很危險，當人深受嗜欲誘惑的時候就會喪失道義，當人富貴的時候就容易忘形。然而，權位難得却易於丟失，士人難求却易於外流。就此而言，執政者必須以道義來主宰、克制自己的情欲，纔能維繫其政權而勿失。對於執掌最高政權的統治者來説，權力欲的制約無疑最爲關鍵。早期儒家基於德治的理念，頗爲注重統治者的德行修養，强調通過深化統治者的道德自律意識來實現權力的有效制約與規範運行。[一] 他們深

[一] 孫季萍：《先秦儒家政治文化中的權力制約思想》，《煙臺大學學報（哲學社會科學版）》2005年第2期。

信，唯有如此，統治者纔會真正自覺地合理用權、秉公執政，從而在根本上解決權力的規範與制約問題。所以對早期儒家而言，權力的控制主要是通過執政者以理治欲的道德修養來實現的，其關鍵即在於掌權者能否自我節制權力欲。因此，統治者欲維繫政權，就必須懂得克己制欲。

二、依仁治民，導民向善

早期儒家政治哲學具有内聖外王合一的特徵，其修己與治人相互作用、相互影響：後者的開展須以前者爲基礎，前者亦須通過後者的展開纔能充分實現。就此而言，仁道作爲政權之獲得與維繫的根本原則，必然貫通於修己與治人兩方面。這就意味着，統治者在修身立德的基礎上，還必須施行仁政、以德治民，如此纔能鞏固其政權，纔能實現仁道於天下。

在早期儒家看來，唯有本於仁道治國理民，纔是執政者贏得民心、維持統治的根本。楚簡《季康子問於孔子》曰：

季康子問於孔子曰：『肥從有司之後，抑不知民務之焉在？……請問：君子之從事者於民之【上，君子之大務何？』孔子曰：『仁之以】德，此君子之大務也。』康子曰：『請問何謂仁之以德？』孔子曰：『……君子玉其言而慎其行，敬成其德以臨民，民望其道而服焉，此之謂仁之以德。』[一]

[一] 本文所引《季康子問於孔子》簡文，以陳劍的釋文爲基礎，並參考了福田哲之、廖名春等人的意見。參見陳劍：《談談〈上博（五）〉的竹簡分篇、拼合與編聯問題》，簡帛網，2006年2月19日。

季康子擔任官吏之後，不知如何着手治理人民的事務，於是向孔子請教民務何在。孔子指出，爲政治民的根本任務在於『仁之以德』。所謂『仁之以德』，是指爲政者以德治民、化民，亦即修身立德，做好表率，通過德行的感召使廣大民衆自然誠服、馴化。《緇衣》載孔子語云：『長民者教之以德，齊之以禮，則民有勸心；教之以政，齊之以刑，則民有免心。』這即是説，統治者若以道德教化民衆，以禮義管束民衆，人民就會受到勸勉而誠心歸服；若以政令管教民衆，以刑罰整治民衆，則人民會因求免於處罰而順從。可見，政令刑罰衹能使人因懼怕刑罰而暫時免於罪過，而道德禮義則可以讓民衆誠心改過遷善。因此，爲政治民應當以德禮爲本、刑政爲末。這就要求統治者施政寬和而不嚴苛，否則就會失去民心。《從政》甲篇云：『從政有七機：獄則釁，威則民不道，鹵則失衆，猛則無親，罰則民逃……凡此七者，政之所殆也。』這裏指出了政治活動中七種危險的做法：其一，大興刑獄致使民衆産生嫌隙；其二，逞威張勢則民衆不會順從；其三，魯莽蠻横失去民心；其四，剛猛嚴苛則民衆不會親附；其五，好施刑罰則民衆叛離；等等。顯然，這些施政行爲均過於嚴苛、殘暴，缺乏仁愛精神，以致違背了基本的人性、人情，由此必然招致人民的反對。《季康子問於孔子》所引臧文仲之言『君子强則遺，威則民不導，嚴則失衆，猛則無親，好刑則不祥，好殺則作亂』，無疑也表明了此意。執政者若一味采用嚴刑峻法與强制政令，或僅憑其權勢來統治人民，必將導致衆叛親離、喪失政權。早期儒家對苛政、暴政的危害有着深刻的認識，所以大力倡導寬政、仁政。他們認爲，執政者必須堅持以仁道爲本，纔能真正取得民心、穩固政權。

總之，早期儒家以仁道爲政權獲得與維繫的根本原則，認爲執政者得權守位的關鍵即在於『仁以得之，仁以守之』。這就要求統治者既當以德修己，率先垂範；又須依仁治民，導民向善。如此纔能順天應人從而獲得執政的合法性，纔能實現仁道於天下。當然，作爲執政者，如果徒有道德與理想，而缺乏真正的能力使之落實，則其價值理想的實現勢必受阻，而政治腐敗、社會混亂、民生疾苦等問題亦無法得到有效解決。所以，執政者必須具備卓越的能力，這一點毫無疑問。由《容成氏》可知，除德行之外，早期儒家也頗能正視統治者的才能對於爲政治國的重大影響。祇不過他們提倡德治，更爲强調道德因素在政治中的重要性。

第四節　政治權力的轉移：禪讓、世襲與革命

在早期儒家看來，政治權力是作爲治理天下、造福人民的公器而存在的，其本身即蘊涵着令其存在與運行的定常之理，有客觀法度以維繫之，故而具有相當程度的客觀性、普遍性與超越性。然而，政治權力又必須依托於特定的個人或集團纔能得以運行，他們畢竟是有限的生命個體，難以做到常有德有能，一旦掌權者喪德或失能，不能够達到執掌政權所需的基本要求，或無力承擔此政權所規定的責任和義務，就會缺失執政的合法性，從而政治權力就當發生轉移。據《容成氏》所述，政權轉移的模式主要有禪讓、世襲和革命這三種。本節即重在探討政治權力發生轉移的原因及其方式。

一、政權發生轉移的緣由：『天下爲公』的理想與執政合法性的缺失

所謂政權轉移，是指政治上的統治權力由某個人（或集團）執掌轉變爲由另一個人（或集團）來執掌，即政治權力從一位執政者轉移到了另一位執政者。這意味着掌權者發生了改變或者説政治權力主體進行了更替，而政治權力本身則具有其穩定性。因爲政治權力包含決定其存在與運行的所以然之理，有客觀的法度使之存續，從而具有相當程度的客觀性、普遍性和超越性，並不隨時空任意生滅流變；而執政者則是有限的生

命個體，一旦喪失掌權的資格，就當被另一位擁有此資格的人代替。決定政權發生轉移的根本因素即是政治權力的合法性。就此而言，政權轉移實質上就是政權合法性的轉移，它意味着一位執政者喪失或遮蔽了政權合法性，另一位執政者則獲得或彰顯了政權合法性。因此，政權轉移過程就是一個政權合法性失而復得或隱而再顯的過程。當然，這種看法奠基於傳統儒學對『政權合法性』的獨特領會，即認爲政權合法性直接關涉政治權力的本質，指政治權力存在及運行的根據或根本法則，乃決定政治權力之所以爲政治權力的『理』或『道』。這就表明，政治權力乃是備理載道之公器。於是政權轉移的問題也就可以歸結爲執政者能否由道而行的問題。

既然政權轉移實質上歸結爲政權合法性的轉移，那麼在何種動因驅使下以仁爲本的政權合法性當發生轉移呢？在早期儒家看來，這一方面取決於『天下爲公』的德治理想追求，另一方面則在於現實政治中在位者執政合法性的缺失（即對政權合法性的遮蔽）。此即是從理想與現實兩個維度、從積極與消極雙重意義上顯明政權轉移的必要性。對早期儒家而言，政權存在的根本目的在於實現『天下爲公』的德治理想，政權的轉移無疑是在這一終極政治理想的根本驅動下發生的。上博簡《容成氏》與《子羔》通過對『禪讓』這種政權轉移模式所能達到的理想政治效果的描繪，彰顯了早期儒家『天下爲公』的德治理想追求，也指明了政權轉移的内在動因。

政權發生轉移的另一重要原因在於當權者執政合法性的喪失，而當權者之所以會喪失執政合法性，主要是因其德行或能力出現了問題。祇要其中之一缺失，就將導致執政合法性的喪失，從而當使政權發生轉移。有些執政者雖在其位，但因其品行惡劣而缺乏統治的合法性，以致政權當該轉移至有德有能的賢者。《容成氏》曰：

湯王天下三十有一世而紂作。紂不述其先王之道，恣爲肆爲，於是乎作爲九成之臺，寘盂炭其下，加圜木於其上，使民道之，能遂者遂，不能遂者墜而死，不從命者，從而桎梏之，於是乎作爲金桎三千。既爲金桎，又爲酒池，酖樂於酒，博弈以爲嬉，不聽其邦之政。於是乎九邦叛之……文王崩，武王即位。武王曰：『成德者，吾説而翼之；其賊，吾伐而弋之。今紂爲無道，泯捨百姓，桎約諸侯，天將誅焉，吾勴天威之。』武王於是乎作爲革車千乘，帶甲萬人，戊午之日，涉於孟津，至於共、縢之間。三軍大範，武王乃出革車五百乘，帶甲三千，以霄會諸侯之師於牧之野。紂不知其未有成政，而得失行於民之唇也，或亦起師以逆之。武王於是乎素冠冕以造，閔於天曰：『紂爲無道，泯捨百姓，桎約諸侯，絶種侮姓，土玉水酒，天將誅焉，吾勴天威之。』武王素甲以陳於殷郊，而殷……

這裏主要記述了周武王因商紂暴虐無道而代天伐商之事。商紂不遵循先王之道爲政治國，自行更改以往之善政而恣意妄爲。如其修築一個九層的高臺，將銅盂和炭火放置於高臺下，並在高臺上架一根圓木，迫使民衆在圓木上行走，他們不摔下去便罷，一旦摔下去，則要麼被摔死，要麼掉進銅盂裏被燒死。如果有誰敢違背命令而不行走於圓木之上，就會用鐐銬禁錮起來，於是爲此又製作了三千餘套金屬足械。不僅如此，他還建造了酒池，酗酒作樂，博弈尋歡，耽於享樂，不問朝政。至此，商紂王之殘虐無道、荒淫無度、驕奢侈靡已經達到無以復加的地步，可謂傷天害理、喪盡天良。因而必然招致其統治下的豐、鎬、郙等九個邦國的叛亂以及周武王的討伐。武王在討伐商紂的誓詞中説：『具有盛德之人，我樂意輔佐他；而道德敗壞之人，我須通過征伐來取代他。如今商紂殘惡無道，棄絶生民，壓制諸侯，上天將要誅滅他，我則助天以討罰之。』於是武王準備戰車千輛及身披鎧甲的戰士萬人，於戊午之日，渡過孟津，直至共、滕二地之間。在此，武王率領三軍舉行正式發兵前的祭祀，之後便派出戰車五百輛及身披鎧甲的戰士三千人，與各地諸侯在牧地的郊野（即殷都朝歌的郊區）進行小規模的會師，合謀共計以備征討商紂，最終商紂喪亡，武王取而代之。由此可知，商紂王之所以終究被武王所取代，乃是因爲他道德淪喪，從而失去了執政的合法性。根據早期儒家的政治哲學理念，天命、民心與賢德賢能共同構築政權的合法性，執政者一旦失德則必失民心，失民心則必失天命，而天是權力的終極來源，故失天命則必失政權，即必使政權發生轉移。因而對早期儒家而言，執政者喪德是導致政權發生轉移的主要原因之一。

在位者缺乏政治能力或因故而後來喪失執政能力，是政權轉移的另一重要緣由。顯然，良好的政治才能是政權合法性的重要構成，其對於爲政治國的重要性自不待言。爲政者理應具備卓越的政治能力，否則便缺乏執政的合法性。因而無能者不具備執政資格，即便由於世襲等原因被推上政治舞臺，也終將會因不善於治理國政而被有能者所取代。當然，這裏所指的主要是歷史上那些昏庸無能的君主，他們因執政不力而被取消掌權資格，從而導致政權發生轉移。此外，還存在這樣一種情況，即那些本來有能力的執政者因其自然生命的衰頽而無力再承擔經邦治國的重任，便應當轉移其政治權力。

《容成氏》以敘述古史傳説的形式展現了早期儒家的禪讓思想，禪讓的基本精神是『尚德讓賢』，强調執政者必須是有德者，主張在上位的賢者自主將政治權力讓給在下位的賢者，具有『賢賢相讓』的特徵。在這種政權轉移模式中，政治權力是以平和的禪讓方式從一位賢者轉移到另一位賢者。而引發這種轉移的一個重要客觀因素，即是執政者自然生命的限度。當執政者年老體衰、智力下降，已無力承擔相應的政治責任，此時作爲政權合法性基礎的『賢能』這一條件便已喪失，那就應當轉移其政治權力。這是由生命的自然規律所決定，禪讓政治亦須遵循此一客觀規律；這也是禪讓政治的基本要求，唯有如此，纔能使天下得以最大化、最有效的治理。《容成氏》中『【堯乃老，視不明，】聽不聰。堯有子九人，不以其子爲後，見舜之賢也，而欲以爲後』，以及『舜乃老，視不明，聽不聰。舜有子七人，不以其子爲後，見禹之賢也，而欲以爲後』便蕴含此意。

堯、舜等聖王固然無法抗拒生老病死的生命自然規律，但他們在自然規律面前並非消極被動，而是對此有着十分清醒、理性的認識，所以能够順應自然規律，主動退出權力中心，這一點從他們『視賢』『求賢』『讓賢』的政治活動中便可以體現出。當然，『堯老』『舜老』衹是在生理上爲最高政治權力的轉移提供了一個客觀條件，他們最終能够自覺、主動地讓位給賢者，還在於他們具有極强的理性精神和良好的道德修養，深刻認識到政治權位是爲平治天下、造福全民而設置的，而並非用來滿足個人欲望的私有之物。〔一〕正因爲以這樣一種理性態度來對待政治權力，所以他們纔不會受制於各種權力欲，並不貪戀權位，能够及時將最高政治權位禪讓給在下位的有德者，以積極推動天下爲公、萬邦和合之最高政治理想的實現。據此可知，執政者政治能力的缺乏或喪失也是促使政權發生轉移的重要原因，而道德因素顯然更爲重要，乃影響政權轉移的根本要素，儒家政治哲學的核心要義也就體現於此。

二、政權轉移的模式：禪讓、世襲與革命

在分析了政權轉移的原因之後，再來探討政權如何進行轉移的問題。既然政權的合法性取決於天命、民

〔一〕關於這一點，丁四新已指出：『「堯老」雖然從生理上來説是其必須禪位的客觀條件，但是堯理性地反省到此一點，而毅然決定讓位於舜聖，這與權欲薰心的變態狂們對於權位的貪求、癡迷醜態，畢竟迥異，形成鮮明的對比。』見氏著：《楚簡〈容成氏〉「禪讓」觀念論析》，劉大鈞主編：《簡帛考論》，上海古籍出版社 2007 年版，第 203—204 頁。

意與爲政者的德能，而三者又具有内在統一性，那麼衹要其一缺如，政治權力就當發生轉移。就《容成氏》來看，政權轉移主要存在禪讓、世襲、革命三種模式，前兩者爲和平方式，後一者爲武力方式。

（一）禪讓：可圓滿實現仁道的理想政權轉移模式

『禪讓』是一種『賢賢相讓』的理想政權轉移模式，即通過在上位的賢者自主將政治權力讓給在下位的賢者這種方式來完成政權轉移，其基本精神是『尚德讓賢』。[一] 上博簡《容成氏》《子羔》等文獻對禪讓制有豐富的描述，如《容成氏》曰：

【……尊】盧氏、赫胥氏、喬結氏、倉頡氏、軒轅氏、神農氏、椲〈〉氏、壚遅氏之有天下也，皆不授其子而授賢。

堯有子九人，不以其子爲後，見舜之賢也，而欲以爲後。【舜乃五讓以天下之賢者，不得已，然後敢受之。】

舜有子七人，不以其子爲後，見禹之賢也，而欲以爲後。禹乃五讓以天下之賢者，不得已，然後敢受之。

禹有子五人，不以其子爲後，見皋陶之賢也，而欲以爲後。皋陶乃五讓以天下之賢者，遂稱疾不出

[一] 張分田先生指出：『禪讓模式，即在位君主將自己的權位親手轉交給他人的君位獲得與傳承模式。就其屬性而言，又分爲兩類。一類是君主將權位轉交給自己家族的人。……這種禪讓多屬於向繼承者提前交權，又稱「内禪」，仍屬於宗祧繼承範疇。另一類則屬於改朝换代的範疇，即禪讓的結果使君主權位由一個家族轉交給另一個家族。』參見劉澤華主編：《中國傳統政治哲學與社會整合》，中國社會科學出版社2000年版，第347頁。

而死。

可見，禪讓這種政權轉移模式强調『傳賢不傳子』，其根本特徵在於『讓賢』。『賢』是禪讓的合法性依據，包括『賢德』『賢能』兩方面内涵：『賢德』尤其是其中的讓德，是禪讓的核心要義，爲禪讓制指明了原則和方向；『賢能』也是禪讓的重要元素，爲禪讓制的貫徹落實提供了基本保障。二者對於禪讓的實現皆具有不可或缺的作用，絶不可偏忽。當然，賢德更爲根本，是影響禪讓制中政權轉移的決定性因素。由此可進一步追問，道德爲何在禪讓政治中具有如此重要的地位和作用，它究竟如何影響禪讓制中政治權力的轉移？因爲禪讓的本質是『賢賢相讓』，所以讓位者（在位者）與受位者（繼位者）雙方都必須具有『賢』的品格，這是實現禪讓的前提條件和根本保證。通過對禪讓行爲所要求的賢德之具體内涵的分析，即可揭示出禪讓可行的原因及其發生的内在機制。在《容成氏》所記述的堯舜禪讓事件中，舜成爲君王至少有兩個前提條件：其一，作爲受位者的舜具有賢德賢能；其二，作爲讓位者的堯尊賢重賢，能够知賢、禮賢、讓賢。堯在『視賢』的政治活動中，從個人德行與政治能力兩個方面，根據『履地戴天，篤義與信』和『會兹天地之間，而包兹四海之内，畢能其事』兩條原則來擇取賢者，這足以説明堯能知賢明賢，對『賢』的本質具有深刻認識；而他擇賢以『立爲天子』，則表明他對賢者十分重視，顯然已充分認識到賢者對於平治天下的重要性。接着在『求賢而讓』的政治實踐當中，堯聞舜之德行佳美而『三從舜於甽畝之中』加以考察，這一方面表明舜有善德是其受到堯青睞的前提條件，另一方面則體現出堯頗爲尊重賢者，能够禮賢下士、誠心求賢。最後『【堯乃老，視不明】，聽不聰』，他毅然決然、自覺主動地將天子之位讓給舜，而舜則『五讓以天下之賢者，不得已，然後敢受之』。這足以體現堯、舜都具有『讓』的精神和品德，正因爲此，纔最終使得具有賢德的舜能够真正居於天子之位以治國平天下。從『視賢』『求賢』到『讓賢』，堯得到了舜，順利完成了最高政治權力的轉移，舜也因其賢而成爲君主，於是禪讓政治中有德者居位掌權和居位掌權者有德的理想便得以圓滿實現。

堯舜禪讓之事所體現的重要美德有：知賢之智、禮賢之禮、讓賢之仁，其中始終貫穿着尊賢重賢的基本精神。這就指明了實現禪讓所當必備的德行條件，也充分體現出道德因素在禪讓中的決定性作用。〔二〕當然，在禪讓所要求的各種德行條件中，『讓德』對於實現政治權力的轉移最爲關鍵。『讓』的精神在本質上反映出在位者與繼位者對於政治權力和掌權者的理性態度，即認識到政治權力乃天下之公器，是爲天下民衆的根本利益服務的，並非個人私有之物，而掌權者也祇是利天下、公天下的一個手段，絶非凌駕於一切的至上權威。〔三〕

〔二〕《子羔》篇對堯舜禪讓之事的論述也表明了此意。夏世華對《子羔》中『堯、舜之善德的具體内涵及其對舜受命爲帝的不同意義』作了深入分析，他指出：『「堯見舜之德賢，故讓之」是從政治程式的角度解釋舜能够爲帝的原因，從中可以看出堯在主導這一禪讓過程中所表現出的主要道德内涵。「見舜之德賢」本身是堯有「明」德的表現，而讓舜的行爲又表達了堯德兩個更深刻的内容，即知舜有德的智和授舜以尊賢的仁。……從舜何以能够爲帝的問題來説，堯之明德是舜實現從民到君這一政治身份轉變的關鍵，是舜能够爲帝的前提條件之一。在前文的分析中已指明，簡文中的孔子也肯定爲帝必須受命這一觀念，在天之子纔能受命的思想環境中，作爲人子身份的舜如何可能受命？爲了回答此一問題，必須把舜的受命與他的善德關聯起來加以考察。……舜德是舜能得童土之黎民的主要原因。……舜作爲受位者之「善」的内涵主要表現在個人德行和政治能力兩個方面。』見氏著：《楚簡〈子羔〉的禪讓觀念——先秦儒家對人子受命模式的建構及其對天子受命模式的反對》，黄黎星、崔波、丁四新主编：《黌門菊燦——蕭漢明教授七秩華誕紀念文集》，吉林文史出版社2009年版，第392—393頁。

〔三〕對此，丁四新指出：『在「讓賢」的思想中，個人，哪怕是極其聖明的個人也祇是實現此「天理」，實現「天下爲公」的理念的一個有限的工具，在此工具確實的意義上，天理纔不會被人欲所蔽，也不會被「法」「術」與「勢」所構建的政治威權力所桎梏，而真正的「賢者」纔得以可能居處於天子之位。』見氏著：《楚簡〈容成氏〉「禪讓」觀念論析》，劉大鈞主编：《簡帛考論》，上海古籍出版社2007年版，第201—202頁。

正因爲有此深刻的認識，所以纔能最終實現『賢』與『權』『位』的恰切統一，使得真正的賢者能够居於其所當居之位、得其所應得之權。可見在禪讓政治當中，要成功實現最高政治權力的轉移，讓位授權者必須能够尊賢重賢，至少應當具有知賢之智德、禮賢之禮德以及讓賢之仁德；而繼位受權者也必須具備賢德、賢能，纔有資格受命爲王。這些都是禪讓制中政權轉移得以實現的基本前提，其中禪讓雙方具有『讓』德更是確保禪讓可行的關鍵所在。雖然賢德是決定禪讓觀念下政權轉移的根本性因素，但是如果執政者缺乏足够的政治能力，那麼任何遠大的政治理想都無法實現，所以賢能亦不可缺。

總的來説，影響禪讓制中政權轉移的因素可以歸結爲『賢』『時』與『道』這三者：賢者具有大德大能，始終以利天下、和天下、公天下爲己任，因而能够得天命、得民心，從而成爲天下的君主。掌權的賢者並不貪戀權力，而是理性地認識到政治權力的公共性與個體生命的有限性，於是及時通過『視賢』『求賢』『讓賢』的政治活動，自主將權位讓給在下位的賢者，從而使賢者能够居位掌權，政治權力的轉移便由此得以實現。從應然之理上來説固然如此，但在現實政治當中，賢者並不一定就能居位掌權，因爲賢者未必會遇到尊賢重賢、樂意禪位授賢的聖君明主，這往往是由時命所致，並不由人自主，所以得道的賢者無論得位獲權與否，都能泰然自若，始終由道而行，『道』纔是賢者的生命之本與終極追求，『賢』的本質内涵與『禪讓』的精神實質當終歸於此。[一]

[一] 鄒嘯宇：《禪讓制中政治權位轉移的影響因素探析——以上博楚簡〈容成氏〉與〈子羔〉爲中心》，丁四新主編：《楚地簡帛思想研究》第五輯，岳麓書社 2014 年版，第 217 頁。

（二）世襲：難以確保執政合法性的政權轉移模式

『世襲』是一種以宗法血親關係爲根本依據來承襲政治權力的政權轉移模式，具有世代相傳、宗族繼承的特點，故而又被稱之爲『宗祧繼承模式』[一]。這種模式深受宗法血緣關係的影響，權力的轉移主要發生在執政者的家族内部，且一般實行嫡長子繼承制，在特殊情況下也會輔之以兄終弟及的辦法。世襲模式是在『大道既隱，天下爲家』的社會背景中産生的，帶有明顯的『家天下』的私有性質。

根據《容成氏》的記述，革命模式是由大禹的兒子啓所開啓的。啓之前各朝代的政權轉移一般實行『傳賢不傳子』的禪讓制，這種模式植根於『大道之行，天下爲公』的歷史背景之中，具有『公天下』的性質。到了啓的時代，情況則發生了重大轉變。簡文云：『禹有子五人，不以其子爲後，見皋陶之賢也，而欲以爲後。皋陶乃五讓以天下之賢者，遂稱疾不出而死。禹於是乎讓益，啓於是乎攻益自取。……』可見，禹仍然秉持『公天下』的理念，力推禪位讓賢之法，主張把權位讓給賢者皋陶，因皋陶再三推讓之後竟『稱疾不出而死』，禹於是又不得不讓位於益。益受位掌權之後，却遭遇啓的攻殺，啓以武力奪取其王位，從此三代以上那種以天下爲天下人之天下的社會政治理念被打破，而産生了以天下爲一家一姓之私産的

[一] 張分田認爲：『宗祧繼承模式，即按照宗祧繼承制度的基本原則，由已故君主（「大行皇帝」）的合法繼承人獲得君位及相應的統治權力。這是君主權位在君主家族内部正常傳承的模式。自實行「家天下」以來，「大人世及以爲禮」，即實行宗祧繼承是歷代王朝同行的君位獲得與傳承原則。商朝的王位繼承實行父死子繼與兄終弟及相結合的制度，後期逐漸改爲嫡子繼承制度。西周實行嫡長子繼承制度。在君主無子、或無嫡子、或嫡子被廢黜的情况下，以宗祧繼承制度的規則和序列確定合法繼承人。秦漢以後，基本上沿襲周制。』參見劉澤華主編：《中國傳統政治哲學與社會整合》，中國社會科學出版社 2000 年版，第 346 頁。

家天下制度。[一] 在這種制度觀念之下，天下一切皆爲王室私有，於是政權轉移勢必會采取世襲這樣一種方式進行。《容成氏》所載『【啓】王天下十有六年〈世〉而桀作』『湯王天下三十有一世而紂作』『文王崩，武王即位』等情況都是在世襲制的背景下産生的，夏桀、商紂、周武王即是通過世襲而獲得政治權力。這表明夏啓之後即三代以下已經開始盛行世襲制，這種方式由此而逐漸成爲中國古代社會政權轉移的主要途徑。[二]

然而，因爲世襲這種政權轉移方式是以宗法血親關係而非個人的德能爲擇定掌權者的首要標準，所以根本無法確保執政者必定是有德有能之人，從而執政的合法性（就儒家的根本理念——仁道的意義上來説）也就難以確定，這就存在很大弊病。在世襲制下，往往許多道德敗壞之流或昏庸無能之輩能成爲統治者，而那些真正的有德有能者却不能居位掌權，如桀、紂、幽、厲等即是明證，這衹會敗法亂紀、禍國殃民。商湯攻桀、武王伐紂等事件即是對世襲制本身的一種挑戰，由此也顯露出世襲制所存在的嚴重弊端。

（三）革命：具有合法性却未能盡善的政權轉移模式

革命作爲一種政權轉移模式，是指根據天命、民意與德能並藉助武力方式迫使政治權力從喪失執政合法

[一] 《禮記·禮運》曰：『孔子曰：大道之行也，與三代之英，丘未之逮也，而有志焉。大道之行也，天下爲公，選賢與能，講信修睦。故人不獨親其親，不獨子其子，使老有所終，壯有所用，幼有所長，矜、寡、孤、獨、廢、疾者皆有所養，男有分，女有歸。貨，惡其棄於地也，不必藏於己；力，惡其不出於身也，不必爲己。是故謀閉而不興，盜竊亂賊而不作，故外户而不閉。是謂大同。今大道既隱，天下爲家，各親其親，各子其子，貨力爲己，大人世及以爲禮，城郭溝池以爲固，禮義以爲紀，以正君臣，以篤父子，以睦兄弟，以和夫婦，以設制度，以立田里，以賢勇、知，以功爲己。故謀用是作，而兵由此起。禹、湯、文、武、成王、周公，由此其選也。此六君子者，未有不謹於禮者也，以著其義，以考其信，著有過，刑仁講讓，示民有常。如有不由此者，在執者去，衆以爲殃。是謂小康。』參見［漢］鄭玄注，［唐］孔穎達疏：《禮記正義》卷二十一，李學勤主編：《十三經注疏》，北京大學出版社 2000 年版，第 766—771 頁。

[二] 化濤：《論中國古典政治哲學中政權合法性問題》，《晉陽學刊》2008 年第 3 期。

性的統治者轉移到另一位具備執政合法性的統治者。這種模式具有以下三個特點：第一，本於天命、民意行事，符合仁義道德，定具有其合法性；第二，通過武力這樣的强制性手段完成政權轉移，而訴諸武力往往是由於不得已；第三，其結果必導致改朝換代，此不同於那種仍在同一朝代或世族内進行的政權轉移模式。〔一〕

『湯武革命』就是革命模式的典型代表。《容成氏》如是述説商湯革命之事：

【啓】王天下十有六年〈世〉而桀作。桀不述其先王之道，恣爲【芑爲，於】【□□□□□□□□□□□□】不量其力之不足，起師以伐岷山氏，取其兩女琰、琬，北去其邦，𡐦爲丹宫，築爲璿室，飾爲瑶臺，立爲玉門，其驕泰如是狀。湯聞之，於是乎慎戒登賢，德惠而不賊，積三十仁而能之。如是而不可，然後從而攻之，陞自戎遂，入自北門，立於中塗，桀乃逃之鬲山氏；湯又從而攻之，降自鳴條之遂，以伐高神之門，桀乃逃之南巢氏；湯又從而攻之，遂逃，去之蒼梧之野。湯於是乎徵九州之師，以包四海之内，於是乎天下之兵大起，於是乎亡宗、離族、殘群焉服。當是時，强弱不辭揚，衆寡不聲頌，天地四時之事不修。湯乃尃，爲正籍，以正關市，民乃宜婉。虐疾始生，於是乎有喑、聾、跛、眇、瘻、寀、僂始起。……當是時也，無並【□□□□□□□□】賊盗，夫是以得衆而王天下。

〔一〕張分田先生指出：『天命，即天擇民主，授予權力，在位之君奉天承運；革命，是天命一種發布形式。革即變革，命即天命。革命，即天命變革，由新興王者取代喪失天命的君主。所謂革命，不是現代政治學意義上的社會革命、政治革命。它特指符合天意、道義的改朝换代。在理論上，惟有符合道義的改朝换代方可稱爲革命。……天命、王者、易世三者具備纔是革命。其中天命又是革命的終極依據和必備條件。』見劉澤華主編：《中國傳統政治哲學與社會整合》，中國社會科學出版社2000年版，第327頁。

於此可知，夏桀不遵循先王治國之道，自以爲是、一意孤行，不自量力而發兵攻打岷山氏，並强娶其兩女琰和琬妭。從此棄元妃於伊洛，將都城遷至北邊的安邑，並在該地建造玉質的豪華宫室，裝飾華美的瑶臺，樹立玉飾的大門，整日尋歡作樂、恣意妄爲，其驕奢淫逸、昏亂侈靡竟然到達這種地步。儘管如此，商湯却並無叛逆之心，而是仍能堅守臣道，戒慎恐懼地向夏桀進賢，多次舉薦仁賢之士，希望能借此感化他。商湯雖誠心誠意、竭心盡力地助桀悔改，但他枉顧天下蒼生而依然我行我素、無動於衷，於是不得已而發動征討夏桀的戰爭。商湯舉兵一路披荆斬棘，乘勝追擊，經過曠日持久的攻伐，終於使夏桀及其黨羽得以嚴懲，於是天下誠服，人民擁立商湯爲王，從而夏桀之政權移易。對於武王伐紂之事，《容成氏》則指出：商紂荒淫無度、暴虐不已，逆天命、民心而肆意妄爲，激起天怒民怨，於是周武王順天應民，不得已而合衆舉兵以討伐商紂，最終變更其政權。〔二〕

對於『湯武革命』，早期儒家積極論證其合理性、正當性，對之給予了諸多肯定。《周易·革卦·彖》指

〔二〕 牟宗三先生指出：『無論個人方式之打天下，或是氏族部落式之取政權，皆得曰革命。革命者，變更其所受於天之命也。在以前，統治者之取政權，於現實方面是憑藉其德與力。及其德足以服衆，力足以馭衆，在現實上無足與競，其自身便成一實際上之無限，頓覺其生命遥與天接，因而便謂其統治是受命於天。既以爲上天命其統治，則實際上一時之無限（即才質之無限）便有一超越者以提升之而圓滿其無限，遂轉而爲理性上之無限，所謂「乃武乃文，乃聖乃神」是也。然此理性上之無限畢竟祇是一時之圓足，其德與力須時時不衰以適應之，方能保其圓足。一旦德與力不足以常新而適應之，則理性上圓足之無限頓時即有裂罅出現。如是，其才質之無限即收縮下降墮落而爲有限，再墮落而爲腐敗之純物化，而彼超越者亦遠離掛空而失其天命之意義，失其圓足之力量。而統治者乃文乃武，乃聖乃神，亦祇成得一虚名，而不復有真實飽滿之意義。革命者起而打散之，則天之命便不復降於彼，而降於新興者，重與一新興之「才質無限體」相凝一，此所謂既革命亦受命也。此爲革命之本義。此義既通於氏族部落之取政權，亦通於個人方式之打天下。是以革命一義即示政權之取得惟在德與力，而政權亦即寄托在個人或氏族部落之德與力上。』見氏著：《政道與治道》，聯經出版社 2003 年版，第 4 頁。

出：『湯、武革命，順乎天而應乎人，革之時大矣哉！』《周易程氏傳》注此云：『王者之興，受命於天，故易世謂之革命。湯、武之王，上順天命，下應人心，順乎天而應乎人也。天道變改，世故遷易，革之至大也，故贊之曰：「革之時大矣哉！」』[一] 孟子與荀子也認爲商湯放桀與武王伐紂是爲了懲治殘仁害義之獨夫民賊，乃合乎道義之戰，而並非『臣弑君』的不義之舉。[二] 顯然，在早期儒家看來，『湯武革命』順應了天命、民心，完全符合道義，是具有合法性的正義之戰。

然而，『湯武革命』畢竟是不得已之舉，任何革命戰爭都難免造成傷亡，並在一定時期内勢必會影響社會秩序的穩定、干擾人民的正常生活與生産。《容成氏》篇描述商湯伐桀之戰後的社會狀況道：『當是時，强弱不辭揚，衆寡不聲頌，天地四時之事不修。』這明確反映了湯伐桀之戰後民生凋敝、百廢待興的嚴峻社會情勢。可見，即便如商湯攻桀這樣的正義之戰也會帶來一系列嚴重的社會問題，更何况那些違背道義的侵奪戰爭。由此表明，『革命』也並非理想的政權轉移模式。《論語·八佾》云：『子謂《韶》：「盡美矣，又盡善也。」謂《武》：「盡美矣，未盡善也。」』《韶》是虞舜時的樂曲名，因舜善於紹繼堯之德行，受到堯的禪位，從而擁有盛德大業，故其樂名曰《韶》；《武》是武王時的樂曲名，因武王以武力除暴安良、救民水火，從而收穫民心以得天下，故其樂名曰《武》。無論舜受禪於堯還是武王伐紂，皆順天應民而具有合法性，但何以孔子認爲《韶》樂『盡善』而《武》樂『未盡善』？這主要是因爲：舜是以禪讓這種和平方式受命爲

[一]［宋］程顥、程頤：《二程集》，中華書局1981年版，第952頁。

[二]《孟子·梁惠王下》云：『齊宣王問曰：「湯放桀，武王伐紂，有諸？」孟子對曰：「於傳有之。」曰：「臣弑其君可乎？」曰：「賊仁者謂之賊，賊義者謂之殘，殘賊之人謂之一夫。聞誅一夫紂矣，未聞弑君也。」』《荀子·正論》亦云：『湯武革命是「誅獨夫」，故「湯武不弑君」。』

王，純然本於仁道得天下、治天下，故其德行作爲可謂臻於至善；武王則是以武力征伐的方式獲得政權，雖然是義戰，却與仁道有所不合，不如揖讓受禪圓滿，故而未能止於至善。[一] 在孔子看來，『堯舜禪讓』是盡善的，而『湯武革命』則未盡善。據此可知，唯有『禪讓』纔是早期儒家所認可的最佳政權轉移模式。

總之，政治權力的轉移實質上是政權合法性的轉移，而『政權合法性』以仁道爲核心要義，它藴含着政權之爲政權的本質，規定了政權存在和運行的基本原則，也決定了政治權力主體獲得與維繫政權的根本理據。具體而言，天命、民意與爲政者的賢德賢能相互涵攝、相互作用，共同爲政權的合法性奠基。一旦執政者德衰或能退，政權這一爲天下民衆謀福祉的公器，就當在『天下爲公』的德治理想以及在位者執政合法性缺失的雙重因素作用下發生轉移。上博簡《容成氏》將禪讓、世襲、革命三種政權轉移模式編織在同一文本脈絡之中，通過對經典歷史事件的描繪與重構，彰顯了不同政權轉移方式的内涵、特徵及其意義與限度。禪讓制强調『尚德讓賢』『賢賢相讓』，其實質是善與善之間的承續與互動；世襲制主張以宗法血緣關係作爲政權轉移的根本依據，且往往在同一世族内進行；『革命』模式則是本於道義且不得已而以武力方式來實現政

[一] 何晏《集解》曰：『孔曰：「《韶》，舜樂名。謂以聖德受禪，故盡善。……《武》，武王樂也。以征伐取天下，故未盡善。」』邢昺疏曰：『《韶》，舜樂名。韶，紹也，德能紹堯，故樂名《韶》。言《韶》樂其聲及舞極盡其美，揖讓受禪，其聖德又盡善也。……《武》，周武王樂。以武得民心，故名樂曰《武》。言《武》樂音曲及舞容則盡極美矣，然以征伐取天下，不若揖讓而得，故其德未盡善也。』參見［魏］何晏注，［宋］邢昺疏：《論語注疏》，北京大學出版社 2000 年版，第 49—50 頁。朱熹曰：『韶，舜樂。武，武王樂。美者，聲容之盛。善者，美之實也。舜紹堯致治，武王伐紂救民，其功一也，故其樂皆盡美。然舜之德，性之也，又以揖遜而有天下；武王之德，反之也，又以征誅而得天下，故其實有不同者。程子曰：「成湯放桀，惟有慚德，武王亦然，故未盡善。堯、舜、湯、武，其揆一也。征伐非其所欲，所遇之時然爾。」』見氏著：《四書章句集注》，中華書局 1983 年版，第 68—69 頁。

權的轉移。根據早期儒家本於仁道的德治理念，可見世襲制的弊病在於難以確保執政者的合法性（就其儒學意義而言），革命模式以武力轉權則未能盡善，而唯有禪讓纔是圓滿實現仁道的理想政權轉移模式。這表明，對早期儒家而言，政權的轉移衹是開顯仁道、坐實仁道的手段，必須始終以仁道爲依歸纔有其正當性、合理性，也纔能顯出其真正的價值和意義。在早期儒家看來，政權轉移的直接目的在於使真正的賢者（即有德有能者）可以居位掌權，從而能够施行仁政、以德治國，其最終目的則是實現人人都能各安其位、各得其所、各盡其性（即皆可『成己』）之『天下爲公』的政治理想。

第五節　結語：至善至公至正之仁道：早期儒家視域中政治權力觀念的實質

從上博楚簡《緇衣》《民之父母》《子羔》《從政》《容成氏》《仲弓》《季庚子問於孔子》《武王踐阼》《君人者何必安哉》《顏淵問於孔子》等文獻來看，早期儒家認爲，政治權力是源於天下人並最終爲了天下人的公器，其存在目的即在於建構一個安定和諧的社會秩序，使人人都能安身立命、都可以實現其人生價值。此公器承載着『天下爲公』的政治理想追求，亦蘊涵着大公至正、純粹至善的仁道内涵。政權之所以爲政權的本質以及政權合法性的要義皆在於此至善至公至正之仁道。而仁道即天道，亦即天命，具有普遍性、恒常性與超越性，此乃政權合法性的終極依據或超越根據。超越的天命或天道内在於現實社會生活，通過廣大民衆的意志來表達，亦經由執政者的德行和能力來體現。唯有備具大德大能者方能贏得民心，唯有得民心者方能保有天命，唯有得天命者方能獲得並維繫政權。天命、民意與爲政者之賢德賢能具有内在統一性，它們三位一體、共同奠基政權的合法性。因而爲政者既須持續不已地修德聚能，又須竭心盡力地依仁治民，如此纔能順應天命、合乎人心，從而得以獲得並維繫政治權力。當然，早期儒家强調爲政者應當以修身成德爲本，須具備敬、謙、信、恭、寬、惠、仁等品德，能做到謹言慎行、言行一致，還須懂得合理節制自己的欲求。

對於政權的獲得與維繫，顯然必須德行與能力兼修、修己與治人並行，修德正己固然是根本，而聚能治人亦不可或缺。一旦在位者德衰或能退，就會喪失執政的合法性，於是政治權力就會通過『禪讓』『世襲』『革命』等方式發生轉移（『禪讓』是早期儒家所認定的理想政權轉移模式）。政權轉移的根據在於天命、民意與執政者的賢德賢能，此三者終歸於仁道。從『仁道』這個終極、超越的層面上來説，政治權力的實質性内涵及政權合法性的終極依據即在仁道，政治權力存在的目的和意義亦在於實現仁道。故得道的賢者本於仁道行事作爲，則能够得民心、得天下，即便因時命等外在因素的影響而不能居位掌權，也會始終由道而行，盡力獨善其身；而失道的無德無能之輩違反仁道任意妄爲，則必會失民心、失天下，乃至喪失人之所以爲人之道，以致無法『成己』，更毋庸説『成物』。因此，在早期儒家的政治理念中，仁道纔是執政之基、爲政之本，纔是一切政治的根本原則和終極價值追求。

第六章　竹書《恒先》的三重宇宙生成論與氣論思想

上博楚竹書《恒先》是一篇重要的出土道家佚籍[一]，自整理出版後，即引起了學者的廣泛關注和討論。氣論和宇宙生成論是竹書《恒先》的重要内容，就這兩個主題學界已發表了不少成果。不過，在筆者看來，對於《恒先》文本和一些基本問題，目前的研究仍然是不足的，需要再作辨析和討論。

第一節　研究現狀與問題的提出

一、研究現狀

關於《恒先》宇宙生成論，學者的論述主要表現在四個方面。第一，關於《恒先》的基本結構，王中江

[一] 楚竹書《恒先》的文本，參見李零釋文注釋：《恒先》，馬承源主編：《上海博物館藏戰國楚竹書（三）》，上海古籍出版社2003年版，第285—300頁。

將此篇竹書分爲兩大部分，並從『宇宙觀』和『人間觀』兩個方面作了論述。曹峰等人進一步將《恒先》第二部分定性爲『政治哲學』。[一] 第二，關於《恒先》的宇宙生成論，淺野裕一給出的生成序列是：恒……或→氣→有→天地→云云→天行・天道→人→明王・明君・明士。同時，他還給出了另外一個生成系列：或→有→性→音→言→名→事。陶磊給出了兩個生成系列，一個是：恒→域……氣→天・地；另外一個是：域→有→生→音→言→名→事。曹峰分爲兩大系列，一個系列是：或→氣→有→始→往；另一個系列是：或→有→生→意→言→名→事。[二] 第三，關於《恒先》的終極始源『恒先』及其與《老子》之『道』的關係，李零認爲『恒先』就是老子的『道』[三]，淺野裕一、谷中信一、裘錫圭等則反對之[四]；郭靜雲和曾振宇另有新解。郭氏認爲『恒先』是『太一』的别名，是所謂『天恒』；曾氏認爲『《恒先》極有可能並沒有受到

[一] 王中江：《〈恒先〉的宇宙觀及人間觀的構造》，《文史哲》2008 年第 2 期。是文收入氏著：《簡帛文明與古代思想世界》，北京大學出版社 2011 年版，第 56—79 頁。曹峰：《從『自生』到『自爲』——〈恒先〉政治哲學探析》，孔子 2000 網，2004 年 12 月 23 日。是文收入氏著：《近年出土黄老思想文獻研究》，中國社會科學出版社 2015 年版，第 168—187 頁。

[二] ［日］淺野裕一：《上博楚簡〈恒先〉的道家特色》，《清華大學學報（哲學社會科學版）》2005 年第 3 期；陶磊：《〈恒先〉思想探微》，劉大鈞：《簡帛考論》，上海古籍出版社 2007 年版，第 279—280 頁；曹峰：《〈恒先〉的氣論》，《哲學研究》2012 年第 5 期。

[三] 李零釋文注釋：《恒先》，馬承源主編：《上海博物館藏戰國楚竹書（三）》，上海古籍出版社 2003 年版，第 297、288、290 頁。

[四] ［日］淺野裕一：《上博楚簡〈恒先〉的道家特色》，《清華大學學報（哲學社會科學版）》2005 年第 3 期；［日］谷中信一：《〈恒先〉宇宙論析義》，丁四新主編：《楚地簡帛思想研究》第三輯，湖北教育出版社 2007 年版，第 364 頁；裘錫圭：《是『恒先』還是『極先』》，復旦大學出土文獻與古文字研究中心網，2009 年 6 月 2 日。

《老子》思想影響』，『《恒先》位格最高的概念是氣而非道』。〔一〕第四，關於《恒先》的宇宙生成方式或方法，曹峰在李鋭斷句的基礎上將竹書『作、行、出、生』四字分讀，譚寶剛繼而認爲它們是四種生成方式。〔二〕

關於《恒先》氣論，學者的論述主要表現在三個方面。其一，就『恒氣之生』的理解，學者有爭議。李零將本句的『恒氣』作爲一個概念來理解，他説：『亙氣，作爲終極的氣，最原始的氣。』〔三〕學者多從之。廖名春等則不同意此説，他認爲本句的『恒』『氣』應爲兩個概念。〔四〕由此，學者對於整句文意的理解也因此不同。其二，就『氣』在《恒先》中的地位，特别是與『恒先』的關係問題，學者提出了不同看法。李零等大多數學者認爲，『恒』或『恒先』比『氣』更爲根本，因而在宇宙論中居於第一性位置。但郭梨華、曾振宇等有不同看法。郭氏一方面認爲『氣』是第二性的，另一方面又認爲『其第一義在於始源』〔五〕，大有將

〔一〕郭靜雲：《先秦自然哲學中的『天恒』觀念——由竹簡〈太一〉與〈恒先〉論及宇宙源頭》，郭齊勇主編：《儒家文化研究》第一輯，生活·讀書·新知三聯書店2007年版，第357頁；曾振宇：《竹書〈恒先〉的思想史意義》，《史學月刊》2010年第7期。

〔二〕李鋭：《〈恒先〉淺釋》，孔子2000網，2004年4月17日；曹峰：《談〈恒先〉的編聯與分章》，《清華大學學報（哲學社會科學版）》2005年第3期；譚寶剛：《〈上博藏戰國楚竹書〈恒先〉研究述評》，《長江大學學報（社會科學版）》2010年第6期。

〔三〕李零釋文注釋：《亙先》，馬承源：《上海博物館藏戰國楚竹書（三）》，上海古籍出版社2003年版，第290頁。龐樸跟從李零的意見，他認爲『恒氣』爲『本原之氣』。見氏著：《〈恒先〉試讀》，簡帛研究網，2004年4月26日。

〔四〕廖名春：《上博藏楚竹書〈恒先〉簡釋（修訂稿）》，孔子2000網，2004年4月22日；陳靜：《〈恒先〉義釋——思想史視野下的一種解讀》，《西安建築科技大學學報（社科版）》2007年第1期；李鋭：《讀〈恒先〉札記》，丁四新主编：《楚地簡帛思想研究》第三輯，湖北教育出版社2007年版，第373頁。

〔五〕郭梨華：《〈恒先〉及戰國道家哲學論題探究》，《中國哲學史》2008年第2期。是文收入氏著：《出土文獻與先秦儒道哲學》，萬卷樓圖書股份有限公司2008年版。

『氣』與『恒先』等同起來的傾向。曾振宇的看法更進一步，他説：『《恒先》位格最高的概念是氣而非道。』又説：『（氣）是宇宙本根。』〔二〕郭、曾的説法顯然跟大多數人的意見相差很大。其三，關於《恒先》『自生』概念的内涵及意義，李鋭認爲竹書『氣是自生』的宇宙論是獨特的；曹峰特别注意到『自生』概念與『自然』『自化』等的聯繫，並依據王充的《論衡》等文獻作了分析，進而認爲由『氣』形成的萬物不是『恒』故意地、有目的地、有意識地生成，而是『自生』的。他還試圖將『自生』的觀念貫穿於《恒先》全篇，認爲竹書上篇的『自生』給下篇的『自爲』政治哲學提供了合理性。〔三〕

二、批評與問題的提出

總之，竹書《恒先》的宇宙論與氣論已引起了學者的廣泛關注，得到了較爲深入的討論。學者注意從宇宙論、氣論及政治哲學的角度來論述本篇竹書的思想，並且注重檢討和辨析其重要概念。在這些方面，大家取得了一定程度的共識。不過，一者，就何者爲《恒先》宇宙論的『本根』或『始源』——是『恒』還是『氣』，以及『恒』『氣』兩個概念的關係問題，學者的看法多有不同，争議較大。二者，就《恒先》的宇宙生成序列及其生成方式的問題，學者雖然已有一些論述，但它們仍然不够清晰和徹底。三者，就『氣』在宇宙生成中的位置及其重要性，以及『氣』與『有』『無』的關係問題，學者雖然作了一定的論述，但是仍有

〔二〕 曾振宇：《竹書〈恒先〉的思想史意義》，《史學月刊》2010 年第 7 期。
〔三〕 李鋭：《『氣是自生』：〈恒先〉獨特的宇宙論》，《中國哲學史》2004 年第 3 期；曹峰：《從『自生』到『自爲』——〈恒先〉政治哲學探析》，孔子 2000 網 2004 年 12 月 23 日。

深入研究的必要。四者，就『氣是自生』這一命題，特别就『自生』概念的内涵及其應用範圍的問題，今天仍然需要做出更多的辨析和澄清。

第二節　三重生成論與宇宙生成的『始源』

一、從『恒無』到『氣有』的宇宙生成論：以氣論爲中心

據竹書，《恒先》的宇宙生成論首先可以分爲『恒無—氣有』（或『無—有』，或『恒—氣』）兩個階段。『恒無』階段由『恒先』和『或』組成，二者具有先後關係。而『氣有』階段則包括自然和人事世界的生成。從演化的邏輯來看，它們具有先後的生成關係：自然的生成在先，人事的生成在後，人類本身即是自然演化的一個結果。通過梳理竹書《恒先》文本，我們可以看到，竹簡叙述了三重宇宙生成論，它們分别是：

（一）恒先→或→氣→有→始→往；

（二）（恒先→或→氣→）〔清氣→天；濁氣→地〕→性→萬物（有治而無亂）→人（亂出於人）；

（三）（恒先→）或→有→性→意→言→名→事。

毫無疑問，這三重生成論（三個系列的生成論）具有密切聯繫，在宏觀上它們都具有從形上到形下的生成論結構。在此基本結構之下，各自再演繹出不同的生成論系列，並展現出不同的特點。

先看《恒先》的第一重生成論。竹書第1號簡曰：

恒先無有，質、靜、虚。質，大質；靜，大靜；虚，大虚。自厭不自忍，或作。有或焉有氣，有氣焉有有，有有焉有始，有始焉有往者。

這一重生成論的重點在於叙述從『恒無』到『氣有』的生成，這是竹書的大框架。一者，竹書《恒先》開篇即曰：『恒先無有，質、靜、虚。質，大質；靜，大靜；虚，大虚。』『恒』包括『恒先』和『或』二者。竹書下文曰：『或，恒焉。』可知『或』確實從屬於『恒』的範圍。而『恒先』即是『恒』的『端初』。竹書極言『恒先』之無性（『無有』），先約言之曰『質、靜、虚』，再申論之曰『質，大質；靜，大靜；虚，大虚』。在此，『恒先』的『無有』，是相對於『有』來説的。或者説，没有『有』，也就無所謂『無有』。從這一角度來看，雖然『恒先』是終極的始源，但是它在作者的思想世界中獲得定義乃是以『氣有』爲前提的。這即是説，如果没有建立『有』的概念，那麽也就無法建立『無』的概念。其二，在竹書中，『氣』與『有』實際上屬於等值關係：此『有』乃『有性』，是所有具『有』之事物的一般性（『有性』），而此『有』又是通過『氣』來規定的。竹書即曰：『有氣，焉有「有」。』作爲旁證，『氣』『有』没有同時出現在《恒先》第二個、第三個生成系列中，這似乎表明這兩個概念在竹書中具有等值關係。而且，竹書以『質』『靜』『虚』三個概念來規定『無』或『無有』，也是相對於『氣』來説的；而規定『無』的所謂『質、靜、虚』（『大質、大靜、大虚』），則是通過對於『氣有』的無化來進行的。由此可以推知，竹書的宇宙生成論確實是以『氣』或『氣論』爲基礎的，或者説，『氣』是建構這篇竹書之宇宙論的基礎概念。曾振宇曾强調『氣』在《恒先》中的重要性[一]，這是頗爲恰當的。其三，竹書對於『有』的論述有兩點值得注意。第一點是『氣』與『有』的關係。在《恒先》中，『有』以『氣』爲存在的前提，因此所謂『有』祇能是充滿『氣』的實有，無氣則虚，或離氣不可謂之『有』。當然，這兩個概念各有側重，『氣』爲一質料性的概念（包含動力因，不是死的），而『有』爲『實有』，是肯定『流形成體』、肯定『現象』之存在性的一個概念。第二點，凡『氣有』都以『始—往』爲其展開形式，或者説『始—往』是『有』（『氣有』）的生成形式，是『氣』向着事物的落實和形式化。所謂『始』，乃發端之義，是『氣有』向着事物的發端，是其最初的形現。所謂『往』，是『氣』由此（『始』）之彼（『終』）的運動。

二、『濁氣生地，清氣生天』：清濁二氣與天地萬物的生成

再看第二重生成論。竹書《恒先》第4、8號簡曰：『濁氣生地，清氣生天。氣信神哉！芸芸相生，伸盈天地。同出而異性，因生其所欲。察察天地，紛紛而多采。物先者有善，有治無亂。有人焉有不善，亂出於人。』此重生成論有如下五點值得注意。

第一點，本重生成論以『濁氣』『清氣』爲起點。竹書由『濁氣生地，清氣生天』一直講到萬物和人的生成，此重生成論即屬於所謂『有界』。或者説，竹書的『有界』由萬物和人兩大類組成，它們的直接始源是『氣』。

[一] 曾振宇説：『《恒先》位格最高的是氣而非道。』見氏著：《竹書〈恒先〉的思想史意義》，《史學月刊》2010年第7期。按，其意是也，但曾説在表述上不够嚴格。實際上，『氣』是《恒先》的核心概念，但不是位格最高的概念。《恒先》位格最高的概念是『恒先』。

第二點，『有氣焉有有』『濁氣生地，清氣生天』和『氣信神哉』這三句中的『氣』，分別處在不同的生成論位置上，具有不同的生化功能，它們需要加以區别。其中，『濁氣』『清氣』是接着『有氣焉有有』中的『氣』來講的，它們是由此『氣有』之『氣』分化出來的。按照漢人的觀念，『氣有』之『氣』即所謂『元氣』。而此『氣』在竹書中分裂爲『濁氣』『清氣』，其目的在於生地生天。從宇宙學（天文學）來看，『濁氣生地，清氣生天』是思想上的一種進步。進一步，根據『氣信神哉』的『氣』出現在『濁氣生地，清氣生天』之下，可以推斷此『氣』應當是指所謂『天地之氣』（或『陰陽之氣』）。此『氣』有對待、相合和貫通三義。

第三點，在古典宇宙學（天文學）中，清濁先於天地，陰陽後於天地。竹書本身没有直接出現『天氣、地氣』或『陽氣、陰氣』的説法，但可以根據竹書的文本脈絡及同期的先秦文獻來作這樣的推斷。《恒先》具有『濁氣』『清氣』爲先天，而『地氣』『天氣』爲後天的觀念，這種區分在戰國中期偏晚的時候已經明確下來了。屈原《九歌·大司命》曰：『乘清氣兮御陰陽。』當時的楚人已具備以『清氣、濁氣』居前，而以『陰陽』居後的觀念，與竹書的説法一致。郭店簡《太一生水》第10號簡曰：『下，土也，而謂之地；上，氣也，而謂之天。』同篇竹書第1—2號簡曰：『天地【復相輔】也，是以成神明。神明復相輔也，是以成陰陽。』在此篇竹書中，不僅『天地』居於『陰陽』之前，而且『地』『天』是由兩種質料構成的。《淮南子·天文》的説法則更加接近《恒先》的觀念。《天文》篇曰：『氣有涯垠，清陽者薄靡而爲天，重濁者凝滯而爲地。清妙之合專易，重濁之凝竭難，故天先成而地後定。天地之襲精爲陰陽，陰陽之專精爲四時，四時之散精爲萬物。』其宇宙生成論是：元氣→清陽之氣、重濁之氣→天、地→陰陽→四時→萬物。在此，不僅『陰陽』居於『天地』之後，而且『氣（元氣）』内在地包含着分際（『涯垠』），進而在此基礎上將

『氣（元氣）』分判爲『清陽之氣』和『重濁之氣』，形成所謂『天地』。

此外，還有一個問題是，『清濁之氣』的概念爲何在後世逐漸消失，而『陰陽之氣』的概念却能够獨擅古書文本的問題。曾振宇有一種説法：『從範疇演變史角度分析，「清氣」「濁氣」概念的邏輯性演進應是「陽氣」「陰氣」。』[一] 筆者認爲，不是因爲『邏輯性演進』導致『陰陽之氣』的概念代替了『清濁之氣』的概念，而是因爲中國古人在知識論和思維上的偏好導致了『清濁之氣』概念的退出和『陰陽之氣』概念的升進，乃至後者最終獨擅古書文本。從戰國時期至漢代，『清濁之氣』乃是爲了發展宇宙學（天文學）的思想而設立的概念，但在將宇宙論轉化爲一種哲學思維方式（例如《易傳·繫辭》『一陰一陽之謂道』）的文獻中，『陰陽之氣』的概念無疑占據了有利位置，而『清濁之氣』則被視作多餘，乃至最終不得不退出中國古代哲學的文本場所。

第四，在本重生成論中，竹書設置了『性』的概念，這表明作者對於生成物或生命體之認識的加深。『性』就是萬物在己身建立一個潛在而能生的大本原，是溝通宇宙始源與萬物的一個中介概念，它對於具體生成物的本質及其差别具有預先的規範作用。

第五，本重生成論明確地提出了善出於自然（『物先』），而不善、治亂皆出於人爲（『人』）的觀念。竹書《恒先》曰：『物先者有善，有治無亂。有人，焉有不善，亂出於人。』應當説，此點本是中國古人的一個普遍觀念，而竹書《恒先》不過在此將其旗幟鮮明地表達了出來。

[一] 曾振宇：《竹書〈恒先〉的思想史意義》，《史學月刊》2010 年第 7 期。

三、名事的來源及其生成系統

最後看《恒先》的第三重生成論。竹書第5—7號簡曰：

有出於或，性出於有，音（意）出於性[二]，言出於音（意），名出於言，事出於名。或非或，無謂或。有非有，無謂有。性非性，無謂性。音（意）非音（意），無謂音（意）。言非言，無謂言。名非名，無謂名。事非事，無謂事。恙（祥）宜（義）、利丂（巧）、采物出於作[三]，作焉有事，不作無事。

所謂『事』即政事，所謂『名』即『循名責實』之『名』，『名』包括名稱（名號）和名分（名義）兩種含義。此重生成論的次序爲：或→有→性→意→言→名→事。很顯然，它是以『名事』爲指向的。爲何它以『名事』爲指向呢？從下文來看，竹書的下半部分就是爲了闡明統治者（明王、明君和明士）的爲政原則（政治哲學），或者説本重生成論是在政治的話語系統中展開的。這個原則，從明王、明君、明士一端來看是『無爲』，而從名事一端來看就是『自作自爲』。這是第一點。

第二點，通過『名事』，竹書《恒先》不斷追問政治主體的内在構成及其生成論來源，這表明作者將政

〔二〕以下諸『音』字，均爲『意』字之譌，二字形近。參見季旭昇：《〈上博三·恒先〉『意出於生，言出於意』説》，簡帛研究網，2004年6月22日。

〔三〕董珊：《楚簡〈恒先〉『詳宜利巧』解釋》，見氏著：《簡帛文獻考釋論叢》，上海古籍出版社2014年版，第28—29頁。董文原載簡帛研究網，2004年11月9日。曹峰：《楚簡〈恒先〉『祥義利巧彩物出於作』解》，孔子2000網，2004年12月22日。

治歸結爲政治主體在物我、天人中如何貫通的問題。這具體表現爲兩點：一者，從『事』『名』『言』『意』『性』到『有』『或』的否定性反溯與貫通；二者，『性』成爲溝通『主體』與『本原』的關鍵概念。『事』『名』『言』『意』都屬於統治主體（王、君、士）的構成因素，帶有很强的主觀性，而在這四者中無疑又以『意』最爲重要。『性』與『意』『言』『名』『事』不同，雖然同爲政治主體的構成因素，但是它一方面稟含在主體之中，作爲主體性構成的先天基礎，另一方面又直接來自本原——『有』和『或』。進一步，『性』與『意』在主體性的構成中既是對立的，又是統一的。其統一性在於『性』既是『意』的先天基礎，又在較大程度上規範了『意之動』，是規定『意動』的應然法則。

第三點，與上述兩重，特別與第二重生成論相比較，本重生成論的始源是不同的。而這種不同，體現在此三重生成論所致的目的不同上。第一重，起自終極始源，從無到有，並對無界和有界作了一般性的叙述和規定。可以看出，《恒先》的宇宙生成論帶有强烈的氣論色彩。第二重起自『濁氣生地，清氣生天』，因爲它的目的是叙述天地萬物的生成，所以它衹需要從分辟的『氣』——『濁氣』『清氣』説起。而本重生成論之所以以『或』爲源頭，是因爲它需要闡明作爲主體性的構成因素的『意』和『性』的來源。

第四點，筆者認爲，應當以先天、後天來劃分竹書《恒先》宇宙生成論的上下界限。傳統生成論有三種劃界標準，即『有、無』『形上、形下』和『先天、後天』三種。但哪種劃界標準最符合《恒先》的文本和思想呢？筆者認爲是『先天、後天』這一種。竹書第4號簡曰：『濁氣生地，清氣生天。氣信神哉！芸芸相生，信（伸）盈天地。』第1—2號簡曰：『未有天地，未有作、行、出、生，虚靜爲一，若寂寂夢夢，靜同而未或明，未或滋生。』『未有天地』爲一節，『既有天地』爲另一節，兩相對照，界限分明。從『氣』之未生和已生來看，《恒先》的生成論當然也可以『有、無』來劃界。在傳統宇宙生成論中，『先天、後天』

『有、無』和『形上、形下』這三對概念不是對應的。

四、三重始源與終極始源（『恒先』）的特性

竹書《恒先》的三重生成論，都有自己的直接『始源』。第三重生成論的直接始源爲『或』，而問題在於爲何它的始源是『或』呢？此重生成論的關鍵在於『意』的生成。從竹書來看，『或』一方面與純質料性的『氣』有所不同，另一方面它是『恒先』的終極始源『自厭不自忍』地生作的結果。很可能，竹書認爲在『自厭不自忍』的規定中即包含了『意』的始源。第二重生成論的直接始源爲『濁氣』『清氣』，而爲何它以『濁氣』『清氣』爲始源呢？第二重生成論主要爲了叙述天地萬物（包括人在内）的生成。『濁氣』和『清氣』的設立，符合先秦宇宙生成論的二元對待思維方式。這一重生成論當然也可以上溯到『氣』，它屬於有界。第三重生成論不僅追溯到『有』，而且上溯到『或』。『或』在竹書《恒先》的宇宙生成論系統中屬於無界。這種區分，頗具意義，説明了人的主體性（『意』）本原不能完全歸結爲實有之『氣』。

竹書《恒先》的第二、第三重生成論可以歸結到第一重生成論上，兩者的始源最終也可以歸結到第一重的始源。換言之，這三重生成論最終都以『恒先』爲終極始源。『恒先』作爲終極始源的特性是『無有』。『無有』即『無』，因其相對於『有』而言，故謂之爲『無有』。『無有』是對『有』的否定。而如何對『有』作否定呢？竹書從『質、靜、虚』三方面來作説明，並極言之曰：『質，大質；靜，大靜；虚，大虚。』《恒先》以『氣』來定義『有』（『有氣，焉有有』）；而所謂『無有』，即所謂『質、靜、虚』，其實質是對於『氣』的虚無化。由此推斷，《恒先》是以『氣』之有無來定義終極始源『恒先』的内涵的。

總之，竹書《恒先》包含三重生成論，它們涉及有無的生成、天地萬物的生成和名事的生成。其中第一

重生成論對《恒先》的宇宙生成做出了最宏觀的概括，它是後兩重生成論的基礎。而第二、第三重生成論從屬於第一重生成論，第二重以『濁氣、清氣』爲起點，叙述了天地萬物（客觀世界）的生成，第三重則以『或』爲起點，叙述了政治主體的生成，闡明了主體性之『意』的來源。這兩重生成論在竹書《恒先》中呈現出主客相對待的關係。反過來看，『名事』的生成始源在於『或』，天地萬物的生成始源在於『濁氣、清氣』（『氣』），而『有』『無』二界的共同始源均爲『恒先』。『恒先』是竹書的終極始源，次級始源『或』與『氣』都源自『恒先』。『恒先』的基本特性是『無』或『無有』。從概念的構成和定義來看，『恒先』是以『氣有』爲前提，進而無化的結果，因此從本質上來説，竹書《恒先》的宇宙生成論屬於氣論。

第三節　《恒先》氣化的生成方式與特性：『自生自作』『伸』『復』

竹書《恒先》的宇宙生成論帶有明顯的氣論色彩，而『氣』又是如何生作及化生天地萬物的呢？這是一個比較重要的問題。這個問題以氣化的生成方式爲中心。

一、『氣是自生』：『自生』概念的内涵

何謂『氣』，或者説《恒先》的『氣』有何特點？如何理解『氣是自生』（或『氣是自生自作』）這一命題？這是兩個頗爲重要的問題。

先看前一問題，即竹書《恒先》的『氣』是什麼性質及具有何種特性的問題。《説文·气部》曰：『气，

雲气也。象形。』段玉裁注：『象雲起之皃。』《説文・米部》曰：『氣，饋客芻米也。從米，气聲。』『雲气』，今作『雲氣』，『氣』爲『气』之借字，气、氣爲古今字。〔一〕竹書《恒先》的『氣』字，一律寫作㷼（㷼），從火既聲，是一個形聲字。形旁表意，而從火旁，這是否即意味着『㷼（氣）』字已内在地包含着生成天地萬物的動力呢？〔二〕答案是肯定的。竹書認爲『氣』是其自身的動力因。《恒先》曰：『氣是自生自作。』這説明『氣』不需要藉助於外力而可以『生』『作』，『㷼』字從火旁似乎與此相應。這是第一點。第二點，『氣』在竹書《恒先》中居於『無』『有』之間，是作爲『有』之『源』出現的，這一方面説明『氣』規定了『有』，另一方面也説明『無』依賴於『有』『氣』而得到規定。第三點，『氣』分化爲『濁氣』和『清氣』，進而生作天地、萬物。第四點，人道世界的『自爲』與自然世界的『自生』法則是相應的。或者説，『自生』是『自爲』的客觀依據。將這四點綜合起來，可知《恒先》的『氣』概念在内涵上即包含了動力因和質料因，是『有』和『有界』的直接源頭，因此此篇竹書實際上是以『氣』爲中心關聯起來的。

再看後一問題，即如何理解《恒先》『氣是自生自作』的含義？『生』和『作』是兩個意義相近的詞匯，前一詞與『成』『死』相對爲義，後一詞與『化』『因』相對爲義。道家對於『作』别有批判，可參看《老子》《莊子》的相關文本。『作』是《恒先》的一個重要概念，它的意義可在宇宙生成論和人事兩個層面來看。前一種意義上的『作』，與『生』同爲萬物生成的方式，不存在褒貶的問題；而後一種意義上的『作』

〔一〕于省吾：《甲骨文字釋林・釋气》，中華書局1979年版，第80頁；徐中舒主編：《甲骨文字典》，四川辭書出版社1989年版，第38頁；［清］段玉裁：《説文解字注》卷一，上海古籍出版社1981年版，第20頁。

〔二〕除竹簡《恒先》外，『氣』還出現在上博楚竹書《性情論》《民之父母》《從政》《容成氏》和《凡物流形》五篇中。大多數『氣』字寫作㷼，少數寫作既，或從既從心從火。有一例寫作上既下而，『而』旁乃『火』旁之形譌。

則具有價值含義，有褒貶，竹書認爲它應當得到規範。前一種意義的『作』應是後一種意義之『作』的價值來源和依據。在『氣是自生自作』的命題中，『生』『作』都屬於『氣』客觀流行和生成萬物的方式，而『自生自作』則不僅對於『氣』的生成方式做出了進一步的規定，而且給人事（人爲活動）提供了價值來源。因此在竹書《恒先》中，『自生自作』確實是一個非常重要的命題。

何謂『氣是自生』，或『氣是自生自作』？李鋭、曾振宇和曹峰等人有相關論述。李鋭認爲，鄭玄、王充和魏晉玄學的『自生』概念跟《恒先》的『氣是自生』命題有着顯著的聯繫。[一] 曾振宇將『氣是自生』放在先秦至秦漢的氣論思想史上來作考察，認爲這一命題是對宗教、神話傳説世界觀的否定。[二] 曹峰特别利用王充的《論衡·自然》《物勢》等篇對『自生』概念的内涵作了闡明，其要點有二：一者，『自生』和『自爲』是相輔相成的，《恒先》提出宇宙生成論的『自生』原則是爲了給『自爲』的政治哲學提供合理性。二者，『自生』是無目的、無意識地生成的意思，跟『自化』『自然』等概念相關聯。[三] 筆者認爲，曹峰的這兩點看法符合王充的思想。王充提出『天地合氣，物偶自生』的觀點，是爲了批判漢儒『天地故生人』的主張。漢儒所主張的『故生』，『故』是原故，是有意圖、有目的之義。『故生』同時是一種『他生』。『天地故生人』是一種神學目的論。『自生』與『故生』『他生』的概念相對，此外它還包含了『偶生』之義。『非故生』『非他生』『偶生』，是『自生』的三個内涵。在宇宙生成論上，王充否定了漢儒所持的外因論、决定論和神學目的論。

[一] 李鋭：《『氣是自生』：〈恒先〉獨特的宇宙論》，《中國哲學史》2004 年第 3 期。

[二] 曾振宇：《竹書〈恒先〉的思想史意義》，《史學月刊》2010 年第 10 期。

[三] 曹峰：《近年出土黄老思想文獻研究》，中國社會科學出版社 2015 年版，第 168 頁。

不過，能否用這種「自生」的觀念貫通性地解釋整篇竹書，這是一個問題。《恒先》第1號簡曰：「自厭不自忍，或作。」第3號簡曰：「混混不寧，求其所生。」又説：「求欲自復。」而且，在第三重宇宙生成論中，「或」是「意」的直接始源。由此可知，「或」和「萬物」的生作都伴隨着意欲的作用，而不是純粹自生的，這跟莊子、王充所説的「自生」「自然」概念不盡相同。這樣，我們應當對《恒先》的「自生」概念作一定的限定。

此外，需要指出，竹書《恒先》「氣是自生」命題在觀念上與季真的「莫爲説」、接子的「或使説」是非常不同的。「莫爲説」和「或使説」出自《莊子・則陽》篇，二説都是對於「萬物之所生惡起」問題的回答。就萬物生作、變化的原因，接子主張有某物使爲之，而季真則主張無物使爲之。二説不符合莊子學派所主張的「自生」「自化」觀念。「或使」是「自生」的反命題，而「莫爲」則介於二者之間，它們都囿於「以物觀之」的視角之中。

二、「氣信神哉」與「天道既載」：天地、萬物的生成及其方式

從總體上來説，雖然天地萬物都是氣生的結果，但是從方式上來説，氣如何生成天地、萬物？對於這個問題，竹書《恒先》有自己的回答，這體現在「天地如何生成」和「萬物如何生成」兩節中。

先看天地是如何生成的。竹書《恒先》先將「氣」分裂爲「濁氣—清氣」的對待結構。第4號簡曰：「濁氣生地，清氣生天。」將「氣」分裂爲清濁二氣，繼而生成天地，這種宇宙生成論構想符合古人天文學説的邏輯。《淮南子・天文》曰：「氣有涯垠，清陽者薄靡而爲天，重濁者凝滯而爲地。」《大戴禮記・少閒》曰：「先清而後濁者，天地也。」嚴遵《老子指歸・上德不德篇》曰：「神有清濁，和有高下。清者爲天，濁

者爲地。』很顯然，《淮南子》等傳世文獻繼承了竹書《恒先》的思想，且指明了天先地後的生成順序，並交待其生成原因。

再看萬物是如何生成的。對於竹書《恒先》來説，這一問題包括三個方面。一者，『氣』以『相生』和『伸盈』的方式生成萬物。《恒先》曰：『氣信神哉！芸芸相生，伸盈天地。』此『氣』應爲天氣和地氣，或陽氣和陰氣，在天地已生之後。『芸芸』，竹書本作『云云』，衆多貌。『芸芸相生』一句説明了從『氣』到『萬物』以及『無物』自身的生成，乃是一個連綿、有序的過程。『伸盈』一詞與『凝縮』相對。竹書《恒先》首先設想了『氣』的存在狀態爲『凝縮』，然後由此逐步伸展，生成萬物，並充滿天地之間。這種生成方式，與莊子學派的思想有相似之處，可參看《莊子·知北遊》篇。

二者，竹書《恒先》引入了『性』和『欲』『求』的概念，闡明了萬物生成的先天差異性和内在動力。《恒先》曰：『混混不寧，求其所生。』又曰：『同出而異性，因生其所欲。』在戰國中期，『性』已成爲一個流行概念，表示萬物之所以生成的潛在質體，它決定了萬物之所以如此生成及闡明了不同個體之所以産生差異的先天基礎。竹書『欲』『求』二字的使用值得注意，它們肯定了萬物的生成是其自身有意欲、有追求（即有目的）的結果，帶有泛靈論（物活論）的色彩。這一點，似乎與『自生』的概念有所抵牾。主流的『自生』（『自然』）概念認爲萬物的生成全然是自然而然的結果，完全是無目的、無意識的。總之，如何理解竹書的萬物生成？我們對於這個問題的回答，應當把從氣看和從物看綜合起來。從氣看，萬物的生成很容易被看成氣化流行的結果；而從物看，萬物的生成又是其自身有欲有求的結果。換言之，竹書《恒先》的宇宙生成論不是一種純粹的自然生成論，它帶有一定的泛靈論（Animism）色彩。

三者，就萬物如何生成的問題，竹書以『天道』的概念作了回答。《恒先》第8—9號簡曰：『先有中，焉有外。先有小，焉有大。先有柔，焉有剛。先有圓，焉有方。先有晦，焉有明。先有短，焉有長。天道既載，唯一以猶一，唯復以猶復。』此段文字中的『天道』，就上文而言，指事物生成的法則，具體指中外、小大、柔剛、圓方、晦明、短長這些現象生成的先後次序。從總體上來看，它們置身於宇宙生成論的理論系統之中。一旦中外、小大、柔剛、圓方、晦明、短長這些現象隨着萬物的生成而生成，竹書《恒先》即謂之爲『天道既載』。

在此基礎上，《恒先》進而思考了天道何以能够持續不廢不墜的問題。竹書曰：『天道既載，唯一以猶一，唯復以猶復。恒氣之生，因復其所欲。明明天行，唯復以不廢。』（第9、5號簡）又曰：『求欲自復；復，生之生行。』（第3—4號簡）『明明天行』與『生之生行』的兩『行』字，均當訓爲『道』。『天行』即『天道』，『生行』即『生道』。在這兩段引文中，『復』無疑是一個關鍵概念。『復』是天道之所以持續不廢，萬物生成、變化而得其所求所欲的基本法則和依據。一之又一，復之又復，天道因此得以維繫和存在。何謂『復』？《說文·彳部》曰：『復，往來也。』同書《辵部》曰：『返，還也。』同部又曰：『還，復也。』『復』與『返』『還』同義，即循環、往復之義。從竹書來看，『復』有多層含義，第一層是從氣到萬物、又從萬物到氣的返復，這既是萬物生成也是天道之所以持續不廢的基本原理和依據。第二層是從有到無，或從氣有到恒無的返復。[二] 第二層含義隱括在竹書中。從思想史來看，《恒先》的『復』概念源自《老子》。王弼本《老子》第十六章曰：『萬物並作，吾以觀復。夫物芸芸，各復歸其根。』『夫物』二字，帛書兩本及漢

〔二〕 孫功進將《恒先》的『復』分解爲三層含義，可以參看。見氏著：《上博楚簡〈恒先〉的『復』觀念探析》，丁四新主編：《楚地簡帛思想研究》第六輯，岳麓書社2015年版，第257—286頁。

簡本均作『天物』，而郭店本作『天道』。現在看來，作『夫』字是錯誤的。聯繫《恒先》來看，《老子》原文作『天道』最爲恰當，作『天物』則頗爲費解。而所謂『天道芸芸』，應當根據竹書《恒先》來理解。自春秋末期以來，『復』即成爲一個重要的宇宙論法則。〔二〕反觀竹書《恒先》篇，它更加重視『復』的概念，特别是其宇宙生成論的意義。

總之，竹書《恒先》的宇宙生成論包括三個階段，一個是『氣』自身的生成，一個是『天地』的生成，再一個是『萬物』的生成。相應地，一者，《恒先》主張本根之『氣』是從無到有的生成，並持『氣是自生』的觀念。二者，《恒先》先將『氣』區分爲『濁氣』和『清氣』，然後説『濁氣生地，清氣生天』，解釋了『天地』的生成。三者，《恒先》多方構想了『萬物』如何生成的問題，並作了回答。這一共包括四點。第一點，『萬物』是由『氣』（陽氣、陰氣）生成的，方式爲『相生』和『伸展』。第二點，引入『性』的概念以闡明萬物生成的差異性和個别性。第三點，用『天道』概念來闡明事物（現象）生成的次序（法則）。最後，『復』是萬物生成和天道存在的基本原理和依據。

〔二〕《復卦·彖傳》曰：『復，其見天地之心乎！』《鶡冠子·環流》曰：『美惡相飾，命曰復周，物極則反，命曰環流。』這種循環、往復之義的觀念，亦見於其他先秦文獻。《莊子·至樂》曰：『萬物出於機，入於機。』《國語·越語下》曰：『陽至而陰，陰至而陽；日困而還，月盈而匡。』馬王堆帛書《十六經》曰：『天稽環周。』《吕氏春秋·圜道》有『圜道』説，在性質上亦屬於『復』的觀念。

第四節　結論

綜上所述，本章的主要結論可以歸納如下：

（一）楚竹書《恒先》的宇宙生成論可以分爲三重，第一重爲恒先→或→氣→有→始→往，第二重爲清氣、濁氣→性→萬物（有治無亂）→人（亂出於人），第三重爲或→有→性→意→言→名→事。第一重最爲宏觀，它將整個竹書宇宙生成論的脈絡劃分爲『恒無』和『氣有』兩大階段，它以『氣』規定『有』，而『無』即是對於『有』、對於『氣』的否定。後兩重生成論以第一重生成論爲前提，其中第二重以『濁氣』『清氣』爲起點，並指向人物的生成及其如何生成；第三重以『或』爲起點，並指向名事世界的生成。其中，『濁氣生地，清氣生天』兩句富有思想史的意義，《淮南子·天文》等傳世文獻的有關思想即由此可以追溯到這裏。而『性』作爲人物、名事生成的内在依據，在《恒先》中具有非常重要的意義。

（二）楚竹書《恒先》存在三種『氣』的概念，分别爲作爲實有本原的氣（相當於『元氣』概念）、清濁之氣和天地之氣（陰陽之氣）。這三種『氣』的性質不同，其在宇宙生成論中的位置及其作用亦不同。前兩種氣都屬於先天地者，後一種氣則屬於後天地者。清濁之氣生成天地，而天地之氣生成萬物。通過『濁氣』『清氣』的構造，竹書《恒先》進一步强化了宇宙生成的『對待』原理，而頗富理論上的創造性。

（三）楚竹書《恒先》建構了一套新的始源（本根）概念。《恒先》的三重宇宙生成論各自有其始源。第一重的始源爲『恒先』，第二重的始源爲『清濁之氣』，第三重的始源爲『或』。始源不同，其各自的目的即不相同。其中，『恒先』爲終極始源，後二重生成論的始源衹具有相對意義，最終都應當歸結到『恒先』

那裏。作爲終極始源，『恒先』的特點在於『無有』；而所謂『無有』，《恒先》以質、靜、虚規定之。而所謂質（大質）、靜（大靜）、虚（大虚），很顯然都是就『氣』而言的，是指『氣』的缺失狀態。『恒無』是相對於『氣有』而言的。可見《恒先》的宇宙生成論是以氣論爲基礎的。進一步，在傳統宇宙論中，『天地』具有很强的標識性，依此古人提出了所謂『先天地』（『先天』）和『後天地』（『後天』）的概念。在此基礎上，《恒先》對於『先天地』的生成結構做出了突出貢獻。

（四）《恒先》『氣是自生』（或『氣是自生自作』）的命題，特别是其『自生』的概念具有道家性質，但是這一概念難以全面地推廣於宇宙生成論的每一個環節。從《老子》《莊子》《淮南子》和《論衡》等來看，『自然』包含了自己如此和自然而然兩重含義，與『他爲（包括神爲）』『人爲』和『故爲』三個概念相對。有可能《恒先》的『自生』概念包含了這些意思。王充提出了『天地合氣，物偶自生』的命題，批判了漢儒在宇宙生成論上的神學目的論。部分宇宙學家（天文學家），例如張衡的觀點跟王充是高度一致的。不過，《恒先》僅説『氣是自生』（或『氣是自生自作』），而與『恒莫生氣』相對，因此『自生』在此篇竹書中是否可以應用於氣化流行、生成萬物的階段，這是一個問題。實際上，此篇竹書給『或』和天地萬物的生作預設了内在的意志和意欲，帶有一定的泛靈論色彩。

（五）天地、萬物如何生成？對於這一問題，竹書《恒先》的回答分爲兩步。第一步闡明天地的生成。它將形上之『氣』（『元氣』）一分爲二，用『濁氣生地，清氣生天』解釋了『天地』的生成。這一思想爲許多漢代哲學文獻所繼承，而《恒先》發其端，這十分難得。第二步闡明萬物的生成。竹書《恒先》設想天地之間是『虚』的存在，而氣是『實』的存在。氣之『實』通過『伸』（伸展）的方式生展到虚空之中，直至充滿。這是第一點。第二點，萬物的生成遵循一定的法則，而這個法則可稱之爲『天道』。第三點，此篇竹書引入了『性』的概念，並以之爲萬物和名事生成的内在依據。竹書的此一做法是很早的，而在傳世道家文獻中，《莊子》外雜篇纔開始首先使用了『性』的概念。

第七章 『或』：竹書《恒先》的一個疑難概念研究

楚竹書《恒先》是一篇很重要的道家文獻，這篇竹書收録在《上海博物館藏戰國楚竹書（三）》中[一]，原釋文注釋者是李零先生。這篇出土佚書刊布後，在學界立即引起了熱烈討論，迄今已發表相關論著一百多篇種。《恒先》不過是一篇約五百一十字的短文，然而它爲何引起了大家的高度關注和如此衆多的討論呢？這是因爲一者，它在中國早期宇宙生化論上具有突出的思想價值；二者，它有多處文本和多個重要概念值得深入研討，而『或』正是這樣一個概念。本章即以竹書的『或』爲主要研究對象。

第一節 研究現狀與問題的提出

一、『或』的研究現狀

『或』，在竹書《恒先》中無疑是一個重要術語，但它是何義？學者的訓釋和理解不一，産生了比較熱烈

[一] 李零釋文注釋：《恒先》，馬承源主编：《上海博物館藏戰國楚竹書（三）》，上海古籍出版社 2003 年版，第 287—299 頁。

的爭論，一直到現在，人們還沒有達成一致意見。有鑒於此，本章重新研究竹書的此一概念是頗爲必要的。

關於『或』，目前主要有四種訓釋和理解。第一種，依據『或然』的字義而將『或』解釋爲『或有或無』的生化階段。此種訓解以李零爲代表，季旭昇和曹峰等人表示贊成。李零説：『「或」在簡文中是重要術語。它是從「無」派生，先於「氣」「有」的概念，從文義看，似是一種介於純無（道）和實有（氣、有）的「有」（「或」可訓「有」），或潛在的分化趨勢（「或」有或然之義）。』〔一〕李零的説法包括兩點：其一，從訓詁來看，李零訓『或』爲『或然』，又訓爲『有』；其二，『或』屬於宇宙生化論的重要概念，介於『恒』之『純無』與『氣』之『實有』之間，是從『無』到『氣有』的中間環節。季旭昇的特別之處在於指明了『或』是一個『不定代詞』。〔二〕曹峰則説，『或』指『初始的、不確定的、細微狀態』，『它祇能是微弱的、不確定的存在』。〔三〕可以看出，曹氏的解説更爲具體，並有將其精氣化的傾向。筆者當初受到李零説的影響，曾持相近的解釋，云：『「或」，介於無有與氣有之間，爲或無或有、或有氣或無氣的階段。此「或」在「氣」「有」之前，在有形有名之前，所以屬於形而上者。』〔四〕現在看來，這未必是正確的。

第二種，將『或』讀爲『域』，解釋爲『宇』，表示空間之義，並認爲它相當於《淮南子·天文》的『虚霩』概念。這種意見以廖名春爲代表，朱淵清和李學勤等人從之。廖名春説：『「或」當讀爲「域」。「或」，本爲「域」本字。而「域」與「宇」同。「宇」爲空間。《文子·自然》：「往古來今謂之宙，四方上

〔一〕李零釋文注釋：《恒先》，馬承源主編：《上海博物館藏戰國楚竹書（三）》，上海古籍出版社2003年版，第288頁。
〔二〕季旭昇：《恒先譯釋》，見氏主編：《〈上海博物館藏戰國楚竹書（三）〉讀本》，萬卷樓圖書股份有限公司2005年版，第210頁。
〔三〕曹峰：《〈恒先〉釋義四題》，見氏著：《上博楚簡思想研究》，萬卷樓圖書股份有限公司2006年版，第165頁。
〔四〕丁四新：《楚簡〈恒先〉章句釋義》，簡帛研究網，2004年7月25日。是文收入教育部人文社會科學重點研究基地、武漢大學中國傳統文化研究中心主辦，馮天瑜主編：《人文論叢》2004年卷，武漢大學出版社2005年版。

下謂之宇。」《淮南子·齊俗》同。《尸子》佚文則作：「上下四方曰宇，往古來今曰宙。」可見「或」即「域」，也就是「宇」，指空間。「無稱不可得而名曰域也」（《老子》25 章「域中有四大」王弼注），「域」是一個相當抽象的表示空間的概念。《淮南子·天文》：「道始於虚霩，虚霩生宇宙，宇宙生氣。」「道始於虚霩」即「恒先無有」，「虚霩生宇宙」相當於「域作」，「宇宙生氣」相當於「有域，焉有氣」。可見《淮南子》説與此相當接近。』〔一〕李學勤的看法與廖説幾乎相同〔二〕，這裏就不再作徵引了。朱淵清同意廖説，但專以『域』爲訓。他説：『《恒先》的「域」實際上衹表明一個範圍，而不是具象屬性的概念。』〔三〕此字龐樸也讀作『域』，解釋爲『區域』。〔四〕在朱、龐二氏訓解的基礎上，郭梨華和王中江的解釋又糅合了前一種，而具有調和的特徵。郭梨華認爲《恒先》的『或』具有二重含義，第一重含義訓『或』爲『域』，解釋爲『場域』，它相當於《淮南子·天文》的『虚霩』概念；第二重含義訓爲『或然』，指稱一種『不被限定的』形而上的存在狀態。〔五〕王中江在肯定『或』讀爲『域』、相當於『宇』，表示『空間』的基礎上，又認爲它包

〔一〕廖名春：《上博藏楚竹書〈恒先〉簡釋（修訂稿）》，孔子 2000 網，2004 年 4 月 22 日；廖名春：《上博藏楚竹書〈恒先〉新釋》，《中國哲學史》2004 年第 3 期。

〔二〕李學勤：《楚簡〈恒先〉首章釋義》，《中國哲學史》2004 年第 3 期。是文原載孔子 2000 網，2004 年 4 月 19 日。

〔三〕朱淵清：《「域」的形上學意義》，劉大鈞主編：《簡帛考論》，上海古籍出版社 2007 年版，第 275—276 頁。是文原載孔子 2000 網，2004 年 4 月 18 日。

〔四〕龐樸：《〈恒先〉試讀》，簡帛研究網，2004 年 4 月 26 日。此外，譚寶剛等人也贊成此説。參見譚寶剛：《〈恒先〉考論》，巴蜀書社 2009 年版，第 346 頁。

〔五〕郭梨華：《〈恒先〉及戰國道家哲學論題探究》，見氏著：《出土文獻與先秦儒道哲學》，萬卷樓圖書股份有限公司 2008 年版，第 206—207 頁。

含着『時間』的意義。[一]

第三種，將『或』讀爲『惑』，訓爲『惑亂』或『疑惑』。日本學者淺野裕一説：『原本「或」自身就是從「自厭不自忍」的惑亂的、負面的感情中産生出來的，而且産生於「或中的萬物也是從「昏昏不寧」的惑亂的、負面的感情中産生出來的。」[二] 這是暗中讀『或』爲『惑』。而林義正則直接讀『或』爲『惑』，並説它指『心理的存有（比「有」更根本，或存有的心理）』。[三]

第四種，將『或』與戰國接子的『或使』關聯起來，認爲《恒先》的『或作』是『由始源説其作用』，而接子的『或使』是『由萬物論始源之存』，『或』概念『都是發揮一不被限定之哲學作用』。此説由郭梨華首先提出[四]，李鋭後來又有所論述，黄鴻春則撰寫了一篇專門的論文。李氏從宇宙生化動力的角度思考了《恒先》的『或』概念，認爲它偏重於接子的『或使』。[五] 黄氏雖然認爲『或』是一個不定代詞，但他訓爲動詞『有』。[六] 綜合起來看，此一種訓解是對第一種訓釋的轉進和深入。最爲值得重視的是，它將《莊子·則陽》等傳世文獻帶入進來，給學者提供了新的思考維度和材料依據。

〔一〕王中江：《〈恒先〉的宇宙觀及人間觀的構造》，《文史哲》2008 年第 2 期。
〔二〕［日］淺野裕一：《上博楚簡〈恒先〉的道家特色》，《清華大學學報（哲學社會科學版）》2005 年第 3 期。
〔三〕林義正：《論〈恒先〉的宇宙新維：基於内觀功夫的另一個詮釋》，『出土簡帛文獻與古代學術』國際研討會論文，臺灣政治大學主辦，2005 年。
〔四〕郭梨華：《〈恒先〉及戰國道家哲學論題探究》，見氏著：《出土文獻與先秦儒道哲學》，萬卷樓圖書股份有限公司 2008 年版，第 207—208 頁。
〔五〕李鋭：《『或使』與『莫爲』》，《中國哲學史》2009 年第 4 期。
〔六〕黄鴻春：《上博簡〈恒先〉的『或』考論》，《北京師範大學學報（社會科學版）》2010 年第 2 期。

二、批評與問題的提出

在上述四種解釋中，首先，第三種可以排除。淺野裕一和林義正均讀『或』爲『惑』，不過一訓爲『惑亂』，一訓爲『疑惑』而已。二氏都是從心理的角度來對『或』做出解釋的。按照這種解釋，就必須設想《恒先》的『或』是一種具有高度人格心理化的神性存在，而這顯然與竹簡原意不符。《恒先》有比較强烈的自然主義傾向，從竹書看不出『或』具有人格心理的特徵。

其次，第四種與第一種可以歸納在一起，它們與第二種的對立是很明顯的。在第二種中，廖名春將『或』讀爲『域』，從聲音通假關係來看，這是允許的，但是在竹書的具體語境中『或』未必應讀爲『域』。還需要指出的是，一者，廖名春等人混淆了『域』『宇』二字的含義，而未作嚴格區分。其實，『域』是『區域』『疆域』之義，跟『宇』不同，『宇』表示『空間』之義。二者，儘管『或』字的訓讀有異，但是諸家的解釋最終都與《淮南子・天文》的『虚霩』相關聯，並將其看作一個『空間』概念。不過，在筆者看來，這是值得懷疑的，因爲看不出竹書原文有此方面的根據。

最後，在第一種訓解中，李零以『有』和『或然』兩訓之，彼此齟齬，不能統一；而季旭昇又以『不定代詞』解釋之，更生新訓，這都需要作進一步的批評。

總之，對於楚竹書《恒先》的『或』概念，目前學界尚未真正釐清其内涵，並未達成一致意見，仍需要從字義到思想對此一概念做出新的探討。

第二節　『或』既不讀爲『域』，不訓爲『宇』，也不等於『虛霩』

一、研究對象的確定：《恒先》的『或』字用法辨析

『或』字，在楚竹書《恒先》中一共出現了十二次，而在用法上它們可以分爲兩組。第一組爲（本文凡引《恒先》文，均從寬式）：

自厭不自忍，或作。又（有）或焉又（有）氣……（簡1）

或，恒焉；生或者，同焉。（簡3）

又（有）出於或，性出於又（有）……或非或，無謂或。又（有）非又（有），無謂又（有）。（簡5—6）

第二組爲：

若寂寂夢夢，靜同而未或明，未或滋生。（簡2）

舉天下之作也，無不得其恒而果遂，庸或得之，庸或失之。（簡12—13）

先看第二組的四個『或』字。第2號簡的兩個『或』字訓『有』，在句中作謂語，動詞。這是確定的。《廣雅·釋詁一》曰：『或，有也。』《書·五子之歌》曰：『有一於此，未或不亡。』『未或』即『未有』。第12—13號簡的兩個『或』字，相當於『或者』，在句中表示選擇或列舉關係，連詞。顯然，這四個『或』字均非作爲專有名詞的『或』，它們與第一組八個『或』字的用法是不同的。

再看第一組的八個『或』字。這八個『或』字在竹書《恒先》中都是作爲概念來使用的，它們都表示宇宙生化的一個形上階段。對於這一點，目前大家没有不同意見。從研究現狀來看，它是一個疑難概念，學界至今没有達成一致解釋。而這個概念，正是本文所要討論的核心對象。

二、『或』不讀作『域』，不訓爲『宇』

作爲概念使用的八個『或』字，廖名春等人都讀作『域』，訓爲『宇』，並認爲它相當於《淮南子·天文》的『虚霩』概念。不過，在筆者看來，廖氏的意見很難説是正確的，『域』無法訓爲『宇』或與『宇』同義，『域』『宇』的字義分别較大。衆所周知，『域』爲『或』的分别字，『或』即『國』字的初文。『域』在戰國時期一般爲『區域』『疆界』之義，是一個形而下的詞匯。[一]而『宇』字不同，其本義爲『屋宇』，引申之，有『空間』之義。從詞源來看，它具有很濃厚的具象色彩。『宇宙』之『宇』即爲此義。《墨子·墨經上》曰：『宇，彌異所也。』《莊子·庚桑楚》曰：『有實而無乎處者，宇也。』《尸子》卷下曰：『上下

[一] 筆者曾對『或』『域』『國』和『邦』四字作了比較細緻的辨析，可以參見丁四新：《郭店楚竹書〈老子〉校注》，武漢大學出版社2010年版，第195—199頁。

四方曰宇。』『宇』即是由上下四方構成的所謂『空間』。很顯然，這個訓解在今天看來具有濃厚的形下色彩。而反觀竹書《恒先》的『或』概念，其具有形上色彩是很明顯的。《恒先》第1號簡曰：『有或，焉有氣；有氣，焉有有；有有，焉有始；有始，焉有往者。』其中，『有』屬於一般性的『有』，它是有形有名之『有』得以成立的前提和本質所在。而在宇宙生化過程中，『或』處於『恒』之後、『氣』『有』之前。結合漢人的『形上』『形下』概念來判斷，『恒』『或』『氣』和『有』在竹書中都屬於形而上者，而『始往』『天地』則屬於形而下者。廖氏讀『或』爲『域』，解『域』爲『宇』，與此顯然不合。此其一。其二，『或』介於『恒』『氣』之間，從竹書原文還看不出它具有『空間』特性。總之，筆者不贊成將《恒先》的『或』讀作『域』，進而解釋爲『宇』，或者解釋爲『區域』的意見。

三、『或』不等於『虛霩』

廖名春等人之所以讀『或』爲『域』，訓同『宇』字，及有人訓爲『區域』，還與他們徵引的一段《淮南子》文獻有關。《淮南子·天文》曰：『天墜未形，馮馮翼翼，洞洞灟灟，故曰太昭（始）。道（太）始於（生）虛霩，虛霩生宇宙，宇宙生氣。氣（元氣）有涯垠，清陽者薄靡而爲天，重濁者凝滯而爲地。』[二]《淮南子》以太始、虛霩、宇宙、氣、天地、陰陽、四時、萬物爲生成次序，而其中『虛霩』和『宇宙』兩個概念並存，足見那種將『或』訓解爲『域』並訓同『宇』的意見是不正確的。不過，《恒先》的『或』概念在宇宙生化論的結構上是否相當於《淮南子》的『虛霩』呢？這是另外一個問題。雖然此種推測是可能的，

[二] 引文有校改，據王念孫、王引之說。轉見何寧：《淮南子集釋》，中華書局1998年版，第165—166頁。

但是目前我們還難以確定之。『虛霩』，或作『虛廓』，是宇宙未生之前的一個清虛空廓而無形無迹的階段，它與『宇宙』具有先後的生化關係。但除此之外，它們之間到底有何類似性質，目前尚無人能够闡明。而在竹書《恒先》中，從『或』到『氣』的生成，其間根本没有經過一個『宇宙』的環節，這是與《淮南子》頗不相同的地方。

第三節　『或』是不定代詞『某物』之義及其作爲宇宙論概念的典籍考察

一、『或』是不定代詞『某物』之義，而非『有』義

關於《恒先》的『或』概念，李零等人有一種看法，將其解釋爲『或然』『或有或無』的形上狀態。這個解釋看起來與『虛霩』較爲相似，但是在筆者看來，『或』真的可以如此來解釋嗎？據《漢語大字典》，『或』有『或許』義，有『有』義[一]，這大概是李零等人如此作訓解的依據吧。不過，『或』訓『或許』『或然』，在古書中是作副詞用的；而訓爲『有』，則是作動詞用的。反觀李氏的解釋，不但糅合了此二義，而且偷偷地改變了其詞性。在筆者看來，這是不够嚴謹的。依此，黄鴻春訓『或』爲『有』，及郭梨華以『不被限定義』（其實以『或然』爲訓）解釋之，都是不正確的。在研究中，我們應當將一個概念的内涵與其在相

[一] 漢語大字典編輯委員會：《漢語大字典》，四川辭書出版社、湖北辭書出版社 1995 年版，第 1402 頁。

關文本中的詞義、詞性統一起來。

筆者認爲，在竹書《恒先》中作爲概念使用的『或』是一個不定代詞。季旭昇最先指出此點，他説：『依「或」字作「不定代詞」的常用義來解，「或」表現的正是一種似動不動、似發未發的藴發狀態，也就是質、靜、虚的道體「不自忍」，將發作的狀態。』[一]與李零相較，其最大的不同即在於此。不過，季氏對『或』字的具體解釋仍然以『或許』『或然』義爲依據，這是不正確的。在古書中，『或』作爲不定代詞，是泛指（不定指）某人、某物或某事等。[二]《論語·爲政》曰：『或謂孔子曰：「子奚不爲政？」』『或』作『或人』（『某人』）解。《史記·陳平世家》曰：『凡六出奇計，輒益邑。凡六益封。奇計或頗秘，世莫能聞也。』『或』作『或計』（『某計』）解。

作爲不定代詞，『或』不必前指或後指，而可以泛指言説者所屬意的某人、某物或某事。這種代詞，可以直接代替名詞，並作爲特定的術語或概念來使用。楚竹書《恒先》的『或』很可能應當如此來理解。而作爲不定代詞使用的『或』當然不是『有』義，因爲『有』是一個動詞。不過，動詞『有』可以名詞化，在《恒先》中『有』作爲名詞是一個較爲重要的概念。此其一。其二，在竹書《恒先》中，作爲專有名詞（哲學概念）的『有』和『或』這兩個字的寫法是不同的，前者借『又』爲之，而後者則如字寫之，兩不相混。其三，從原文來看，『或』和『有』都是竹書《恒先》的重要概念。若『或』僅訓爲『有』，那麽這是衝突的。總之，不能從『有』來理解竹簡『或』概念的基本内涵。而那種將竹書的『或』概念訓爲『有』的意

[一] 季旭昇：《恒先譯釋》，見氏主編：《〈上海博物館藏戰國楚竹書（三）〉讀本》，萬卷樓圖書股份有限公司2005年版，第210頁。

[二] 『或』爲泛指代詞，即楊樹達所謂『虚指指示代名詞』。參見楊樹達：《詞詮》卷三，中華書局1965年版，第125—126頁。

見顯然是不正確的。

二、『或』作爲宇宙論概念的典籍考察：《管子・白心》的『或維或載』和《莊子・則陽》的『或使』『莫爲』

『或』能否作爲宇宙論概念及其爲何義？這兩個問題在一定程度上可從傳世典籍得到證明。廖名春等氏徵引了故書，認爲《恒先》的『或』字相當於《淮南子・天文》的『虛霩』。不過，這個論據是不够直接的，也很難説它是有效的。突破性的發現來自郭梨華教授，她最早徵引了《莊子・則陽》少知與大公調的一段對話。〔一〕隨後，李鋭專門著文討論了『或使』與『莫爲』的問題，除了重點討論《則陽》的那段對話外，他還引用了《管子・白心》『天或維之，地或載之』一段文字。順便，他也論及《恒先》的『或』概念。〔二〕黄鴻春則更進一步，專門著文討論了《恒先》的『或』概念，其中《管子・白心》和《莊子・則陽》的那兩段文本他也都引用到了。〔三〕不過，需要指出，李氏没有徵引郭梨華的文章，而黄氏則連李氏的文章也一並没有引用。總結郭、李、黄三氏的研究，在筆者看來，他們都没有恰當地或者正確地闡明《恒先》『或』概念的含義，因此進一步的討論和研究仍然是必要的。

先看《管子・白心》篇那段包含『或』概念的文本。《白心》曰：

〔一〕郭梨華：《〈恒先〉及戰國道家哲學論題探究》，見氏著：《出土文獻與先秦儒道哲學》，萬卷樓圖書股份有限公司2008年版，第207—208頁。

〔二〕李鋭：《『或使』與『莫爲』》，《中國哲學史》2009年第4期。

〔三〕黄鴻春：《上博簡〈恒先〉的『或』考論》，《北京師範大學學報（社會科學版）》2010年第2期。

天或維之，地或載之。天莫之維則天以墜矣，地莫之載則地以沉矣。夫天不墜，地不沉，夫或維而載之也夫。又況於人，人有治之，辟之若夫靁鼓之動也。夫不能自摇者，夫或摇之。夫或者何？若然者也？視則不見，聽則不聞，洒乎天下滿，不見其塞。集於顔色，知於肌膚，責其往來，莫知其時。薄乎其方也，韕乎其圜也，韕韕乎莫得其門。故口爲聲也，耳爲聽也，目有視也，手有指也，足有履也，事物有所比也。當生者生，當死者死，言有西有東，各死其鄉。[1]

上引文中的諸『或』字，均爲不定代詞用法，指代作者所設想的『某物』。這段引文的本來目的，是闡明『或使（孰使）形治』的問題。根據《白心》上下文，作者認爲，使形治者乃『神』也。而爲了增强論證的效力，作者多方譬説之：天維地載，靁鼓之動，夫使之者何也？《白心》即以不定代詞『或』説之，認爲是『或』使之。而此『或』又是什麽呢？在作者看來，它類似於『視則不見，聽則不聞，洒乎天下滿，不見其塞』的『風』。由此可見，『或維』『或載』和『或摇』中的三個『或』字，在《白心》中具有較爲濃厚的宇宙論意味。

再看《莊子·則陽》篇那段包含『或』概念的文本。《則陽》曰：

少知曰：『季真之「莫爲」，接子之「或使」。二家之議，孰正於其情，孰偏於其理？』大公調曰：『雞鳴狗吠，是人之所知，雖有大知，不能以言讀其所自化，又不能以意其所將爲。斯而析之，精至於

[1] 這段引文，參見［清］黎翔鳳：《管子校注》，中華書局2004年版，第799—800頁。

无倫，大至於不可圍。「或之使」「莫之爲」，未免於物，而終以爲過。「或使」則實，「莫爲」則虛。有名有實，是物之居；无名无實，在物之虛。可言可意，言而愈疏。未生不可忌，已死不可阻。死生非遠也，理不可覩。「或之使」「莫之爲」，疑之所假。吾觀之本，其往无窮；吾求之末，其來无止。无窮无止，言之无也，與物同理。「或使」「莫爲」，言之本也，與物終始。道不可有，有不可无。道之爲名，所假而行。「或使」「莫爲」，在物一曲，夫胡爲於大方？言而足，則終日言而盡道；言而不足，則終日言而盡物。道、物之極，言默不足以載。非言非默，議有所極。』[一]

關於季真的『莫爲』説和接子的『或使』説，目前大體有兩種解釋。其一，郭象《注》曰：『季真曰，道莫爲也。接子曰，道或使。或使者，有使物之功也。』[二]在《則陽》中，『爲』『使』同義。在此，郭象以『道』爲『莫爲』『或使』的主語。季真主張道無爲而使萬物生起，接子則主張道有爲而使萬物生起。這樣，『莫爲』之『莫』就應當訓爲『無』，而『或使』之『或』就應當訓爲『有』。其二，林希逸《口義》曰：『莫爲者，言冥冥之中初無主宰，皆偶然耳。或使者，有主宰，無非使然。』又説：『或是則實者，謂冥冥之中有物以司之，是實也。莫爲則虛者，謂冥冥之中無所主，是虛也。』[三]在此，林氏訓『莫』爲『無物』，『或』爲『有物』。這兩種訓釋，哪一種更恰當，更符合原意呢？這需要作一番辨析的工作。

[一] 這段引文，參見［清］郭慶藩撰，王孝魚點校：《莊子集釋》下册，中華書局2004年版，第916—917頁。
[二] 同上書，第916頁。
[三] ［宋］林希逸撰，周啓成校注：《莊子鬳義齋口義》，中華書局1997年版，第412、413頁。

《經傳釋詞》卷三『或』詞條曰：『引之案：《易益》上九曰：「莫益之，或擊之。」或與莫相對爲文。莫者，無也；或者，有也。』[二] 俞樾據此認爲，《則陽》『莫爲』之『莫』、『或使』之『或』訓同此。他説：『樾謹按……此云季真之莫爲、接子之或使，或與莫爲對文：莫，無也；或，有也。《周易・益》上九：「莫益之，或擊之。」亦以莫、或相對。』[三] 不過，《則陽》的『或使』『或爲』上下對文衹是一種表象。實際上，一者，就文意來看，它們是兩種對立的觀點，各自具有高度的獨立性，而與《益》上九『莫益之，或擊之』不同。二者，《則陽》的『「莫爲」「或使」』，在叙述上可以變换爲『「或使」「莫爲」』，或者『「或之使」「莫之爲」』等形式，而這一點與《益卦》上九爻辭『莫益之，或擊之』的結構也有别。因此，俞樾對『莫爲』『或使』的訓詁未必可靠。筆者認爲，《益卦》上九爻辭的『或』還是以訓作『或人』（『有人』）爲當。《益卦》六二曰：『或益之十朋之龜，弗克違，永貞吉。』《損卦》六五曰：『或益之十朋之龜，弗克違，元吉。』兩『或』字均當訓爲『有人』。將此訓解應用於《益卦》上九的『或』字，『莫益之，或擊之』二句就是『無人增益之，而有人折損之』的意思。進一步，從文意來看，筆者同意林希逸的訓解，《則陽》的『莫爲』『或使』，『莫』以解作『無某物』爲當，而『或』以解作『有某物』爲當。『莫爲』説，即是説宇宙萬物的生化没有推動者；『或使』説，即是説宇宙萬物的生化有主使者。

《莊子・則陽》的這段話屬於寓言性質，其主旨是作者通過對季真、接子觀點的批評，而力圖闡明人們

[二] ［清］王引之：《經傳釋詞》卷三，岳麓書社 1985 年版，第 65 頁。楊樹達也引用了此訓，見氏著：《詞詮》卷三，中華書局 1965 年版，第 125 頁。不過，王、楊二氏在其大著『或』字條下都没有列舉《莊子・則陽》『莫爲』『或使』的例子。

[三] ［清］俞樾：《莊子平議》卷十九，胡道静等主编：《藏外道書》第三册，巴蜀書社 1992 年版，第 389 頁。

應當如何理解和探索萬物生成變化的原因（『萬物之所生惡起』）。李鋭説這段話的主旨『應該是討論宇宙的生化動力問題』[一]，這個判斷較爲恰當；而黄鴻春認爲它是『討論天地萬物的本根』[二]，這個判斷似乎失之迂遠，不能切入真正的問題。對於『萬物之所生惡起』的問題，當時諸子多有思考，季真主張『莫爲』，而接子則主張『或使』。『莫爲』是没有某物使爲之的意思，而『或使』則是『有某物使爲之』的意思。而在莊子學派看來，這兩説都有過失：『或使』説拘執在實物上，以爲真有某物使爲之；而『莫爲』説則蹈空淪虚，以爲無物使爲之。它們都没有得見真相，都是圍繞作爲動力根源的『某物』來探討萬物生成變化的原因的：或者從有物説之，或者從無物説之，均『未免於物』，而『在物一曲』。無疑，季真的莫爲説和接子的或使説都是『以物觀之』的結果，而莊子學派則主張以道觀之。以道觀之，則對於『萬物之所生惡起』的問題既不能以『或使』説之，也不能以『莫爲』説之。在《則陽》的作者看來，萬物的生成變化乃是自生自起、自爲自化，而不能以言默議之的。

總之，不論是從《管子·白心》還是從《莊子·則陽》來看，作爲不定代詞的『或』在先秦確實可以作爲一個哲學概念來使用。而這個概念的使用，或者是因爲在宇宙論上尚未能究明其實際，或者是出於修辭表達的需要，因此作者即以不定代詞『或』來表示之。竹書《恒先》的『或』概念也應當如此視之，它代指尚未明其實際的、宇宙生化階段的『某物』。而在詞義上，《恒先》的『或』概念既非『有』也非『或然』『或有或無』之義，這一點因此變得更加清晰了。

[一] 李鋭：《『或使』與『莫爲』》，《中國哲學史》2009 年第 4 期。
[二] 黄鴻春：《上博簡〈恒先〉的『或』考論》，《北京師範大學學報（社會科學版）》2010 年第 2 期。

三、《恒先》的『或』接近於《莊子·至樂》的『芒芴』概念

關於《恒先》的『或』概念的宇宙論含義，在功能和位置上比較接近於《老子》的『恍惚』和《莊子》的『芒芴』概念。在《老子》中，『恍惚』（或『惚恍』）是作爲一個描繪本體之存在狀態的超越於感性（『視』『聽』『搏』）的概念。值得注意的是，老子一方面説『惚恍』是『無狀之狀，無物之象』，另一方面又説『其中有象』『其中有物』『其中有精』，肯定其中有某種東西確實存在，『其精甚真，其中有信』，而不是絶對的空蕩和虛無。[一] 不過，這一概念没有實現與『本體』（『道』）的必要分離，而被設想爲一個獨立的生成論階段，亦即這一概念還没有從『本體』的概念中獨立出來。

在《莊子·至樂》中，出現了一個類似於『恍惚』但已完全獨立的概念，這就是『芒芴』。《至樂》篇曰：

莊子妻死，惠子吊之，莊子則方箕踞鼓盆而歌。惠子曰：『與人居，長子、老、身死，不哭亦足矣，又鼓盆而歌，不亦甚乎！』莊子曰：『不然。是其始死也，我獨何能无概然！察其始而本无生，非徒无

[一] 王弼本《老子》第二十一章曰：『孔德之容，惟道是從。道之爲物，惟恍惟惚。惚兮恍兮，其中有象；恍兮惚兮，其中有物。窈兮冥兮，其中有精；其精甚真，其中有信。自古及今，其名不去，以閱衆甫。吾何以知衆甫之狀哉？以此。』『道之爲物』，帛書兩本和北大漢簡本均作『道之物』。『自古及今』，帛書兩本和北大漢簡本均作『自今及古』。王弼本第十四章曰：『視之不見名曰夷，聽之不聞名曰希，搏之不得名曰微。此三者，不可致詰，故混而爲一。其上不皦，其下不昧，繩繩不可名，復歸於無物。是謂無狀之狀，無物之象，是謂惚恍。迎之不見其首，隨之不見其後。執古之道，以御今之有。能知古始，是謂道紀。』『視之……曰夷』『搏之……曰微』，帛書兩本作『視之……曰微』和『搏之……曰夷』。

生也，而本无形；非徒无形也，而本无氣。雜乎芒芴之間[一]，變而有氣，氣變而有形，形變而有生。今又變而之死。是相與爲春秋冬夏四時行也。人且偃然寢於巨室，而我噭噭然隨而哭之，自以爲不通乎命，故止也。』

還有一段相關文獻見於《莊子·知北遊》篇。是篇曰：

生也死之徒，死也生之始，孰知其紀！人之生，氣之聚也，聚則爲生，散則爲死。若死生爲徒，吾又何患！故萬物一也，是其所美者爲神奇，其所惡者爲臭腐；臭腐復化爲神奇，神奇復化爲臭腐。故曰：『通天下一氣耳。』

這兩段文字，本來都是爲了消解悦生惡死的問題的。從本文的論題來看，上引《知北遊》和《至樂》兩段文本頗具參考價值。《知北遊》的『通天下一氣耳』是一個重大命題。雖然此篇對於氣之上的階段未作説明，但是這並不意味着在作者的思想世界中氣之前的階段不存在。這個問題，在《至樂》篇中有所交代，該篇推本溯源，云『而本无氣』。從無至有，《至樂》篇還提出了『芒芴』的概念，作爲宇宙生化的一個階段，

[一] 在另一處文本中，《莊子·至樂》也出現了『芒芴』一詞，曰：『天无爲以之清，地无爲以之寧，故兩无爲相合，萬物皆化。芒乎芴乎，而无從出乎！芴乎芒乎，而无有象乎！萬物職職，皆從无爲殖。故曰：「天地无爲也，而无不爲也。」』由此可知，『芒芴』確實相當於老子的『恍惚』概念；所不同者，在《莊子》中，它已從本體中分離了出來，而作爲一個獨立的生化階段了。

它是完全獨立的。『芒芴』，與老子的『恍惚』義近。將竹簡《恒先》與《莊子・至樂》相對照，可知竹書的『或』無論在功能還是在位置上都與『芒芴』相當，其意相近。這說明，竹書《恒先》的『或』概念可以通過《莊子》的『芒芴』來作粗略的理解。所不同者，竹簡的『或』是一個不定代詞，指代『某物』，而《莊子》的『芒芴』則有所實指。

試圖從宇宙生化的形上本原中再分別出新的階段，這是當時天文學進步和宇宙論思想深化的共同結果。竹書《恒先》的宇宙生化論無疑具有深化的特徵，它對於形上界之内在結構的描述不僅表現在『氣有』（『氣—有—始往』）的區分上，而且表現在對『恒無』的結構化上。在竹書中，『恒無』被作者區分爲『恒先』和『或』兩者：在此，『恒先』是終極始源（《莊子》稱爲『太初』〔二〕），而『或』是此終極始源從無到有再分別出來的一個階段——『某物』，無論在地位上還是在功能上，它都與《莊子》的『芒芴』很接近。此後，在古典文獻中，形上之『無』的結構不斷得到深化，《淮南子・天文》做出了所謂『太始—虚霩—宇宙—元氣』的區分，《易緯・乾鑿度》作出了所謂『太易—太初—太始—太素』的新構造。〔三〕《淮南子》與《易緯》的製作時代不同，《天文》篇的宇宙論與渾天説的初步提出大體並時，而《乾鑿度》的宇宙論則置身於渾天説的成熟形態之中。

〔二〕《莊子・知北遊》曰：『若是者，外不觀乎宇宙，内不知乎太初，是以不過乎崑侖，不遊乎太虚。』同書《列禦寇》曰：『若是者，迷惑於宇宙，形累不知太初。』

〔三〕［日］安居香山、中村璋八輯：《緯書集成》，河北人民出版社1994年版，第11頁。這段文字，亦見於《白虎通・天地》所載『《乾鑿度》云』，但文字略有不同。參見［清］陳立：《白虎通疏證》，中華書局1994年版，第421頁。

第四節　結論

經過以上各節的梳理和分析，本文的結論如下：

（一）竹書《恒先》的十二個『或』字可分爲兩組，一組作副詞、連詞用，一組作不定代詞用。作不定代詞用的『或』字在竹書中是一個宇宙生化論概念，它居於『恒』之後、『氣』之前，是本文的研究對象。可惜，它迄今是一個疑難概念，學界尚未達成一致意見。

（二）作不定代詞用的『或』在竹書《恒先》中是『或物』『某物』之義，而不是『有』（動詞）、『或然』（副詞）或者『或有或無的狀態』之義。這一點，我們應當嚴格看待之。不過，在宇宙生化次序上，它的確介於『無』（『恒先』）、『有』（『氣有』）之間。作爲證明，不定代詞『或』用作哲學概念，在《管子·白心》和《莊子·則陽》兩篇中都有確實的文獻發現，且其詞義都是以『某物』爲基本内涵的。

（三）竹書《恒先》采用不定代詞『或』表示宇宙生化過程的一個階段，這雖然一方面表明作者的宇宙論思想有所深化和推進，但是另一方面也表明其認識還是不够具體和成熟的。這即是説，『或』説到底是一個權且的而不是一個究竟的概念，在宇宙生化論上有待落實。它大約相當於《莊子·至樂》篇的『芒芴』概念。可以看到，《淮南子·天文》的宇宙生化論結構更爲具體和複雜，這是當時天文學思想進一步發展的必然結果。

（四）順便指出，接子的『或使』和季真的『莫爲』都是從物上探尋萬物生成變化的動因的，祇不過一作肯定、一作否定罷了。而竹書《恒先》則與此不同，它在宇宙生化論上持自然主義的觀念，認爲形上、形下兩界都是自生自作的，這與莊子學派的『自化』觀念是高度一致的。

此外，『或』與『恒』『氣』的關係問題也值得注意。一者，在竹書《恒先》中，『或』是作者從『恒』中分化出來的一個概念。竹書説：『或，恒焉；生或者，同焉。』『或』雖然由『恒』所生，與其有所分化，但是它仍然從屬於『恒』這一概念。而且，『恒先』也是從『恒』分化出來的一個概念，其字面意思是『恒之先』，是『恒』自身的端始，而不是在『恒』之外、在『恒』之前的意思。簡言之，竹書以『或』和『恒先』深化了『恒』概念的内涵。二者，在宇宙生化論上，竹書《恒先》認爲，『或』與『氣』具有先後關係（『有或，焉有氣』），但不是因果生成的關係。聯繫竹書『氣是自生』和『氣是自生自作』的説法，可知《恒先》的宇宙生化論與莊子學派相同，也屬於道家的自然主義。

第八章　渾天説的宇宙生成論與結構論溯源：兼論竹書《太一生水》《恒先》與渾天説之理論起源

渾天説是否萌芽於先秦，甚至産生於先秦？這始終是一個引人入勝，但又是一個令人感到頗有爭議的問題。最近，筆者閲讀了相關文獻，特别是研讀了楚竹書《恒先》和《太一生水》兩篇之後，認爲渾天説的理論可以部分溯源到這兩篇出土竹書，它們包含着渾天説的一些經典表述要素。换一句話説，渾天説的部分理論要素可以追溯到先秦，在這兩篇戰國竹書中找到其源頭。

第一節　研究述評與問題的提出

一、研究述評：渾天説的結構特徵及其理論來源

在古代中國，主要有三種宇宙學説，即蓋天説、宣夜説和渾天説，這可以參見《後漢書·天文志》劉昭

《注》引蔡邕《表志》和《晉書·天文志》。〔一〕在這三種宇宙學説中，蓋天説的出現最早，宣夜説的形成最晚〔二〕，而渾天説的提出則介於二者之間。在傳世文獻中，『渾天』一名最早見於揚雄的《法言·重黎》篇。〔三〕在漢武帝太初元年（前104）改曆之前，蓋天説最爲流行。在改曆之後，渾天説在中國天文學説史上長期占據主導地位，一直流行到日心説的傳入。

長期以來，在渾天説的基本文獻、結構論和理論溯源等問題上，學者頗有爭議。通常，人們認爲《靈憲》和《渾天儀注》是渾天説的兩篇關鍵文獻，但這兩篇文獻也是學者爭論的焦點之一。

先看《靈憲》《渾天儀注》與張衡的關係及其寫作時代問題。一種意見認爲《渾天儀注》是張衡的著作，而《靈憲》不是。席澤宗、鄭文光認爲《靈憲》『基本上仍是在講蓋天説』。〔四〕另一種意見則相反，陳

〔一〕［南朝宋］范曄撰，［唐］李賢等注：《後漢書》，中華書局1964年版，第3217頁；［唐］房玄齡等撰：《晉書》卷十一，中華書局1974年版，第278頁。

〔二〕《晉書·天文志上》曰：『宣夜之書亡，惟漢秘書郎郗萌記先師相傳云：「天了無質，仰而瞻之，高遠無極，眼瞀精絶，故蒼蒼然也。譬之旁望遠道之黄山而皆青，俯察千仞之深谷而窈黑，夫青非真色，而黑非有體也。日月衆星，自然浮生虚空之中，其行其止皆須氣焉。是以七曜或逝或住，或順或逆，伏見無常，進退不同，由乎無所根系，故各異也。」』同上。

〔三〕《法言·重黎》曰：『或問渾天。曰：落下閎營之，鮮于妄人度之，耿中丞象之。』揚雄寫作《太玄》即以渾天説爲理論背景。《漢書·揚雄傳》曰：『（揚雄）大潭思渾天，參摹而四分之，極於八十一。旁則三摹九據，極之七百二十九贊，亦自然之道也。』參見［漢］班固撰，［唐］顔師古注：《漢書》，中華書局1999年版，第3575頁。

〔四〕席澤宗説：『許多人都以爲張衡的《靈憲》是代表渾天説的，其實這是一個誤解。第一，《靈憲》中關於天地起源的理論，基本上是取自《淮南子》，而且比《淮南子》變得更加唯心，竟然主張「自無生有」。第二，《靈憲》中關於宇宙結構的理論，和蓋天説的《周髀算經》中没有什麽不同，不同的祇是具體數位……所以除了個别論點（如關於月食理論等）外，這篇著作基本上仍是在講蓋天説的。』鄭文光説：『《靈憲》一文，單就宇宙結構體系而論，也不是渾天説，而是蓋天説的思想。』參見席澤宗：《蓋天説與渾天説》，《天文學報》1960年第1期；鄭文光：《試論渾天説》，《科學通報》1976年第6期。

久金認爲《靈憲》是張衡的著作，而《渾天儀注》不是，並將《渾天儀注》的寫作判定『在三世紀末或四世紀初』。[一] 對於陳久金的意見，陳美東作了針鋒相對的考證和批評，他認爲「《渾天儀注》一文確爲張衡所作」，並説《靈憲》的寫作在前，而《渾天儀注》的寫作在後。[二] 現在看來，陳美東的觀點更恰當一些。

再看渾天説的宇宙結構論。蓋天説在理論上經歷了『天圓如張蓋，地方如棋局』和『天象蓋笠，地法覆槃』兩個階段。這兩種説法俱見於《周髀算經》，《晉書·天文志》作了轉述。[三] 前一説的宇宙結構論直接源自人類對於上天下地的經驗認識，但此説存在『四角不揜』的明顯缺陷，在戰國末期它遭到了人們的嚴重質疑。[四] 後一説則大約出現在漢初，它設想天、地俱爲拱形，目的在於克服所謂天不掩地的缺陷。相對於前一説來説，後一説是蓋天説在理論上的自我改良。而渾天説的提出，則是對於蓋天説之嚴重缺陷的根本革除。在判斷是否屬於渾天説的問題上，今人有兩種意見，鄭文光認爲『大地是球形』（『地圓』説）是『渾天説的基本思想』。[五]

〔一〕 陳久金：《渾天説的發展歷史新探》，中國天文學史整理研究小組編：《科技史文集（一）：天文學史專集》，上海科學技術出版社1978年版，第61、67頁；陳久金：《渾天儀注非張衡所作考》，《社會科學戰綫》1981年第3期。

〔二〕 陳美東：《〈渾天儀注〉爲張衡所作辯——與陳久金同志商榷》，《中國天文學史文集》第五輯，科學出版社1989年版，第216、212頁。又見陳美東：《張衡〈渾天儀注〉新探》，《社會科學戰綫》1984年第3期。後一文是前一文的節要。

〔三〕 錢寶琮校點：《算經十書》上册，中華書局1963年版，第22、53頁；［唐］房玄齡等撰：《晉書》卷十一，中華書局1974年版，第278頁。

〔四〕 《大戴禮記·曾子天圓》曰：『單居離問於曾子曰：「天圓而地方者，誠有之乎？」曾子曰：「離！而聞之，云乎！」單居離曰：「弟子不察，此以敢問也。」曾子曰：「天之所生上首，地之所生下首，上首謂之圓，下首謂之方，如誠天圓而地方，則是四角之不揜也。」』參見［清］王聘珍：《大戴禮記解詁》，中華書局1983年版，第98頁。

〔五〕 鄭文光：《試論渾天説》，《科學通報》1976年第6期。

陳久金則不同意此説，他認爲：『我國古代渾天、蓋天的主要分歧點，在前期並不是對大地形狀的認識不同，而是在於日月星辰的周日旋轉是否出入地下，也即分歧點在於解釋天象作周日旋轉的方式不同。』[二] 由此又産生了《靈憲》和《渾天儀注》是否屬於渾天説的著作，及它們是否爲張衡本人所作的問題。現在看來，渾天説的成立在最初不必以地圓説爲前提，但是從地平到地圓，這是渾天説之理論發展的必然。

最後看渾天説的理論溯源。渾天説的正式提出，可以確定最遲在武帝太初元年。由此，是否可以將渾天説的形成向前推進到漢初，甚至先秦呢？這是一個問題。據徐振韜對長沙馬王堆帛書《五星占》的研究，渾儀（『先秦渾儀』）很可能在先秦已經産生。徐氏説：『至遲在秦始皇元年（前246）以前，我國已有了較高精度的「先秦渾儀」，並用這種渾儀相當準確地測定了大行星的視運動規律。』又説：『「先秦渾儀」的創制年代，上限爲公元前700年，下限爲公元前360年，最可能在戰國初期。』[三] 他的論據充足，論證合理，因此他的論斷是可信的。而既然先秦已存在所謂『渾儀』，那麼先秦必然存在所謂渾天説。

[二] 陳久金：《渾天説的發展歷史新探》，中國天文學史整理研究小組編：《科技史文集（一）：天文學史專集》，上海科學技術出版社1978年版，第60頁。

[三] 上兩則引文，參見徐振韜：《從帛書〈五星占〉看『先秦渾儀』的創制》，《中國天文學史文集》，科學出版社1978年版，第40、43頁。陳久金同意這一觀點，他説：『根據戰國時的石氏星表和最近出土的馬王堆五星資料，都可以推論出早在戰國時代，就已有使用類似於渾天儀的測量天體位置的儀器。而與這種儀器相適應的，當然也有渾天思想。没有天球的概念，就不可能設計出渾天儀這類儀器，這是必然的。』參見陳久金：《渾天説的發展歷史新探》，中國天文學史整理研究小組編：《科技史文集（一）：天文學史專集》，上海科學技術出版社1978年版，第59—60頁。劉長東也同意這一觀點，參見劉長東：《落下閎的族屬之源暨渾天説、渾天儀所起源的族屬》，《四川大學學報（哲學社會科學版）》2012年第5期。此外，李約瑟根據《甘石星經》肯定渾天説很早就已經出現。參見［英］李約瑟（Joseph Needham）：《中國科學技術史·天文學》，科學出版社1975年版，第105、222—223、428頁。

二、評論與問題的提出

現在看來，《靈憲》和《渾天儀注》兩篇文章仍應當判定爲張衡的著作，體現了張衡本人的渾天説思想。

由其中包含着『地平』等説法而否定《靈憲》爲張衡所作，這個看法是不對的，因爲這不僅與《後漢書·張衡傳》的有關記載直接相抵觸，而且從理論上來看，『地圓』不是構成渾天説的必要條件。同樣，由於《渾天儀注》包含着『地圓』的思想而否定其爲張衡所著，並將其寫作時代大大延後，這也是不對的，因爲『地圓』説是渾天説理論發展的必然，而張衡在彼時很可能提出了此一思想。陳美東曾設想《靈憲》作之於前，而《渾天儀注》作之於後，是張衡本人發展了他的渾天學説。筆者認爲，更可能的情況是，張衡在《靈憲》中已持地圓説，但它可以兼容傳統的仰觀俯察法，而容納所謂地平説。

所謂蓋天、渾天，均就『天體（天形）』而言。蓋天説的天體是半球形，而渾天説的天體是整個球形。是否提出了『天球』概念，這是判斷某種宇宙學説是否屬於渾天説的根本條件。儘管如此，渾天説在漢代依然有兩種形式，張衡（78—139）主張『雞子説（雞卵説）』，而王蕃（228—266）則主張『彈丸説』[一]，二者之間小有差别。就地形來説，渾天説在其前期主張地平，在其後期主張地圓。而地圓説完全有可能是由張

[一] 從總體上來看，渾天説存在兩大宇宙模型（宇宙結構），其一爲雞子説（鳥卵説），其一爲彈丸説。雞子説主張天體爲橢圓形，而彈丸説則主張天體爲正圓形。葛洪引《渾天儀注》曰：『天如雞子，地如雞【子】中黄。』王蕃概括張衡之説曰：『前儒舊説，天地之體，狀如鳥卵。』王蕃不同意鳥卵説（雞子説），他主張『天體圓如彈丸』，又説：『然則績亦以天形正圓也，而渾象爲鳥卵，則爲自相違背。』參見［唐］房玄齡等撰：《晋書》卷十一，中華書局1974年版，第281、285、287、288頁。現在看來，雞子説更勝，因爲地球的公轉軌道爲橢圓形，相應地它産生的視周天也應當是橢圓形。

衡首先提出來的。

可以肯定，在漢初或者太初元年改曆之前，渾天説的基本思想已經形成，不然漢武帝憑什麼要從巴郡等地徵調落下閎等人來京觀測天象，計算天文數據，進而制定所謂太初曆的呢？難道不是因爲當時整個朝廷和知識界在曆法和宇宙學説上已經達成了某種嶄新的共識，而落下閎等人又各有所傳，宣揚新的宇宙學説，和比較熟練地掌握了渾儀的使用嗎？進一步，根據馬王堆帛書《五星占》和《甘石星經》，學者推斷先秦已發明了渾儀，相應地即存在所謂渾天學説。不過，這主要是從技術的角度來作推斷的，而如何從文獻的角度來具體地證明這一論斷，則是一項頗爲艱難的工作。現在看來，當初學者用來闡明惠施具有『地圓説』，進而論證其具有渾天説思想的那幾條《莊子·天下》篇的文獻，是難以爲據的；而那條用來證明慎子具有渾天説思想的文獻由於確實出於明人僞作的本子，就更不足以爲據了。[一] 但是，新出土的楚竹書《太一生水》和

[一] 先秦是否存在渾天説，學者討論了幾條傳世文獻。其一，根據《莊子·天下》所載『南方无窮而有窮』『我知天下之中央，燕之北、越之南是也』和『天與地卑』這三條材料，鄭文光認爲惠施已具有大地是球形的思想，並認爲他是『渾天説的先驅』。參見鄭文光：《試論渾天説》，《科學通報》1976 年第 6 期。其二，根據《慎子》『天體如彈丸，其勢斜倚』的説法，席澤宗、鄭文光認爲這是『渾天的思想淵源』，陳久金也有相同的意見。參見鄭文光、席澤宗：《中國歷史上的宇宙理論》，人民出版社 1975 年版，第 67 頁；陳久金：《渾天説的發展歷史新探》，中國天文學史整理研究小組編：《科技史文集（一）：天文學史專集》，上海科學技術出版社 1978 年版，第 59 頁。對於前者，陳久金、周桂鈿均作了批評和否定，認爲那不過是一種思辨性的説法，未必表示惠施已具有大地是球形的思想。參見陳久金：《渾天説的發展歷史新探》，中國天文學史整理研究小組編：《科技史文集（一）：天文學史專集》，上海科學技術出版社 1978 年版，第 60 頁；周桂鈿：《渾天説探源》，《中國社會科學院研究生院學報》1981 年第 2 期，第 42 頁。在筆者看來，『南方无窮而有窮』等三條材料是否與渾天説有關，這確實值得存疑，但仍值得研究，不能完全否定此種可能性。陳久金、周桂鈿的批評實際上同樣是思辨性的，效力有限。對於後者，周桂鈿通過具體考證而斷定『天體如彈丸，其勢斜倚』二句出自僞《慎子》本，乃明人慎懋賞的僞作。參見周桂鈿：《渾天説探源》，《中國社會科學院研究生院學報》1981 年第 2 期。周氏的考證和論斷是可信的。席澤宗、鄭文光和陳久金當初確實輕信了這條材料。

《恒先》兩篇文獻，據筆者的研究，很可能包含着渾天學説産生的多個理論要素。而這些理論要素具體是什麼，以及它們具有何種性質？這是本文要努力予以闡明的問題。

同時，從總體上來看，學者有一大偏向，即從『天地之體是否爲圓形』來論證什麼是渾天説，張衡與渾天説的關係，以及渾天説的理論來源等問題，現在看來，這一標準是存在較大不足的。從理論上來看，渾天學説實際上包括兩個部分，一部分是宇宙結構論，一部分是宇宙生成論。其中，宇宙結構論又可分爲廣狹二義，狹義的宇宙結構論多就天體、地體的形狀而言。就目前的研究來看，除了宇宙結構論之外，我們還應當從宇宙生成論來探討渾天説的理論來源。在此基礎上，如下問題是值得追問的：其一，張衡渾天學説的理論直接來源是什麼？其二，從理論上來看，渾天説正式形成於何時，且具有哪些内容？其三，楚竹書《太一生水》和《恒先》是否可以作爲渾天説的理論來源，或者説在何種意義上它們可以作爲渾天説的理論來源？這些問題都是值得探討的。

第二節　渾天説的宇宙結構論和生成論：以《渾天儀注》《靈憲》爲中心

一、從《靈憲》《渾天儀注》看渾天説的宇宙結構論

在追問和回答渾天説的理論來源之前，預先闡明渾天説的理論構成要素，這是十分必要的步驟。從文獻來看，渾天説在理論上包括兩個方面，其一爲宇宙結構論，其二爲宇宙生成論。一般，科技史研究者的討論

放在結構論上，對於生成論則討論甚少，關注很不够。這表明，渾天説作爲一個理論系統在一定程度上可能被誤解了。從思維來看，生成論是古人宇宙論的重要組成部分，它解釋了宇宙及萬事萬物的來源問題。宇宙結構論（特别是天地結構）則可以看作生成論的横向打開，它以解釋人存在的宇宙環境爲目的。從這種區分來看，《渾天儀注》以宇宙結構論爲主，而《靈憲》則以宇宙生成論爲主，其中後者也包含了一些宇宙結構論方面的重要内容。

先看《靈憲》的宇宙結構論。由《靈憲》『先準之於渾天』一句可知，張衡首先肯定了自己所説的天體理論爲渾天説。據《渾天儀注》『天轉如轂之運也，周旋無端，其形渾渾，故曰渾天也』，可知所謂『渾天』即今人所謂『球天』。又據下文可知，《靈憲》所説的天體並不是一個正球體。至於大地的形狀，此前許多學者認爲張衡持『地平』説。〔一〕其實，這個看法是值得商榷的。《靈憲》曰：『天成於外，地定於内。天體於陽，故圓以動；地體於陰，故平以静。』從表面看來，張衡持地平説。但《靈憲》下文又説：『八極之維，徑二億三萬二千三百里，南北則短減千里，東西則廣增千里。自地至天，半於八極，則地之深亦如之。通而度之，則是渾已。』『通而度之，則是渾已』，這兩句話是就地體而言還是就天體而言的？這是解决問題的焦點所在。從上下文來看，這兩句話應當着重是就地體而言的。這即是説，這兩句話肯定了地體的形狀是『渾』。

〔一〕 席澤宗、鄭文光、唐如川、陳久金等都認爲《靈憲》持『地平』説。參見席澤宗：《蓋天説與渾天説》，《天文學報》1960 年第 1 期；鄭文光：《試論渾天説》，《科學通報》1976 年第 6 期；唐如川：《張衡等渾天家的天圓地平説》，《科學史集刊》1962 年第四集；陳久金：《渾天説的發展歷史新探》，中國天文學史整理研究小組編：《科技史文集（一）：天文學史專集》，上海科學技術出版社 1978 年版，第 62 頁。唐氏後來又撰文再次討論了這一問題。參見唐如川：《對『張衡等渾天家的天圓地平説』的再認識》，《中國天文學史文集》第五輯，科學出版社 1989 年版，第 217—238 頁。

由此可見，張衡在《靈憲》中已持地圓説（或地球説）。反之，如果我們認爲《靈憲》所説的地體不是球體，而是其他形狀，這是難以理解的，這恐怕有違張衡本意。當然，這個地體不是正球體，其地深等於從地到天的距離，『半於八極』之長。此外，根據『至多爲水，水精爲漢』之文，可知《靈憲》同樣設想地球孤居於内，水而浮。衹不過，這一層意思在《渾天儀注》中表達得更爲直接罷了。

回過頭來看，上引『天成於外』一段文字之所以帶有蓋天説『天圓地平』的痕迹，是因爲它采用的是傳統的仰觀俯察法。而此一意義上的『地平』，在宇宙結構論上僅具有相對意義！上引『八極之維』一段文字則采取局外透視法，據上文分析，張衡認爲地體是一個球形。

再看《渾天儀注》的宇宙結構論。《渾天儀注》的思想與《靈憲》大體一致，不過前者的表述更爲經典。《渾天儀注》開篇即曰：

> 渾天如雞子，天體圓如彈丸，地如雞〖子〗中黄，孤居於天内，天大而地小。天表裏有水，天之包地，猶殼之裹黄。天地各乘氣而立，水而浮。周天三百六十五度又四分度之一；又中分之，則半一百八十二度八分度之五復（覆）地上，一百八十二度八分度之五繞地下。故二十八宿，半見半隱。其兩端謂之南北極。北極乃天之中也，在正北出地上三十六度。然則北極上規，徑七十二度，常見不隱。南極天之中也，在正南入地三十六度。南極下規七十二度，常伏不見。兩極相去一百八十二度半强。天轉如轂之運也，周旋無端，其形渾渾，故曰渾天也。[一]

[一] 引文出自［清］洪頤煊《經典集林》卷二十七，浙江大學 CADAL 網站上載古籍。按，『天體圓如彈丸』句疑爲衍文，《晋書·天文志》引述《渾天儀注》無此句。又，『地如雞中黄』之『雞』字下，脱『子』字。《開元占經》（文淵閣四庫全書本）卷一引《渾天儀注》有『子』字。

這段文字，《晋書·天文志》擇要作了引述。《晋書》卷十一曰：

（一）（葛洪釋之曰）《渾天儀注》云：『天如雞子，地如雞〔子〕中黄，孤居於天内，天大而地小。天表裏有水，天地各乘氣而立，水而行。周天三百六十五度四分度之一，又中分之，則半覆地上，半繞地下，故二十八宿半見半隱，天轉如車轂之運也。』

（二）（王蕃曰）前儒舊説天地之體，狀如鳥卵，天包地外，猶殻之果黄也；周旋無端，其形渾渾然，故曰渾天也。周天三百六十五度五百八十九分度之百四十五，半覆地上，半在地下。其二端謂之南極、北極。

王蕃爲三國時吴人，葛洪（284—364）爲東晋人。所謂『前儒舊説』，指張衡等人的説法。張衡在《渾天儀注》中對於渾天説的構想更爲形象和具體，『渾天如雞子，地如雞中黄』等被視爲渾天説的經典表述，而常常得到後人的引用。在《渾天儀注》中，張衡將宇宙（包括天地在内）設想爲四層，以雞卵爲譬，『地黄』『天地之間』『天殻』和『天外』各爲一層。『天外』一層無窮無極，《靈憲》即曰：『宇之表無極，宙之端無窮。』『宇宙』無窮無盡的觀念至遲在戰國晚期已經産生。[一]『地黄』一層孤居於天内，與天殻不相交接。天形如雞卵，爲橢球形；而地形如雞子中黄，爲正球形。順便指出，無論是『雞卵』還是『雞子中黄』，很可能都是比喻，並不一定嚴格地表示在古人的認識中天地的本來形狀即是嚴格如此。『天地之間』和『天

[一]《莊子·庚桑楚》曰：『有實而无乎處者，宇也；有長而无本剽者，宙也。』這是典型的宇宙無窮無盡的觀念。

外』兩層都充滿了『水』和『氣』，而『天地各乘氣而立，水而行』。由此可知，『水』『氣』在渾天説中是先於天地而存在的，而張衡的設想十分領先，他不但設想『地』在天球内部浮行、升降，而且設想天體本身在宇宙中也處於不斷的浮行和升降過程之中。

總之，《靈憲》和《渾天儀注》的思想基本一致，都以『天』『地』爲球形，不過二文各有側重。《靈憲》所述渾天説涵攝了『天圓地方』的觀念，而《渾天儀注》則很具體、很形象地處理了『天』『地』的空間關係，以及二者的運動和动力來源問題。其實，《靈憲》和《渾天儀注》互爲補充，兩文並無實質性的不同。《渾天儀注》也不排除將『天圓地方』作爲自己的相對觀念而涵攝進來。比較可能，《靈憲》和《渾天儀注》本是同一時期的兩篇天文學著作。[一]

二、從《靈憲》看渾天説的宇宙生成論

再看渾天説的宇宙生成問題。對於漢人來説，宇宙生成論是不可避免的思想方式。從邏輯上來看，宇宙生成論在前，宇宙結構論在後。《渾天儀注》極少涉及宇宙生成論的内容，而《靈憲》則包括宇宙生成論和宇宙結構論兩方面的内容，其中前者統攝後者。《靈憲》有關宇宙生成論的内容集中在如下一段文字中：

[一] 陳美東認爲《靈憲》作於安帝時期（106—125 在位），《渾天儀注》作於順帝時期（125—144 在位）。參見陳美東：《張衡〈渾天儀注〉新探》，《社會科學戰綫》1984 年第 3 期。按，這種設想恐怕難以成立。《後漢書・張衡傳》曰：『安帝雅聞衡善術學，公車特徵拜郎中，再遷爲太史令。遂乃研核陰陽，妙盡琁機之正，作渾天儀，著《靈憲》《筭罔論》，言甚詳明。』參見［南朝宋］范曄撰，［唐］李賢等注：《後漢書》，中華書局 1964 年版，第 1897—1898 頁。按照正常的理解，『作渾天儀』即表示有《渾天儀注》之作以附之。不過從行文的角度看，不宜在『著』字下再出『渾天儀注』四字。

太素之前，幽清玄靜，寂漠冥默，不可爲象，厥中惟虛，厥外惟無。如是者永久焉，斯謂溟涬，蓋乃道之根也。道根既建，自無生有。太素始萌，萌而未兆，並氣同色，渾沌不分。故《道志》之言云：『有物渾成，先天地生。』其氣體固未可得而形，其遲速固未可得而紀也。如是者又永久焉，斯謂庬鴻，蓋乃道之幹也。道幹既育，有物成體。於是元氣剖判，剛柔始分，清濁異位。天成於外，地定於内。天體於陽，故圓以動；地體於陰，故平以靜。動以行施，靜以合化，堙鬱構精，時育庶類，斯謂太元，蓋乃道之實也。在天成象，在地成形。天有九位，地有九域；天有三辰，地有三形；有象可效，有形可度。情性萬殊，旁通感薄，自然相生，莫之能紀。於是人之精者作聖，實始紀綱而經緯之。〔一〕

「《道志》」，當爲「《道悳》」之誤。「志」「悳」二字形近。「悳」即「德」之本字。《道德經》乃《老子》之別稱。下文曰『有物渾成，先天地生』，這兩句即出自王弼本《老子》第二十五章，不過『渾』作『混』字而已。這段引文綜合了漢代天文學的知識和黄老道家的思想。從現有資料來看，張衡以老子的『道』對漢人的元氣生成論作了重構，這特別表現在先天地的階段。《靈憲》的宇宙生成論具有雙重綫索：第一重，從虛無到氣有，再到天地萬物的生成；第二重，從道根到道幹，再到道實的生成。前者從『氣』而言，『氣』生成宇宙、天地，經歷了從『溟涬』『庬鴻』到『太元』三個階段。後者從『道』而言，『道』生成宇宙、天地，經歷了從『道根』『道幹』和『道實』三個階段。〔二〕其中，『道根』與『溟涬』對應，『道

〔一〕這段引文，出自《後漢書·天文志》劉昭《注》。參見〔南朝宋〕范曄撰，〔唐〕李賢等注：《後漢書》，中華書局1964年版，第3215頁。

〔二〕在此，『根』『幹』『實』三詞均以樹木爲喻。『實』，謂果實。由此可知『道』生成宇宙萬有的先後關係了。

幹』與『庬鴻』對應，而『道實』與『太元』相應。『太元』，當是張衡參照揚雄的『太玄』概念提出來的。《後漢書·張衡傳》曰：『衡善機巧，尤致思於天文、陰陽、曆算，常耽好《玄經》，謂崔瑗曰：「吾觀《太玄》，方知子雲妙極道數，乃與《五經》相擬，非徒傳記之屬，使人難論陰陽之事，漢家得天下二百歲之書也。復二百歲，殆將終乎？所以作者之數，必顯一世，常然之符也。漢四百歲，玄其興矣。」』據桓譚《新論》，揚雄的『玄』，其實相當於老子的『道』和孔子的『元』概念。[一] 張衡由此提出『太元』的概念，這是順理成章的事情。

張衡以綜合手法引入漢人的氣化論思想和老子的『道』概念，重構和發展了先天地階段的宇宙生成結構。具體說來，《靈憲》的宇宙生成論由三個階段組成，第一階段（『道根』）的特點是『虛無』，是『太素』，與『氣有』相對。第二階段（『道幹』）的特點是『渾（混）沌』，自無生有，但未可得而形。第三階段（『道實』）的特點是元氣剖判，生成天地。自『太元』以下，進一步生成萬象萬形，生成萬物。而《渾天儀注》《靈憲》的渾天模型就是張衡在『道實』（或『太元』）的基礎上再作推想的結果。

總之，中國古代的渾天說在理論上經歷了一個不斷發展和完善的過程，張衡的《渾天儀注》和《靈憲》代表了渾天說在理論上的最高成就。《靈憲》着重闡述了渾天說的宇宙生成論系統，而《渾天儀注》則叙述

[一]《後漢書·張衡傳》注引桓譚《新論》曰：『揚雄作《玄書》，以爲玄者，天也，道也。言聖賢制法作事，皆引天道以爲本統，而因附續萬類、王政、人事、法度，故宓羲氏謂之《易》，老子謂之道，孔子謂之元，而揚雄謂之玄。《玄經》三篇，以紀天地人之道，立三體有上中下，如《禹貢》之陳三品。三三而九，因以九九八十一，故爲八十一卦。以四爲數，數從一至四，重累變易，竟八十一而遍，不可損益。以三十六蓍揲之。《玄經》五千餘言，而傳十二篇也。』參見［南朝宋］范曄撰，［唐］李賢等注：《後漢書》，中華書局1964年版，第1898頁。

了具體的宇宙結構（模型），專就已生成的天地結構而言之的。這兩者綜合在一起，即代表了漢人渾天説的具體内容和理論成就。另外，《靈憲》同時包含了渾天説的宇宙結構論，且在本質上與《渾天儀注》所顯示的宇宙結構論並無差别。

第三節　從漢代文獻推考渾天説的形成

從《靈憲》看渾天説，其最爲顯著的理論特徵表現在宇宙生成論上。而這個理論分别由『溟涬→庬鴻→太元』或『道根→道幹→道實』三個階段組成。『溟涬→庬鴻→太元』一系從『氣』言（以氣爲本原），『道根→道幹→道實』一系從『道』言（以道爲本原）。從現有資料來看，後一系列很可能是由張衡獨創，並加入其中的。這樣，我們衹需要追索『溟涬→庬鴻→太元』一系的理論來源即可。

從結構論來看，『天包地外』是渾天説提出的理論標誌，代表渾天説在宇宙論上的突破。如果承認渾天説產生於先秦，那麽就必然會承認『天包地外』説也產生於先秦。不過，我們尚無法直接從先秦文獻找到『天包地外』説的來源。一歲之晝夜何以有長短變化？這是反思人類生活經驗而必然會產生的一個古老問題。而天地何以不墜不陷？據《莊子·天下篇》，這個問題至遲在戰國中期已經引起了人們的高度重視，從惠施『不辭而應，不慮而對』，可知他思考此一問題已經很久了。根據文獻，在回答大地何以升降和天地何以浮載的問題中，『氣』和『水』受到了高度重視。這樣，我們就衹需要以『水』『氣』爲核心綫索來推考渾天説的理論來源了。

一、《靈憲》的渾天説與《論衡·談天》《白虎通·天地》的關係

《靈憲》渾天説的宇宙生成論有其思想淵源。通過比較，可知它跟王充的《論衡》、班固的《白虎通》具有密切的淵源關係。《論衡·談天》曰：

説《易》者曰：『元氣未分，渾沌爲一。』儒書又言：『溟涬、濛澒，氣未分之類也。及其分離，清者爲天，濁者爲地。』如説《易》之家、儒書之言，天地始分，形體尚小，相去近也。近則或枕於不周之山，共工得折之，女媧得補之也。[一]

《白虎通·天地》曰：

天者何也？天之爲言鎮也，居高理下，爲人鎮也。［天］地者，元氣之所生，萬物之祖也。地者，易也。言養萬物懷任，交易變化。始起，先有太初，後有太始，形兆既成，名曰太素。混沌相連，視之不見，聽之不聞，然後判清濁。既分，精曜出布，庶物施生。精者爲三光，號者爲五行。五行生情性，情性生汁中，汁中生神明，神明生道德，道德生文章。故《乾鑿度》云：『太初者，氣之始也。太始者，

[一] 黄暉：《論衡校釋》，中華書局1990年版，第472—473頁。

形之始也。太素者，質之始也。』[二]

王充（27—97）、班固（32—92）生活的年代比張衡（78—139）約早半個世紀。『濛澒』即『庬鴻』。張衡《靈憲》所用『溟涬』『庬鴻』『元氣』『清濁』這些關鍵概念，在王充《論衡·談天》篇所引『説《易》者曰』和『儒書』中都曾出現過。所引『説《易》者曰』的内容，乃漢代非常流行的元氣宇宙論思想；而『儒書』大抵屬於緯書一類文獻。順便指出，『溟涬』『庬鴻』兩詞其實出自《莊子·在宥》篇。不過，《在宥》作『涬溟』『鴻蒙』罷了。而緯書作者之所以顛倒二詞的字序，可能是爲了掩人耳目而已。進一步，『儒書』所述内容實際上是建立在『説《易》者曰』的基礎上的。换一句話説，在理論上，前者是對於後者的深入。需要注意的是，《論衡·談天》篇還表明了自西漢中期以來渾天説的宇宙觀已經成爲當時精英階層的共同知識，儒者亦不例外，大多數人都在自覺地傳播、利用甚至發展此一思想。而《白虎通·天地》篇所云『太初』『太始』『太素』的形上宇宙生成階段，在張衡的《靈憲》中亦有概括性的反映：其一曰『太素之前』，再曰『太素始萌』，它們都是明證。總之，《靈憲》的宇宙生成論是以『太初』『太始』『太素』爲基礎，同時以『道根』『道幹』『道實』爲綫索來强化其道家色彩的。

又據《白虎通·天地》篇的交代，『太初』『太始』『太素』的三階段其實出自《易緯·乾鑿度》。《乾鑿度》卷上曰：

[二]［清］陳立：《白虎通疏證》，中華書局1994年版，第421頁。

夫有形生於無形，乾坤安從生？故曰：有太易，有太初，有太始，有太素也。太易者，未見氣也。太初者，氣之始也。太始者，形之始也。太素者，質之始也。氣形質具而未離，故曰渾淪。渾淪者，言萬物相渾成而未相離，視之不見，聽之不聞，循之不得，故曰易也。易無形畔，易變而爲一，一變而爲七，七變而爲九，九者，氣變之究也，乃復變而爲一。一者形變之始，清輕者上爲天，濁重者下爲地。物有始、有壯、有究，故三畫而成乾。乾坤相並俱生，物有陰陽，因而重之，故六畫而成卦。〔二〕

相近的文字在《乾鑿度》卷下也出現過。另外，《孝經鉤命訣》也有相近説法，曰：

天地未分之前，有太易，有太初，有太始，有太素，有太極，是爲五運。形象未分，謂之太易；元氣始萌，謂之太初；氣形之端，謂之太始；形變有質，謂之太素；質形已具，謂之太極；五氣漸變，謂之五運。〔三〕

在『太初』『太始』『太素』之上，《乾鑿度》和《鉤命訣》還設置了一個『太易』階段。『太易』爲『未見氣』者，而『太初』『太始』『太素』則分別爲『氣之始』『形之始』和『質之始』。不論有氣還是無

〔二〕〔日〕安居香山、中村璋八輯：《緯書集成》，河北人民出版社1994年版，第11—13頁。另外，《列子·天瑞》抄襲了這一段文字，但略有改變。參見楊伯峻：《列子集釋》，中華書局1979年版，第5—8頁。

〔三〕〔日〕安居香山、中村璋八輯：《緯書集成》，河北人民出版社1994年版，第1016頁。

氣，這四個概念都是以『氣』爲基礎的，即使是『太易』概念也是如此。『太易』是一個新詞，應當是緯書作者所造。在宇宙生成論上，《乾鑿度》等具體推演出了一套從無入有或從無生有的生成論結構，這應當是受到當時天文學思想影響的結果。

二、渾天説理論的正式形成

對於由『太初』『太始』『太素』所構成之生成論系統的追溯，今天我們可以明確地上溯到漢武帝時期，甚至更早的時候。武帝已經使用『太初』『太始』的年號，且其順序正與《靈憲》《白虎通·天地》《論衡·談天》《易緯·乾鑿度》《孝經鉤命訣》所述相合，這是十分有力的證據。由此可知《易緯·乾鑿度》及王充所引『《易》曰』『儒書曰』的有關内容，很可能都是儒者在西漢晚期所述武帝時期的渾天説，不過略有改造或發展而已。這條綫索是渾天説理論所從出的大統，可以直接追溯到制定太初曆的落下閎、唐都和鄧平等人那裏。

不過，由落下閎等人我們是否可以將渾天説的形成，特别是以『太初』『太始』『太素』爲標誌的理論系統進一步向前追索呢？從目前來看，這一理論系統的正式形成似乎不應早於《淮南子》的撰作，《淮南子》一書寫作於西漢景後期。换一句話説，這一理論系統的正式形成不應早於景帝後期。《淮南子·天文》開篇一段的内容跟渾天説在理論上確實有密切關係，但很顯然它尚未形成將太初、太始、太素依次聯結在一起而構成一個所謂宇宙生成論的系統。《天文》篇曰：

天墜未形，馮馮翼翼，洞洞灟灟，故曰太昭（太始）。道始於〈太始生〉虚霩，虚霩生宇宙，宇宙生氣。氣有涯垠，清陽者薄靡而爲天，重濁者凝滯而爲地。清妙之合專易，重濁之凝竭難，故天先成而地後定。天地之襲精爲陰陽，陰陽之專精爲四時，四時之散精爲萬物。[一]

《淮南子·天文》所説宇宙生成的順序爲：太始→虚霩→宇宙→氣→清氣、濁氣→天地→陰陽→四時→萬物。可以看出，《天文》篇的宇宙生成論比一般所謂渾天説的宇宙生成論更爲原始，但二者顯然具有密切的關聯。在先天地階段，《淮南子·天文》的宇宙生成論又可以分爲兩個階段，一爲氣未生的階段，可以表示爲：太始→虚霩→宇宙；一爲氣已生的階段，可以表示爲：氣→清氣、濁氣。而前一階段的『太始』概念與後一階段的『氣分清濁』的觀念在武帝時期都被吸收到渾天説之中去了，它們正是形成渾天説新理論系統的重要因素。同時，值得注意的是，除『太始』外，《淮南子》還有『太初』『太素』（參見《詮言》《俶真》《精神》三篇）兩詞，不過它們尚未連成一體。隨着當時天文學的發展和宇宙論思考的深入，這三個詞語或概念得到大力提升，並連成一體，構成了渾天學説的重要概念。

三、『水』『氣』與渾天説的宇宙結構論的形成

據《莊子·天下》篇，天地何以不墜不陷的問題在戰國中期即已成爲中國古人高度關注和思考的對象。針對黄繚的提問，惠施曾『不辭而應，不慮而對』。很難説，對於『天何以不墜不陷』的問題黄繚没有自己的答案，而惠施則肯定思之良久和成竹在胸了，故《天下》篇説他『不辭而應，不慮而對』。當然，惠施是

[一]『太昭』當爲『太始』，『道始於』當爲『太始生』，據王引之説。參見何寧：《淮南子集釋》，中華書局1998年版，第165—166頁。

如何回答這一問題的，以及在這一回答的背後他持什麽樣的宇宙論？由於文獻缺乏，今天已無法推考了。數百年之後，在《渾天儀注》和《靈憲》中，張衡以『水』『氣』作爲宇宙和天地的兩個重要構成因素，並以它們具體回答了天地何以不墜不陷和何以天運地動的問題。《靈憲》曰：『凡至大莫如天，至厚莫若地。至質者曰地而已。至多莫若水，水精爲漢，漢用於天而無列焉，思次質也。』[二] 天地之内『水』最多，而『水』所起的作用即見於《渾天儀注》。《渾天儀注》曰：『天表裏有水。』又曰：『天地各乘氣而立，水而浮。』[三] 天地之所以不墜不陷、運轉浮行，乃是以『氣』和『水』爲根本依憑的。從文獻來看，從先秦到《渾天儀注》之作，『氣』在宇宙論中的主要作用是作爲化生的本原，而『水』則表現爲載天浮地的物質力量。但是，隨着一本的氣化論的不斷增强，『水』在渾天説的宇宙論中的作用日益減弱，至北宋時期，張載完全以『氣』來理解天地的生成及天地二體的運動原因。《正蒙·參兩》篇曰『地在氣中』，又曰『恒星所以爲晝夜者，直以地氣乘機左旋於中』[三]，均可以爲證。

『水』作爲一個重要因素出現在渾天説中，王充的著作已有暗示。《論衡·説日》篇曰：『或曰：「天北際下地中，日隨天而入地，地密鄣隱，故人不見。」……如審運行地中，鑿地一丈，轉見水源，天行地中，出入水中乎？如北方低下不平，是則九川北注，不得盈滿也。實者，天不在地中，日亦不隨天隱，天平正，與地無異。』[四] 王充主張蓋天説，不信渾天説。他説：『天行地中，出入水中乎？』由此似乎反映出，他所批

[二] ［南朝宋］范曄撰，［唐］李賢等注：《後漢書》，中華書局1964年版，第3216頁。
[三] ［清］洪頤煊：《經典集林》卷二十七，浙江大學CADAL網站上載影印古籍。
[三] ［宋］張載撰，章錫琛點校：《張載集》，中華書局1978年版，第11頁。
[四] 黄暉：《論衡校釋》，中華書局1990年版，第490頁。

評的渾天説在結構論上已將『水』作爲一個重要因素了。

『水』作爲渾天説的宇宙論的一個重要因素，已經明白無誤地出現在西漢末期的緯書中。《尚書考靈曜》多次言及『地有四遊』説，現摘録三條文獻如下：

（一）地與星辰四游，升降於三萬里之中。

（二）地有四遊，冬至地上北而西三萬里，夏至地下行南而東復三萬里，春秋分其中矣。地恒動而不止，人不知，譬如人在大舟中，閉牖而坐，舟行不覺也。

（三）春則星辰西游，夏則星辰北游，秋則星辰東游，冬則星辰南游。[一]

『地有四遊』説的提出，其目的本是解釋一年四季晝夜長短不齊的問題。從現有文獻來看，此説最早見於《尚書考靈曜》。《考靈曜》主張蓋天説。筆者認爲，『地有四遊』本屬於渾天説的命題，或許出於反激，主張蓋天説者遂吸納了渾天説的思想，而可以提出此一命題。但從本質上來看，『地有四游』説本應屬於渾天説的内容。從上述引文來看，『水』是『地有四遊』的載體和動力，而這個載體和動力不可能出自於傳統的蓋天説，而衹可能來自渾天説。

不僅如此，很可能在更早一些時候，人們已經將『水』設定爲渾天説的一個重要因素。《晋書·天文志》載葛洪曰：『若天果如渾者，則天之出入行於水中，爲的然矣。故《黄帝書》曰：「天在地外，水在天外。水

[一]［日］安居香山、中村璋八輯：《緯書集成》，河北人民出版社1994年版，第344—346、349頁。

浮天而載地者也。」』[一]《黄帝書》屬於黄老學的著作，黄老學的興盛期在戰國晚期至西漢中期。據此，『水浮天而載地』的觀念似乎可以推至漢初，甚至先秦。在楚竹書《太一生水》中，我們似乎看到了類似思想的存在。

總之，『水』和『氣』在渾天説的宇宙結構論中扮演着關鍵角色。在早期渾天説的宇宙結構論中，『水』和『氣』同樣起着極其重要的作用，而且前者的作用更大，更爲關鍵。『氣』在先秦宇宙論中的作用自不待言，至於『水』是否如此呢？這是一個有待闡明的問題。從傳世文獻來看，大概可以將『水』在宇宙論中的此種作用推至西漢初期，而從出土文獻——郭店簡《太一生水》來看，對於此一問題可以做出肯定的回答。

第四節　竹書《太一生水》《恒先》與渾天説的理論來源

渾天説的理論形態至遲在漢武帝太初元年（或稍前）已經成熟，進一步我們需要探索其更早來源的問題。

一、『水』：楚竹書《太一水生》與渾天説的宇宙結構論

在張衡的渾天説中，宇宙在總體上是無窮無盡，没有邊界和終點的。與宇宙之全體相對，在渾天説中，『天地』是有限的宇宙存在；並且，由『天地』劃界的宇宙有其相對的邊界。由此，渾天説設置了一定的宇

[一]［唐］房玄齡等撰：《晋書》卷十一，中華書局1974年版，第282頁。

宙模型（天地模型），這可以參看張衡的《渾天儀注》。而特别值得注意的是，『水』和『氣』充滿於宇宙之中，天表裏皆水，水中涵氣。無論是在宇宙模型還是在天地的形成和構成中，『水』『氣』都起着基礎性的作用。兩者相比較，『氣』更爲重要。從戰國中期至漢代，氣化的宇宙生成論最爲流行。不過，作爲宇宙論的構成要素，『水』因爲很『另類』，更容易引起學者的關注。『水』的這種特殊性及『氣』在宇宙論建構中所起的關鍵作用，正是筆者追問渾天説之理論來源的關鍵所在。

『水』在郭店簡《太一生水》篇中居於十分重要的地位。這篇竹書由十四支竹簡構成，從内容上看，前八支簡爲一個部分，後六支簡爲一個部分。筆者認爲，這兩個部分的主題不同，未必同爲一書。第10號簡曰：『下，土也，而謂之地；上，氣也，而謂之天。』[一] 其中的『土』和『氣』分别爲構成『地』『天』的質料。尤其就『氣』來説，它是具體、可感的氣，是『蒼蒼之氣』。[二] 這種地土、天氣的説法，雖然屬於宇宙結構論的内容，但是從究竟的立場來看，它們並没有涉及天地二體的具體形式。有學者認爲這一支簡的宇宙結構論屬於宣夜説，這有推論太過之嫌。[三] 第12—14號簡曰：『天地名字並立，故過其方，不思相【當：天不足】於西北，其下高以强；地不足於東南，其上【□□□。不足於上】者，有餘於下；不足於下者，有餘於上。』這段簡文認爲地勢呈西北高、東南低，而天形呈西北低、東南高的態勢。據此，王勝利認爲這是蓋

[一] 荆門市博物館編：《郭店楚墓竹簡》，文物出版社1998年版，第125頁。按，本文凡引《太一生水》，俱見此書。

[二] 類似的説法，見於《鶡冠子·度萬》。是篇曰：『所謂天者，非是蒼蒼之氣之謂天也，所謂地者，非是膞膞之土之謂地也。所謂天者，言其然物而無勝者也；所謂地者，言其均物而不可亂者也。』參見黄懷信：《鶡冠子匯校集注》，中華書局2004年版，第139—140頁。『蒼蒼之氣』，衹是古人對於天空之構成材料的一種通常説法，諸家皆可以使用之，跟宣夜説没有必然關係。

[三] 王勝利：《〈太一生水〉的宇宙生成論和天空形態觀》，《江漢論壇》2004年第12期。

天説的天形地勢説〔一〕，這是正確的。

不過，《太一生水》第一部分與第二部分不同，前者是以宇宙生成論爲叙述綫索的。這條綫索具體爲：太一→水→天→地（天地）→神明→陰陽→四時→滄熱→濕燥→歲。就生成目的來看，這條綫索帶有明顯的陰陽家或數術色彩。〔二〕其中，『天地』僅作爲宇宙生成論的一個環節，它與展現爲具體空間形態的『天地』不同。而更值得注意的是『水』這個概念。《太一生水》第1號簡曰：『太一生水，水反輔太一，是以成天。天反輔太一，是以成地。』『水』的作用在其中十分重要，其地位十分顯赫，它僅次於終極始源『太一』。第6號簡又説：『是故太一藏於水，行於時。』作爲宇宙終極本根的『太一』，必須以『水』作爲最基本的條件和中介，纔能够生成宇宙萬物和存在於萬物之中，而這一點更進一步説明了『水』的重要性。『水』的這種重要性和作用，在先秦其他文獻中是見不到的。在《郭店楚墓竹簡》刊布之初，包括鄙人在内的大多數學者都曾將《太一生水》與《管子·水地》直接關聯了起來。〔三〕現在看來，這是不恰當的，因爲儘管在《水地》篇中，『水』是很重要的（『萬物之本原也，諸生之宗室也』），但是從整體上看，它並無宇宙生成論的含義。遍考先秦至漢代的文獻，現在看來，唯有張衡《渾天儀注》《靈憲》中的『水』可以與《太一生水》的

〔一〕王勝利：《〈太一生水〉的宇宙生成論和天空形態觀》，《江漢論壇》2004年第12期。

〔二〕司馬談《論六家要旨》一曰：『嘗竊觀陰陽之術，大祥而衆忌諱，使人拘而多所畏；然其序四時之大順，不可失也。』二曰：『夫陰陽四時、八位、十二度、二十四節各有教令，順之者昌，逆之者不死則亡，未必然也，故曰「使人拘而多畏」。夫春生夏長，秋收冬藏，此天道之大經也，弗順則無以爲天下綱紀，故曰「四時之大順，不可失也」。』參見［漢］司馬遷：《史記》卷一百三十，中華書局1959年版，第3289、3290頁。《太一生水》包含陰陽、四時、滄熱、濕燥這些概念，目的在於『成歲』，這是陰陽家的旨意所在。所謂『歲』，是一個與農事密切關聯的時間單位。

〔三〕丁四新：《郭店楚墓竹簡思想研究》，東方出版社2000年版，第102頁。

『水』相匹配。《渾天儀注》曰『天表裏有水』，《靈憲》曰『至多莫若水』，如果由此追問宇宙構成論中『水』的來源，那麼我們應當追溯到《太一生水》這類文獻那裏。從邏輯上看，宇宙構成論意義上的『水』正是以宇宙生成論意義上的『水』爲前提的。因此，單就『水』來説，竹書《太一生水》與張衡的《渾天儀注》《靈憲》可以貫通。而正是在此角度上，竹書《太一生水》可以看作渾天説之思想來源的材料之一。當然，無論在功能上還是在地位上，『水』在竹書《太一生水》中的重要性似乎超過了其在《渾天儀注》《靈憲》中的重要性。

二、『氣』：楚竹書《恒先》與渾天説的宇宙生成論

進一步溯源，從生成論來看，楚竹書《恒先》最值得注意，它與《淮南子·天文》叙述『先天地』的部分有共同之處。在先天地的階段，《恒先》的宇宙生成論可分爲兩節，第一節從恒無到氣有，第1號簡曰：『恒先無有，質、靜、虚。質，大質；靜，大靜；虚，大虚。自厭不自忍，或作。有或，焉有氣；有氣，焉有有；有有，焉有始；有始，焉有往者。』[一] 從『無』到『有』，以『氣』之有無爲依據。很顯然，『氣』是其中的關鍵因素。第二節叙述了氣分裂爲濁氣和清氣，進而生天生地的過程。《恒先》第4號簡曰：『濁氣生地，清氣生天。氣信神哉！芸芸相生，伸盈天地。』在第一節中，『恒先』是宇宙生成的終極始源，這與《淮南子·天文》的『太始』概念相當。在第二節中，『氣分清濁』的觀念與《淮南子·天文》正同。衹不過，《恒先》畢竟是公元前300年左右的抄本，它在理論上還有其獨特之處。既然《恒先》具有『氣分清濁』的

[一] 李零釋文注釋：《恒先》，馬承源主編：《上海博物館藏戰國楚竹書（三）》，上海古籍出版社2003年版，第288—299頁。

觀念，那麼此『氣』當爲『元氣』，祇不過『元氣』的概念一直到戰國末季纔被明確地指稱出來。而且，也祇有到了漢武帝時期或稍前，人們纔進一步將『元氣』推演爲『太初』『太始』和『太素』三者，並以之表示氣、形、質之『始』。由『氣』到『濁氣』『清氣』，或由『元氣』（渾淪）到『清氣』『濁氣』（有涯垠）的分解，可以看出《恒先》與西漢景武之間形成的渾天説在理論上有密切聯繫。

總之，楚竹書《太一生水》《恒先》兩篇與漢代的渾天説有一定的理論聯繫。在《太一生水》中，『水』是『太一』生成『天』的輔助條件，它先於天地而存在。而且，竹書又説『太一藏於水』，足見『水』在其中的地位和功能都十分重要。從傳世文獻來看，祇有渾天説，特别是張衡《渾天儀注》中的『水』纔能够與之相應：《太一生水》和《渾天儀注》中的『水』在功能和地位上大體是相當的！由此，將渾天説的一個理論要素追溯到竹書《太一水生》那裏，這是比較合理的。與此同時，竹書《恒先》將『氣』分爲『濁氣』和『清氣』，並説『濁氣生地，清氣生天』，這一點被漢代的渾天説所吸收，張衡的《靈憲》即直接包含了此一内容。而且，渾天説的理論將『元氣』再分爲『太初』（『氣之始』）、『太始』（『形之始』）、『太素』（『質之始』）三者。作爲一個思想系統，它們雖然很可能是由太初曆的制定者綜合在一起的，但是從詞源來看可以上溯到先秦。進一步，竹書《恒先》從『恒無』到『氣有』，及對此生成論的細化和結構化，與渾天説之生成論的的路數頗爲相似。因此，將渾天説的部分理論淵源追溯至楚竹書《恒先》篇，這不但是可能的，而且是應當的。

第五節　結論

綜上所論，本章的主要觀點可以歸納如下：

（一）渾天説的理論系統由宇宙結構論和宇宙生成論兩個部分組成。在當代對渾天説及對於張衡《渾天儀注》《靈憲》的研究中，人們往往從結構論的角度論述和討論渾天説的相關問題，但在很大程度上忽視了對於渾天説之宇宙生成論的梳理和討論。這表現在張衡的渾天説上，即有許多學者未能真正理解《渾天儀注》和《靈憲》二文的關係。其實，這兩篇文章都屬於張衡的著作，都屬於渾天説的重要文獻，不過在理論上它們各有側重罷了。《渾天儀注》從宇宙結構論叙述了張衡的渾天説，而《靈憲》則着重從宇宙生成論的角度叙述其渾天説，二者其實是統一的，而不是非此即彼或者前後爲發展的關係。現在看來，《靈憲》和《渾天儀注》是張衡作於同一時期的著作。另外，在《靈憲》中，張衡從兩個視角描繪了地體，一個是置於天球内的仰觀俯察法，一個是置身於天球之外而向裏觀察的透視法，這兩個方法所看到的大地形體自然不同。從第一義來説，張衡無疑認爲地體爲球形，與《渾天儀注》所説並無不同。

（二）張衡的《渾天儀注》和《靈憲》二文代表着渾天説的理論高峰。《渾天儀注》的宇宙結構以天地爲中心，它説：『天如雞子，地如雞子中黄。』這是一個有限的、有邊界的宇宙結構，無邊無際的『水』充塞於天殼（天球）之外。《渾天儀注》曰：『天表裏有水，天地各乘氣而立，水而行。』從生成論的角度來看，『水』是先天地的存在物，它在宇宙生成論中的地位超過了『天地』，更接近於所謂『終極始源』。在已生成的天地中，『水』與『氣』同爲天地憑立及其所以運行的兩大要素。《靈憲》與《渾天儀注》不同，它以叙述宇宙生成論爲主，而這可以分爲兩大部分，分别爲先天地和後天地的宇宙生成，而在這二者中，前者給後者提供了生成的來源和依據。對於『終極始源』的追問，乃是宇宙生成論的題中之義。張衡在《靈憲》中設置了一對彼此相應且複合在一起的綫索：其一爲從虚無到氣有，從氣有到天地萬物的生成；其二爲從道根到道幹，從道幹到道實的生成。前者從氣言，後者從道言。前一條綫索的來源在目前的學術研究中還不甚明晰，而後一條綫索則很明確，直接源於老子。這兩條綫索分開來看，各自有其來源，都不是張衡首先提出來的，但是將它們捏合在一起，則很可能是由張衡首創的。具體説來，『道根→道幹→道實』這條綫索是由張衡加入並予以道家化（老子化）的結果。

（三）從氣言，《靈憲》的渾天説表現爲『溟涬（虚無/太素）→庬鴻（渾沌）→太元（元氣剖判）』的生成綫索。『溟涬』『庬鴻』及『清氣生天、濁氣生地』的觀念，此前都已出現在《論衡·談天》篇中，王充並指明爲『儒書』所言。而在『溟涬』『庬鴻』等中又包含着（或者暗中包含着）『太初』『太始』『太素』等概念。據《白虎通·天地》篇的説法，它們其實出自《易緯·乾鑿度》一書。《乾鑿度》同時有『清輕者上爲天，濁重者下爲地』的説法。又據『太初曆』之名稱及漢武帝有『太初』『太始』的年號，可知渾天説在成立之初即已包含了如下兩個要素：其一，將形上『始源』複雜化爲『太初』『太始』和『太素』；其二，以『清氣生天、濁氣生地』的命題解釋『天地』的生成來源。再由此上溯，渾天説很可能吸納和改造了《淮南子·天文》篇的相關思想。總之，作爲理論形態的渾天學説很可能是在西漢武帝前期正式形成的。

（四）根據帛書《五星占》等資料推斷，渾天説當出自先秦。根據筆者的分析，楚竹書《太一生水》和《恒先》可以看作漢人渾天説理論形成的兩個來源。一者，無論在性質上還是在功能上，《太一生水》中的『水』都非常類似於渾天説（《渾天儀注》）中的『水』，甚至有過之而無不及。二者，《恒先》『濁氣生地，清氣生天』的説法，是《淮南子·天文》《易緯·乾鑿度》《白虎通·天地》《論衡·談天》和張衡《靈憲》之相關觀念的真正源頭。三者，《恒先》從恒無到氣有、從氣有到天地萬物的生成，在生成結構上與《靈憲》非常相似。據此三點，將渾天説的思想來源上溯到這兩篇竹書，這應當是比較恰當的推論。

不過，需要説明，楚竹書《恒先》《太一生水》與渾天説的理論在性質上到底是什麼關係——是一種資源性的關係，還是一種萌芽性的關係？這是值得反復推敲的問題。筆者認爲，從《太一生水》之『水』的重要性和獨特性，及《恒先》『氣分清濁』的觀念、『氣有』之否定概念——『恒無』的出現來看，我們應當推斷渾天説的部分理論特徵在戰國中期已經出現。設想這些概念或觀念是從蓋天説推導出來的，這可能嗎？不可能！這樣看來，應當肯定渾天説的部分理論特徵確實萌芽或起源於戰國中期，而它們在楚竹書《恒先》和《太一水生》篇中即有具體的表現。當然，這裏所説的『萌芽』，僅指渾天説之部分理論特徵的萌芽。而從戰國中期到西漢中期，渾天説理論的形成其實更多地表現爲一種源流現象，它的本質處於不斷豐富和發展的過程之中。

第九章 流形成體與察一察道：竹書《凡物流形》的思想

楚竹書《凡物流形》是一篇比較重要的哲學文獻。[一] 甫一出版，它立即引起了學界的廣泛關注和熱烈討論，相關研究文章迄今已發表一百餘篇。[二] 從總體上來看，這些成果絕大多數屬於竹簡編連、文字釋讀和具體文義理解方面的，而思想研究方面的論文則很少見。雖然前者爲學界整理出一份可信的竹書讀本做出了巨大貢獻，但是從兩種性質的研究成果的關聯性及其數量的多寡來看，推進乃至重新論述《凡物流形》的思想，這是十分必要的。

[一] 曹錦炎釋文注釋：《凡物流形》，馬承源主編：《上海博物館藏戰國楚竹書（七）》，上海古籍出版社2008年版，第220—300頁。竹簡甲乙本圖版，分別見是書第77—107、111—132頁。

[二] 大量相關研究文章即時發表在2008年12月底至2009年上半年之間，參見復旦大學出土文獻與古文字研究中心網、簡帛網、簡帛研究網和孔子2000網「清華大學簡帛研究」網頁。期刊論文和學位論文參見「知網」。還有少量文章見於一些專業集刊。

第一節　文本的統一性：《凡物流形》兩大部分的關聯

竹書《凡物流形》有甲乙兩本，甲本更完整，共二十九支簡（原第27號簡不屬於本篇）。〔一〕經過多位學者的不斷努力，由顧史考、王中江教授最終完成了本篇竹簡的重新編連（下引簡文，即采用顧氏簡序）。〔二〕他們的簡序方案得到了學界的普遍認同。從行文方式來看，本篇竹書由十段（也可稱爲十章）文本組成，除第一段外，其他九段均以『昏（聞）之曰』領頭（其中第六章『曰』前脱去『昏之』二字）。顧名思義，每一段『聞之曰』後面有部分文字大概屬於所謂『重言』或師説性質的文本，作爲立論的依據它們具有權威

〔一〕　李鋭首先將第27號簡排除在本篇之外，這得到了學界的普遍認可。李鋭：《〈凡物流形〉釋文新編（稿）》，孔子2000網，2008年12月31日。

〔二〕　顧史考的簡序排列具體爲：（甲本）1–12a、13b–14、16、26、18、28、15、24–25、21、13a、12b、22–23、17、19–20、29、30。對於竹簡的重新編連做出了一定貢獻的學者還有鄔可晶、李鋭等。王中江與顧氏的排序相同，並提供了較爲充分的調整理由。李松儒後來從甲乙本字迹比較的角度進一步論證了顧氏排序方案的正確性。參見［美］顧史考（Scott Cook）：《上博七〈凡物流形〉簡序及韻讀小補》，簡帛網，2009年2月23日；復旦讀書會（鄔可晶執筆）：《〈上博（七）·凡物流形〉重編釋文》，復旦大學出土文獻與古文字研究中心網，2008年12月31日；李鋭：《〈凡物流形〉釋文新編（稿）》，孔子2000網，2008年12月31日；王中江：《〈凡物流形〉編連新見》，簡帛網，2009年3月3日；李松儒：《〈凡物流形〉甲乙本字迹研究》，簡帛網，2009年6月5日。

性；另有部分文字則屬於作者的發問或申説。〔一〕雖然『聞之曰』與作者申説的部分在寫作時間上有先後之分，但是從整體上來看，竹書畢竟是爲了表達作者本人的觀點，前者是爲後者服務的，它們在思想上具有内在的一致性。據此，筆者在行文中一般將『聞之曰』也看成作者的思想來處理。

從内容上來看，本篇竹書可以分爲兩個大的部分。曹錦炎先生曾將竹書《凡物流形》全篇看作『《楚辭》類作品』〔二〕，現在看來這個判斷是不對的。釋文發表後不久，淺野裕一即表示不完全同意曹氏的看法，他認爲《凡物流形》不是一個單一的文獻，而是由本來完全不同的兩個文獻在反復轉抄的過程中發生了混亂而連接到了一起。淺野先生並將它們分别命名爲《問物》和《識貌》（後改名爲《識一》），認爲前者與《楚辭·天問》篇相同，屬於『有問無答』的楚賦類型，而後者則是一份『采取通常的叙述形式的思想文獻』。〔三〕隨後，曹峰作了更進一步的批評，認爲『《凡物流形》整體與《天問》並不相近』；同時，對淺野氏的觀點，他也作了特别批評，認爲：『《凡物流形》可以分作上下兩篇，上篇爲前三章，重在提問，下篇爲前六章，重在回答，上下兩篇是一個和諧的整體。』〔四〕曹峰從整體上將竹簡看作一個有問有答的『和諧整體』，這個意見

〔一〕 曹峰總結了楚簡《緇衣》《成之聞之》《從政》和本篇竹書的用例，概括出以『聞之曰』起首的文本具有三大特徵。其中第三條説：『「聞之曰」的部分應是早已形成的、流傳有年的、具有社會影響的、得到一定認可的内容。而用「是故」「是以」表示的部分有可能是後人的進一步的闡發。』曹峰：《上博楚簡〈凡物流形〉的文本結構與思想特徵》，《清華大學學報（哲學社會科學版）》2010年第1期。

〔二〕 曹錦炎釋文注釋：《凡物流形》，馬承源主編：《上海博物館藏戰國楚竹書（七）》，上海古籍出版社2008年版，第222頁。

〔三〕 淺野裕一對篇名『識貌』的擬定，乃依據曹錦炎的原始釋文。參見［日］淺野裕一：《〈凡物流形〉的結構》，簡帛網，2009年1月23日。後來，根據學者的新釋讀，他將『識貌』改名爲『識一』。參見［日］淺野裕一：《〈凡物流形〉的結構新解》，簡帛網，2009年2月2日。其實，此二字應當釋讀爲『察一』。

〔四〕 曹峰：《上博楚簡〈凡物流形〉的文本結構與思想特徵》，《清華大學學報（哲學社會科學版）》2010年第1期。

在筆者看來應當是正確的。不過，他將竹簡分爲上下篇的提法，仍然受到淺野觀點的制肘。筆者認爲，根據文意及其叙述特徵，竹書《凡物流形》固然可以分爲兩個大的部分，但其實並無分作上下篇的必要，因爲在被認定爲分篇的地方，竹書並不存在分篇的識别符號或留白現象，而且簡文本身的字數不長（共八百餘字），在結構上它完全可以看作一個前後相呼應的整體。

竹書《凡物流形》總共十章，前三章與後七章各爲一個大的部分。前一部分可以『凡物流形』稱謂之，後一部分可以『察道』來命名。而淺野裕一以『問物』『識一』（應當釋作『察一』）作爲兩大部分文本之篇題的觀點，則未必正確。另外，曹錦炎根據首章『凡物流形』前並無『聞之曰』三字，而認爲這屬於脱文現象，應當補上。[二] 筆者認爲，此一看法也是不正確的。首先，在抄寫上，甲乙兩本此處均無漏掉『聞之曰』三字的痕迹。其次，根據其下各章均包含『引述』和『闡發』兩個方面的内容，而本章僅由幾個連續的提問來構成，可知所謂本章脱去『聞之曰』三字的説法其實屬於空穴來風。最後，直觀其文本自身，《凡物流形》首章正代表了作者在總體上的發問，在思想上具有高度概括性。這也即是説，竹書首章正是作者觀點的總體呈現，祇不過它采取了發問的方式罷了：它不僅在内容上覆蓋下兩章，而且潛在地涵攝整個『察道』的部分，具有很大的概括性。

總之，竹書《凡物流形》兩部分文本呈現出如下關係：第一部分通過發問的方式，叙述了形體世界的多樣性，並追問了形體世界的統一性及如何流形成體等問題。無疑，此一部分文本包含着對形上本體的急切呼

[二] 曹錦炎認爲『第一章開篇省略』了『聞之曰』三字，此一意見獲得了部分學者的附和。曹錦炎釋文注釋：《凡物流形》，馬承源主編：《上海博物館藏戰國楚竹書（七）》，上海古籍出版社 2008 年版，第 221 頁。

喚。第二部分回應了第一部分的發問，將本體之『道』或『一』揭明了出來，並且還着重論述了『察道』或『察一』的功夫次第及『修身』『治邦家』的雙重功用。總之，竹書《凡物流形》的文本可以分爲兩大部分，但很難分作所謂兩篇。[一]

第二節　流形成體的世界與『人死復爲人』的人鬼觀

一、『流形成體』的生成世界及其對形上本原的追問

世界的統一性，與現象世界（『百物』）的雜多性和可變性相對。竹書《凡物流形》不僅通過發問的方式具體描繪了這個形物的世界，而且着重關注和思考了形物世界得以統一的本原及生命的根源問題。當然，竹書所謂百物的統一性及其生命存在的根源性衹可能置身於彼時的思想背景之下。

竹書《凡物流形》首章即從總體上發問，由此也展現出作者的致思興趣及其旨趣所在。竹書曰（引文從寬式，下同）[二]：

[一] 顧史考將《凡物流形》兩大部分稱爲『上半篇』『下半篇』，與筆者的意見一致。參見［美］顧史考：《上博七〈凡物流形〉上半篇試探》，復旦大學出土文獻與古文字研究中心網，2009年8月23日。

[二] 本文引用竹簡以甲本爲主，乙本爲輔，並且采納了許多學者的意見。但是，由於成果過於繁多，因此筆者無法一一具體指明其出處，煩請讀者參看相關網站或網頁上的文章，或參見［美］顧史考：《上博七〈凡物流形〉下半篇試解》，復旦大學出土文獻與古文字研究中心網，2009年8月24日；楚紅軒：《上博七〈凡物流形〉文字釋讀研究》，西南大學碩士學位論文，2011年；劉中良：《上博楚竹書〈凡物流形〉研究》，三峽大學碩士學位論文，2011年。顧、楚、劉三文，對《凡物流形》已作了較好的集釋。

凡物流形，奚得而成？流形成體，奚得而不死？既成既生，奚顧而鳴？既本既根，奚後之奚先？陰陽之處，奚得而固？水火之和，奚得而不詭〔一〕？

『凡物流形』，語近《乾卦·彖傳》的『品物流形』，孔穎達《疏》曰：『故品類之物流布成形。』《管子·水地》曰：『男女精氣合，而水流形。』黎翔鳳《注》曰：『陰陽交感，流布成形也。』〔二〕黎氏訓『流形』，完全襲用了孔穎達《疏》。其實，『形』在《乾卦·彖傳》中未必爲動詞。竹書《凡物流形》下文曰『流形成體』，『形』『體』二字正相對照，可知本『形』字當爲名詞。『奚顧而鳴』，『顧』訓『顧念』。〔三〕『鳴』，本意爲『鳥鳴』，段玉裁《說文解字注》云：『引申之，凡出聲皆曰鳴。』〔四〕簡文正用此引申義。本句是說有生命的東西在其已生成之後，會顧念到什麼而發出聲音呢？『鳴』不訓『名』。〔五〕竹書首章是從總體上通說百物的生成及其存在狀態的，還没有專門從人的角度來發問事物的命名問題。

〔一〕 原字從厂、坐聲，即『危』字，讀作『詭』。『詭』，反也。例見《吕氏春秋·淫辭》曰：『言行相詭，不祥莫大焉。』

〔二〕 〔清〕黎翔鳳：《管子校注》，中華書局2004年版，第815頁。

〔三〕 廖名春：《〈凡物流形〉校讀零札（一）》，簡帛研究網，2008年12月31日。

〔四〕 〔清〕段玉裁：《說文解字注》四篇上，上海古籍出版社1981年版，第157頁。

〔五〕 陳偉讀『鳴』爲『名』，劉中良從整理者訓爲『鳴叫』。按，陳讀殆非。下文『禽獸奚得而鳴』與本句『奚顧而鳴』相應。又，董仲舒《春秋繁露·深察名號》云：『古之聖人，謞而效天地謂之號，鳴而施命謂之名。名之爲言，鳴與命也，號之爲言，謞而效也。謞而效天地者爲號，鳴而命者爲名。名號異聲而同本，皆名號而達天意者也。』從引文來看，『鳴』『謞』是比『名』『號』更爲原始的發聲活動；二者是名號的來源，然而它們畢竟不等於名號自身。參見陳偉：《讀〈凡物流形〉小札》，簡帛網，2009年1月2日；劉中良：《上博楚竹書〈凡物流形〉研究》，三峽大學碩士學位論文，2011年，第15頁。

從本章來看，作者將百物看作一個生成的過程，且在此過程中來具體地生成。竹書『流形成體』一句具有高度概括性，説明百物的生成基礎正在於『形』和『體』，『形』『體』是事物在生成過程中獲得其所是的兩個基本規定。因此百物的世界，也即是由形體所構成的世界。當然，作者發問的重心乃在於追尋形體得以生成及其或生或死、或成或毀的本原。而這個本原在作者的意識中，顯然是先於且超越於形體的形而上者。對此，作者即以發問的方式向讀者作了啓示，在一定程度上揭示了此一形上本體的存在。不但如此，作者又連續追問形體之物在其流形成體之後得以如此存在的根本原因：百物流形成體，何得而不死？它們已生已成，尚須顧及什麼而發出聲音？本根已樹，而其餘部分何者先生，何者後成？由此，作者進而追問了形體之物在當下的存在及其得以穩定而和諧地存在的根源。在當時的思想背景中，陰陽、水火是兩對非常有效的解釋觀念。『陰陽』是宇宙的生成力量和事物的構成因素，而『水火』自《尚書·洪範》『火曰炎上，水曰潤下』以來即受到人們的高度重視，春秋以後又發展出水火相克、相濟的觀念。[一] 不過，所謂『陰陽之處』和『水火之和』體現了在對立基礎上的統一關係。這兩種因素是使形體本身得以和諧和穩定地存在的基本力量。王弼本《老子》第四十二章中『萬物負陰而抱陽』的説法，與此相應。作者的此一思考，當然可以包含在宇宙生成論的話語系統之中。進一步，竹書『陰陽之處，奚得而固？水火之和，奚得而不詭』的發問，同樣發人深省，啓示了某一形上超越本體的存在。

在第二、第三兩章中，竹書《凡物流形》篇通過發問的方式具體叙述了個體性的形體（它們俱是尋常之

[一] 五行相克的觀念，源自春秋占星家。戰國中後期，得到陰陽家等學派的廣泛應用。史伯論『和實生物』已包含『相濟』的觀念，參見《國語·鄭語》。《易傳·説卦》正式提出了『水火相濟』的思想。

物）的生成及由此啓示了其超越性的形上根源的存在。先看第三章：

聞之曰：登高從𤰈，至遠從邇。十圍之木，其始生如蘖。足將至千里，必從寸始。日之有耳（珥），將何聽？月之有軍（暈），將何征？[一] 水之東流，將何盈？日之始出，何故大而不炎？其人〈入〉中，奚故小雁〈雁（焉）〉暲暑？問：天孰高歟？地孰遠歟？孰爲天？孰爲地？孰爲雷神（電）？孰爲啻（霽）？土奚得而平？水奚得而清？草木奚得而生？禽獸奚得而鳴？夫雨之至，孰雩【而】瀌（薦）之？[二] 夫風之至，孰颼（噓）飁（吸）而迸之？[三]

「雁」，疑爲「雁」字之形訛，讀作「焉」。[四]「神」當讀作「電」，「啻」當讀作「霽」，音通。「電」與「天」（同屬真部）、「霽」與「地」（脂歌合韻）分別押韻；「啻」若讀爲「帝」，則不押韻。形體世界的形體在這段簡文中得以具體指實，包括天地、日月、水土、風雨雷電、草木禽獸，及日出大而涼、日中小而暲

[一] 曹錦炎説，古人認爲日珥、月暈天象與世間人事之吉凶相關，並舉出馬王堆帛書《日月風雨雲氣占》爲證，比較可信。曹錦炎釋文注釋：《凡物流形》，馬承源主編：《上海博物館藏戰國楚竹書（七）》，上海古籍出版社2008年版，第242—243頁。

[二] 「瀌」字，從郭永秉釋。何有祖説，字當從水從廌，讀作「薦」，指祭祀時獻牲。參見郭永秉：《由〈凡物流形〉「廌」字寫法推測郭店〈老子〉甲組與「朘」相當之字應爲「廌」字變體》，復旦大學出土文獻與古文字研究中心網，2008年12月31日；何有祖：《〈凡物流形〉札記》，簡帛網，2009年1月1日。

[三] 「噓吸」，從宋華强讀。相關文獻見《莊子·天運》篇。宋華强：《〈上博（七）·凡物流形〉札記四則》，簡帛網，2009年1月3日。

[四] 宋華强引劉建民説，「雁」讀爲「焉」，用法與「而」字相同。參見宋華强：《〈上博竹書〈問〉篇偶識》，簡帛網，2008年10月21日。

等一系列自然物和自然現象。而所有這些自然物和現象都引起了作者濃厚的求知興趣，不但要見其所然，而且要知其所以然。同時，值得注意的是，作者對於自然的興趣似乎不是完全自然主義的，他對於日珥、月暈現象的發問即包含了天人相應的思想，而對於引致風雨的原因，作者似乎將其歸之於某種人格化的神秘力量。在『孰爲天，孰爲地』『孰爲雷電，孰爲霽』的一系列發問中，作者進一步迫使人們更爲大膽地肯定某個最高存在者的存在。而這個最高存在者之存在本性是神性的，還是自然主義的（一種虚設的最高存在者）？對於此一問題，作者並没有具體指明和指實。

二、『民人流形』『人死復爲人』與莊子學派的形神、生死觀

在百物之中，『人』常常成爲人思考的中心，《凡物流形》亦莫能例外。第二章云：

聞之曰：民人流形，奚得而生？流形成體，奚失而死？有得而成，未知左右之情？天地立終立始，天降五度，吾奚衡奚縱？五氣並至，吾奚異奚同？五音在人，孰爲之公？九域出畝，孰爲之封？吾既長而或老，孰爲薦奉？鬼生於人，奚故神明？骨肉之既靡，其智愈彰，其魂奚適〔二〕，孰知其疆？鬼生於人，吾奚故事之？骨肉之既靡，身體不見，吾奚自食之？其來無度，吾奚待之垄（祝）〔三〕？祭〈異

〔二〕『魂』，從宋華强釋文。他說，可隸定爲『旻』，疑讀爲『魂』。其説可據。『旻』從口聲，『口』『魂』二字聲通。宋華强：《〈凡物流形〉甲本5—7號部分簡文釋讀》，簡帛網，2009年6月23日。

〔三〕李鋭轉引孫飛燕説，認爲此字從六聲，讀作『祝』。參見李鋭：《〈凡物流形〉釋文新編（稿）》，孔子2000網，2008年12月31日。

（祀）〉奚升[一]，吾如之何使飽？順天之道，吾奚以爲首？吾欲得百姓之和，吾奚事之？通天之明奚得[二]？鬼之神奚食？先王之智奚備？

本章緊接竹書首章而來。『聞之曰』後面的三問，乃轉述前人的説法；而包含『吾』字的文本均可判斷爲作者本人的發問，直接代表他的想法。不過，我們應當將『吾』看成作者虚設的叙述主體。在本章中，作者着重思考了『民人』這個特殊的形物。在由形體所構成的百物世界中，『民人』無疑占有非常重要的位置。通過作者一系列的發問，我們首先可以確定，『人』既然是流形成體的一個結果，那麼他同時也就具備了形體變化衹是一個過程的特性。這也即是説，在『人』的形體産生的同時即開始了其死亡的歷程。而在人的生命展開的過程中即同時具有如何對待生命自身的問題，這既包括社會性的、禮儀性的，也包括政治的、倫理的活動等幾個方面。不僅如此，『民人』在流形成體的過程中『奚得而生』『奚得而死』，這兩個有力的追問即深刻地反映了作者的生命觀：生命本身不僅不單純是由物質性的形體所構成的，而且其本原更超越於形體之上。生命的本原使人居處於『生—死』之間，喪失了生命的本原即意味着『死亡』的降臨。

何謂死亡？死亡，首先是形體（骨肉、身體）的靡散和消失，進而通過形體的靡散、消失，人的魂魄即

[一] 沈培認爲『員』乃『異』字之譌，讀作『祀』。『員』『異』，二字形近易譌。參見沈培：《對〈上博（七）·凡物流形〉重編釋文的評論》，復旦大學出土文獻與古文字研究中心網，2009年1月1日。

[二] 『敹』字，從高佑仁釋文。不過，筆者認爲，『敹』（澄母真部）當讀作『矧』（書母真部），二字音通。《爾雅·釋言》曰：『矧，況也。』《説文·矢部》曰：『矧，況也，詞也。』參見高佑仁：《釋〈凡物流形〉簡8之『通天之明奚得』》，簡帛網，2009年1月16日。

被釋放出來。因肉體的消失而得以擺脱形體羈縛的所謂『魂魄』，也就是所謂『鬼』。對於『鬼』的特性，從竹書來看有四個方面，其一『鬼生於人』，其二『其智愈彰』，其三來去自由，其四有飲食之需，必待祭祀。而人鬼相區别的界限正在於『形體』之有無。但是，不管怎樣，二者的靈性實體無論在生前還是死後是同一的，或者稱之爲『神』，或者稱之爲『魂』。這同時也深刻地意味着，『生命』不單純是一種形體現象。不過，失去形體的『神魂』即不能稱之爲『生命』，而應當稱之爲『死亡』。同時，既然『鬼生於人』，且二者的靈性主體是同一的，那麽人鬼是可以彼此感通和相互作用的。在《凡物流形》中，我們即看到了生者『吾』對於死者『鬼』的積極感應和深切關懷，『事之』『食之』『祝之』和『飽之』，『吾』在祭祀中虔敬地服事那似虚而實的『鬼』。

當然，本章的『吾』不僅扮演着孝子的身份，同時在國家生活中還扮演着重要的政治角色。作爲一個身居高位（甚至君王之位）而被衆人仰視的核心人物，他的一言一行具有示範作用，其結果可能導致國家或天下的盛衰興亡。『吾』不僅應當對與神異體的『鬼』承擔相應的祭祀責任，同時也應當高度自覺地去承擔生命的綿延和政治活動的有效開展，例如疆域如何分封，百姓如何相處而達到和諧，乃至面對大化流形，『吾』應當具有『奚衡奚縱』『奚異奚同』的宇宙責任意識，應當『順天之道』去輔助天地『立終立始』的生化作用等。『吾』是一個需要不斷修養，並達到與『天之明』『先王之智』齊等的能動而反省的主體。

再回過頭來看人和鬼的關係。在竹書《凡物流形》的思想世界中，作者認爲生者與死者、明界與幽界是貫通一體，而非隔絶不通。而死者孤單的『神魂』是否可以重獲形體而具備生者的『形神』結構，亦即靈魂是否可以再生呢？竹簡的回答是肯定的。第七章云：

聞之曰：至情（精）而智，察智而神，察神而同，［察同］而斂，察斂而困，察困而復。[一] 是故陳爲新，人死復爲人，水復於天，咸〈凡〉百物不死如月[二]，出則又入，終則又始，至則又反。察此焉，起於一端。

據上述引文可知，竹書《凡物流形》對於事物的生死持循環論（『復』）的觀念：出生入死，出死入生。人亦如是，『人死復爲人』。這樣，作者對於死亡的理解並不是説人死了，其神即一同泯滅和消散了，而是説『他死了』，這僅僅意味着其肉體的死亡或靡散。按照循環論的觀點，『神』本身是永恒不滅而可以在生死兩界循環往復的：所謂『死』，其實衹是神與形的暫時分離；而『亡』，其實衹是人喪失其形體，不在此世而已。因此人的死亡，對其自身而言，並不是一種墮入純粹虛無意義上的死亡；遇到適當條件，他就會如同枯草般『春風吹又生』。而這個適當條件，據竹書來看，即是鬼魂自身能動地達到『精一』的狀態（『起於一端』）。總之，此種生死論雖然可能是老子『復』道的一種演變[三]，但是『人死復爲人』的觀點畢竟衹是

[一] 簡文『［察同］而僉（斂），察僉（斂）而困，察困而復』三句，有些費解，學者多有爭議。筆者認爲，『僉』讀作『斂』，『困』作如字讀。《説文·攴部》曰：『斂，收也。』收，即收聚也。《廣雅·釋詁一》曰：『困，極也。』《國語·越語下》曰：『日困而還，月盈而匡。』是其例。

[二] 『咸』，何有祖釋『凡』，從下讀。按，字仍當釋『咸』，疑爲『凡』字之形譌。上『新』『人』『天』均爲真部字。何有祖：《〈凡物流形〉札記》，簡帛網，2009 年 1 月 1 日。

[三] 王弼本《老子》第十六章：『萬物並作，吾以觀復。夫物芸芸，各復歸其根。』郭店簡《老子》甲編：『萬物方作，居以須〈寡（觀）〉復也。天道員員，各復其根。』具體訓解，參見丁四新：《郭店楚竹書〈老子〉校注》，武漢大學出版社 2010 年版，第 211—223 頁。

世人的一種簡單而古老的欲望，它很可能是受到當時流行的宗教觀念影響的結果。

莊子及其後學也非常積極地思考生死的問題。在他們看來，消解生死的緊張也即是消解悦生惡死的情執意識，而回歸到大化流形的物類全體之中。以道觀之，生死不是對立的，人與萬物是齊等的。同樣，死並非意味着形神二者的同時消亡，相反在一定意義上意味着『神』（或『精神』）的解脱，活着的意義即是『獨與天地精神相往來』（《莊子·天下》）。不過，需要注意的是，莊子學派不太關注獨立冥界的存在。他們不僅從生成論上認爲『生死爲一條』（《莊子·德充符》），而且認爲『死』本身即是一種『形化』（transformation）。《莊子·大宗師》曰：『（子祀曰）浸假而化予之左臂以爲卵，予因以求時夜。浸假而化予之右臂以爲彈，予因以求鴞炙。浸假而化予之尻以爲輪，以神爲馬，予因以乘之，豈更駕哉？』這種以『形化』來理解生死的觀念在當時應是非常獨特的，『死』即是托形而生的開始。對莊子而言，其思想甚至也不存在今天意義上的所謂『死亡』問題。更爲特别的是，在莊子看來，作爲自我意識的『予』寄寓在不同形體之間而又超越於這些個别性的形體之上，乃至『以神爲馬』，成爲一種完全不受形體制約、獨立自在的精神實體。

《莊子·至樂》篇深化了莊子的『形化』思想。《至樂》篇云：

> 種有幾，得水則爲㡭（繼）。得水土之際則爲鼃蠙之衣，生於陵屯則爲陵舄，陵舄得鬱棲則爲烏足，烏足之根爲蠐螬，其葉爲蝴蝶……久竹生青寧，青寧生程，程生馬，馬生人，人又反入於機。萬物皆出於機，皆入於機。

在氣化論的思想背景下[一]，這段文本認爲形體的生成是有條件的。在適宜的水土環境下，『種』中之『幾』生發出來，通過獲得一定的『形—體』（形式），進而成爲一個具體的生物。這顯然加入了經驗的成分，而深化了『流形成體』的觀念，使其不再停留在一個單純的抽象概念上面。進一步，《至樂》篇似乎看到了物種生成之間的先後聯繫，認爲一種物體可以從另外一種物體轉化而來。更爲難得的是，《至樂》篇看到了物種轉生、轉化之『機』，而正是『機』（發動者）的存在，使得形化成爲可能：『萬物皆出於機，皆入於機。』無物例外。不過，《至樂》篇所謂『久竹生青寧，青寧生程，程生馬，馬生人，人又反入於機』的循環論，與竹書《凡物流形》『人死復爲人』的説法大異。前者是純粹自然主義的，而後者則屬於能動的靈魂再世學説。

總之，莊子學派與《凡物流形》篇雖然都具有流形成體的觀念，都認爲人是一種具有精神實體的存在物，但是前者認爲人的『精神』可以隨形轉化而托於異物，並且這種『形化』是從一種形式到另外一種形式的根本轉化——這是莊子哲學的重要觀念，此與《凡物流形》的觀念不同。依『形化』的視角來看，莊子似乎没有『鬼魂』觀念；而《凡物流形》認爲人死後『神』從形體的消解中釋放出來，成爲『鬼魂』：不僅『鬼魂』與『生神』是一個同一性的靈性實體，而且祂最終可能且衹可能向有形體之『人』復生。從觀念史

[一] 莊子後學深化了對世界本原的認識。其中一派持氣本論的觀念，認爲『氣』是形化的本原，《莊子·知北遊》所謂『通天下一氣耳』。而《至樂》篇的作者則將生命的本原從有界深入無界，認爲各種生命現象（或萬物）的最終本原也不是出自『氣』，而是『雜乎芒芴之間，變而有氣』的；並通過具體的氣化過程，萬物（包括各種生命現象）得以流形成體的。《莊子·至樂》曰：『（莊子妻死，莊子曰）察其始而本无生；非徒无生也，而本无形；非徒无形也，而本无氣。雜乎芒芴之間，變而有氣，氣變而有形，形變而有生。今又變而之死。是相與爲春秋冬夏四時行也。』

的發展來看，筆者認爲，這是一種十分古老而原始的生死觀和宗教觀，它體現了人對於『人』自身之存在價值的完全認同，比較符合墨子一派及原始信仰的鬼神觀，而與莊子齊物的思想全然異趣。

第三節　『察一』『察道』的功夫與功用

一、道、一關係與『有一，天下無不有』的本體説

竹書《凡物流形》第四章至第十章，爲全篇的第二部分。此部分重在論述『察道』（或『察一』）的工夫及其功用，目的無疑是成就聖君的人格，但是也間接地回答了第一部分所追問的問題。『道』是世界的本體，它既是百物流形成體的根源，也是百物賴以如此存在，甚至死而復生的本原。這個本原或本體之『道』，也可以稱之爲『一』。

『道』字，在《凡物流形》中出現兩次，『一』字出現十九次。毫無疑問，『一』是一個關鍵字，不過它曾被誤釋誤讀，引起了嚴重的理解問題。此字竹簡圖版舉例如下：

甲 17

甲 21

甲 29

乙 14

乙 15

乙 16

整理者曹錦炎先生將此字隸作『豸』，並以爲『豹』字的楚文省寫，讀作『貌』。[一] 釋文刊出後，其説隨

[一] 曹錦炎釋文注釋：《凡物流形》，馬承源主編：《上海博物館藏戰國楚竹書（七）》，上海古籍出版社 2008 年版，第 256 頁。

即遭到否定。沈培首先將此字讀作「一」，隨後復旦讀書會將其隸作「鼠」，亦讀作「一」。[二]這個意見，很快得到了學界的公認。此字的釋出，對於理解《凡物流形》的思想來説非常重要。一般説來，在道家文本中，「道」無疑是一個最高範疇。然而本篇竹書「道」字衹出現了兩次，而「一」字却出現了十九次。個中原因，可能與本篇竹書主要從方法論（或功夫論）的角度來講對本體的體認及其功效有關。區别道、物，通常有兩個視角：從形上形下的角度來看，無、有分别屬於道、物的特性；從數量的角度來看，「一」爲本體之「道」的相應規定。[三]「一」與「多」（從「二」「三」乃至於「百」）相對，正是「一」將「道體」自身與「雜多」之「百物」區别開來。因此，「一」在很大程度上可以指稱「道」，與「道」相應。而這篇簡文最爲突出的一個地方即在於以「一」論「道」，這在全文的思想理解上占有非常重要的地位。需要指出的是，「一」畢竟是一個數詞，不能完全將其等同於本體之「道」自身。例如，簡文「察此焉，起於一端」「無一，天下亦無一有」和「一焉而終不窮，一焉而有衆」，其中的「一」即不可换作「道」字。

關於百物的本體及其生成過程，竹書《凡物流形》第八章有明確的論述：

[二] 《凡物流形》的「一」字，最先由沈培認出。此前，劉洪濤已將上博簡《柬大王泊旱》篇第5簡的「一」字認出，並隸作「鼠」。另外，楊澤生説此字爲燕乙之「乙」字，讀作「一」，可備説。參見沈培：《略説〈上博（七）〉新見的「一」字》，復旦大學出土文獻與古文字研究中心網，2008年12月31日；復旦讀書會：《〈上博（七）〉〈凡物流形〉重編釋文》，復旦大學出土文獻與古文字研究中心網，2008年12月31日；劉洪濤：《讀〈上海博物館藏戰國竹書（四）〉札記》，簡帛網，2006年11月8日；楊澤生：《上博簡〈凡物流形〉中的「一」字試解》，復旦大學出土文獻與古文字研究中心網，2009年2月15日。

[三] 中國古人的數量觀念爲：起於一，而成於十。「一」爲數之始，「十」爲數之成。許慎《説文》以「一」字起編，《一部》曰：「一，惟初太始，道立於一，造分天地，化成萬物。」《十部》曰：「十，數之具也。」「具」，備也。

聞之曰：一生兩，兩生三，三生女〈四〉，女〈四〉成結。是故有一，天下無不有；無一，天下亦無一有。無【目】而知名，無耳而聞聲。草木得之以生，禽獸得之以鳴，遠之矢（事）天，近之矢（事）人。是故察道，所以修身而治邦家。

『女』字，原整理者曹錦炎釋作『弔』，沈培釋作『四』[一]；復旦讀書會釋作『女』，讀作『母』[二]。今按，釋作『女』字是，但『女』字疑是『四』字之誤，而非『母』字之誤。《老子》『母』字出現多次[三]，其義與簡文均不相應。從簡文來看，『三生母，母成結』，實不成義。王弼本《老子》第四十二章曰：『道生一，一生二，二生三，三生萬物。萬物負陰而抱陽，冲氣以爲和。』簡文『聞之曰』所言『一生兩，兩生三，三生四，四成結』四句，與《老子》第四十二章相應。據《老子》及西漢文獻，竹書『兩』字當指陰陽，『三』字當指『陰陽之和』。而從流形成體的生成過程來看，『三』（『和』）是一個必要的環節，因爲陰陽二氣相交並達到冲和的狀態，乃是『形』生的前提條件。而這種『冲和』的狀態如果能够繼續下去，那麽進一步即是結聚成物。在作者看來，『一』正是流形成體的起點和本原，百物的生成有賴於『一』的推展，所

[一] 曹錦炎釋文注釋：《凡物流形》，馬承源主編：《上海博物館藏戰國楚竹書（七）》，上海古籍出版社2008年版，第260—261頁；沈培：《略説〈上博（七）〉新見的『一』字》，復旦大學出土文獻與古文字研究中心網，2008年12月31日。

[二] 復旦讀書會：《上博（七）〈凡物流形〉重編釋文》，復旦大學出土文獻與古文字研究中心網，2008年12月31日。

[三] 王弼本《老子》第一章曰：『無名天地之始，有名萬物之母。』第二十章曰：『我獨異於人，而貴食母。』第二十五章曰：『周行而不殆，可以爲天下母。』第五十二章曰：『天下有始，以爲天下母。既得其母，以知其子，既知其子，復守其母，没身不殆。』第五十九章曰：『有國之母，可以長久。』

以説：『有一，天下無不有；無一，天下亦無一有。』『一』是世界的本體。『一』的功用無遠弗屆，『遠之事天，近之事人』：草木得一而生長，禽獸得一而鳴叫；人得一，即使無目而可以知名，無耳而可以聞聲。正因爲如此，所以爲道者首先應當『察道』。不僅如此，就『察道，所以修身而治邦家』而言，對於聖君的『修身』及『治邦家』都至爲關鍵。

二、『察一』的功夫：『心能勝心』與『心之所貴唯一』

『道』（或『一』）是百物生成的本原和本體，是一切事物生成及存在的『第一因』和『第一原理』。從工夫論或方法論的角度來看，《凡物流形》最爲重視『察一』或『察道』的觀念。

首先，我們來看竹簡『察』字的釋讀問題。『察』字，全篇一共出現十三次（包括一例脱文）。其圖版舉例如下：

甲14　甲20　甲24　乙10　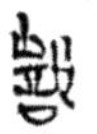乙15　乙17

這個字是竹書的一個關鍵字。關於它的隸寫及釋讀，學者們或有爭議，或暗昧不明。原整理者曹錦炎先生隸作『戠』，以爲『識』字異體。[一] 復旦讀書會從之，不過疑其當讀作『守』或『執』。[二] 何有祖則説此字寫法與楚簡『察』字（見郭店簡《尊德義》簡8、17）的寫法很接近，當釋爲『察』。[三] 徐在國釋作

[一] 曹錦炎釋文注釋：《凡物流形》，馬承源主编：《上海博物館藏戰國楚竹書（七）》，上海古籍出版社2008年版，第250頁。

[二] 復旦讀書會：《〈上博（七）〈凡物流形〉重編釋文》，復旦大學出土文獻與古文字研究中心網，2008年12月31日。

[三] 何有祖：《〈凡物流形〉札記》，簡帛網，2009年1月1日。

『戠』，疑『晵』字異體，亦讀爲『察』。〔一〕此後，專業學者達成了一致意見，這個字應當隸定爲『戠』，讀作『察』。『戠』從戠省聲，戠爲紐月部字，察爲初紐月部字，從初同聲系，故二字相通。此字還出現在第五章『人白爲戠』句中，與『徹』（月部）字爲韻。由此可知，此字讀作『察』是非常合理的。若此字讀作『執』（緝部）、『守』（幽部）或『識』（職部），那麼它即與『徹』字不押韻了。沈培最先意識到了這一點，從而很快肯定了何有祖的讀法。〔二〕據此，也可知那些以『執一』『執道』等來概括本篇竹書思想的觀點，即從根本上落空了。〔三〕

《爾雅·釋詁下》曰：『察，審也。』《説文·宀部》曰：『察，覆也。』『覆』即『周審』義。竹簡『察』字，即『明察』『明知』『詳知』之義。另外，竹書第五章有『人白爲察』一句，『白』與『察』二字之義正相應。《管子·兵法》：『明一者皇，察道者帝，通德者王。』《大戴禮記·子張問入官》：『察一而關於多。』其『察』字用法與《凡物流形》正同。簡文的『察』字，有作動詞和作名詞兩種用法。

〔一〕徐在國：《談上博七〈凡物流形〉中的『晵』字》，復旦大學出土文獻與古文字研究中心網，2009年1月6日。此外，還有一些學者對此字作了探討，今不一一具列。

〔二〕『水土』（沈培網名）在《對〈上博（七）·凡物流形〉重編釋文的評論》（載復旦大學出土文獻與古文字研究中心網）一文後的跟帖（2009年1月1日發帖）中説：『何有祖先生釋出原整理者釋爲「識」的字爲「察」，應該是正確的，此字與徹還押韻。由此也可以知道簡18的兩個「白」字應當就是「明白」的「白」，其義與前面「通徹」的「徹」相關。』鄔可晶隨後肯定了何、沈的意見，承認他們當初『在《重編釋文》中爲此字括注「守」或「執」是錯誤的』。楊澤生没有意識到此一點，故其後來還發表文章長篇累牘地論證『戠』應讀爲『執』。參見鄔可晶：《談〈上博七·凡物流形〉甲乙本編連及相關問題》，復旦大學出土文獻與古文字研究中心網，2009年1月7日；楊澤生：《説〈凡物流形〉從『少』的兩個字》，簡帛網，2009年3月7日。

〔三〕王中江：《〈凡物流形〉的宇宙觀、自然觀和政治哲學——圍繞「一」而展開的探究並兼及學派歸屬》，《哲學研究》2009年第6期。

爲什麼要『察道』? 因爲『道』是形體世界（百物）的終極本原和存在根據，而『察道』是聖君『所以修身而治邦家』（竹書第八章）的前提條件。竹書第四章對此也有論述：

聞之曰：察道，坐不下席；端嬛（冕）[一]，箸不與事[二]；先知四海，至聽千里，達見百里。是故聖人處於其所，邦家之危安存亡，賊盜之作，可先知。

在此，簡文從聖人的角度更爲細膩地叙述了『察道』的政治功效，衹有『察道』，人君纔有可能達到無爲而治和先知萬事的境界。

其次，『察一』『得一』和『守一』是一個連續的功夫層次和過程，其中竹書最重視『察一』的功夫。無論是從本體論還是從方法論的角度來看，『一』都可以指稱『道』，因此『察道』即可以轉變爲『察一』問題。這也即是説，能察一，即可以察道，並進而得一和守一。竹書第七章認爲，智困、陳新、人之生死相復，乃至百物的循環均『起於一端』。第九章亦有『起於一端』的説法，不過，此章着重討論了『察一』『得一』和『守一』的功夫層次問題。竹書第九章云：

[一] 李鋭讀爲『端冕』，今從之。參見李鋭：《〈凡物流形〉釋文新編（稿）》，孔子 2000 網，2008 年 12 月 31 日。

[二] 《集韻・御韻》曰：『箸，立也。』《國語・周語上》曰：『大夫士日恪位箸以儆其官。』韋昭《注》：『中廷之左右曰位，門屏之間曰箸。』

聞之曰：能察一，則百物不失；如不能察一，則百物俱失。如欲察一，仰而視之，佱（俯）而癸（揆）之〔一〕，毋遠求度，於身稽之。得一【而】圖之，如並天下而抯之；得一而思之，若並天下而治之；肘（守）一以爲天地稽〔二〕。是故一，咀之有味，嗅【之有嗅】，鼓之有聲，近之可見，操之可操；搮（攎）之則失〔三〕，敗之則槁，賊之則滅。察此焉，起於一端。

在這段引文中，最引人矚目的地方是其連續出現了『察一』『得一』和『守一』的概念。非常清楚，三者在功夫論上呈現出遞進關係。『察一』既是起點和『得一』『守一』的前提條件，又是簡文的論述重點。竹書『察道』『察一』兩詞出現的次數最多，『得一』次之，『守一』則僅有一例。將『察一』作爲功夫論的重點，這是本文的一個顯著特色，與全篇重視『察』的觀念也非常一致。正是在『察一』或『察道』的基礎上，第五章簡文還提出了『人白爲察』的境界説。這一點，筆者認爲，與《管子·内業》《心術下》將

〔一〕 本句第二個『而』上一字，陳偉、凡國棟認爲右上部從勹，應讀爲『伏』或『俯』。劉信芳認爲右上部從宀，下從土，讀爲『俯』。劉洪濤認爲此字爲『府』字異體。『而』下一字，劉剛釋爲『癸』，讀『揆』。今按，前一字當從劉信芳説，後一字當從劉剛説。參見陳偉：《讀〈凡物流形〉小札》，簡帛網，2009年1月2日；凡國棟：《〈上博七〈凡物流形〉甲7號簡從『付』之字小識》，簡帛網，2009年4月21日；劉信芳：《試説竹書〈凡物流形〉『俯而尋之』》，復旦大學出土文獻與古文字研究中心網，2010年2月23日；劉洪濤：《上博楚簡釋讀札記》，簡帛網，2010年11月1日；劉剛：《讀簡雜記·上博七》，復旦大學出土文獻與古文字研究中心網，2009年1月5日。

〔二〕 『肘』字，從鄔可晶釋文，讀作『守』。參見復旦讀書會：《〈上博（七）·凡物流形〉補釋二則》，2009年4月11日。

〔三〕 此處，『搮』當讀爲『攎』，不讀作『握』。《集韻·屋韻》曰：『搮，振也。』又《送韻》曰：『搮，搖也。』《周禮·夏官·大司馬》曰：『三鼓振鐸。』若本『搮』字讀作『握』，則『握之則失』與下文『搮（握）之不盈搮（握）』相齟齬。

『掃除不潔』『執一』二者並重的修養論有較大區別。[二]『執一』，即是『守一』之義。《廣韻・緝韻》曰：『執，守也。』《管子・內業》亦出現『守一』一次。《管子・心術》《內業》等將人們的欲望、情感及不當的思慮、知識等看作『不潔之物』，認爲它們妨礙了『神明』的降臨，所以要『掃除不潔，神乃留處』，這就好像宮館如果不打掃乾淨，那麼貴人就不會在此留宿一樣。[三]可以看出，竹書《凡物流形》與《管子・心術》《內業》兩篇的起譬不同，其具體的修養方法也不一樣。

竹書『是故一，咀之有味』以下數句，兼本體與功夫而言之。『咀之有味，嗅之有嗅，鼓之有聲，近之可見，操之可操』這五句，可以看作此『一』的妙用。這個『一』的妙用，也同時是『察一』『得一』『守一』的妙用。『揣之則失，敗之則槁，賊之則滅』說明，如果人君不能『守一』，那麼『道』盡失，而『一』盡滅。

再次，我們來看竹書『心能勝心』與『心之所貴唯一』的功夫。據『聞之曰』，『察一』的重要性來自前人的教誨，所謂『能察一，則百物不失；如不能察一，則百物俱失』。在此，『一』與『百』相對，『一』是把握『百』的關鍵，『百』是由『一』生展出來的。因此，對於人們理解和把握這個雜多的百物世界來說，『察一』是一個必要且重要的功夫論步驟。如何『察一』？在第九章簡文中，作者給出了兩條方法或法則。其一云：『仰而視之，俯而揆之。』而聖人所仰視、所俯揆者爲何？從全篇竹書來看，天地之間、百物之

〔二〕《管子・內業》曰：『化不易氣，變不易智，惟執一之君子能爲此乎！執一不失，能君萬物。』同書《心術下》曰：『慕選而不亂，極變而不煩，執一之君子。執一而不失，能君萬物。』

〔三〕《管子・心術上》曰：『虛其欲，神將入舍。掃除不潔，神乃留處……潔其宮，開其門，去私毋言，神明若存……神者至貴也，故館不辟除，則貴人不舍焉，故曰不潔則神不處。』同書《內業》曰：『敬除其舍，精將自來。』

中，凡流形成體者皆是也。其二云：『毋遠求度，於身稽之。』『度』即揆度、忖度之義。這一條似乎與前一條之意相反，其實，我們應當辯證地看待這兩者的關係，並將它們緊密地結合起來。百物與身心之間的統一性問題即呈現在這兩條如何察一的具體法則中：我們既要仰視俯揆外在事物的多樣性，同時又要反求之，於己身稽考之。因爲從認識論的角度來説，人們對於世界本體的把握其實與其對於自身的把握有密切關係。

而如何『察一』呢？更進一步，這要求察道者的身心及心自身（特别是後者）都應當達到『一』的狀態。順便指出，『察一』與『心之所貴唯一』之兩個『一』字的含義是不同的，前者爲本體論意義上的『一』，後者則爲功夫論意義上的『一』。竹書《凡物流形》第五、六兩章云：

聞之曰：心不勝心，大亂乃作；心如能勝心，是謂小徹。（五章）

【聞之】曰：百姓之所貴唯君，君之所貴唯心，心之所貴唯一。（六章）

既然『察道』『察一』的主體是『我』，那麽『我』對於自身之統一性的把握即深刻地關係到『我』對於世界之統一性（『一』或『道』）的把握。如何把握自身的統一性，達到『一』的狀態？這是竹書第五、六兩章所要回答的問題。第六章指出，在國家統治的統一性的完成中，君心自身的統一最爲重要。而『聞之曰』將統治目的的實現依舊放在傳統的君民關係中來論述，同樣認爲其關鍵在於『君』的一端。進一步，在君主個人的身心關係中，作者認爲『所貴唯心』。而所謂『貴心』，並不在於各種本能和自然欲望的滿足，而在於『心』達到其自身的内在統一，即竹書所謂『心之所貴唯一』是也。君主由此真正把握統治之『道』，而實現自己對於百姓的統治目的。在此，有三重關係的統一被作者暗中所肯定，它們分别爲君民、（君主的）

身心和（君主之）心自身的統一。在第一重關係中，從統治目的的獲得來看，『民』是極其消極、被動的一環，政治實踐的開展和目的的實現幾乎被歸約爲『君』的一方。這是一種威權主義的哲學觀念。當然，在這個觀念裏，君主的政治責任也隨同絶對的權力一起被加重到無以復加的地步。在第二重關係中，身代表感官欲望的方面，但其没有自主性和主宰性，它們的發用被看作自發的和被動的，缺乏意志性；而與身相對的心，則是一個有意志的能動者及認識的本原，具有自主性和主宰性，擔負着維持身心平衡及其和諧發展的重任。正是在此一意義上，竹書所以説『君之所貴唯心』。[一] 在第三重關係中，『心』作爲一個其内涵在不斷交互作用的綜合主體，其自身統一性的獲得即成爲其『察道』『得道』，乃至『上賓於天，下蟠於淵』的前提條件。而竹書第五、六兩章的重心正在於對第三重關係的論述。

竹書第五章説：『心不能勝心，大亂乃作。』此心從意識功能來看可以做出『能勝之心』與『被勝之心』的區分。這個區分代表了思想的深入。『勝』者，克制、制服之義。而『亂』者，以『多』爲前提。『大亂』與下文『小徹』對言，可知此『亂』是從心理狀態而不是從政治後果來説的。[二] 『心亂』與『心治』相對。

[一] 身心關係，是先秦哲學中的一個重要主題，比較複雜。簡單説來，無論在儒家還是在道家思想中，單純地滿足身體本能需要的活動一般被看作負面的，受到批評和否定；而心的認知功能及意志作用等，以及作爲能够主宰自我（包括身體方面）且積極實現人自身價值的主體，一般受到古人的高度肯定。先秦有關身心關係的具體文獻，可以參看郭店簡《五行》《性自命出》《語叢一》和《孟子·告子上》《荀子·解蔽》《莊子·在宥》等篇。

[二] 竹簡『大亂乃作』，王中江認爲是從『政治後果』來説的，並引《尸子·貴言》爲證。《貴言》云：『然則令於天下而行，禁焉而止者，心也。故曰：「心者，身之君也。」天子以天下受令於心，心不當則天下禍。』參見王中江：《〈凡物流形〉的『貴君』『貴心』和『貴一』》，《清華大學學報（哲學社會科學版）》2010 年第 1 期。

不過，『能勝之心』爲何物，而『被勝之心』又指什麽？竹書並没有具體交代。〔二〕

最後，我們來看《凡物流形》與《管子・内業》《心術》及與《荀子・解蔽》的關係。《管子・内業》《心術》與竹書《凡物流形》大抵作於同一時期。《心術》《内業》兩篇均認爲人的心君包含着各種欲望、好惡、情感以及各種念想和知識，如果心不能作自身的主宰並統一它們，那麽彼此就會爭鬥或糾結在一起，出現混亂狀態，從而斷絶了『道』降臨於心中的可能性。這兩篇傳世文獻主張對感官欲望進行疏導（『開門』），對心中的欲望和情感主張潔除之（『潔宫』），很顯然，在作者看來，藏於心中的各種欲望及情感屬於消極因素，應當加以否定。同時，『潔宫』爲『精氣』的來至創造了條件。當通過修養使心充滿精氣的時候，這即是『神將來舍』的時刻。而如何『潔宫』和『致精』呢？《心術》《内業》兩篇認爲其基本原理即是『虚静』。〔三〕荀子的思想無疑受到了稷下道家的影響，《解蔽》篇所引《道經》（包含『道心—人心』

〔二〕 老子所謂玄監之心與智欲之心的劃分，莊子及其後學作了繼承。這個傳統起源很早。自老子開始，道家既注意到了單純來自身體的感官欲望問題，又注意到了由於心自身的昏亂所導致的嚴重後果：在自身的昏蔽和紛亂狀態中，『心』即無法照現和把握『道』。王弼本《老子》第三章云『虚其心』，第十章云『滌除玄覽，能無疵乎』。『覽』當讀『監』，其依據有兩條：一者，帛書《老子》作『監』字；二者，《淮南子・修務》曰：『誠得清明之士，執玄鑒於心，照物明白，不爲古今易意。』帛本『監』同『鑒』，『鑒』爲『監』的分別字。《詩・邶風・柏舟》曰：『我心匪監。』陸德明《釋文》曰：『監，鏡也。』『玄監』喻『心』。聯繫整個《老子》文本來看，老子已經意識到了智欲的危害。所謂『虚心』『滌除玄監』，就是要掃除智欲。莊子對於智欲的批判非常鮮明和直接，並以虚静作爲心靈修養的根本原則。

〔三〕 例如，《管子・心術上》曰：『心之在體，君之位也。九竅之有職，官之分也。心處其道，九竅循理。嗜欲充益，目不見色，耳不聞聲……虚其欲，神將入舍。掃除不潔，神乃留處……世人之所職者精也，去欲則宣，宣則静矣，静則精，精則獨立矣。獨則明，明則神矣。神者至貴也，故館不辟除，則貴人不舍焉，故曰不潔則神不處……天之道虚，地之道静，虚則不屈，静則不變，不變則無過，故曰不伐。潔其宫，闕其門。宫者，謂心也。心也者，智之舍也。故曰宫，潔之者，去好過也。門者，謂耳目也，耳目者，所以聞見也。』同書《内業》曰：『凡心之刑，自充自盈，自生自成；其所以失之，必以憂樂喜怒欲利。能去憂樂喜怒欲利，心乃反濟。彼心之情，利安以寧，勿煩勿亂，和乃自成。』

之説）疑本爲稷下道家著作。〔二〕在『虚静』原理的基礎上，荀子進一步提出了『虚一而静』的觀點，並作了深入闡發。《解蔽》所謂心具有自主和主宰的特性〔三〕，這是當時的通識。不過，荀子在文中特别强調了心從雜博無禁通向精一不貳的認知狀態，這是心自身修養的一種結果。綜合《管子・内業》《心術》兩篇和《荀子・解蔽》來看，竹書《凡物流形》所謂『能勝之心』和『被勝之心』的區分，都是指此心的兩種作用。『能勝之心』根源於心的自主和主宰本性，是天生即禀受在内的。而『被勝之心』則是後天生起的，其具體内容如果從《内業》《心術》兩篇來看，是指欲望、情感、思慮等心理活動，並具有惡的意味；而如果從《解蔽》篇來看，則主要指認知的博雜。竹書『被勝之心』的具體内容雖然不能準確指出，但是應當與它們具有較大的重合性。另外，『虚静』是《荀子・解蔽》和《管子・心術》《内業》共有的心術原理，在《凡物流形》中，心對自身的克制或克服（『心不能勝心』『心如能勝心』），突顯了心自身的主體性和能動性，這似乎與《解蔽》《心術》《内業》三篇傳世文獻作爲心術原理的『虚静』概念有所分别。

〔二〕《荀子・解蔽》曰：『昔者舜之治天下也，不以事詔而萬物成。處一危之，其榮滿側。養一之微，榮矣而未知。故《道經》曰：「人心之危，道心之微。」危微之幾，惟君子而後能知之。』

〔三〕關於『心』的特性，《荀子・解蔽》曰：『心者，形之君也，而神明之主也。出令而無所受令，自禁也，自使也，自奪也，自取也，自行也，自止也。故口可劫而使墨（默）云，形可劫而使詘（屈）申，心不可劫而使易意，是之則受，非之則辭。故曰：心容，其擇也無禁，其必自見物也雜博，其情（精）之至也不貳。』『心容其擇也無禁必自見其物也雜博其情之至也不貳』二十二字，楊倞和王先謙的斷句不同，楊作：『心容，其擇也無禁，必自見其物也雜博，其情之至也不貳。』王作：『心容其擇也，無禁必自見，其物也雜博，其情之至也不貳。』今從楊《注》。據楊《注》，第二個『其』字疑本在『必』字前，今移上。參見［清］王先謙撰，沈嘯寰、王星賢點校：《荀子集解》，中華書局1988年版，第398頁。

三、修養境界與政治功用：從「小徹」「小成」到「一焉而爲天地稽」「大之以知天下，小之以治邦」

在竹書《凡物流形》中，「察道」是「修身而治邦家」的依據；反之，可以説，「修養」和「治邦家」是「察道」的兩種功用。關於修身的境界，竹書第五章叙述了「小徹」和「小成」兩個層次。是章曰：「奚謂小徹？人白爲察。奚以知其白？終身自若。」何謂「小徹」？竹書説「人白爲察」。「白」就是「心能勝心」之後所達到的一種修養狀態。上博楚竹書《彭祖》篇第6號簡曰：「遠慮用素，心白身澤（懌）。」[一]這兩句話即與本章簡文相應。所謂「白」，指心之「素白」。「終身自若」，與《彭祖》篇「身懌」意同。在傳世文獻中，「白心」見於《管子》篇名及《莊子·天下》篇。不過，前者含義不清，後者的「白」乃「顯白」「顯露」之義，與本篇竹書不類。《莊子》至少有兩篇文章的「白」字，很可能與竹簡用法相同。《人間世》篇曰：「瞻彼闋者，虚室生白，吉祥止止。」[二]陸德明《釋文》引司馬彪《注》曰：「室比喻心，心能空虚則純白獨生也。」[三]司馬氏《注》與《人間世》上下文合，當是。《天地》篇曰：「機心存於胸中則純白不備，純白不備則神生不定，神生不定者，道之所不載也。」這兩篇的「白」字，都是指心在經過了自我澄汰和空

[一] 沈培説，「澤」讀爲「懌」。今按，竹書《彭祖》篇的「澤」字，陳偉武、周鳳五此前已讀爲「懌」。參見《〈上博（七）·凡物流形〉重編釋文》後「水土」（沈培網名）的跟帖（復旦大學出土文獻與古文字研究中心網，2009年1月1日）；陳偉武：《讀上博藏簡第三册零札》，《華學》編輯委員會編：《華學》第七輯，中山大學出版社2004年版，第177頁；周鳳五：《上海博物館楚竹書〈彭祖〉重探》，該書編輯委員會編：《南山論學集——錢存訓先生九五生日紀念》，北京圖書館出版社2006年版，第13頁。

[二] 又見《淮南子·俶真》篇。

[三] ［清］郭慶藩撰，王孝魚點校：《莊子集釋》上册，中華書局2004年版，第151頁。

虛化的修養實踐之後而復歸其本然的素樸狀態。對莊子學派而言，心靈所澄汰和空虛化的對象十分廣泛，例如智欲、情感、社會規範及庸俗、淺陋的生命觀。另外，帛書《二三子》多次使用了『精白』一語，其中一處文本曰：『（孔子曰）「不獲其身」者，精白【敬官】也。敬官任事，身□□者，鮮矣！其占曰：能精能白，必爲上客。能白能精，必爲古世。以精白長衆者，難得也。故曰：「【行】其庭，不見其人。」』[一] 帛書認爲應當以『精白』爲要旨來敬事任官。『精白』乃精純、素樸之義，此詞可能會合了竹書與《管子·心術》《内業》的思想因素。回過頭來看竹簡的『白』字内涵，筆者認爲，當與《人間世》《天地》《二三子》及竹書《彭祖》一致，亦指心靈通過修養而克制了欲望、情感及不當知識等的擾亂，從而復返其初的素樸狀態。曹峰説：『「人白」應該就是人通過「潔宫」「虛欲」以潔白其心，屬於一種養心之術。』[三] 這是可信的。不過，他將竹書放在稷下學的傳統中來作肯定，則未必是也。綜合出土材料及傳世文獻來看，這種修心之術，其實也早已在楚地流傳，形成了一種悠久的傳統。

相對於『小徹』，『小成』在修養上更進一層。竹書第五章曰：『能寡言乎，能一乎，夫此之謂小成。』所謂『小成』，不僅僅是一種通過『心能勝心』的修煉方法而達到心靈的『小徹』境地，而且應當在面向『道』上有具體的成就。作者認爲『小成』包括『能寡言』和『能一』兩個方面。『能寡言』的意思容易理解，從聖君的人格修養目的來看，『言』主要指『言命』。能少發命令，這是人君心靈通徹而近於『道』的表現。所謂『能一』之『一』，從全文來看，當指身心的專一和凝聚狀態。這種狀態爲『道』最終降臨心中

[一] 引文參見《馬王堆漢墓帛書〈易傳〉釋文·二三子》，丁四新：《楚竹書與漢帛書〈周易〉校注》，上海古籍出版社2011年版，第512頁。

[三] 曹峰：《〈凡物流形〉的『少徹』和『少成』——『心不勝心』章疏證》，簡帛研究網，2011年3月9日。

創造了心理和生理的主體性條件。

荀子不滿足於『小徹』，在《解蔽》篇中提出了『大清明』的觀念。[一] 筆者認爲，《凡物流形》在『小徹』『小成』的基礎上也應當有『大徹』『大成』的觀念。所謂『大徹』『大成』，竹書《凡物流形》曰：

先知四海，至聽千里，達見百里。是故聖人處於其所，邦家之危安存亡，賊盜之作，可先知。（四章）

得而解之，上賓於天，下蟠於淵。坐而思之，謀於千里；起而用之，通於四海。（六章）

得一【而】圖之，如並天下而抯之；得一而思之，若並天下而治之；守一以爲天地稽。（九章）

聞之曰：一焉而終不窮，一焉而有衆，一焉而萬民之利，一焉而爲天地稽。握之不盈握，敷之無所容。大之以知天下，小之以治邦。（十章）

上引四段簡文，都是在『得一』的基礎上來論述『修身』和『治邦家』的功效的。相對於『小徹』來說，竹書又點明了『先知四海』『謀於千里』等『大徹』的大用。從人格形態來看，如此，可以如神如龍，『上賓於天，下蟠於淵』，乃至『一焉而爲天地稽』。帛書《經法·道法》曰：『無私者知（智），至知（智）者爲天下稽。』『稽』即『法式』『準則』之義。這種達到『一』而可以爲天地萬物之『法式』的境界，即

[一]《荀子·解蔽》曰：『虚壹而靜，謂之大清明。萬物莫形而不見，莫見而不論，莫論而失位。坐於室而見四海，處於今而論久遠。疏觀萬物而知其情，參稽治亂而通其度；經緯天地而材官萬物，制割大理而宇宙裏矣。恢恢廣廣，孰知其極？睪睪廣廣，孰知其德？涫涫紛紛，孰知其形？明參日月，大滿八極，夫是之謂大人。夫惡有蔽矣哉？』

是《凡物流形》所設想的最高境界。在這個『一』的『大成』境界中，『吾』與『道』已經達到了完全的合一，『一』中即内在地融貫着本體（『道』）。當然，『一』的『大成』含義，不僅體現在單純的『修身』上，而且體現在『成物』的政治功效上。簡言之，『得一』的政治功效就是『大之以知天下，小之以治邦』。當然，如果我們將聖君的成就看作『修身』的一個必要目的，那麽『修身』的人格成就也是『得一』的一個政治功效。因爲在實行威權或精英統治的政治體制中，『聖君』既是百姓所推重的人格絶對者，也是其統治真正取得成功的關鍵。

第四節　《凡物流形》的思想特質與學派性質

在竹書《凡物流形》的前三章，作者對形體世界的生成根源及其統一性問題産生了濃厚興趣，並針對天地間的典型事物及生命現象做出了一系列的發人深省的追問，其思想史意義較爲重大。[一] 從後七章來看前三章的一系列追問，特别是其有關形上本體的提問，完全可以看成一種叙述上的技巧，甚至作者的明知故問，其言下之意即是説：『道』（或『一』）是百物的本體和形體世界的統一者，是流形成體的根源。以『道』爲天地百物之本根和本體的觀念，起源甚早。老子在春秋末期已將『道』上升爲宇宙的最高本體。莊子學派和稷下道家等繼承了本根或本體之『道』的概念。不過，與《凡物流形》頗不相同的是，莊子學派加入了

[一] 顧史考説：『《凡物流形》實可視爲中國形而上學萌芽期的一種代表作（儘管它久已失傳），其對中國先秦形而上學的思想史上之價值是無法低估的。』［美］顧史考：《上博七〈凡物流形〉上半篇試探》，復旦大學出土文獻與古文字研究中心網，2009 年 8 月 23 日。

『通天下一氣耳』的本根觀念[一]，而《管子·心術》《内業》諸篇幾乎將『精氣』看作與『道』等同的宇宙本根或本體。《凡物流形》第4號簡云：『五氣並至。』此『五氣』在生成論系列中低於『陰陽』的位次，因而此『氣』不可能屬於百物的終極本根或本體。對於生命物的生死問題，作者認爲其本根在於『精』或『二』，但我們也很難據此認爲它即是稷下道家所説的『精氣』。就生死之間的運動來看，《凡物流形》顯然持一種簡單的循環論，所謂『陳爲新』，乃至『人死復爲人』，這與莊子所講的『形化』觀念區別較大。

竹書《凡物流形》突出地論述了『察一』或『察道』的功夫論，這與常見的道家典籍形成了鮮明對比。王弼本《老子》第三十九章着重論述了『得一』的觀念，曰：『昔之得一者，天得一以清，地得一以寧，神得一以寧，谷得一以盈，萬物得一以生，侯王得一以爲天下貞。』這種認爲形體之物因得一而以生以成的觀點，在其後的道家文獻中得到了繼承，竹書《凡物流形》亦不例外。相對於老子的『得一』説，竹書提出了『察道』或『察一』之説，這應當看作思想上的一種深化，因爲在邏輯上『察一』乃『得一』的前提。『察』字在郭店簡中出現十餘次[二]，值得我們注意。《凡物流形》將『察』的功夫放在『心』上，認爲『心如能勝心，是謂小徹』。這一點也頗富特色，但與《管子·内業》《心術》『掃除不潔』之説不盡相同。從結

[一] 『本根』的概念即出自《莊子·知北遊》篇。《知北遊》云：『今彼神明至精，與彼百化，物已死生方圓，莫知其根也，扁然而萬物自古以固存。六合爲巨，未離其内；秋豪爲小，待之成體。天下莫不沈浮，終身不故；陰陽四時運行，各得其序。惛然若亡而存，油然不形而神，萬物畜而不知。此之謂本根。』

[二] 郭店簡《性自命出》曰：『察其見者，情安失哉？』《成之聞之》曰：『察反諸己而可以知人。』《尊德義》曰：『察者出，所以知己。』又曰：『察慝則無僻，不黨則無怨。』郭店簡《五行》曰：『思不精不察，思不長不形。』又曰：『仁之思也精，精則察，察則安。』郭店簡《窮達以時》曰：『察天人之分，而知所行矣。』郭店簡《語叢一》曰：『察所知，察所不知。勢與聲爲可察也。』又曰：『察天道以化民氣。』又曰：『有察善，無爲善。』郭店簡《語叢二》曰：『急生於欲，察生於急。』

果來看，『小徹』就是達到『人白爲察』的修養境界。這一思想，可以在楚竹書《彭祖》、帛書《二三子》和《莊子·人間世》《天地》中發現。據此，《凡物流形》也很可能爲荆楚學者的著作。另外，本篇竹書以心之自勝爲『察道』的出發點，顯然將心看作一個能動有爲的修養主體，與通常以『虚静』爲根本原理的所謂道家修心之術有所區别。

王弼本《老子》第四十二章云：『道生一，一生二，二生三，三生萬物。』竹書《凡物流形》亦有一段很相近的文字。通觀全篇，竹簡更重視『一』的觀念，並從本體、功夫和境界上作了反復論述。與之相對，竹書《太一生水》非常重視『二』的觀念，其生成系統呈現出一系列『二』的相對結構。《太一生水》曰：『天地【復相輔】也，是以成神明。神明復相輔也，是以成陰陽。陰陽復相輔也，是以成四時。四時復相輔也，是以成滄熱。滄熱復相輔也，是以成濕燥。濕燥復相輔也，成歲而止。』天地、神明、陰陽、四時、滄熱、濕燥兩兩相輔而下生，最後『成歲而止』。這種以『二』的生成結構來理解世界的思想，二十多年前曾給學界帶來不小震撼。《淮南子·天文》篇與《凡物流形》《太一生水》又有所不同，它比較重視『三』的觀念，根據《老子》『三生萬物』的原理，推演出了『物以三成』『物以三生』的説法。[一]由《太一生水》的重『二』、《淮南子·天文》的重『三』，可知《凡物流形》之重『一』，確實是此思想上的一個重要特點。

[一]《淮南子·天文》曰：『道始於一，一而不生，故分而爲陰陽，陰陽合和而萬物生。故曰：「一生二，二生三，三生萬物。」天地三月而爲一時，故祭祀三飯以爲禮，喪紀三踊以爲節，兵革三軍以爲制。以三參物，三三如九，故黄鐘之律九寸而宫音調。因而九之，九九八十一，故黄鐘之數立焉……物以三成，音以五立，三與五如八，故卵生者八竅……古之爲度量輕重，生乎天道。黄鐘之律脩九寸，物以三生，三九二十七，故幅廣二尺七寸。』

竹書《凡物流形》對於「一」的高度重視，這似乎在帛書《十六經·成法》等篇中得到了繼承。[二]《成法》認爲：「一者，道其本也。」「一」對「多」而言，「一」爲本，「多」爲末，所謂「萬物之多，皆閱一孔」。這是以「一」作爲本根、本體來理解世界的統一性。正因爲如此，人君對於天下萬事的把握，也就是要「抱凡守一」「循名復一」。另外，《成法》篇「一之解，察於天地；一之理，施於四海」四句，與竹書《凡物流形》基本相同。當然，《凡物流形》與《成法》也有不同的地方。其一，《成法》説：「昔者皇天使馮（風）下「道」一言而止。」在筆者看來，這看似加强了「道」的神聖性，但實際上將其地位置於神靈之下，與老子「象帝之先」（《老子》四章）、莊子「神鬼神帝」（《莊子·大宗師》）之説相悖。《凡物流形》論「道」的地位接近於老莊的看法，而與《成法》不同。現在看來，《成法》所謂「皇天使風下「道」」的説法，當是受到了黄學影響的結果。其二，《成法》重視「守一」，而《凡物流形》則更加重視「察一」的觀念，兩篇的差别也因此顯而易見。總之，我們可以説《凡物流形》是形成黄老學的一個重要觀念源頭，但是它本身能否直接斷定爲黄老道家的著作，則需要更爲謹慎的態度。

不管怎樣，將這篇竹書判定爲道家著作應當是非常合理的，無論是從思想上還是從文獻上來看，這都有較多證據。早期道家對於自然世界的興趣及其統一性的追問，以及將「道」作爲百物的根源和世界的本體，這些觀念在《凡物流形》中都有非常直接的反映。而在修養論上，竹書的心術説也無疑與道家學派最爲靠

[二] 除帛書《十六經·成法》外，又見《管子·内業》《心術下》等篇。文獻對證，參見李鋭：《〈凡物流形〉釋文新編（稿）》，孔子2000網，2008年12月31日；曹峰：《上博楚簡〈凡物流形〉的文本結構與思想特徵》，《清華大學學報（哲學社會科學版）》2010年第1期；王中江：《〈凡物流形〉的「貴君」「貴心」和「貴一」》，《清華大學學報（哲學社會科學版）》2010年第1期。

近，無論是其『心之所貴唯一』的觀點，還是『人白爲察』的説法，在其他道家文獻中均得到了很好的繼承或反映。而在竹書『聞之曰』的部分，例如第三章『登高從卑』六句及第八章『一生兩』四句，具有明顯沿襲或改作《老子》文本的痕迹。此外，竹書還有一些重要語句被其他道家著作所引用，例如上引帛書《成法》『一之解』數句即可爲證。

第十章　竹書《參德》篇的哲學思想

《參德》是上海博物館藏戰國楚竹書中的一篇[一]，其思想含量和價值都較高。它一經發表，立即引起了相關學界的廣泛關注，學者已作了大量研究，發表了衆多論著。不過，目前學界對於此篇竹書的研究大體上集中在字詞釋讀、竹簡編排和學派歸屬等方面，對於其思想内涵的敘述和探討則顯得頗爲不足，正式發表的成果不多。而且，即使在這些已表達的思想性研究成果中，在我們看來，部分觀點和結論未必正確，是需要商榷的。有鑒於此，我們打算藉助於此章文字重新探討和論述《參德》篇的哲學思想。

[一]　李零釋文注釋：《三德》，馬承源主編：《上海博物館藏戰國楚竹書（五）》，上海古籍出版社2005年版，第288—303頁。本章凡引此篇竹書文本，皆已參考了諸家意見。由於資料浩繁瑣碎，故未能一一作注。新的釋文注釋，可參看丁四新主持的教育部人文社會科學重點研究基地重大項目成果——《上博楚竹書哲學文獻研究》（2020年5月結項）。

第一節　天、地、民、王相參及其與三才觀的關係

一、天、地、民、王相參的思想結構

竹書《參德》篇第1號簡開宗明義，云：『天供時，地供材，民供力，明王無思，是謂參德。』從整體上看，此篇竹書的思想結構是天、地、民、王四分還是天、地、人三分？這是學界目前尚有争論的一個問題。而争論的關鍵又落在篇題『參』字的讀法上。對此，學者有兩種意見。第一種是讀『參』爲『叁』，『叁』即『三』字，『參德』即『三德』。原整理者李零先生即讀『參德』爲『叁德』（三德），並作爲此篇竹書的篇名。李氏引《大戴禮記・四代》爲證，這篇傳世文獻説：『子曰：「有天德，有地德，有人德，此謂三德。三德率行，乃有陰陽。」』他認爲竹書《參德》篇所説『三德』，與《禮記》所説『三德』在内容上是基本相符的，所以他主張以『三德』名篇。[一] 目前，多數學者因襲了李零的此一説法，如曹峰即説：『統治者把握了天時、地材、民力，就可以無思、無慮、無爲了。與天時、地材、民力相關的德，稱之爲「三德」。』[二] 不過，在我們看來，這種説法是在不知不覺中消除了『民』『王』兩者的區别，而將它們歸入『人德』中，於是天、地、民、王的四維結構即變成所謂天、地、人的三才結構。第二種意見是將『參』作如字讀，是相

[一] 李零釋文注釋：《三德》，馬承源主編：《上海博物館藏戰國楚竹書（五）》，上海古籍出版社2005年版，第287頁。

[二] 曹峰：《〈三德〉零釋》，簡帛網，2006年4月6日。

並列之義；而『參德』係專指明王『無思』之德，『無思』與天時、地材、民力相匹並。這種看法已見於范常喜的文章。范常喜指出，『參』的意思是相參、配合，而『是謂參德』所關涉的對象僅爲『明王無思』，故『參德』僅指明王的『無思』或『無爲』之德。在此基礎上，范氏進一步認爲此篇竹書宜命名爲『順天之常』，以『三德』名篇是不準確的。〔一〕湯淺邦弘也對『三德』的篇名持保留態度。〔二〕我們認爲，范常喜對於『參德』的讀法是正確的，應當從之。而我們之所以贊成『參』讀作如字，是因爲：一者，天時、地材、民力、明王無思四者在此篇竹書中明顯呈現出『四德』相並列的關係，且竹書《參德》篇對此四德各有闡釋，因此這篇竹書的思想結構已超出了傳統的天、地、人相並的『三才』結構。我們還注意到，在竹書中，民德與王德得到了作者的刻意區別：民之德爲『供力』，王之德爲『無思』，它們之間的區别是很明確的，所以不宜將民德與王德合爲一德，即所謂人德。進一步，竹書之所以特稱明王『無思』之德爲『參德』，是因其能與天時、地材、民力三者相並列和相匹配。李零將『參德』讀爲『三德』，在我們看來，這恐怕是不正

〔一〕 范常喜：《〈上博五·三德〉札記六則》，簡帛網，2006年5月18日。

〔二〕 湯淺氏認爲：『在第1號簡中，作爲世界的結構，「天」「地」「人」並列在一起，僅就這點來看的話，與《大戴禮記》相類似。可是，在其後的文意中，並没有把這三者按同等比重來叙述，而重視的，衹有「天」「人」的關係。天、地、人的登場，在第1號簡以後衹有在第17號簡可以見到。當然，《三德》中可見到的天、地、人，所謂「三才」的世界構造一點極爲重要……本文獻所起的「三德」的假稱，是否確切地表達了全體的内容，可以説還具有商榷的餘地。』見［日］湯淺邦弘：《上博楚簡〈三德〉的天人相關思想》，郭齊勇主編：《儒家文化研究》第一輯（『新出楚簡研究專號』），生活·讀書·新知三聯書店2007年版，第274頁。按，湯淺氏意識到『三德』的篇名不能準確概括竹書主旨，這是没有問題的，但他的依據是竹書在『天』『地』『人』三才的思想結構中最重視天、人二才。我們認爲，這個依據不但不可靠，而且他仍然將四元思想結構判斷爲三才結構，這很難説是正確的。我們認爲，《參德》篇的思想結構是天、地、民、王四元論，與傳統的三才説有區别。

確的。二者，古籍中『參』字通常表示三者相匹、相並列之義，如《中庸》有人與天、地相參（相並列爲三）之説，這似乎表明『參德』的『參』字應當讀爲『三』，但事實上並非如此。在古書中，兩者或多者之相並列皆可以稱之爲『相參』，如《韓非子·外儲説左下》云：『齊桓公……乃令隰朋治内，管仲治外以相參。』這是兩者相並列的例子。董仲舒《春秋繁露·官制象天》云：『官有四選，每一選有三人，三四十二，十二臣相參而事治行矣。』這是多者相並列或相參的例子。由此可見，竹書《參德》篇稱天、地、民、王四者相並列，而『參德』係指『明王無思』之德，這應當是没有疑問的。至於竹書的篇題，可以肯定，李零的『三德』説是不正確的，而范常喜『順天之常』的命名似乎更符合竹書原意。但鑒於李氏『三德』説已經通行，故我們主張衹對李説稍作糾正，仍使用『參德』的篇名。

在『天時』『地材』『民力』『明王無思』的四元結構中，竹書《參德》篇最爲重視『天時』的概念，其次是『明王無思』這一條。在竹書看來，『天時』的權威性和宗教性來自皇天上帝的意志，或者説『天時』是皇天上帝之意志的展現。人君敬畏天時，這即是所謂『順天之常』。由此，竹書衍生出『天禮』的概念。『天禮』是對人君如何『順天之常』所做出的、含有濃厚宗教禁忌意味的禮制規定。在王德（政治）方面，《參德》篇强調人君的『無思』之德——人君應依『度官於人』的原則選拔官吏，對於百姓則應『臨民以仁』。與『天時』『明王無思』相對比，竹書對於『地材』的具體内容幾乎没有述及，對於『民力』的概念，它僅論述了所謂『民時』問題，並由此表達了比較粗略的民本主義思想（『民之所欲，鬼神是祐』）。總之，『地材』和『民力』兩者在竹書中的論述不多，《參德》篇的思想重點在於闡述天神意志（『天時』『天常』『天禮』）及其天人關係。

二、竹書四分説與三才説的關係

竹書《參德》屬於四分結構，這不同於通常所説的天、地、人的三才結構。而肯定四分的結構，這是本文立説的一個基礎，故對此，我們在下文再作必要的議論和説明。

先看傳統所謂『三才』説。一般説來，『三才』説以《易傳》爲代表。《易傳》將天道、地道、人道相配合，稱爲『三才』之道。《易傳・繫辭下》曰：『《易》之爲書也，廣大悉備，有天道焉，有人道焉，有地道焉。兼三材而兩之，故六。六者，非它也，三材之道也。』『材』通『才』。《説卦》曰：『立天之道曰陰與陽，立地之道曰柔與剛，立人之道曰仁與義。兼三才而兩之，故《易》六畫而成卦。』引文中的『道』，指原則、原理。『三才』指天、地、人三者，『三才之道』指天道、地道、人道。建立天道的是陰陽，建立地道的是柔剛，建立人道的是仁義，這是《説卦》的説法。《禮記・中庸》也包含三才觀，並通過三才觀突出了人在參贊天地之化育中的作用、價值和地位，即所謂『（人）可以贊天地之化育，則可以與天地參矣』。概言之，三才説是將天、地、人看作一個整體性的系統，三者是相互並列、配合的關係，並在此突出了人的作用和意義，對人參贊天地萬物之功作了高度肯定。三才説，在思想結構上屬於三分説或三元説。

再看竹書《參德》篇的四分説或四元説。如上所述，《參德》中的民德與王德是迥然不同的，前者爲『供力』，後者爲『無思』，且竹書的重點恰恰是要强調這種區分。而且，這種區分所展示的政治意圖十分明顯，與三才説指向的宇宙論背景並不相同。據此，我們即不能因爲民、王同屬人類而將二者合並爲一，並以通常意義上的三才觀來看待竹書天、地、民、王四者之間的關係。如果這樣做，那麼這是不符合《參德》篇的思想的。又，在《參德》篇中，無論是民還是王，都要敬守天時及各種宗教禁忌，要『順天之常』，而人被置於有意志的『皇天上帝』的絶對權威之下。這一點與傳統三才觀所强調的人參贊天地之化育的説法是頗不相同的。

最後，需要指出，雖然竹書的天時、地材、民力、明王無思的四元結構説與傳統的三才説有區别，但是這兩説存在密切聯繫，前者是對於後者的重構和發展。三才説源於蓋天説的宇宙觀，在蓋天説的宇宙觀中，天上、地下、人中，這是基本結構，三才説即效仿於此。蓋天説是一個高度經驗化的宇宙學説，産生很早，出土紅山文化祭壇——圜丘和方丘即采用了天圓地方、叄天兩地的模式。據此，可以推斷，建立於蓋天説上的三才説同樣産生得很早。三才説在竹書《參德》篇中偶有保留，第 17—18 號簡曰：『知天足以順時，知地足以古（固）材，知人足以會親。』其中的『人』，可能不是特指『民』，而是與天、地相對的一般意義上的『人』。如果這是正確的話，那麽第 17—18 號簡就保留了傳統的三才説。儘管如此，但正如我們在前文所指出的，竹書《參德》篇的天、地、民、王的四維結構本來就是對於三才説的發展，是建立在三才説的基礎之上的。换言之，《參德》篇的四維説不但與三才説不相矛盾，而且恰恰是以傳統的三才説爲基礎，並再作重構和發展的結果。進一步，三才説屬於比較單純的宇宙觀，而竹書的天、地、民、王四維觀則屬於中國傳統政治思想世界的經典結構。

第二節　『天時』與皇天上帝

一、『天時』的内涵與禁忌

在天、地、民、王的四維結構中，竹書《參德》篇最爲重視『天時』概念。『天時』的字面意思是自然時節或自然時間，竹書的『天時』含義是比較明確的，主要指春、夏、秋、冬四時和一月、一日内的特定時間（如望日、平旦等）。對於特定的『天時』，竹書第1號簡有集中叙述，曰：

草木須時而後奮，天惡女〈毋〉忻，平旦毋哭，明毋歌，弦望齊宿……

草木待時而後發的『時』，指一年的四時。而對於每月中的特定『天時』，《參德》篇列出了弦日、望日兩個特定日期。所謂『弦望齊宿』，弦指上弦月和下弦月，上弦月當農曆初七、初八，下弦月當農曆二十二、二十三；望指月滿，當農曆十五或十六。在弦日和望日，《參德》篇認爲明王要『齊宿』。『齊』讀爲『齋』，『齋宿』即齋戒獨宿，此詞見於《新書·春秋》《淮南子·兵略》等傳世典籍。齊宿是一種表示虔敬態度的宗教儀式，而這種表示虔敬之心的宗教儀式是對於特定『天時』而言的，這樣特定的天時即成爲禁忌（時忌、節忌、月忌、日忌）。其思想特徵，與司馬談《論六家要旨》所説陰陽家泥於小數一派的宗旨相一致。

『平旦』和『明』，是指一日内的特殊『天時』。所謂『平旦』，指日出前一段時間，大致相當於寅時。『明』，即天明，指日出後的一段時間，相當於卯時。臨近日出時不要哭泣，日出後一段時間不要歌唱（『平旦毋哭，明毋歌』），這是對一日内特定『天時』的禁忌。這種禁止在一日内特定時刻哭、歌的宗教禁忌，與傳世典籍《禮記》等的相關規定截然不同。《禮記》曰：

曾子曰：『朋友之墓，有宿草而不哭焉。』（《檀弓上》）

（郊）祭之日，王皮弁以聽祭報，示民嚴上也。喪者不哭，不敢凶服。（《郊特牲》）

婦人迎客、送客不下堂，下堂不哭；男子出寢門見人不哭。（《喪大記》）

里有殯，不巷歌。（《曲禮上》《檀弓上》）

臨喪不笑。揖人必違其位。望柩不歌……適墓不歌。哭日不歌。（《曲禮上》）

從以上數例引文可以看出，《禮記》提及的毋哭、毋歌，均是人倫日用、國家政治生活中的制度性、禮儀性規定，主要適用於喪事、祭祀這類重大活動，與平旦、天明等一日中的時間節點完全不同。竹書所謂『平旦毋哭，明毋歌』，則是一種單純對一日中特定『天時』的禁忌。這種禁忌與儒家以化育人心爲導向的禮樂制度不相類似，體現出獨特的宗教色彩或陰陽家色彩。

竹書所謂『天惡毋忻』，亦與天時有關。一說，『天惡』是天所厭惡或憎惡之義；『毋忻』，『忻』同『欣』，是不要欣喜之義。『天惡毋忻』，意謂對於上天所厭惡的東西，人不可反而欣喜之。我們認爲，此説不確。從平行詞『平旦』『明』『弦望』來看，『天惡』也應當是指一種天時，『惡』讀烏各切，『天惡』應指惡劣的天氣現象，如《論語·鄉黨》所謂『迅雷烈風，必變』的『迅雷烈風』是也。所引《論語·鄉黨》篇的這句話，是説遇到迅雷、狂風的惡劣天氣，孔子必定表情嚴肅，以示對上天的敬畏。這種情景和態度，與竹書『天惡毋忻』頗爲一致。竹書這一句話是説，遇到天氣惡劣的『天時』時，人不應當欣喜，而應該保持沉靜和虔敬的態度。

此外，竹書《參德》篇還提到了『民時』概念，它也與『天時』有密切關係。『民時』亦即『農時』，係百姓據以耕種勞作的節氣時令。第 15—16 號簡曰：

驟奪民時，天〈大〉饑必來。奪民時以土功，是謂稽；不絶憂恤，必喪其匹。奪民時以水事，是謂淖；喪以繼樂，四方來虐。奪民時以兵事，是【謂厲；禍因胥歲，不舉銍艾】。

這段話見於傳世典籍《吕氏春秋·上農》篇，按《漢書·藝文志》的劃分，《上農》篇可以歸之於農家著作。竹書强調，人君不能因土功、水事、兵事等情況奪民之時，妨害農業生産，否則將導致大饑荒。古人對『民時』的重視，是由中國古代社會屬於農耕文明的性質所決定的。《參德》篇中的『民時』，是『天時』在農業生産中的直接反映。其本質屬於『務時寄政』（《管子·四時》），可以歸之於陰陽家的時令説。按照《論六家要旨》的劃分，農家可以歸之於陰陽家。

總之，《參德》篇中的『天時』内涵很豐富，且比較獨特。它既包括古籍中常見的春、夏、秋、冬四時節氣及惡劣天象，也包括一月内的弦日、望日兩個特定日期，還包括一日内的平旦、天明等特殊時間點。對於這些『天時』，《參德》篇有嚴格的禁忌規定，如『天惡毋忻』『平旦毋哭』『明毋歌』『弦望齊宿』等皆是。人恪守天時，竹書稱之爲『順天之常』。在此，我們需要追問，人在弦日、望日爲何要『齊宿』？平旦爲何不可哭泣？天明爲何不可歌唱？進一步，竹書制定這些特定天時禁忌的根據是什麼？對於這些問題，我們看到，《參德》篇没有做出任何理論上的説明，而是將其作爲類似宗教戒律的東西直接規定下來。簡單説來，它們是宗教禁忌（Taboo）。正如上文所説，這些由特定『天時』所構成的禁忌，與傳世典籍中所載儒家禮制規定迥然不同，展現出濃厚的宗教意味與陰陽家色彩。在很大程度上，我們將此視爲竹書《參德》區别於其他文獻的顯著特徵，並依此對其做出學派性質的判斷。

二、『天時』的宗教性與神性之『天』

『天』是『天時』的來源（『天供時』），《參德》篇中的『天』是神性之天、主宰之天。這個神性之『天』（皇天上帝），具有人格的情感（喜怒）和意志（好惡）特徵，是最高的絕對權威。此『天』，與物質性的天或自然性的天是不同的。竹書第2號簡談到神性的『天』時説：『必誠必信，皇天將興之。毋爲僞詐，上帝將憎之。』引文中的『皇天』或『上帝』，與神性的『天』是異名同謂的關係，其所指是相同的。對於僞詐之人，上帝是憎惡他的；對於實誠之人，皇天則會興助之。與此類似，第12號簡及香港中文大學所藏的一支竹簡也説：『毋失其道，未懈於時，上帝喜之，乃無凶災。』這些引文都説明了皇天上帝具有人格的意志和情感作用。第7—8號簡作了鋪陳，叙述了上帝所憎惡的内容：

喜樂無限度，是謂大荒；皇天弗諒，必復之以憂喪。凡食飲無量計，是謂滔皇；上帝弗諒，必復之以康。上帝弗諒，以祀不享。邦四益，是謂方（旁）芋（華），雖盈必虚。宫室過度，皇天之所惡，雖成弗居。衣服過制，失於美，是謂違章，上帝弗諒。鬼神禋祀，上帝乃怡，邦家……保，乃無凶災。

上引這段文字中的『皇天弗諒』『上帝弗諒』『皇天之所惡』三語，竹書多見。喜樂過度、飲食過量及宫室衣服超過規制等，是上帝所憎惡的事情；而人用禋祀的儀式（先燔柴升煙，然後加牲體或玉帛於柴上焚燒）祭祀上帝鬼神，則是上帝所喜悦的。或憎惡，或怡悦，上帝的喜怒好惡之情十分明顯，其人格特徵非常明確。

竹書《參德》篇中的皇天上帝，主要通過降福降災的方式來主宰人類和教導人類，祂是善惡報應的終極決定者。竹書第14號簡曰：『爲善福乃來，爲不善禍乃或（有）之。』人爲善則能得福，作惡則有禍。行爲的善與惡取決於人，而相應的獎懲——降福降禍則來自上帝。如第2號簡説：『忌而不忌，天乃降災。已而不已，天乃降異。其身不没，至於孫子。』人應當忌諱的而不忌諱，皇天於是降下災禍，以作懲罰；人應當停止的而不停止，皇天於是降下異象，以作警示。『災』和『異』不同，『災』一般指自然或人爲的災害、災禍，而『異』則指怪異的、非同尋常的事物或現象。災異説起源甚早，西漢是此説的高峰。在西漢經學（意識形態）中，災異是用來譴告人君的。王中江稱《參德》篇是災異説的先聲[一]，可備一説。但從典籍説，災異説在《詩》《書》中已經有了，《春秋》則記災異之事頗衆多。

『天』，在《參德》篇中有多個稱謂，或稱之爲『皇天』『上帝』，或稱之爲『后帝』，或稱之爲『皇后』（皇皇后帝），其實它們都是異名同謂的關係。以上幾種稱號，均是指神性的『天』，是『天時』的終極來源。在此需要指出，對於『皇后』一名，學界存在一定爭議。『皇后』一語，又見帛書《十六經·雌雄節》，是篇曰：『皇后洞曆吉凶之常，以辨雌雄之節，乃分禍福之向。』曹峰認爲竹書《參德》篇的『皇后』與此帛書的『皇后』所指相同，均指『黄帝』。林文華不同意他的這一説法，認爲『簡文「皇后」不能解作「黄帝」』，而是指『皇天上帝』。[二] 我們認爲林氏的看法是正確的，『皇后』當爲『皇皇后帝』的簡稱。《詩·

[一] 王中江：《〈三德〉的自然理法和神意論——以『天常』『天禮』和『天神』爲中心的考察》，《中國哲學史》2007年第3期。

[二] 曹峰：《近年出土黄老思想文獻研究》，中國社會科學出版社2015年版，第258頁；林文華：《〈上博五·三德〉『高陽』『皇后』考》，簡帛研究網，2007年9月10日。

魯頌·閟宫》提及了此一説法：『皇皇后帝，皇祖后稷。』鄭玄《箋》曰：『皇皇后帝，謂天也。』又《論語·堯曰》曰：『敢用玄牡，敢昭告於皇皇后帝。』何晏《集解》曰：『皇，大；后，君也。大大君帝，謂天帝也。』竹書的『皇后』即『皇皇后帝』，是後者的省稱，與『皇天』『上帝』同義。

此外，《參德》第18號簡所説的『天』，帶有一定的墨學和黄學色彩。第18號簡曰：『天無不從：好昌天從之，好喪天從之；好犮（伐）天從之，好長天從之。』昌者，昌盛。喪者，喪亡。犮，從陳劍釋文，李鋭讀爲『伐』。〔一〕《説文·人部》曰：『伐，敗也。』昌盛與喪亡，毁敗與長久，是兩對反義詞。在竹書作者看來，不管是昌盛還是喪亡，也不管是毁敗還是長久，都首先取决於行爲者自身的意志（意圖），神性之『天』則依據其所好不同而『無不從之』。或者説，皇天的賞善罰惡既是完全合理的、有根據的，又是必定如此、無不如此賞善罰暴的。這種思想帶有墨學的色彩，同時從馬王堆帛書《十六經》來看，又帶有一定的黄學色彩。

總之，在《參德》中，作爲『天時』之超越性來源的『天』，是神性的、主宰性的天。祂不僅具有喜怒、好惡等人格特徵，而且具有賞善罰惡的最高權威。祂是一全知全能的靈性實體和一純然向善且爲善的神性意志體。

〔一〕陳劍：《談談〈上博五〉的竹簡分篇、拼合與編聯問題》，簡帛網，2006年2月19日；李鋭：《讀上博（五）札記》，簡帛研究網，2006年2月20日。

第三節 『天禮』及其宗教禁忌

一、『天禮』：上帝意志的展現

『天禮』是《參德》篇的一個重要概念，是『上天』意志的表現。『天禮』一詞，不見於傳世先秦秦漢古籍；在竹書中，兼具自然之禮儀和天所降之禮儀兩義，並且此二義是交混在一起的。竹書第3號簡曰：

陽而幽，是謂大戚。幽而陽，是謂不祥。齊齊節節，外內有辨，男女有節，是謂天禮。敬之敬之，天命孔明。如反之，必遇凶殃。

所謂『天禮』的內涵，即指『齊齊節節，外內有辨，男女有節』。『齊齊』，讀爲『齋齋』，表示恭敬之貌。『節節』，表示整飭之貌，有限節之貌。李零認爲竹書的『齊齊節節』，即《大戴禮記·四代》所謂『齊齊然，節節然』。[一] 這樣，竹書所謂『齊齊節節』，即是恭敬整肅之貌。至於竹書的『外內』，當是指宮室之內外。在古代，『宮室』有兩義，一是泛指古時房屋，二是專指君王宮室。如《禮記·內則》曰：『禮，始於謹夫婦，爲宮室，辨外內。男子居外，女子居內，深宮固門，閽寺守之。男不入，女不出。』《禮記·仲尼

[一] 馬承源主編：《上海博物館藏戰國楚竹書（五）》，上海古籍出版社2005年版，第290頁。

燕居》曰：『昔聖帝明王諸侯，辨貴賤、長幼、遠近、男女、外内，莫敢相逾越，皆由此途出也。』《荀子·天論》曰：『禮義不修，内外無別，男女淫亂，則父子相疑，上下乖離，寇難並至：夫是之謂人祅。』從上述典籍來看，『外内有辨』是指男子居外，女子居内，以使男女之間保持禮義，這與『男女有節』基本一致。總的來看，所謂『天禮』就是説人要保持恭敬整肅的狀態，男子居外，女子處内，男女之間保持禮義與法度。『天禮』似乎不是專門針對人君而言的，民也似乎包括在内。

對於『天禮』，竹書認爲，人要以『敬』的態度對待之。其深層原因在於，『天禮』是自上而下地、來自上天的意志（『天命孔明』）。換言之，『天禮』是上天意志的體現。結合下文『皇后』（皇皇后帝）的道德性告誡，這一點會顯得更爲明晰。

二、爲『天禮』的禁忌

人如何具體地遵行『天禮』呢？對此問題，竹書第10—11號簡以『皇后』（皇皇后帝）的名義做出了詳細的回答：

> 皇后曰：『立，毋爲角（矯）言，毋爲人倡；毋作大事，毋害常；毋壅川，毋斷洿；毋滅宗，毋虚牀（壙）；毋改敔（禦），毋變事；毋煩姑嫂，毋恥父兄；毋羞貧，毋笑刑；毋揣深，毋度山；毋逸其身而多其言；居毋惁（惰），作毋康；善勿滅，不祥勿爲。入虚（墟）毋樂，登丘毋歌。所以爲天禮。』

在傳世典籍中，《尚書》《墨子》等書亦曾論及皇天上帝的神意，以作爲對人君或百姓的警誡和行爲指南。然而，在傳世典籍中以皇天上帝的口吻對人做出如此長篇大論、事無巨細的道德和行爲訓誡，是絕無僅有的。所述『天禮』内容，可以從對人君及兼對民的禁忌來看。引文中的『立』，指人君處位。竹書説，人君處位，不可詐托皇天上帝之言（『毋爲撟言』），不可爲人先；不可輕易從事祭祀、戰爭、土功等事（『毋作大事』），不可妨害天常；等等。尤其重要的是，竹書强調人君不可毁滅他人宗廟（毋滅宗），這一禁忌顯示了一定的時代色彩。這些道德訓誡，可以視爲上帝對君德的要求及對人君行爲的約束，與第1號簡所稱『明王無思』之德是一致的。自『毋煩姑嫂』以下，兼及對百姓的禁忌要求和訓誡，它們包括敬事父兄姑嫂、毋羞辱貧窮之人、毋嘲笑受刑之人、毋登高山涉深淵、毋怠惰放逸等内容。雖然以上禁忌都屬於所謂『所以爲天禮』的内容，但『毋煩姑嫂』以下的禁忌更具有普遍性，是普通百姓也應當遵行倫理性和道德性規範，它們與《禮記》所説百姓人倫日用的禮儀相差不大。

需要指出的是，『皇皇后帝』關於人應遵行『天禮』的訓誡，幾乎無一例外地采取了否定式的表達。這正如陳麗桂所總結的，『毋……』『毋謂……』『不……』『弗……』這類否定式的表述占了整篇竹書的九成以上，充滿了敬天畏神的粗樸宗教意味。[一] 在一定程度上，用這種通過否定式的語句來表達神性的禁忌，既突顯了《參德》篇以神性之『天』爲本位（不是以『君』爲本位）的思想特徵，又大大强化了本篇的宗教氣息和色彩。

[一] 陳麗桂：《上博五〈三德〉的義理》，武漢大學簡帛研究中心主辦：《簡帛》第二輯，上海古籍出版社2007年版，第333—343頁。

第四節　人君之德與治道

在以『天』爲叙述本位，且神意從上天落實到人道的基礎上，竹書《參德》篇對於君德提出了許多要求和做出了許多規定。這些要求和規定主要體現在人君之個人道德修養及其如何治理臣下、百姓兩個方面。

一、『順天之常』與『無思』之德

人君對於『天時』的敬畏與順應，竹書稱之爲『順天之常』。第1—2號簡曰：『草木須時而後奮，天惡女〈毋〉忻，平旦毋哭，明毋歌，弦望齊宿，是謂順天之常。敬者得之，怠者失之，是謂天常，天神之□。』人君以敬順的態度來對待各種天時禁忌（惡劣天象、平旦、天明、弦望日等），這叫作『順天之常』。『常』，恒常，『天之常』或『天常』指上天恒常不變的良善意志，曆古今而彌貫天下。不過，在竹書中，所謂『順天之常』主要是以『毋……』形式表達出來的，屬於所謂禁忌句式。對於『天常』，人君若不遵行之，就會帶來國破家亡的巨大危險。第5號簡即叙述了人君不順『天常』的惡果，云：『故常不利，邦失幹常，小邦則剗，大邦過傷。變常易禮，土地乃坼，民乃囂死。善哉，善哉，三善哉！唯福之基，過而改【之】。』『故』，本故也；『利』，順利。《孟子·離婁上》曰：『故者，以利爲本。』故訓即以『故』爲故常，『利』爲順利。[一] 竹書

[一]［漢］趙岐注，［宋］孫奭疏：《孟子注疏》卷八，見［清］阮元校刻：《十三經注疏（清嘉慶刊本）》第五册，中華書局2009年版，第5938頁；［宋］朱熹：《孟子集注》卷八，見氏著：《四書章句集注》，中華書局1983年版，第297頁。

這段話是説，順守『天時』和『天常』，是人君得福的基礎。

竹書所説明王『無思』之德，主要體現在皇皇后帝所要求的人君應當遵行『天禮』的禁忌和規定上。如上文所述，人君不可詐托皇后（上帝）之言，不可爲人先，不可輕易從事祭祀、戰爭、土功一類事情，不可毀滅他人宗廟等，否則均可視爲明王『無思』之德的具體表現。兹不贅述。不過，從竹書全文看，明王『無思』之德不是全篇的論述重點。

二、置官與仁民

人君的治下之道，在竹書中主要包括置官與仁民兩個方面。

如何選拔官吏？《參德》篇主張『度官於人』，而反對『度人於官』。第6號簡曰：『凡度官於人，是謂邦固；度人於官，是謂邦𥧲（露）；建五官弗措，是謂反逆。土地乃坼，民人乃落。』『𥧲』，陳劍讀爲『露』，露是敗落的意思。[一]『民人乃落』的『落』字，亦爲敗落義。人君從某官的職能本身出發，來衡量某人是否適合擔任某官，祇有這樣，置官纔能得其任，使國家穩固。如果人君爲了滿足某人需求而特地爲其選擇某官，這樣做就會導致邦家敗落的惡果。這兩者所體現的任官原則即是『任賢』與『任親』的問題，任賢則國治，任親則國敗。

此外，《參德》篇還特别强調君主在宗廟神主面前應當敬重正卿大臣，而不能詈罵他們。第4號簡説：『毋詬正卿於神次，毋享逸安。求利，殘其親，是謂辠。君無重臣，是謂危，邦家其壞。憂懼之閒，疏達之次，毋

[一] 陳劍：《上博（五）零札兩則》，簡帛網，2006年2月19日。

謂之不敢，毋謂之不然。』這種禁忌雖然不見於傳世典籍，但從禁忌的角度看，這種規定是合理的，因爲人君在神主旁詈罵正卿，是對上天的不敬。另外，竹書强調『重臣』的重要性，認爲其與邦家興亡直接相關。『憂懼之間』下數句，所謂『毋謂之不敢，毋謂之不然』，也當屬於禁忌，是對重臣提出的盡心、盡力的要求。

在君民關係方面，《參德》篇提出了『臨民以仁』、毋奪民時的原則。竹書云：『臨民以仁，民莫弗親。興止民事，行往視來。民之所喜，上帝是佑。驟奪民時，天〈大〉饑必來。奪民時以土功，是謂稽；不絶憂恤，必喪其匹。奪民時以水事，是謂淖；喪以繼樂，四方來虐。奪民時以兵事，是【謂厲；禍因胥歲，不舉銍艾】。』『臨民以仁』，這是典型的儒家主張。這段文字還包括『毋奪民時』的一系列主張，它們也符合儒家思想，例如孟子即有此類主張。不過，我們看到，這段文字又見於《吕氏春秋》的《上農》篇，其思想同時符合農家和陰陽家的宗旨。再者，這段文字有『民之所喜，上帝是佑』二句，表明它的宗教色彩頗爲濃厚，結合全篇來看，更是如此。據此，我們認爲，《參德》篇的思想雖然參雜了儒家因素，但它還是以陰陽家爲主導的。有學者根據這一段文字認爲此篇竹書屬於儒家著作，這恐怕是不正確的。

第五節 結論

總之，通過前述各節的研究、論述和檢討，關於竹書《參德》篇的思想，我們可以得出如下幾個主要結論：

（一）竹書《參德》篇在天、地、民、王四者相參（相並列）的思想結構中，最爲重視『天時』的概念，對於『地材』與『民力』它没有展開充分論述。《參德》篇中的『天時』概念，涵蓋了年、月、日中的各個特定時間點，既包括一年中的春夏秋冬四時節氣和惡劣天象，也包括一月中的弦日、望日兩個特定月相日期，還包括一日内的平旦、天明等特殊時間點。針對上述諸種『天時』，竹書《參德》提出了『天惡毋忻』『平旦毋哭』『明毋歌』『弦望齊宿』等頗具濃厚宗教色彩的禁忌。這些禁忌在傳世古籍中極爲少見，可視爲竹書區别於其他文獻的一大思想特色。

（二）關於《參德》篇的『天時』及其禁忌之權威性的來源問題，竹書歸之於神性的『天』。神性的『天』，或稱上天、上帝、天帝、皇天上帝、皇后（皇皇后帝）。此皇天上帝是宇宙、天地、萬物的最高主宰，祂既具有一定的神秘性，也具有一定的人格特徵。在竹書中，皇天上帝不僅具有喜怒好惡的人格意志和情感，而且具有賞善罰惡、主宰人間禍福的最高權威。而《參德》篇禁忌所出的終極依據即來自此皇天上帝。職此可知，這篇竹書的宗教特徵極爲明顯，氣氛極爲濃厚。

（三）在竹書中，『天禮』是上天意志及其權能的展現，《參德》篇以『天禮』作爲人必須遵行的禮儀和規矩。『天禮』具體指『齊齊節節，外内有辨，男女有節』等内容，包括人要保持恭敬整肅的狀態，男子居外、女子處内，外内有分别，以及男女各守其禮節。對於『天禮』，人應當以『敬順』的態度對待之。從内容來看，竹書的『天禮』主要包括兩個方面，一是上帝對於人君的政治告誡。作爲人君，不可詐托上帝之言，不可爲人先，不可輕易從事祭祀、戰爭、土功，不可妨害天常，等等。尤其重要的是，人君不可毁人宗廟（『毋滅宗』），不能以戰爭消滅他國。二是上帝對於人君及百姓的道德告誡，主要包括敬事父兄姑嫂、毋羞辱貧窮之人、毋嘲笑受刑之人、毋登高山涉深淵、毋怠惰放逸等。它們屬於倫理性和道德性的禁忌與要求，與《禮記》所述百姓人倫日用的禮儀較爲相類。

（四）在『天』本位及天道落實到人道的基礎上，《參德》篇提出了對於君德的要求與規定，而這主要包括人君個人的政治修養及其如何治理官員、下民的問題。《參德》篇要求人君應當敬畏與順應『天時』，遵行『天禮』。在置官方面，人君應當任賢而不任親，以『度官於人』的原則選拔官吏，而不可『度人於官』。關於如何治理百姓，竹書主張人君應當『臨民以仁』和『毋奪農時』。

（五）綜合起來看，竹書《參德》篇具有濃厚的中國原始宗教的色彩，幾乎全篇都由人格神『皇天上帝』的教導和否定式訓誡（禁忌）構成，它們宣揚了善惡果報、賞善罰暴的宗教觀念，肯定了皇天上帝的絶對權威性，是人間價值的終極根源。與傳世典籍和其他出土資料相較，本篇竹書的叙述特徵及其思想傾向都是很特殊的。

（六）關於本篇竹書的學派性質，學界爭議很大。曹峰認爲《參德》篇是『《黄帝四經》的思想淵源之一』，甚至直接『視《參德》爲一部黄老著作』[一]；湯淺邦弘、福田一也、王中江、歐陽禎人等則認爲它的主要思想屬於儒家範疇[二]。陳麗桂認爲《參德》没有達到黄老帛書那麼高的思想深度，衹充滿了敬天畏神的初樸的宗教意味。[三] 筆者認爲，竹書《參德》篇的思想以陰陽家爲基調，最符合司馬談《論六家要旨》所説陰陽家的旨趣，但它也吸納了黄老、儒家等的思想因素。

〔一〕 曹峰：《〈三德〉與〈黄帝四經〉對比研究》，《江漢論壇》2006年第11期；《〈三德〉所見『皇后』爲『黄帝』考》，《齊魯學刊》2008年第5期。

〔二〕 參見［日］湯淺邦弘：《上博楚簡〈三德〉的天人相關思想》，郭齊勇主编：《儒家文化研究》第一輯（新出楚簡研究專號），生活·讀書·新知三聯書店2007年版，第265—283頁。［日］福田一也：《上博簡（五）〈三德〉篇中天的觀念》，郭齊勇主编：《儒家文化研究》第一輯（新出楚簡研究專號），第284—298頁。王中江：《〈三德〉的自然理法和神意論——以『天常』『天禮』和『天神』爲中心的考察》，《中國哲學史》2007年第3期。歐陽禎人：《〈三德〉中的儒家思想初探》，簡帛網，2008年1月15日。

〔三〕 陳麗桂：《上博五〈三德〉的義理》，武漢大學簡帛研究中心主辦：《簡帛》第二輯，上海古籍出版社2007年版，第333—343頁。

第十一章　竹書《鬼神之明》的鬼神觀及其學派歸屬

第一節　『鬼神有所明，有所不明』辨義

在全部上海博物館藏戰國楚竹書中，《鬼神之明》無疑是一篇思想比較特别的著作。[一] 它着重關心的是『鬼神』的問題，提出了『鬼神有所明，有所不明』的觀點。從『以其賞善罰暴』來看，作者從鬼神應該『賞善罰暴』這一原則出發而提出了此一看法。從全文來看，『賞善罰暴』正是《鬼神之明》篇的根本觀念背景，在此觀念背景上作者對鬼神產生了深度的思想緊張：從超越的角度來看，賞善罰暴是鬼神的意志法則和應然法則。但從現實的角度來看，有善者得善果、暴者得惡果，或者善者得惡果、暴者得善果的情況出現；從鬼神致賞善罰暴的活動角度來看，有善者有不賞、暴者有不罰的情況出現，於是可能產生信仰上的危機。竹書《鬼神之明》篇對於鬼神存在特性的深入叩問，即全部圍繞此一信仰危機來展開。

[一] 原釋文者曹錦炎先生將此篇竹書擬名爲《鬼神之明》。『鬼神之明』是《墨子》的一個重要術語，墨子反復論證和肯定了鬼神之明知。由此明知，鬼神故能致明賞明罰。但這與竹書《鬼神之明》篇的主題『鬼神有所明，有所不明』是完全不同的，可以説後者正是前者所批評的觀點之一。因此將這篇竹書命名爲《鬼神之明》，是不正確的。這篇竹書本應命名爲《鬼神》。

一、整理者的理解

無疑，『鬼神有所明，有所不明』是《鬼神之明》的基本觀點，但也是此篇竹書最容易産生誤解的兩句話。何謂『鬼神有所明，有所不明』？它是指作者對於鬼神特性不能完全明了把握[二]，還是指鬼神的神性並不總是能够完全顯明出來，抑或是指鬼神對於人間的善惡並不總是能够明察，從而做到賞善罰惡的？對於竹書『鬼神有所明，有所不明』這兩句話，整理者曹錦炎的相關解釋如下[三]：

（甲）强調鬼神明察入微，愛恨分明，能够『賞善罰暴』。同時又舉例説，如伍子胥等聖人遭受迫害致死，反而像榮夷公等亂人却能長壽以終，這似乎是『善者或不賞，暴者或不罰』。墨子指出，這並非鬼神真的不明，鬼神不明必有其故。是因爲『其力能至焉而弗爲乎』，或是『其力故不能至焉乎』？他不知道。此兩者的分歧，就是他所説的『鬼神有所明有所不明』。

（乙）本篇提出『鬼神有所明有所不明』的命題，與今本衹强調『鬼神之明』有所不同。從辯證角度上講，層次更加深入。

（丙）『明』，視力之明晰，意指明察，《孟子·梁惠王上》：『明足以察秋毫之末。』《墨子·明鬼

[二] 竹書《鬼神之明》篇『吾』字出現四次，從上下文來看，他就是這篇文章的作者。本文在此所説的『作者』與竹簡中的『吾』是同一的。

[三] 曹錦炎釋文注釋：《鬼神之明》，馬承源主編：《上海博物館藏戰國楚竹書（五）》，上海古籍出版社2005年版，第307、308、311頁。

下》：『故鬼神之明，不可爲幽閒廣澤，山林深谷，鬼神之明必知之。』

曹氏的看法，可以概括如下：其一，他將『明』解釋爲『視力之明晰，意指明察』，並舉《孟子·梁惠王上》《墨子·明鬼下》兩條例證。其二，他一方面認同竹書『鬼神有所明、有所不明』的觀點，另一方面又說『善者或不賞，暴者或不罰』『這並非鬼神真的不明』；並進一步認爲『鬼神有所明，有所不明』是就『其力能至焉而弗爲乎』與『其力固不能至焉乎』二者來說的。其三，曹氏認爲竹書『鬼神有所明，有所不明』是對墨子『鬼神之明』觀點的深入與發展，並構造出一個竹書本與『今本』《墨子·明鬼下》的不同來。

二、批評

就第一點來看，曹文的理解是很成問題的。在其所舉兩條例證中，『明』字之義實際上是不一樣的，而曹氏將其混淆了。《孟子·梁惠王上》『明足以察秋毫之末』之『明』訓『視力之明晰』，這是没有問題的；但是將《墨子·明鬼下》『鬼神之明必知之』之『明』訓從此，這是不正確的。《墨子·明鬼下》篇的『明』字出現多次，現將其引述如下：

（一）是以天下亂。此其故何以然也？則皆以疑惑鬼神之有與無之别，不明乎鬼神之能賞賢而罰暴也。今若使天下之人，偕（皆）若信鬼神之能賞賢而罰暴也，則夫天下豈亂哉？

（二）既以鬼神有無之别，以爲不可不察已，然則吾爲明察，此其説將奈何而可？

（三）故鬼神之明，不可爲幽閒廣澤，山林深谷，鬼神之明必知之。鬼神之罰，不可謂富貴衆强，勇力强武，堅甲利兵，鬼神之罰必勝之。

（四）是故子墨子曰：今天下之王公、大人、士君子，中實將欲求興天下之利，除天下之害，當若鬼神之有也，將不可不尊明也。聖王之道也。

上述第一條引文中的『明』，動詞，與『疑惑』一詞相對，乃明白、明了、明信之義。第二條引文中的『明』，形容詞，乃明白的、清楚的意思，是用來修飾『察』的。此條引文中的兩『察』字，詞性不同，但詞義相同。『察』乃考察、考核之義，而『明察』即清楚、明白之考察的意思。第三條引文中的『明』，名詞，乃聰明、英明之義[一]，將其理解爲『視力之清晰』，是不正確的。第四條引文中的『明』，孫詒讓説：『尊明，謂尊事而明著之，以示人也，即「明鬼」之義。』[二] 在解篇題時，孫氏説道：『「明」，謂明鬼神之實有也。』孫氏的解釋，或許還有不太清晰的地方，但是此『明』字是顯明、昭明之義，這應當是没有問題的。『鬼神之明』的『明』應當訓爲『明知』，《墨子・公孟》篇曰：『子墨子曰：古聖王皆以鬼神爲神明而爲禍福，有祥不祥，是以政治而國安也。自桀紂以下，皆以鬼神爲不神明，不能爲禍福，執無祥不祥，是以政亂而國危也。』同篇還説：『子墨子謂程子曰：儒之道，足以喪天下者四政焉：儒以天爲不明，以鬼爲不神，天鬼不説，此足以喪天下。』皆爲其證。因此，墨子所謂『鬼神之明』，是指鬼神無所不知的超凡神智，『明』

[一] 例如王弼本《老子》第三十三章曰：『知人者智，自知者明。』《吕氏春秋・慎人》曰：『信賢而任人，君子明也。』

[二] ［清］孫詒讓撰，孫啟治點校：《墨子閒詁》卷八，國學研究社編：《諸子集成》第四册，中華書局1954年版，第154頁。

乃聰明、明知之義。

關於第二點，曹氏的叙述不僅自相矛盾，而且對於『鬼神有所明，有所不明』的理解也是混亂的。而這不僅表明他對於此一命題的真實内涵是無法加以準確的理解和把握，同時對於『明』字意義的解釋也很可能是錯誤的。

關於第三點，在筆者看來，竹書『鬼神有所明，有所不明』的主張與墨子『鬼神之明』的説法何止是有所不同，它們簡直是兩個根本不同的觀點，前者正是墨子所要批評的。爲了探明『鬼神有所明，有所不明』的真正含義，現將竹書的相關文句摘録如下：

（一）今夫鬼神有所明，有所不明，則以其賞善罰暴也。

（二）昔者堯舜禹湯仁義聖智……則鬼神之賞，此明矣。

（三）及桀紂幽厲……則鬼【神之罰，此明】矣。

（四）女（如）以此詰之，則善者或不賞，而暴【者或不罰。故】吾因加『鬼神不明』，則必有故。

（五）其力能至（致）焉而弗爲乎？吾弗知也；意（抑）其力故（固）不能至（致）焉乎？吾或（又）弗知也。此兩者歧。吾故曰：『鬼神有所明，有所不明。』此之謂乎！

在上引第二、三條文字中，『明』字之義是相同的。又由於第二、三與第四條在語義上是相對相關的，故第四條與第二、三條的『明』字義也應當是相同的。這三條聯合起來，正分别論説了『鬼神有所明』與『有所不明』之義。因此，上五條引文中的『明』字，在含義上應當被看作是相同的。

由鬼神應該賞善罰暴的原則來看，善者得善果，惡者得惡果，這可以分别看作『鬼神之賞』和『鬼神之罰』的結果。而這種善惡的因果相應，就被看作鬼神之賞罰的顯明。從下文『善者或不賞，而暴者或不罰』來看，第二、三條的所謂鬼神之賞罰是從鬼神的實際作用來説的，而『此明矣』之『明』字，以解作『顯明』爲當。上文已經説過，在《墨子·明鬼下》中，『明』有多種含義。在此需要追問的是：『明』是不是也可能應該解作明白、聰明、明察之義呢？這是需要嚴格加以論定的。如果作『明白』之義解，那麽『鬼神不明』或『有所不明』是指鬼神不明白善惡，還是指『吾』對於鬼神本身有所不能明白呢？從原文來看，竹書僅從善者有不賞、暴者有不罰的鬼神作用來説明『鬼神不明』的原因，而没有涉及鬼神明白或不明白何爲善何爲惡的問題。同樣，竹書也没有談到『明』可能是『聰明』之義。對於鬼神爲什麽没有做到善者得賞、暴者得罰的原因，作者則説『吾弗知也』『吾又弗知也』，這似乎與『吾』對於『鬼神不明』是相一致的。但是第四條竹書文本明確地告訴我們，第五條引文不過是對於『鬼神不明』『則必有故』更進一步的説明，也即是説，『鬼神不明』不是『吾弗知』的結果，而可能是『其力能至（致）焉而弗爲』或『其力固不能至（致）焉』的結果，因此我們可以斷定『鬼神不明』『鬼神有所明，有所不明』的『明』也不是『明白』之義。曹錦炎將『明』解作『明察』，而云：『這並非鬼神真的不明，鬼神不明必有其故。』這種論述不僅是自相矛盾的，而且是公然違反原文『鬼神有所明，有所不明』及『鬼神不明』的説法的。更爲重要的是，將『明』訓爲『明察』，則『鬼神不明』是説鬼神不能明察善惡，這樣就直接將鬼神超越的善良意志完全抹殺了，而與作者所謂鬼神之力是否足够或願意致賞善罰暴之推測的神靈活動，是相背離的。由此看來，竹書的『明』作『顯明』之義解，纔是正確的。

墨子之時，天下早已大亂。大亂的原因是什麽？墨子將其歸之於人們在宗教信仰上所持的懷疑主義心態。

在墨子看來，人們由於受到鬼神有無問題之論爭的迷惑，對於鬼神之能賞善罰暴的終極意志和原理却不能堅信。可以説，《墨子·明鬼》篇的根本寫作目的，就是論證鬼神之有，並讓所有人相信鬼神確實能够做到賞善罰暴的。鬼神是一個絶對能够知善知惡、能賞善罰暴的靈性實體。相反，所謂『鬼神不明』的主張在一定意義上乃是一種懷疑主義觀點的表現，因而也就是墨子所要批判的。然而從上述第一條引文來看，竹書的作者從『賞善罰暴』原則出發，竟然得出了『鬼神有所明，有所不明』的判斷，這無論如何顯示出作者面對鬼神時産生了較爲嚴重的思想困惑，儘管這不是對於鬼神之有無，却是對於鬼神能够賞善罰暴這一原則的懷疑。顯然，這與墨子的鬼神觀有了較大區别。

第二節　竹書《鬼神之明》的鬼神觀

一、鬼神有所明

關於鬼神之賞罰，竹書有所謂『此明矣』的論述。《鬼神之明》説，在遠古時代，堯、舜、禹、湯仁義聖智，天下之人皆效法之，所以他們貴爲天子，富有天下，壽命長久，終身有譽，並爲後世所循順。對於此一『事實』，先秦諸子的叙述大致相同。〔一〕不過，諸子對於此一『事實』的解釋却是頗不相同的。竹書評論

〔一〕竹書在此將堯、舜、禹、湯的事情看作當時人們共同認定的一個『事實』來作叙述。先秦諸子，如儒家、墨家和法家等的叙説與此相同。但是，《莊子》時剽駁儒墨，有些叙述並不與此一致。進一步，這些叙述也與諸子不同的價值觀有緊密關係。

道：『則鬼神之賞，此明矣。』引文中的『賞』是就賞善而言的。聖人得善果，則鬼神之賞善原則就顯明了。對於桀紂施暴而導致『桀折於鬲山，而紂首於只社，身不没，爲天下笑』的惡果，竹書的評論是：『則鬼【神之罰，此明】矣。』所謂『罰』，是就罰暴而言的。暴人得惡果，則鬼神之罰暴原則由此顯明了。所以竹書的『此明矣』，是指鬼神賞善罰惡的意志或應然原則由此在現實層面上顯明了。可以肯定，『鬼神有所明，有所不明』與『以其賞善罰暴』的判斷之間是有因果關係的，而竹書所謂『鬼神之賞，此明矣』和『鬼神之罰，此明矣』，就是『鬼神有所明』的真正含義。

二、鬼神有所不明

竹書《鬼神之明》接着又説：『及伍子胥者，天下之聖人也，鴟夷而死。榮夷公者，天下之亂人也，長年而没。如以此詰之，則善者或不賞，而暴【者或不罰。故】吾因加「鬼神不明」，則必有故。』聖人伍子胥得惡報，亂人榮夷公得善果。如果根據鬼神應該『賞善罰暴』的原則來看，那麽鬼神的存在即成爲一個受到嚴重懷疑或者需要重新深入理解的問題。竹書所謂『如以此詰之，則善者或不賞，而暴者或不罰。』這即是説，如果以伍子胥與榮夷公之例來詰問鬼神的話，那麽它們就不是所謂賞善罰暴，而是善者有不賞、暴者有不罰的例子了。如此，鬼神的存在特性在作者的思想世界中就出現了分裂。一方面是善者得賞、暴者得罰，另一方面是善者得不賞、暴者得不罰，它們與鬼神『賞善罰暴』的應然原則是相矛盾的。這個矛盾在一定程度上當然會反過來促使作者重新思考鬼神的存在特性問題。竹書作者顯然已具備了超越的信仰世界和有善有惡的現實世界對置的觀念，現實世界中的善惡因果關係被作者認定爲與超越的信仰世界密切相關，而前者被看作後者的直接體現。從下文『鬼神不明』的判斷來看，『賞善罰暴』對於作者而言既是一個超越的應然原則，又是對這一超越原則在現實因果作用上的一個或然性的概括。因而，竹書所謂『鬼神不明』是指鬼神賞善罰惡的意志在現實層面上有時未能顯明出來，而不是對於鬼神之存在自身産生懷疑和否定。這樣，鬼神『賞善罰暴』的原則可能産生三個彼此關聯的意義層面：其一，純粹的鬼神意志必須永遠是以『賞善罰暴』爲内涵的，否則就會導致對於鬼神本體的直接否定；其二，鬼神意志的用意及其在此用意下的賞罰能力，可以變得複雜起來；其三，在現實經驗的層面，善因得善果和惡因得惡果，這是一種情况，但是惡因得善果、善因得惡果，這是另外一種情况。前者可以看作鬼神『賞善罰暴』的直接表現，而後者也可以看作『鬼神不明』的一種結果。從竹書《鬼神之明》全文來看，正是『賞善罰暴』的鬼神意志（應然原則）與『鬼神有所明，有所不明』的經驗結果之間的不一致，導致了作者思想上的深度緊張，從而也導致了他對於『鬼神不明』原因更進一步的探討。

鬼神『賞善罰暴』的應然原則之所以『不明』，是因爲在竹書作者看來『則必有故』，《鬼神之明》曰：『其力能至焉而弗爲乎？吾弗知也。意（抑）其力故（固）不能至焉乎？[一]吾或（又）弗知也。此兩者歧。吾故【曰：「鬼神有】所明，有所不明。」此之謂乎！』對於『鬼神不明』的原因，作者做出了兩種推測。其一，鬼神的能力能够給予賞善罰惡，但鬼神却故意不爲；其二，鬼神的能力有限，鬼神本來就無法總是做到賞善罰惡。前者從鬼神的用意而言，後者則從其能力而言。或者説，前者是一個願不願意的問題，而後者

[一] 『意』，曹錦炎訓爲『猜測、料想』。其説非。『意』爲疑問連詞，字或作『抑』。陳偉説『意』爲『抑』之假借。『故』，陳偉讀爲『故』。其説是。曹、陳的訓釋，分别見馬承源主編：《上海博物館藏戰國楚竹書（五）》，上海古籍出版社2005年版，第319頁；陳偉：《上博五〈鬼神之明〉篇初讀》，簡帛網，2006年2月18日。

則是一個是否具有相應的能力的問題。前者對於鬼神『賞善罰暴』之存在本性構成了一定程度的否定，後者則與人們所持的其他鬼神觀密切相關。但是不管怎樣，竹書從心意與能力兩個方面對於鬼神的存在本性展開了追問：鬼神賞善罰惡的意志（應然原則）没有顯明出來，這是由於其自身能力的局限所導致的，還是由於其有意不爲所導致的呢？如果説其能力是有限的，那麽這種有限性又具體表現爲哪些内容呢？如果説是其有意不爲的，那麽其原因到底是什麽呢？這會不會進一步導致其對於鬼神存在的一般性意志的否定呢？這些都是深層次的、探討鬼神本性的重要問題。對於自己的設問，竹書作者皆以『吾弗知也』和『吾或弗知也』來作答，這一方面表明了鬼神的存在是高遠超越和神秘難知的，另一方面也表明了竹書作者對於鬼神的體驗和思考尚不足以應對鬼神本體的超越性問題。不過，『吾弗知也』和『吾又弗知也』的作答，並不表明作者在信仰的層面上必定是懷疑主義的，他的困惑可能衹代表他對於鬼神實體更爲深入的神秘特性的無知罷了。在以『弗知』作答的基礎上，竹書作者説這兩種原因是不同的，並總結全文道：『吾故曰：「鬼神有所明，有所不明。」』故可知『鬼神有所明，有所不明』兩句不是指鬼神自身對於善惡的行爲有所明察或有所不能明察，也不是指『吾』根據『賞善罰暴』的原則對於鬼神的存在本性有所理解或有所不能理解，而是指鬼神致賞善罰惡的作用有時能够顯明，有時又不能够顯明。

三、竹書的鬼神觀要點

總之，竹書《鬼神之明》篇所包含的鬼神觀可以簡單概括如下：其一，『鬼神有所明，有所不明』是竹書的根本觀點。其二，人的現實活動具有善惡的因果關係，但是對於作者來説，這可能是鬼神意志的體現，也即是説，作者是從鬼神的觀念上來看待人的現實活動的。其三，一方面，從超越的角度來看，賞善罰惡是鬼神的應然法則，另一方面，從現實的角度來看，『善者或不賞，暴者或不罰』可能會出現。其四，作者從鬼神的能力和意願上試圖推測『鬼神不明』而没有致賞善罰惡的原因。不過，對此他並不能明知。

第三節　竹書《鬼神之明》的學派歸屬

一、整理者的觀點

關於《鬼神之明》篇的學派歸屬問題，曹錦炎認爲是『《墨子》的佚文』。在『説明』部分，他十分清楚地説道[一]：

（一）本篇爲對話體，雖然失去開頭部分，且無『説話者』，但從内容分析應是《墨子》的佚文。記述墨子與弟子或他人的對話，討論的内容是鬼神有所明和有所不明的問題。

（二）本篇雖然不見於今本《墨子》，但有關内容和文字散見於《墨子》的一些篇章，可以互參……本篇文字，有些爲今本所無，有些可校正今本。特别是本篇提出『鬼神有所明有所不明』的命題，與今本祇强調『鬼神之明』有所不同。從辯證角度上講，層次更加深入。

[一] 曹錦炎釋文注釋：《鬼神之明》，馬承源主編：《上海博物館藏戰國楚竹書（五）》，上海古籍出版社2005年版，第307—308頁。

在具體的注釋中，他引用了大量的相關傳世文獻，特别是《墨子》文獻，以期與其所説此篇屬於「《墨子》的佚文」的觀點相一致。在上述引文的第一條中，曹氏一方面説此篇竹書爲「對話體」，另一方面又説其「無『説話者』」，這多少聽起來有些自相矛盾。不過，從下文來看，他所謂「無『説話者』」，可能是指本篇竹書没有具體指出説話者的姓名。其實，代表作者身份的「吾」在文本中反復出現了四次，這當然是有而非無「説話者」了。若對此篇竹書做出「對話體」的判斷，則需要有對話雙方的存在。竹書有一處文本似乎暴露了相關痕迹：「女以此詰之，則善者或不賞，而暴者或不罰。」「女」，曹錦炎讀作「汝」。〔一〕在上古漢語中，「汝」常爲卑稱。〔二〕《孟子·盡心下》曰：「人能充無欲害人之心，而仁不可勝用也；人能充無穿踰之心，而義不可勝用也。人能充無受爾汝之實，無所往而不爲義也。」趙岐《章句》曰：「爾汝之實，德行可輕賤，人所爾汝者也。既不見輕賤，不爲人所爾汝，能充大而以自行所至，皆可以爲義也。」〔三〕焦循《正義》曰：「爾汝，爲尊於卑、上於下之通稱。卑下者自安而受之，所謂實也。無德行者爲有德行者所輕賤，亦自安而受之，亦所謂實也。蓋假借爾汝爲輕賤，受爾汝之實，即受輕賤之實。故云：『德行可輕賤，人所爾汝者也。』非謂德行可輕賤，專在稱謂之爾汝也。」〔四〕在《論語》諸篇中，孔子常以「汝」稱呼其弟子。如《論語·先進》篇曰：「子畏於匡，顔淵後。子曰：『吾以女爲死矣。』曰：『子在，回何敢死？』」「子」，

〔一〕曹錦炎釋文注釋：《鬼神之明》，馬承源主編：《上海博物館藏戰國楚竹書（五）》，上海古籍出版社2005年版，第318頁。從聲韻、詞例來看，「女」通「汝」，典籍常見。

〔二〕李若暉：《語言文獻論衡》，巴蜀書社2005年版，第176—178頁。

〔三〕［清］焦循撰：《孟子正義》卷十四，國學研究社編：《諸子集成》第一册，中華書局1954年版，第592頁。

〔四〕同上。

弟子對孔子的敬稱；『女』，讀爲『汝』，孔子對其弟子之指稱，所謂『尊於卑、上於下之通稱』〔二〕。所有這些引文表明『女（汝）』所代指的一方，確實具有卑下的性質。在竹書中，相對於『女（汝）』的言説一方『吾』，就是尊上者了。這樣看來，曹錦炎將竹書《鬼神之明》篇看作『記述墨子與弟子或他人的對話』似乎在此找到了一些可靠的證據。

二、對整理者説法的批評

不過，如果此篇竹書果真屬於《墨子》佚文，但由於《墨子》一書的構成較爲複雜，那麽筆者在此不妨將對話雙方的情況設想得更爲複雜一些爲佳：其一，竹書《鬼神之明》篇爲墨子與其弟子的對話；其二，竹書《鬼神之明》爲墨家鉅子與其弟子的對話〔三〕；其三，竹書《鬼神之明》爲墨子與他人的對話；其四，竹書《鬼神之明》爲墨家鉅子與他人的對話。墨子或鉅子對於弟子或他人當然可以『女（汝）』稱謂之，而作爲弟子者則必須以恭敬的態度向老師提問。但是從簡文來看，作爲設問中的『汝』，對『吾』並不是很尊敬的。《説文·言部》曰：『詰，問也。』桂馥《義證》云〔三〕：

〔二〕『汝』作爲賤簡之稱，如《世説新語·排調》曰：『晋武帝問孫皓：「聞南人好作《爾汝歌》，頗能爲不？」皓正飲酒，因舉觴勸帝而言曰：「昔與汝爲鄰，今與汝爲臣。上汝一桮酒，令汝壽萬春。」帝悔之。』何樂士説：『表示比較隨便而親昵，不大尊敬甚或有責難、咒駡等意味的場合，多用「女」。』何樂士：《〈左傳〉的人稱代詞》，中國社會科學院語言研究所古代漢語研究室編：《古漢語研究論文集（二）》，北京出版社1984年版，第126頁。

〔三〕『鉅子』或作『巨子』，見《莊子·天下》和《吕氏春秋·去私》《上德》。《莊子·天下》曰：『以巨子爲聖人。』陸德明《釋文》曰：『向、崔本作鉅。向云：「墨家號其道理成者爲鉅子，若儒家之碩儒。」』

〔三〕［清］桂馥：《説文解字義證》卷七，中華書局1987年版，第217頁。

問也者，《廣雅》同。《書·周官》：『詰奸慝。』馬云：『詰，猶窮也。』《月令》：『詰誅暴慢。』《注》云：『詰，謂問其罪，窮治之也。』襄二十五年《左傳》：『士莊伯不能詰。』昭十四年《傳》：『詰奸慝。』杜云：『詰，責問也。』《淮南·時則訓》：『仲冬之月，牛馬畜獸有放失者，取之不詰。』高《注》：『詰，呵問也。』顧炎武曰：『《書》：「度作刑，以詰四方。」石經、監本同。《釋文》：「詰，起一反。」今本誤作誥。』

從桂馥《義證》所舉故訓及例子來看，『詰』是責問之義，或是上對下、尊對卑，或是就所執掌之事而責究之來説的。其例衆多，可參見《故訓匯纂》。[一] 既然『詰』是責問、誅問之義，那麼作爲他人弟子者即不應當以責讓的態度來向其老師發問。檢索《墨子》《論語》二書，並無『詰』字例，可爲其證。因此竹書中的『女（汝）』當不是『吾』的弟子，而較可能屬於墨家弟子之外的『他人』。

不僅如此，曹錦炎將竹書《鬼神之明》判斷爲對話體的墨子佚文，實際上已遭到更爲根本的挑戰和否定。『女以此詰之』的『女』，讀爲『汝』，雖然典籍習見[二]，然而在竹書這段文本中它到底是否應當讀爲『汝』呢？這還是大有疑問的。『女』，陳偉説：『恐當讀爲「如」，爲表示假設的連詞。』[三] 筆者認爲，陳説是對的。『女』『如』，上古音都屬於泥母魚部字，聲音相通。郭店簡《老子》甲組曰：『慎終女始，此亡敗

〔一〕 宗福邦、陳世鐃、蕭海波主編：《故訓匯纂》，商務印書館2003年版，第2113—2114頁。
〔二〕 高亨纂著，董治安整理：《古字通假會典》，齊魯書社1989年版，第886—887頁。宗福邦、陳世鐃、蕭海波主編：《故訓匯纂》，商務印書館2003年版，第504頁。
〔三〕 陳偉：《上博五〈鬼神之明〉篇初讀》，簡帛網，2006年2月18日。

事矣。』竹簡《緇衣》曰：『好美女好緇衣，惡惡女惡巷伯。』竹簡《語叢四》曰：『雖勇力聞於邦不女材，金玉盈室不女謀，衆强甚多不女時。』諸『女』字皆讀爲『如』。無論從上下文還是從全文來看，『女』在《鬼神之明》中都應當讀爲『如』。讀爲『汝』，其實在原文中難以找到真實依據。由此看來，曹氏將此篇竹書斷定爲『墨子與弟子或他人的對話』，是難以成立的。

竹書《鬼神之明》篇是否爲墨子或墨家鉅子與他人的對話，這還取决於此篇竹書本身是否即爲墨家學派之著作。這是一個必須加以追問的問題。曹錦炎説[一]：

> 文章中墨子列舉三代之聖王『堯、舜、禹、湯』因能『仁、義、聖、智』，而受到天下人效法，『貴爲天子，富有天下，後世遂之』；而三代之暴王『桀、受、幽、厲』由於『焚聖人，殺訐者，賊百姓，亂邦家』，結果『桀折鬲山，而受首岐社，身不没爲天下笑』。强調鬼神明察入微，愛恨分明，能够『賞善罰暴』。同時又舉例説，如伍子胥等聖人遭受迫害致死，反而像榮夷公等亂人却能長壽以終，這似乎是『善者或不賞，暴者或不罰』。墨子指出，這並非鬼神真的不明，鬼神不明必有其故。是因爲『其力能至焉而弗爲乎』，還是『其力故不能至焉乎』？他不知道。此兩者的分歧，就是他所説的『鬼神有所明有所不明』。

單純從内容上來看，曹氏對於《鬼神之明》篇的概括還算準確，但是在理解上亦有重大失誤之處。曹氏

[一] 馬承源主編：《上海博物館藏戰國楚竹書（五）》，上海古籍出版社2005年版，第307頁。

説：『墨子指出，這並非鬼神真的不明，鬼神不明必有其故。』此一叙述不但有自相矛盾之處，而且更重要的是竹書已明確地説『鬼神不明』及『鬼神有所明，有所不明』，與曹氏所謂『並非鬼神真的不明』顯然不合。關於『有所明，有所不明』的『明』，曹氏説：『强調鬼神明察入微，愛恨分明，能够「賞善罰暴」。』『明』在此被理解爲『明察』。因此所謂『鬼神有所明，有所不明』，在曹氏看來就是鬼神對於人間的善惡有所明察、有所不能明察之義。儘管他的叙述充滿矛盾，但是他將超越意義上的『鬼神之明』與一般意義上的『鬼神有所明，有所不明』分開來處理，這個用意是確定的。這也即是説，鬼神具有賞善罰惡的永恒意志，但是在其作用上則有『有所明，有所不明』的區别。據此，曹氏認爲《鬼神之明》篇是墨子或墨家學派的著作。不錯，墨子確實具有『明鬼』的主張及認爲鬼神具有『賞善罰暴』的特性，這見之於《墨子·天志》《明鬼》諸篇，但是他對於『賞善罰暴』原則的處理，與竹書《鬼神之明》在思想本質上是一樣的嗎？而且，墨子學派是否確實具有鬼神『有所不明』的思想呢？

《墨子·天志下》曰：

何以知天之愛百姓也？吾以賢者之必賞善罰暴也。何以知賢者之賞善罰暴也？吾以昔者三代之聖王知之。故昔也三代之聖王，堯舜禹湯文武之兼愛〔之〕天下也〔一〕，從而利之，移其百姓之意焉，率以敬上帝山川鬼神，天以爲從其所愛而愛之，從其所利而利之，於是加其賞焉，使之處上位，立爲天子以

〔一〕 孫詒讓云：『下「之」字，吴鈔本無，疑衍。』見［清］孫詒讓撰，孫啟治點校：《墨子閒詁》卷七，中華書局 2001 年版，第 132 頁。

法也〔一〕，名之曰聖人。以此知其賞善之證。是故昔也三代之暴王，桀紂幽厲之兼惡天下也，從而賊之，移其百姓之意焉，率以詬侮上帝山川鬼神，天以爲不從其所愛而惡之，不從其所利而賊之，於是加其罰焉，使之父子離散，國家滅亡，抎失社稷，憂以及其身。是以天下之庶民，屬而毀之，業萬世子孫，繼嗣毀之賁〈者〉不〔之〕廢也〔二〕，名之曰失王〔三〕。以此知其罰暴之證。

墨子認爲，天是愛護百姓的，這是上帝恒常不變的意志。而如何知道天是愛護百姓的呢？墨子説：『吾以賢者之必賞善罰暴也。』將賢者的賞善罰暴看作上帝愛護百姓的表現，於是『天以爲從其所愛而愛之，從其所利而利之』，堯、舜、禹、湯、文、武故得加賞，立爲天子。由此墨子説：『以此知其賞善之證。』桀紂幽厲反之，於是上帝加其罰，以至於喪身滅國。墨子説，由此可以知道上帝罰暴之證。《天志》諸篇的一個思想重點，就是墨子反復論證了上帝（天）具有『兼愛百姓』的最高目的和意志，並認爲上帝會將此一目的和意志通過賞善罰暴的必定作用表現出來。在此，『兼愛』是上帝意志之體，『賞善罰暴』是其用，這與竹書《鬼神之明》篇對於『賞善罰暴』原則的處理有所不同。更爲重要的是，《天志》篇根本就没有做出『有所

〔一〕『以法也』數字，於文義不順，疑有脱文。孫詒讓説：『今以此下文及《尚賢》中篇補之，疑當作：「以爲民父母，是以天下之庶民屬而譽之，業萬世子孫，繼嗣譽之者不之廢也。」此「法也」即「廢也」之誤。鐘鼎款識皆以「法」爲「廢」。』見［清］孫詒讓撰，孫啟治點校：《墨子閒詁》卷七，中華書局2001年版，第132頁。

〔二〕孫詒讓説：『今本「者」譌作「賁」，下文又衍「之」字，則文不成義。』見［清］孫詒讓撰，孫啟治點校：《墨子閒詁》卷七，中華書局2001年版，第132頁。

〔三〕蘇時學説：『「失」字誤，上篇皆「暴王」。』見［清］孫詒讓撰，孫啟治點校：《墨子閒詁》卷七，中華書局2001年版，第132頁。

明』和『有所不明』的區分。

《墨子·明鬼下》云：

（一）子墨子言曰：……是以天下亂。此其故何以然也？則皆以疑惑鬼神之有與無之别，不明乎鬼神之能賞賢而罰暴也。今若使天下之人，偕若信鬼神之能賞賢而罰暴也，則夫天下豈亂哉？

（二）是故子墨子曰：嘗若鬼神之能賞賢如罰暴也。[一]……故鬼神之明，不可爲幽閒廣澤、山林深谷，鬼神之明必知之。鬼神之罰，不可爲富貴衆强[二]、勇力强武、堅甲利兵，鬼神之罰必勝之。

在上引第一段文字中，墨子批評了當時人們懷疑鬼神存在而不明白其『能尚賢而罰暴』的看法，並説如果人們相信『鬼神必能賞賢而罰暴』的話，那麽天下就不會混亂了。由此可知，對墨子而言，『鬼神必能賞賢而罰暴』這是不可動摇的信仰。而這顯然與竹書充滿懷疑論的色彩是迥異的。因此，我們還能認爲竹書《鬼神之明》篇是墨子或者墨家學派的著作嗎？在上引第二段引文中，墨子也認爲鬼神必能賞賢罰暴，不過其所依據者有所不同。墨子認爲『鬼神之明』不可依恃幽閒廣澤、山林深谷以逃避之，而即便如此，鬼神的聰慧一定會知道的；『鬼神之罰』不可憑藉富貴衆强、勇力强武、堅甲利兵來抵禦之，而即便如此，鬼神的

[一] 孫詒讓説：「『嘗若』當作『當若』。此書文例多如是，詳《尚同》中篇。『如』，吴鈔本作『而』，畢云：『如與而音義同，故字書而即須也，需亦從而聲。』」見［清］孫詒讓撰，孫啟治點校：《墨子閒詁》卷八，中華書局2001年版，第150頁。

[二] 王念孫云：「『下一字乃「爲」字，非「恃」字也……「不可爲富貴衆强」云云，猶孔子言「仁不可爲衆也」』。其一本作『不可恃』，『恃』字乃後人以意補之，與上下文不合。」見［清］孫詒讓撰，孫啟治點校：《墨子閒詁》卷八，中華書局2001年版，第151頁。

懲罰一定會戰勝的。由此可知，墨子不但確實有『鬼神之明』的觀點，而且他對此是堅信不疑的，根本没有鬼神『有所不明』或『鬼神不明』的看法。而對鬼神罰暴的能力，墨子也持完全肯定的態度，上述引文不但不存在竹書所謂『善者或不賞，而暴者或不罰』的觀點，而且恰恰相反，反映出墨子正是要批評這些觀點的。

三、竹書《鬼神之明》篇非墨家著作

如何論定竹書《鬼神之明》篇的學派性質，《墨子·公孟》篇的相關論述似乎值得加倍注意。[一]《公孟》云：

（一）有游於子墨子之門者，謂子墨子曰：『先生以鬼神爲明知，能爲禍人哉福[二]，爲善者富（福）之，爲暴者禍之。今吾事先生久矣，而福不至，意者先生之言有不善乎？[三] 鬼神不明乎？我何故不得福

[一] 曹錦炎已實際上注意到此一點。譬如他在作『附録：《墨子》有關篇章節録參考』時，即將《公孟》篇引文放在《明鬼下》《天志下》之前。參見馬承源主編：《上海博物館藏戰國楚竹書（五）》，上海古籍出版社 2005 年版，第 321 頁。

[二] 孫詒讓曰：『王云：此當以「能爲禍福」連讀，不當有「人哉」二字。下文曰：「先生以鬼神爲明，能爲禍福，爲善者賞之，爲不善者罰之。」是其證。今本禍福二字之間，言「人哉」二字，則義不可通。按，王説固是，但疑當作「能爲人禍福哉」，「人哉」二字恐非衍文。未敢肊定，姑仍舊本。』見［清］孫詒讓撰，孫啟治點校：《墨子閒詁》卷十二，中華書局 2001 年版，第 279—280 頁。

[三] 王引之《經傳釋詞》卷三曰：『或言「意者」，亦疑詞也。』《廣雅》曰：『意，疑也。』此『意』，非同『抑』也。

也？』子墨子曰：『雖子不得福，吾言何遽不善？而鬼神何遽不明？子亦聞乎匿徒之刑之有刑乎？』[一]對曰：『未之得聞也。』子墨子曰：『今有人於此，什子，子能什譽之，而一自譽乎？』對曰：『不能。』『有人於此，百子，子能終身譽亓善，而子無一乎？』對曰：『不能。』子墨子曰：『匿一人者猶有罪，今子所匿者，若此其多，將有厚罪者也，何福之求？』

（二）子墨子有疾，跌鼻進而問曰：『先生以鬼神爲明，能爲禍福，爲善者賞之，爲不善者罰之。今先生聖人也，何故有疾？意者先生之言，有不善乎？鬼神不明知乎？』子墨子曰：『雖使我有病，何遽不明？人之所得於病者多方，有得之寒暑，有得之勞苦。百門而閉一門焉，則盜何遽無從入？』

從對話的語境來看，跌鼻和『有游於子墨子之門者』皆是墨子的弟子。在《公孟》篇中，墨子的主張仍然是一貫的，他堅持『古聖王皆以鬼神爲神明，而爲禍福』的觀點。[二]但是他的弟子對於他的觀點未必從一開始就是全然贊成的。如在上述第一段引文中，『有游於子墨子之門者』即根據墨子『以鬼神爲明知』及鬼神『能爲禍福，爲善者福之，爲暴者禍之』的觀點，而對於『鬼神之明』及墨子之言表示了懷疑，云：『今吾事先生久矣，而福不至，意者先生之言有不善乎？鬼神不明乎？我何故不得福也？』此一弟子久事墨子，

[一] 孫詒讓曰：『俞云：「之刑」二字衍文，「子亦聞乎匿徒之有刑乎？」徒謂胥徒，給徭役者；匿徒謂避役。蘇説同。按，此疑當作「匿刑徒之有刑乎」，衍一「之」字；刑、徒又誤到耳。』見［清］孫詒讓撰，孫啟治點校：《墨子閒詁》卷十二，中華書局2001年版，第280頁。此句疑讀爲：『子亦聞乎匿刑（形）之徒之有刑乎？』前一『刑』字，讀爲『形』。匿形，謂隱匿形迹，若此弟子之自私，不能揚譽他人之美者。

[二]《墨子·公孟》曰：『公孟子謂子墨子曰：「有義不義，無祥不祥。」子墨子曰：「古聖王皆以鬼神爲神明，而爲禍福。執有祥不祥，是以政治而國安也。自桀紂以下，皆以鬼神爲不神明，不能爲禍福，執無祥不祥，是以政亂而國危也。」』

却未得鬼神之福，這是一個事實；但是他不能反己，以求未得鬼神之福的自身原因，却懷疑墨子之言是否正確，即懷疑鬼神是否真正有明。墨子對他的觀點作了批評，認爲即使他未得其福，也不足以説明『吾言不善』和『鬼神不明』。墨子指出，他的此一弟子之所以會對其言和鬼神之明産生懷疑，是因爲根本問題在於他把自己肯定爲一個善者，實則不過是惡人之美、揚人之惡的『所匿者，若此其多，將有厚罪』之人，因此何足以求鬼神之福哉？

第二段引文與第一段引文前後相連，所表達的思想主旨也是一樣的。針對墨子有疾，墨子的弟子跌鼻問了同樣的問題：既然墨子爲聖人，且鬼神之明能够賞善罰暴，然而何故墨子有疾？這是由於墨子的判斷有問題呢，還是由於鬼神不明知呢？在此，跌鼻並没有否定鬼神具有賞善罰暴的能力，而衹是懷疑鬼神是否具有行此賞善罰暴之知。對於跌鼻的問題，墨子回答：即使我有病，鬼神何遽因此就不明知呢？鬼神之明是確定的，但是人得病的原因是多方面的，有得之於寒暑的，有得之於勞苦的，如此，這就像百門僅關閉其一門，盜賊可進入的門徑很多一樣。這一方面説明了墨子並不把人的一切變故都歸之於鬼神賞善罰惡的結果，充滿了理性精神，另一方面也説明了墨子賞善罰惡的鬼神之明很可能是限定在道德，尤其是政治道德的範圍内來説的。至於自然變故對於人生命運的影響等，墨子並不以爲與鬼神賞善罰惡之明有關。

從以上的論述可以看出，對於『鬼神之明』及其『賞善罰暴』的原則持懷疑態度的，恰恰不是墨子本人，而很可能是與其對話的弟子。墨子關於『賞善罰暴』的『鬼神之明』的信仰是堅定的，爲此他必須時常對其弟子的疑問和他人的詰難做出令人滿意的回答。就墨子的弟子來説，雖然他們在信仰上可能存在一定懷疑，但是在經過與墨子的對話之後，都應該齊一於墨子的主張和觀點；否則，就可能誤入歧途，陷入其他學派的鬼神觀念之中，而背離墨家學派的主張。[一] 由此看來，竹書《鬼神之明》篇中的『吾』所持的『鬼神有所明，有所不明』的觀點，斷然不是墨子的主張。堯舜禹湯之『賞善，此明矣』及桀紂幽厲之『罰惡，此明矣』，這是所謂『鬼神有所明』的證據。聖人伍子胥死於非命，『善者或不賞』，惡人榮夷公長命而終，『暴者或不罰』，這是所謂『鬼神有所不明』的證據。以聖人伍子胥之死於非命及亂人榮夷公之長命而終來證明『鬼神有所不明』的觀點，或者説竹書作者將鬼神區分出『有所明』和『有所不明』的判斷本身，這不但不是墨子的觀點，相反它正是墨子一直所批判及試圖遏止的。墨子或墨子學派不可能具有鬼神『有所不明』的觀點，此一學派對於鬼神賞善罰暴的能力及其明知，是持肯定態度的。這是貫穿於《墨子·天志》《明鬼》的一個基本主張。也因此，『鬼神之明』的原則對於竹書《鬼神之明》篇和墨子學派來説是不一樣的：前者以經驗的懷疑態度來對待它，後者則以信仰的肯定態度來理解它。墨子認爲鬼神必定能够明賞明罰，竹書則認爲鬼神有時不能致此賞罰。

雖然竹書《鬼神之明》篇不可能是墨子及其弟子的著作，但是從其中論述的主要問題，即鬼神賞善罰惡是有限的還是無限的來看，兩者之間的關係是非常密切的，可以説是在同一個話題之下衍生出來的不同答案和主張。不過從作品的寫作時間來説，此篇竹書似乎不可能早於《墨子·天志》《明鬼》諸篇，而可能與《墨子·公孟》篇的寫作同時。在《天志》《明鬼》諸篇中，墨子對於『賞善罰暴』和『鬼神之明』僅作了正面的申述和説教，如説：『何以知天之愛百姓也？吾以賢者之必賞善罰暴也。』又説：『今若使天下之人，

[一] 子學學派的論定，其主要依據在於思想觀念上的統一。否則，即使甲方曾從乙方學習，爲弟子，亦非必定屬於乙方所在的學派。如孔子曾師於老子，然二子分别爲儒家、道家之鼻祖。如韓非子曾從荀子學習，但他公認爲法家。

偕若信鬼神之能賞賢而罰暴也，則夫天下豈亂哉？』」又説：『故鬼神之明，不可爲幽閒廣澤、山林深谷，鬼神之明必知之；鬼神之罰，不可謂富貴衆强、勇力强武、堅甲利兵，鬼神之罰必勝之。』」可以説，《墨子·天志》《明鬼》兩篇的目的首先是要確定鬼神、天志之有無，而這與《墨子·公孟》篇和竹書《鬼神之明》篇是很不一樣的。《公孟》篇是在鬼神信仰確定的前提下，墨子師徒討論「鬼神之明」的有限性與無限性問題。竹書《鬼神之明》篇也是如此，不過其思考方向和答案與《公孟》篇不同，且與《天志》《明鬼》的基本主張相違。另外，在《天志》《明鬼》兩篇中，「鬼神之明」與鬼神「賞善罰暴」的原則是並置的，從屬於「兼愛」這一更高的「天志」原則；但是在《公孟》及竹書《鬼神之明》篇中，「鬼神之明」高於「賞善罰暴」這一原則，依據經驗世界的善暴賞罰之相應與不相應的情況而出現了「鬼神有所明」和「有所不明」的懷疑觀點。而基於這些理由，我們可以斷定，竹書《鬼神之明》篇大概是晚於《天志》《明鬼》的作品，而與《公孟》篇同時。

在墨子之前，子産曾以天道難知的態度來對待「天」[二]，但是他並没有否定鬼神的存在，對於鬼神之明知也没有産生懷疑。叔興有所謂「吉凶由人」之説，並將一些怪異之事看作「陰陽之變」的結果的觀點[三]，

[二]《左傳·昭公十八年》曰：『子産曰：「天道遠，人道邇，非所及也。何以知之？灶焉知天道。是亦多言矣，豈不或信！」遂不與，亦不復火。』

[三]《左傳·僖公十六年》曰：『十六年春，隕石於宋五，隕星也。六鷁退飛過宋都，風也。周内史叔興聘於宋，宋襄公問焉，曰：「是何祥也？吉凶焉在？」對曰：「今兹魯多大喪，明年齊有亂，君將得諸侯而不終。退而告人曰：君失問，是陰陽之事，非吉凶所生也。吉凶由人，吾不敢逆君故也。」』

可能由此區分出『天』具有自然與神性的兩重内涵，並實際上開啓了天人相分的觀念，但是他仍然没有懷疑神性之天的存在。[二] 孔子云『未知事人，焉能事鬼』『敬鬼神而遠之』（《論語・先進》《雍也》），雖然在處理神人關係時具有一定的理性精神，但是從根本上孔子没有否定鬼神的存在。[三] 從《論語》來看，孔子之所以説『敬鬼神而遠之』這些話，可能是有鑒於其弟子或爲迷信者，如子路，因此孔子在一定程度上對於鬼神的理性反省實際上是針對當時人們信仰之流弊來説的。從《論語》到《孟子》，再到《荀子》，無神論的思想得以在儒家精英思想系統中最終確立，這是經過了一個比較漫長的發展過程的。在墨子的時候，人們對於鬼神之有無雖然産生了懷疑的態度，但是並没有完全將其否定。而考察《墨子・公孟》篇，『儒者』對於鬼神的態度與荀子的主張相近。《公孟》云：

（一）公孟子曰：『無鬼神，又曰君子必學祭祀。』子墨子曰：『執無鬼而學祭禮，是猶無客而學客禮也，是猶無魚而爲漁罟也。』

（二）子墨子謂程子曰：儒之道，足以喪天下者，四政焉。儒以天爲不明，以鬼爲不神，鬼神不説，此足以喪天下。

[二] 叔興的觀點雖然與荀子有相同之處，但是從叔興到荀子的觀念還有一段較遠距離，其中必須經過莊子及其後學對於『天』的徹底重構，如此纔可能出現荀子『天行有常，不爲堯存，不爲桀亡』的觀點。參見《荀子・天論》。

[三] 《論語・八佾》曰：『祭如在，祭神如神在。子曰：「吾不與祭，如不祭。」』

公孟子爲儒門弟子[一]，在《公孟》篇中凡所言者皆代表儒家觀點。公孟子認爲世間没有鬼神存在，但是又認爲君子必須學習祭祀之禮。這在墨子看來是自相矛盾的，没有鬼神而學習祭祀之禮的儒家觀點，就好比没有賓客而學習賓客之禮，没有魚兒却編織漁罟一樣，是十分荒唐的，也因此祭祀之禮就完全虚無化了，會給整個社會造成巨大危害。所以墨子説：『儒以天爲不明，以鬼爲不神，鬼神不説，此足以喪天下。』上舉《公孟子》篇否定鬼神存在的儒家觀點，與《論語》中孔子的鬼神觀相差較遠。《孟子·萬章上》曰：『使之主祭，而百神享之，是天受之；使之主事，而事治，百姓安之，是民受之也。』《孟子》一書直接談論鬼神雖僅見此一例，但足以説明孟子本人没有將鬼神虚無化，作爲實體性質的鬼神仍然是祭祀的本原。荀子與孔孟的鬼神觀頗爲不同，他不但將『天』還原爲自然之天，要人『明於天人之分』（《荀子·天論》），而且直接將祭祀活動中具有實體性質的鬼神存在消解了和虚無化了。《荀子·天論》曰：『雩而雨，何也？曰：無何也，猶不雩而雨也。日月食而救之，天旱而雩，卜筮然後决大事，非以爲得求也，以文之也。故君子以爲文，而百姓以爲神。以爲文則吉，以爲神則凶也。』荀子在此將祭祀活動僅僅看作是爲了文飾的必要，而云『以爲文則吉，以爲神則凶』。而公孟子所謂『無鬼神，又曰君子必學祭祀』的説法，如果推展開來，必然趨近於荀子的觀點。從思想發展的進程來推斷，《墨子·公孟子》篇因此很可能是在荀子稍前或與其同時產生的墨家作品。由此來看竹書《鬼神之明》篇的寫作時代問題，由於它在思考的問題和一些重要内容上與《公

[一] 孫詒讓曰：『惠棟云：「公孟子即公明子，孔子之徒。」宋翔鳳云：「孟子、公明儀、公明高、曾子弟子公孟子與墨子問難，皆儒家之言。孟與明通，公孟子即公明子。其人非儀即高，正與墨翟同時。」詒讓案，《潛夫論·志氏姓》篇衛公族有公孟氏，《左傳·定十二年》孔《疏》謂公孟縶之後，以字爲氏，《説苑·修文》篇有「公孟子高見顓孫子，莫及曾子」，此公孟子疑即子高，蓋七十子之弟子也。』見［清］孫詒讓撰，孫啟治點校：《墨子閒詁》卷十二，中華書局 2001 年版，第 271 頁。

孟》篇很相仿，因此它很可能與《公孟》篇撰作同時，但是它又不太可能是儒家的作品。如果我們一定要認爲它是墨家著作的話，由於其主張鬼神『有所明，有所不明』的觀點與墨子本人的觀點根本不同，甚至它正是墨子所批判的，因此此篇竹書也衹可能屬於墨學異端完全背離師説的作品。由此來看，竹書《鬼神之明》也不太可能屬於墨家著作。

下編　竹書注譯

凡例

一、本注譯從上博楚竹書中選取了二十四篇思想性較高的文獻，並分爲四類：第一類竹書以孔子爲中心，包括孔子弟子的著作；第二類竹書也屬於儒家性質，但孔子或其弟子没有直接出現在這些文獻中；第三類竹書屬於道家性質；第四類竹書是儒道兩家以外的著作。每一類竹書都按照其在《上海博物館藏戰國楚竹書》中出現的先後次序排列。《周易》是非常重要的經學文獻，在中國哲學與思想的發展中起過重要作用，但鑒於其自身的思想性不高，故我們没有將上博簡《周易》列入本注譯之中。

二、本注譯由簡介、原文、注釋、今譯、思想和參考文獻六個部分組成。『簡介』涉及竹書原出處、竹簡形制、原釋文注釋者、簡序、關鍵字詞改釋、思想要點和學派屬性等内容。『原文』儘量采用通行字和可信的釋讀，學者對於部分字詞的不同意見一般放在注釋中作説明，爭論不大的字詞則不作交待。本注譯根據文意對竹書原文作了分段，以方便注釋；合文和重文符號一律改爲相應的文字。『注釋』要求簡明扼要，對關鍵字詞的隸定及其釋讀作説明，並以脚注指明其出處。注釋參考了學界現有成果，充分吸取了學者相關意見。『今譯』采取分段翻譯的方式，關鍵哲學概念（如天、心、性、道、仁、義、禮等）一般不作翻譯，但必要時適當作處理。『思想』主要歸納竹書的要點，並作適當的分析，討論重要概念和命題，評論有爭論的問題，辨析竹書的學派性質等。『參考文獻』以辨析和討論竹書釋文及注釋的研究成果爲主。不過，根據出版通例，所有參考文獻都被匯集起來放在書末單獨列出。

三、本注譯所據釋文，以《上海博物館藏戰國楚竹書》爲基礎，同時廣泛參考和吸納了其他學者的意見。竹書釋文一般采用通行字，原文殘缺或殘漶不清之字用□號表示；若字數多少難以判斷，則以……號表示；補字加【 】號表示。簡文中的假借字、異體字等，隨文注出其本字或正字，並用（ ）號表示；衍文用｛ ｝號表示，脱文用〔 〕號表示，譌文經改正後的正字用〈 〉號表示。

四、上博楚竹書的墨記符號有多種，包括墨丁、墨塊、墨節和鈎識符號，本書一般不作保留，個别情况在注釋中予以説明和處理。墨丁、墨塊一般在竹書中作句讀和分章符號使用，墨節和鈎識一般作分篇符號使用。

五、需要指出，上博楚竹書原整理者所作釋文及其注釋大多不太理想，錯誤較多。學者對簡序作了較大調整，對釋文作了較多改動，本注譯即注意充分吸收這些成果。

六、本注譯引用清人以前的著作，一般僅注明書名、卷次；民國以後的著作，則詳列其出處。

壹　儒家竹書甲類

孔子詩論

【簡介】

本篇竹書選自馬承源主編《上海博物館藏戰國楚竹書（一）》（上海古籍出版社2001年版），原整理者和釋文注釋者均爲馬承源先生。竹書圖版見此書第13—41頁，釋文注釋見此書第123—159頁。此篇佚書保存完、殘簡二十九支，完整簡長五十五點五釐米，兩端圓形，編繩三道，上書五十四至五十七字。據學者統計，全篇現存一千〇六字。本篇與《子羔》《魯邦大旱》的竹簡形制相同，字迹均由同一書者抄寫。在《子羔》篇第5號簡背題有『子羔』二字，馬承源、李零據此推測，《子羔》《魯邦大旱》《孔子詩論》三篇可能同卷，係子羔氏之儒的著作，簡背『子羔』二字係書題。[一]《孔子詩論》《魯邦大旱》兩篇竹書原無篇題。我們認爲，這種可能性是存在的。《孔子詩論》與《緇衣》的行文方式相仿，它比較可能是子羔氏記載其師

[一] 馬承源釋文注釋：《子羔》，見氏主編：《上海博物館藏戰國楚竹書（二）》，上海古籍出版社2002年版，第38、183頁；李零：《上博楚簡三篇校讀記》，萬卷樓圖書有限公司2002年版，第13—14頁。

孔子論詩的著作，從總體上看，此篇竹書主要反映了孔子的詩學思想。

本篇竹書爲佚書，原無篇題，篇題『孔子詩論』係整理者根據文意擬加的。本篇佚書的竹簡殘斷較甚，許多地方文意不連貫，給竹簡的編聯增加了難度。馬承源結合抄寫形式，依據簡文内容分爲四類：第一類概論《頌》《大雅》《小雅》《邦風》，這些竹簡抄寫在第一道編繩和第三道編繩之間，而第一道編繩之上及第三道編繩之下的部分，竹簡均留白不書。馬氏並稱此類竹簡爲《詩序》。第二類分論各篇《詩》的具體内容。第三類爲單支竹簡，其上所書篇名均爲《邦風》詩。第四類爲單支竹簡，它們或將《邦風》《大雅》詩，或將《邦風》《小雅》詩連抄在一起。竹書《孔子詩論》的發表，引起了學界的巨大關注，參與竹簡重新編聯、文字改釋和文義、思想討論的成果衆多，推動了先秦詩學及相關經學問題的研究。引起學者爭論的主要問題有：第一，簡序；第二，釋文；第三，《詩序》；第四，孔子論詩的原則。

原整理者所編聯簡序存在很大問題，李學勤、廖名春、李零、姜廣輝、曹峰、季旭昇、李鋭、范毓周、李守奎、濮茅左、曹建國、黄懷信、馮時、俞志慧、陳斯鵬、侯乃峰等學者提出了改進意見或新方案。[一] 李學勤的編聯方案是：10—14—12—13—15—11—16—24—20—27—19—18—8—9—17—25—26—23—28—29—21—22—6—7—2—3—4—5—1[二]。季旭昇的編聯方案是：1—2—3—4—5—7—8—9—10—14—12—13—

〔一〕 這些編聯方案，可參見曹建國：《楚簡與先秦〈詩〉學研究》，武漢大學出版社2010年版，第75—79頁。

〔二〕 李學勤：《再説〈詩論〉簡的編聯》，［美］艾蘭、邢文編：《新出簡帛研究——新出簡帛國際學術研討會文集》，文物出版社2004年版，第88—91頁。此前，李氏已有《〈詩論〉簡的編聯與復原》一文發表在《中國哲學史》2002年第1期上。

15—11—16—24—20—18—19—27—17—23—25—26—28—29—21—22—6[一]。季氏並將竹簡分爲『總論』『分論』和『合論』三個部分，而每一部分又分爲若干章。侯乃峰在李學勤方案的基礎上將第8、9號兩簡移後，置於第21、22、6號簡之前，合成一組。他的分組及編聯方案是：10—14—12—13—15—11—16—24—20—27、19—18、17—25、26—23、28—29、8—9—21—22—6、7—2—3、4—5—1[二]。

《孔子詩論》是一篇論《詩》的專文，反映了孔子的詩學思想，意義重大。竹書曰：『詩亡隱志，樂亡隱情，文亡隱意。』這是孔子解《詩》的基本觀念。據此篇竹書，孔子解詩論詩的思想還表現在如下四個方面：（一）以『德』、以『天命』説詩；（二）以『民性固然』説詩；（三）以『情』説詩；（四）將三百篇分爲《風》《小雅》《大雅》《頌》四類來作解釋，竹書注意其風格及其所反映的情感、生活的多樣性。總之，《孔子詩論》展示了孔子解詩論詩的觀念、方法及其具體詮釋，體現了『思無邪』之旨，是對《尚書·堯典》『詩言志』説的繼承和深化。竹書的價值顯然超過了《毛詩序》，它是學者今後解詩論詩的重要文獻及論述孔子詩學的首要依據。另外，此篇竹書可能爲子羔氏所撰述，這是值得注意的儒學現象。

本注譯的釋文簡序，采用侯乃峰調整過的方案。對於釋文，李學勤、李零、季旭昇、劉信芳、陳斯鵬、曹建國、侯乃峰等人作了較多訂正，本注譯擇善而從之。侯乃峰《上博楚簡儒學文獻校理》、曹建國《楚簡與先秦〈詩〉學研究》均將本篇竹書劃分爲十二章，本注譯一般采用侯氏的分章法。需要指出，由於竹簡殘

[一] 陳霖慶撰寫，季旭昇改訂：《〈性情論〉譯釋》，季旭昇主編：《〈上海博物館藏戰國楚竹書（一）〉讀本》，萬卷樓圖書股份有限公司2004年版，第2頁。

[二] 侯乃峰：《上博楚簡儒學文獻校理》，上海古籍出版社2018年版，第2—6頁。

損較多，故簡序及簡文分章目前仍存在疑問，有待改進。

《關雎》之改，《樛木》之時，《漢廣》之智，《鵲巢》之歸，《甘棠》之報，《綠衣》之思，《燕燕》之情，蓋曰動而皆賢於其初者也。[一]《關雎》以色喻於禮。【□□□□□□□□□□】[10]……兩矣，其四章則喻矣。以琴瑟之悦，擬好色之願。以鐘鼓之樂【□□□□】[14]□□【之】好，反納於禮，不亦能改乎？[二]《樛木》福斯在君子，不【亦知時乎！《漢廣》不求】[12]【不】可得，不攻不可能，不亦知亘（恒）乎？《鵲巢》出以百兩，不亦有送乎？[三]《甘【棠】》……[13]……及其人也，敬愛其樹，其報厚矣。《甘棠》之愛，以召公【也】……[15]……情愛也。[四]《關雎》之改，則其思益矣。《樛木》之時，則以其祿也。《漢廣》之智，則知不可得也。《鵲巢》之歸，則送者[11]……【也。《甘棠》之報，則】……召公也。《綠衣》之憂，思古人也。《燕燕》之情，以其獨也。[五][16上]

【注釋】

[一]《關雎》，今本見《毛詩·周南》。「改」，原字作「攺」。「攺」即「改」字。原整理者讀作「怡」，李學勤作「如」字讀。〔一〕按，竹書第10號簡曰：「《關雎》以色喻於禮。」第12號簡曰：「反納於禮，不亦能改乎？」第11號簡曰：「《關雎》之改，則其思益矣。」據如上引文，這些「攺」字都應當讀作

〔一〕李學勤：《〈詩論〉說〈關雎〉等七篇釋義》，《齊魯學刊》2002年第2期。

『改』。『改』是更改、更易之義。『《關雎》之改』，是説《關雎》的詩意在於引導人從『好色』改變爲『好禮』。

《樛木》，今本見《毛詩·周南》。『時』，謂『善時』。『《樛木》之時』，謂君子以善時之福禄安綏下民。『福履綏之』，孔穎達《疏》曰：「《天保》云：『降爾遐福。』天下普蒙，則下民遇善時亦曰福禄。」竹書以『時』發《樛木》之詩意，與孔穎達《疏》所云相合。

《漢廣》，今本見《毛詩·周南》。『智』，明智也。竹書『《漢廣》之智』及第11號簡曰『則知不可得也』的評論，與原詩意相合。

《鵲巢》，今本見《毛詩·召南》。『歸』，古代謂女子出嫁曰歸。竹書『《鵲巢》之歸』的評論，與原詩意相合。

《甘棠》，今本見《毛詩·召南》。『報』，原簡作『保』字，據下文『其報厚矣』，『保』當讀爲『報』字。〔一〕竹書『《甘棠》之報』『《甘棠》之愛』的評論，與原詩意相合。

《緑衣》，今本見《毛詩·邶風》。『思』，謂憂思、思念。第16號簡曰『《緑衣》之憂，思古人也』，比『《緑衣》之思』的評論更爲具體，它們都與原詩意相合。

《燕燕》，今本見《毛詩·邶風》。『情』，慤實也，即真情。第11號簡有『情愛也』三字，其『情』字與《荀子·修身》『術禮義而情愛人』的『情』字同義。竹書『《燕燕》之情』的評論，與原詩意相合。

〔一〕 廖名春：《上博簡〈關雎〉七篇詩論研究》，《中州學刊》2002年第1期。

『蓋』，原簡作『害』字，連下『曰』字讀。[一]『害』一讀爲『曷』，並在『曷』下斷句，疑非。

『動』，指思慮、情感、行爲之動。『賢於』，義爲好過、勝過。

[二]『喻』，曉也，即曉明、闡明之義。『以色喻於禮』，意即以人皆有好色之心而曉諭世人，必以禮求其匹逑。

『擬』，原簡從矣從心，上下結構，周鳳五等讀作『擬』。[二]《説文·手部》：『擬，度也。』在竹簡中是設計、揆劃之義。『以琴瑟之悦，擬好色之願』，是説以琴瑟之和悦來揆劃、擬度好色的心願。

『納』，原簡作『内』，此字亦可讀作『入』。納、入同義。

[三]『攻』，義爲作或治。《大雅·靈臺》：『庶民攻之，不日成之。』《毛傳》：『攻，作也。』《小雅·鶴鳴》：『他山之石，可以攻玉。』《毛傳》：『攻，錯也。』『錯』即『治』之義。

『亘』，讀爲『恒』，義爲『恒』常，具體指常道、常則。此字一讀爲『極』，訓準則。

『百兩』，古凡一車兩輪，故以『兩』爲一車的計量單位，『百兩』指一百輛車。

『送』，從裘錫圭釋讀[三]，竹簡原字從悤從辵。第27號簡『送』字，亦作此形。古人嫁娶有送迎之禮，《詩論》評論之曰『送』，與《鵲巢》『之子於歸』的詩句相合。

[一] 彭裕商：《讀〈戰國楚竹書（一）〉隨記三則》，《新出楚簡與儒學思想國際學術研討會論文集》，清華大學2002年，第34頁。

[二] 周鳳五：《〈孔子詩論〉新釋文及注解》，上海大學古代文明研究中心、清華大學思想文化研究所編：《上博館藏戰國楚竹書研究》，上海書店出版社2002年版，第161頁。

[三] 裘錫圭：《釋古文字中的有些『悤』字和從『悤』、從『兇』之字》，復旦大學出土文獻與古文字研究中心編：《出土文獻與古文字研究》第二輯，復旦大學出版社2008年版，第1—12頁。

〔四〕《甘棠》之愛，指上文『敬愛其樹』的『敬愛』。『情愛也』三字，據上下文，當就『《燕燕》之情』而言。『情愛』，義爲真實之愛。

〔五〕『時』，指治世之善時。而治世之善時，由於君子降福禄於下民。

『獨』，原簡作『蜀』，讀作『獨』。帛書《五行》篇引《燕燕》詩以解釋『慎其獨』句。『獨』謂孤獨。《詩序》：『《燕燕》，衛莊姜送歸妾也。』《毛傳》：『莊姜無子，陳女戴嬀生子名完，莊姜以爲己子。莊公薨，完立，而州吁殺之。戴嬀於是大歸，莊姜遠送之于野，作詩見己志。』孔穎達《疏》：『隱三年《左傳》曰：「衛莊公娶于齊東宮得臣之妹曰莊姜，美而無子。又娶于陳曰厲嬀，生孝伯，早死。其娣戴嬀生桓公，莊姜以爲己子。」四年春，州吁殺桓公，經書「弑其君完」。是莊姜無子，完立，州吁殺之之事也。由其子見殺，故戴嬀於是大歸。莊姜養其子，與之相善，故越禮遠送于野，作此詩以見莊姜之志也。』其時，莊姜孤獨之甚，故《詩論》曰『《燕燕》之情，以其獨也』。一説，『獨』訓『專一』。〔一〕

右爲第一章。

【今譯】

《關雎》的『改變』，《樛木》的『時機』，《漢廣》的『智慧』，《鵲巢》的『歸嫁』，《甘棠》的『回報』，《绿衣》的『憂思』，《燕燕》的『真情』，它們大概是説：一動皆好過其原初。《關雎》以美色來闡明

〔一〕 龐樸：《上博藏簡零箋（一）》，簡帛研究網，2002年1月4日；周鳳五：《〈孔子詩論〉新釋文及注解》，上海大學古代文明研究中心、清華大學思想文化研究所編：《上博館藏戰國楚竹書研究》，上海書店出版社2002年版，第161頁。

禮的重要……其第四章於是喻明了禮的重要。以琴瑟的和悦，來擬設好色的心願。以鐘鼓的悦樂……反合於禮，這不也算是能改變自己嗎？《樛木》的福氣在於君子，這不也算是能把握時機嗎？《漢廣》不追求那些不可能得到的東西，不致力於做那些不能做到的事情，這不也算是知道恒常之道嗎？《鵲巢》以百輛車出行，這不也算是很重視送别嗎？《甘棠》……因想及其人而尊敬、喜愛他所種下的樹木，這種回報的感情是深厚的。《甘棠》的『愛戴』之情，是因爲召公……是真實的喜愛。《關雎》的『改變』，這是其省思的好處。《樛木》的『時機』，這是以其爵禄言之。《漢廣》的『智慧』，這是知道什麼是不可能得到的。《鵲巢》的『歸嫁』，這是説送行的人……《甘棠》的『回報』……召公也。《緑衣》的『憂愁』，這是思念古人。《燕燕》的『真情』，這是因其孤獨無助。

孔子曰：吾以《葛覃》得氐初之詩。民性固然：見其美必欲反其本。夫葛之見歌也，則【16下】以絺綌之故也。后稷之見貴也，則以文武之德也。[一] 吾以《甘棠》得宗廟之敬。民性固然：甚貴其人，必敬其位；悦其人，必好其所爲，惡其人者亦然。[二]【吾以】【24】【《木瓜》得】幣帛之不可去也。民性固然：其有隱志，必有以喻也；其言有所載而後入，或前之而後交，人不可捍也。[三] 吾以《杕杜》得爵……【20】……如此何？斯爵之矣。送其所愛，必曰吾奚予之？賓贈是已。[四]【27上】

【注釋】

[一]《葛覃》，今本見《毛詩・周南》。竹書論《葛覃》，與原詩意相合。『葛覃』二字，由李天虹等人

釋出。[一]『氒』，竹簡原字作『氏』，其實爲『氒』之誤字，參見裘錫圭說。[二]『氒初』，即『厥初』。《毛詩·大雅·生民》：『厥初生民，時維后稷。』鄭玄《箋》：『厥，其。初，始。』『厥初』，即肇始、始初之義。竹簡『詩』字包含『頌揚』的意思。

『葛』，多年生草質藤本植物，其根可以入藥，其皮可以用作紡織原料。『絺綌』二字，由陳劍釋出。[三]『絺』，爲細葛布；『綌』，爲粗葛布。『則以絺綌之故也』，參見《葛覃》詩第二章：『是刈是濩，爲絺爲綌，服之無斁。』

［二］《甘棠》，今本見《毛詩·召南》。《甘棠》以敬愛召伯爲詩意，故《詩論》曰『吾以《甘棠》得宗廟之敬』。

［三］《木瓜》，今本見《毛詩·衛風》。整理者說：『此處是由《木瓜》詩中「瓊琚」和「琚玖」等所報贈玉器引申出來的禮品的稱謂。』[四]彭裕商據《毛傳》所引孔子曰『吾於《木瓜》，見苞苴之禮行』，認爲『苞苴』與『幣帛』同義，並進而認爲此處竹簡缺文當補爲『木瓜』[五]，這是恰當的。

〔一〕李天虹：《〈葛覃〉考》，清華大學簡帛講讀班第十二次研討會，2000年10月。此文後收入邢文：《國際簡帛研究通訊》2002年第2期。

〔二〕裘錫圭：《談談上博簡和郭店簡中的錯別字》，見氏著：《中國出土古文獻十講》，復旦大學出版社2004年版，第310頁。

〔三〕陳劍：《〈孔子詩論〉補釋一則》，上海大學古代文明研究中心、清華大學思想文化研究所編：《上博館藏戰國楚竹書研究》，上海書店出版社2002年版，第374—375頁。是文後收入陳劍《戰國竹書論集》（上海古籍出版社2013年版）一書。

〔四〕馬承源釋文注釋：《孔子詩論》，見氏主編：《上海博物館藏戰國楚竹書（一）》，上海古籍出版社2001年版，第149頁。

〔五〕彭裕商：《〈孔子詩論〉隨記二則》，中國古文字研究會、吉林大學古文字研究室編：《古文字研究》第二十七輯，中華書局2008年版，第435頁。

『隱』，原簡作『㥯』，整理者讀作『離』〔一〕，不確。『隱志』已見於第1號簡，其『隱』字，竹簡原文從㥯從心，上下結構。本句『其有隱志』與下句『必有以喻也』相應，故『㥯』字當從李學勤、裘錫圭説，讀作『隱』。〔二〕

『捍』，原簡作『斛』，從李零釋文，讀作『捍』。〔三〕『捍』，是抵禦、拒絶的意思。《國語·魯語上》：『夫祀，國之炎節也……能禦大菑則祀之，能捍大患則祀之。』

〔四〕《杕杜》，今本《毛詩》有二，其一見於《唐風》，其二見於《小雅·鹿鳴之什》。且《唐風》並有《有杕之杜》一詩。據第18號簡『《杕杜》則情喜其至也』，李零認爲，竹簡《杕杜》當指《唐風》的《有杕之杜》。〔四〕其説可從。

『賓贈是已』以上數句，學者認爲它們是論説《秦風·渭陽》篇的。〔五〕

【今譯】

孔子説：我以《葛覃》得到頌揚開創基業的詩歌。民性本來如此：看到其美好的東西，則一定想要復返

〔一〕 馬承源釋文注釋：《孔子詩論》，見氏主編：《上海博物館藏戰國楚竹書（一）》，上海古籍出版社2001年版，第123、126、149頁。

〔二〕 李學勤：《詩論簡『隱』字説》，清華大學簡帛講讀班十二次研討會論文，2000年10月19日；裘錫圭：《中國出土古文獻十講》，復旦大學出版社2004年版，第304—307頁。

〔三〕 李零：《上博楚簡三篇校讀記》，萬卷樓圖書有限公司2002年版，第24頁。

〔四〕 同上。

〔五〕 廖名春：《出土簡帛叢考》，湖北教育出版社2004年版，第50頁；裘錫圭：《釋古文字中的有些『悤』字和從『悤』、從『兇』之字》，復旦大學出土文獻與古文字研究中心編：《出土文獻與古文字研究》第二輯，復旦大學出版社2008年版，第1—12頁。

其當初。葛麻之所以被歌頌，這是因爲它能紡織成絺綌。后稷之所以見貴，這是因爲文王、武王之德。我憑藉《甘棠》這首詩得出了宗廟尊敬之禮的道理。民性本來如此：非常貴尚其人，就一定會尊敬其位；喜愛一個人，就一定會喜好其所爲，討厭一個人也是如此。我憑藉《木瓜》這首詩得出幣帛之禮不可以去掉的觀點。民性本來如此：其有隱微的心志，就一定會通過某種東西表明出來；其言辭有所載（不是空洞的），然後可以進入（被人所接納），或者有人作引導，然後纔相交往，這樣他人就無法抵禦或拒絶了。我以《杕杜》得爵禄……如此會怎麼樣呢？這是授予其爵禄。贈送禮物給其所愛的人，就一定會想到，我要怎麼樣送給他呢？我就説這禮物是某位賓客贈送的。

右爲第二章。

孔子曰：《蟋蟀》知難，《仲氏》君子；《北風》不絶人之怨，《子衿》不[一]……【27下】……溺志，既曰天也，猶有怨言。[二]《木瓜》有藏願而未得達也。【19】因木瓜之報，以喻其悁者也。《杕杜》則情喜其至也。[三]……【18】……

【注釋】

[一]《蟋蟀》，今本見《毛詩·唐風》。《蟋蟀》以『好樂無荒』爲戒，此即所謂『知難』。《詩序》：『《蟋蟀》，刺晉僖公也。儉不中禮，故作是詩以閔之，欲其及時以禮自虞樂也。』淫樂奢侈，是謂『儉不中禮』。戒懼之，是謂『知難』。《蟋蟀》，據清華簡《耆夜》篇，它是周公所作。《耆夜》簡也認爲《蟋蟀》

的詩意是憂懼康樂的危害。[一]

《仲氏》，不見於今本《毛詩》，疑爲佚詩。

《北風》，今本見《毛詩・邶風》。『不絶』，不斷絶，即連綿不絶之意。『人』，民也。『《北風》不絶人之怨』，此論與原詩意合，是刺暴虐之政的。《詩序》：『《北風》，刺虐也。衛國並爲威虐，百姓不親，莫不相攜持而去焉。』

『子衿』，從馮勝君釋讀，原簡文作『子立』。[二]《子衿》，今本見《毛詩・鄭風》。『衿』，衣領。《詩序》：『《子衿》，刺學校廢也。亂世則學校不脩焉。』《子衿》與《北風》同爲刺詩，可知《詩論》將它們放在一起來論説，這是很恰當的。

［二］『既曰天也，猶有怨言』兩句，李鋭、楊澤生認爲是論説《鄘風・柏舟》的。[三] 此説可從。《鄘風・柏舟》：『母也天只，不諒人只！』這是《詩論》云『既曰天也，猶有怨言』的依據。

［三］《木瓜》，今本見《毛詩・衛風》。『藏願』，隱藏的願望、意願，與第 20 號簡『隱志』同義。『達』，通達。

『木瓜之報』，今本見《衛風・木瓜》，此詩首章云：『投我以木瓜，報之以瓊琚。匪報也，永以爲好

[一] 清華大學出土文獻研究與保護中心編：《清華大學藏戰國竹簡（壹）》，中西書局 2010 年版，第 63—74 頁。

[二] 馮勝君：《讀上博簡〈孔子詩論〉札記》，《古籍整理研究學刊》2002 年第 2 期。

[三] 李鋭：《〈孔子詩論〉簡序調整芻議》，上海大學古代文明研究中心、清華大學思想文化研究所編：《上博館藏戰國楚竹書研究》，上海書店出版社 2002 年版，第 193 頁；楊澤生：《『説既曰「天也」，猶有怨言』評的是〈鄘風・柏舟〉》，謝維揚、朱淵清主編：《新出土文獻與古代文明研究》，上海大學出版社 2004 年版，第 50 頁。

也！』『喻』，曉諭、申明。『悁』，《説文·心部》云『憂也』，《廣韻·仙韻》云『憂悒也』。竹簡原字從宀從肙從心，上中下結構。此字，一讀作『怨』。竹簡的評論，與原詩意相合。

《杕杜》，即今本《毛詩·唐風·有杕之杜》，説見上。『則情喜其至也』句，與《有杕之杜》『中心好之，曷飲食之』兩句相合。鄭玄《箋》：『言中心誠好之，何但飲食之，當盡禮極歡以待之。』『情喜』，謂中心喜好之或誠心喜好之。

【今譯】

孔子説：由《蟋蟀》知道艱難，《仲氏》是君子之詩，《北風》所表達的是人民的怨恨，綿綿不絶，《子衿》不……既説『天啊』，還有怨恨之言。《木瓜》有隱藏的心願，却没有得到表達。憑藉木瓜的回報，以表明其憂悒之情。《杕杜》則真心喜愛之，其感情達到至極地步。

右爲第三章。

……《東方未明》有利詞。《將仲》之言，不可不畏也。《揚之水》，其愛婦烈。《采葛》之愛婦[二]……[17]……【《君子陽陽》】陽陽小人。《有兔》不逢時。《大田》之卒章，知言而有禮。《小明》不[三]……[25]……

【注釋】

[一]《東方未明》，今本見《毛詩·齊風》。『利詞』，鋒利、犀利之詞。劉信芳指出，『利詞』又見郭

店簡《性自命出》篇。[一] 按，《性自命出》曰：『人之巧言利詞者，不有夫詘詘之心則流。』《詩·東方未明》：『東方未明，顛倒衣裳。顛之倒之，自公召之。東方未晞，顛倒裳衣。倒之顛之，自公令之。折柳樊圃，狂夫瞿瞿。不能辰夜，不夙則莫。』此詩刺齊君起居、朝會無節，其犀利可見。《將仲》，即《將仲子》，今本見《毛詩·鄭風》。『《將仲》之言，不可不畏也』兩句，與《毛詩·將仲子》相合。詩云『畏我父母』『畏我諸兄』『畏人之多言』等，凡六見。

《揚之水》，指《王風》的《揚之水》。《毛詩》有三首詩同名《揚之水》，分别見於《王風》《鄭風》和《唐風》。原整理者説此《揚之水》屬《王風》，又説『恝』是『㓞』字的省文[二]，其説可從。《説文·心部》：『㓞，恨也。』《王風·揚之水》共三章，每一章的大意相同，其首章曰：『揚之水，不流束薪。彼其之子，不與我戍申。懷哉懷哉，曷月予還歸哉！』其懷思、離恨之情躍然可見。竹簡將此丈夫的離恨特别寄托在對妻子的懷思上，與《詩序》的説法似有不同。

《采葛》，今本見《毛詩·王風》。《采葛》共三章，每一章的大意相同，其首章曰：『彼采葛兮，一日不見，如三月兮！』竹書《詩論》以『愛婦』説之，與此詩的字面意思相合，但與《詩序》的説解大殊。《詩序》以『懼讒』説之，顯得頗爲迂曲。

[一二]《君子陽陽》，今本見《毛詩·王風》。據上下文句法，『陽陽』前當殘『君子陽陽』四字，李零疑

[一] 劉信芳：《孔子詩論述學》，安徽大學出版社 2003 年版，第 199 頁。
[二] 馬承源釋文注釋：《孔子詩論》，見氏主編：《上海博物館藏戰國楚竹書（一）》，上海古籍出版社 2001 年版，第 147 頁。

其爲《君子陽陽》篇。[二] 據《詩序》，此詩爲憫傷之作。原詩共兩章，其首章曰：『君子陽陽，左執簧，右招我由房，其樂只且！』『陽陽』，無所用心之貌。其詩意見於末句『其樂只且』，鄭玄《箋》：『君子遭亂，道不行，其且樂此而已。』其説是。『陽陽小人』，即『陽陽若小人』之義。

《有兔》，整理者説指《王風·兔爰》篇。[三] 其説是。《兔爰》首句作『有兔爰爰』，而此詩『我生之後，逢此百罹』兩句確有『生不逢時』之意，故《有兔》當指《王風·兔爰》篇。

《大田》，今本見《毛詩·小雅·甫田之什》。《大田》末章：『曾孫來止，以其婦子。饁彼南畝，田畯至喜。來方禋祀，以其騂黑，與其黍稷。以享以祀，以介景福。』此詩確有『知言而有禮』之意。

《小明》，今本見《毛詩·小雅·谷風之什》。

【今譯】

……《東方未明》有犀利之詞。《將仲》的言辭，不可不畏懼。《揚之水》表達的是丈夫愛念妻子的離恨之情……《君子陽陽》，陽陽無所用心，若小人。《有兔》説的是生不逢時的情景。《大田》詩的末章，知道言辭而有禮貌。《小明》不……

右爲第四章。

〔二〕 李零：《上博楚簡三篇校讀記》，萬卷樓圖書有限公司 2002 年版，第 32 頁。

〔三〕 馬承源釋文注釋：《孔子詩論》，見氏主編：《上海博物館藏戰國楚竹書（一）》，上海古籍出版社 2001 年版，第 155 頁。

【□□□□□】忠，《邶·柏舟》悶，《谷風》背，《蓼莪》有孝志，《隰有萇楚》得而悔之也。[一]【26】……《鹿鳴》以樂始而會，以道交，見善而傚，終乎不厭人。《兔罝》其用人，則吾取[二]【23】……【其言】惡而不文，《墻有茨》慎密而不知言，《青蠅》知【28】患而不知人，《涉溱》其絶，怹而士。[三]《角枕》婦，《河水》智[四]……【29】

【注釋】

［一］《邶·柏舟》，據此詩題可知，此前《國風》已經成編，甚至《詩》三百篇在其時已經按照《國風》《小雅》《大雅》《頌》來分編了。《毛詩》有兩《柏舟》，一見於《邶風》，一見於《鄘風》。『悶』確爲《邶風·柏舟》的主旨。

《谷風》，《毛詩》有兩《谷風》，一見於《邶風》，一見於《小雅·谷風之什》，此篇《谷風》屬於《小雅》。《小雅·谷風》云『女轉棄予』『棄予如遺』，故《詩論》云『《谷風》背』。

《蓼莪》，今本見《毛詩·小雅·谷風之什》。《詩論》云『有孝志』，與《蓼莪》詩意相合。

《隰有萇楚》，今本見《毛詩·檜風》。『得而悔之』[二]，與《檜風》詩意相合。《詩序》：『《隰有萇楚》疾恣也。國人疾其君之淫恣，而思無情欲者也。』據此可知，《詩》云『樂子之無知』『樂子之無家』『樂子之無室』三句，確有『悔之』之意。

〔二〕『悔』，竹簡原字作『思』，即《説文·言部》『謀』字所附古文，讀作『悔』。李零直接寫作『悔』字，見氏著：《上博楚簡三篇校讀記》，萬卷樓圖書有限公司2002年版，第33頁。

［二］《鹿鳴》，今本見《毛詩·小雅·鹿鳴之什》。『始』，開始，以樂開始嘉會（燕會群臣嘉賓）。『以道交』，即詩『人之好我，示我周行』之意。『行』，道也。《毛傳》的訓釋是對的。鄭玄《箋》：『「示」當作「寘」。寘，置也。周行，周之列位也。好猶善也。人有以德善我者，我則置之於周之列位。言已維賢是用。』鄭玄《箋》未必正確。『傚』，傚法。『不厭人』，不厭棄群臣嘉賓，即詩『我有旨酒，以燕樂嘉賓之心』之意。

《兔罝》，今本見《毛詩·周南》。『《兔罝》其用人，則吾取』，竹簡有殘缺，下句不全。《詩序》：『《兔罝》，后妃之化也。《關雎》之化行，則莫不好德，賢人衆多也。』孔穎達《疏》：『經直陳兔罝之人賢，而云多者，《箋》云：罝兔之人，鄙賤之事，猶能恭敬，則是賢人衆多。是舉微以見著也。』據此，竹書的評論與《詩序》合。

［三］『惡』，粗惡，粗鄙，與『文采』一詞相對。『【其言】惡而不文』的上文殘，不知它是評論哪首詩的。

《牆有茨》，今本見《毛詩·鄘風》。『不知言』，不使言語爲外人所知。竹書『慎密而不知言』的評論，符合詩意。《牆有茨》詩曰：『中冓之言，不可道也。所可道也，言之醜也。』

《青蠅》，今本見《毛詩·小雅·甫田之什》。竹書『《青蠅》知患而不知人』的評論，與詩意相合。『知患』，即知患慮饞人的禍害。但畢竟『讒人罔極，構我二人』，故竹書評曰『不知人』。

《涉溱》，整理者指出，即《毛詩·鄭風·褰裳》篇。[三]《褰裳》：『子惠思我，褰裳涉溱。』『絶』，謂涉

［二］ 馬承源釋文注釋：《孔子詩論》，見氏主編：《上海博物館藏戰國楚竹書（一）》，上海古籍出版社2001年版，第159頁。

水過渡。『忯』，從陳斯鵬釋讀，原簡作『柎』。《説文·心部》：『忯，思也。』『而』，陳斯鵬訓爲『此』『是』[二]，其説可從。『士』，指青年男子。竹書『《涉溱》其絶，忯而士』的評論，與詩意合。

［四］《角枕》，即《毛詩·唐風·葛生》。是詩云：『角枕粲兮，錦兮爛兮。』竹書『角』下一字，是『幡』字的譌形，廖名春讀作『枕』[三]。角枕，用角裝飾的枕頭。《詩序》説，《葛生》刺晉獻公『好攻戰』，故『妻居家而怨思』，此與竹書『《角枕》婦』的説法相合。

《河水》，佚篇，見《國語·晉語四》『公子賦《河水》』、《左傳·僖公二十三年》『公子賦《河水》』。《河水》不見於今本《毛詩》。竹書『《河水》智』，與《論語·雍也》『智者樂水』一致。

【今譯】

……忠，《邶風·柏舟》的煩悶，《谷風》的背棄，《蓼莪》有孝敬的心志，《隰有萇楚》得恣其意而後悔之……《鹿鳴》的嘉會以樂開始，以道相交往，見到善人而效法之，終於不厭棄群臣嘉賓。《兔罝》的用人之法，這是我要選取的……其言辭粗惡而没有文采，《牆有茨》謹慎、嚴密而不知其言，《青蠅》知曉禍患而不識人，《涉溱》言涉水過渡，思念那個青年男子，《角枕》言婦人的怨思，《河水》言公子之智。

右爲第五章。

[二] 陳斯鵬：《簡帛文獻與文學考論》，中山大學出版社2007年版，第43頁。上陳斯鵬『柎』讀作『忯』，出處同此注。

[三] 廖名春：《上海博物館藏詩論簡校釋》，上海大學古代文明研究中心、清華大學思想文化研究所編：《上博館藏戰國楚竹書研究》，上海書店出版社2002年版，第270頁。

《十月》善諀（譬）言。《雨無正》《節南山》皆言上之衰也，王公恥之。《小旻》多擬，擬言不中志者也。《小宛》其言不惡，少有佞焉。《小弁》《巧言》則言讒人之害也。[一]《伐木》【□□】，【08】實咎於己也。《天保》其得禄蔑疆矣，巽寡德故也。[二]《祈父》之刺，亦有以也。《黄鳥》則困天〈而〉欲反其故也，多恥者其病之乎？[三]《菁菁者莪》則以人益也。《裳裳者華》則【□□】【09】……貴也。《將大車》之囂也，則以爲不可如何。《湛露》之益也，其猶軫歟？[四]【21上】

【注釋】

［一］《十月》，即《十月之交》，今本見《毛詩·小雅·節南山之什》。《詩序》：『《十月之交》，大夫刺幽王也。』鄭玄《箋》以爲『刺厲王』。『諀』，當讀作『譬』。[二]《墨子·小取》：『辟（譬）也者，舉他物而以明之者。』『譬』即譬説，用打比方的方法來作闡明。『諀』，或作如字讀。《爾雅·釋言》：『諀，訾也。』『訾』即『詆訾』，是一個貶義詞。

《雨無正》，今本見《毛詩·小雅·節南山之什》。《節南山》，今本見《毛詩·小雅·節南山之什》。《雨無正》刺厲王，《節南山》刺幽王，故竹書曰『皆言上之衰也』。

《小旻》，今本見《毛詩·小雅·節南山之什》，刺厲王之作。孔穎達《疏》：『《十月之交》言日月告凶，權臣亂政；《雨無正》言宗周壞滅，君臣散離，皆是事之大者。此篇唯刺謀事邪僻，不任賢者，是其事小於

[二] 黄德寬、徐在國：《〈上海博物館藏戰國楚竹書（一）·孔子詩論〉釋文補正》，《安徽大學學報（哲學社會科學版）》2002年第2期；劉信芳：《孔子詩論述學》，安徽大學出版社2003年版，第39—40頁。

上篇。」「擬」，比擬，參見劉信芳説。〔一〕「中」，去聲。不中志者，謂不中意之事，具體指厲王謀事邪僻，不任用賢能之人。

《小宛》，今本見《毛詩·小雅·節南山之什》。《詩序》以此詩爲刺宣王，鄭玄《箋》則以爲刺厲王之作。「小」指政教，「宛」是小貌；小宛，狹小宛然。「佞」，指善於言辭而媚惑於人。竹書「其言不惡，少有佞焉」，李零説這兩句話「批評比較委婉」。〔二〕

《小弁》，今本見《毛詩·小雅·節南山之什》，刺幽王之作。

《巧言》，今本見《毛詩·小雅·節南山之什》，刺幽王之作。竹書曰「《小弁》《巧言》則言讒人之害也」〔三〕，與《詩序》合。《詩序》曰：「大夫傷於讒，故作是詩也。」

［二二］《伐木》，今本見《毛詩·小雅·鹿鳴之什》。竹書「實咎於己也」之意，即見於「寧適不來，微我有咎」這兩句詩。

《天保》，今本見《毛詩·小雅·鹿鳴之什》。「蔑」，無也。「得祿篾疆」之意，即見於「受天百祿」「萬壽無疆」兩句詩。「巽」，順也。「寡德」，君德也，天子、國君或君夫人常以此自謙。《論語·季氏》：

〔一〕劉信芳：《孔子詩論述學》，安徽大學出版社 2003 年版，第 154 頁。

〔二〕李零：《上博楚簡三篇校讀記》，萬卷樓圖書有限公司 2002 年版，第 36 頁。

〔三〕「讒」字之釋，參見胡平生、李家浩的文字分析。胡平生：《讀上博藏戰國楚竹書〈詩論〉札記》，上海大學古代文明研究中心、清華大學思想文化研究所編：《上博館藏戰國楚竹書研究》，上海書店出版社 2002 年版，第 281 頁；李家浩：《楚簡所記楚人祖先「㛤（鬻）熊」與「穴熊」爲一人説——兼説上古音幽部與微、文二部音轉》，《安徽大學漢語言文字研究叢書·李家浩卷》，安徽大學出版社 2013 年版，第 192 頁。李文原載《文史》總第九十二輯（中華書局，2010 年版）。

『稱諸異邦曰寡小君。』朱子《集注》：『寡，寡德，謙辭。』〔一〕《詩・邶風・燕燕》：『以勖寡人。』朱子《詩集傳》：『寡人，寡德之人，莊姜自稱也。』〔二〕

［三］《祈父》，今本見《毛詩・小雅・鴻雁之什》。祈、圻、畿三字同義；祈父之職，『掌六軍之事，有九伐之法』。《詩序》：『《祈父》，刺宣王也。』鄭玄《箋》：『刺其用祈父不得其人也。官非其人則職廢。』《黄鳥》，《毛詩》有二，此見《毛詩・小雅・鴻雁之什》，《秦風》亦有《黄鳥》篇。『天』，是『而』字之譌，二字形近。『反』，通『返』。『故』，指故邦、故里。『病』，以……爲病，是憂慮、憂患之義。

［四］《菁菁者莪》，今本見《毛詩・小雅・南有嘉魚之什》。『人』，指人材。『益』，增益，長育。《詩序》：『《菁菁者莪》，樂育材也。君子能長育人材，則天下喜樂之矣。』

《裳裳者華》，今本見《毛詩・小雅・甫田之什》。《詩序》：『《裳裳者華》，刺幽王也。古之仕者世祿。小人在位則讒諂並進，棄賢者之類，絶功臣之世焉。』

《將大車》，今本見《毛詩・小雅・谷風之什》，作《無將大車》，是據此詩首句來名篇的。『囂』，喧嘩。《毛傳》：『《無將大車》，大夫悔將小人也。周大夫悔將小人。幽王之時，小人衆多。』

《湛露》，今本見《毛詩・小雅・南有嘉魚之什》。據《詩序》，『湛露』乃『天子燕諸侯』之作。『益』，好處。『《湛露》之益』，指天子宴飲諸侯的好處。『軙』，《玉篇・車部》：『疾馳也。』季旭昇引以爲説。〔三〕

〔一〕［宋］朱熹：《四書章句集注》，中華書局1983年版，第174頁。

〔二〕［宋］朱熹：《詩經集傳》，宋元人注：《四書五經》第七種，中國書店1985年版，第12頁。

〔三〕鄭玉姍撰寫，季旭昇訂改：《〈孔子詩論〉譯釋》，季旭昇主編：《〈上海博物館藏戰國楚竹書（一）〉讀本》，萬卷樓圖書有限公司2004年版，第68頁。

『軏』，形容君臣關係和諧、上化下之速，就像輕車疾馳那樣快捷。《大雅·烝民》云『德輶如毛』，『輶』本爲輕車，詩取『輕』義，其例相同。

【今譯】

《十月》善於譬説，以譏刺人君。《雨無正》《節南山》都是譏諷人君德衰的，王公大人以此爲恥。《小旻》多比擬，這些比擬是爲了闡明不中意之事。《小宛》的言辭不粗糲，較爲親近委婉。《小弁》《巧言》則言讒人的禍害。《伐木》《□□》確實怪罪於自己。《天保》説獲賜爵禄無止，這是因爲循順君德的緣故。《祈父》的譏刺，也是有原因的。《黄鳥》則言困窮而想返回其故舊，恥感較强的人會認爲這樣不好吧？《菁菁者莪》的寫作是因爲人才增益。《裳裳者華》則……貴也。《將大車》的（小人）喧嘩，這是無可奈何的事情。《湛露》宴飲諸侯的好處是關係融洽，上化下很迅速，就好像車子疾馳那樣快捷啊！

右爲第六章。

孔子曰：《宛丘》吾善之，《猗嗟》吾喜之，《鳲鳩》吾信之；[一]《文王》吾美之，《清【廟》吾敬之，《烈文》吾悦【21下】之，《昊天有成命》吾順】之。[二]《宛丘》曰『洵有情，而無望』，吾善之。《猗嗟》曰『四矢反，以禦亂』，吾喜之。《鳲鳩》曰『其儀一兮，心如結也〈兮〉』，吾信之。[三]《文王》【曰『文】王在上，於昭于天』，吾美之。【22】《清庙》曰『肅雝顯相，濟濟多士，秉文之德』，吾敬之。《烈文》曰『乍〈亡〉競維人』『丕顯維德』『於乎！前王不忘』，吾悦之。『昊天有成命，二后受之』，貴且顯矣。[四]頌【06】……

【注釋】

〔一〕《宛丘》，今本見《毛詩·陳風》。

《猗嗟》，今本見《毛詩·齊風》。

《鳲鳩》，今本見《毛詩·曹風》。

〔二〕《文王》，今本見《毛詩·大雅·文王之什》。

『廟吾敬之烈文吾之之昊天有成命吾順』十六字，據上下文補，原簡殘。『順』字，以意補，『順命』在古書中多見。

《清廟》，今本見《毛詩·周頌·清廟之什》。

《烈文》，今本見《毛詩·周頌·清廟之什》。

《昊天有成命》，今本見《毛詩·周頌·清廟之什》。

〔三〕『洵有情，而無望』兩句，各省去一『兮』字。此詩皆以四字爲句。『洵』，信也。鄭玄《箋》：『此君信有淫荒之情，其威儀無可觀望而則傚。』《宛丘》乃刺陳幽公『荒淫昏亂，游蕩無度』之作，『其威儀無可觀望而則傚』，故孔子曰『吾善之』。

『四矢反，以禦亂』兩句，各省去一『兮』字。『反』，復也。鄭玄《箋》：『禮，射三而止。每射四矢，皆得其故處，此之謂復。射必四矢者，象其能禦四方之亂也。』其象徵義是孔子云『吾喜之』的根據。

『儀』，義也；『結』，堅固也。『也』，是『兮』字之誤。對於這兩句詩，鄭玄《箋》：『言執義一則用心固。』孔穎達《疏》：『言有鳲鳩之鳥，在於桑木之上爲巢，而其子有七兮。鳲鳩養之，能平均用心如壹。以興人君之德，養其國人，亦當平均如壹。彼善人君子在民上，其執義均平，用心如壹。既如壹兮，其心堅固不變，如裹結之兮。』竹書説，如果國君治民，能够做到『其儀一兮，心如結兮』，那麽『吾信之』。『信』，相信，信任。

〔四〕『曰文』二字，原簡抄脱，當補。『美』，贊美。鄭玄《箋》曰：『文王初爲西伯，有功於民，其德著見於天，故天命之以爲王，使君天下也。』文王有功於民，德著於天，故孔子贊美之。

『肅』，敬，内敬於心；『雝』，和，外和於色。『顯相』，諸侯有著見之德者來助祭。『濟濟』，多貌。『濟濟多士』，形容朝廷賢臣衆盛。

『乍』，『亡』之誤，二字形近。『亡』，讀爲『無』。『無競維人』，是説『無强乎維得賢人』，或者説，得賢人是最重要的。『丕顯』，大顯。『丕顯維德』，即唯德大顯。『前王不忘』，是『不忘前王』的倒裝。『前王』，指文王、武王。

『有成命』，鄭玄《箋》：『言周自后稷之生而已有王命也。』孔穎達《疏》：『言昊天蒼帝，有此成就之命，謂降生后稷，爲將王之兆。』『二后』，指文王、武王。『二后受之』，言至殷末周初，文王、武王始受此天命也。

【今譯】

孔子説：《宛丘》，我認爲很好；《猗嗟》，我喜歡；《鳲鳩》，我相信；《文王》，我認爲很美；《清廟》，我恭敬之；《烈文》，我喜悦之；《昊天有成命》，我順服之。《宛丘》曰『洵有情，而無望』，我認爲很好。《猗嗟》曰『四矢反，以禦亂』，我喜歡。《鳲鳩》曰『其儀一兮，心如結兮』，我相信它。《文王》曰『文王在上，於昭于天』，我認爲很美。《清廟》曰『肅雝顯相，濟濟多士，秉文之德』，我恭敬之。《烈文》曰『亡競維人』『丕顯維德』『於乎！前王不忘』，我喜悦之；『昊天有成命，二后受之』，其命高貴而顯赫。頌……

右爲第七章。

【『帝謂文王，予】懷爾明德』，蓋誠謂之也。『有命自天，命此文王』，誠命之也。信矣！[一] 孔子曰：此命也夫！文王雖欲已，得乎？此命也【07】時也，文王受命矣。[二]【02上】

【注釋】

〔一〕『帝謂文王，予懷爾明德』兩句，今本見《毛詩·大雅·文王之什·皇矣》。《皇矣》篇作：『帝謂文王，予懷明德。』《墨子·天志下》引《大夏（雅）》作：『帝謂文王，予懷而明德。』《墨子》所引多一『而』字。『而』，讀爲『爾』。今本無『爾』字，疑後世删之，以成四字句，以與上句相應。實則，此句與下文『不大聲以色，不長夏以革』兩句相類。《毛傳》：『懷，歸也。』『歸』又爲『饋』之假。『蓋』，竹書原作『害』，讀作『蓋』。下句『誠命之也』前，疑脱一『害（蓋）』字。

『有命自天，命此文王』兩句，今本見《毛詩·大雅·文王之什·大明》。

〔二〕『此命也時也』五字當連讀，從李零釋文。[一]『時』，原簡作『寺』。『時』，時運，指具體的歷史條

〔一〕李零：《上博楚簡三篇校讀記》，萬卷樓圖書有限公司2002年版，第42頁。

件和機會。

【今譯】

『帝謂文王，予懷爾明德』，上帝對文王確實這麽講過。『有命自天，命此文王』，上天之命賜予文王，這是確實、可信的啊！孔子説：這是天命啊！文王即使想停止不幹，這可能嗎？這是天命，時機也恰當，文王於是承受此天命（采取革命行動，推翻了商人的統治）。

右爲第八章。

《頌》，平德也，多言後。其樂安而遲，其歌申而葛（易），其思深而遠，至矣！[一]《大雅》，盛德也，多言[二]【02下】……【《小雅》，□德】也，多言難而怨懟者也。衰矣！小矣！[三]《邦風》其納物也博觀人俗焉，大斂材焉。其言文，其聲善。[四]孔子曰：『唯能夫……【03】……』

【注釋】

[一]《頌》，今本包括《周頌》《魯頌》《商頌》三個部分。竹書引《頌》，僅及《周頌》，涉及《雝》《載見》《小毖》《殷武》四首。『頌』，詩體之一。《詩序》：『頌者，美盛德之形容，以其成功，告於神明者也。』孔穎達《疏》：『萬物本於天，人本於祖，天之所命者牧民也，祖之所命者成業也。民安業就，須告神使知，雖社稷山川四岳河海皆以民爲主，欲民安樂，故作詩歌其功，遍告神明，所以報神恩也。王者政有興廢，未嘗不祭群神，但政未太平，則神無恩力，故太平德洽，始報神功。頌詩直述祭祀之狀，不言得神之

力，但美其祭祀，是報德可知。此解頌者，唯《周頌》耳，其商、魯之頌則異於是矣。』『平德』，指其樂聲具有平和、平正的特點，與聖王致太平之功相應。《詩論》第5號簡曰：『有成功者何如？曰：《頌》是已。』即爲此意。

『後』，指後代。頌本宗廟之樂，《頌》詩多言後代致太平之功，以隆盛、高亢的音樂來祭告各位先祖。『申』，伸長，舒緩。『葛』，此字如何釋讀，學者尚有爭議，疑當讀爲『易』，義爲平易。

［二］《大雅》，今本《毛詩》包括《文王之什》《生民之什》《蕩之什》三組詩歌。『雅』，詩體之一。『盛德』，隆盛之德，指樂聲隆盛而高亢。鄭玄《毛詩譜·小大雅譜》：『盛德之隆，大雅之初，起自《文王》，至於《文王有聲》，據盛隆而推原天命，上述祖考之美。』孔穎達《疏》：『雅有小大二體，而體亦由事而定，故文王以受命爲盛，大雅以盛爲主，故其篇先盛隆。』竹書所云，與鄭、孔所説相合。孔穎達《疏》：『詳觀其歎美，審察其譏刺，大雅則宏遠而疏朗，弘大體以明責；小雅則躁急而局促，多憂傷而怨誹。』

［三］『難』，困難，政乖民困謂之難。『懟』，怨恨也。政乖民困，故有怨懟。雅者，言王政之所由廢興。雅有小大，孔穎達《疏》：『小雅所陳，有飲食賓客，賞勞群臣，燕賜以懷諸侯，征伐以强中國，樂得賢者，養育人材，於天子之政，皆小事也。大雅所陳，受命作周，代殷繼伐，荷先王之福禄，尊祖考以配天，醉酒飽德，能官用士，澤被昆蟲，仁及草木，於天子之政皆大事也。詩人歌其大事，制爲大體；述其小事，制爲小體。體有大小，故分爲二焉。』《小雅》，多言衰世之小事。

［四］《邦風》，即《國風》。《詩》本名《邦風》，漢代改爲《國風》，避劉邦諱之故。『納』，采納，接收。『物』，事物。『博』，廣博。『觀』，展示，給人看。『人俗』，即民俗。十五《國

風》，舊説以爲樂官采風而成，故竹書云可以『博觀人俗』。

『斂』，斂聚，匯聚。『材』，指人材。[一] 大聚人材，以堪王教。

『言』，指詩句；文，即文采。

古者詩樂一體，詩以配樂，故竹書曰『其聲善』。

【今譯】

《頌》，具有均平的特性，多言後代王者。其音樂安平而舒緩，其歌聲申長而平易，其歎思深沉而悠遠，《頌》達到了至極境界！《大雅》，具有隆盛的特性，多言……《小雅》，□德也，多言艱難而怨懟的事情。其德衰減啊！渺小啊！《邦風》，收納萬物萬事，廣博地展示了民風民俗，而大聚斂人材，以備王教。其言辭富有文采，其歌聲美好而悦耳。孔子説：『唯能夫……』

右爲第九章。

……【孔子】曰：《詩》其猶平門，與賤民而豫之，其用心也將何如？曰：《邦風》是已。[一] 民之有感患也，上下之不和者，其用心也將何如？【曰：《小雅》是已。】[二] ……【04】……【其用心也將何如？曰：《大雅》】是已。[三] 有成功者，【其用心也將】何如？曰：《頌》是已。[四]【05上】

〔一〕 李零：《上博楚簡三篇校讀記》，萬卷樓圖書有限公司 2002 年版，第 43 頁。

【注釋】

〔一〕『平門』，整理者指出，春秋時吴王闔閭始築城，稱北門爲平門、齊門；又引《三輔黄圖·都城十二門》説：『長安城南出第三門曰西安門，北對未央宫，一曰便門，即平門也。』〔二〕不過，竹書所謂平門可能係泛指，是平齊、齊等之門的意思。不論其身份貴賤，均可出入此門，故謂之平門。

『與』，給與。『豫』，從何琳儀釋讀。〔三〕『豫』，義爲使之豫樂。一説『與賤民而豫之』，是與民同樂的意思。

〔二〕『慼』，憂愁，悲傷。『患』，憂患。慼、患二字義近。

『曰小雅是已』五字，據上下文補。

〔三〕『其用心也將何如曰大雅』十字，據上下文補。

〔四〕『有成功者何如？曰《頌》是已』，據上文，『者』字下脱『其用心也將』五字。此兩句話，與《詩序》所謂成功作頌、昭告神明之説一致。

【今譯】

孔子説：《詩》好像平門一樣，給與身份低賤的老百姓以方便，讓他們感到悦樂，其用心將會是怎樣的

〔一〕馬承源釋文注釋：《孔子詩論》，見氏主編：《上海博物館藏戰國楚竹書（一）》，上海古籍出版社 2001 年版，第 130 頁。

〔二〕何琳儀：《滬簡詩論選釋》，《安徽大學漢語言文字研究叢書：何琳儀卷》，安徽大學出版社 2013 年版，第 405 頁。何文原載上海大學古代文明研究中心、清華大學思想文化研究所編：《上博館藏戰國楚竹書研究》，上海書店出版社 2002 年版。

呢？曰：《邦風》是這樣的。民衆有憂患，上下相處不和諧，其用心將會是怎樣的呢？曰：《小雅》是這樣的。……其用心將會是怎樣的呢？曰：《大雅》是這樣的。有成就天命、建立新朝代的大功，其用心將會是怎樣的呢？曰：《頌》是這樣的。

右爲第十章。

《清廟》，王德也，至矣！敬宗廟之禮，以爲其本；『秉文之德』，以爲其業。『肅雝【顯相】』，[一]【05下】【□□□□□□□□□□】行此者，其有不王乎？[二]【01上】

【注釋】

[一]《清廟》，今本見《毛詩·周頌·清廟之什》。

『本』，根本。

『秉文之德』，出自《清廟》篇，其意是説秉持文王之德。

『業』，功業，功績。

『肅雝【顯相】』，出自《清廟》篇，其意參見上文。『顯相』二字，據《清廟》篇補。

[二]『乎』字下，竹簡原有一墨節符號。很顯然，『行此者其有不王乎』八字與下文不同章。『王』，讀去聲。

【今譯】

《清廟》，有王者之德，它達到了至極境界啊！敬獻宗廟之禮，以其爲王者的根本；『秉文之德』，以其爲王者的功業。『肅雝顯相』，【□□□□□□□□□□□□】踐行這些德行的人，其有不王嗎？

右爲第十一章。

孔子曰：『詩亡隱志，樂亡隱情，文亡隱意。〔一〕……』【01下】

【注釋】

〔一〕『亡』竹簡三『亡』字皆讀爲『無』。『隱』，竹簡寫作『㦤』，整理者讀作『離』〔二〕，李零讀作『吝』〔三〕，均不可從。此字亦見於《詩論》第20號簡。從第20號簡『隱志』的讀法來看，本簡三『㦤』字均當讀作『隱』。《尚書·堯典》：『詩言志，歌永言，聲依永，律和聲。』其中，『詩言志』一句即爲竹書『詩亡隱志』的辭源。

『樂亡隱情』，可參見《禮記·樂記》的相關説法。《樂記》一曰：『論倫無患，樂之情也。』二曰：『樂也者，情之不可變者也。』三曰：『窮本知變，樂之情也。』文意相近。

『文』，有兩種解釋，一種指言辭之文，另一種指樂文。〔三〕筆者贊成前一説。《詩論》第3號簡曰：『其言

〔一〕馬承源釋文注釋：《孔子詩論》，見氏主編：《上海博物館藏戰國楚竹書（一）》，上海古籍出版社2001年版，第123頁。

〔二〕李零：《上博楚簡三篇校讀記》，萬卷樓圖書有限公司2002年版，第21頁。

〔三〕《禮記·樂記》曰：『凡音者，生人心者也。情動於中，故形於聲；聲成文，謂之音。』《詩序》曰：『情發於聲，聲成文謂之音。』《毛傳》曰：『聲成文者，宫商上下相應。』《禮記·樂記》『樂文同則上下和矣』孔穎達《疏》曰：『文，謂聲成文也，若行樂文采諧同，則上下各自和好也。』在古代，『樂』指構成樂的整體（樂器、音樂和樂舞），『文』則專指音聲之相和。

文。』『言』指詩的言辭，『文』即指此言辭的文采。本句『文無隱意』，『文』即指某詩具體辭句的文采。意，竹簡原字下部殘斷，曹峰、李學勤釋作此字〔二〕，可從。此字，學者或釋作『言』，或釋作『音』，不可從。〔三〕在古文字中，言、音、意三字常混寫。從上下文看，本簡此字應當釋作『意』。『意』，義爲心意、旨意，具體指詩人之意或詩的旨意。

【今譯】

孔子説：『詩没有隱藏其心志，樂没有隱藏其實情，文没有隱藏其旨意……』

右爲第十二章。

【思想】

《孔子詩論》（下簡稱《詩論》）是一篇非常重要的戰國竹書，它記載和叙述了孔子的詩學，反映了孔子的思想。它對於《詩》的解釋和論述，超越了《論語》的説法，再現和重構了孔子詩學。在春秋戰國時期，詩教居於詩書禮樂四教之首，是實行文化教育和人格培養的重要手段，同時是貴族階層相互交往的重要工具。竹書《詩論》的發現，對於今人重新理解先秦詩教傳統和孔子思想具有重要意義。

〔二〕曹峰：《試析已公布的二支上海戰國楚簡》，簡帛研究網，2000年12月17日；李學勤：《〈詩論〉分章釋文》，姜廣輝主編：《經學今詮三編》（《中國哲學》第二十四輯），遼寧教育出版社2002年版，第135—138頁。

〔三〕原整理者釋作『言』，朱淵清釋作『音』。馬承源釋文注釋：《孔子詩論》，見氏主编：《上海博物館藏戰國楚竹書（一）》，上海古籍出版社2001年版，第123頁；朱淵清：《上博〈詩論〉一號簡讀後》，簡帛研究網，2000年10月27日。

從結構上看，《詩論》包括三個部分，即總論、分論和合論。總論是從宏觀上論述《詩》的性質和《風》《小雅》《大雅》《頌》的特性及其用心。分論是分别論述《風》《小雅》《大雅》《頌》的詩情和詩志。合論是混合、交叉論述《風》《小雅》《大雅》《頌》的詩意，並有比較之意存於其中。這些論述一方面是對於詩意的很好解釋，另一方面是對於孔子詩學乃至其基本觀點的極佳展現。本篇竹書從政治、倫理、宗教、情感、人性和天命等方面展示了孔子的思想，既豐富，又頗具深度。

從解釋學來看，『詩亡隱志，樂亡隱情，文亡隱意』（第1號簡）三句話是孔子詩學的第一個層次。《尚書·堯典》曰：『詩言志，歌永言。』竹書『詩亡隱志』即直接繼承了《堯典》『詩言志』的説法。這一説法也得到了《禮記·樂記》的繼承，曰：『詩，言其志也。』需要指出，『志』的含義在古代很廣，它包括人的志願、志趣、志意和心理情感等内容。把詩看作是詩人心理活動的表達或詩人心志的外化，這是孔子解詩的根本原則，竹書《詩論》即體現了此一原則。『樂亡隱情』和『文亡隱意』也是兩個很重要的解詩原則。古者，詩常與樂配，用樂以表現詩所包含的情感和心意。在反映世事人情上，樂與詩是一致的，古代聖王作樂即以『樂亡隱情』爲根據，而『樂亡隱情』即爲當時的詩學原則之一。不過，由於配詩之樂的失傳，後人已無法通過樂來理解三百篇的詩意了。詩同時是一門語言藝術，非常講究文采。不過，文采應當與詩意相得益彰，而不是相反。孔子曰『文亡隱意』，即主張文采不應當掩蓋詩意。從《詩》三百篇來看，『詩亡隱志，樂亡隱情，文亡隱意』三句話是一種很客觀的陳述；但從孔子編詩及其對於詩的鑒賞來看，這三句話又具有應然性。《詩論》第2—3號簡即從其志、其樂和其文三個方面對《頌》《大雅》《小雅》和《邦風》的特點作了概括，竹書曰：『《頌》，平德也，多言後。其樂安而遲，其歌申而易，其思深而遠，至矣！《大雅》，盛德也，多言……【《小雅》，□德】也，多言難而怨懟者也。衰矣！小矣！《邦風》其納物也博觀人俗焉，大斂材焉。其言文，其聲善。』

概括起來説，其一，《詩論》所反映的孔子詩學，與《論語》所反映的孔子詩學的觀點是一致的，但是前者遠較後者豐富、具體。其二，《詩論》反映出孔子繼承了《尚書·堯典》『詩言志』的解詩原則，追求詩人之志和詩的本意，而完全不同於春秋時期流行的『賦詩斷章』（《左傳·襄公二十八年》）的解釋觀念。所謂『賦詩斷章』，是春秋時期的一種引詩用詩方法，是賦詩者從詩中拈出某些句子，用以表達其當下的思想和情感，而不必遵從文本解釋學的一般原則。竹書《詩論》所反映的孔子解詩觀念及其對詩的具體解釋，都反映出孔子在解詩時是力求體貼詩的原意和恰當地探求詩人之心志的。其三，《詩論》反映出孔子解詩與《詩序》解詩是不同的，後者常將《詩》當作政治諷喻詩來解讀，而前者則不盡如此，孔子力圖反映詩所關涉的風俗人情和人的情感，彰顯人性和道德的力量。當然，孔子解詩不可能完全脱離政教語境，實際上他很重視政教的因素。

在竹書《詩論》中，孔子對於《邦風》《小雅》《大雅》《頌》的詩意的概括非常精煉，有的概括用一句話或幾句話，有的概括用兩三個字，有的概括甚至僅用一個字。如他説《鹿鳴》的詩意是『以樂始而會，以道交，見善而效，終乎不厭人』，《雨無正》《節南山》的詩意是『言上之衰也，王公恥之』，《天保》的詩意是『其得禄蔑疆矣，巽寡德故也』；《北風》的詩意是『不絶人之怨』，《木瓜》的詩意是『有藏願而未得達』，《杕杜》的詩意是『情喜其至』，《大田》之卒章的詩意是『知言而有禮』；《蟋蟀》的詩意是『知難』，《仲氏》的詩意是『君子』，《蓼莪》的詩意是『有孝志』；《關雎》的詩意是『改』，《樛木》的詩意是『時』，《漢廣》的詩意是『智』，《鵲巢》的詩意是『歸』，《甘棠》的詩意是『報』，《緑衣》的詩意是『思』，《燕燕》的詩意是『情』，《邶·柏舟》的詩意是『悶』，《谷風》的詩意是『背』，《角枕》的詩意是

『婦』，《河水》的詩意是『智』。不但如此，竹書《詩論》還對《邦風》《小雅》《大雅》《頌》的詩意作了集中概括，並探討了其中的原因。

在概括詩意的基礎上，孔子又對《詩》作了評論，並表明了自己的觀點和立場。《詩論》載『孔子曰』：『《宛丘》吾善之，《猗嗟》吾喜之，《鳲鳩》吾信之；《文王》吾美之，《清【廟》吾敬之，《烈文》吾悅之，《昊天有成命》吾順】之。《宛丘》曰「洵有情，而無望」，吾善之。《猗嗟》曰「四矢反，以禦亂」，吾喜之。《鳲鳩》曰「其儀一兮，心如結兮」，吾信之。《文王》曰「文王在上，於昭于天」，吾美之。《清廟》曰「肅雝顯相，濟濟多士，秉文之德」，吾敬之。《烈文》曰「亡競維人」「丕顯維德」「於乎！前王不忘」，吾悅之。「昊天有成命，二后受之」，貴且顯矣。頌……』其中，『吾善之』『吾喜之』『吾信之』『吾美之』『吾敬之』『吾悅之』和『吾順之』是孔子的贊語，就《邦風》《大雅》《頌》中的一些詩篇鮮明地表達了自己的立場。不僅如此，孔子對於《詩》的用心還作了集中的評價。竹書《詩論》載『孔子曰』：『《詩》其猶平門，與賤民而豫之，其用心也將何如？曰：《邦風》是已。民之有慼患也，上下之不和者，其用心也將何如？【曰：《小雅》是已。】……【其用心也將何如？曰：《大雅》】是已。有成功者，【其用心也將】何如？曰：《頌》是已。』

竹書《詩論》將《詩》三百篇分爲《風》《小雅》《大雅》《頌》四體，孔子對此四體分別作了概括和評論。除此之外，孔子論詩還注意到了《詩》三百篇中的『譬』『擬』『喻』等方法。其一，『譬』，即譬說，是一種作比較以闡明詩意的方法。竹書《五行》曰：『譬而知之，謂之進之。』帛書《五行》進一步解釋道：『譬而知之，謂之進之。弗譬也，譬則知之矣，知之則進耳。譬丘之與山也，丘之所以不□名山者，不積也。舜有仁，我亦有仁，而不如舜之仁，不積也。舜有義，而我【亦有義】，而不如舜之義，不積也。

譬比之，而知吾所以不如舜，進耳。』這段話對於『譬』的方法作了非常具體的説明。《詩論》曰：『《十月》善譬言。』所謂『譬言』，指作比較的陳述和解説。如《詩·十月》云：『日月告凶，不用其行。四國無政，不用其良。』又云：『彼月而食，則維其常。此日而食，于何不臧？』這都屬於所謂『譬言』。其二，『擬』，即作比擬、打比喻。竹書《詩論》曰：『《小旻》多擬，擬言不中志者也。』又曰：『以琴瑟之悦，擬好色之願。』《詩·小旻》云『如匪行邁謀』『如彼築室於道謀』『如彼泉流』『如臨深淵，如履薄冰』四句，都使用了『擬』的方法。其三，所謂『喻』，本是曉喻、曉明之義，作爲方法它包括比喻或取事比方的意思。帛書《五行》曰：『喻而【知】之，謂之進【之】。弗喻也，喻則知之【矣】，知之則進耳。喻之也者，自所小好喻乎所大好。「窈窕【淑女，寤】寐求之」，思色也。「求之弗得，寤寐思服」，言其急也。「優哉游哉，輾轉反側」，言其甚□□。□如此其甚也，交諸父母之側，爲諸？則有死弗爲之矣。交諸兄弟之側，亦弗爲也。交【諸】邦人之側，亦弗爲也。【畏】父兄，其殺畏人，禮也。由色喻於禮，進耳。』這段引文所説，與《詩論》所謂『以色喻於禮……其四章則喻矣』一致。簡單説來，『喻』即是一種通過打比方、作類比來闡明道理的方法。《詩論》曰：『其有隱志，必有以喻也。』又説：『《木瓜》有藏願而未得達也。因木瓜之報，以喻其悁者也。』在《詩》三百篇中，『喻』是一種常用的方法。〔二〕

感性生活和理性生活都是《詩經》所描寫的内容。在竹書《詩論》中，孔子不僅以『思無邪』的觀點高度概括了《詩》三百篇所蘊含的情感價值，而且以『禮樂』展現了其理性價值。竹書《詩論》曰：『反納於禮，不亦能改乎？』又曰：『吾以《甘棠》得宗廟之敬。』又曰：『《大田》之卒章，知言而有禮。』又曰：

〔二〕以上論述，參見劉信芳：《孔子詩論述學》，安徽大學出版社2003年版，第39—45頁。

『敬宗廟之禮，以爲其本。』由此可知，竹書對於『禮』是非常重視的。除了『敬禮』的觀念之外，《詩論》也很重視『德』的觀念。『德』字在竹書中共出現了十二次，它們有兩種用法，一種是對於某類詩之特性的概括性評價，如：『《頌》，平德也。』又説：『《大雅》，盛德也。』另一種則指最高統治者的主體性（『王德』），即從主體的方面來談政治的合法性問題，具體包括『文武之德』『秉文之德』和『明德』等説法。據竹書《詩論》，『明德』是由上帝、天所賜予或命賦的，《詩》曰：『帝謂文王，予懷爾明德。』『懷』，《毛傳》訓『歸也』；『歸』即『饋贈』之義。文王、武王爲周人之先王，『文武之德』即指『明德』。在此基礎上，孔子强調了『天命』的重要性。『德』就主體性而言，而『天命』即就王者受命的合法性及其長短性而言。《詩論》曰：『「有命自天，命此文王」，誠命之也。信矣！孔子曰：此命也夫！文王雖欲已，得乎？此命也，時也，文王受命矣。』關於文王受命的問題，孔子從兩個方面作了辯護和肯定：其一，上天確實如此賜命給文王；其二，上天賜命於文王，是完全符合歷史時機的（『時』）。其實，上天賜命，這不僅是王者、王朝受命的終極根據，也是王者獲得『明德』的根據。在此宗教性天命觀念下，敬德和敬畏天命即成爲周人思想活動的動力本原。不過，周人又同時將敬德、敬命的觀念進一步落實在人倫日用，以及落實在家庭、社會秩序（『禮樂』）的建設和個人道德性（『德行』）的培養上。

令人印象更爲深刻的是，孔子論詩不但重視『德』和『天命』等觀念，而且很重視『人性』概念。竹書《詩論》載『孔子曰』：『吾以《葛覃》得氒初之詩。民性固然：見其美必欲反其本。夫葛之見歌也，則以絺綌之故也。后稷之見貴也，則以文武之德也。吾以《甘棠》得宗廟之敬。民性固然：甚貴其人，必敬其位；悦其人，必好其所爲，惡其人者亦然。【吾以《木瓜》得】幣帛之不可去也。民性固然：其有隱志，必有以喻也；其言有所載而後入，或前之而後交，人不可捍也。吾以《杕杜》得爵……』『性』概念正式形成於春秋晚期，孔子晚年即很重視『性與天道』（《論語·公冶長》）的問題。『性』概念的提出，是對於『生』概念的深化，同時是將外在的『天命』轉化爲内在的並作爲生命所從出的大本大原。孔子即以『民性固然』作爲根據，闡釋和論證了《葛覃》《甘棠》《木瓜》《杕杜》四首詩的大義。

竹書《詩論》的發現，具有巨大的學術價值。孔子是如何看待、閲讀和解釋《詩》三百篇的，《詩論》即給出了直接的答案，直接反映了孔子的詩學。《詩論》是目前可見最直接、最系統和最真實反映孔子詩學思想的專門著作。它的發現，使得今人對於孔子詩學的認識，超越了《論語》等的説法；對於詩意的理解，超越了《詩序》的論説。

緇衣

【簡介】

本篇竹書選自馬承源主編《上海博物館藏戰國楚竹書（一）》（上海古籍出版社 2001 年版），原整理者和釋文注釋者爲陳佩芬先生。竹書圖版見是書第 43—68 頁，釋文注釋見是書第 169—214 頁。據整理者的説明，本篇竹書共存二十四支簡，簡文均書於竹黄面上，竹簡的上下兩端均經過修正，呈梯形狀。篇中僅有完簡八支，長約五十四點三釐米，最多抄寫五十七字。一支完簡有三道編繩，編繩處有右契口。本篇現存九百七十八字，其中重文十字，合文八字。本篇竹書共有兩種墨記符號，一種爲墨丁，其作用有二，其一表示分章，本篇竹書原已分爲二十三章，每章均以『子曰』開頭，章末設一墨丁分章符號，現存二十一個（第十五章末略殘，也當有分章符號）；其二表示重文或合文，共十八處。另一類爲墨塊，全篇僅有一個，在第二十四號簡末，是結篇符號。

本篇竹書，另有郭店本（見《郭店楚墓竹簡》，文物出版社1998年版）和今本（《禮記·緇衣》）。兩個簡本雖有文字差異，但内容、章序基本一致，與今本不同。其章序明顯優於今本，簡本可以校正今本之誤。這三個《緇衣》本，對於理解先秦古籍的傳播、演變及其演變規律都有重要價值。

目前，除整理者外，對上博竹書本作校釋的學者有陳偉、李零、徐在國、黄德寬、虞萬里、侯乃峰等人，對郭店本作注釋的學者還有李零、陳偉、劉釗等人。本篇竹書的釋文和簡序以原整理者陳佩芬的編排爲基礎，同時吸納了其他學者的意見。本篇竹書的參校本——郭店本，見《楚地出土戰國簡册合集（一）·郭店楚墓竹書》（文物出版社2011年版）；今本見《十三經注疏·禮記正義》（清嘉慶刊本）。今譯部分，參考了楊天宇《禮記譯注》（上海古籍出版社1997年版）。

【夫】子曰：[一]『好美如好緇衣，惡惡如惡巷伯，則民咸㤾（𤰈）而刑不屯。』[二]《詩》云：『儀刑文王，萬邦作孚。』[三]

【注釋】

[一] 整理者云：『「子」字上端殘損，按郭店簡可補「夫」字。』[二]

[二] 陳佩芬釋文注釋：《紂衣》，馬承源主編：《上海博物館藏戰國楚竹書（一）》，上海古籍出版社2001年版，第174頁。

〔二〕『美』，郭店本同，今本作『賢』。『美』與『惡』相對，美、賢都就德行而言。『緇』，竹簡作『紂』，郭店本作『茲』，俱從今本讀作『緇』。《毛詩·鄭風·緇衣》歌頌鄭武公好賢之誠，賢者的官服緇衣破弊，武公不僅改製新衣，且到館舍探望，回去後又使人送飲食。『巷伯』，《毛詩·小雅·巷伯》寫周朝宦官孟子痛恨讒毁自己的惡人，要將其『投畀豺虎』『投畀有北』『投畀有昊』。簡文『好緇衣』『惡巷伯』，多『好』『惡』二字，學者以爲緇衣、巷伯『皆非詩篇名，而應當是兩個名詞』，『「緇衣」「巷伯」皆舉篇名以概其内容』。〔一〕

『勑』，郭店本作『㧊』，今本作『服』。〔二〕㧊、勑均可讀作『釐』，理也、治也。〔三〕『屯』，郭店本同，今本作『試』。試，用也。屯，陳也。陳刑，明啓刑書或宣告法律。〔四〕屯與試是同義換用。

今本在『刑不試而民咸服』上多『爵不瀆而民作願』一句。

〔三〕引詩見《毛詩·大雅·文王》。『詩云』，郭店本同，今本作『《大雅》云』。『儀刑』，鄭玄《注》：『刑，法也。』《説文·亻部》：『儀，度也。』儀、刑，都是以什麽或以誰爲法度的意思。

〔一〕晁福林：《竹簡本〈緇衣〉首章補釋》，《人文雜誌》2012年第3期。

〔二〕該字整理者釋作『㔹』，李零釋作『扐』，讀爲『力』。黄錫全説該字從力箙聲，讀爲『服』。徐在國、黄德寬釋作『勑』，讀爲『服』。參見侯乃峰：《上博楚簡儒學文獻校理》，上海古籍出版社2018年版，第42—43頁。

〔三〕張崇禮：《釋『㧊』》，簡帛研究網，2007年12月29日。

〔四〕顔世鉉：《上博楚竹書散論（二）》，簡帛研究網，2002年4月18日。

『孚』，竹書原字作『𠬝』[二]，郭店本、今本均作『孚』。『𠬝』讀作『孚』。鄭玄《注》：『孚，信也。』又云：『儀法文王之德而行之，則天下無不爲信者也。文王爲政，克明德慎罰。』

【今譯】

夫子説：『喜好美善如同喜好緇衣，憎惡丑惡如同憎惡巷伯，於是民都得治而刑罰不用。』《詩》説：『效法周文王，萬邦都敬信。』

右爲第一章。今本爲第二章。

子曰：『有國者章好章惡，以示民厚，【01】則民情不弋（忒）。』[一]《詩》云：『靖共（恭）爾位，好是正直。』[二]

【注釋】

[一]『章惡』之『章』，郭店本同，今本作『癉』。『癉』義爲憎恨。鄭玄《注》：『章，明也。』好惡在内，章明才能示民。

『忒』，竹簡作『弋』，郭店本作『紅』，今本作『貳』。《經典釋文》作『忒』，或作『貳』。王引之《經

[二] 學者對該字的隸寫尚有爭議，但贊同裘錫圭讀音應與『孚』相同或相近的意見。參見侯乃峰：《上博楚簡儒學文獻校理》，上海古籍出版社2018年版，第43—44頁。

義述聞》：『貳者，貣之譌，貣即忒之借字。』〔一〕弋、紅俱讀爲『忒』，竹簡下章引《詩·曹風·鳲鳩》『淑人君子，其儀不忒』以證『君不疑其臣，臣不惑於君』，可見《毛傳》『忒，疑也』之訓可從。〔二〕

［一二］引詩見《毛詩·小雅·小明》。『靖』，敬也。『共』，讀爲『恭』，奉也。『位』，職位。

【今譯】

孔子說：『有國的人，彰明所善，顯明所惡，向民展示其所重視的東西，這樣民情就不會疑惑。』《詩》說：『恭敬你的職位，喜好德行正直的人。』

右爲第二章。今本爲第十一章。

子曰：『爲上可望而知也，爲下可述而志也，則君不疑其臣，臣不惑於君。』［一］《詩》云：【02】『淑人君子，其儀不忒。』［二］《尹誥》云：『唯尹允及湯，咸有一德。』［三］

【注釋】

［一］『望』，對於竹書原字形的隸定，學者多有異議，但均讀爲『望』。〔三〕

〔一〕［清］王引之：《經義述聞》，江蘇古籍出版社2000年版，第129頁。

〔二〕整理者讀爲『代』，更也。虞萬里從王引之說讀爲『忒』，訓差錯、過失。參見虞萬里：《上博館藏楚竹書〈緇衣〉綜合研究》，武漢大學出版社2009年版，第38頁。

〔三〕侯乃峰：《上博楚簡儒學文獻校理》，上海古籍出版社2018年版，第45—46頁。

『述』，竹簡作『稙』，郭店本作『頪』，今本作『述』。稙、頪均讀作『述』[一]，王引之《經義述聞》：『述之言循也，志之言識也。循其言貌察之而其人可識也。……述而志猶言望而知，以其外著者言之。』[二]

[二]引詩見《毛詩·曹風·鳲鳩》。『淑』，善也；『儀』，容儀、儀表；『忒』，疑也。

[三]『尹誥』，郭店本同，今本作『尹吉』。鄭玄《注》：『吉，當爲告。告，古文誥，字之誤也。尹告，伊尹之誥也。《書序》以爲《咸有壹德》，今亡。』《古文尚書》有《咸有一德》篇，當是後人僞作。今本先引《尹誥》文，後引《詩》文。

『允』，郭店本同，今本作『躬』，清華簡《尹誥》作『既』。允、既皆爲語詞。[三]

『咸有一德』，『咸』，皆也；『一德』，孔穎達《疏》解爲『純一之德』。從上文語境看，『子曰』是説君臣都可望其表而知其心，引《詩》也涉及儀表，疑『一德』當指表裏如一之德。

【今譯】

孔子説：『爲君上者可以望其面而知其心，做臣下者可以循其表而識其裏，這樣君主就不懷疑他的大臣，而大臣也不疑惑於君主。』《詩》説：『淑善君子，其儀容不引人疑惑。』《尹誥》説：『伊尹和湯，都有表裏如一之德。』

[一] 學者認爲『頪』所從的『米』形有可能是『朮』字之譌。參見侯乃峰：《上博楚簡儒學文獻校理》，上海古籍出版社2018年版，第46頁。

[二] [清]王引之：《經義述聞》，江蘇古籍出版社2000年版，第388頁。

[三] 『允』，整理者釋作『夋』，郭店簡釋作『躬』，裘錫圭按語云是字『可能是允字繁文』。《禮記》本『躬』字，李家浩以爲未必是誤字，可能是簡本從『身』聲的『允』字的異讀。參見侯乃峰：《上博楚簡儒學文獻校理》，上海古籍出版社2018年版，第48頁。

如一之德。』

右爲第三章。今本爲第十章。

子曰：『上人疑，則百姓惑；下難知，則君長【勞，故君民者章好以示民】【03】谷（欲），謹惡以御民淫，則民不惑。〔一〕臣事君，言其所不能，不辭其所能，則君不勞。』〔二〕《大雅》云：『上帝板板，【下民卒擔（癉）。』《小雅》云：『非其止之共】，【04】惟王之功（邛）。』〔三〕

【注釋】

〔一〕第3號簡下端殘約十字，整理者據郭店本補所缺文字。〔1〕

『欲』，竹簡作『谷』，郭店本從心從谷，今本作『俗』。三字皆當讀爲『欲』，欲即人之所好，欲惡猶好惡。

『謹』，郭店本同，今本作『慎』。謹、慎互訓，可換用。下第八章云：『上之好惡，不可不慎也，民之表也。』君上當慎其好惡，以爲民表率。

『御』，通『禦』，《爾雅·釋言》：『禦，禁也。』《周禮·秋官·司寤氏》：『禦晨行者，禁宵行者。』《廣雅·釋詁三》：『禦，止也。』

『淫』，鄭玄《注》：『貪侈也。』淫亦訓過，欲之過當即爲淫。

---

〔1〕陳佩芬釋文注釋：《紂衣》，馬承源主編：《上海博物館藏戰國楚竹書（一）》，上海古籍出版社2001年版，第178頁。

［二］『辭』，與『言』相對，指辯解之言。《禮記·表記》：『仁者之過易辭也。』鄭玄《注》：『辭，猶解説也。』『其』，指代臣。臣言其所不能，而不自稱其所能，則君易於知臣而不勞病。該句今本作『臣儀行，不重辭，不援其所不及，不煩其所不知』，對照簡本，今本此句旨在强調臣事君，重行而不重言辭，『不援其所不及，不煩其所不知』當是指臣對君言，不宜援引臣所不及、煩飾臣所不知的内容。在强調臣不宜對君巧言的言辭之法上，今本實與簡本一致，衹是各有側重而已。

［三］第4號簡下端殘損約十二字，整理者據郭店本補所缺文字。[一]

『上帝板板，下民卒癉』，見於《毛詩·大雅·板》，今本作『詩云』以引《詩》。鄭玄《注》：『板板，辟也。』邪辟的意思。『卒癉』，鄭玄《注》：『卒，盡也；癉，病也。』此詩句説上帝邪辟，則下民盡皆病苦，引之以證前文『上人疑，則百姓惑』『章好以示民欲，謹惡以御民淫』。

『非其止之共，惟王之邛』，見於《毛詩·小雅·巧言》。『功』，今本作『邛』，讀爲『邛』，鄭玄《注》：『邛，勞也。』小人爲臣，巧言讒慝，不止於其職事，因而難知，使王病勞。

【今譯】

孔子説：『在上位者可疑，則百姓迷惑；在下位者難知，則君長【操勞。故爲民之君，彰顯所好以使民知其】所可欲，慎重所惡以禁止民之淫過，這樣民纔不迷惑。臣事奉君，説自己所不能的事，而不多費言辭於自己所能的事，這樣君就不勞病。』《大雅》説：『上帝僻陋，【下民盡受其害。』《小雅》説：『臣所言不

［一］陳佩芬釋文注釋：《紂衣》，馬承源主編：《上海博物館藏戰國楚竹書（一）》，上海古籍出版社2001年版，第179頁。

止於其所供職之事，】王便病勞。』

右爲第四章。今本爲第十二章。

子曰：『民以君爲心，君以民爲體。【心好則體安之】，君好則民欲之。故心以體廌（存），君以〔民〕亡。[一]』《詩》云：『誰秉國【成，不自爲】【05】正，卒勞百姓。』[二]《君牙》云：『日暑雨，小民惟日怨晉（咨）。冬耆寒，小民亦惟日怨。』[三]

【注釋】

〔一〕第5號簡中間殘斷約六字，整理者據郭店本補所缺文字。[一]『廌』，郭店本作『瀍』，裘錫圭讀爲『廢』。『廌』當讀爲『存』。『心以體存，君以民亡』兩句，上下互文見義。[二]今本作『心以體全，亦以體傷；君以民存，亦以民亡』，可視爲對簡文的解釋。『民』，原簡脱，據郭店本補。

〔二〕第5號簡下端殘約四字，整理者據郭店本補所缺文字。[三]引《詩》見《毛詩·小雅·節南山》，簡本所引，無今本『昔吾有先正，其言明且清，國家以寧，都邑

[一] 陳佩芬釋文注釋：《紂衣》，馬承源主编：《上海博物館藏戰國楚竹書（一）》，上海古籍出版社2001年版，第179頁。
[二] 馮勝君：《讀上博簡〈緇衣〉札記一則》，簡帛研究網，2002年1月21日。
[三] 陳佩芬釋文注釋：《紂衣》，馬承源主编：《上海博物館藏戰國楚竹書（一）》，上海古籍出版社2001年版，第180頁。

以成，庶民以生」五句逸詩。「秉」，持也。鄭玄《注》：「成，邦之八成也。」「卒」，盡也；「勞」，勞來，慰勞的意思。詩意是説，誰能大公無私地秉持國政，不自爲正，就能慰勞所有百姓。

［三］《君牙》，郭店本同，今本作《君雅》。鄭玄《注》：「雅，《書序》作牙，假借字也。君雅，周穆王司徒，作《尚書》篇名也。」《君牙》已逸，今本《古文尚書》有《君牙》篇，不可信據。

「日暑雨」，郭店本同，今本作「夏日暑雨」，《書·君牙》作「夏暑雨」。「日」，疑爲「夏」之壞字〔二〕，今本則「夏」「日」兩字並存。

「晋」，郭店本同，今本作「資」，《書·君牙》作「咨」。《書·君牙》「小民惟曰怨咨」兩見，今本「資冬祁寒」連讀。晋、資皆讀爲「咨」。「咨」，嗟歎也。「怨」，義爲埋怨、怨恨。咨，爲嘆美之詞。夏暑、夏雨不以時至則爲災害，小民就多抱怨；夏暑、夏雨以時至則爲休徵，小民就嘆美。

「耆」，郭店本作「旨」，今本作「祁」。耆、旨、祁，白於藍都讀作「凄」〔三〕。耆、旨、祁疑皆當讀爲「震」。《易·恒》卦辭：「振恒凶。」《説文》引「振」作「榰」。《毛詩·小雅·吉日》「其祁孔有」，鄭玄《箋》：「祁當作麎。」《史記正義》引《周書·謚法解》「治典不殺曰祁。」《獨斷》下祁作祈，云：「一曰震。」由此可見，耆、旨、祁皆可與「震」通。《説文·雨部》：「震，劈歷振物也。」段玉裁《注》：「震，疾雷之名。」「冬震寒」與「夏暑雨」對言，冬、夏對言，寒、暑對言，震、雨亦當是對言。《吕氏春秋·十

〔二〕「按夏，西周金文從日、從頁、從又，頗疑兩簡本之祖本「夏」字磨滅、漫漶（涣），字壞而存「日」形，遂抄（鈔）作「日」字。」虞萬里：《上博館藏楚竹書〈緇衣〉綜合研究》，武漢大學出版社2009年版，第61頁。

〔三〕白於藍：《〈上海博物館藏戰國楚竹書（一）〉釋注商榷》，簡帛研究網，2003年5月28日。

二紀》《禮記・月令》：『孟夏行秋令，則苦雨數來，五穀不滋，四鄙入保。』又曰：『仲冬行夏令，則其國乃旱，氛霧冥冥，雷乃發聲。』孟夏『苦雨數來』則澇，仲冬『雷乃發聲』則旱，皆時令錯行而致之異象，故小民抱怨咨嗟，怨君不行善政以致此災害，簡文引以説『君以民亡』之意，可謂恰當。

【今譯】

孔子説：『民視國君爲己心，國君視民爲其體。【心所好的，身體也順安之】，君主偏好，那麼民也想要。所以君以民而存而亡，如心以體而存而亡一樣。』《詩》説：『誰秉持國政，不私自謀其政，則盡慰百姓。』《君牙》説：『夏季暑熱降雨，小民就多抱怨咨嗟；冬季多雷嚴寒，小民也多抱怨。』

右爲第五章。今本爲第十七章。

子曰：『上好仁，則下之爲仁也爭先。故長民者章志【06】以昭百姓，[一] 則民致行己以悦上。』《詩》云：『有㝵（覺）德行，四國順之。』[二]

【注釋】

[一]『章志』，彰顯好仁、惡惡之志。『昭』，明也、示也。上文云『君民者，章好以示民欲，謹惡以御民淫，則民不惑』，與此句可互相發明。今本作：『長民者章志、貞教、尊仁，以子愛百姓。』

[二]『㝵』，郭店本同，今本作『梏』，《春秋繁露・郊祭》《新序・雜事五》《韓詩外傳》等所引均與《毛

詩》同，作『覺』。⿰禾匊、梏、覺上古音均爲見母覺部字。覺，《毛傳》訓直。《爾雅・釋詁》：『梏，直也。』〔三〕

引詩見《毛詩・大雅・抑》，本簡引詩以説長民者有正直之德行，則四國之民皆順之。

【今譯】

孔子説：『爲上者好仁德，那麽在下者就爭相爲仁。所以爲民君長者，彰顯好惡之志，以明示百官，那麽民就極力脩己之行，使在上者愉悦。』《詩》説：『有正直的德行，四國便會順從。』

右爲第六章。今本爲第六章。

子曰：『禹立三年，百姓以仁遂，〔一〕【豈必盡仁】，《詩》云：『成王之孚【07】下土之式。』〔二〕《呂刑》云：『一人有慶，萬民賴之。』〔三〕

【注釋】

〔一〕『遂』〔三〕，今本同，郭店本作『道』。遂猶術〔三〕，『仁遂』即仁術，與仁道同義换用。『以』，用也；『百姓』，百官。禹立三年，百官皆用仁道、仁術，這正是上章『上好仁，則下之爲仁也爭先』之例。

〔一〕張富海：《郭店楚簡〈緇衣〉篇研究》，北京大學碩士學位論文，2002年，第12—13頁。

〔二〕該字隸寫尚有疑問，參見侯乃峰：《上博楚簡儒學文獻校理》，上海古籍出版社2018年版，第54頁。

〔三〕鄭玄《注》訓『遂』爲『達』，孔穎達《疏》：『遂，達也。言禹立三年，百姓悉行仁道，達於外内，故云「百姓以仁遂焉」。「豈必盡仁」者，言禹之百姓豈必本性盡行仁道？秖由禹之所化。』

［二］第7號簡下端殘約十字，整理者據郭店本補所缺文字。[二]『豈必盡仁』，言百官豈能必然盡爲仁人，因爲仁者大禹在上，不仁者亦從而行仁。《左傳·襄公十三年》：『范宣子讓，其下皆讓，欒黶爲汰，弗敢違也。』此皆孔子『舉直錯諸枉，能使枉者直』（《論語·顏淵》）之意。

引詩見《毛詩·大雅·下武》，今本在《呂刑》之後引此詩。『孚』訓信，『式』訓法，言周武王能成就孚信，故在下者以此爲式法。

［三］『一人』，指天子、君主；『慶』，善也。

『賴』，竹簡原字作『訙』，郭店本作『贎』，今本作『賴』。訙、贎俱讀爲『蒙賴』之『賴』。

【今譯】

孔子說：『禹即君位三年，百官皆用仁道，豈能【一定都是仁人？』《詩》云：『成就王之孚信】，下民之法式。』《呂刑》說：『君主一人有善，萬民都賴以得福。』

右爲第七章。今本爲第五章。

子曰：『下之事上也，不從其所以命，而從其所行。[一] 上好【此物也，下必有甚焉者矣，故】【08】上之好惡，不可不慎也，民之標（表）也。[二]』《詩》云：『赫赫師尹，民具爾瞻。』[三]

［一］陳佩芬釋文注釋：《紂衣》，馬承源主編：《上海博物館藏戰國楚竹書（一）》，上海古籍出版社2001年版，第182頁。

【注釋】

〔一〕『從』，隨從、循順。『命』，言命；『行』，行爲。爲上者欲化民，移風易俗，莫若先正其身行。《論語・子路》：『其身正，不令而行；其身不正，雖令不從。』

〔二〕第 8 號簡下端殘損約十一字，整理者據郭店本補。〔二〕『標』，郭店本同，今本作『表』。『標』讀爲『表』。古人立圭表以測日影，表引申則有表準義。君上之好惡，如民之表準，鄭玄《注》：『言民之從君，如影逐表。』

〔三〕引詩見《毛詩・小雅・節南山》，今本錯簡在『禹立三年』章。『赫赫』，《説文・赤部》：『赫，火赤貌。』引申有明、顯、盛等義。《爾雅・釋詁》：『師，衆也。』又：『尹，正也。』『赫赫師尹』，顯赫在上的衆官正。『瞻』，瞻仰、敬視。

【今譯】

孔子説：『在下者事奉爲上者，不跟從其言命，而跟從其行爲。爲上者偏好【此物，在下者必然好之更甚。所以】爲上者的好惡，不可以不謹慎，因爲那是民之表準。』《詩》説：『顯赫的衆官正，民衆都在瞻望

〔二〕陳佩芬釋文注釋：《紂衣》，馬承源主編：《上海博物館藏戰國楚竹書（一）》，上海古籍出版社 2001 年版，第 183 頁。

着你們。』

右爲第八章。今本爲第四章。

子曰：『長民者衣服不改，從容有常，[一]則【09】民德一。』《詩》云：『其容不改，出言【香港中文大學藏簡】[二]【又丨，利民】所訓。』[三]

【注釋】

[一]『改』，郭店本同，今本作『貳』。『從』〔一〕，今本作『從』。『從容』，孔穎達《疏》：『謂舉動有其常度。』從簡文的語境來看，『衣服不改』解釋的是『其容不改』，『從容有常』解釋的則是『出言有丨』，故『從容』在簡文中主要形容出言從容自若；『又丨』，今本作『有章』，就孔子的解釋看，丨、章音義都與『常』相當。『有常』與『不改』互文見義，皆形容君民者德行恒常。

[二] 整理者：第9號簡下端殘，其中一節『殘簡今藏香港中文大學中國文化研究所，簡文爲：「民悳一告員亓容不改出言」十一字』。此外仍殘數字，整理者據郭店本補『又丨利民』四字。〔二〕

引詩見《毛詩·小雅·都人士》，今本引詩云：『彼都人士，狐裘黄黄。其容不改，出言有章。行歸于周，萬民所望。』

〔一〕兩簡本該字隸寫尚存疑。參見侯乃峰：《上博楚簡儒學文獻校理》，上海古籍出版社2018年版，第57頁。

〔二〕陳佩芬釋文注釋：《紂衣》，馬承源主編：《上海博物館藏戰國楚竹書（一）》，上海古籍出版社2001年版，第184頁。

〔三〕『訁』，郭店本同，今本作『望』。『訁』從丨得聲，但丨字如何釋讀，學者有爭論。〔一〕

【今譯】

孔子說：『爲民君長者不改變其衣服，言談從容有常法，於是民德歸一。』《詩》說：『他的容儀不改變，說話【有丨，黎民】所訁。』

右爲第九章。今本爲第九章。

子曰：『大人不親其所賢，而信其所賤，教此以失，民此以煩。〔一〕《詩》云：「彼求我則，如不我得。執我仇仇，亦不我力。」〔二〕《君陳》云：「未見【10】聖，如其弗克見。我既見，我弗貴（由）聖。」〔三〕』

【注釋】

〔一〕『煩』，勞也，因被攪擾而煩勞。《呂氏春秋·音初》『水煩則魚鼈不大』，《史記·樂書》引同，張守節《正義》：『煩，猶數攪動也。』《孫子兵法·九變》言將有五危，其一爲『愛民，可煩也』，杜牧曰：『言仁人愛民者惟恐殺傷，不能舍短從長、棄彼取此，不度遠近、不量事力，凡爲我攻，則必來救，如此可以煩之，令其勞頓而後取之也。』〔二〕『教此以失，民此以煩』，今本作『民是以親失，而教是以煩』，『是』

〔一〕虞萬里：《上博館藏楚竹書〈緇衣〉綜合研究》，武漢大學出版社2009年版，第84頁。
〔二〕楊丙安：《十一家注孫子校理》，中華書局1999年版，第178頁。

『此』兩字同義换用，衍『親』『而』兩字，『民』與『教』字易位。

［二］引詩見《毛詩·小雅·正月》。『仇仇』，《爾雅·釋訓》：『仇仇、敖敖，傲也。』鄭玄《注》：『言君始求我，如恐不得我。既得我，執我仇仇。然不堅固，亦不力用我，是不親信我也。』

［三］『其』，竹簡作『丌』。『丌』讀爲『其』。『克』，能也。『胄』，郭店本作『迪』，今本作『由』，胄、迪皆讀爲『由』。『由』，從也、用也。

【今譯】

孔子説：『在上的大人不親信他認爲有德的賢人，反而親信無德的賤人，教將因此而失法，民則因此而煩擾。』《詩》説：『當他要得到我，好似擔心得不到我。既已得到我，又以傲慢相待，並不真正信用我。』《君陳》説：『没有見到聖人，好像不能得見。我既然見到（聖人），又不能遵從聖人。』

右爲第十章。今本爲第十五章。

子曰：『大臣之不昵（附）也，則忠敬不足而富貴已過也；邦家之不寧也，【則大臣不治而褻臣托也。此以大臣】［二］［三］不可不敬也，民之蕝（係）也。［二］故君不與小謀大，則大臣不怨。［三］』《祭公之顧命》云：『毋以小謀敗大惜（圖），毋以嬖御畫（疾）莊后，毋以嬖士畫（疾）大夫、向（鄉→卿）使（士）。』［四］

【注釋】

［一］「昕」〔一〕，郭店本作「新」，今本作「親」。「新」讀爲「親」，「昕」疑是「附」字之借〔二〕，「附」與「親」同義换字。《毛詩·大雅·緜》：「予曰有疏附，予曰有先後。」先與後、疏與附，皆相對之辭。鄭玄《箋》：「率下親上曰疏附。」《論衡·幸偶》：「不當親而得附。」親、附换用。

「忠敬不足」，鄭玄《注》：「謂臣不忠於君，君不敬其臣。」

第 11 號簡下端殘約十四字，整理者據郭店本補所缺文字。「邦家之不寧」，原因在於不使大臣治政，而寄政於褻近小臣。

以上數句，今本作：「大臣不親，百姓不寧，則忠敬不足，而富貴已過矣。大臣不治而邇臣比矣。」

［二］「蓺」，郭店本同，今本作「表」。學者多據《國語·晋語八》「置茅蕝，設望表」，把「蓺」讀爲「蕝」，與「表」字同義换用。〔三〕「蓺」，疑讀爲「係」。《易·坎》上六爻辭「係用徽纆」，《穀梁傳·宣公二

〔一〕　整理者釋作「罕」，讀爲「親」。學者改釋作「昕」，爲親的誤字。參見陳佩芬釋文注釋：《紂衣》，馬承源主編：《上海博物館藏戰國楚竹書（一）》，上海古籍出版社 2001 年版，第 186 頁；侯乃峰：《上博楚簡儒學文獻校理》，上海古籍出版社 2018 年版，第 59 頁。

〔二〕　不與跗、坏與俯、坏與坿通假之例，參見高亨纂著，董治安整理：《古字通假會典》，齊魯書社 1989 年版，第 433—434 頁。

〔三〕　侯乃峰：《上博楚簡儒學文獻校理》，上海古籍出版社 2018 年版，第 60 頁。按，今本「民之表」乃以影表爲喻，説明民以大臣爲表正之義。《大戴禮記·主言》：「上者，民之表也，表正則何物不正？」又《子張問入官》：「上者，民之儀也；有司執政，民之表也。」鄭玄《注》本篇「上之所好惡不可不慎也，是民之表也」云：「言民之從君，如影之逐表。」《説文·艸部》：「蕝，朝會束茅表位曰蕝。」此雖有標識義，但「蕝」乃臨時以茅草爲之，其要在尊卑之次，而「表」是一種具有普遍性、權威性的工具，因而蕝似無法與表一樣比喻君民、臣民之間的關係。

年》注引『係』作『繼』。《爾雅·釋詁上》：『係，繼也。』《莊子·大宗師》：『萬物之所係。』『係』，本字作『系』，亦借作『繫』。《說文·糸部》：『系，繫也。』段玉裁《注》：『系者，垂統於上而承於下也。』簡文是說大臣乃『民之係』，此『係』字就上文大臣之不附的『附』字而言[一]，大臣率民親附於君，故爲統係萬民之要結。

以上數句，今本作：『大臣不可不敬，民之表也；邇臣不可不慎，民之道也。』

[三] 此數句，今本作：『君毋以小謀大，毋以遠言近，毋以內圖外，則大臣不怨，邇臣不疾，而遠臣不蔽矣。』

[四] 『祭公』，郭店本同，今本作『葉公』。『祭』與『葉』是通假關係。[二] 鄭玄《注》：『楚縣公葉公子高也。』

『顧命』，鄭玄《注》：『臨死遺書曰顧命。』

『悎』，郭店本同，今本作『作』。『悎』讀爲『圖』[三]，《爾雅·釋詁一》：『圖，謀也。』

『衋』，郭店本作『息』，今本作『疾』。《說文·血部》：『衋，傷痛也。』衋、息皆可讀爲『疾』。[四]

[一] 《易》『繫於金柅』，《京氏易傳》解爲『附於金柅』。《論衡·說日》：『日月之行也，繫著於天也。日月附天而行，不直行也。』皆以繫、附義近而換用。

[二] 侯乃峰：《上博楚簡儒學文獻校理》，上海古籍出版社2018年版，第60—61頁。

[三] 陳斯鵬：《楚簡『圖』字補證》，中山大學古文字研究所編：《康樂集——曾憲通教授七十壽慶論文集》，中山大學出版社2006年版，第196—197頁。

[四] 武漢大學簡帛研究中心、荊門市博物館編著：《楚地出土戰國簡册合集（一）·郭店楚墓竹書》，文物出版社2011年版，第35頁。

『疾』，惡也、妒也。

鄭玄《注》：『嬖御人，愛妾也……莊后，適夫人齊莊得禮者。』『向使』，郭店本作『卿事』，今本作『卿士』。古代卿、鄉二字常可混用，『卿』先誤作『鄉』，再通假作向。事、使、士三字，古可通用。[一]

清華簡《祭公之顧命》第16號簡云：『汝毋以俾御息爾莊后，汝毋以小謀敗大作，汝毋以俾士息大夫卿李。』

【今譯】

孔子説：『大臣不率民來親附，便表明臣於君之忠、君於臣之敬不足，而他們富貴已經過度了；邦、家不安寧，便表明【大臣不在位治理，而托政於褻近小臣。由此知大臣】不可不敬重，（因爲大臣是）民之統係。所以君不與小臣謀大臣，這樣大臣就無怨。』《祭公之顧命》説：『不要因小謀而敗壞大圖，不要因嬖妾疾惡正后，不要以嬖士疾惡大夫、卿士。』

右爲第十一章。今本爲第十四章。

子曰：【12】『長民者教之以德，齊之以禮，則民有昱（格）心；教之以政，齊之以刑，則民有免

[一] 劉樂賢：《讀上博簡札記》，上海大學古代文明研究中心、清華大學思想文化研究所編：《上博館藏戰國楚竹書研究》，上海書店出版社2002年版，第386頁。

心。[一] 故慈以愛之，則民有親；信以結之，則民不背；龍以莅之，則民有遜心。[二]』《詩》云：【13】『吾大夫龏且儉，靡人不斂。』[三]《呂刑》云：『苗民非用霝，制以刑，惟作五虐之刑曰法。』[四]

【注釋】

[一]『昱』，郭店本作『懽』，《禮記》本作『格』，《論語·爲政》相應的字亦作『格』。昱與吴同，讀若讙，昱、懽俱讀爲『格』。《毛詩·周頌·絲衣》『不吴不敖』，『吴』，《漢書·郊祀志》引作『吴』，顔師古《注》：『吴，讙譁也。』『吴』讀爲『讙』，讙從吅，《説文·吅部》：『吅，驚嘑也，讀若讙。』讙、懽俱可讀爲『格』，《左傳·襄公四年》『斟灌氏』，《史記·夏本紀》灌作戈，格、戈音近。《爾雅·釋詁》：『格，至也。』

『免心』，郭店本同，今本作『遯心』。『免』，離也。《論語·陽貨》：『子生三年，然後免於父母之懷。』《説文·辵部》：『遯，逃也。』『逃』亦離也。免、遯同義换用。『格心』言歸服來至，『免心』言離心逃遯。

[二]『不背』，竹簡原文作『伓』，下有合文符號，讀作『不背』。

『龍』，郭店本作『共』，今本作『恭』。龍、共、恭疑皆讀爲『拱』或『拲』。[二]《爾雅·釋詁下》：『拱，執也。』郭璞《注》：『兩手持爲拱。』《説文·手部》：『拲，兩手同械也。桊，拲或從木。』『龍以莅

[二] 郭店本、上博本的整理者都據《禮記》本將該句讀爲『恭以莅之，則民有遜心』，謂恭敬有禮以臨民，則民有遜順之心。如此則慈以愛之、信以結之、恭以莅之都與教之以德、齊之以禮相關，却無與教之以政、齊之以刑相關的内容。故郭店本兩字雖同作共，宜從上博簡異讀。

之』，謂執持衆民以蒞臨之，即以刑臨民的意思，與前文『齊之以刑』相關。

『遜』〔二〕，郭店本作『愻』，今本作『孫』。愻、孫皆讀爲『遜』，《説文·辵部》：『遜，遁也。』《爾雅·釋言》：『遜，遯也。』『遜心』與『免心』義近。

〔三〕引詩爲逸《詩》，今本無此詩。

『龏』，郭店本作『共』。本簡龍、龏作兩形，郭店本均作『共』。簡文引詩當是説明『教之以德，齊之以禮，則民有格心』的，『龏』讀爲恭敬之『恭』。『斂』，是聚集的意思。『吾大夫恭且儉，靡人不斂』，言吾大夫執事恭敬，且用度儉省，無人不聚。《左傳·成公十二年》『共儉以行禮』，又十八年『共儉孝弟』。『恭且儉』，『教之以德，齊之以禮』也；『靡人不斂』，『民有格心』也。

〔四〕『吕刑』，郭店本同，今本作『甫刑』。

『霝』，郭店本作『𦤳』，今本作『命』，《吕刑》原文作『靈』。霝、靈、命皆可讀爲『令』，《爾雅·釋詁》：『令，善也。』靈本有善義，《廣雅·釋詁一》『靈，善也』。王念孫《疏證》：『靈者，《多士》云「丕靈承帝事」，《多方》云「不克靈承于旅」，皆謂善也。《鄘風·定之方中》篇「靈雨既零」，鄭玄《箋》云：「靈，善也。」』〔三〕『𦤳』讀爲『至』，亦善也。《周禮·考工記·弓人》『覆之而角至』，鄭玄《注》：『至猶善也。』《管子·法法》『夫至用民者』，尹知章《注》：『至，善也。』

〔二〕該字構型，學者多有討論，此從沈培説釋讀爲遜。參見沈培：《上博簡〈緇衣〉篇『卷』字解》，饒宗頤主編：《華學》第六輯，紫禁城出版社2003年版，第68—74頁。

〔三〕［清］王念孫：《廣雅疏證》，中華書局1983年版，第9頁。

『制』，《說文・刀部》：『制，一曰止也。』《廣雅・釋詁四》：『制，禁也。』苗民不用善，故以刑罰制止之。

今本在『曰法』後，還有『是以民有惡德，而遂絶其世也』兩句。

【今譯】

孔子說：『爲民君長者以德教導民，以禮齊民，於是民有來格之心；以政教導民，以刑齊民，於是民有免離之心。所以以慈愛民，民便親附；以信團結民，民便不背離；以拳械刑具臨民，民便有遜遯之心。』《詩》說：『我們的大夫恭敬而節儉，無人不來聚集。』《吕刑》說：『苗民不用善，以刑罰制止之，作五虐之刑，稱之曰法。』

右爲第十二章。今本爲第三章。

子曰：『政之不行，教之不成也，【則刑罰不足恥而爵不足勸】【14】也，故上不可以褻刑而輕爵。』[一]《康誥》云：『敬明乃罰。』《吕刑》云：『播刑之迪。』[三]

【注釋】

[一] 第14號簡下端殘約十一字，整理者據郭店本補。[二]

[二] 陳佩芬釋文注釋：《紂衣》，馬承源主編：《上海博物館藏戰國楚竹書（一）》，上海古籍出版社2001年版，第190頁。

簡文謂政之不行、教之不成，其原因在於刑罰不足以恥辱人、爵禄不足以勸勉人。所以下文接着説『故上不可以褻刑而輕爵』，褻、輕對言，都是輕慢、不敬慎的意思。

〔二〕《康誥》，《尚書》篇名，『康』指康叔，周武王之弟，周成王之叔。『播刑之迪』，郭店本同，今本作『播刑之不迪』。鄭玄《注》：『播猶施也；不，衍字耳；迪，道也。言施刑之道。』

【今譯】

孔子説：『政不通行，教化不成，（是因爲）【刑罰不足以使民感到羞恥，而爵賞不足以勸勉民衆】。所以爲上者不能褻亂刑罰而輕用爵賞。』《康誥》説：『敬慎章明刑罰。』《吕刑》説：『施刑之道。』

右爲第十三章。今本爲第十三章。

子曰：『王言如絲，其出如緍；王言如索，其【出如綍。故大人不倡流。』《詩》云：『慎爾出話】，[15] 敬爾威儀。』

【注釋】

第15號簡下端殘約十五字，整理者據郭店本補。〔一〕

〔一〕陳佩芬釋文注釋：《紂衣》，馬承源主編：《上海博物館藏戰國楚竹書（一）》，上海古籍出版社2001年版，第191頁。

引詩見《毛詩·大雅·抑》，今本此後還有引文，作：『《大雅》曰：「穆穆文王，於緝熙敬止」。』

【今譯】

孔子説：『王説的話如絲，傳出時便如釣魚綫；王説的話如索，【傳出時如大繩。所以大人不先説流言。』《詩》説：『謹慎你説出的話】，敬畏你的威儀。』

右爲第十四章。今本爲第七章前半段。

子曰：『可言不可行，君子弗言；可行不可言，君子弗行。則民言不危（詭）行，行不危（詭）言。[一]《詩》云：『淑慎爾止，不侃【于義】。』[二]

【注釋】

[一]『危』，郭店本作『隉』，今本作『危』，皆讀爲『詭』。王引之《經義述聞》：『危，讀爲詭。詭者，危也，反也。言君子言行相顧，則民言不違行，行不違言矣。《吕氏春秋·淫辭篇》：「所言非所行也，所行非所言也。言行相詭，不祥莫大焉。」謂言行相違也。』[二]

今本此章引詩前的文字，錯簡在『王言如絲』章所引詩句前。

[二] 引詩見《毛詩·大雅·抑》。是詩缺二字，整理者據郭店本補。今本錯簡引在『君子道人以言』

[二] ［清］王引之：《經義述聞》，江蘇古籍出版社2000年版，第388頁。

章下。

『淑』，善也；『止』，容止。

『侃』，郭店本同，今本作『諐』，《抑》詩作『愆』。侃、諐俱讀爲『愆』，《説文·心部》：『愆，過也……諐，籀文。』

【今譯】

孔子説：『可説而不可行的話，君子不説；可行而不可説的事，君子不行。於是民衆就會説的不違背行的，行的不違背説的。』《詩》説：『好好慎重你的容止，不要有失【於禮儀】。』

右爲第十五章。今本爲第七章後半段。

【子曰：『君子道人以言而恒以行】，【16】故言則慮其所終，行則稽其所敝，則民慎於言而謹於行。〔一〕《詩》云：『穆穆文王，於幾義止。』〔二〕

【注釋】

〔一〕第16號簡下端殘約十四字，整理者據郭店本補。『于義』屬上一章，本章開頭殘十二字。〔1〕『稽』與『慮』對言，都是考究之意；『敝』與『終』對言，都是終窮之意。君子謹言慎行，能充分考

〔1〕陳佩芬釋文注釋：《紂衣》，馬承源主編：《上海博物館藏戰國楚竹書（一）》，上海古籍出版社2001年版，第192頁。

慮其言行最終的結果，所以民效法君子，也能慎言謹行。

［一二］引詩見《毛詩·大雅·文王》。『於幾義止』，郭店本、今本、《詩經》原文及《禮記·大學》所引俱作『於緝熙敬止』。李家浩認爲『於』字下非『幾』字，其右下兩點是合文符號，其上部是『兹』，通『緝』；其下部乃『臣』之譌體，通『熙』。他又説，『義』是『敬』字之誤。[一]《毛傳》：『穆穆，美也；緝熙，光明也。』

【今譯】

【孔子説：『君子以言引導人，以行禁謹人】，所以君子言説就考慮它最終的效果，行爲就考慮它所窮盡的結果，於是民也謹言慎行。』《詩》説：『文王（言行）穆美，光明而又舉止恭敬。』

右爲第十六章。今本爲第八章。

子曰：『言從行之，則行不可匿。故君子寡言而行，以成其信，則民不【17】能大其美而小其惡。[一]』《大雅》云：『白珪之玷，尚可磨；此言之玷，不可爲。』[二]《小雅》云：『允也君子，展也大成。』[三]《君奭》云：『【昔在上帝，割紳觀文王悳，其】【18】集大命于氏〈氒（厥）〉身。』[四]

［一］李家浩：《釋上博戰國竹簡〈緇衣〉中的『兹臣』合文》，中山大學古文字研究所編：《康樂集——曾憲通教授七十壽慶論文集》，中山大學出版社2006年版，第21—26頁。

【注釋】

［一］『言從行之，則行不可匿』，郭店本同，今本作：『言從而行之，則言不可飾也；行從而言之，則行不可飾也。』鄭玄《注》：『從，隨也。』孔穎達《疏》：『「言從而行之，則言不可飾也」者，從，隨也。謂言在於先而後隨以行之，言當須實，不可虚飾也。』

『寡言』，猶『君子欲訥於言，而敏於行』（《論語・里仁》）之訥言。《論衡・定賢》：『言不務多，務審所謂；行不務遠，務審所由。』有理當實之言，必然寡少。

［二］引詩見《毛詩・大雅・抑》。《説文・刀部》：『𠛎，缺也。《詩》曰「白圭之𠛎」。』𠛎、玷古今字。白圭有缺，還可以磨平；言説有缺不合理，則無可補救。

［三］引詩見《毛詩・小雅・車攻》。鄭玄《注》：『允，信也；展，誠也。』

［四］第18號簡下端殘約十一字，整理者據郭店本補。[一]

『君奭』，鄭玄《注》云：『奭，召公名也。作《尚書》篇名。』

『身』，郭店本同，今本作『躬』。『身』讀爲『躬』。《毛詩・小雅・節南山》：『弗躬弗親，庶民弗信。』躬猶親也，謂躬行。孔子云：『古者言之不出，恥躬之不逮也。』（《論語・里仁》）言之不出，寡言、訥言也；恥躬之不逮，行之、敏於行也。

［一］陳佩芬釋文注釋：《紂衣》，馬承源主編：《上海博物館藏戰國楚竹書（一）》，上海古籍出版社 2001 年版，第 194 頁。

【今譯】

孔子説：『言而後隨行其言，則行不可隱匿。所以君子寡少其言而躬行，以成就其信，於是民不會放大其美善而小看其丑惡。』《大雅》説：『白圭之缺，還可以磨平；言語之缺，則不可以補救。』《小雅》説：『允信啊君子，至誠啊大成。』《君奭》説：【『昔在上帝，蓋一再勸勉文王之德，於是】集天命於文王之身。』

右爲第十七章。今本爲第二十四章。

子曰：『君子言有物，行有格，此以生不可奪志，死不可奪名。[一] 故君子多聞，齊而守之；多志，齊而親之；精知，略而行之。』[二]【19】【《詩》云：『淑】人君子，其義一也。』[三]《君陳》云：『出入自爾師虞，庶言同。』[四]

【注釋】

[一]『言有物，行有格』，鄭玄《注》：『物謂事驗也；格，舊法也。』孔穎達《疏》：『言必須有徵驗，行必須有舊法式，既言行不妄，守死善道，故「生則不可奪志，死則不可奪名」。』

[二]『齊』，郭店本同，今本作『質』。郭店簡裘錫圭案語：『齊、質古音相近。』[1] 義亦相近。『齊』，

[1] 荆門市博物館編：《郭店楚墓竹簡》，文物出版社1998年版，第136頁。

猶言辨也。〔二〕『質』，訓對、證、平、定等，謂比對、驗證、評議、論定，也是辨析比類之事。『多聞』，謂廣博聞見；『齊而守之』，謂辨別其善者而持守之。

『多志』，鄭玄《注》：『謂博交汎爱人也。』『齊而親之』，辨別其賢者而親近之。此猶『泛愛衆而親仁』（《論語・學而》）之意。

『精知』，鄭玄《注》：『熟慮於衆也。』『略而行之』，得其要略而行之也。《禮記・中庸》：『博學之，審問之，慎思之，明辨之，篤行之。』多聞、多志，博學也；精知，審問、慎思、明辨也；守之、親之、行之，篤行也。

〔三〕第20號簡上端殘損約三字，整理者據郭店本補。〔三〕引詩見《毛詩・曹風・鳲鳩》。孔穎達《疏》：『言善人君子，其威儀齊一也。』引之者，証爲政之道須齊一也。』

〔四〕今本引《君陳》在引詩之前。鄭玄《注》：『自，由也；師、庶，皆衆也；虞，度也。言出内政教，當由女衆之所謀度，衆言同乃行之，政教當由一也。』

【今譯】

孔子說：『君子言有物（可驗），行有格式（可考），因此活着時其心志不可奪，死後其聲名不可奪。所

〔二〕《易傳・繫辭上》：『列貴賤者存乎位，齊小大者存乎卦。』韓康伯《注》：『齊，猶言辨也。』列、齊都是别類的意思，《吕氏春秋・應同》『成齊類同皆有合』，以齊、類、同連言。

〔三〕陳佩芬釋文注釋：《紂衣》，馬承源主編：《上海博物館藏戰國楚竹書（一）》，上海古籍出版社2001年版，第195頁。

以君子博聞多見，辨别其善者而持守之；多識博交，辨别其賢者而親近之；精審其心知，擇其要略而行之。』《詩》説：『善人君子，其威儀齊一。』《君陳》説：『出入政教必經由衆臣民謀度，衆人所説相同（乃可行之）。』

右爲第十八章。今本爲第十九章。

子曰：『茍有車，必見其轍；茍有衣，必【見其蔽。人茍有言，必聞其聲；茍有行】，[20] 必見其成。[一]』《詩》云：『服之無斁。』[二]

【注釋】

[一] 第 20 號簡下端殘約十四字，整理者據郭店本補。[一]『轍』，郭店本同，今本作『軾』。當以簡本爲是。

[二] 引詩見《毛詩・周南・葛覃》，今本引作『葛覃曰』。《爾雅・釋詁》：『服，事也。』《説文・舟部》：『服，用也。』又云：『斁，解也。』『解』即『懈』字，是懈怠、厭棄的意思。

本章前兩句以車、衣設譬，後兩句以言行陳義，謂人若有善言、善行，持之以恒，亦必有其傳誦、成俗之效。

[一] 陳佩芬釋文注釋：《紂衣》，馬承源主編：《上海博物館藏戰國楚竹書（一）》，上海古籍出版社 2001 年版，第 196 頁。

【今譯】

孔子說：『如若有車，必能見其轍迹；如若有衣，必能【見其破敝。如若有善言，必能聞其傳誦之聲；如若有善行】，必能見其德行之成。』《詩》說：『服用不厭棄。』

右爲第十九章。今本爲第二十三章。

子曰：『私惠不懷德，君子不自留焉。』[一]《詩》云：『人之好我，示我周行。』[二]

【注釋】

[一]『私惠』，鄭玄《注》：『謂不以公禮相慶賀，時以小物相問遺也。』《論語·鄉黨》：『朋友之饋，雖車馬，非祭肉，不拜。』饋車馬，私惠也。

『懷』，郭店本同，今本作『歸』。鄭玄《注》：『歸，或作懷。』懷、歸皆來至之義。《毛詩·齊風·南山》：『既曰歸止，曷又懷止。』歸、懷對言，鄭玄《箋》：『懷，來也。』《爾雅·釋詁上》：『懷，至也。』又《釋言》：『懷，來也。』『懷德』，謂以德饋之。《論語·顏淵》：『子貢問友，子曰：「忠告而善道之，不可則止，毋自辱焉。」』忠告而善道之，懷德也。

『留』，疑讀爲『徭』，《集韻·宥韻》：『徭，儥徭也，行相待也。或作畱。』隨而侍事、相與爲友之義。曾子說君子『以友輔仁』（《論語·顏淵》）。君子之友，友其道義德行，不友其財利權貴，故人以財物私惠我，而不饋我以德，則君子不親事之。

［二］引詩見《毛詩·小雅·鹿鳴》。鄭玄《注》：『行，道也。言示我以忠信之道。』

【今譯】

孔子説：『私行恩惠却不以德義歸之，君子便不自（以爲友）待之。』《詩》説：『人若喜好我，指示周行至道給我。』

右爲第二十章。今本爲第二十二章。

子曰：『唯君子能好其匹，小人豈能好其匹？［一］【21】故君子之友也有嚮，其惡有方。此以迩者不惑，而遠者不疑。』［二］《詩》云：『君子好仇。』［三］

【注釋】

［一］『匹』，郭店本作『駜』，今本作『正』。鄭玄《注》：『正，當爲匹，字之誤也。謂知識朋友。』『駜』亦讀爲『匹』。

『小人豈能好其匹』，郭店本同，今本作『小人毒其正』。『豈能』，爲反問詞；小人不能好其匹，今本轉爲陳述句；『毒』，有傷害義。

［二］『君子之友也有嚮，其惡有方』，可與《論語·季氏》『益者三友，損者三友。友直，友諒，友多聞，益矣。友便辟，友善柔，友便佞，損矣』相發明。益者三友，友之嚮也；損者三友，惡之方也。

〔三〕 引詩見《毛詩·周南·關雎》。「仇」〔三〕，今本及《詩》本文均作「仇」。鄭玄《注》：「仇，匹也。」

【今譯】

孔子説：「君子纔能好其朋友，小人哪能好其朋友呢？所以君子之交友有方向，怨惡也有方向。這樣纔使得近人不疑，遠人也不惑。」《詩》説：「君子好匹配之人。」

右爲第二十一章。今本爲第二十章。

子曰：「輕絶貧賤，而重絶富貴，則好仁不【22】堅，而惡惡不著也。人雖曰不利，吾弗信之矣。」《詩》云：「朋友攸攝，攝以威儀。」

【注釋】

引詩見《毛詩·大雅·既醉》。鄭玄《注》：「攸，所也。言朋友以禮義相攝正，不以貧富貴賤之利也。」

【今譯】

孔子説：「輕易與貧賤之友絶交，而難以與富貴之友絶交，這是喜好仁者不堅定，而嫉惡惡人不顯著。

〔二〕 郭店本、上博本字形隸寫仍有疑問，參見侯乃峰：《上博楚簡儒學文獻校理》，上海古籍出版社2018年版，第73—74頁。

人雖説不貪利，我也不信。』《詩》説：『朋友所輔正，輔正用禮義。』

右爲第二十二章。今本爲第二十一章。

子曰：『宋人有言曰：「人而無恒，【不可爲卜筮也。」其古[23]之遺言與？龜筮猶弗知，而況於人乎？』《詩》】云：『我龜既厭，不我告猷。』[一] □□[二][24]

【注釋】

〔一〕『宋人』，郭店本同，今本作『南人』。

第23號簡下端殘約八字，第24號簡上端殘約十五字，整理者據郭店本補。[一]

引詩見《毛詩·小雅·小旻》。

『猷』，郭店本同，今本作『猶』。猶、猷同，鄭玄《注》：『猶，道也。言褻而用之，龜厭之，不告以吉凶之道也。』

〔二〕李零説：『墨釘後接近殘斷處似有二字殘迹。』[二]

[一] 陳佩芬釋文注釋：《紂衣》，馬承源主编：《上海博物館藏戰國楚竹書（一）》，上海古籍出版社2001年版，第199頁。

[二] 李零：《上博楚簡校讀記之二：〈緇衣〉》，上海大學古代文明研究中心、清華大學思想文化研究所编：《上博館藏戰國楚竹書研究》，上海書店出版社2002年版，第415頁。

【今譯】

孔子説：『宋人有句話説：「無恒德的人，【龜兆蓍筮不能預測其情實吉凶。」這是古人遺留的善言啊，龜卜、占筮都不能够知道，何况人呢？』《詩》】説：『我的寶龜已經厭棄，不再告示我大道了。』

右爲第二十三章。今本爲第二十五章。

【思想】

除了文字稍異之外，本篇竹書與郭店楚簡本《緇衣》在内容、分章、章次上都相同，但是與《禮記・緇衣》的差别較大，這尤其體現在章序上。本篇竹書分爲二十三章，每章均以『子曰』開始，以分章符號結束，相比於《禮記》所傳，其編排順序顯示出據主題歸類、思想層層遞進的特點。

其一，第一至第十一章，言好善惡惡。第一章指出『好美』『惡惡』之義及其效用；第二章説君主『章好章惡』以使民知其價值導向而不疑惑；第三、第四章言君臣當内外如一，『章好』『謹惡』，可由外明白見知，則不致疑惑；第五章説君民關係如心身，『君好』則民效法；第六、第七章明説君主『好仁』『章志』而民爭相爲仁的效果；第八章説『上之好惡』必須謹慎，因爲民以上之好惡所行爲表準，『上好此物也，下必有甚焉』；第九章説君主好惡誠於中，形於外，其儀容、出言有常度，則民受其化而德一；第十章説好賢當落入實處；第十一章説敬大臣與好賢人惡小人不可顛倒。

其二，第十二至第十三章，言德教與政刑的關係。第十二章説以德教民、以禮齊民，優於以政教民、以刑齊民；第十三章説德教成，而後能行政，爵賞與刑罰纔可能有效。

其三，第十四至第十九章，説言行之道。第十四章説君王所言常被放大謡傳，所以要謹慎出言；第十五章説言行須一致合義；第十六章説言行須有始終；第十七章説有言必行纔能成信；第十八章説君子言有物可驗、行有法可考，必多聞見、識記，精審其知，擇要而行；第十九章説人的言行當可持續，必於其完成而有影響處見之。

其四，第二十至第二十二章，言交友之道。第二十章説交友以德而不以恩惠；第二十一章説君子好諍友；第二十二章説不因利害富貴而影響與友絶交。

其五，第二十三章，言人德行有恒。

這五個主題，思想上是内在相關的，好善惡惡是根本，好惡當義即是德，好惡以禮爲節制，所以君主之好惡的發用，便是德教、政刑的運用，而這種運用又具體落實在言行上。好惡當理、合禮而又能持之以恒，人纔可謂有恒德。可以説，在這樣的内容和編排結構背後，貫穿着一個統一的思想綫索，從表層來看是好善惡惡，從深層來看則是仁的觀念。

此外，《緇衣》的語言表述呈現出高度的結構性，即先述孔子之言，然後引《詩》《書》的段落與之相發明，這可以理解爲孔子在詮釋《詩》《書》義理的過程中，同時建構了他的仁學思想，正是孔子『述而不作』(《論語·述而》)的表現。

【附録】郭店簡《緇衣》

夫子曰：好美如好緇衣，惡惡如惡巷伯，則民咸放而刑不屯。《詩》[一〇]云：『儀型文王，萬邦作孚。』

子曰：有國者章好章惡，以視民厚，則民【02】情不忒。《詩》云：『靖共尔位，好是正直。』

子曰：爲上可望而知也，爲下【03】可類而志也，則君不疑其臣，臣不惑於君。《詩》云：『淑人君子，其儀不【04】忒。』《尹誥》云：『唯尹允及湯，咸有一德。』

子曰：上人疑則百姓惑，下難【05】知則君長勞。故君民者章好以示民欲，謹惡以御民涇〈淫〉，則民不惑。臣事君【06】，言其所不能，不辭其所能，則君不勞。《大雅》云：『上帝板板，下民卒癉。』《小雅》云：『非其【07】止之共，惟王邛。』

子曰：民以君爲心，君以民爲體。心好則體安之，君好則民欲【08】之。故心以體存，君以民亡。《詩》云：『誰秉國成，不自爲正，卒勞百姓。』《君牙》云：『日暑雨，小【09】民惟日怨晋（咨）；冬旨滄，小民亦惟日怨。』

子曰：上好仁，則下之爲【10】仁也爭先。故長民者章志以昭百姓，則民致行己以悅上。【11】《詩》云：『有德行，四方順之。』

子曰：禹立三年，百姓以仁道，豈必【12】盡仁？《詩》云：『成王之孚，下土之式。』《呂刑》云：『一人有慶，萬民賴【13】之。』

子曰：下之事上也，不從其所以命，而從其所行。上好此物也【14】，下必有甚焉者矣。故上之好惡不可不慎也，民之表也。《詩》【15】云：『赫赫師尹，民具尔瞻。』

子曰：長民者衣服不改，頌有常，則民德【16】一。《詩》云：『其容不改，出言有丨，黎民所訁。』

子曰：大人不親其所賢，而【17】信其所賤，教此以失，民此以煩。《詩》云：『彼求我則，如不我得。執我[18]仇仇，亦不我力。』《君陳》云：『未見聖，如其弗克見。我既見，我弗由聖。』

子[19]曰：大臣之不親也，則忠敬不足，而富貴已過也。邦家之不寧[20]也，則大臣不治，而褻臣托也。此以大臣不可不敬，民之蕝也。故[21]君不與小謀大，則大臣不怨。《祭公之顧命》云：『毋以小謀敗大圖[22]，毋以卑御疾莊后，毋以卑士疾大夫、卿士。』

子曰：長民者教之[23]以德，齊之以禮，則民有懽心；教之以政，齊之以刑，則民有免心[24]。故慈以愛之，則民有親；信以結之，則民不倍；共以莅之，則民[25]有遜心。《詩》云：『吾大夫恭且儉，靡人不斂。』《呂刑》云：『非用臸，制以刑[26]，惟作五虐之刑曰灋。』

子曰：政之不行，教之不成也，則刑罰[27]不足恥，而爵不足勸也。故上不可以褻刑而輕爵。《康誥》云：『敬[28]明乃罰。』《呂刑》云：『播刑之迪。』

子曰：王言如絲，其出如緍；王言如索[29]，其出如綍。故大人不唱流。《詩》云：『慎尔出話，敬尔威儀。』

子曰：可言[30]不可行，君子弗言。可行不可言，君子弗行。則民言不詭行，不詭[31]言。《詩》云：『淑慎爾止，不㥶于義。』

子曰：君子道人以言，而亟以行。故言[32]則慮其所終，行則稽其所敝，則民慎於言而謹於行。《詩》云：『穆穆[33]文王，於緝熙敬止。』

子曰：言從行之，則行不可匿。故君子顧言而[34]行，以成其信，則民不能大其美而小其惡。《大雅》云：『白珪之石〈玷〉，尚可[35]磨也；此言之玷，不可爲也。』《小雅》云：『允也君子，展也大成。』《君奭》云[36]：『昔在上帝，蓋紳觀文王德，其集大命于厥身。』

子曰：君子言有物，行有[37]格，此以生不可奪志，死不可奪名。故君子多聞，齊而守之；多志，齊而[38]

親之；精知，略而行之。《詩》云：『淑人君子，其義一也。』《君陳》云：『出入自爾師，于[39]庶言同。』

子曰：苟有車，必見其轍；苟有衣，必見其敝。人苟有言，必聞其聲；苟有行，必見其成。[40正、背]《詩》云：『服之無斁。』

子曰：私惠不懷德，君子不自留焉。《詩》云：『人之好我[41]，示我周行。』

子曰：唯君子能好其匹，小人豈能好其匹？故君子之友也[42]有向，其惡也有方。此以邇者不惑，而遠者不疑。《詩》云：『君子好逑。』

子曰[43]：輕絶貧賤，而重絶富貴，則好仁不堅，而惡惡不著也。人雖曰不利，吾弗信[44]之矣。《詩》云：『朋友攸攝，攝以威儀。』

子曰：宋人有言曰『人而無恒，不可爲卜筮也』，其古之遺言與？龜筮猶弗知，而況於人乎？《詩》云：『我龜既厭[46]，不我告猷。』二十又三[47]

（武漢大學簡帛研究中心、荆門市博物館編著：《郭店楚墓竹書》，文物出版社2011年版）

【附録】《禮記·緇衣》

子言之曰：爲上易事也，爲下易知也，則刑不煩矣。

子曰：好賢如《緇衣》，惡惡如《巷伯》，則爵不瀆而民作願，刑不試而民咸服。《大雅》曰：『儀刑文王，萬國作孚。』

子曰：夫民，教之以德，齊之以禮，則民有格心；教之以政，齊之以刑，則民有遯心。故君民者，子以愛之，則民親之；信以結之，則民不倍；恭以涖之，則民有孫心。《甫刑》曰：『苗民匪用命，制以刑，惟作五虐之刑，曰法。』是以民有惡德，而遂絶其世也。

子曰：下之事上也，不從其所令，從其所行。上好是物，下必有甚者矣。故上之所好惡，不可不慎也，是民之表也。

子曰：禹立三年，百姓以仁遂焉，豈必盡仁？《詩》云：『赫赫師尹，民具爾瞻。』《甫刑》曰：『一人有慶，兆民賴之。』《大雅》曰：『成王之孚，下土之式。』

子曰：上好仁，則下之爲仁爭先人。故長民者章志、貞教、尊仁，以子愛百姓，民致行己以説其上矣。《詩》云：『有梏德行，四國順之。』

子曰：王言如絲，其出如綸；王言如綸，其出如綍。故大人不倡游言。可言也不可行，君子弗言也；可行也不可言，君子弗行也。則民言不危行，而行不危言矣。《詩》云：『淑慎爾止，不諐于儀。』

子曰：君子道人以言，而禁人以行。故言必慮其所終，而行必稽其所敝，則民謹於言而慎於行。《詩》云：『慎爾出話，敬爾威儀。』《大雅》曰：『穆穆文王，於緝熙敬止。』

子曰：長民者，衣服不貳，從容有常，以齊其民，則民德壹。《詩》云：『彼都人士，狐裘黄黄，其容不改，出言有章，行歸于周，萬民所望。』

子曰：爲上可望而知也，爲下可述而志也，則君不疑於其臣，而臣不惑於其君矣。《尹吉》曰：『惟尹躬及湯，咸有壹德。』《詩》云：『淑人君子，其儀不忒。』

子曰：有國者章義瘴惡，以示民厚，則民情不貳。《詩》云：『靖共爾位，好是正直。』

子曰：上人疑則百姓惑，下難知則君長勞。故君民者，章好以示民俗，慎惡以御民之淫，則民不惑矣。

臣儀行，不重辭，不援其所不及，不煩其所不知，則君不勞矣。《詩》云：『上帝板板，下民卒癉。』《小雅》曰：『匪其止共，惟王之邛。』

子曰：政之不行也，教之不成也，爵禄不足勸也，刑罰不足耻也。故上不可以褻刑而輕爵。《康誥》曰：『敬明乃罰。』《甫刑》曰：『播刑之不迪。』

子曰：大臣不親，百姓不寧，則忠敬不足，而富貴已過也。大臣不治，而邇臣比矣。故大臣不可不敬也，是民之表也；邇臣不可不慎也，是民之道也。君毋以小謀大，毋以遠言近，毋以内圖外，則大臣不怨，邇臣不疾，而遠臣不蔽矣。葉公之《顧命》曰：『毋以小謀敗大作，毋以嬖御人疾莊后，毋以嬖御士疾莊士、大夫、卿士。』

子曰：大人不親其所賢，而信其所賤。民是以親失，而教是以煩。《詩》云：『彼求我則，如不我得。執我仇仇，亦不我力。』《君陳》曰：『未見聖，若己弗克見；既見聖，亦不克由聖。』

子曰：小人溺於水，君子溺於口，大人溺於民，皆在其所褻也。夫水近於人而溺人，德易狎而難親也，易以溺人。口費而煩，易出難悔，易以溺人。夫民閉於人而有鄙心，可敬不可慢，易以溺人。故君子不可以不慎也。《太甲》曰：『毋越厥命，以自覆也。』『若虞機張，往省括于厥度則釋。』《兑命》曰：『惟口起羞，惟甲胄起兵，惟衣裳在笥，惟干戈省厥躬。』《太甲》曰：『天作孽，可違也；自作孽，不可以逭。』《尹吉》曰：『惟尹躬天，見于西邑夏，自周有終，相亦惟終。』

子曰：民以君爲心，君以民爲體。心莊則體舒，心肅則容敬。心好之，身必安之；君好之，民必欲之。心以體全，亦以體傷；君以民存，亦以民亡。《詩》云：『昔吾有先正，其言明且清，國家以寧，都邑以成，庶民以生。誰能秉國成，不自爲正，卒勞百姓。』《君雅》曰：『夏日暑雨，小民惟曰怨資，冬祁寒，小民亦惟曰怨。』

子曰：下之事上也，身不正，言不信，則義不壹，行無類也。

子曰：言有物而行有格也，是以生則不可奪志，死則不可奪名。故君子多聞，質而守之；多志，質而親之；精知，略而行之。《君陳》曰：『出入自爾師虞，庶言同。』《詩》云：『淑人君子，其儀一也。』

子曰：唯君子能好其正，小人毒其正。故君子之朋友有鄉，其惡有方。是故邇者不惑，而遠者不疑也。《詩》云：『君子好仇。』

子曰：輕絶貧賤，而重絶富貴，則好賢不堅，而惡惡不著也。人雖曰不利，吾不信也。《詩》云：『朋友攸攝，攝以威儀。』

子曰：私惠不歸德，君子不自留焉。《詩》云：『人之好我，示我周行。』

子曰：苟有車，必見其軾；苟有衣，必見其敝。人苟或言之，必聞其聲；苟或行之，必見其成。《葛覃》曰：『服之無射。』

子曰：言從而行之，則言不可飾也；行從而言之，則行不可飾也。故君子寡言而行，以成其信，則民不得大其美而小其惡。《詩》云：『白圭之玷，尚可磨也；斯言之玷，不可爲也。』《小雅》曰：『允也君子，展也大成。』《君奭》曰：『昔在上帝，周田觀文王之德，其集大命于厥躬。』

子曰：南人有言曰『人而無恒，不可以爲卜筮』，古之遺言與？龜筮猶不能知也，而况於人乎？《詩》云：『我龜既厭，不我告猶。』《兑命》曰：『爵無及惡德。』民立而正事。純而祭祀，是爲不敬；事煩則亂，事神則難。《易》曰：『不恒其德，或承之羞。』『恒其德偵，婦人吉，夫子凶。』

（阮元校刻：《十三經注疏·禮記正義》，清嘉慶刊本）

民之父母

【簡介】

本篇竹書選自馬承源主編《上海博物館藏戰國楚竹書（二）》（上海古籍出版社 2002 年版），原整理者和釋文注釋者爲濮茅左先生。竹書圖版見是書第 15—30 頁，釋文注釋見是書第 149—180 頁。據整理者的説明，《民之父母》現存十四支竹簡，第 5 號簡爲完簡，長約四十五點八釐米，上書三十四字，編繩三道。除兩支殘斷半段外，其他簡的簡首均殘損一到二字不等。本篇現共存三百九十七字，其中重文三個，合文六個。篇尾有起終篇作用的墨鈎符號，其下留白。

本篇竹書的内容亦見於《禮記·孔子閒居》及《孔子家語·論禮》，《孔子閒居》包含本篇及孔子與子夏論三無私的内容，《論禮》則包含《禮記·仲尼燕居》孔子與子張等論禮及《孔子閒居》的兩節。本篇竹書單獨成篇，篇題是整理者據孔子與子夏論詩『民之父母』的主題所擬定。

《民之父母》記載了孔子以五至、三無、五起等爲子夏解説《詩》『民之父母』之意蘊的事，其中的『五至』説可以校正傳本誤字，呈現出孔子以禮養志、修身、治政思想的綫索，關於『三無』『五起』的表述，也較今本更有條理，是一篇了解孔子思想的重要文獻。

目前，除整理者外，龐樸、季旭昇、林素清、劉洪濤、彭裕商、徐少華等都對本篇竹書的校釋有所補充。本篇竹書的簡序和釋文，以原整理者濮茅左的成果爲基礎，同時吸納了其他學者的意見。本篇竹書的今譯，參考了楊天宇《禮記譯注》（上海古籍出版社1997年版）。

【子】夏問於孔子：『《詩》曰：「凱俤君子，民之父母。」敢問何如而可謂民之父母？』[一] 孔子答曰：『民[01]【之】父母乎，必達於禮樂之原，以至五至，以行三無，以皇（横）於天下。四方有敗，必先知之，其[02]【可】謂民之父母矣。』[二]

【注釋】

［一］第1號簡首字殘，整理者據下文補『子』字。[一]

引詩見《毛詩·大雅·洞酌》首章。鄭玄《注》：『凱弟，樂易也。』

［二］第2號簡首字殘無，整理者據今本補『之』字。[二]『皇』，今本作『横』，『皇』讀爲『横』。鄭玄《注》：『原，猶本也；横，充也；敗，謂禍裁也。』

第3號簡首字殘，整理者據今本補『之』字，龐樸等補『可』字。[三]

【今譯】

【子】夏問孔子説：『《詩》説：「和樂平易的君子，是民之父母。」請問怎樣纔能稱爲民之父母？』孔子

[一] 濮茅左釋文注釋：《民之父母》，馬承源主編：《上海博物館藏戰國楚竹書（二）》，上海古籍出版社2002年版，第154頁。

[二] 同上書，第156頁。

[三] 劉洪濤：《上博竹書〈民之父母〉研究》，北京大學碩士學位論文，2008年，第8頁。

回答説：『民之父母啊，一定要通達禮樂的本原，以達至五至，以踐行三無，以充塞於天下。四方發生災禍，必能預先知道，這就可以稱爲民之父母了。』

右爲第一章，總論『民之父母』。

子夏曰：『敢問何謂五至？』孔子曰：『五至乎，物之所至者，志亦至焉；[一] 志之[03]【所】至者，禮亦至焉；[二] 禮之所至者，樂亦至焉；樂之所至者，哀亦至焉。[三] 哀樂相生，君子[04] 以正，此之謂五至。』[四]

【注釋】

[一]『物之所至者，志亦至焉』，《禮記》本、《孔子家語》本皆作『志之所至，詩亦至焉』。當以簡本爲是。『志』，即《左傳・昭公二十五年》所謂『好惡喜怒哀樂』的『六志』。而在六志之中，好惡爲根本。郭店簡《性自命出》：『凡人雖有性，心無定志，待物而後作。』喜怒哀悲之氣，人生而有之，心感物而動，則有好惡之志，好生喜，惡生怒，好惡、喜怒當於理義、合乎禮儀，則發爲哀樂。上博簡《緇衣》：『子曰：「上好仁，則下之爲仁也爭先。故長民者章志以昭百姓，民至行己以悦上。」』又云：『子曰：「有國者章好章惡，以示民厚，則民情不忒。」』又云：『子曰：「上人疑則百姓惑……故君民者，章好以示民欲，謹惡以御民淫，則民不惑。」』『章好章惡』『章好謹惡』，即彰志也，這亦可證『志』主要指好惡而言。

[二] 第4號簡首字殘，整理者據今本補『所』字。

本句，《禮記》本、《孔子家語》本皆作『詩之所至，禮亦至焉』。當以簡本爲是。物之所至，心爲之感而動作，於是有好惡之志，然而好惡未必當理合禮，故需以禮節制之。《禮記・樂記》：『禮以道其志。』

〔三〕樂、哀合乎禮義，乃仁政之本。《左傳·昭公二十五年》：『哀有哭泣，樂有歌舞，喜有施舍，怒有戰鬭；喜生於好，怒生於惡。是故審行信令，禍福賞罰，以制死生。生，好物也；死，惡物也。好物，樂也；惡物，哀也。哀樂不失，乃能協於天地之性，是以長久。』好惡之志，節之以禮，則當於理義，發之於外，則爲福賞、禍刑，福賞則生而樂，禍刑則死而哀，哀樂不失其宜，纔能與民性協調，而後民服而邦治。《禮記·樂記》：『先王有大事，必有禮以哀之；有大福，必有禮以樂之。哀樂之分，皆以禮終。』《文子·上仁》：『老子曰：「爲仁者，必以哀樂論之……四海之内，哀樂不能遍，竭府庫之財貨，不足以贍萬民。」』《論語·雍也》：『子貢曰：「如有博施於民而能濟衆，何如？可謂仁乎？」子曰：「何事於仁，必也聖乎！堯舜其猶病諸！」』博施於民，樂也；濟衆之難，哀也。

〔四〕『哀樂相生』，在此句前《孔子家語》本增『詩禮相成』一句。[一]『君子以正』，《禮記》本作：『是故正明目而視之，不可得而見也；傾耳而聽之，不可得而聞也；志氣塞乎天地。』《孔子家語》本在《禮記》本末句後更增『行之充於四海』一句。今本將論『三無』的内容錯簡至此。『正』，正己而正世也。好惡合禮，哀樂得宜，樂之與哀，皆仁德之一面，兩者相輔相生，君子以此自正，君子自正，則民『不令而行』（《論語·子路》）而世正。

【今譯】

子夏問：『請問什麼叫作五至？』孔子回答説：『五至啊，物之所至（至於心），志（好惡）也隨之而

〔一〕寧鎮疆：《由〈民之父母〉與定縣、阜陽相關簡牘再説〈家語〉的性質及成書》，上海大學古代文明研究中心、清華大學思想文化研究所編：《上博館藏戰國楚竹書研究續編》，上海書店出版社2004年版，第284—285頁。

至；志所至之處，禮也要隨時而至（禮以節志）；禮節之所至，心志之樂纔能達至（與民同樂）；心志和樂了，對民之不幸的哀憐也會達至（與民同哀）。樂民所樂與哀民所哀互相促動，君子以此自正、正世，這就稱爲五至。』

右爲第二章，論『五至』。

子夏曰：『五至既聞之矣，敢問何謂三無？』孔子曰：『三無乎，無聲之樂，無體【05】【之】禮，無服之喪，君子以此横于天下。[一] 奚（傾）耳而聽之，不可得而聞也；明目而視之，不可【06】得而見也，而德氣塞於四海矣，此之謂三無。』[二] 子夏曰：『無聲之樂，無體之禮，無服之喪，何詩【07】是暱（近）？』孔子曰：『善哉！商也，將可學詩矣。「成王不敢康，夙夜基命宥密」，無聲之樂；[三]「威儀𡱌𡱌（逮逮），【08】【不可選也」，無體之禮也；「凡民有喪，匍匐救之」，無服】之喪也。』[四]

【注釋】

［一］第6號簡首字殘，整理者據文例補『之』字。[1]『無聲之樂』，《禮記·樂記》：『聲相應，故生變；變成方，謂之音；比音而樂之，及干戚羽旄，謂之樂。樂者，音之所由生也，其本在人心之感於物也。』人心感物，所感發爲聲，有聲有音，而後能成樂。五音者，樂之末也；心志者，樂之本也。

[1] 濮茅左釋文注釋：《民之父母》，馬承源主編：《上海博物館藏戰國楚竹書（二）》，上海古籍出版社2002年版，第163頁。

『無體之禮』，《禮記·禮器》：『禮也者，猶體也。體不備，君子謂之不成人。設之不當，猶不備也。禮有大有小，有顯有微。大者不可損，小者不可益，顯者不可掩，微者不可大也。故《經禮》三百，《曲禮》三千，其致一也。』《左傳·昭公二十五年》：『子大叔見趙簡子，簡子問揖讓周旋之禮焉，對曰：「是儀也，非禮也。」』所謂『禮，上下之紀，天地之經緯也，民之所以生也』。《左傳·昭公五年》亦辨儀、禮之別，『禮所以守其國，行其政令，無失其民者也』。經禮、曲禮，即揖讓周旋之禮，禮之儀、禮之體也，子大叔、叔侯所謂禮，指禮之義、禮之本，亦即孔子所謂無體之禮。

『無服之喪』，先秦時喪必有服，『喪多而服五』（《禮記·服問》），五服之内，各以親之遠近爲斬衰、齊衰、大功、小功、緦服等（《禮記·間傳》）喪服。這些祇是外在的喪服之制，居喪之情更根本。子貢問喪，子曰：『敬爲上，哀次之，瘠爲下。顔色稱其情，戚容稱其服。』（《禮記·雜記下》）林放問禮之本，孔子説『喪，與其易也，寧戚』（《論語·八佾》）。此皆喪盡哀之義。

[二]『德氣』[二]，《禮記》本、《孔子家語》本皆作『志氣』。德氣與志氣，字異而義可相通[三]，德氣更

[二] 二字隸作『旻既』，劉信芳、彭裕商讀爲『德氣』，陳劍讀爲『德既』，張豐乾讀爲『得氣』，季旭昇、邢文讀爲『得既』。不破讀『既』字，主要是考慮簡文前面未出現氣字。從『五至』中的志、樂、哀都關乎喜怒哀樂之氣而言，仍當讀爲『德氣』。參見劉洪濤：《上博竹書〈民之父母〉研究》，北京大學碩士學位論文，2008年，第13—14頁。

[三] 『德氣』與『志氣』，何琳儀以爲『德』『志』聲韻相合，侯乃峰以爲『得』是『志』之誤，劉信芳説『德』『志』是不同傳本的異寫。何説參見侯乃峰：《上博楚簡儒學文獻校理》，上海古籍出版社2018年版，第119頁；劉説參見劉洪濤：《上博竹書〈民之父母〉研究》，北京大學碩士學位論文，2008年，第13頁。

準確[一]。

［三］『暱』，今本作『近』。《説文・日部》：『暱，日近也。昵，暱或從尼。』今字作『暱』。暱、近是同義换用。

『成王不敢康，夙夜基命宥密』，引詩見《毛詩・周頌・昊天有成命》，此詩是頌成王之詩。鄭玄《注》：『基，謀也。密，靜也。言君夙夜謀爲政教以安民，則民樂之，此非有鐘鼓之聲也。』

［四］第9號簡自第二道編繩以上殘約十九字，整理者據今本補。[二]

『尸尸』，即遲遲，《禮記》本、《孔子家語》本皆作『逮逮』，《毛詩・邶風・柏舟》及其他經傳所引皆作『棣棣』。遲、棣、逮音可通[三]，遲遲、逮逮、棣棣記録的應是一個詞[四]。《孔子閒居》鄭玄《注》：『逮逮，安和之貌也。』

【今譯】

子夏説：『五至既已聽聞，請問什麼叫作三無？』孔子回答説：『三無啊，無聲音的樂，無動容周旋之體

［一］若寬泛論之，上文『五至』説中，『志』主要指好惡，而由好惡發爲喜怒、樂哀則是氣，喜怒樂哀之氣合於禮，即是德氣。此氣由志而發，稱爲志氣亦可，下文説『五起』，就多次用到『氣志』。若嚴格論之，竹書的『德氣』比今本的『志氣』更準確，因爲好善惡惡之志所起之氣既是志氣，也是『德氣』，若好惡而惡善之志所起之氣，也可稱爲志氣，但並非德氣，行三無而能『塞於四海』的，衹能是如孟子浩然之氣那樣的德氣。

［二］濮茅左釋文注釋：《民之父母》，馬承源主編：《上海博物館藏戰國楚竹書（二）》，上海古籍出版社2002年版，第168頁。

［三］同上書，第167、171頁。

［四］劉洪濤：《上博竹書〈民之父母〉研究》，北京大學碩士學位論文，2008年，第18頁。

的禮，無喪服的喪，君子用這來充塞天下。側耳去聽，不能聽到；睜眼去看，不能得見，德氣充塞於四海之內了，這就稱爲三無。』子夏說：『無聲之樂，無體之禮，無服之喪，什麼詩與之相近？』孔子說：『很好啊，卜商，可以學詩了。「成王不敢康安，早晚謀治，令靜謐無樂聲。」這是無聲之樂；「威儀安和逮逮然，【不計其數】」，這是無體之禮；「凡是別人有死喪，我便努力去救助」，這是無服】之喪。』

右爲第三章，論『三無』。

子夏曰：『其在語也，敗矣！厷矣！大矣！〔一〕盡【09】【於此而已乎？』孔子曰：『何爲其然，猶有五起焉。』子夏曰：『【】可得而聞歟？』〔二〕孔子曰：『無聲之樂，氣志不違；【10】【無】體之禮，威儀𡰥（逮逮）；無服之喪，內恕巽悲。〔三〕無聲之樂，塞于四方；無體之禮，日逑（就）月相〈牀（將）〉；無體〈備（服）〉之【11】【喪】，純德同明。〔四〕無聲之樂，施及孫子；無體之禮，塞于四海；無服之喪，爲民父母。〔五〕無聲之樂，氣【12】【志】既得；無體之禮，威儀翼翼；無服之喪，施及四國。〔六〕無聲之樂，氣志既從；無體之禮，上下和同；無服【13】【之】喪，以畜萬邦。〔七〕【14】』

【注釋】

〔一〕『其在語』[1]，『語』今本作『言』，二字同義。

[1] 這三字，有讀爲『其在語』『其在許』『斯哉語』『其在辯』等多種意見，參見劉洪濤：《上博竹書〈民之父母〉研究》，北京大學碩士學位論文，2008年，第19—20頁。

「敗矣」「厷矣」「大矣」，今本作「大矣」「美矣」「盛矣」。「敗」，或爲則、敚（美）二字誤合而成。[一]「厷」，疑讀爲「閎」，《莊子・天下》：「弘大而辟，深閎而肆。」弘大、深閎對言。《史記・司馬相如傳》「崇論閎議」，閎議指議論深刻。

［二］第 **10** 號簡上端殘約二十字，整理者綜合今本擬補。[二]

［三］「氣志不違」，「氣志」指喜怒哀樂之氣與好惡之志。「不違」，鄭玄《注》：「不違者，民不違君之氣志也。」此不違，似就修己而言，可據「志之所至者，禮亦至焉」理解爲氣志不違禮。

第 **11** 號簡首字殘，整理者據今本補「無」字。[三]

「尸尸」，今本引詩作「威儀棣棣」。「尸尸」即「遲遲」，當從簡本。

「巽」，今本作「孔」。「巽」當讀作「孔」。[四] 孔穎達《疏》：「『內恕孔悲』者，初則親族之內悲哀。」

［四］「塞于四方」，「塞」謂充實，「四方」及下文「四海」，皆猶天下。

「日逑月相」，《禮記》本、《孔子家語》本皆作「日就月將」。「逑」讀爲「就」；「相」，疑「牀」字之誤[五]，「牀」讀爲「將」。「日就月將」，見於《毛詩・周頌・敬之》，《史惠鼎》及其他經典有引用，鄭玄

[一] 侯乃峰：《上博楚簡儒學文獻校理》，上海古籍出版社 2018 年版，第 120 頁。
[二] 濮茅左釋文注釋：《民之父母》，馬承源主編：《上海博物館藏戰國楚竹書（二）》，上海古籍出版社 2002 年版，第 169 頁。
[三] 同上書，第 171 頁。
[四] 「巽」，有讀爲「洵」「甚」「允」等，意見不一，暫從今本讀作「孔」。參見侯乃峰：《上博楚簡儒學文獻校理》，上海古籍出版社 2018 年版，第 121 頁。
[五] 同上書，第 121—122 頁。

《注》：「就，成也；將，大也。使民之傚禮，日有所成，至月則大矣。」日就月將，學而不已也。[一]

「體」，當爲「服」字之誤抄。[二]

第12號簡首字殘無，整理者據今本補一「喪」字。

「純德」，篤厚之德。《禮記·中庸》：「『文王之德之純』，蓋曰文王之所以爲文也，純亦不已。」

「同」，《禮記》本、《孔子家語》本皆作「孔」。「同」，讀爲「通」，《説文·乚部》：「孔，通也。」同、孔爲近義詞。[三] 純厚之德通達顯明於外，《孟子·盡心上》：「君子所性，仁義禮智根於心。其生色也，睟然見於面，盎於背，施於四體，四體不言而喻。」

［五］「施及孫子」，「施」猶延也、行也，如《書·君奭》「施于我沖子」、《毛詩·周南·葛覃》「施于中谷」等。「孫子」，孫與子，概言子孫後代。

「爲民父母」，謂德行繼續擴充，足以任官治民。

［六］第13號簡首字殘，整理者據今本補「志」字。[四]

「氣志既得」，「得」謂自得。《孟子·離婁下》：「君子深造之以道，欲其自得之也。」《荀子·勸學》：「積善成德，而神明自得，聖心備焉。」

「翼翼」，美盛貌。《毛詩·大雅·卷阿》「有馮有翼」，戴震云：「馮，滿也，謂忠誠滿於内；翼之言盛

[一] 參見《韓詩外傳》卷八、《潛夫論·贊學》、《淮南子·修務訓》等。
[二] 濮茅左釋文注釋：《民之父母》，馬承源主編：《上海博物館藏戰國楚竹書（二）》，上海古籍出版社2002年版，第172頁。
[三] 黄德寬：《戰國楚竹書（二）釋文補正》，《學術界》2003年第1期。
[四] 濮茅左釋文注釋：《民之父母》，馬承源主編：《上海博物館藏戰國楚竹書（二）》，上海古籍出版社2002年版，第173頁。

也，謂威儀盛於外。』[二]

『四國』，概指天下之國。

[七]『氣志既從』，『從』如孔子『七十從心所欲不逾矩』（《論語・爲政》）之『從』，謂氣志發皆中節，如天性然。

第14號簡首字殘，整理者據今本補『之』字。

【今譯】

子夏説：『其在言語，則美妙呀，閎深呀，偉大呀，竭盡【於這些了嗎？』孔子説：『怎麼會是這樣呢？還有五起。』子夏説：】『可得而聽聞嗎？』孔子説：『無聲之樂，氣志都不違（禮）；無體之禮，威儀寬和；無服之喪，内心同情而哀悲。無聲之樂，充塞於四方；無體之禮，日有所成，月有所大（學而不已）；無服之喪，純一之德通達顯明於身。無聲之樂，延及子孫後代；無體之禮，充塞於四海；無服之喪，爲民父母（任官治民）。無聲之樂，氣志既已自得；無體之禮，威儀翼翼美盛；無服之喪，延及天下之國。無聲之樂，氣志既從心（所欲不逾矩）；無體之禮，上下和諧同一；無服之喪，以畜養萬邦。

右爲第四章，論『五起』。

【思想】

《民之父母》記載了孔子爲子夏解説《毛詩・大雅・泂酌》『豈弟君子，爲民父母』之詩意的故事。子

[二]［清］戴震：《毛鄭詩考正》，《戴震全書（一）》，黄山書社1994年版，第650頁。

夏提出『何如而可謂民之父母』的問題，孔子以『必達於禮樂之原，以至五至，以行三無』説之，最後又以『五起』結束了這段對話。不同於《禮記·孔子閒居》及《孔子家語·論禮》所傳的『志之所至者，詩亦至焉』所引起的邏輯混亂，本篇竹書『五至』的内容以『物之所至者，志亦至焉』開始，使得簡文『五至』説的内在理路變得清晰可解。物至、志至、禮至的邏輯是，物至於心，則好惡喜怒哀樂之志感物而動，志待習禮、以禮爲節制而後定，這與孔子以『非禮勿視，非禮勿聽，非禮勿言，非禮勿動』（《論語·顏淵》）爲顏淵解釋『克己復禮爲仁』的思路是内在一致的。禮至、樂至、哀至，則是以禮節之志最終發爲與民同其樂、哀之情，而與民同樂哀是恕道的表現，也是爲民父母的君子愛人之仁的題中應有之義。竹書『五至』説，以君子如何節制好惡喜怒哀樂爲基本問題意識，强調了禮之於節情、修身乃至治人的重要性，其根本在於以禮定志，存養仁心，這種節之以禮的仁心可以展現爲與民同樂同哀的仁政。

從這樣的問題意識和思路出發，可以看到『三無』是『五至』的境界。『無體之禮』意味着作爲形式規範的禮對於好惡的節制作用，隨着好惡漸近於理義而消解了其形式的特徵，『無聲之樂』『無服之喪』意味着演奏的樂音、五等的喪服對於樂哀的表達，遠不如與民同其哀樂的愛人之仁更爲根本。

『五起』展示了君子之德，經過『五至』『三無』而日漸廣大的運用，簡文順着『三無』來展開『五起』。在『無聲之樂』後面，簡文依次説到『氣志不違』『塞于四方』『施及孫子』『氣志既得』和『氣志既從』，簡文的思路在於，喜怒哀悲之氣和好惡之志從不違禮開始，這種以禮節制氣志的修身之法不僅用於自身，且要充塞四方、行於子孫，即所有人都當以此爲修身之法。然後，簡文又説『氣志既得』『氣志既從』，這表明以禮作爲尺度來節制氣志是一種外在規範、教化的思路，它最終要使人習與性成，漸漸自得於禮之義，心與義合，然後達到從心所欲不逾矩的化境。在『無體之禮』後面，簡文依次述及『威儀遲遲』『日就月將」「塞于四海」「威儀翼翼」和「上下和同」，威儀是以禮節制氣志之德行的外顯，先充於個人，然後塞於四海，進而格於上下，威儀的道德意義、政治意義逐步彰顯。在「無服之喪」後面，簡文依次説到「内恕孔悲」「純德通明」「爲民父母」「施及四國」和「以畜萬邦」，恕道由具體個人逐步推擴以至於天下。用《大學》的精神來比況「五起」，可以説：「無聲之樂，氣志不違；無體之禮，威儀逮逮；無服之喪，内恕孔悲。」學有小成也。「無聲之樂，塞于四方；無體之禮，日就月將；無服之喪，純德通明。」德已大成，身修也。「無聲之樂，施及孫子；無體之禮，塞於四海；無服之喪，爲民父母。」家齊而足任國事也。「無聲之樂，氣志既得；無體之禮，威儀翼翼；無服之喪，施及四國。」國治而又能安天下也。「無聲之樂，氣志既從；無體之禮，上下和同；無服之喪，以畜萬邦。」天下太平，可以配天也。由此回到子夏「何如可謂民之父母」的問題，孔子以「五至」「三無」「五起」充分展示了人之仁德即禮樂本原，而禮對於仁德養成也至關重要的思想，儒學修身正己而後正世的内聖外王之道也隱於對話之中。簡文關於「五起」的表述，與今傳本有較大不同，簡本的問題意識和邏輯層次更清晰、更接近於先秦儒家的學理。

【附録】《禮記·孔子閒居》

孔子閒居，子夏侍。子夏曰：「敢問《詩》云『凱弟君子，民之父母』，何如斯可謂民之父母矣？」孔子曰：「夫民之父母乎，必達於禮樂之原，以致五至，而行三無，以横於天下。四方有敗，必先知之。此之謂民之父母矣。」

子夏曰：「民之父母，既得而聞之矣；敢問何謂五至？」孔子曰：「志之所至，詩亦至焉。詩之所至，禮亦至焉。禮之所至，樂亦至焉。樂之所至，哀亦至焉。哀樂相生。是故正明目而視之，不可得而見也；傾耳而聽之，不可得而聞也；志氣塞乎天地，此之謂五至。』

子夏曰：『五至既得而聞之矣，敢問何謂三無？』孔子曰：『無聲之樂，無體之禮，無服之喪，此之謂三無。』子夏曰：『三無既得略而聞之矣，敢問何詩近之？』孔子曰：『「夙夜其命宥密」，無聲之樂也。「威儀逮逮，不可選也」，無體之禮也。「凡民有喪，匍匐救之」，無服之喪也。』

子夏曰：『言則大矣、美矣、盛矣！言盡於此而已乎？』孔子曰：『何爲其然也？君子之服之也，猶有五起焉。』子夏曰：『何如？』子曰：『無聲之樂，氣志不違；無體之禮，威儀遲遲；無服之喪，内恕孔悲。無聲之樂，氣志既得；無體之禮，威儀翼翼；無服之喪，施及四國。無聲之樂，氣志既從；無體之禮，上下和同；無服之喪，以畜萬邦。無聲之樂，日聞四方；無體之禮，日就月將；無服之喪，純德孔明。無聲之樂，氣志既起；無體之禮，施及四海；無服之喪，施于孫子。』

（李學勤主編：《十三經注疏・禮記正義》，北京大學出版社2000年版）

【附録】《孔子家語・論禮》

子夏侍坐於孔子，曰：『敢問《詩》云「愷悌君子，民之父母」，何如斯可謂民之父母？』孔子曰：『夫民之父母，必達於禮樂之源，以致五至而行三無，以横於天下。四方有敗，必先知之，此之謂民之父母。』

子夏曰：『敢問何謂五至？』孔子曰：『志之所至，詩亦至焉；詩之所至，禮亦至焉；禮之所至，樂亦至焉；樂之所至，哀亦至焉。詩禮相成，哀樂相生，是以正明目而視之，不可得而見；傾耳而聽之，不可得而聞。志氣塞于天地，行之充於四海。此之謂五至矣。』

子夏曰：『敢問何謂三無？』孔子曰：『無聲之樂，無體之禮，無服之喪，此之謂三無。』子夏曰：『敢問三無，何詩近之？』孔子曰：『「夙夜基命宥密」，無聲之樂也；「威儀逮逮，不可選也」，無體之禮也；「凡民有喪，扶伏救之」，無服之喪也。』

子夏曰：『言則美矣、大矣！言盡如此而已？』孔子曰：『何謂其然？吾語汝，其義猶有五起焉。』子夏曰：『何如？』孔子曰：『無聲之樂，氣至不違；無體之禮，威儀遲遲；無服之喪，內恕孔悲；無聲之樂，所願必從；無體之禮，上下和同；無服之喪，施及萬邦。既然，而又奉之以三無私而勞天下，此之謂五起。』子夏曰：『何謂三無私？』孔子曰：『天無私覆，地無私載，日月無私照，其在詩曰：「帝命不違，至於湯齊。湯降不遲，聖敬日躋。昭假遲遲，上帝是祗。」「帝命式於九圍。」是湯之德也。』子夏蹶然而起，負牆而立，曰：『弟子敢不志之？』

（陳士珂：《孔子家語疏證》，《湖北叢書》，三餘草堂光緒辛卯年刻本）

子羔

【簡介】

本篇竹書選自馬承源主編《上海博物館藏戰國楚竹書（二）》（上海古籍出版社2002年版），原釋文者和注釋者均爲馬承源先生。竹書圖版見於是書第31—47頁，釋文注釋見於是書第181—199頁。本篇竹書無一支完簡，現存長短殘簡十支，共計約三百九十五字，其中合文六，重文一。第5號簡的背面題有『子羔』二字。

簡文通過孔子與子羔之間的反復問答，深入探討了舜何以能够受命爲帝的問題。其内容主要分爲兩個部分：第一部分講夏、商、周三代之始祖禹、契、后稷的感生神話，第二部分講堯舜禪讓的事迹。前者爲後者作鋪墊，全篇旨在宣揚尚德、讓賢的思想，凸顯君權合法性的根據在於『賢』（以德爲本）。

本篇竹書的釋文以馬承源的原釋文爲基礎，並吸收了裘錫圭、陳劍、蘇建洲等學者的研究成果。原簡序的編排爭議較大，夏世華在綜合諸家意見的基礎上對竹簡順序作了調整，本篇注譯即以夏氏所編簡序爲依據。[一]

子羔問於孔子曰：『三王者之作也，[二] 皆人子也，而其父賤而不足稱也歟？抑亦誠天子也歟？』[三] 孔子曰：『善，而問之也。[四] 久矣，其莫【得而聞矣。禹之母，有莘氏】[09]【之】女也，觀於伊而得之，[五] 懷三[11A] 年而劃於背而生，生而能言，是禹也。契之母，有娀氏之女[10] 也，遊於瑶臺之上，[六] 有燕銜卵而錯諸其前，取而吞之，懷[11B] 三年而劃於膺，[七] 生乃呼曰：【香港中文大學文物館藏戰國楚

[一] 陳劍對原簡序編排做出調整，整理出兩個編連組：（一）1+【6+2】；（二）9……【11上+10+11下】+【香港中大館藏楚簡+12】+13。陳偉指出7號簡當接在8號簡之後；裘錫圭將簡序調整爲：9+【11上+10+11下】+【香港中大館藏楚簡+12】+13+1+【6+2】+3+4+5+8+【7+14】；李學勤將7號簡置於13號簡之後，與裘編稍異；林志鵬則擬定如下簡序：11上+10+11下+香港中大館藏楚簡+12+13+9+7+1+6+2+3+4+5+8+14。此外，夏世華以裘編爲基礎，將簡序確定爲：9+【11上+10+11下】+【香港中大館藏楚簡+12】+13+1+【6+2】+【3+4】+5+8+【7+14】。參見夏世華：《上海博物館藏戰國楚竹書〈子羔〉集釋》，丁四新、夏世華主編：《楚地簡帛思想研究》第四輯，崇文書局2010年版，第173—174頁。

簡3號簡】「金。」[七] 是契也。后稷之母，有邰氏之女也，遊於玄丘之内，[八] 冬見芺，攼（搴）而薦之，[九] 乃見人武，[十] 履以忻，[十一] 禱曰：「帝之武，尚使【12】【吾有身。」[十二] 懷三年，劃□而生】，是后稷〔之母〕也。三王者之作也如是。」

【注釋】

[一]「作」，當訓爲「生」，即出生。《廣雅·釋詁一》：「作，始也。」《禮記·檀弓下》：「喪禮，哀戚之至也。節哀，順變也；君子念始之者也。」鄭玄《注》：「始，生也。」[一]

[二]「抑亦」爲慣用詞組，通常作選擇連詞，古籍多見。[二]

「天子」，與「人子」（凡人之子）對舉，指天帝之子，此不同於用來指稱作爲天下共主之帝王的「天子」，在簡文中並非專指帝王而言。[三]

[三]「而」，原整理者讀作「爾」，實則無須破讀，可直接用爲第二人稱代詞。《莊子·齊物論》：「偃，不亦善乎，而問之也。」成玄英《疏》：「而猶汝也。」[四]

[一] 廖名春：《上博簡〈子羔〉篇釋補》，《中州學刊》2003 年第 6 期。

[二] 陳劍：《上博簡〈子羔〉〈從政〉篇的拼合與編連問題小議》，《文物》2003 年第 5 期。

[三] 裘錫圭：《談談上博簡〈子羔〉篇的簡序》，上海大學古代文明研究中心、清華大學思想文化研究所編：《上博館藏戰國楚竹書研究續編》，上海書店出版社 2004 年版，第 3 頁；李學勤：《楚簡〈子羔〉研究》，上海大學古代文明研究中心、清華大學思想文化研究所編：《上博館藏戰國楚竹書研究續編》，上海書店出版社 2004 年版，第 14 頁。

[四] 夏世華：《上海博物館藏戰國楚竹書〈子羔〉集釋》，丁四新、夏世華主編：《楚地簡帛思想研究》第四輯，崇文書局 2010 年版，第 174 頁；侯乃峰：《上博楚簡儒學文獻校理》，上海古籍出版社 2018 年版，第 125—126 頁。

［四］『伊』，當與央臺、玄咎一例，爲某種地名，或即伊洛之伊。[一]

［五］『瑶臺』，《楚辭·離騷》：『望瑶臺之偃蹇兮，見有娀之佚女。』『瑶臺』，或稱『九成之臺』『九層之臺』，乃有娀氏之佚女簡狄（契之母）受孕之地。[二]

［六］『膺』，即胸膺，與前文『劃於背』的『背』字相對。[三]

［七］契生而呼曰『金』，與商得金德説有關。[四]

［八］『咎』，可讀爲『丘』。『玄丘』，地名，見於典籍《列女傳·契母簡狄》：『契母簡狄者，有娀氏之長女也。當堯之時，與其妹娣浴於玄丘之水。有玄鳥銜卵，過而墜之。五色甚好，簡狄與其妹娣競往取之。簡狄得而含之，誤而吞之，遂生契焉。』『玄丘』往往與殷祖契母簡狄受孕有關。[五]

［九］『芺』，亦稱『苦芺』，乃一種可食用的異草。《説文·艸部》：『苦芺，草也。味苦，江南食以下

[一] 裘錫圭：《〈上海博物館藏戰國楚竹書（二）·子羔〉釋文注釋》，《裘錫圭學術文集·簡牘帛書卷》，復旦大學出版社2012年版，第469頁；夏世華：《上海博物館藏戰國楚竹書〈子羔〉集釋》，丁四新、夏世華主編：《楚地簡帛思想研究》第四輯，崇文書局2010年版，第175頁。

[二] 馬承源：《〈子羔〉釋文考釋》，馬承源主編：《上海博物館藏戰國楚竹書（二）》，上海古籍出版社2002年版，第195—196頁；白於藍：《釋『玄咎』》，簡帛研究網，2003年1月19日。

[三] 陳劍：《上博簡〈子羔〉〈從政〉篇的拼合與編連問題小議》，《文物》2003年第5期。

[四] 裘錫圭：《〈上海博物館藏戰國楚竹書（二）·子羔〉釋文注釋》，《裘錫圭學術文集·簡牘帛書卷》，復旦大學出版社2012年版，第472—473頁。

[五] 馬承源：《〈子羔〉釋文考釋》，馬承源主編：《上海博物館藏戰國楚竹書（二）》，上海古籍出版社2002年版，第197—198頁；李學勤：《楚簡〈子羔〉研究》，上海大學古代文明研究中心、清華大學思想文化研究所編：《上博館藏戰國楚竹書研究續編》，上海書店出版社2004年版，第14頁。

氣。』《爾雅・釋草》『鉤芺』，郭璞《注》：『大如拇指，中空，莖頭有臺，似薊，初生可食。』『攴』，可視爲『搴』字異體，義爲拔取、采取，且多指拔取草類。簡文『冬見芺，搴而薦之』，是説后稷之母姜嫄於冬日見可食之芺，於是拔取之，以進獻上帝。[一]

［十］『武』，即足迹或脚印。《爾雅・釋訓》：『履帝武敏。武，迹也。敏，拇也。』《詩・大雅・下武》『繩其祖武』，《毛傳》：『武，迹也。』簡文『乃見人武』，言帝有感於后稷之母獻祭之誠，而以人之脚印顯現於其前。[二]

［十一］『履以忻』，《詩・大雅・生民》『履帝武敏歆』，馬瑞辰《毛詩傳箋通釋》：『歆之言忻也。』鄭玄《箋》：『帝，上帝也；敏，拇也……祀郊禖之時，時則有大神之迹，姜嫄履之……心體歆歆然，其左右所止住，如有人道感己者也，於是遂有身而肅戒不復御，後則生子而養長之，名曰弃，舜臣堯而舉之，是爲后稷。』簡文是説姜嫄踐履人武（大神之脚印）而後忻然有所感。[三]

［十二］『尚』，庶幾之意。《説文・八部》：『尚，庶幾也。』《左傳・昭公十三年》：『靈王卜曰：「余尚

[一] 張富海：《〈上博簡〉〈子羔〉篇『后稷之母』節考釋》，上海大學古代文明研究中心、清華大學思想文化研究所編：《上博館藏戰國楚竹書研究續編》，上海書店出版社2004年版，第49—50頁。

[二] 馬承源：《〈子羔〉釋文考釋》，馬承源主編：《上海博物館藏戰國楚竹書（二）》，上海古籍出版社2002年版，第198頁；夏世華：《上海博物館藏戰國楚竹書〈子羔〉集釋》，丁四新、夏世華主編：《楚地簡帛思想研究》第四輯，崇文書局2010年版，第179頁。

[三] 何琳儀：《第二批滬簡選釋》，上海大學古代文明研究中心、清華大學思想文化研究所編：《上博館藏戰國楚竹書研究續編》，上海書店出版社2004年版，第447頁；夏世華：《上海博物館藏戰國楚竹書〈子羔〉集釋》，丁四新、夏世華主編《楚地簡帛思想研究》第四輯，崇文書局2010年版，第179頁。

得天下。」』杜預《注》：『尚，庶幾。』尚作副詞，訓庶幾，先秦典籍多見，用於簡文表希冀。楊樹達曾指出：『（尚）乃有所冀望於人而命之之詞。』[一]『帝之武』，尚使吾有身，此爲后稷之母感恩於上帝的禱詞，簡文先言『人武』，轉而言『帝之武』，可能是因爲后稷之母『履以忻』之後，意識到所履脚印是帝應其薦芺所現之神迹，此神迹使她忻然有感，於是知晓帝之武已使其懷有身孕。[二]

【今譯】

子羔向孔子問道：「（禹、契、后稷）三位帝王生來都是凡民之子，不知是其父親卑賤不足稱道？抑或他們確實就是天帝之子呢？」孔子答道：「你問得好。已經很久没有聽人這麼問了。大禹的母親（脩己），爲有莘氏之女，因遊觀於伊水之上而得孕，懷孕三年方剖開其背而生子，此子生下來就會説話，這便是大禹。契的母親（簡狄），爲有娀氏之女，曾在瑶臺上遊玩，竟有燕子用嘴含着卵放到她面前，於是便取出吞下了（由此受孕），懷孕三年後剖開其胸而生子，該子一出生即喊「金」，這就是契。后稷的母親（姜嫄），爲有邰氏之女，曾遊覽於玄丘之地，於冬日見可食用的苦芺，拔取之以進獻上帝，（上帝爲其精誠所感動，）於是現出了人的脚印，姜嫄足踏神印而後忻然有所感，於是禱告（以感恩上帝）：「上帝的神印，興許已使我懷上

[一] 夏世華：《上海博物館藏戰國楚竹書〈子羔〉集釋》，丁四新、夏世華主編：《楚地簡帛思想研究》第四輯，崇文書局 2010 年版，第 179 頁；侯乃峰：《上博楚簡儒學文獻校理》，上海古籍出版社 2018 年版，第 129 頁。

[二] 夏世華：《上海博物館藏戰國楚竹書〈子羔〉集釋》，丁四新、夏世華主編：《楚地簡帛思想研究》第四輯，崇文書局 2010 年版，第 179—180 頁。

了身孕。」懷孕三年後，剖其□而生子，這便是后稷。（禹、契、后稷）三位帝王出生的情況即是如此。」

子羔曰：『然則三王者孰爲？』[一]【孔子曰：『帝舜。』子羔曰：『其亦天子也歟，抑亦人子也歟？』】[二][13]【孔子】曰：『有虞氏之樂正瞽瞍之子也。』[三]子羔曰：『何故以得爲帝？』孔子曰：『昔者［禪］而弗世也，[四]善與善相尋也，[五]故能治天下，平萬邦，使無有、小大、肥瘠辨，[六]皆[01]得其社稷百姓而奉守之。堯見舜之德賢，故讓之。』子羔曰：『堯之得舜也，舜之德則誠善[06]歟？抑堯之德則甚明歟？』孔子曰：『均也。舜穡於童土之田，則[02]【天下之民歸之如流。』子羔曰：『舜之德何若，而可以得】之童土之黎民也。』[七]孔子曰：[03]『吾聞夫舜，其幼也敏，以孝侍親，言【之弗惑，寬裕溫良，敦敏】[04]【知時，允執厥中，畏天愛民，叡明通知，舉賢以治，而】又以文而遠。[八]堯之取舜也，從諸卉（草）茅之中，[九]與之言禮，悅専（薄）【而順；[十]與之言樂，悅和而長；與】[05正]【之言政，悅簡而行；與之言道，悅】□而和。[十一]故夫舜之德其誠賢矣，由諸甽畝之中而使，君天下而稱。[十二]』子羔曰：『如舜在今之世則何若？』孔子曰：[08]『亦紀先王之遊（由）道，[十三]不逢明王，則亦不大使。』孔子曰：『舜其可謂受命之民矣。舜，人子也，[07]而三天子事之。』[14]

子羔[05背]

【注釋】

[一]『爲』，助也，與『三天子事之』之『事』相互爲義。《詩·大雅·鳧鷖》：『公尸燕飲，福祿來

爲。』鄭玄《箋》：『爲，猶助也，助成王也。』《論語·述而》：『冉有曰：夫子爲衛君乎？』孔安國曰：『爲，猶助也。』

『三王者孰爲』，如言『三王者助誰』，其後或有語助詞『歟』『矣』之類，但意義已自足。[一]

[二]『孔子曰帝舜子羔曰其亦天子也歟抑亦人子也歟』，此二十字據文意及簡長補。[二]

[三]『有虞氏之樂正』，古所謂『有虞氏』大致有兩種含義：一是指某方國，一是指該方國成爲王國後所代表的王朝。簡文中的『有虞氏』，當是指舜繼位之前的虞國；『有虞氏之樂正』，也應是虞國之職，而非王朝之官。所以，此處不宜用夔、質等古帝手下的樂正作解。[三]

[四]『昔者而弗世也』一句的文意費解，疑『者』『而』兩字之間脱漏一『禪』字。簡文『禪而不世』，可與郭店簡《唐虞之道》『禪而不傳』相參。[四]

『而』，疑讀爲『能』，或爲『天』字之譌。[五]

『弗世』，『世』謂世襲、繼承，『弗世』謂不行父子相繼之禮。《禮記·禮運》：『大人世及以爲禮。』孔

[一] 夏世華：《上海博物館藏戰國楚竹書〈子羔〉集釋》，丁四新、夏世華主編：《楚地簡帛思想研究》第四輯，崇文書局2010年版，第180頁。

[二] 同上書，第181頁。

[三] 陳偉：《〈上海博物館藏戰國楚竹書（二）〉零釋》，簡帛研究網，2003年3月17日。

[四] 白於藍：《讀上博簡（二）札記》，上海大學古代文明研究中心、清華大學思想文化研究所編：《上博館藏戰國楚竹書研究續編》，上海書店出版社2004年版，第485頁。

[五] 夏世華：《上海博物館藏戰國楚竹書〈子羔〉集釋》，丁四新、夏世華主編：《楚地簡帛思想研究》第四輯，崇文書局2010年版，第183頁。

穎達《疏》：『世及，諸侯傳位自與家也。父子曰世，兄弟曰及。謂父傳與子；無子，則兄傳與弟也。』[二]

[五]『尋』，當訓爲『繼』『續』。『相尋』即相繼或相續之義。『相』表示兩個事物之間互相作用，一般事物可以相互授予，而天子之位則衹能由在位者授予繼位者，不可能反過來，因而『相尋』乃是對善者與善者相繼爲王的事實或過程加以描述，在意義上可以包含禪讓授賢，並與『世』這種權力更替方式所内涵的親與親相續對應。[三]

[六]『無有』，或與《論語·堯曰》『興滅國，繼絶世』之義理相關。《尚書大傳》：『古者諸侯始受封，必有采地。百里諸侯以三十里，七十里諸侯以二十里，五十里諸侯以十五里。其後子孫雖有罪黜，其采地不黜，使其子孫賢者守其地，世世以祠其始受封之人，此之謂「興滅國、繼絶世」。《書》曰：「兹予享於先王，爾祖其從享之。」』任啓運曰：『滅國是有人無土，興謂續封之也。絶世謂有土無人，繼謂俾其支庶進承大宗也。』[三] 據此，並結合簡文語境，『無』可能指有采地而無子孫以奉守社稷者，『有』或指有子孫而無采地以奉守社稷者。[四]

[二] 孟蓬生：《上博竹書（二）字詞札記》，上海大學古代文明研究中心、清華大學思想文化研究所編：《上博館藏戰國楚竹書研究續編》，上海書店出版社 2004 年版；劉信芳：《上博藏竹書試讀》，《學術界》2003 年第 1 期。

[三] 白於藍：《讀上博簡（二）札記》，上海大學古代文明研究中心、清華大學思想文化研究所編：《上博館藏戰國楚竹書研究續編》，上海書店出版社 2004 年版，第 485—486 頁；夏世華：《上海博物館藏戰國楚竹書〈子羔〉集釋》，丁四新、夏世華主編：《楚地簡帛思想研究》第四輯，崇文書局 2010 年版，第 183 頁。

[三] 程樹德：《論語集釋》，中華書局 1990 年版，第 1363—1364 頁。

[四] 夏世華：《上海博物館藏戰國楚竹書〈子羔〉集釋》，丁四新、夏世華主編：《楚地簡帛思想研究》第四輯，崇文書局 2010 年版，第 184 頁。

『小大』，指諸侯采地之小大。〔一〕

『肥瘠』，古書習見，《書·禹貢》：『田之高下肥瘠。』《吕覽·仲秋記》：『案芻豢，瞻肥瘠。』〔二〕

『辨』，訓爲『别』。〔三〕

『使無有、小大、肥瘠辨』，乃『治天下、平萬邦』的具體内涵，意爲使各級諸侯采地之有無、大小、肥瘠都得到辨别，以合於禮制規範，從而與其名、位相當而不相侵凌、僭越，由此確保都能『得其社稷百姓而奉守之』。〔四〕

［七］『童土』，即荒蕪之土。《莊子·徐无鬼》：『堯聞舜之賢，舉之童土之地，曰：冀得其來之澤。舜舉乎童土之地，年齒長矣，聰明衰矣，而不得休歸，所謂卷婁者也。』成玄英《疏》：『地無草木曰童土。』陸德明《釋文》引向云：『童土，地無草木也。』此外，典籍多有『童山』的説法。《荀子·王制》：『山林不童。』楊倞《注》：『山無草木曰童。』童山、童土皆言土地貧瘠，不宜種植，故材用不足，

〔一〕　夏世華：《上海博物館藏戰國楚竹書〈子羔〉集釋》，丁四新、夏世華主編：《楚地簡帛思想研究》第四輯，崇文書局2010年版，第184頁。

〔二〕　何琳儀：《第二批滬簡選釋》，上海大學古代文明研究中心、清華大學思想文化研究所編：《上博館藏戰國楚竹書研究續編》，上海書店出版社2004年版，第444頁；侯乃峰：《上博楚簡儒學文獻校理》，上海古籍出版社2018年版，第132頁。

〔三〕　何琳儀：《第二批滬簡選釋》，上海大學古代文明研究中心、清華大學思想文化研究所編：《上博館藏戰國楚竹書研究續編》，上海書店出版社2004年版，第445頁；夏世華：《上海博物館藏戰國楚竹書〈子羔〉集釋》，丁四新、夏世華主編：《楚地簡帛思想研究》第四輯，崇文書局2010年版，第184頁。

〔四〕　同上。

民不樂處。〔一〕

『天下之民歸之如流子羔曰舜之德何若而可以得』二十字，據文意及殘簡長補。簡文現存舜穡於童土之田、童土之黎民與孔子詳言舜德等内容，其間有一内在綫索，此綫索當如傳世文獻所載，如《淮南子・原道訓》：『昔舜耕於歷山，朞年而田者爭處墝埆，以封壤肥饒相讓；釣於河濱，朞年而漁者爭處湍瀨，以曲隈深潭相予。』此乃言舜德化之效：舜能以德化民，民於是爭相隨舜處於童土之地而不爭豐饒。子羔疑舜有何德，能讓百姓如此相互禮讓而追隨之，孔子乃爲之解説。據此，第3號簡前缺文，可補上文二十字，以承上啓下。〔二〕

〔八〕據《子羔》篇復原圖，第4號簡下端約缺九字，第5號簡上端約缺十九字，它們可補爲『之弗惑寬裕温良敦敏』和『知時允執厥中畏天愛民叡明通知舉賢以治而』。補文，據《大戴禮記・五帝德》篇：『好學孝友，聞於四海；陶家事親，寬裕温良。敦敏而知時，畏天而愛民，恤遠而親親。承受大命，依於倪皇，叡明通知，爲天下工。使禹敷土，主名山川，以利於民；使后稷播種，務勤嘉穀，以作飲食；羲和掌歷，敬授民時；伯夷主禮，以節天下；夔作樂，以歌籥舞，和以鐘鼓；皋陶作士，忠信疏通，知民之情；契作司徒，教民孝友，敬政率經。其言不惑，其德不慝，舉賢而天下平。』這段話是叙述和評論舜的。〔三〕

〔一〕馬承源：《〈子羔〉釋文考釋》，馬承源主编：《上海博物館藏戰國楚竹書（二）》，上海古籍出版社2002年版，第186頁；夏世華：《上海博物館藏戰國楚竹書〈子羔〉集釋》，丁四新、夏世華主编：《楚地簡帛思想研究》第四輯，崇文書局2010年版，第185頁。

〔二〕廖名春：《上博簡〈子羔〉篇釋補》，《中州學刊》2003年第6期；夏世華：《上海博物館藏戰國楚竹書〈子羔〉集釋》，丁四新、夏世華主编：《楚地簡帛思想研究》第四輯，崇文書局2010年版，第185—186頁。

〔三〕夏世華：《上海博物館藏戰國楚竹書〈子羔〉集釋》，丁四新、夏世華主编：《楚地簡帛思想研究》第四輯，崇文書局2010年版，第187頁。

『以文而遠』，『文』，當指禮樂制度及其所藴含之文德。《論語・子罕》：『文王既没，文不在兹乎？』朱熹《集注》：『道之顯者謂之文，蓋禮樂制度之謂。』章炳麟《文學總略》：『孔子稱堯舜「焕乎其有文章」，蓋君臣朝廷尊卑貴賤之序，車輿衣服宫室飲食嫁娶喪祭之分，謂之文；八風從律，百度得數，謂之章。』傳世與出土文獻多載舜用伯益作禮、用夔質作樂之事，由此可知春秋戰國時人們多將禮樂之興歸美於舜。『遠』當指文德彰顯而聲名遠播，經籍多載堯舜之聖德大業。[一]

［九］『卉』，在簡文中不宜理解爲《説文》『艸之總名也』，應讀作『艸（草）』。[二]

［十］『悦』，原簡作『敚』，乃喜悦之義。

『専』，可讀作『薄』，訓爲『止』。禮主别異，以分爲重，止於其分乃禮之要義。《禮記・大學》：『知止而後有定。』又説：『爲人君止於仁，爲人臣止於敬，爲人子止於孝，爲人父止於慈，與國人交止於信。』[三]

［十一］依《子羔》復原圖，第5號簡上端約缺十八字，下端約缺十字，第8號簡上端約缺十一字。又因該處簡文可與《容成氏》『堯南面，舜北面，舜於是乎始語堯天地人民之道。與之言政，説簡以行；與之言樂，説和以長；與之言禮，説泊以不逆』的内容相印證，故可分别補『而順與之言樂説和而長與』和『之

〔一〕廖名春：《上博簡〈子羔〉篇釋補》，《中州學刊》2003年第6期；夏世華：《上海博物館藏戰國楚竹書〈子羔〉集釋》，丁四新、夏世華主編：《楚地簡帛思想研究》第四輯，崇文書局2010年版，第188頁。

〔二〕蘇建洲：《〈子羔〉校釋》，見氏著：《上海博物館藏戰國楚竹書（二）校釋（下）》，花木蘭文化出版社2006年版，第348頁。

〔三〕夏世華：《上海博物館藏戰國楚竹書〈子羔〉集釋》，丁四新、夏世華主編：《楚地簡帛思想研究》第四輯，崇文書局2010年版，第188頁。

言政説簡而行與之言道説」。[一]

［十二］『由諸』，義同於前文『從諸草茅』的『從諸』。

『使』，當訓爲『舉』。

『由諸甽畝之中而使』，猶言『舉諸甽畝之中』，意即舜從甽畝之中被堯舉用。

『稱』，當訓爲『相稱』之『稱』，《詩·候人》『彼其之子，不稱其服』鄭玄《箋》：『不稱者，言德薄而服尊。』即德不稱位之意。簡文是説舜之善德與天子之位相稱。[二]

［十三］『紀』，可訓作『繼承』之『繼』。《尚書·大誥》：『誕敢紀其緒。』孫星衍《尚書今古文注疏》：『紀，蓋今文作犯，形相近。緒與序通。古文作「紀」者，《廣雅·釋言》云：「統，紀也。」《〈漢書〉注》如淳云：「統，繼也。」則紀言繼也。』

『遊』，可讀作『由』，訓爲『從』，遵從、遵循之意。《詩·大雅·假樂》：『不愆不忘，率由舊章。』高亨注：『由，從也。』《論語·泰伯》：『民可使由之，不可使知之。』鄭玄《注》：『由，從也。』王安石《洪範傳》：『道者，萬物莫不由之者也。』『由』也可訓『行』，實行、踐履之意。《廣雅·釋詁一》：『由，行也。』《禮記·經解》：『是故隆禮由禮謂之有方之士，不隆禮不由禮謂之無方之民。』孔穎達《疏》：『由，行也。』孫希旦《禮記集解》：『由，謂踐履之。』據此，簡文『紀先王之由道』，即繼承或效法先王從道（或行

[一] 廖名春：《上博簡〈子羔〉篇釋補》，《中州學刊》2003年第6期；夏世華：《上海博物館藏戰國楚竹書〈子羔〉集釋》，丁四新、夏世華主編：《楚地簡帛思想研究》第四輯，崇文書局2010年版，第188頁。

[二] 夏世華：《上海博物館藏戰國楚竹書〈子羔〉集釋》，丁四新、夏世華主編：《楚地簡帛思想研究》第四輯，崇文書局2010年版，第189—190頁。

道）之意。[一]

【今譯】

子羔問：『然而這三位帝王輔助誰呢？』孔子答道：『舜帝。』子羔問：『舜是天帝之子，還是凡人之子呢？』孔子說：『他衹是虞國樂官瞽瞍的兒子。』子羔問：『那他因什麼而能够稱帝呢？』孔子說：『從前王位並不世襲，而是在善者與善者之間相續，所以能治理天下，平定萬邦，使各級諸侯采地之有無、大小、肥瘠皆得以分辨（即合於禮制規範，與其名、位相當而不相侵凌、僭越），以致都能得到社稷百姓而加以奉守。堯發覺舜有賢德，於是把王位禪讓給他。』子羔問道：『堯能够得到舜，究竟是因爲舜的品德誠然美善，還是因爲堯的德行十分光明呢？』孔子說：『二者皆有。舜耕種於荒蕪之地，而天下老百姓則爭相歸附於他。』子羔問：『舜有何德，能讓老百姓到荒蕪之地競相追隨他呢？』孔子說：『我聽聞舜帝，自幼即聰敏，本於孝道侍奉雙親，言論明達無疑，寬容、厚道、温和、善良，篤實敏慧而通曉時變，言行不偏不倚而合乎中正之道，敬畏上天而關愛人民，聖明通達而充滿智慧，推舉賢能以治理天下，並因其文德教化而聲名遠播。堯是在草野之中舉用舜的，與舜談禮，則對以知止合順；與舜談樂，則對以諧和長久；與舜談政，則對以簡便易行；與舜談道，則對以保合太和。所以舜的德行的確美善，從而能在田野中被堯舉用，君臨天下也能相稱

[一] 裘錫圭：《説『亦紀先王之由道』》，《裘錫圭學術文集·簡牘帛書卷》，復旦大學出版社 2012 年版，第 439 頁；裘錫圭：《〈上海博物館藏戰國楚竹書（二）·子羔〉釋文注釋》，《裘錫圭學術文集·簡牘帛書卷》，復旦大學出版社 2012 年版，第 506 頁；夏世華：《上海博物館藏戰國楚竹書〈子羔〉集釋》，丁四新、夏世華主編：《楚地簡帛思想研究》第四輯，崇文書局 2010 年版，第 190—191 頁。

（舜之善德與天子之位相稱）。』子羔問：『如果舜處在當今之世，則又會如何呢？』孔子說：『他也會效法先王行道，衹是未遇着聖明的君王，以致得不到重用或大用。』又說：『舜真可謂稟受天命的凡民啊。舜雖然是凡夫俗子，却得到了三大天帝之子的侍奉。』

【思想】

本篇簡文通過對三代始祖禹、契、后稷之感生神話的叙述以及對堯舜禪讓故事的詮釋，深入探討了舜何以能受命爲帝的問題，論證了『人子』（凡民之子）或平民也可以受命稱王的新觀點。而其依據在於『賢賢相讓』或『善善相尋』的王權更替原則。由此表明，德賢纔是政權合法性的實質與根本。

簡文第一部分在於講述三代始祖禹、契、后稷的感生神話，藉此呈現當時衆所周知的『天子受命爲帝』的政權觀念。此觀念包含兩層意涵：其一，唯有受命方可爲帝爲王；其二，唯有天子（天帝之子）方可稟受天命。這就意味着，受命是爲帝的前提，成爲天子是受命的必要條件。在此觀念之下，受命是天子的特權，人子是不具有資格爲王的。

簡文第二部分以此感生神話所表徵的『天子受命模式』爲比照，通過對堯舜禪讓故事的闡釋，建構出『人子受命』的觀念。這一觀念仍然肯定稟受天命乃是稱帝爲王的前提，但並不認同唯有天子纔能受命的原則。那麼如舜一般的凡民之子受命是如何可能的？其合法性依據在哪裏？對此，簡文作者訴諸『善與善相尋』或『賢賢相讓』的理念。這意味着『賢德』纔是君權授受的根本依據，纔是君權合法性的真正根基。顯然，這種『人子受命』的觀念是以道德爲本位的，與以血緣世襲原則爲優先的『天子受命』觀念適成對比。此正體現了儒家爲政以德的核心政治理念[一]。

仲弓

【簡介】

本篇竹書選自馬承源主編《上海博物館藏戰國楚竹書（三）》（上海古籍出版社2003年版），原整理者及釋文注釋者爲李朝遠先生。竹書圖版見是書第73—102頁，釋文注釋見是書第263—283頁。竹書第16簡背後有『中弓』二字，整理者據此將該篇竹書命名爲《仲弓》。竹書現存二十八支簡，其中完簡三支，餘皆殘簡；完簡長約四十七釐米，每簡上抄三十四字至三十七字不等，竹書共計五百二十字。另有附簡一支，上面抄寫二十四字。

本篇竹書主要記載了孔子與弟子仲弓之間的對話，内容涉及『爲政何先』『導民興德』『民務』三個問題，主要展現了孔子的爲政思想。『爲政何先』問題見於《論語·子路》，比較之下，有以下兩點值得注意：一者，兩種文獻論及的主題有一定的差異；二者，兩種文獻對同一問題的闡釋有詳略的不同。這意味着，在一定意義上可以將《論語·子路》所載内容視爲《仲弓》的減縮本或者抄本，這也就説明《論語》有明顯的編纂痕迹。利用《仲弓》，可以更爲深入地理解孔子的爲政思想，亦可以對《論語》的文本及其演變問題

[一] 夏世華：《先秦儒家禪讓觀念研究》，武漢大學博士學位論文，2009年，第31—47頁。

有所拓展，可以發現在《論語》編撰、演變過程中出現了精簡化的現象。

由於竹簡殘缺嚴重，所以學者對本篇竹書的簡序多有討論，形成了多種編連。主要編連方案如下：

陳劍：1—（4＋26）—2—5—7—8—（9＋10）—28—19—14—（27＋15）—18—（17＋11＋13）—（6＋23B＋23A）—（24＋25）—20A—（12＋21）—22—16—（3＋20B），附簡。

趙炳清：1—4—26—2＋5＋28—7＋8—22＋14＋9＋10—19＋16＋3—17＋11＋13—27—15＋6＋23B＋23A＋24＋25＋12—12—21—18＋20；附簡單列。

梁靜：1—4＋26—2＋5＋28＋7＋8＋14＋9＋10＋19＋17＋11＋13—22—27＋15＋20B＋6＋23B＋23A＋24—25＋12—21，20A，18，16＋3，附簡。

侯乃峰：1—4＋26＋18—2—5＋28—7，8—14—9＋10—19—16＋3—17＋11＋13—22—27＋15＋20B＋6＋23A＋24＋25，12—21—20A，附簡。

在編連和注釋上，本注譯主要參考了陳劍、梁靜和侯乃峰之說。

季桓子使仲弓爲宰，仲弓以告孔子曰：『季氏【01】使雍也從於宰夫之後，雍也憧【04】愚，[一]恐貽吾子羞，願因吾子而辭。』孔子曰：『雍，汝【26】毋自惰也。昔三代之明王，有四海之内，猶來【18】……與聞之，夫季氏河東之盛家也，亦[二]【02】……宜。小人之至者，教而事之，君子無所厭人。今汝相夫【16】子，有臣萬人道（導）汝，思（使）老其家，夫【03】以行矣。爲之，余誨汝。』[三]

【注釋】

〔一〕「宰」：《論語》中有家宰和邑宰兩種，如《雍也》「季氏使閔子騫爲費宰」的「宰」指邑宰，《雍也》「原思爲之宰」的「宰」指家宰。帶邑名者大多爲邑宰，此處應如整理者所認爲的，「宰」指「家宰」。「宰夫」：晁福林認爲指宰的助手或下屬，仲弓此語衹是謙辭，並非真指自己是出任宰夫之職。[一] 從上一注釋及結合《論語·子路》「季氏使仲弓爲宰」來看，仲弓無疑是出任家宰，所以謙辭之説頗可信。

「憧愚」：整理者讀爲「憧愚」，兩字分開讀，「憧」指遲緩之意。李學勤將第4號簡和第26號簡連讀，讀爲「童愚」。[二] 廖名春認爲早期文獻並無「兒童愚笨」之意的「童愚」之説，故讀爲「憧愚」，即蠢愚之意；他並指出，「憧愚」是仲弓在乃師面前的謙稱。[三]

〔二〕「貽」，整理者讀爲「怠」。陳劍隸定爲「怡」，讀爲「貽」。[四]《説文·貝部》：「貽，贈遺也。」與《禮記·内則》「將爲不善，思貽父母羞辱」意思相近，指因自己所爲給他人帶來羞辱。

「羞」，整理者讀爲「憂」，陳劍讀爲「羞」[五]。經重新編連後，簡文描述的是仲弓考慮到自己能力有限會讓孔子蒙羞，欲請辭季氏家宰，孔子勸誡其爲政的過程。是以陳劍的釋讀更可取，指的是仲弓害怕因自己爲

[一] 晁福林：《上博簡〈仲弓〉疏證》，《孔子研究》2005年第2期。
[二] 李鋭整理：《清華大學簡帛講讀班第三十二次研討會綜述》，孔子2000網，2004年4月15日。
[三] 廖名春：《楚簡〈仲弓〉與〈論語·子路〉仲弓章讀記》，《淮陰師範學院學報》2005年第1期。
[四] 陳劍：《上博竹書〈仲弓〉篇新編釋文（稿）》，簡帛研究網，2004年4月19日。
[五] 同上。

政不力而使得孔子蒙羞。

『辭』，整理者讀爲『治』，陳偉讀爲『辭』〔一〕。經重新編連後，上句講害怕讓孔子蒙羞，故讀爲『辭』字可取，即請辭之意。

『來』，原整理者讀爲『賚』，指賞賜、封賞之意。陳劍讀爲『來』。〔二〕重新編連後，簡文講的是孔子告誡仲弓不能『自惰』，當接受家宰之任的意思。並且孔子進一步引三代之明王尚需招來賢者相助，季康子更需賢者相助，故當讀爲『來』。『來』即招來賢者之義。

〔三〕『小人』，原簡寫作『[illegible]』，整理者未作釋讀，今暫從程萬鵬説〔三〕。此字到底屬於何字，尚需討論。

『事』，整理者讀爲『使』，陳偉疑讀爲『事』〔四〕。簡文講的是孔子勸勉仲弓出任季氏家宰，『教而使之』的『使』字意不明。『教而事之』則指在出任家宰（事）時教化季氏，意思較明確，故陳讀可取。

『猒』，整理者讀爲『狷』，陳劍讀爲『猒』〔五〕。猒，如《荀子·非相》『故君子之於言無猒』之『猒』，指厭倦、厭棄。『猒人』，厭倦或厭棄季氏。

『使老』，竹簡原文作『思老』，認爲與下文『老老』意思相近，指年長之意。陳偉讀『思』爲『使』，

〔一〕陳偉：《上博楚竹書〈仲弓〉『季恒子章』集釋》，簡帛網，2005年12月10日。

〔二〕陳劍：《上博竹書〈仲弓〉篇新編釋文（稿）》，簡帛研究網，2004年4月19日。

〔三〕程萬鵬：《〈仲弓〉的『[illegible]』字考釋》，簡帛研究網，2005年6月6日。

〔四〕陳偉：《上博楚竹書〈仲弓〉『季恒子章』集釋》，簡帛網，2005年12月10日。

〔五〕陳劍：《上博竹書〈仲弓〉篇新編釋文（稿）》，簡帛研究網，2004年4月19日。

認爲『老』作『室老』解，指擔任家宰。[一] 楊懷源作『終老』解，指畢生效命。[二] 重新編連後，簡文講述的是孔子勸勉仲弓爲政之事，故後兩種意見於文意皆通。但從孔子勸勉仲弓爲政的角度來看，『終老』之説更可取。

『余』，整理者讀爲『宗』，禤健聪讀爲『余』[三]。從上下文來看，前面講孔子勉勵仲弓爲政，後面是孔子解答仲弓關於爲政的疑問，故此處當讀爲『余』，即孔子自稱。

『誨』，整理者讀爲『謀』，禤健聪讀爲『誨』[四]。『悬』是『謀』字古文，但重新編連後，此處乃孔子勸誡仲弓擔任季氏家宰之意；並且下文均是孔子回答仲弓關於爲政之問的，故此字讀爲『誨』更可取。誨，即教誨之意。

【今譯】

季桓子欲任命仲弓爲其家宰，仲弓將此事禀告孔子，説：『季氏欲任命我擔任其家宰，我比較愚笨，擔心因我之出仕而讓您蒙羞，故想推辭。』孔子説：『冉雍，你不能自惰。三代聖明的君主，擁有四海之内的賢人，仍然要招來賢者……我聽説季氏乃河東的大家……最爲極致的小人亦可出仕於其家，並且教化、引導他，君子不要厭棄人。現在你出任其家宰，有百官輔佐你，應該擔任家宰並終老於此，可以做到的。你去出

〔一〕陳偉：《上博楚竹書〈仲弓〉『季桓子章』集釋》，簡帛網，2005 年 12 月 10 日。
〔二〕楊懷源：《讀上博簡〈仲弓〉札記四則》，簡帛網，2004 年 8 月 7 日。
〔三〕禤健聰：《上博簡（三）小札》，簡帛研究網，2004 年 5 月 12 日。
〔四〕同上。

仕吧，我來教會你所不會的。」

仲弓曰：『敢問爲政何先？』[05] 仲尼【曰】：[28]『老老慈幼，先有司，舉賢才，宥過赦罪。[07] ……【罪】，政之始也。』仲弓曰：『若夫老老慈幼，既聞命矣。夫先有司，爲之如何？』仲尼曰：『夫民安舊而重遷，[08] 早使不行，委蛇……[14] ……有成，是故有司不可不先也。』[一] 仲弓曰：『雍也不敏，雖有賢才，弗知舉也。敢問舉才[09] 如之何？』仲尼：『夫賢才不可掩也。舉爾所知，爾所不知，人其舍之者。』仲弓曰：『宥過赦罪，則民何懲？』[10] ……山有崩，川有竭，日月星辰猶差，民無不有過，賢者[19] 刑政不緩，德教不倦……』[二]

【注釋】

[一]『先有司』，何晏《論語集解》載王氏說：『言爲政當先任有司，而後責其事。』王氏認爲『先有司』指的是爲政當先委任官員，此說對後世影響較大。但同爲『爲政何先』内容之一的『舉賢才』指的是舉薦賢才以爲政，兩者意思相近，有重複之嫌，故不取此說。廖名春認爲指爲政者的率先垂範，指出簡文講的是民衆習慣於舊的而重視變遷，並且民衆的變化會非常緩慢，所以纔需要爲政者率先示範。[一] 廖說可取。

『宥過赦罪』，此從陳劍釋讀[二]，整理者讀爲『赦過與罪』。《説文·宀部》：『宥，寬也。從宀，有聲。』

[一] 廖名春：《楚簡〈仲弓〉與〈論語·子路〉仲弓章讀記》，《淮陰師範學院學報》2005年第1期。

[二] 陳劍：《上博竹書〈仲弓〉篇新編釋文（稿）》，簡帛研究網，2004年4月19日。

宥即寬宥之意。《周易·解卦》曰『君子以赦過宥罪』，孔穎達《疏》：『赦，謂放免；過，謂誤失；宥，謂寬宥。罪謂故犯，過輕則赦，罪重則宥，皆解緩之義也。』『解緩』之説最能明義，『宥過赦罪』指要寬宥人之過錯、減輕罪罰。《論語·子路》作『赦小過』，未涉及罪的問題，有學者據此認爲當讀爲『赦過舉罪』。不過從《季康子問於孔子》中孔子主張對過、罪都要有所赦免來看，當以『宥過赦罪』爲準。當然，『宥過赦罪』也是有前提的，即《論語·堯曰》『不教而殺謂之虐』的德教，亦即下文所説的『德教不倦』。

『重遷』，整理者讀爲『塚舉』，指重視復興，陳劍改讀爲『重遷』[一]。《説文·辵部》：『遷，登也。』主要指遷移、遷徙之意，不過『遷』亦有改易、變化之意，如《禮記·大傳》『有百世不遷之宗』之『遷』。此處『遷』字宜如陳劍訓爲『變易』。

『早使不行』，整理者未闡明其意，史傑鵬結合上下文意，認爲指『（民衆）起先行爲不那麽爽快』的意思[二]。

『委蛇』，整理者讀爲『綏𢓜』，史傑鵬讀爲『委蛇』，認爲它在古書中一般指委婉曲折的狀態，可以形容山川、道路、行止、態度等[三]。此處的意思是形容人的行爲，一般指曲折地行進，顯示一種雍容、好整以暇的狀態。

［一二］『則民何懲』，從陳劍釋讀[四]，他並指出『懲』爲儆戒、鑒戒之義。整句簡文講的是，如果對民衆

[一] 陳劍：《上博竹書〈仲弓〉篇新編釋文（稿）》，簡帛研究網，2004年4月19日。
[二] 史傑鵬：《上博竹簡（三）注釋補正》，簡帛研究網，2005年7月16日。
[三] 同上。
[四] 陳劍：《〈上博（三）·仲弓〉賸義》，《簡帛》第三輯，上海古籍出版社2008年版，第73—90頁。

寬宥過失、寬赦罪行，那麼他們還有什麼作爲儆戒呢？

【今譯】

仲弓問：『哪些是爲政需要先做的？』孔子說：『老老慈幼，先於官員做好示範，舉賢才，寬赦過錯與罪行……這是爲政之始。』仲弓說：『老老慈幼，我已經聽您講清楚了。先有司，是如何做的？』孔子說：『百姓一般都習慣於舊俗而重視變遷，民衆起先行動時不那麼爽快，行動較慵懶……因此有司不得不先做示範。』仲弓說：『我不够聰明，即便有賢才，也不知如何舉薦、啓用。請問如何舉賢才呢？』孔子說：『賢才是不可能被遮蔽的。舉薦你所知道的賢才，你所不知道的賢才，百姓怎麼會不舉薦呢？』仲弓曰：『寬赦罪過，那如何懲戒百姓呢？』孔子說：『……山有崩潰之時，河流有枯竭之時，民不可能一直没有過錯，賢者應當刑罰政令無有緩行，道德教化没有倦怠……』

仲弓曰：『若此三【17】者，既聞命矣，敢問道（導）民興德如何？』[一] 孔子曰：『申（陳）之【三】服之，緩施而卷（訓？）放（飭？）之。雖有孝德，其【13】』[二] ……上下相復（報）以忠[三]，則民歡承教，蓋□者不【22】……

【注釋】

[一]『若此三者』，整理者將『此』誤讀爲『出』。『此三者』即上文孔子所解答的先有司、舉賢才、宥過赦罪。值得注意的是，孔子明確提到『老老慈幼』，從仲弓講『老老慈幼，既聞命矣』來看，應當指的是

平時聽聞，而非此時孔子已經講解。

『道民』，即《論語·爲政》『道之以德』之意。皇侃《義疏》：『謂誘引民以道德之事也。』『道』讀爲『導』。『導民』即引導、引誘百姓之意。

〔二〕『陳之服之』，『陳』，陳劍釋爲『申』，讀爲《君陳》之『陳』。李鋭在陳説基礎上直接讀爲『陳』，侯乃峰引《荀子·宥坐》的『故先王既陳之以道，上先服之』及《孔子家語·始誅》『既陳道德以服之』以解釋『陳』義。[一] 據侯説，『陳』指頒布、敷陳，『服』指行、用。

『緩施而訓飭之』，從侯乃峰讀[二]，但語意似不明。

〔三〕『上下』，從陳劍釋文，陳氏並讀『復』爲『報』。此句簡文之意，類似於《大戴禮記·少閒》一段話：『君時同於民，布政也；民時同於君，服聽也；上下相報，而終於施。』[三]

【今譯】

仲弓説：『關於先有司、舉賢才、宥過赦罪三者，我已經聽您的教益而弄懂了。請問如何引導百姓生發德行？』孔子説：『頒布治道，並且實行之，寬緩施政而……雖然有孝德……上下以忠信相回報，則民衆就欣悦於君王的教化……』

〔一〕陳劍：《上博竹書〈仲弓〉篇新編釋文（稿）》，簡帛研究網，2004年4月19日；李鋭：《〈仲弓〉新編》，孔子2000網，2004年4月22日；侯乃峰：《上博楚簡儒學文獻校理》，上海古籍出版社2018年版，第192頁。

〔二〕侯乃峰：《上博楚簡儒學文獻校理》，上海古籍出版社2018年版，第192—193頁。

〔三〕陳劍：《上博竹書〈仲弓〉篇新編釋文（稿）》，簡帛研究網，2004年4月19日。

仲弓曰：『敢【27】問民務。』孔子曰：『善才（哉）問乎，足以教矣。君【15】子所竭其情、盡其慎者三，蓋近禮矣。【20下】雍，汝知諸？』仲弓答曰：『雍也弗聞也。』孔子曰：『夫祭，至敬之【06】本也，所以立生也，不可不慎也。夫喪，【23下】至愛之卒也，所以成死也，不可不慎也。夫行，巽（？）華（？）學【23上】……之。一日以善立，所學皆終。一日以不善立，【24】所學皆崩，可不慎乎？』[一]……仲弓曰：『今之君子，使人不盡其悅【25】……也（？）定（？），不及其成，獨獨猒（狷）人，難爲從政。』孔子【12】曰：『雍，古之事君者，以忠與敬，唯其難也，汝惟以□【21】……其咎。』仲弓曰：『今之君子，孚（愎）過捍析，難以納諫。』孔子曰：『今之君[二]【20上】……

【注釋】

[一]『民務』，整理者讀爲『民懋』，陳劍改讀爲『民務』，並指出『民務』古書常見，如《荀子・非十二子》有『故勞力而不當民務，謂之姦事』之說，『民務』即民之所務〔一〕。

『才』，讀爲『哉』。竹簡此句，與《論語・八佾》『大哉問』對應。王引之《經傳釋詞》卷八：『或爲歎美，或爲嗟歎，隨事有義也。』此處表贊歎之意。

『禮』，整理者讀爲『與』，但意思不明。許子濱讀爲『禮』，認爲簡文的意思是，有德行的君子在祭、喪、行等三方面都能做到竭情盡慎，堪稱合禮了〔二〕。暫從許説，但應注意此處『君子』並非以德言，而是以

〔一〕陳劍：《上博竹書〈仲弓〉篇新編釋文（稿）》，簡帛研究網，2004年4月19日。

〔二〕許子濱：《上博簡〈仲弓〉『害近矣』解》，簡帛研究網，2005年6月21日。

位言的君王或者爲政者。

「巽華學」，前兩字仍難以準確釋讀，據下文「所學皆終」和「所學皆崩」來看，後一字應當讀爲「學」。

「崩」，整理者釋爲「惡」，誤，其實是「朋」字，讀爲「崩」。「所學皆崩」與上句「所學皆終」對應，且「崩」「終」押韻。《説文·山部》：「崩，山壞也。」此處指未得善終、未取得好結果之意。

〔二〕「獨獨猒人」，從整理者釋文，「猒」讀爲「狷」。「獨」，原簡從言蜀聲，左右結構。「獨獨狷人」，指固執專斷、獨行其願的人。竹簡下文：「今之君子，愎過攷析，難以納諫。」正是獨斷狷行的意思。陳劍讀爲「獨主厭人」，意爲獨斷專行，不聽他人意見。〔一〕侯乃峰讀爲「悠悠厭人」，指今之從政者貪利之心厚重，顯露於外表，使人生厭。〔二〕疑陳、侯二説非是。

「孚」，陳劍讀爲「愎」〔三〕，可從。「愎」，是剛愎之義。如《左傳·哀公二十七年》：「知伯貪而愎，故韓魏反而喪之。」「愎過」即固執自己的過錯之意。

「捍」，陳劍讀爲「攷」，侯乃峰進一步讀爲「捍」。〔四〕「攷」乃「捍」字異體，意爲捍衛、維護。「析」，侯乃峰認爲「析」是「析言」之義，指戰國時代名家者流如公孫龍等人的花言巧語、詭辯異説、

〔一〕陳劍：《上博竹書〈仲弓〉篇新編釋文（稿）》，簡帛研究網，2004年4月19日。

〔二〕侯乃峰：《上博楚簡儒學文獻校理》，上海古籍出版社2018年版，第195頁。

〔三〕陳劍：《上博竹書〈仲弓〉篇新編釋文（稿）》，簡帛研究網，2004年4月19日。

〔四〕陳劍：《上博竹書〈仲弓〉篇新編釋文（稿）》，簡帛研究網，2004年4月19日；侯乃峰：《〈仲弓〉篇「攷析」試解》，孔子2000網，2004年4月24日。

華而不實、無益於治之辭。[二] 按，『析』即『析辭』。《荀子・正名》：『故析辭擅作名以亂正名。』『捍析』，疑爲捍衛其析辭。

【今譯】

仲弓説：『請問民務。』孔子説：『很好的問題！完全可以引導你了。君王或者爲政者，在祭、喪、行三方面做到竭盡全力、足够謹慎，堪稱合於禮義了。冉雍，你知道嗎？』仲弓回答道：『我没有聽説過。』孔子説：『祭祀，是表達敬意的基本方法，由祭祀可以安頓生命，不可以不謹慎。喪禮，是表達對親人愛意的最後一步，是用來送别死者的，不可以不慎重。行……確立善行之時，學習纔能終止；行不善之時，就是學習失敗之時，能不謹慎嗎？』……仲弓説：『現在的君王……貪利之心厚重且顯露於外，讓人生厭，難於與之爲政。』孔子説：『冉雍，以前侍奉君王的爲政者以忠和敬爲原則。即便有其難處，你……』仲弓説：『現在的君王專斷，維護自己的錯誤，捍衛浮華無用的言辭，難以接納他人的建議。』孔子説：『現在的君王……』

附簡：……飪（？）。孔子曰：唯政者，正也。夫子唯有舉，汝獨正之，豈不有枉也？仲……

【思想】

《仲弓》篇記載了孔子與其弟子仲弓關於爲政問題的討論，因其内容與《論語・子路》篇有關，上博簡

[二] 侯乃峰：《〈仲弓〉篇『𢻱析』試解》，孔子 2000 網，2004 年 4 月 24 日。

《仲弓》篇向來爲學者所重。該篇主要記載了仲弓向孔子請教的三個問題分别爲『爲政何先』『導民興德』和『民務』，對話主題展現的是孔子的爲政思想。

關於『爲政何先』，孔子認爲它包含了『老老而慈幼』『先有司』『舉賢才』和『宥過赦罪』四個方面。簡文並未正面解釋『老老而慈幼』，但從仲弓『既聞命矣』的説法來看，應該指的是孔子一貫所主張的敬老愛幼的思想。如果限定在爲政方面的話，應該與『老吾老以及人之老，幼吾幼以及人之幼』之説相近。值得注意的是，這一觀念還出現在《顔淵問於孔子》的『内事』中。在《顔淵問於孔子》中，孔子同樣没有解釋其内涵，衹是指出它是所以處仁的方法、途徑。由於簡文殘缺，無法通過簡文直接判斷『先有司』的内涵。學者的解釋有兩種意見，一是『先委任官員』，二是『先於官員做好示範』。並且與『老老而慈幼』一樣，這一觀念還出現在上博竹書《顔淵問於孔子》中。但簡文仍未論及具體意思，衹是指出它是爲政者獲得百姓實情的方法、途徑。關於『舉賢才』，簡文所論與《論語》一致，都是講『舉爾所知』。關於『宥過赦罪』，因簡文殘缺，也無法知曉其全部意涵。但可以肯定的是，孔子認爲人如山崩、川竭、日月有差一樣會出現過錯、罪行，故應當得到寬赦。

關於『導民興德』，因簡文殘缺較難知曉。但從殘存簡文提及的『雖有孝德』來看，應該與《顔淵問於孔子》中所提及的内教相近，指的是以自身的德性修養引導百姓過一種道德的生活。這種思想乃孔子德治思想的内含之一，就是德教思想。這一思想在《論語》中多見，如『不教而殺謂之虐』（《論語・堯曰》）、『舉善而教不能，則勸』（《論語・爲政》）等。且在上博竹書《顔淵問於孔子》中亦有體現，如論及『内教』時的『修身以先，則民莫不從矣；前【之】以博愛，則民莫遺親矣；導之以儉，則民知足矣；前之以讓，則民不爭矣。』

『民務』的概念不見於《論語》，這一概念同樣見於上博簡《季康子問於孔子》中。不過，兩篇出土文獻對『民務』的理解却不一致。在《季康子問於孔子》中，『民務』指『治民之大務』，講的是爲政者如何治理百姓的問題，主體是爲政者，民衆、百姓是對象。在《仲弓》中，『民務』指百姓的事務，孔子認爲包含了祭祀、喪禮和行三者。『行』指的是學或教，也就是孔子所重視的德教。

因《仲弓》的『爲政何先』以簡略的形式載於《論語·子路》中，所以它對於研究《論語》的文本演變問題具有重要意義。對比兩篇文獻的論述可知，二者有明顯的差别：一是在《論語》中，問題也變成了爲政；二是在《仲弓》篇中，孔子的答語多了『老老慈幼』一項，且列在第一；三是《仲弓》篇的『赦過與罪』，在《論語·子路》篇中却變成了『赦小過』。這些差異説明，《論語》在編纂完成之後，應當有多個抄本。竹書《仲弓》在内容上遠勝於《論語·子路》所載，並且與《史記·孔子世家》一樣，記載了孔子與他人對話的背景。足見在上博竹書被埋之前，應當有多個類似於《論語》的抄本傳世。當然，還有一種可能，《仲弓》是編纂《論語》的原始資料或其原始文本。孔子的語録應當很多很多，弟子記載下來的同樣很多。要編纂成《論語》，肯定要有所取捨。因此，編纂者會對原始資料作删減，留取編者認爲更重要的思想。從《仲弓》到《論語·子路》所載，恰好體現了這種編纂要求。此外，從竹書《弟子問》的『巧言令色，未可謂仁也』，到《論語·陽貨》的『巧言令色，鮮矣仁』，《論語》也同樣表現出這種編纂的取捨。因此，我們認爲上博簡的有關文獻可能是編纂《論語》的原始資料和來源。

内禮

【簡介】

本篇竹書選自馬承源主編《上海博物館藏戰國楚竹書（四）》（上海古籍出版社2004年版），原整理者和釋文注釋者爲李朝遠先生。竹書圖版見是書第69—82頁，釋文注釋見是書第217—230頁。據整理者的説明，《内禮》現存十支竹簡，其中完簡四支，長四十四點二釐米，編綫三道，編綫間距爲二十一釐米。本篇竹書有兩種墨記符號：一爲小墨鈎，共十個，用於輔助斷句；二爲兩短横，共十二個，用作重文符號。

有學者指出，《内禮》與上博二《昔者君老》兩篇書體、竹簡形制均相同，内容也相關，應該連綴爲一篇。〔一〕有學者直接將《昔者君老》視爲《内禮》之末段。〔二〕本篇附簡一支，宜係之於上博五《季康子問於孔子》。〔三〕本書吸納了這些意見，將《昔者君老》第3號簡移至本篇第9號簡後。由於整理者已將其分爲兩篇，而《昔者君老》也文意完整，今仍將它們分作兩篇來對待。

本篇竹書第1號簡簡背書有『内豊』二字，是原竹書的篇題。《内禮》與《禮記》之《曲禮》《内

〔一〕［日］井上亘：《〈内豊〉篇與〈昔者君老〉篇的編聯問題》，簡帛研究網，2005年10月16日。

〔二〕梁靜：《上博楚簡〈内禮〉研究》，《文獻》2012年第4期。

〔三〕［日］福田哲之：《上博四〈内禮〉附簡、上博五〈季康子問於孔子〉第十六簡的歸屬》，簡帛網，2006年3月7日。

則》及《大戴禮記》之《曾子立孝》等篇的内容有關，對於探討先秦儒家之孝道、相關家内之禮均有重要價值。

目前，除整理者外，廖名春、林素清、王巧生、梁靜、馮時等人有相關研究成果。本篇竹書的簡序和釋文，以原整理者李朝遠的成果爲基礎，同時吸納了其他學者的意見。本注譯以『君子』二字開頭爲標誌，將整篇竹書劃分爲七章。

内禮【01背】

君子之立孝，㤅（愛）是用，禮是貴。[一] 故爲人君者言人之君之不能使其臣者，不與言人之臣之不能事【01】其君者。故爲人臣者言人之臣之不能事其君者，不與言人之君之不能使其臣者。故爲人父者言人之【02】父之不能畜子者，不與言人之子之不孝者。故爲人子者言人之子之不孝者，不與言人之父之不能畜子者。【03】故爲人兄者言人之兄之不能慈弟者，不與言人之弟之不能承兄者。故爲人弟者言人之弟之不能承兄【04】【者，不與言人之兄之不能慈弟者。故】曰：[二] 與君言，言使臣；與臣言，言事君；與父言，言畜子；與子言，言孝父；與兄言，言慈弟；【05】與弟言，言承兄。[三] 反此，亂也。

【注釋】

[一]《大戴禮記·曾子立孝》：『曾子曰：君子立孝，其忠之用，禮之貴。』『是』與『之』同，『㤅』

即『愛』字，或誤摹爲『忠』[一]。

〔一二〕第5號簡上端殘損約十四字，整理者據上下文及《曾子立孝》補。[二]

〔一三〕『故曰』下，應是一段引文。今本《儀禮·士相見禮》：『與君言，言使臣；與大人言，言事君；與老者言，言使弟子；與幼者言，言孝弟於父兄；與衆言，言忠信慈祥；與居官者言，言忠信。』

【今譯】

君子之建立孝德，用愛貴禮。所以向人君説人君不能禮敬其大臣的事，不跟他説大臣不能事奉其君的事；所以向人臣説人臣不能事奉其君的事，不跟他説人君不能使用其大臣的事；所以向人父説父親不能蓄養其子的事，不跟他説人子不孝順的事；所以向人子説兒子不孝順的事，不跟他説人父不能蓄養其子的事；所以向人兄説兄不能慈愛弟的事，不跟他説弟不能順承兄長的事；所以向人弟説弟不能順承兄長的【事，不跟他説人兄不能慈愛弟的事。所以】説：和君主説話，説禮敬大臣；與臣説話，説事奉君主；與父親説話，説蓄養兒子；與兒子説話，説孝順父親；與兄説話，説慈愛弟；與弟説話，説順承兄長。與此相反，人倫

〔一〕李朝遠釋文注釋：《内豊》，馬承源主編：《上海博物館藏戰國楚竹書（四）》，上海古籍出版社2004年版，第220頁。按，疑此簡『忎』是『忠』之誤字，因爲下文説與君言、與臣言的事，無關乎孝，亦不可以愛來概括。簡文可讀爲：『君子之立，孝忠是用，禮是貴。』《廣雅·釋詁三》：『立，成也。』

〔二〕李朝遠釋文注釋：《内豊》，馬承源主編：《上海博物館藏戰國楚竹書（四）》，上海古籍出版社2004年版，第224頁。『人之兄』，整理者所補爲『之人兄』，此從王巧生改。王巧生：《上博藏戰國楚竹書（四）〈内豊〉篇集釋》，丁四新、夏世華主編：《楚地簡帛思想研究》第四輯，崇文書局2010年版，第215頁。

禍亂。

右爲第一章。

君子事父母，無私樂，無私憂。父母所樂樂之，父母所憂憂之。善則從之，不善則止之。止之而不可，憖（憫）而任（仍）。【06】不可，雖至於死，從之。[一] 孝而不諫，不成【孝；諫而不從，亦】不成孝。[二]

【注釋】

[一]「止之」，如「諫而止君之過」（《戰國策·齊策》）之意，父母有不善，則諫議而使其停止。下文説「孝而不諫」，「諫」與「止」互相爲義。

「不可」，「可」即許可，謂父母不聽從其所諫。

「憖而任不可」[一]，當在「任」字後斷句，「任」讀爲「仍」[二]。「憖」，疑讀爲「慁」[三]，即「憫」，憂愁、煩懣之意。《孟子·公孫丑上》「阨窮而不憫」，趙岐《注》：「憫，懣也。」《淮南子·詮言》「樂恬而憎

[一] 有學者連第7號簡讀「不可」，還有學者將第6、8號簡連讀。參見侯乃峰：《上博楚簡儒學文獻校理》，上海古籍出版社2018年版，第209—210頁。

[二] 馮時：《戰國竹書〈内禮〉考釋》，劉釗主編：《出土文獻與古文字研究》第三輯，復旦大學出版社2010年版，第214頁。

[三] 整理者讀爲「憐」，廖名春、陳劍等讀爲「隱」。參見侯乃峰：《上博楚簡儒學文獻校理》，上海古籍出版社2018年版，第212—213頁。

憫』，高誘《注》：『憫，憂有所在也。』《廣雅・釋詁四》：『仍，重也。』《國語・周語下》『晋仍無道』，韋昭《注》：『仍，數也。』『憫而仍』，謂父母有不善，諫止之而不可，子心爲之憂懣，但還是找機會反復諫止。《禮記・内則》：『父母有過，下氣怡色，柔聲以諫。諫若不入，起敬起孝，説則復諫；不説，與其得罪於鄉黨州閭，寧孰諫。父母怒、不説，而撻之流血，不敢疾怨，起敬起孝。』無論父母以何種方式表現其『不可』，子也應『微諫不倦』。『不可』，即便子微諫不倦，父母還是可能不接受、許可其諫議，最後子『雖至於死，從之』，始終不敢疾怨父母。『從之』，不意味着子要從父母之不善，而是子始終要下氣、怡色、柔聲，起敬起孝，順從父母，所以孔子説：『事父母，幾諫，見志不從，又敬不違，勞而不怨。』（《論語・里仁》）

［一二］第7號簡中段約殘六釐米，約六字，整理者據上下文意及相關文獻補。

【今譯】

君子事奉父母，没有私自的樂，没有私自的憂，父母所樂的就樂之，父母所憂的就憂之。父母有善就順從不違，父母有不善就當諫止。諫止而父母不認可，心爲之憂憫並繼續微諫不倦。最終父母還是不認可，即便至於死，也順從而不違。孝順父母而不諫其過，不成爲【孝；諫其過而最終不順從父母，也】不成爲孝。

右爲第二章。

君子〖曰〗：孝子不匧（正），匿在腹中，巧變，故父母安【07】之，如從己起。

【注釋】

從下文「君子曰」之例來看，君子、孝子間疑脱一「曰」字。〔一〕

「匿」〔二〕，疑讀爲匡正之「正」〔三〕。父母有過，孝子不直言匡正，匿父母之過於腹中。

「巧變」，《大戴禮記・曾子事父母》：「孝子唯巧變，故父母安」。王聘珍《解詁》：「巧，善也。變，猶化也。安，樂也。孟子曰：『舜盡事親之道，而瞽叟底豫也。』巧變，即《檀弓》『左右就養無方』也。」〔四〕《禮記・坊記》：孝子「善則稱親，過則稱己」。《大戴禮記・曾子立孝》：「子曰：『可入也，吾任其過；不可入也，吾辭其罪。』詩云：『有子七人，莫慰母心。』子之辭也。『夙興夜寐，無忝爾所生。』言不自舍也。不耻其親，君子之孝也。」「巧變」，即巧言、變言以爲辭，不使父母因其不善而得恥辱。

「如從己起」，孝子巧言變辭，歸過於己，以安父母，父母之過如從己起。

〔一〕黄人二：《上博藏簡第四册〈内禮〉書後》，中國古文字研究會、華南師範大學文學院編：《古文字研究》第二十六輯，中華書局2006年版。

〔二〕該字釋讀多有分歧，此從蘇建洲説，參見蘇建洲：《楚文字雜識》，簡帛研究網，2005年10月30日。

〔三〕「匿」與「正」通，參見高亨纂著，董治安整理：《古字通假會典》，齊魯書社1989年版，第60頁。或讀爲「其父攘羊，而子證之」（《論語・子路》）的「證」字。《説文・言部》：「證，告也。」「貞」與「正」通，「正」與「證」通，其例皆較多，但「貞」直接與「證」通，則少見。參見王輝：《古文字通假字典》，中華書局2008年版，第347頁。

〔四〕黄懷信等：《大戴禮記彙校集注》，三秦出版社2004年版，第546頁。

【今譯】

君子曰：孝子不匡正父母之過，隱匿其過於腹中，巧變言辭，所以父母安於其辭，父母之過如從孝子自己而起。

右爲第三章。

君子曰：孝子，父母有疾，冠不奐（髻），行不容，不依立，不庶語，時味，[一] 攻、禜，行祝於五祀，[二] 豈必有益？君子以成其孝，【08】是謂君子。[三]

【注釋】

[一]『奐』[1]，疑讀爲髻髮之『髻』。《禮記·曲禮》：『父母有疾，冠者不櫛。』《説文·木部》：『櫛，梳比之總名也。』『櫛』用作動詞，指梳理頭髮。在先秦禮儀中，成年子女及子婦日常事父母、舅姑有常儀，《禮記·内則》：『子事父母，雞初鳴，咸盥漱，櫛、縰、笄、總、拂髦，冠緌纓。』又云：『婦事舅姑，如事父母。雞初鳴，咸盥漱，櫛、縰、笄、總，衣紳。』然而，如遇父母之喪，男女的髮式及男子戴冠之事都隨喪事進程而變化。《禮記·問喪》：『親始死，雞斯徒跣。』鄭玄《注》：『親，父母也。雞斯當爲笄纚，聲之

[1] 該字有隸作『力』『介』等字的，田煒隸作『奐』，讀爲『綄』。參見侯乃峰：《上博楚簡儒學文獻校理》，上海古籍出版社 2018 年版，第 213 頁。

誤也。親始死，去冠，二日乃去笄纚括髮也。」親始死則子去冠，第二日小斂之後，纔去笄、纚。此就應服斬衰者而言。前引《士喪禮》鄭玄《注》：「始死將斬衰者雞斯，將齊衰者素冠。」應服齊衰者，始死時加素冠，小斂之後則以免代冠。主人去笄、纚髺髮及衆主人以免代冠，都需避開衆人而於房中進行。小斂之後，《士喪禮》「婦人髽於室」，鄭玄《注》：「始死，婦人將斬衰者去笄而纚，將齊衰者骨笄而纚，今言髽者，亦去笄纚而紒也。……髽之異於髺髮者，既去纚而以髮爲大紒，如今婦人露紒。」綜合來看，《内則》「櫛、縰、笄、總」（縰與纚同），乃成人理髮的常法，衹有在親喪小斂之後纔可去笄、纚而紒。因而，《曲禮》「父母有疾，冠者不櫛」，僅是孝子在父母有疾時，不梳髮而已，但仍需完成縰、笄、總等結髮、束髮之事。學者將簡文「冠不」後一字讀爲「紒」或「綄」，訓結髮、束髮等義，都與禮制不合。[一]簡文「奐」，疑讀爲「髺」。《説文・宀部》：「寏，或從阝完聲。」《禮記・檀弓上》「華而睆」，鄭玄《注》説睆「字或作刮」。《周禮・考工記》「刮摩之工五」，鄭玄《注》云故書「刮作捖」，又引鄭司農云：「捖讀爲刮。」刮、髺、括，皆見紐月部；奐，曉紐元部；完，匣紐元部。月、元爲對轉，見、曉、匣爲旁紐。《儀禮・士喪禮》：「主人髺發，袒，衆主人免于房。」鄭玄《注》：「髺髮者，去笄、纚而紒……古文髺作括。」「髺」，女子曰髽，皆喪禮中去掉笄、纚而以麻束髮作結的髮式。「不髺」，不去笄、縰而紒也，否則近乎喪禮之儀，父母有疾，固然應當在這樣的細節上謹慎從事以避諱。總之，《曲禮》「冠者不櫛」，和簡文「冠不髺」，都是規定在父母有疾病時，孝子必須戴冠，其先整理髮式，可略變櫛、縰、笄、總的常法，省略梳發之櫛，但不

[一] 該字隸寫、通讀與訓語尚有分歧，整理者釋作「力」，曹建敦釋作「介」，讀爲「紒」；田煒釋作「奐」，讀爲「綄」或「綰」，是繫、結之意。參見侯乃峰：《上博楚簡儒學文獻校理》，上海古籍出版社2018年版，第213頁。

可去縰、笄而紒，因爲去冠，去笄、縰而髻，都是喪禮之儀，孝子不可於親有疾時行之。

『行不容』，《禮記·曲禮上》説父母有疾時『行不翔』。《儀禮·士相見禮》：『庶人見於君，不爲容，進退走。』鄭玄《注》：『容謂趨翔。』《儀禮·士冠禮》『進容，乃祝』鄭玄《注》：『進容者，行翔而前鶬焉。』趨翔爲行走之常容。禮各有容，簡文通言『行不容』，《曲禮》則專言『行不翔』，皆言孝子因父母之疾而心憂，行無禮容。

『不依立』，《説文·亻部》：『依，倚也。』《禮記·内則》説在父母舅姑之所，不敢『跛倚』，即不敢獨脚站立或斜倚而立。平時當以禮正立，父母有疾時更應當如此。

『不庶語』，『庶』謂衆也，孝子憂心父母之疾，無暇與衆人言語。

『昧』，讀爲『沬』[一]，《説文·水部》：『沬，洒面也。從水，未聲。湏，古文沬從頁。』亦通作『靧』，《漢書·禮樂志》『沬流赭』顔師古《注》：『李奇曰：「沬音靧面之靧。」晋灼曰：「沬，古靧字也。」』《禮記·内則》：『五日，則燂湯請浴，三日具沐。其間面垢，燂潘請靧；足垢，燂湯請洗。』陸德明《經典釋文》：『靧，洗面。』《内則》言子婦事父母舅姑，當五日請浴、三日請沐，發現面、足有垢，便應隨時爲父母準備熱水，以供洗面、洗脚。父母有疾，沐浴或不可，然不可不洗面，平常是子婦備水，父母自洗，疾病則或孝子爲父母洗面。

［二］『攻、禜』，《周禮·春官·大祝》：『掌六祈以同鬼神示……四曰禜，五曰攻。』鄭玄《注》：『禜，

[一] 學者多從整理者將『昧』解爲昧爽。參見李朝遠釋文注釋：《内豊》，馬承源主編：《上海博物館藏戰國楚竹書（四）》，上海古籍出版社2004年版，第227頁。

日月星辰山川之祭也。」賈公彦《疏》：「攻……日食伐鼓之屬。」「行祝於五祀」，《儀禮·既夕禮》説人染疾之後，「乃行禱於五祀」。祝、禱，皆用言語向鬼神禱告求福。《書·洛誥》「王命作册，逸祝册」孔穎達《疏》：「讀册告神謂之祝。」「五祀」，在先秦有多種用法，據鄭玄《曲禮注》《月令注》及包山楚墓五祀木牌、湖北雲夢睡虎地《日書》乙種（簡31貳—40貳），東周時五祀當指户、竈、中霤、門、行等五種祭祀之地。

[三]「豈」，反詰副詞，「豈必有益，君子以成其孝」，就「冠不髻」直到「行祝於五祀」的諸事而言。父母有疾時，孝子心憂，未梳髮而冠、行不容、不斜倚而立、不與衆人多語、時常爲父母洗面、祭祀禱告等等行爲，未必真有益於父母之病情，但都是子盡其敬愛父母之心的孝行，父母自能見而欣慰。

【今譯】

君子説：孝順的兒子，父母有疾病時，不去笄、縰而冠，行無禮容，不斜倚而立，不與衆人多語，時常爲父母洗面，行攻、禜等祭祀，祝告於五祀，這些事情哪里一定有益於父母之痊癒？君子爲之以成其孝心，這便是君子。

右爲第四章。

君子曰：孝子事父母，以食惡美，下之；[一]□□□□□□□□□□□□□□□□□□

□□□【09】能事其親。[二]【昔者君老03~】

【注釋】

〔一〕『以食惡美』，《禮記·祭義》：『曾子曰：「孝有三：大孝尊親，其次弗辱，其下能養。」』《孟子·離婁上》曾子養曾皙是『養志』，爲上；曾元養曾子則是『養口體』，爲下。《鹽鐵論·孝養》：『上孝養志，其次養色，其次養體。』簡文所謂『孝子事父母，以食惡美，下之』，與其下能養、養口體爲下、其次養體義同。〔二〕

〔二〕上博二《昔者君老》第3號簡，井上亘以爲可與《内禮》第9號簡連讀。〔三〕第9號簡長十六點四釐米，現存十八字，《内禮》完簡長四十四點二釐米，其中第1號簡字數最少爲三十七字，第6號簡最多爲五十字。按一般書寫密度推算，第9號簡約殘二十四字。第9號簡所殘缺的内容，當是説孝道其次如何、最宜如何，『能事其親』，則是對上等之孝的結語，正好與第9號簡首『孝子事父母，以食惡美，下之』相呼應。

【今譯】

君子説：孝子事奉父母，以飲食美惡爲準，這是下等的孝……能事奉其父母親。

右爲第五章。

君子曰：子告（生），割（蓋）憙於内，不見於外。憙於外，不見於内。愠（慰）於外，不見於

〔二〕廖名春：《讀楚竹書〈内豊〉篇札記（二）》，簡帛研究網，2005年2月20日。

〔三〕［日］井上亘：《〈内豊〉篇與〈昔者君老〉篇的編聯問題》，簡帛研究網，2005年10月16日。

内。[一] 内言不以出，外言不以入。[二] 舉美廢惡。[三]【昔者君老03】

【注釋】

［一］該簡原誤歸於上博二《昔者君老》。[一]

「告」，讀爲「生」。「割」，讀爲「蓋」，句首語詞。[二]「愠」，讀爲「慰」。[三]「慰」，安也、問也。這段簡文主要是説子誕生時的夫婦内外之别。《禮記·内則》：「禮，始於謹夫婦，爲宮室，辨外内。男子居外，女子居内，深宮固門，閽寺守之。男不入，女不出。」又云：「妻將生子，及月辰，居側室，夫使人日再問之，作而自問之，妻不敢見，使姆衣服而對，至於子生，夫復使人日再問之，夫齊則不入側室之門。子生，男子設弧於門左，女子設帨於門右。」由此可知，禮始於對夫婦之義的謹慎，故非常强調男女之别，男女分宮室而居，男子居外，女子居内，男女宮室都有閽、寺等奄者把守，互相不得隨意出入。妻在臨近分娩月辰時，當搬入燕寢旁邊的側室，夫每天派人去問候妻。胎動將生子時，夫親自去慰問，而此時妻不敢直面夫，僅派傅姆穿着整齊去代答夫之慰問。子生之後，夫又每天派人問候妻。若夫剛好在齋戒期間，則無須往側室親自問候。子出生後，若爲男子，則在門左懸弓弧，若爲女子，則在門右挂巾帨。簡文「子生，蓋憙於内，

[一] 彭浩以爲該簡主旨在於論述「别男女之職、嚴内外之限」，其叙事方式與《昔者君老》其他三簡明顯不同，並懷疑它們是否同屬一篇。此懷疑在《内禮》發表後已被證明是合理的，學者據竹簡形制和内容，將此簡歸於《内禮》。參見彭浩：《〈昔者君老〉與「世子法」》，《文物》2004年第4期。

[二] 整理者讀「告」爲省察之「省」，讀「割」爲「蓋」。參見陳佩芬釋文注釋：《昔者君老》，馬承源：《上海博物館藏戰國楚竹書（二）》，上海古籍出版社2002年版，第244—245頁。

[三]《毛詩·小雅·車舝》：「以慰我心。」陸德明《釋文》：「韓詩作以愠我心。」

不見於外。憙於外，不見於內』，意思是子生之時，夫在外，妻在內，故妻生子之時，喜於內，妻與子皆不見於外，懸弓弧以示之。夫見懸弓弧而後知生子，喜於外，而不入見妻、子。『慰於外，不見於內』，夫在生子之前和之後，都是派人問候妻，即便在臨盆之前，雖親往見妻，但妻亦不敢見，而是『使姆衣服而對』，故子生前後，夫雖在外多有慰問，但始終不得入內見妻。由此可知，『愠於外，不見於內』雖句式與前文『憙於內，不見於外。憙於外，不見於內』很相似，但其意義則是獨立完整的，其後並未抄脱『愠於內，不見於外』一句[一]，在生子前後，在內之妻無慰問在外之夫的義與禮。

［二］《禮記・內則》：『男不言內，女不言外。』『內言不出，外言不入。』《曲禮上》：『外言不入於梱，內言不出於梱。』鄭玄《注》：『外言、內言，男女之職也。』孔穎達《疏》：『外言不入於梱者，外言，男職也；梱，門限也。男職在於官政，各有其限域，不得令婦人預之，故云外言不入於梱也。』前一節從生子之禮明男女內外之別，此一句則從內言外言之别明男女內外之別。

［三］『舉美廢惡』，舉用善人，廢除惡人[二]，這是其一般義。就簡文語境來看，美惡可能是就內宮后妃的德行而言，謹守生子之禮和內言外言之别爲美，否則爲惡。或是就所生之子的德行而言。

【今譯】

君子説：子生之時，大概婦喜於內室，在外的夫不得見；夫喜於外，在內的婦不得見。夫慰問於外，婦

[一] 彭浩：《〈昔者君老〉與『世子法』》，《文物》2004年第4期。
[二] 陳佩芬釋文注釋：《昔者君老》，馬承源主編：《上海博物館藏戰國楚竹書（二）》，上海古籍出版社2002年版，第245頁。

不可出見其夫。外朝之言不入内宫，内宫之言不入外朝。舉用德美者，廢黜德惡者。

右爲第六章。

君子曰：悌，民之經也。在小不爭，在大不亂。[一] 故爲少必聽長之命，爲賤必聽貴之命，從人觀（歡）然則免於戾。[二]【10】

【注釋】

[一]『爭』，猶犯也[1]，小大以事之輕重言。《論語·學而》：『有子曰：「其爲人也孝弟，而好犯上者，鮮矣；不好犯上，而好作亂者，未之有也。」』

[二]『觀』，整理者讀爲『勸』，宜讀爲『歡』。『歡然』，謂少從長賤從貴之喜悦歡欣貌。[2]

【今譯】

君子説：悌德，是民之經常。在小事上不爭犯長者，在大事上不作禍亂。所以年少者一定要聽從年長者之命，位卑者一定要聽位尊者之命，内心歡愉地從事他人，於是免於罪戾。

[1]《荀子·性惡》：『從人之性，順人之情，必出於爭奪，合於犯分亂理，而歸於暴。』

[2] 李朝遠釋文注釋：《内豊》，馬承源主編：《上海博物館藏戰國楚竹書（四）》，上海古籍出版社2004年版，第228頁；馮時：《戰國竹書〈内禮〉考釋》，劉釗主編：《出土文獻與古文字研究》第三輯，復旦大學出版社2010年版，第218頁。

右爲第七章。

無懟。毋忘姑姊妹而遠敬之，則民有豊。然後奉之以中章【附簡】

【注釋】

本篇附簡，馮時將其次於第9號簡之下，福田哲之已根據書體差異，將其歸入上博五《季康子問於孔子》，衹是具體位置尚待研究。[一] 通過對《昔者君老》和《内禮》簡文的疏通，兩篇竹簡雖有部分殘斷，但在内容上已基本完整，此附簡可確認不屬於《内禮》和《昔者君老》，故不在此討論該簡内容。

右爲附簡。

【思想】

本篇竹書自題爲『内禮』，從内容來看，較爲全面地涉及了孝子事父母之禮。其一，君子立孝，應當用愛而貴禮，其言説皆以勸人爲善爲宜，而不可教人背棄君臣、父子、兄弟的倫理。其二，孝子與父母同樂同憂。這尤其體現在父母有不善時，如何處理諫止和順從的關係問題上。竹書明確指出父母有不善，孝子就當諫止，而勸諫也應選擇時機、和顔悦色、堅持不斷，然而，如果父母最終不受勸止，那麼孝子至死都要順從

[一] 馮時：《戰國竹書〈内禮〉考釋》，劉釗主編：《出土文獻與古文字研究》第三輯，復旦大學出版社2010年版，第218頁；［日］福田哲之：《上博四〈内禮〉附簡、上博五〈季康子問於孔子〉第十六簡的歸屬》，簡帛網，2006年3月7日。

父母。這可以深化對孔子『事父母，幾諫，見志不從，又敬不違，勞而不怨』（《論語·里仁》）的理解。其三，孝子不直言匡正父母的過錯，並且巧妙地説些『過則稱己』的話來安慰父母。其四，孝子在父母生病時，會在很多行禮細節上與平時不同，如因爲避忌喪容，所以不髻髮而冠；因爲心憂父母之疾病，所以行無禮容，不斜倚而立，不與衆人多語；因爲細心照料，所以時常爲父母洗面；因爲希望父母早日痊癒，所以行攻、禜、祝告等祭祀以求神賜福。這些事情未必有益於父母疾病之痊癒，但君子都謹慎地盡心爲之，這正是孝子之心在方方面面的體現。其五，在養和敬的關係上，竹書以能養爲下，其後内容殘損，其大意以能敬爲上，仍可推知。此外，還涉及了夫婦内外之别和兄弟之間的悌德，從而較爲全面地記載了處理父子、夫婦、兄弟等家内人倫關係的基本禮則。

值得注意的是，相比於本篇竹書第一章的内容，《大戴禮記·曾子立孝》的表述有較大不同，這體現在：其一，在『故曰』前後，都先説爲人子言、爲人弟言，後説爲人臣言；其二，不説爲人君言、爲人父言、爲人兄言；其三，在下文『故曰』和『反是』兩段之間，多了『君子之孝也，忠愛以敬』一句。這些不同，一方面表明《曾子立孝》明顯突出了『孝』這個主題，另一方面表明它在君臣、父子、兄弟這些雙向關係中，更偏向於子、弟、臣一面。這很可能是後人整理文獻時進行編修的結果。

季康子問於孔子

【簡介】

本篇竹書選自馬承源主編《上海博物館藏戰國楚竹書（五）》（上海古籍出版社2005年版），原整理者和釋讀者爲濮茅左先生。竹書圖版見是書第43—65頁，釋文注釋見是書第195—235頁。竹書原無篇題，係整理者根據竹書首句『季康子問於孔子』命名的。本篇竹書現存二十三支簡，有三道編繩，完簡長約三十九釐米。完簡八支，經綴合的完簡四支，其中第十一簡經綴合後缺一字。一支完簡上抄三十四至三十九字不等，本篇竹書共存六百六十九字。

本篇竹書記載了季康子與孔子關於治國的對話，涉及君王之大務和君王處邦家之術兩大問題。在具體的討論中，孔子闡述了兩種政治觀念，一者是仁之以德，一者是寬政。兩種觀念分别是對上述兩大問題的回答，兩種觀念均體現了孔子的德治思想，前者反映的是孔子主張爲政者當注重自身的道德修養，並注重以道德引導百姓；後者展示的是孔子反對强權政治，力呈其弊端，主張寬政。竹書提及的孔子對罪行之態度，可與《仲弓》篇的『宥過赦罪』對讀。竹書的出土對於理解孔子爲政或者政治思想具有重要意義，揭示了孔子政治思想的更爲豐富的内容。如其中所論及的孔子對罪行的處理，揭示了孔子並非完全不要法治，就與『道之以德，齊之以禮』之説有些許出入。

由於存在較多殘簡，原釋文的編連和釋讀難免存在錯誤，但經過陳劍、福田哲之、侯乃峰等學者的重新編連與釋讀，簡文已具有相當可讀性。關於簡文的編連，有以下幾種意見：

陳劍：其中一個較大的編連組，即：8、21+22A+13+14+15A+9+10+19+20+23。

福田哲之：第一組：1—2—3—4；第二組：6—7；第三組：8—21—22A+13—14—15A+9—10A+10B—19—20，11A+18B，22B（11A+18B·22B這一組合衹是權宜處置，排序留待考察。）；第四組：11B—18A+5—12—5B—附簡—17—23。

侯乃峰：1+2+3+4+港簡6—11B—18A—17—12+15B—6+7—11A—18B—22B—5、8+21+22A+14+

15A＋9＋10＋19＋20＋23；暫時不明編連位置的附簡：《内禮》附簡，港簡5，港簡8。

本注譯的編連參考了上述諸家意見，作了重新編連。釋文以原整理者的釋文爲基礎，主要參考了陳劍、李鋭、福田哲之和侯乃峰的釋文。

季康子問於孔子曰：『肥從有司之後，一不知民務之焉在。唯子之治優（？），請問君子之從事者，於民之【01】【上，君子之大務何？』孔子曰：『仁之以】德，此君子之大務也。』康子曰：『請問何謂仁之以德？』〔一〕孔子曰：『君子在民【02】之上，執民之中，施教於百姓，而民不服焉，是君子之恥也。是故，君子玉其言而慎其行，敬成其【03】德以臨民，民望其道而服焉，此之謂仁之以德。且管仲有言曰：「君子恭則遂，驕則侮，備言多難【04】……」』〔二〕

【注釋】

〔一〕『後』，與《仲弓》『宰夫之後』意通，自謙之詞。

『一』，整理者讀爲『抑』，認爲如《詩·小雅》『抑此皇父』，作發語辭。李旭昇讀爲『一』，即全之意。〔一〕侯乃峰認爲讀爲『一』更可取，具有加强語氣的作用。〔二〕季康子並非真不知如何爲政，此處仍是謙辭，表達全然不知的語氣。

〔一〕李旭昇：《上博五芻議（上）》，簡帛網，2006年2月18日。

〔二〕侯乃峰：《讀簡帛散札》，簡帛網，2006年11月26日。

『民務』，《仲弓》亦有此概念，内容包含喪、祭、行三者。竹書並未解釋『民務』，而是轉而討論君王之大務，但君王之大務應當包含民務在内，孔子答之以『仁之以德』，恰好反映了孔子一貫主張的『爲政以德』的思想。

『唯子之治優』，『刣』在出土文獻中一般讀爲『治』或『貽』，從『肥從有司之後』及『請問君子之從事者於民之上，君子之大務何』來看，孔子與季康子討論的一定是政治問題，故讀爲『治』當更可取。而從『子』這一稱呼來看，肯定是赞歎孔子的爲政能力的，所以『膶』或可從楊澤生讀爲『優』，意爲赞歎孔子爲政能力優秀。另，陳偉認爲後兩字讀爲『貽羞』，與《仲弓》『恐貽吾子羞』意近，『子』乃賓語前置。[一]

『仁之以德』，傳世文獻中無此提法，整理者認爲指要求君王『守德以御己，節己以奉仁，克己復禮，持敬行恕，注重身教』。從後文以『敬成其德以臨民，民望其道而服焉』解釋『仁之以德』來看，『注重身教』確有其據。僅從文法上看，『仁』應當作動詞用，結合傳世文獻，似乎與『仁者愛人』之『愛』相關，『仁之以德』可能指以德愛民。

[二]『執民之中』，『中』即先秦儒家所强調的中庸之道，亦即百姓『日用而不知』的常道。『執民之中』，指君王在施政中要執行合於百姓的中庸常道。

『施教』，整理者讀爲『紖設』，認爲或可讀爲『施教』。孔子在《論語》多次提及施教或者教民思想，如《堯曰》：『不教而殺謂之虐。』《子路》：『曰：「既富矣，又何加焉？」曰：「教之。」』據此，我們認爲

[一] 楊澤生：《〈上博五〉零釋十二則》，簡帛網，2006年3月20日；陳偉：《上博五〈季康子問於孔子〉零識》，簡帛網，2006年2月20日。

簡文讀爲『施教』可取。

『玉其言而慎其行』，『慎』爲整理者所釋讀，意即行爲當謹慎；陳偉讀『慎』爲『石』[一]，禤健聰等讀爲『展』[二]，均指申信於行。《説文・玉部》：『玉，石之美者。』引申爲美飾。『玉其言』，即美飾言論，與孔子强調文飾一致。

『備』，整理者作『防備』『戒備』解，認爲『備言多難』指戒備言多則生禍亂，即《論語・學而》『敏於事而慎於言』之意。李天虹認爲『備言』即《漢書・五行志》『立於淫亂之國，而好盡言以招人過，怨之本也』中的『盡言』，又認爲陳偉信函告知其作『詳言』解亦可。[三]

【今譯】

季康子向孔子問道：『我自從擔任要職以來，完全不知道如何處理民務，而你在爲政上有很好的思考。請問處於民衆之上的君王所要從事的，君王的大務是什麼？』孔子説：『仁之以德，這就是君王的大務。』季康子説：『請問什麼叫仁之以德？』孔子説：『君王在民衆之上，實行合於百姓中庸之道，對百姓實施教化，而百姓不服從於君王的，這是君王的恥辱。因此，君王要言之有信且行爲謹慎，要敬畏道德和修德以統領百姓。民衆敬服君王之道，這就是仁之以德。並且管仲説過：「君王恭敬則事遂，傲慢則會帶來侮辱。詳盡地

[一] 陳偉：《上博五〈季康子問於孔子〉零識》，簡帛網，2006 年 2 月 20 日。
[二] 禤健聰：《上博楚簡（五）零札（一）》，簡帛網，2006 年 2 月 24 日。
[三] 李天虹：《讀〈季康子問於孔子〉札記》，簡帛網，2006 年 2 月 24 日。

言説多有困難……」」

『……矣。』康子曰：『毋乃肥之問也是差乎？故如吾子之疏肥也。』孔子【11B】辭曰：『子之言也已重。丘也聞君子【18A】……』[一]

……者，因古典禮而彰之，毋逆百事，皆請行之。【17】

……焉。安作而乘之，則邦有穫。先人之所善亦善之，先人之所使【12】【亦使之，先人之所□亦□之，先人之所】惡勿使，先人之所廢勿起，然則民遙不善，賕父子弟而再賕[二]【15B】

【注釋】

[一]『問』，整理者讀爲『氏日』，訓爲『糊塗』；陳斯鵬讀爲『問』，是問話、提問的意思。[一] 作『昏』解時，與下文『是差乎』意思不通，故筆者認爲竹簡此字當讀爲『問』。

『差』，整理者讀爲『佐』，即輔佐之意。但從下文『故如吾子之疏肥也』所表達的請求孔子輔助自己之意來看，此處不當提及輔佐，故季旭昇讀爲『差』，意爲差失。[二] 陳斯鵬認爲『左』不必改讀爲『差』，『左』在古代即有悖謬、不合理之意，整句的意思是：難道我的問話真的很不妥嗎？[三]

[一] 陳斯鵬：《讀〈上博竹書（五）〉小記》，簡帛網，2006年4月1日。

[二] 季旭昇：《上博五芻議（上）》，簡帛網，2006年2月18日。

[三] 陳斯鵬：《讀〈上博竹書（五）〉小記》，簡帛網，2006年4月1日。

『疏』，整理者讀爲『足』或『疏』。從下文孔子『辭曰』來看，簡文表達的應該是季康子請孔子疏導自己，故當讀爲『疏』，即引導、疏通、疏導之意。

『重』，整理者讀爲『主』，意爲專行。觀文意，孔子似不會説季康子言語專行，故讀爲『主』不妥。整理者又讀爲『重』。『重』指嚴重，即孔子認爲季康子的話説得嚴重了。

〔二〕『因古典禮』，陳偉讀『古』爲『故』，是舊典、成例之意；他並改釋『典』字爲『册』字，讀爲『迹』，是遵循、效仿之意。〔一〕陳説可備一説。

『乘』，整理者認爲指繼承。此説可從，即《孟子·公孫丑下》『雖有智慧，不如乘勢』的因順之意。

『穫』，原釋文認爲通『籆』，指法度；又指出亦可指收穫。從前面『作而乘之』的繼承，以及下文的『先人之所……』來看，似當取『法度』之説。

『使』，整理者讀爲『變』；陳偉讀爲『弁』，即喜樂之意；李鋭認爲因重新編連後，兩『使』當讀爲同一字，而『先人之所惡勿使』若讀爲『弁』，則文意不暢，故讀爲『使』。〔二〕

『廢』，整理者讀爲『灋』，解釋爲法典。季旭昇疑讀爲『廢』，解釋爲荒廢〔三〕；唐洪志讀爲『廢』，解釋爲廢棄〔四〕。

〔一〕陳偉：《〈季康子問於孔子〉零識（續）》，簡帛網，2006 年 3 月 2 日。

〔二〕陳偉：《〈季康子問於孔子〉零識（續）》，簡帛網，2006 年 3 月 2 日；李鋭：《讀〈季康子問於孔子〉札記》，簡帛研究網，2006 年 3 月 6 日。

〔三〕季旭昇：《上博五芻議（上）》，簡帛網，2006 年 2 月 18 日。

〔四〕唐洪志：《上博簡（五）孔子文獻校理》，華南師範大學碩士學位論文，2007 年，第 17–18 頁。

【今譯】

……季康子說：『難道我所問有所差失嗎？請你疏導我。』孔子推辭說：『你言重了。我聽說君王……』

……因循古時的典禮去彰顯它，不要違逆百事，都要執行……

……則邦國有其法度。先人所稱之爲善也稱之爲善，先人所使用的事物也要使用……先人所廢棄的不要再起用……

【康子曰】：『……寍移肥也。』孔子曰：『丘聞之孟子側曰：「夫書者，以著君子之德也；【06】夫詩也者，以誌君子之志；夫儀者，以謹君子之行也。君子涉之，小人觀之；君子敬成其德，小人晦昧【07】……」』

【注釋】

『寍』，《說文·宀部》：『寍，安也。』指安心於做什麼。

『移』，有變遷之意，在此引申爲賜教。

『孟子側』，整理者讀爲『孟者吳』，認爲『孟者吳』就是晉國的『孟子余』，即字子余的趙衰。李銳讀爲『孟子側』，認爲是孔子所敬的孟子反。〔一〕

〔一〕李銳：《讀〈季康子問於孔子〉札記》，簡帛研究網，2006年3月6日。

『儀』，從李天虹讀法，她認爲這裏可能指記載禮義的文字或文章。〔一〕禮包含了禮義和禮儀兩個方面，若從『謹其行』來看，與行相應的當是具體的禮儀。

『謹』，《説文·言部》：『謹，慎也。』即謹慎、小心之意。就禮儀所具有的『以謹君子之行』來看，讀爲『謹』似乎未能體現禮儀的規範或約束行爲的意義，所以學者對讀爲『謹』存在疑惑。但誠如范常喜所説，『謹』還有約束之意。〔二〕

『涉』，考慮到君子當是踐行道德性。李天虹讀爲『入』。〔三〕實則從《説文·水部》『涉，徒行厲水也』的解釋中可知，『涉』藴含了踐履之意。

『觀』，《説文·見部》：『觀，諦視也。』此處引申爲不參與其中、不踐行德性。僅作觀看。

『晦昧』，整理者讀爲『毋寐』；『小人毋寐』係孔子告誡之言。李天虹讀爲『晦昧』，指懵懂、愚昧。〔四〕簡文是君子與小人對舉，故當從李説。

【今譯】

季康子説：『……安心地教導我。』孔子説：『我聽孟子側説：「書是用來彰著君子的德性的，詩是記載君子的志向的，儀是用來約束君子的行爲的。君子深入其中，小人作壁上觀。君子敬重它而修其德性，小人懵

〔一〕李天虹：《讀〈季康子問於孔子〉札記》，簡帛網，2006 年 2 月 24 日。

〔二〕范常喜：《〈弟子問〉〈季康子問於孔子〉札記三則》，簡帛網，2006 年 8 月 2 日。

〔三〕李天虹：《讀〈季康子問於孔子〉札記》，簡帛網，2006 年 2 月 24 日。

〔四〕同上。

懂昏昧……」』

宋（？）佝。是故夫迫邦甚，難民乃多。[一]　一【11A】田肥，民則安，邪民不鼓（樹）。[二]　是故賢人大於邦而有劬心，[三]　能爲視（？）【18B】……滅速毋恒！災後之世比亂，邦相壞毀，衆必惡善，賢人【22B】……舀事皆得其嚾而强之，則邦有榦動，百姓送之以□□【05】

【注釋】

[一]『難民乃多』，此爲李鋭釋讀。[1]『乃』，於是也。

[二]『鼓』，讀爲『樹』，與《尚書·説命中》『樹后王君公，承以大夫師長』的『樹』字意思相同，是樹立之義。『邪民不樹』，是説邪民無法立足。

[三]『劬』，《説文·力部》：『勞也。』指賢人有願意勞作的心志。

【今譯】

……因此，急附於邦國甚者，則難民就多。做到田地肥沃，則百姓會安居於此，邪民也就不會産生。所以，賢人能爲邦國盡心瘁力，在邦國治理中較爲重要……災難之後社會動亂，邦國之間相互攻擊，民衆討厭善的事物，賢人……

[1] 李鋭：《讀〈季康子問於孔子〉札記》，簡帛研究網，2006年3月6日。

【康子曰】：『……也，葛戠今語肥也，以處邦家之述（術）曰：「君子不可以不不強，不強則不立【08】……不威，不威則民狎之。毋信予曾，因邦之所賢而興之。大罪殺【21】之，臧罪刑之，小罪罰之。苟能固戰（守）【22A】而行之，民必服矣。」吾子以此言爲奚如？』[一] 孔子曰：『由丘觀之，則美【13】言也已。且夫戠今之先人，世三代之傳史，豈敢不以其先人之傳等（志）告。』康子曰：『然其屬人亦曰：「古之爲【14】邦者必以此。」』孔子曰：『言則美矣。然【15A】異於丘之所聞。丘聞之臧文仲有言曰：「君子強則遺，威則民不【09】導，逾則失衆，猛則無親，好刑則不祥，好殺則作亂。」是故，賢人之居邦家也，夙興夜寐，【10】降（？）耑（？）以庀，民之勞（？）美弃惡毋歸，慎小以合大，疏言而密守之。[二] 毋欽（？）遠，毋詣（？）逐。惡人勿陷，好【19】人勿貴，救民以辟，大罪則赦之以刑，臧罪則赦之以罰，小則訿之。凡欲勿棠（？），凡失勿危（？），各【20】當其曲以成之，然則邦平而民擾矣。此君子從事者之所商[illegible]也。』[三]【23】

【注釋】

[一]『葛戠今』，整理者讀爲『蒙戠今』，認爲『戠今』乃人之姓名，並指出『蒙』或讀爲『縈』，從上讀。陳劍讀爲『葛戠今』[一]，認爲係姓名的詞組。

『述』，整理者認爲此字亦可通『術』。簡文以治道爲主題，討論的是具體的爲政之方，故直接讀爲

[一] 陳劍：《談談〈上博（五）〉的竹簡分篇、拼合與編聯問題》，簡帛網，2006年2月19日。

『術』更可取。

『威』，整理者讀爲『悓』。季旭昇讀爲『畏』，並提出與前面的『君子不可以不强，不强則不立』相應，這裏也應該有『□威，□威則民……』。侯乃峰讀爲『不威，不威則民……』。〔一〕從句式上看，侯説較可取。

『狎』，整理者讀爲『然』，馮勝君讀爲『狎』〔二〕。狎，《説文·犬部》：『狎，犬可習也。』此處指狎侮之意。

『予曾』，陳劍讀爲『玄曾』，范常喜讀爲『玄繒』，指祭品。范常喜認爲整句的意思是，不必相信玄繒等祭品。〔三〕范説可備一説，其義待考。

『臧罪』，季旭昇讀爲『常罪』，指一般的罪行；孟蓬生讀爲『中罪』。〔四〕簡文區分了三種罪行，臧罪是介於大罪和小罪之間者，暫從季説。

『吾子』，整理者讀爲『故子』，李鋭疑讀爲『吾子』，冀小軍讀爲『則』〔五〕。上博書在兩者對話中多處使

〔一〕季旭昇：《上博五芻議（上）》，簡帛網，2006年2月18日；侯乃峰：《上博楚簡儒學文獻校理》，上海古籍出版社2018年版，第244頁。

〔二〕馮勝君：《讀簡隨記（二題）》，中國古文字研究會、復旦大學出土文獻與古文字研究中心編：《古文字研究》第三十輯，中華書局2014年版，第332—333頁。

〔三〕陳劍：《談談〈上博（五）〉的竹簡分篇、拼合與編聯問題》，簡帛網，2006年2月19日；范常喜：《〈弟子問〉〈季康子問於孔子〉札記三則》，簡帛網，2006年8月2日。

〔四〕季旭昇：《上博五芻議（上）》，簡帛網，2006年2月18日；孟蓬生：《上博簡『臧罪』音釋——談魚通轉例説之六》，復旦大學出土文獻與古文字研究中心網，2012年10月4日。

〔五〕李鋭：《讀〈季康子問於孔子〉札記》，簡帛研究網，2006年3月6日；冀小軍：《〈季康子問於孔子〉補説》，簡帛網，2006年6月26日。

用『吾子』，以表示對對方的尊敬或徵求對方意見，如《季康子問於孔子》第11號簡即用『吾子』，故讀爲『吾子』更可取。

［二］『等』，原釋文意思不明，陳劍讀爲『志』，文意順暢，具體指志向。〔一〕『囑』，竹簡原字作『主』，整理者讀爲『主』，認爲後面所言乃葛戱今的主人所説。但從整段對話來看，孔子和季康子均衹涉及葛戱今本人，故此處讀爲『主』顯得有些突兀，不如李鋭讀爲『囑』通順。其意爲葛戱今告誡他人。〔二〕

『降端以庀』，『降耑』二字釋讀待考。『比』，從陳劍讀爲『庀』〔三〕，訓爲『治』《集韻》。『傍』，整理者讀爲『勸』，季旭昇讀爲『辯』，單育辰暫讀爲『逆』，禤健聰讀爲『播』。〔四〕諸家的解釋未知孰是，但可以看出都是積極肯定應當推崇美。這與孔子所講的『賢人處邦家之術』顯然一致。

［三］『逐』，整理者讀爲『移』，季旭昇認爲『逐』指被放逐的人，他還指出『毋欽遠，毋詣遂』的意此種解釋頗爲突兀，不如陳劍讀爲『歸』。〔五〕『棄惡毋歸』，指拋棄自身之惡而毋使再現此惡。『毋歸』，整理者讀爲『毋適』，『適』即責備之意，整句話的意思是要拋棄自身之惡，但又不當責備之。

〔一〕 陳劍：《談談〈上博（五）〉的竹簡分篇、拼合與編聯問題》，簡帛網，2006年2月19日。
〔二〕 李鋭：《讀〈季康子問於孔子〉札記》，簡帛研究網，2006年3月6日。
〔三〕 陳劍：《談談〈上博（五）〉的竹簡分篇、拼合與編聯問題》，簡帛網，2006年2月19日。
〔四〕 季旭昇：《上博五芻議（上）》，簡帛網，2006年2月18日；單育辰：《上博五短札（三則）》，簡帛網，2006年4月30日；禤健聰：《上博楚簡（五）零札（二）》，簡帛網，2006年2月26日。
〔五〕 陳劍：《談談〈上博（五）〉的竹簡分篇、拼合與編聯問題》，簡帛網，2006年2月19日。

思是，不要去羡慕那些遠方的，不要去拜訪那些被放逐的。[一]「陷」，整理者讀爲「戕」，指殺害、傷害。劉國勝讀爲「陷」，是陷害之義。冀小軍認爲讀「陷」可取，但應改訓爲「没」，即埋没之義，並認爲「惡人毋陷」的意思是，不要因討厭某人而使他埋没。[二]「貴」，冀小軍認爲即「尊貴」之義，「好人毋貴」指不要因喜歡某人而使他尊貴。[三]「辟」，原釋文讀爲「親」，文義不明。季旭昇讀爲「辟」，意爲「刑法」。[四] 辟，《説文・辟部》：「法也。從卩從辛，節制其辠也；從口，用法者也。」這與下文提及的對罪之處罰正相一致。「赦」，整理者讀爲「處」，但觀文意，上文引出葛戲今的觀點是以威嚴治國，而孔子的觀點則是與之有别的德治，故「處」當另外釋讀。陳劍讀爲「赦」[五]，與《仲弓》「宥過與罪」之説相近，與本篇簡文孔子主張寬政一致。

「曲」，陳劍認爲：「「曲」即「委曲」之「曲」，舊注訓爲「事」「小事」「小小之事」等，在此指各種詳細具體的情况。」[六]

[一] 劉國勝：《上博（五）零札六則》，簡帛網，2006 年 3 月 31 日；冀小軍：《〈季康子問於孔子〉補説》，簡帛網，2006 年 6 月 26 日。
[二] 季旭昇：《上博五芻議（上）》，簡帛網，2006 年 2 月 18 日。
[三] 冀小軍：《〈季康子問於孔子〉補説》，簡帛網，2006 年 6 月 26 日。
[四] 季旭昇：《上博五芻議（上）》，簡帛網，2006 年 2 月 18 日。
[五] 陳劍：《談談〈上博（五）〉的竹簡分篇、拼合與編聯問題》，簡帛網，2006 年 2 月 19 日。
[六] 同上。

『擾』，整理者讀爲『順』，陳劍讀爲『擾』[一]，並認爲指馴也、柔服也之意。解釋爲『柔服』頗通順，即《周禮·地官·大司徒》中『以佐王安擾邦國』的安撫之意。

【今譯】

季康子說：『……葛戲今傳授給我的安邦治國之術是這樣的：君王不可以不强，不强則無法確立威嚴和地位……没有威嚴則民不尊重君王。不必相信玄繒等祭品，要振興邦國所崇尚的事物。大罪處以死刑，臧罪處以刑罰，小罪要處罰之。真能固守上述原則，百姓必定會聽從了。你覺得這種治國安邦的觀念如何？』孔子說：『在我看來，這種觀念比較完美了。並且葛戲今的先祖三代都是傳史之人，怎麼敢不將其先祖的思想觀念傳授給你。』季康子說：『的確如此。他告誡我時也說：古代人就是如此治國安邦的。』孔子說：『說起來的確較完美了，但我所聽説的治國安邦之道却與之有别。我聽聞臧文仲曾説過：「君王以强治國則邦國將崩塌，以威權治國則民衆不被引領，以嚴苛治國則民衆離散，以勇猛治國則没有親近者，喜好刑罰則引發不祥，喜好殺戮則民衆會作亂。」所以賢人治理邦國，盡心盡力……民衆會如揚善棄惡一樣歸來……不因討厭某人使他埋没，也不因喜歡某人而使他尊榮。要用刑法來拯救人民。大罪用刑罰來赦免之，臧罪用處罰來赦免之，小罪則用罰錢來赦免之。不要放縱欲望，凡有過失不要詭言欺詐以求遮掩，因事物之不同而成就它，然後可以實現邦國大治而民衆馴服。這就是君王治國安邦。』

[一] 陳劍：《談談〈上博（五）〉的竹簡分篇、拼合與編聯問題》，簡帛網，2006 年 2 月 19 日。

【思想】

簡文雖有殘缺，但主題比較明確。簡文記載的是季康子與孔子討論爲政的問題，涉及民務、仁之以德和爲政究竟應當嚴還是寬等方面。並且在討論上述問題時，引出了當時二人均熟知其觀點的葛戠今的爲政思想。

關於『民務』，《論語》没有明確使用這一概念。由季康子與孔子的對話可知，『民務』指的是『治民之大務』。在孔子看來，『治民之大務』就是做到『仁之以德』。實際上，孔子並未討論『民務』的内容，而是給出了一個總的原則，也就引出了竹書討論的第二個主題『仁之以德』。『仁之以德』同樣不見於今本《論語》，依簡文之意，『仁之以德』指的是君王通過自身的道德修養使得民衆歸服於己。從這一解釋來看，雖然《論語》並無『仁之以德』的概念，但其思想却多見於《論語》。《論語·顔淵》：『季康子問政於孔子，孔子對曰：「政者，正也，子帥以正，孰敢不正！」』孔子主張，所謂『爲政』實際上就是爲政者自身之正，通過自身之正就可以實現天下悉歸於正。這一思想，與《季康子問於孔子》的『仁之以德』是一致的。提到『民務』，上博竹書《仲弓》也有論及。《仲弓》認爲民務包含祭祀、喪禮、行（學、教）三個方面。在《仲弓》中，孔子對『民務』的解釋是有實質内容的，討論的主體是民。這與《季康子問於孔子》之以君王（爲政者）爲主體，是不同的。不過，《季康子問於孔子》對民務的解釋仍與《仲弓》有一致處，即强調要『施教於民』，也就是《仲弓》的『一日以善立，所學皆終。一日以不善立，所學皆崩，可不慎乎？』的『行』。

在對『民務』的探討中，簡文後半部分討論了爲政應該寬還是嚴的問題，並且引出了葛戠今的政治觀念。葛戱今認爲爲政應當嚴守法律，强調爲政當嚴，且强調以法律的威嚴來征服民衆。並且在葛戱今看來，其爲政的目的在於統攝、威懾百姓。在一定意義上，葛戱今的政治思想可以稱之爲『威權政治』。然而孔子反對葛戱今的『威權政治』思想，批評這種從嚴爲政會産生不良的效果，認爲應當以德來征服民衆，主張以寬赦民衆罪過來治理國家。當然，孔子主張寬赦民衆罪過是有前提的，必須以『德教不緩』爲前提。孔子在闡述其『爲政從寬』的思想時，提出了區分罪行的大罪、藏罪、小罪。這一提法在《論語》中没有出現，頗有理論意義。總之，簡文體現了孔子一貫主張的德優刑劣、德主刑輔的爲政思想。從思想史研究的意義上講，《季康子問於孔子》最爲重要的思想史意義在於，其對孔子爲政思想的豐富：其一，提出了『民務』『仁之以德』等不見於《論語》的政治思想的概念或觀點；其二，進一步深化了對『爲政以德』的認識，尤其是在罪行的劃分及其刑罰上更見孔子的『爲政從寬』的德治思想。

君子爲禮

【簡介】

本篇竹書選自馬承源主編《上海博物館藏戰國楚竹書（五）》（上海古籍出版社 2005 年版），原整理者和釋文注釋者爲張光裕先生。竹書圖版見是書第 79—96 頁，釋文注釋見是書第 251—264 頁。《君子爲禮》與《弟子問》都記載了孔子及其弟子的答問，整理者以爲其間殘缺較多，難以依序編連，故整理者據竹簡契口位置、文字書寫風格及特徵等將其分爲兩篇。《君子爲禮》原有十六支簡，其中第 3 號簡爲完簡，長五十四點五釐米，第1號簡文字雖全，但下端略殘，長五十四點一釐米，其餘全是斷簡。

釋文公布後，學者就兩篇竹書中竹簡的歸屬和編連作出了較多調整。陳劍提出第1—3號簡之後接第9號簡，第4號簡也可能當次於第9號簡之後。第11、15、13、16、14、12號簡可拼合、連讀。[一] 陳偉提出第9號簡上下兩段不應綴合，宜分成A、B兩段，第4號簡在兩段之間。9A很可能原本與4號簡屬於同一枚，9B的内容大致接在第4號簡之後，因而它應該是編在9A+4號簡之後的一枚。[二] 經過上述調整後，目前可整理出四個意義單元。本書吸納了這些意見，並且認爲，《君子爲禮》第5、6、7、8號簡在用字習慣和書寫風格上不僅與是篇其他簡有比較顯著的不同，而且與《弟子問》篇也不同，可能是另外一篇竹書的散簡錯置於此。第10號簡應歸入《弟子問》篇。從内容來看，《君子爲禮》對於考察先秦儒學有一定的參考價值。

本注譯所用簡序和釋文，以原整理者張光裕的成果爲基礎，同時吸納了陳劍、陳偉、何有祖、廖名春、侯乃峰等學者的意見。

顔淵侍於夫子，夫子曰：『回，君子爲禮，以依於仁。』[一] 顔淵作而答曰：『回不敏，弗能少居也。』夫子曰：『坐，吾語汝。言之而不義，【01】 口勿言也；視之而不義，目勿視也；聽之而不義，耳勿聽也；動而不義，身毋動焉。』顔淵退，數日不出，□□□□□【問】[三]【02】 之曰：『吾子何其膳（遲）也？』曰：『然，吾新聞言於夫子，欲行之不能，欲去之而不可，吾是以膳（遲）也。』[三]【03~】

〔一〕 陳劍：《談談〈上博（五）〉的竹簡分篇、拼合與編聯問題》，簡帛網，2006年2月19日。

〔二〕 陳偉：《〈君子爲禮〉9號簡的綴合問題》，簡帛網，2006年3月6日。

【注釋】

〔一〕顔淵，名回，《史記·仲尼弟子列傳》：『顔回者，魯人也，字子淵，少孔子三十歲。』『侍』，侍坐。『夫子』，孔子弟子對孔子的敬稱。

『君子爲禮，以依於仁』，『爲』，行也；『依』，循順也。《論語·顔淵》：『顔淵問仁，子曰：「克己復禮爲仁。一日克己復禮，天下歸仁焉。爲仁由己，而由人乎哉？」』

〔二〕『作』，起立。《論語·子罕》：『子見齊衰者、冕衣裳者與瞽者，見之，雖少，必作。』何晏《集解》：『包曰：「作，起也。」』下文孔子言『坐』，承顔淵『作』而言。

『言之而不義』下數句，參見《論語·顔淵》篇：『非禮勿視，非禮勿聽，非禮勿言，非禮勿動。』竹書以『義』爲關鍵詞，而《論語》以『禮』爲關鍵詞。義節於内，禮制於外，《論語·衛靈公》：『君子義以爲質，禮以行之。』

第2號簡末約殘七字，整理者在最末補一『問』字，陳劍以爲『「問」字上殘去的兩字當是「門人」或「弟子」』〔二〕，而此提問者也可能是孔子。〔三〕

〔二〕陳劍：《談談〈上博（五）〉的竹簡分篇、拼合與編聯問題》，簡帛網，2006年2月19日。

〔三〕顔淵說『新聞言於夫子』，此『夫子』可能是顔淵對孔子的稱呼，如《論語·先進》曾皙問孔子曰：『夫子何哂由也？』亦是當面與孔子對話而稱之爲夫子之例。因而，『吾子何其』之『問』未必是門人或弟子所發，也可能是『夫子問』。

［三］『脻』，疑讀爲『遲』。〔二〕《説文·車部》：『羞，連車也。一曰却車抵堂爲羞。從車，差省聲，讀若遲。』遲即遲。脻，從月差聲，當亦可讀若『遲日曠久』（《商君書·君臣》）的『遲』。顔淵數日不出，問者對其遲久不出感到疑惑，故問『吾子何其遲也』。

【今譯】

顔淵侍坐於孔子，孔子説：『回，君子行禮，以依循於仁。』顔淵站起來回答説：『顔回不敏捷，不能片刻居處。』孔子説：『坐，我跟你説。不義的言辭，口不要説；不義的望視，眼睛不要看；不義的聲音，耳朵不要聽；不義的動作，身體不要動。』顔淵退，多日不出門……『你怎麼這麼遲久（不出門）呀？』（顔淵）説：『是啊，我新近聽聞了夫子説的話，想要行之而不能，想要放棄它又做不到，所以遲久（不出門）了。』

顔淵侍於夫子，夫子曰：【03】『回，獨知，人所惡也；獨貴，人所惡也；獨富，人所惡【09A】【也。』顔】淵起，過席曰：『敢問何謂也？』〔一〕夫子〖曰〗：『知而比，信斯，人欲其【04】□【知】也；〔二〕貴而能讓，【信】斯，人欲其長貴也；富而【分賤，信斯，人欲其大富也】……〔三〕【09B】

【注釋】

［一］第9號簡上下兩段不應綴合，宜分成A、B兩段，第4號簡在兩段之間。9A很可能原本與4號簡

〔一〕整理者讀爲懶惰之『惰』，陳劍讀爲瘠瘦之『瘠』。參見張光裕釋文注釋：《君子爲禮》，馬承源主編：《上海博物館藏戰國楚竹書（五）》，上海古籍出版社2005年版，第256頁；陳劍：《談談〈上博（五）〉的竹簡分篇、拼合與編聯問題》，簡帛網，2006年2月19日。

屬於同一枚。9A是這枚簡的上半部分，4號簡是其下半部分，二者相綴合，其間尚缺約二字。據上下文，可補「也顏」二字。〔一〕

「過」〔二〕，《説文・辵部》：「過，度也。」又云：「越，度也。」過席猶越席。《禮記・仲尼燕居》三見「子貢越席而對曰：「敢問……」」

〔二〕「夫子」，此二字後疑脱一「曰」字〔三〕。

「比」〔四〕，郭店簡《成之聞之》第16—18號簡：「故君子不貴庶物，而貴與民有同也。智而比即，則民欲其智之述（遂）也。富而分賤，則民欲其富之大也。貴而能讓，則民欲其貴之上也。」本簡「知而比」，即「知而比即」。「比即」，疑讀爲「比脊」〔五〕。《毛詩・小雅・正月》「有倫有脊」，毛《傳》云：「倫，道也；脊，理也。」《左傳・昭公二十八年》「擇善而從之曰比」，「比」可理解爲擇理而從。「知而比」，與獨知對

〔一〕陳偉：《〈君子爲禮〉9號簡的綴合問題》，簡帛網，2006年3月6日。

〔二〕該字整理者釋作「逾」，周波以爲恐是「迲」之誤釋，讀爲「去」。黄人二疑該字從辵、從口，化聲，讀爲「下」。分別參見侯乃峰：《上博楚簡儒學文獻校理》，上海古籍出版社2018年版，第247頁；黄人二：《上博藏簡（五）〈君子爲禮〉與〈弟子問〉試釋——兼論本篇篇名爲〈論語弟子問〉與〈論語〉之形成和主要編輯時間》，見氏著：《戰國楚簡研究》，上海古籍出版社2012年版，第293頁。按：黄説可從，從化與從咼可通，疑讀爲「過」。

〔三〕第1號簡孔子針對顔淵的話作答，「夫子曰」之「曰」字，字形很小，寫在邊上，不占據字位，顯然是當初寫漏掉，後來補上去的。疑本簡「夫子」後也可能漏掉一「曰」字。參見周波：《上博五札記（三則）》，簡帛網，2006年2月26日。

〔四〕該字簡文已漫漶不清，整理者未釋，學者釋作「[比/心]」，讀爲「比」。參見禤健聰：《上博楚簡（五）零札》（二），簡帛網，2006年2月26日。

〔五〕《毛詩・小雅・常棣》「脊令在原」，陸德明《釋文》：「脊，亦作即，又作鵖。」

言，獨知當意爲孤陋寡聞，限於一己之知。「斯」，王引之《經傳釋詞》：「斯，猶然也。」[二]9B的内容大致接在第4號簡之後，因而它應該是編在9A＋4號簡之後的另一支簡。其在簡冊中的上下位置，依字數估計，應是處於上部，但簡首已殘去約二字。據上下文可補「□智」[三]。[三] 9B爲一支簡上段，則其下仍殘二十多字，可據郭店簡《成之聞之》篇補「分賤信斯人欲其大富也」十字。

【今譯】

顏淵侍坐於孔子，孔子說：「回，獨求知識，是人所厭惡的；獨享尊貴，是人所厭惡的；獨據財富，是人所厭惡的。」顏淵站起來，走過坐席說：「請問這是說的什麽？」孔子說：「博知並擇其善者而從，真能如此，人想要他【□□知識】；貴而能讓賢，【真能】如此，人想要他長久尊貴；富而能【以財分賤，真能如此，人想要他大富。」……】

行〔子〕人子羽問於子貢曰：「仲尼與吾子產孰賢？」子貢曰：「夫子治十室之邑亦樂，治萬室之邦亦樂。然則【二】」[一]……

〔二〕［清］王引之：《經傳釋詞》，江蘇古籍出版社2000年版，第77頁。

〔三〕陳偉：《〈君子爲禮〉9號簡的綴合問題》，簡帛網，2006年3月6日。

『嘻！與禹孰賢？』子貢曰：『禹治天下之川，[15]□以爲己名。夫[13]子治詩書[16]□亦以己名，然則賢於禹也。』[三]『與舜[14]孰賢？』子貢曰：舜君天下，□□□□□□□□□□□□□□□□□□□□□[12]

【注釋】

〔一〕『行子人子羽』[三]，『行』字，從陳劍釋文，原整理者釋爲『非』；『人』字上的『子』字，衍文。[三]行人子羽，鄭國人，與子産同侍鄭簡公。

『孰賢』，先秦常見這類比較兩人誰更賢的對話，如『師與商也孰賢』（《論語·先進》）、『吾子與子路孰賢』『吾子與管仲孰賢』（《孟子·公孫丑上》）等。

〔二〕這段比較禹和孔子孰賢的内容，大意是禹治水平土，有功烈於後世，故以功業爲己名。孔子治詩書，雖無功業，但發明詩書之道，並將此道修之於身，以成其德，孔子可謂以己之道與德名。以三不朽論之，則德優於功，故謂孔子賢於禹。

【今譯】

行人子羽問子貢説：『仲尼與子産哪個更賢？』子貢説：『孔子治理十室的小邑也樂，治理萬室的大邦也

〔一〕參見陳劍：《談談〈上博（五）〉的竹簡分篇、拼合與編聯問題》，簡帛網，2006年2月19日。

〔三〕整理者據《孔子家語·子路初見》『澹臺子羽』，以爲是孔子弟子澹臺滅明，字子羽。張光裕釋文注釋：《君子爲禮》，馬承源主編：《上海博物館藏戰國楚竹書（五）》，上海古籍出版社2005年版，第261頁。

樂。那麽【比子産更賢】。』『嘻，與禹哪個更賢？』子貢説：『禹治理天下之川流，以成其聲名；孔子治詩書，也以成其聲名，那麽比禹更賢。』『與舜哪個更賢？』子貢説：『舜君臨天下……』

好。凡色，毋憂，毋佻，毋作（怍），毋撓。[一] 毋【05】正見，毋側睼（睇）。凡目，勿遊（流），定見（視）是求。[二] 毋欽（唫）毋去（呿），聲之疾徐，稱其衆寡。[三]【06】□□□磪而秀。肩毋癹（拔）、毋傾，[四] 身毋躳（軀）、毋倩（黖），[五] 行毋蹶、毋摇，[六] 足毋卑、毋高。其在【07】庭則欲齊齊，其在堂則……[七]【08】

【注釋】

[一]『色』，謂面容之色。郭店簡《成之聞之》第24號簡：『形於中，發於色。』《孟子・盡心上》：『君子所性，仁義禮智根於心。其生色也，睟然見於面。』

『憂』，謂憂色。

『佻』，《爾雅・釋言》：『佻，偷也。』謂偷薄輕佻。

『作』，疑讀爲『怍』。[二]《管子・弟子職》『顔色毋怍』尹知章《注》：『謂變其容貌。』《禮記・曲禮上》『容毋怍』鄭玄《注》：『怍，顔色變也。』

[二] 張光裕釋文注釋：《君子爲禮》，馬承源主編：《上海博物館藏戰國楚竹書（五）》，上海古籍出版社2005年版，第257頁。

『毋撓』〔一〕，『撓』爲膽怯貌，如『不色撓』（《孟子・公孫丑上》）、『不膚撓』（《韓非子・顯學》）等。

〔二〕『毋正見』〔二〕，謂不要直視人之面。《禮記・曲禮》：『天子視不上於袷，不下於帶；國君綏視，大夫衡視，士視五步。凡視：上於面則敖，下於帶則憂，傾則姦。』該段可與《左傳・昭公十一年》叔向論單子視下言徐相發明。正訓『平』『直』，正視則上於面，視上於面則傲，故毋正視。

『毋側眱』，『眱』即『睇』字〔三〕，《禮記・内則》云不敢『睇視』，鄭玄《注》：『睇，傾視也。』『側』，旁也、傾也。從上引《曲禮》文可知，視綫不上於袷，不下於帶，左右則不過所視之人，過則爲傾，『傾則姦』，故毋側眱。

『勿遊』，『遊』讀爲『流』。《左傳・成公六年》：『（鄭伯）視流而行速，不安其位。』『視流』即指視綫流移不定。

『定見』，『見』當爲『視』字〔四〕，二字形近易混。上博六《天子建州》云『士視目恒』，恒與定同義，皆謂視時目定止有常，不可轉動不定。《國語・周語下》：『視無還，端也。』韋昭《注》：『睛轉復反爲還。』

〔三〕『毋欽毋去』，讀爲『毋唫毋呿』〔五〕。《呂氏春秋・重言》『君呿而不唫』高誘《注》：『呿，開；

〔一〕『撓』，原字從言從采，在郭店簡《性自命出》第24號簡中用作『歌謡』之『謡』。整理者讀爲『搖』，唐洪志讀爲『慆』，范麗梅讀爲『撓』。參見唐洪志：《上博五孔子文獻校理》，華南師範大學碩士學位論文，2007年，第37頁；范麗梅：《楚簡文字零釋》，復旦大學出土文獻與古文字研究中心網，2010年7月21日。

〔二〕『正』，或釋作『免』，讀爲『俛』或『眄』。陳斯鵬：《讀〈上博竹書（五）〉小記》，簡帛網，2006年4月1日。

〔三〕參見何有祖：《上博五〈君子爲禮〉試讀》，簡帛網，2006年2月19日。

〔四〕季旭昇：《上博五芻議（下）》，簡帛網，2006年2月18日。

〔五〕此陳劍説，參見侯乃峰：《上博楚簡儒學文獻校理》，上海古籍出版社2018年版，第252頁。

唫，閉。」此開口、閉口爲發聲之法，與聲音大小相關。

「聲之疾徐」，講話發聲的快慢節奏。

「稱其衆寡」，「稱」謂相稱，與聽衆多寡相稱。

〔四〕「肩毋豋」，「豋」學者多讀爲「發」或「廢」[一]，疑讀爲「拔」[二]。《史記・樂書》「奮疾而不拔」，張守節《正義》：「拔，傾側也。」

「毋傾」[三]，傾猶側也。《楚辭・哀時命》：「肩傾側而不容兮。」通言之，毋拔、毋傾都有傾側義。細言之，「拔」謂拔高、拔起，「毋拔」當指「肩不下上」（《新書・容經・行容》）。「傾」謂傾斜，「毋傾」當指左右肩不平，《新書・容經・立容》云「平肩正背」。

〔五〕「躳」，疑讀爲「軀」。[四]《廣韻》：「軀，身向前也。」《集韻》：「軀，曲身也。」《淮南子・繆稱訓》：「身曲而景直者，未之聞也。」又云：「正身直行，衆邪自息。」

「倩」，疑讀爲「黥」。[五] 東夷有用丹青文身之俗，《禮記・王制》：「東方曰夷，被髮文身。」孔穎達

〔一〕參見侯乃峰：《上博楚簡儒學文獻校理》，上海古籍出版社 2018 年版，第 252 頁。

〔二〕從犮與從發聲的字相通，參見高亨纂著，董治安整理：《古字通假會典》，齊魯書社 1989 年版，第 652—653 頁。

〔三〕「傾」，原字從厂從同，陳劍讀爲「傾」。參見侯乃峰：《上博楚簡儒學文獻校理》，上海古籍出版社 2018 年版，第 252 頁。

〔四〕學者多從整理者讀爲偃伏之「偃」。參見張光裕釋文注釋：《君子爲禮》，馬承源主編：《上海博物館藏戰國楚竹書（五）》，上海古籍出版社 2005 年版，第 259 頁。

〔五〕整理者讀爲「靜」，蘇建洲讀爲傾側之「傾」，侯乃峰讀爲「岑」。參見侯乃峰：《上博楚簡儒學文獻校理》，上海古籍出版社 2018 年版，第 253 頁；蘇建洲：《〈君子爲禮〉簡七字詞考釋二則》，復旦大學出土文獻與古文字研究中心網，2009 年 11 月 26 日。

《疏》：『越俗斷髮文身，以辟蛟龍之害，故刻其肌，以丹青涅之。』『身毋黥』即不要文身，使身青黑。《後漢書·東夷傳·倭》：『男子皆黥面文身，以其文左右大小别尊卑之差。』

〔六〕『行毋蹶』，《禮記·曲禮》：『衣毋撥，足毋蹶。』鄭玄《注》：『蹶，行遽貌。』孫希旦《集解》：『足毋蹶者，謂勿得行遽，恐有蹶蹪之貌也。……趨走則衣易撥開，行易卒遽，毋撥毋蹶，皆爲其失容也。』『毋摇』，《新書·容經·行容》：『行以微磬之容，臂不摇掉，肩不下上，身似不則，從容而任。』『毋摇』即『臂不摇掉』。

〔七〕第7號簡是由兩段殘簡拼合而成的，拼合位置在原釋『高』的那個字中間，『高』字的撇筆向下運筆角度不一致，這個拼合可能不正確。可將第7號簡還原爲7A、7B兩段，7B（□其才）與8號簡密接，長度大約是第3契口到簡尾的距離。7A有可能是這支簡的上部，也可能屬於另一支簡。〔一〕按：第5、6、7、8號簡可能並不屬於《君子爲禮》篇，故不宜直接據《君子爲禮》篇的編繩位置來討論，暫從整理者説。

【今譯】

好。凡面色，不要憂愁，不要輕佻，不要變其容貌，不要怯懼。不要正視人之面，不要側視於人外。凡目容，視綫不要流移不定，追求定視。當衆言説，不張大口，不閉口，發聲快慢，與聽者人數多寡相稱。……而秀。肩容，不要上下聳動，不要左右不平。身容，不要彎曲，不要黥紋。行容，不要疾行僕倒，不要兩臂摇擺。足容，不要過低，不要過高。在庭就想要濟濟，在堂就……

〔一〕劉洪濤：《談上海博物館藏戰國竹書〈君子爲禮〉的拼合問題》，簡帛網，2006年9月6日。

昔者仲尼箴徒三人，弟徒五人，摶犛之徒【10】

【注釋】

本簡内容有可能與《弟子問》第18號簡連讀。〔一〕「之徒」下疑接「七人」二字。

【今譯】

以前仲尼有能諫諍之徒三人，堪稱愷悌君子而爲民父母之徒五人，能聚民成邑、治理邦政之徒。

【思想】

本篇竹書主要包含四個難以相連的意義單元，内容涉及君子如何處理仁與禮的關係、獨智獨富獨貴的問題、孔子與先賢的比較和禮容。其一，在孔子向顔淵解釋「君子爲禮，以依於仁」的對話中，强調了視、聽、言、動要以義爲準的思想。與《論語·顔淵》首章相比照，可以發現，兩段對話雖然都是孔子和顔淵討論君子如何處理仁與禮的關係問題，但是它們的表述有兩點重要的不同。一方面，《論語·顔淵》首章的中心論題是「克己復禮爲仁」，而本篇竹書則是「君子爲禮，以依於仁」。另一方面，《論語·顔淵》首章强調「非禮」勿視、勿聽、勿言、勿動，而本篇竹書視、聽、言、動的尺度是「義」。因而《論語·顔淵》首章

〔一〕參見夏世華：《楚簡中的孔門出處之義——以〈君子爲禮〉〈弟子問〉爲例》，丁四新主編：《楚地簡帛思想研究》第六輯，岳麓書社2015年版。

是要討論己、禮、仁三者之間的關係，而本篇竹書則是討論仁、義、禮之間的關係。雖然兩者都關乎先秦儒學如何處理好惡之善惡的問題，但是《論語》可能更多强調禮的作用，而本篇竹書可能更多强調義的作用。其二，在君子如何對待智、富、貴的態度上，本篇竹書强調了智而合理、貴而能讓、富而能分的思想，以反對獨智、獨貴、獨富，這還是義利之辨的問題，在智、富、貴這幾樣關乎人生存的要素上，突出義理的重要性。其三，子羽與子貢的對話，將孔子與往聖先賢對比，而試圖説明孔子是度越前人的聖人，聖化孔子的傾向頗爲明顯，這大概發生在孔子離世以後。《孟子·公孫丑上》：『宰我、子貢、有若智足以知聖人，汙不至阿其所好。宰我曰：「以予觀於夫子，賢於堯舜遠矣。」子貢曰：「見其禮而知其政，聞其樂而知其德。由百世之後，等百世之王，莫之能違也。自生民以來，未有夫子也。」有若曰：「豈惟民哉？麒麟之於走獸，鳳凰之於飛鳥，太山之於丘垤，河海之於行潦，類也。聖人之於民，亦類也。出於其類，拔乎其萃，自生民以來，未有盛於孔子也。」』可以與竹簡的對話相互參照。其四，本篇竹書關於色、視、聲、肩、身、行等方面禮容的具體規定，可以和賈誼《新書·容經》的相關内容互相參證。

弟子問

【簡介】

本篇竹書選自馬承源主編《上海博物館藏戰國楚竹書（五）》（上海古籍出版社2005年版），原整理者和釋文注釋者都是張光裕先生。竹書圖版見是書第99—123頁，釋文注釋見是書第265—283頁。竹書原無篇題，係整理者根據竹書所涉對話内容擬定的。本篇竹書現存竹簡二十五支，其中附簡一支，無完簡。

本篇竹書主要記載了孔子與其弟子的對話，記載了孔子與子貢、宰我、顏回等人的問答，涉及的問題較廣，包括對延陵季子的評價及天民關係、居喪期的飲食和君子之道等問題。與同屬上博館藏竹書的其他孔子類竹書不同，此篇竹書的每一段對話均較短，在文本上更加接近於《論語》，對於研究《論語》的成書具有重要意義。

本篇竹書的文字殘缺嚴重，編連和釋讀均存在較多值得商榷之處，陳劍、何有祖、梁靜和侯乃峰等學者對此作了重新編連，簡文已有一定的可讀性。關於《弟子問》的編連，主要有以下觀點：

陳劍：2+1、7+8、11+24、12+15、17+20，簡4可能接在簡20後；簡18、22分别謂入《君子爲禮》的簡10、12之後。

梁靜：(2+1)、(7+8)、22、19、10、(17+20)—4、15—21、11、13—12、6—9、3、5、14、16、18、23、24。他指出，簡[2+1]、[7+8]、22與子貢有關，簡19、10、[17+20]前半段與子路有關，簡[17+20]後半段、4、15、21，是孔子與顏回、子游的對話，簡11、13、12有關君子，簡6、9、3、5、14、16、18、23、24主題不一，次序難定。

侯乃峰：2+1、7+8、5+13、12+15、16、6—9、10—17+20—4、21、附簡、11+24—港簡7、14、18、19、23、3。

本篇竹書的簡序和釋文等，本注譯主要參考了陳劍、梁靜和侯乃峰之説。

子曰：『延陵季子，其天民也乎？生而不因其俗，吴人生七年[02]而畫契用乎其膚，延陵季子矯而弗受。延陵季子，其天民也乎？」子貢【01】[一]……

……□曰：「吾聞父母之喪，【07】食肉如飯土，飲酒如肴（啜）水，信乎？」子貢曰：「莫親乎父母，死不顧生，何言乎？其信也。」（子）【08】[二]……

【注釋】

[一]「延陵季子」，整理者指出即季札，春秋末期吴國公子，受封於延陵（今江蘇武進）。「俗」，整理者疑如此。陳劍認爲「俗」可能跟後面的「膺」（原來被釋讀爲「所」的字）相應，指的是吴人的斷髮文身、祝髮文身之俗。范常喜認爲「生而不因其俗」講的是延陵季子知禮、守禮，未因襲吴地斷髮文身等蠻夷之俗。[二]

「吴人生七年而畫契用乎其膺」，此爲侯乃峰釋讀，其釋讀源於陳劍的「吴人生七年（？）而墼（？）散（？）俑（？）乎其膺」。陳劍猜想，「膺」對應的習俗可能指吴人「斷髮文身」「祝髮文身」之俗。侯乃峰指出，簡文的大意是説：吴人長到七歲的時候都要文身於其胸部，延陵季子却在七歲的時候找藉口推托不接受文身，也就是説他生來就不願意以蠻夷自處。並且，侯乃峰認爲「畫」「契」皆指文身。[三]「膺」，《説文·肉部》：「胸也。」

[一] 陳劍：《談談〈上博（五）〉的竹簡分篇、拼合與編聯問題》，簡帛網，2006年2月19日；范常喜：《〈上博五·弟子問〉1、2號簡殘字補説》，簡帛網，2006年5月21日。

[三] 陳劍：《談談〈上博（五）〉的竹簡分篇、拼合與編聯問題》，簡帛網，2006年2月19日；侯乃峰：《上博楚簡儒學文獻校理》，上海古籍出版社2018年版，第257頁。

『矯』，整理者讀爲『僑』，陳劍讀爲『矯』。僑，《説文・人部》：『高也。』如此讀則文意不明。矯，《説文・矢部》：『揉箭箝也。』引申爲『揉使直也』，亦可作『托』解。侯乃峰即作『推托』解。[一]

〔二〕『肴水』，陳劍疑讀爲『啜水』。《論語・陽貨》：『夫君子之居喪，食旨不甘，聞樂不樂，居處不安。』陳劍引爲依據。在此基礎上，侯乃峰讀爲『肴水』，意爲吃水、喝水。[二]

『死不顧生，何言乎』，此爲王三峽釋讀。王氏認爲『死不顧生』指死不復生，『何言乎』指用不着言『説』。『顧』，《説文・頁部》：『環視也。』環視是其本義，亦可引申爲『反』，如《漢書・賈誼傳》：『足反居上，首顧居下。』『反』即『復』之義。[三]

【今譯】

孔子説：『延陵季子是天民嗎？他生來就没有遵循吴人的習俗。吴人七歲時即在胸前文身，延陵季子找藉口不遵從吴地斷髮文身等蠻夷之俗。延陵季子的確是天民。』子貢……

孔子説：『我聽説在居父母之喪時，食肉就像吃土一樣無味，飲酒就像飲水一樣無味，你信嗎？』子貢説：『没有比父母更加親近的人了，父母已死不能復生。這還用得着説嗎？當然可信了。』孔子……

〔一〕 陳劍：《談談〈上博（五）〉的竹簡分篇、拼合與編聯問題》，簡帛網，2006年2月19日；侯乃峰：《上博楚簡儒學文獻校理》，上海古籍出版社2018年版，第257頁。

〔二〕 陳劍：《談談〈上博（五）〉的竹簡分篇、拼合與編聯問題》，簡帛網，2006年2月19日；侯乃峰：《上博簡楚儒學文獻校理》，上海古籍出版社2018年版，第258頁。

〔三〕 王三峽：《『死不顧生』句試解》，簡帛網，2006年3月8日。

【子曰：】『……者，可略而告也。』子曰：『小子，來，聽余言。登年不恒至，耈老不復壯，賢者急【05】就人，不曲防以去人。』子曰：『君子無所不足，無所有餘，蓋……【13】……』〔一〕子【12】

【子曰：】『……【有夫行】也，求爲之言。有夫言也，求爲之行。言行相近，然後君子。』子【12】曰：『回，來，吾告汝，其組（？）者乎？雖多聞而不友賢，其……』【15】

【子曰：】『……□焉終。』子曰：『寡聞則固，寡見則肆。多聞則惑，多見則【16】……』〔二〕

【注釋】

〔一〕『略』，整理者原釋讀爲『奉』。禤健聰認爲隸寫有誤，聲符當隸爲『丯』而非『丰』，讀爲『格』。在禤說基礎上，陳斯鵬讀爲『略』，『略而告』意爲『要約告之』。〔一〕『登年』，整理者讀爲『春秋』，整句意爲勉勵年輕人珍惜光陰。陳偉認爲從字形上講當讀爲『豐年』，田煒在陳說基礎上讀爲『登年』，指高壽。登年與耈老意思相近，均指高壽、年長之義，簡文的意思是高壽不多見、年長者不可能復歸壯年，應當珍惜時光。〔二〕

『就人』『去人』，相對而言，整理者指出『去人』即『拒人』。『就』，《說文·京部》：『就高也。』『就

〔一〕禤健聰：《上博楚簡（五）零札（一）》，簡帛網，2006年2月24日；陳斯鵬：《讀〈上博竹書（五）〉小記》，簡帛網，2006年4月1日。

〔二〕陳偉：《上博五〈弟子問〉零釋》，簡帛網，2006年2月21日；田煒：《上博五〈弟子問〉『登年』小考》，簡帛網，2006年3月22日。

人」與「親仁」相類。

「曲防」，整理者引《孟子·告子下》「五命曰：無曲防，無遏糴，無有封而不告」以解釋之。楊伯峻在《孟子譯注》中指出：「曲」是《周易·繫辭》「曲成萬物而不遺」的「無不」「遍」之義，「曲防」則爲處處設置隄防。[一] 據此，「無曲防」當指不要處處設置障礙。

［二］「其組者乎」，釋讀與文意皆不明。「阻者」，整理者讀爲「阻絶」，陳偉認爲讀爲「絶」的字當讀爲「者」。[二]

「雖多聞而不友賢」，「聞」整理者讀爲「問」，唐洪志依據16號簡的「多聞」「寡聞」讀爲「聞」。[三] 從字形上講，竹書中「䎽」讀爲「問」或「聞」皆有其例，但若與第16號簡相關聯，則讀爲「聞」似更可取。

「固」，整理者讀爲「孤」，認爲與《禮記·學記》的「獨學而無友，則孤陋而寡聞」之意相通。但《禮記》講的是因「孤」而出現寡聞的效果，與簡文意思似不相應。陳偉讀爲「固」，即蔽塞義。[四] 「肆」，整理者雖讀爲此字，但未隸寫。李學勤隸爲「𦃈」，讀爲「肆」。[五] 「肆」，義爲縱、縱恣。

[一] 楊伯峻：《孟子譯注》，中華書局1960年版，第268頁。
[二] 陳偉：《上博五〈弟子問〉零釋》，簡帛網，2006年2月21日。
[三] 唐洪志：《上博簡（五）孔子文獻校理》，華南師範大學碩士學位論文，2007年，第60頁。
[四] 陳偉：《上博五〈弟子問〉零釋》，簡帛網，2006年2月21日。
[五] 李學勤：《楚簡〈弟子問〉與「𦃈」》，《出土文獻研究》第八輯，上海古籍出版社2007年版，第1—3頁。

【今譯】

【孔子說：】『……可以扼要地告訴我。』孔子說：『小子，過來，我將告訴你。高壽不多見，年長者不可能復歸壯年。賢者應當急迫地親近仁者，不要處處設置拒絕他人的障礙。』孔子說：『君子沒有什麼不知足的，也沒有什麼多餘的……』

【孔子說：】『……有這種行爲的，就有與之相應的言辭；有某種言辭，就要付諸行動。言行相近，纔能稱爲君子。』孔子說：『顏回，來，我告訴你……多聞還不如親近賢者……』

……孔子說：『寡聞則會閉塞，寡見則會縱恣；多聞則會疑惑，多見則會……』

【子曰：】『……焉。』子曰：『貧賤而不約者，吾見之矣；富貴而不驕者，吾聞而【未之見也】。』[06]『……士，吾見之矣；事而弗受者，吾聞而未之見也。』子曰：『人而下臨，猶上臨也……』[09]

【子曰：】『……汝弗知也乎？由，夫以衆犯難，以親受祿；勞以成事，色（嗇）以屬官，士治以力則沮，以[10]……』

【子曰：】『……弗王，善矣夫！焉能王人？由！』子過曹，顏[17]淵馭。至老丘，有農植其耨而歌焉，子據乎軾而……[20]

【子曰：】『……□風也，亂節而哀聲。曹之亡，其必此乎？回！』子嘆曰：『烏！莫我知也夫！』子遊曰：『有地之謂也乎？』子曰：『偃！[04]……』

【注釋】

「由」，整理者讀爲「繇」，指句首語氣詞；又指出或可通「由」，意思與「行不由徑」相近。牛新房讀爲「由」，指孔子弟子子路。[一] 出土竹書文獻中，「繇」讀爲「如」和「由」皆有其例，要依文意而定。從《弟子問》主要是記載孔子與弟子的對話來看，讀爲「由」更可取。

「禄」，整理者讀爲「服」。何有祖讀爲「禄」，認爲「受禄」與「犯難」反義爲文。[二]

「色以屬官」，本句從陳偉釋文，「色」讀爲「嗇」，意爲愛惜、慳吝。「屬」，義爲委托任用。陳偉認爲「以衆犯難，以親受禄；勞以成事，嗇以屬官」四句的意思是：讓衆人冒險，讓親信受益；讓別人辛勞成事，却不捨得委任官職。[三]

「士治以力則沮」：「治」字，從何有祖釋文，指士治事以力。「沮」，從張振謙釋文，是敗、壞之義。張振謙指出，簡文此句意思是士以力治則敗。[四]

「有農植其耨而歌焉」，「農」從陳劍釋文，指農夫。「耨」，整理者認爲即指農具，梁靜認爲是與鋤頭相似的用於除草的農具。「耨」即「耨」字。《釋名·釋用器》：「耨，似鋤，嫗薅禾也。」整理者指出，「植其

[一] 牛新房：《讀上博（五）〈弟子問〉札記一則》，簡帛網，2006年3月4日。
[二] 何有祖：《上博五〈弟子問〉試讀三則》，簡帛網，2006年2月20日。
[三] 陳偉：《上博五〈弟子問〉零釋》，簡帛網，2006年2月21日。
[四] 何有祖：《上博五〈弟子問〉試讀三則》，簡帛網，2006年2月20日；張振謙：《上博（五）札記二則》，簡帛網，2006年2月27日。

耨而歌焉」指將耨器直立於地而歌。[二]

「子據乎軾而」，「據」從季旭昇釋文，「軾」從陳劍釋文。《説文·手部》：「據，杖持也。」《説文·車部》：「軾，車前也。」具體可指人所憑藉的車前横木。「子據乎軾而」，意思是孔子依靠於軾上而……[三]

「亡」，整理者讀爲「喪」。侯乃峰指出，典籍中常用「喪」指人死、以「亡」指國家滅亡，故讀爲「亡」。[三]

「有地」，從陳劍釋文。[四]

【今譯】

……孔子説：「貧賤却不受局限，我見到過；富貴却不驕縱，我祇是聽説而没有見過……我見到過……」

【孔子説：】「……你不知道嗎？子路，讓衆人冒險，讓親信受益；讓别人辛勞成事，却不捨得委任官職；士大夫以力爲政則會失敗……」

【孔子説：】「……未能稱王，這是很好的！怎麽能稱王？子路。」孔子遊學曹國，顔淵馭車。到達老丘

〔二〕陳劍：《談談〈上博（五）〉的竹簡分篇、拼合與編聯問題》，簡帛網，2006年2月19日；梁靜：《上博簡〈弟子問〉文本研究》，《出土文獻研究》第十輯，中華書局2011年版，第69頁。

〔三〕季旭昇：《上博五芻議（下）》，簡帛網，2006年2月18日；陳劍：《談談〈上博（五）〉的竹簡分篇、拼合與編聯問題》，簡帛網，2006年2月19日。

〔三〕侯乃峰：《上博楚簡儒學文獻校理》，上海古籍出版社2018年版，第261—262頁。

〔四〕陳劍：《談談〈上博（五）〉的竹簡分篇、拼合與編聯問題》，簡帛網，2006年2月19日。

（宋國）這個地方，有一農夫直立其耨並唱歌。孔子依靠於軾上聽之……（孔子聽了農夫的歌聲後評價道）：『這是壞亂禮節且悲傷的哀樂。曹國之亡，必如農夫所歌一樣，顏回。』孔子歎息道：『哎！没有人知道的想法。』子遊説：『您説的是國君之事嗎？』孔子説：『言偃……』

吾未見華而信者，未見善事人而貞者。今之世，□……[21]

【注釋】

『吾未見華而信者』，『華』從何有祖釋文，指言辭浮華。『者』從陳偉釋文。[一]

『未見善事人而貞者』，『貞』從蘇建洲釋文，指出『善事人』意爲善於奉承人、討好人，簡文意思是没有看到善於奉承却是貞潔之人。[二]

【今譯】

（孔子説：）『我没有見過言辭浮華而有誠信的人，没有看到善於奉承人却是貞潔之人。現在的世道……』

〔一〕何有祖：《上博五〈弟子問〉校讀札記》，簡帛網，2008 年 4 月 5 日；陳偉：《上博五〈弟子問〉零釋》，簡帛網，2006 年 2 月 21 日。

〔二〕蘇建洲：《〈弟子問〉簡 21『未見善事人而貞者』解》，復旦大學出土文獻與古文字研究中心網，2010 年 8 月 20 日。

……【子】曰：『巧言令色，未可謂仁也。從者（諸）其言僞而不可【附簡】……』【子曰：】『……聞也，此之謂仁。』宰我問君子，子曰：『予，汝能慎始與終，斯善矣。爲君子乎，〔三〕汝焉能也？』【24】【子曰：】『……從，吾子皆能有待乎？君子道昭，然則夫二三子者，【14】……』

【注釋】

『巧言令色，未可謂仁也』，《論語·學而》載『子曰』：『巧言令色，鮮矣仁！』意思與竹書此二句很相近，但亦有細微差別。

『從諸其言僞而不可』：『從』『諸』二字從何有祖釋疑讀；『僞』從侯乃峰釋讀，何有祖讀爲『勝』。〔二〕『昭』，整理者讀爲『朝』，楊澤生讀爲『昭』，並指出『道昭』，同於《莊子·齊物論》『道昭而不通』的『道昭』。〔三〕

【今譯】

……孔子説：『巧言令色，不可以稱之爲「仁」……』

〔二〕何有祖：《上博五〈弟子問〉校讀札記》，簡帛網，2008年4月5日；侯乃峰：《上博楚簡儒學文獻校理》，上海古籍出版社2018年版，第265頁。

〔三〕楊澤生：《〈上博五〉零釋十二則》，簡帛網，2006年3月20日。

……孔子説：『……，這就是仁。』宰我請教『君子』。孔子説：『宰我，你能做到慎始慎終，就已經很好了。成爲君子，你哪能做得到呢？』

【孔子説：】『……我們都能有所依靠嗎？君子之道彰顯，然而你們……』

……者，皆可以爲諸侯相矣。東西南北，不倚□……【18】長。蘧伯玉止（侍）乎子，庸庸如也其聽。子路往乎子，愕愕如也如誅……【19】

【注釋】

『倚』，從侯乃峰釋讀。〔一〕

『止』，陳斯鵬讀爲『侍』，認爲與『子路往乎子』均指侍奉，因子路態度不够恭敬，故用『往』。〔二〕

『庸』，從唐洪志釋讀，『庸庸』指和美貌。〔三〕『庸庸如也其聽』，意爲蘧伯玉温柔和美地聆聽孔子教益，態度誠懇。

『愕愕如也如誅』，《廣雅·釋詁一》：『愕，驚也。』即驚訝、驚異之義。『誅』，陳斯鵬認爲指以言語誅責攻討。〔四〕

〔一〕侯乃峰：《上博楚簡儒學文獻校理》，上海古籍出版社2018年版，第267頁。

〔二〕陳斯鵬：《讀〈上博竹書（五）〉小記》，簡帛網，2006年4月1日。

〔三〕唐洪志：《上博簡（五）孔子文獻校理》，華南師範大學碩士學位論文，2007年，第49—51頁。

〔四〕陳斯鵬：《讀〈上博竹書（五）〉小記》，簡帛網，2006年4月1日。

【今譯】

……之類的人，可以作爲諸侯、卿相了。東西南北，不依靠（？）……

蘧伯玉侍奉孔子，温和地聆聽孔子的教益；子路侍奉孔子，驚異於孔子之言而以言語誅責孔子……

『……□□之有。』子曰：『列乎其下，不折其枝。飤其實【者，不毀其器】。……』[23]

毋有柔，教毋有首，猷（猶）植……[03]

【注釋】

『飤其實【者，不毀其器】』：『者不毀其器』五字，爲劉洪濤所補。[一]

『毋有柔』，教毋有首，猷（猶）植：此從侯乃峰釋讀[二]，但文意不明。『毋有柔』上有闕文。

【今譯】

……孔子説：『站在（樹枝）之下，不能折斷樹枝；飲食器物之中的食物，不能毁壞器物。』

【思想】

因殘缺嚴重，《弟子問》的内容大部分很難知曉。從僅存的簡文來看，它與今本《論語》非常接近，在

〔一〕 劉洪濤：《〈上博五·弟子問〉小考兩則》，簡帛網，2006年5月31日。

〔二〕 侯乃峰：《上博楚簡儒學文獻校理》，上海古籍出版社2018年版，第269頁。

同一篇中討論了多個主題。在《弟子問》中，我們可以發現它討論了天民、喪禮之敬、君子之道、仁等問題。這些主題，今本《論語》大都涉及。不過，簡文對『天民』的討論，則較爲特殊，《論語》未有論及。所謂『天民』，指的是那些雖身處未經禮樂文明洗禮、未受文明教化而天然遵從禮、合於禮的人。『天民』的『天』，是在『自然如此』『天然如此』意義上來使用的，很接近老子意義上的『自然義之天』。不過，與老子明顯有别，孔子講『天民』又蘊含了它天然合於禮義的意思。孔子同樣講『天』的自然義，不過其内含却是仁、義、禮。關於居喪之敬，《論語》也多有討論，《弟子問》的意義在於它對何以堅持居喪之敬的原因之討論。在簡文看來，人們之所以在居喪期間應當齋敬，根源於父母是最親近的。這種觀念，也反映了孔子在倫理上主張『親親』的原則。關於君子之道，簡文所論與《論語》頗爲一致，主要討論的是言行上的一致。關於『仁』，簡文的意思非常接近《論語》，都是主張『巧言令色』。雖然從内容上講，《論語》和《弟子問》對『仁』的討論非常接近，但在『未可謂仁也』後面，簡文還有一些論述；並且考慮到《弟子問》記載該内容的竹簡有殘缺，那麼其内容必定要多於《論語》所載的相應内容。這一現象值得注意，對於探討《論語》的演變較有意義。

《弟子問》與上博竹書的《仲弓》《季康子問於孔子》《孔子見季桓子》《顔淵問於孔子》等其他《論語》類文獻有很大不同，它們之間有以下幾點差異：一者，《弟子問》所涉及的某一對話者的對話内容在篇幅上明顯少於其他《論語》類文獻，並且省略對話背景[二]；二者，對話者也不僅限於孔子與另一對話者，而

[二] 需要説明的是，由於《弟子問》殘缺嚴重，對話背景可能記載在殘缺的部分中。但從已經釋讀的相連接的竹簡來看，這種可能性不大。

是有多個不同對話者；三者，同一篇的對話主題也不單一，涉及對延陵季子的評價及其所帶出來的天民的問題，居喪之敬問題，君子之道等多個主題。這些差異表明，《弟子問》在文本形式上最爲接近今本《論語》，似乎可以視作《論語》中的某一篇章。從同屬上博竹書這一事實來看，因它們之間存在着上述差異，可以説當時有多個《論語》文本。並且這些差異反映出，《弟子問》是有明顯的編纂痕迹的，否則它應當與其他《論語》類文獻一樣，不會省略對話的背景，也不會將如此多的主題混在一起。這種看法在内容上也有一些依據，如竹書載有『巧言令色，未可謂仁也』，這與《論語·學而》的『子曰：巧言令色，鮮矣仁！』極爲相近。但竹書的内容顯然多於《論語》所記，而今本《論語》僅僅是摘録了其中最爲關鍵的一句，以成爲一章。此外，《弟子問》中的『天民』，不見於今本《論語》。這些都更進一步説明，《論語》的確是孔子語録的節選本或者精選本，並且一定是經過編輯而成的。

孔子見季桓子

【簡介】

《孔子見季桓子》選自馬承源主編《上海博物館藏戰國楚竹書（六）》（上海古籍出版社 2007 年版），原釋文者和注釋者爲濮茅左先生。竹書圖版見是書第 31—60 頁，釋文注釋見是書第 195—225 頁。本篇竹書原無篇題，整理者以首句的『孔子見季桓子』命名。本篇竹書共二十七支簡，無完簡，部分竹簡殘缺嚴重。依據現有簡文推斷，完簡長約五十四點六釐米，字數約爲四十一字，全篇現存五百五十四字。

本篇竹書是孔子與季桓子關於政治問題的對話。由於簡文殘缺嚴重，能够明確揭示出來的内容是孔子對於仁人和邪僞之民的區分。推斷起來，所涉内容應該包括孔子針對兩種不同類型之人的治理方法。孔子對於仁人和邪民的區分及據此提出來的爲政之道，是對於傳世文獻中孔子爲政思想的重要補充。與上博竹書《季康子問於孔子》《仲弓》等文獻相似，本篇竹書在每一個主題上的對話内容多於《論語》相關篇章，並且不像《論語》一樣直奔主題，而是有一些過渡性的對話。上述現象反映了《論語》在流傳過程中是不斷編輯的結果。

因爲殘缺嚴重，整理者的編連與釋讀難免存在商榷之處，學者對此多有討論，提出了多種編連與釋讀意見，本注釋主要參考以下幾種：

陳劍：第一組，（1＋4）＋（20＋3）＋24；第二組，（16＋6）＋（10＋8）；第三組，12＋（2＋7）＋（26＋14）＋（11＋22）＋（19＋17）＋（18＋13）；第四組，15—5—27；其他零簡：9、21、23、25。

梁靜：第一部分：（1＋4）＋（20＋3）＋24；第二部分：5—6＋10—8—9；第三部分：12＋（2＋7）—（26＋14）＋（11＋22）（19＋17）—13；第四部分：16、18、25、21、23、15、27。

侯乃峰：第一組，（1＋4）＋（20＋3）–24；第二組，（16＋6）＋（10—8）—9；第三組，12＋（2＋7）＋（26＋14）＋（11＋12）＋（19＋17）＋（18＋13）；第四組，21、23、25、15、5、27。

在竹簡編連上，本注譯以陳劍之説爲準。釋文主要參考了整理者的原釋文及陳劍、梁靜、侯乃峰等人的意見。

孔子見季桓子，『桓子曰』：『斯聞之，蓋賢者是能【01】親仁，親仁者是能行聖人之道。如夫親仁、行聖人之道，則斯【04】不足，豈敢望之？如夫見人不厭，問禮不倦，則【20】斯中心樂之。』[二] 夫子曰：『上不親仁，而敷聞其辭於逸人乎？夫士，品物【03】不窮，君子流其觀焉。品物備矣，而無成德[三]【24】……』

【注釋】

[一]『孔子見季桓子』下，疑有脱文，原簡脱『桓子曰』三字，當補之。

『斯』，從陳偉釋文[一]，此字原簡從虍從車，整理者讀爲『予』。『斯』即季桓子之名。

『蓋賢者是能親仁，親仁者是能行聖人之道』兩句，原整理者未能釋讀出來，『蓋』由梁靜釋讀，『賢』由福田哲之釋讀，『能』由何有祖釋讀，『是』和『親仁』由陳偉釋讀，『親仁者』由陳劍釋讀。[三] 孔子認爲從『賢者』到『親仁』，再從『親仁者』到『行聖人之道』，這是有所區別的。『親仁』，《論語·學而》『泛愛衆而親仁』皇侃《疏》：『有仁德者則親而友之』。

『不』，從陳劍釋讀[三]，整理者原釋爲『未』，誤。

『見』，《説文·見部》：『視也。』此處與《史記·五帝紀》『舜擇吉月日，見四嶽、諸牧、班瑞』之説

[一] 陳偉：《讀〈上博六〉條記》，簡帛網，2007 年 7 月 9 日。

[二] 梁靜：《〈孔子見季桓子〉校讀》，簡帛網，2008 年 3 月 4 日；[日] 福田哲之：《〈孔子見季桓子〉1 號簡的釋讀與綴合》，簡帛網，2007 年 8 月 6 日；何有祖：《讀〈上博六〉札記》，簡帛網，2007 年 7 月 9 日；陳偉：《讀〈上博六〉條記》，簡帛網，2007 年 7 月 9 日；陳劍：《〈上博（六）·孔子見季桓子〉重編新釋》，復旦大學出土文獻與古文字研究中心網，2008 年 3 月 22 日。

[三] 陳劍：《〈上博（六）·孔子見季桓子〉重編新釋》，復旦大學出土文獻與古文字研究中心網，2008 年 3 月 22 日。

相似，即接見之義。

［二］『敷』，從陳劍釋讀，陳劍認爲『敷』後一字係衍字。[一]《説文·支部》：『敷，布也。』《廣韻》釋爲『散也』，簡文即取此意。

『辭』，從凡國棟、何有祖讀[二]，原簡字作『司』。簡文講的是季桓子求教於孔子，尋求孔子治國之方，故當讀爲『辭』，指言辭，引申爲孔子的思想。

『逸人』，從陳偉釋讀，指隱逸之人，乃孔子自謂。[三]

『品物』，從凡國棟、何有祖釋讀，並且二氏指出簡3、簡24的『品物』相合。[四]《説文·品部》：『品，衆庶也。』『品物』有二義：一爲《周易·乾卦》的『雲行雨施，品物流形』，『品物』是衆物、萬物之義；一爲《國語·楚語下》的『天子遍祀群神品物，諸侯祀天地、三辰及其土之山川，卿、大夫祀其禮，士、庶人不過其祖』，『品物』即衆多祭品之義。

『流其觀焉』，陳劍認爲『流其觀』指君子觀察士人。復旦讀書會認爲『流觀』即『遍觀』的意思，『流

［一］陳劍：《〈上博（六）·孔子見季桓子〉重編新釋》，復旦大學出土文獻與古文字研究中心網，2008年3月22日。

［二］陳偉：《讀〈上博六〉條記之二》，簡帛網，2007年7月10日；凡國棟、何有祖：《〈孔子見季桓子〉札記一則》，簡帛網，2007年7月15日。

［三］陳偉：《讀〈上博六〉條記之二》，簡帛網，2007年7月10日。

［四］凡國棟、何有祖：《〈孔子見季桓子〉札記一則》，簡帛網，2007年7月15日。

其觀」猶如「遍其觀」；簡文的意思是，士如同品物一樣無窮無盡，君子對他們能周覽遍觀。[一]

【今譯】

孔子見季桓子，季桓子説：「我聽説，賢者會親近仁者，親近仁者的人可以行聖人之道。對於親近仁者、行聖人之道，我知道自己還做得不够，怎敢企望達到？但是接見賢人而不厭倦，學習禮義而不倦怠，則是我發自内心願意做的。」夫子説：「君王難道能不親近仁者，且廣泛聽取逸人之見嗎？士如同品物一樣繁多、無有窮盡，君王要周覽觀士。雖然士如品物一般齊備，但考察選拔他們的君王却德行較低……」

【夫子曰：】「……者也。如此者，焉與之處而察問其學。先[16]【□□□□□□】由仁歟？蓋君子聽之。」桓子曰：「如夫仁人之未察，其行[06]處可名而知歟？」夫子曰：「吾聞之，唯仁人□□[10]也。竊（？）有此貌也，而無以啬者𢓊矣。唯非仁人也，乃[08]……」

【注釋】

「學」，從陳劍釋讀，並且他指出，上一簡文句末説「夫士，品物不窮，君子流其觀焉」似是講君子觀察

[一] 陳劍：《〈上博（六）·孔子見季桓子〉重編新釋》，復旦大學出土文獻與古文字研究中心網，2008年3月22日；復旦大學出土文獻與古文字研究中心學生讀書會：《攻研雜誌（三）——讀〈上博（六）·季康子問於孔子〉札記（四則）》，復旦大學出土文獻與古文字研究中心網，2008年5月23日。

士人而加以選擇培養，此簡『焉與之處而察問其學』的『之』『其』兩字，可能就是指上文的『士』，而『處』和『察問』者則可能爲上文的『君子』。[一] 此字，陳偉釋讀爲『教』[二]，誤。

『名』，從何有祖釋讀[三]，是形容之義；整理者釋『明』字，誤。『可名』意味着有形、有質、有象。『竊有此貌』，『竊』字從陳偉釋讀，謙辭；『此』『貌』兩字從陳劍釋讀。[四] 下文討論仁人和邪僞之民時均牽涉衣服、容貌等，或與此有關。

『唯仁人』……『唯非仁人』，竹書在此提出了仁人與非仁人的一對概念，與下文所説仁人和邪僞之民的一對概念相應。

【今譯】

【夫子説：】『……這種人，如何與他相處呢？要考察、了解其所教的東西，先……通過仁，君子會聽從之。』季桓子説：『如果仁人未能被認識到，那麼他的行爲舉止能否描述出來而爲人知道？』夫子説：『我聽説，仁人……非仁人……』

〔一〕陳劍：《〈上博（六）·孔子見季桓子〉重編新釋》，復旦大學出土文獻與古文字研究中心網，2008 年 3 月 22 日。

〔二〕陳偉：《讀〈上博六〉條記之二》，簡帛網，2007 年 7 月 10 日。

〔三〕何有祖：《上博六札記（三）》，簡帛網，2007 年 7 月 13 日。

〔四〕陳偉：《讀〈上博六〉條記》，簡帛網，2007 年 7 月 9 日；陳劍：《〈上博（六）·孔子見季桓子〉重編新釋》，復旦大學出土文獻與古文字研究中心網，2008 年 3 月 22 日。

【夫子曰：】『……其物。邪僞之民，亦以其物。審二道者以觀於民，雖有過，弗遠【12】矣。』桓子曰：『二道者可得聞歟？』夫子曰：『言即至矣，雖【02】吾子勿問，故將以告。仁人之道，衣服必中，容貌不求異於人，不增（？）[一]【07】也。好罴（？）佳（？）聚，仰天而歎（嘆），曰：「役不奉芻，不昧（味）酒肉，【26】不食五穀，擇處危岸，豈不難乎？」毀（抑）邪民之行也，好假美以爲茵【14】，此與仁人二者也。夫邪僞之民，其術多方。如【11】悉言之，則恐久吾子。』[二] 桓子曰：『斯不敏，吾子悉言之，猶恐弗知，况其如【22】岂（微）言之乎？』夫子曰：『邪僞之民，衣服好豊〈豐〉，容貌【19】皆求異於人。埨（閑）輂（輿）衍（衛），與（輕）道學淫，言不當其所，皆同其□，此邪民也。[三]【17】行年彌，久聞教，不察不依，其行板恭哀與【18】兼，此邪民也。色不樸，出言不忌；見於君子，大爲毋攝，此邪民。』[四]【13】

【注釋】

[一]『邪僞』，從陳劍釋文，並且他指出，『邪僞』近義連用，『邪』重點在『（立身行事）不正』，『僞』的重點在『人爲修飾、誇飾』。[二]

『二道』原整理者釋讀爲『逃』，陳劍讀爲『道』。[三]『二道』即下文『仁人之道』與『邪民之道』。其實，『仁人之道』與『邪民之道』對應了上文的『仁人』與『非仁人』。此種觀念孟子亦有提及，如《孟

[二] 陳劍：《〈上博（六）·孔子見季桓子〉重編新釋》，復旦大學出土文獻與古文字研究中心網，2008年3月22日。

[三] 同上。

子・離婁上》：『孔子曰：「道二：仁與不仁而已矣。」』此一大段對話即圍繞『二道』展開，論述了『二道』的內容之差別。當然，在儒家的一貫理解中，『道』似乎都是從正面來解釋的，而簡文提出的『二道』是將『道』的意義一般化。

「至」，《説文・至部》：『鳥飛從高下至地也。』後來引申出極意，此處應爲原意，即到達之義。

『衣服必中』，『服』，竹簡原字作『備』。『衣備』即『衣服』，見陳劍讀。『必』，從陳劍釋讀[一]，原整理者釋爲『此』字。『中』，《説文・丨部》：『內也。』在簡文中當讀爲《中庸》『發而皆中節』的『中』字，是合禮、合理、中道的意思。竹書説，仁人所着衣服合乎禮儀規範、合於常道。

『容貌不求異於人』，從何有祖釋讀[二]，此句與下文邪僞之民的『皆求異於人』相對照。簡文意思是，仁人在着裝、容貌上都與常人相同，遵守禮儀規範。

〔二〕『役不奉芻』，從何有祖讀，他説『役』指僕役，『芻』指禮義活動中的行禮物品，『奉芻』即執芻。『不』上一字、『奉』下一字都不清晰，復旦讀書會讀爲『大夫不奉亡』，認爲指大夫不奉祀亡故之先人。[三] 觀上下文，此一大段文字大概是講仁人的生活習慣，從『不味酒肉，不飲五穀』來看，應與傳統文獻中提及的齋戒有關，强調的是仁人謹慎的生活方式。

[一] 陳劍：《〈上博（六）・孔子見季桓子〉重編新釋》，復旦大學出土文獻與古文字研究中心網，2008年3月22日。

[二] 何有祖：《讀〈上博六〉札記》，簡帛網，2007年7月9日。

[三] 何有祖：《上博六札記（四）》，簡帛網，2007年7月14日；復旦大學出土文獻與古文字研究中心學生讀書會：《攻研雜誌（三）——讀〈上博（六）・季康子問於孔子〉札記（四則）》，復旦大學出土文獻與古文字研究中心網，2008年5月23日。

「不昧酒肉」，「昧」讀爲「味」，「味」是貪味之義。「肉」，從侯乃峰釋讀。〔一〕

「擇處危岸」，前三字從何有祖釋讀，後一字從陳偉釋讀。〔二〕「岸」指水邊高起之地。

「毆」，讀爲「抑」，從陳劍釋讀〔三〕，發語詞。

「久」，從復旦讀書會釋讀，古代文獻中「久+人稱代詞」表達的是使某人久留、耽擱某人的意思。〔四〕

〔三〕「悉」，從陳劍釋讀〔五〕，「悉」，全也，盡也。並且陳劍重編了此處上下簡文。

「岀」，疑讀作「微」。

「豊」，當爲「豐」字誤，不能讀爲「禮」，因爲此處是描述邪僞之民的特點的。

「塪輂戈」，疑讀爲「閑輿衛」，見《大畜》九三爻辭。

「輿」，疑讀爲「輕」，從趙苑鳳說，「輕」是輕視之義。〔六〕此處是説邪僞之民的特點的，「興道學」不合邪僞之民的説法。

「淫」，從陳劍説，陳劍認爲從字形上看不當讀爲「禁」，遂改讀爲「淫」。〔七〕

〔一〕侯乃峰：《上博六賸義賸言》，簡帛網，2007 年 10 月 30 日。

〔二〕何有祖：《上博六札記（三）》，簡帛網，2007 年 7 月 13 日；陳偉：《讀〈上博六〉條記之二》，簡帛網，2007 年 7 月 10 日。

〔三〕陳劍：《〈上博（六）·孔子見季桓子〉重編新釋》，復旦大學出土文獻與古文字研究中心網，2008 年 3 月 22 日。

〔四〕復旦大學出土文獻與古文字研究中心學生讀書會：《攻研雜誌（三）——讀〈上博（六）·季康子問於孔子〉札記（四則）》，復旦大學出土文獻與古文字研究中心網，2008 年 5 月 23 日。

〔五〕陳劍：《〈上博（六）·孔子見季桓子〉重編新釋》，復旦大學出土文獻與古文字研究中心網，2008 年 3 月 22 日。

〔六〕趙苑夙：《釋〈孔子見季桓子〉簡 17「興道學淫，言不當其所」》，簡帛網，2008 年 6 月 24 日。

〔七〕陳劍：《〈上博（六）·孔子見季桓子〉重編新釋》，復旦大學出土文獻與古文字研究中心網，2008 年 3 月 22 日。

［四］『行年彌』，陳劍説，此句或可讀爲『行年彌久』，『彌』訓爲『長』，『彌久』即長久之義。[一] 復旦讀書會認爲當讀爲『行年彌』，並將『行年彌』下三句解釋爲『邪民雖然行年長大，久受教育，却不察問、不依順』。[二]

『色不樸』，從李鋭釋讀。[三] 『色』指外觀，『樸』即『樸實』，『色不樸』即外觀不樸實。

『忌』，原簡此字從元從心，上下結構，陳偉讀爲『欺』[四]，李鋭讀爲『忌』[五]。李鋭説比較合理，『忌』義爲禁忌、忌憚。整句話的意思是説，邪僞之民出言無所顧忌、毫無禁忌。

『攝』，從陳劍釋讀[六]，原簡從耳從木，上下結構。『攝』，指自我整飭、收斂、約束之義。

【今譯】

夫子説：『……邪僞之民，也是使用這些物品。用仁人之道與邪民之行來審查、觀察百姓，雖然仍會有些過錯，但離大道不遠了。』季桓子説：『能否告知二道爲何？』孔子説：『已經説到這裏了，即便你不問，我也將要告知。仁人之道：衣服合於禮義、道義，不在容貌上異於别人……仰天感歎道：……不貪於

[一] 陳劍：《〈上博（六）·孔子見季桓子〉重編新釋》，復旦大學出土文獻與古文字研究中心網，2008年3月22日。

[二] 復旦大學出土文獻與古文字研究中心學生讀書會：《攻研雜誌（三）——讀〈上博（六）·季康子問於孔子〉札記（四則）》，復旦大學出土文獻與古文字研究中心網，2008年5月23日。

[三] 李鋭：《〈孔子見季桓子〉新編（稿）》，簡帛網，2007年7月11日。

[四] 陳偉：《讀〈上博六〉條記之二》，簡帛網，2007年7月10日。

[五] 李鋭：《〈孔子見季桓子〉新編（稿）》，簡帛網，2007年7月11日。

[六] 陳劍：《〈上博（六）·孔子見季桓子〉重編新釋》，復旦大學出土文獻與古文字研究中心網，2008年3月22日。

酒肉，選擇居住在簡陋之地，豈不是很難做到這些？然而邪民之行，喜歡顯示華美……，這和仁人之道完全不同。邪僞之民，其表現多種多樣。如果詳細闡釋，恐怕會讓你久留於此。』季桓子説：『我不够聰明，你詳細地説，恐怕都聽不懂，何况你還是大略説之呢？』夫子説：『邪僞之民，衣服喜歡……，在容貌上力求與他人有别……，輕視道而學習不好的東西，言論不當……，此即邪民。邪民雖然行年愈久，長久地聽聞教化，但却不依順……此即邪民。外觀不樸實，説話没有禁忌，見到君子也不知道約束和收斂。此即邪民。』

……君子恒以衆福，後拜四方之位以動。君子畏之以其所畏，規之以其所欲，智不行矣。不□兼，絶以爲己兼，此民【□□】[15]

……爲信以事其上，仁其如此也。上唯逃智，無不亂矣。是故吾道之君子，行冠，弗見也；語險，弗見也；服鮮，弗見也。【□□】[5]

……是對，求之於中。此以不惑，而民導之。[27]……

【注釋】

『畏』，從郭永秉釋讀。『規』，從郭永秉釋讀，是規正、規勸之義。〔一〕『是故吾道之君子，行冠，弗見也；語險，弗見也；服鮮，弗見也』這幾句話，學者的釋讀爭議較大。

〔一〕　郭永秉：《上海竹書〈孔子見季桓子〉考釋二題》，《文史》2011年第四輯，第215—218頁。

本注譯采納裘錫圭的意見，裘先生指出：所謂『行冠』，就是一邊走路一邊戴冠，即儀容不整（連帽子都沒戴好）就匆忙行路；『語險』，指言説險惡之事；『服鮮』指衣着鮮美；『弗見』指君王不接見。[一] 郭永秉在裘錫圭意見的基礎上，又將『示』改讀爲『見』，簡文的意思是君子對儀容不整匆忙覲見、言談險惡和衣着華美的下屬，不應該接見。[二]

【今譯】

君王恒以衆人之福，然後拜四方之位方去行動。君王以百姓所害怕的東西讓百姓畏懼，用百姓之欲來規勸、規正百姓，百姓的智識就行不通了，……

……堅守忠信以侍奉其上，仁就是如此。在上位者如果不去了解，天下就亂了。因此，遵從儒家之道的君王，對儀容不整匆忙覲見、言談險惡和衣着華美的下屬，不應該接見。

……所以不會迷惑，而民衆也被引導了……

……仁援仁而進之，不仁人弗得進矣。[一] 詒（治）得不可人而與……【09】

……者，君子德己而立師保，[二] 慎其禮樂，逃其……【21】

……君子有道，[三] 生民之賜（化）……【23】

[一] 裘先生的意見，參見郭永秉：《〈孔子見季桓子〉5號簡釋讀補正》，《中國文字》新37期，藝文印書館2012年版，第67—70頁。

[二] 參見郭永秉：《〈孔子見季桓子〉5號簡釋讀補正》，《中國文字》新37期，藝文印書館2012年版，第67—70頁。

……民喪（氓）不可侮。[四] 衆之所植，莫之能灋（廢）也。[五] 衆之【所廢，莫之能植也】。【25】

【注釋】

[一]『援』，整理者讀爲『爰』，訓爲『於』，文意難通。陳劍讀爲『援』[一]，即援引之義，如《禮記·中庸》『在下位不援上』之意。

[二]『師』，整理者讀爲『仔』，並指出即責任之義。何有祖隸爲『帀』，讀爲『師』，將下文『保』從上讀，意即輔弼帝王和教導王室子弟的官員。[二]

[三]『君』，整理者未釋讀，李鋭讀爲『君』[三]。

[四]『喪』，讀爲『氓』，係陳偉説。『民氓』指百姓、民衆。[四]『侮』，是輕視、輕慢之義，陳劍説此句簡文大意爲：民衆不可輕侮。衆人所樹立、所支持的，没有人能使之廢敗；衆人……，没有人能……[五]

[五]『灋』，從陳劍釋文，讀爲『廢』，即廢除、廢敗之義。[六]

[一] 陳劍：《〈上博（六）·孔子見季桓子〉重編新釋》，復旦大學出土文獻與古文字研究中心網，2008年3月22日。

[二] 何有祖：《讀〈上博六〉札記》，簡帛網，2007年7月9日。

[三] 李鋭：《〈孔子見季桓子〉新編（稿）》，簡帛網，2007年7月11日。

[四] 陳偉：《讀〈上博六〉條記之二》，簡帛網，2007年7月10日。

[五] 陳劍：《〈上博（六）·孔子見季桓子〉重編新釋》，復旦大學出土文獻與古文字研究中心網，2008年3月22日。

[六] 同上。

【今譯】

……仁人在上，所舉薦、提拔的也是仁人，不仁之人即不得出仕了。治理得……

……君王通過確立師保以建立德性，對禮樂謹慎……

……君王有道……

……民衆不可輕易侮辱。衆人所確立和支持的，没有能廢棄的；衆人所……

【思想】

竹書《孔子見季桓子》記載的是孔子與季桓子的對話，《論語》中並無孔子與季桓子的對話，但《論語·微子》篇記載有『齊人歸女樂，季桓子受之，三日不朝，孔子行』。『孔子行』意味着孔子曾與季桓子有接觸，應當會産生一些對話。惜乎傳世文獻對於二人對話的内容均没有記載，《孔子見季桓子》所載内容揭示了二人對話的内容，具有較高的思想史意義。對話始於對仁者的追問，繼而過渡到對親仁和聖人之道的闡述，最後引出仁人之道和邪民之道的區别這一核心話題。

關於『仁者』，《論語》多有論及，主要討論的是個人的道德修養，僅有兩處牽涉政治方面。基於《論語·雍也》的『子貢曰：「如有博施於民而能濟衆，何如？可謂仁乎？」子曰：「何事於仁！必也聖乎！堯、舜其猶病諸！夫仁者，己欲立而立人，己欲達而達人。能近取譬，可謂仁之方也已。」』學者一般都以仁指稱個人的道德修養，以聖指稱理想的政治人格。因此，仁與聖似乎成了兩種有一定關係但又本質有别的概念。隨着《孔子見季桓子》的出土，這一觀念需要改變。《孔子見季桓子》云：『仁者是能行聖人之道』，結合下文對仁人之道和邪僞之道的區分，簡文所講的『聖人之道』關涉的是政治問題，這説明仁與聖實際上是一體的，也説明仁的概念蕴含了政治層面的思想。

『二道』指仁人之道和邪民之道，是《孔子見季桓子》探討的核心，二者是絶對對立的，其對立主要體現在衣服、容貌、居住條件、飲食等方面。仁人之道要求人着裝合於禮儀規範，容貌不可奇異，居住當以適宜爲準，注重道德修養；邪民之道則表現爲着裝力求怪異，容貌也總是異於他人，否定儒家之道和其所倡導的學問，言論不當，且對君子、賢人毫無畏懼。總之，仁人之道是符合仁義禮規範的生活方式，邪民之道是違背仁義禮規範的生活方式。

『二道』的提出具有一定的理論意義。首先，它揭示了孔子講道並非完全從正面的積極意義上來講，即孔子所使用的道並非僅是價值規範意義上的道，它也可以是中性意義上的生活方式。《孔子見季桓子》將不合於仁義禮等價值規範的邪民之行稱爲『邪民之道』，説明此種意義上的『道』就是中性意義上的。其次，揭示了孔子對百姓、民衆有更爲精細的研究。《論語》論及『民』時，有一般意義上的人們和治理對象的民衆之别。並且《論語》也可看出孔子對民衆的特性有一些分析，但這些分析更多的是在中性的一般意義上來討論的，很少有直接的否定層面的論述。這種現象給人留下了孔子似乎對民衆的理解不够全面的印象。不過，在《孔子見季桓子》中，孔子直接從否定的層面指出民衆中存在邪民，他們表現爲與仁義禮相悖、在衣服和容貌上不遵守禮儀規範、輕視禮儀和學习、滿嘴謊言等行爲，是爲政者治理的對象。此外值得注意的是，孔子對邪民之道的論述是與仁人之道相對的，更説明孔子對民衆有更深的認識。

顔淵問於孔子

【簡介】

本篇竹書選自馬承源主編《上海博物館藏戰國楚竹書（八）》（上海古籍出版社2011年版），原整理者和釋文注釋者是濮茅左先生。竹書圖版見是書第21—36頁，釋文注釋者見是書第139—157頁。竹書原無篇題，係整理者根據第一號簡簡首的『顔淵問於孔子』命名的。本篇竹書現存十四支簡，除第七號簡保存相對完整外，其餘皆爲殘簡；有三道編繩，完簡簡長約四十六點二釐米；完簡可抄寫約三十一字，共存三百一十三字。

本篇竹書主要記載了孔子與其弟子顔淵的對話，内容以爲政或者政治問題爲主，涉及内事、内教、至名三大問題。在《論語》中，顔淵被劃爲德行科，以德行聞名。並且從《論語》對顔淵的記載來看，他的確是個偏重於道德修養的人，而幾乎未曾涉及政治問題。本篇竹書的出土可以揭示出顔淵的多重面向，至少説明顔淵同樣關注政治問題。同時，竹書記載的孔子論『内教』是對其教化思想的深化，尤其是在教化的内容上。此外，顔淵關注『至名』問題，在一定程度上豐富了孔子的名學思想。

因簡文殘缺嚴重，整理者的編連與釋讀難免有所謬誤，但經過復旦大學與吉林大學古文字專業研究生聯合讀書會（下文簡稱讀書會）的編連，現已具備相當可讀性。讀書會的編連是：1+（12A+2B）+（2A+11+12B）+5+6+7+9+10。並且，讀書會指出，其他未能編連但關係較緊密的竹簡有：簡8與簡14，簡4與簡3；簡13相對獨立。本注譯在編連上以讀書會的編連爲準，釋讀以整理者的原釋讀爲基礎，主要參照了復旦讀書會、侯乃峰等的釋讀。

□。顔淵問於孔子曰：「敢問君子之内事也有道乎？」孔子曰：「有。」顔淵【曰】：「敢問何如？」孔子曰：「儆有過【1】而【先】有司，老老而慈幼，豫（舍）絞（繳）而收貧，禄不足則請，有餘則辭【12A】。〔一〕儆有過，所以爲退也；先【2B】【有】司，所以【2A】得情【也】；老老而慈幼，所以處仁也；豫（舍）絞（繳）而收貧，所以聚【11】親也；禄不足則請，有餘【12B】則辭，所以揚信也。蓋君子之内事也如此矣。」〔二〕

【注釋】

〔一〕「内事」，湯淺邦弘認爲「内事」可以解釋爲「國内的政事」。[一] 陳偉讀爲「入仕」，認爲「入仕」即相當於「爲政」[二]，備説。

「儆有過」，從陳偉釋讀，「儆」即警告、使戒懼之義，「儆有過」意思相當於《周禮·地官·州長》「以糾其過惡而戒之」。何有祖讀爲「敬宥過」，即「赦免過錯」之義，竹書《仲弓》有「宥過赦罪」

[一]［日］湯淺邦弘：《上博楚簡〈顔淵問於孔子〉與儒家系統文獻形成史》，《出土文獻研究方法國際學術研討會會議論文集》，臺灣大學中文系主辦，2011年，第157頁。

[二] 陳偉：《〈顔淵問於孔子〉内事、内教二章校讀》，簡帛網，2011年7月22日。

之語。[一] 何讀備説。

『先有司』，從復旦讀書會釋讀。結合下文『先有司，所以得情也』，讀書會認爲是指先任命有司[二]。該詞見於《季康子問於孔子》，指爲政者的率先垂範。

『老老而慈幼』，從復旦讀書會釋讀。此觀念同樣見於《季康子問於孔子》，當是孔子所常説的命題，指的是尊敬或禮敬年長者、愛護年幼者。

『豫絞而收貧』：復旦讀書會將『豫絞』讀爲『舍繳』，指免除賦税。另外，蕭旭讀『豫絞』爲『舒繳』，指緩收賦税。[三] 這句話的意思是説，免繳或緩繳賦税，及安撫、救濟貧困者。其實，兩種解釋最終都指向貧困者，不過有直接對象與間接對象的區分。

『辭』，從復旦讀書會釋讀，整句讀爲『禄不足則請，有餘則辭』。簡文以禄爲中心，討論的是有餘和不足當如何處理的問題，而此處恰好是討論有餘的情況，故讀爲『辭』更爲合理。

[二]『退』，復旦讀書會釋爲『樂』，單育辰隸爲『緩』，讀爲『寬』。[四] 按，從竹簡原字形看，此字當

[一] 何有祖：《〈上博楚簡釋讀札記〉》，簡帛網，2011年7月24日；陳偉：《〈顔淵問於孔子〉内事、内教二章校讀》，簡帛網，2011年7月22日。

[二] 復旦大學與吉林大學古文字專業研究生聯合讀書會：《〈上博八·顔淵問於孔子〉校讀》，復旦大學出土文獻與古文字研究中心網，2011年7月17日。下文出現『讀書會』看法者均出自本文獻，不再備注。

[三] 孟蓬生、蕭旭觀點參見鍾碩整理：《網摘：〈上博八〉專輯》，復旦大學出土文獻與古文字研究中心網，2011年10月1日；王輝：《『豫絞而收貧』小札》，復旦大學出土文獻與古文字研究中心網，2012年4月16日；侯乃峰：《上博楚簡儒學文獻校理》，上海古籍出版社2018年版，第341頁。

[四] 單育辰：《占筆隨録之十五》，復旦大學出土文獻與古文字研究中心網，2011年7月22日。

爲『退』字。『退』是阻止、停止之義。《吕氏春秋·仲夏紀》:『薄滋味，無致和，退嗜欲，定心氣。』高誘注:『退，止也。』

『得情』，讀書會認爲指得民衆之實情。王引之《經義述聞·禮記中·樂由中出》云:『《大戴記·文王官人記》「飾貌者不情」，謂不誠實也。』『情』指誠、實。

『處仁』，從復旦讀書會的釋讀。

『聚親』，復旦讀書會認爲『聚親』之説在古代文獻中不多見，主張讀爲『取親』，意爲取得民衆的親附。不過，我們認爲，『聚親』更通暢。『聚』即聚集。

『揚』，從陳偉釋讀，宋華强讀爲『彰』，蘇建洲讀爲『尋』等。[一] 雖然學者在釋讀上有較大爭議，但都肯定誠信，即彰顯誠信之義。

【今譯】

顔淵問於孔子説:『請問君子處理國内政事，是否有其方法?』孔子説:『有。』顔淵説:『請問其方法爲何呢?』孔子説:『警戒有過錯者，有司要率先示範，老老而慈幼，減免繳納賦税而收養貧窮之人，俸禄不够就請求增加，俸禄有餘就辭去多餘的。警戒有過錯者，這是所以遏止犯罪的方法;有司率先示範，這是

〔一〕 陳偉:《〈顔淵問於孔子〉内事、内教二章校讀》，簡帛網，2011年7月22日;黄人二、趙思木:《讀〈上海博物館藏戰國楚竹書（八）·顔淵問於孔子〉書後》，簡帛網，2011年7月26日;鍾碩整理:《網摘:〈上博八〉專輯》，復旦大學出土文獻與古文字研究中心網，2011年10月1日;蘇建洲:《關於〈上博八〉兩個『尋』字的簡單説明》，復旦大學出土文獻與古文字研究中心網，2011年7月23日;黄傑:《初讀〈上海博物館藏戰國楚竹書（八）〉筆記》，簡帛網，2011年7月19日。

所以獲得民情的方法；老老而慈幼，這是所以達到仁的方法；減免繳納賦税而收養貧窮之人，這是所以聚集親族的方法；俸禄不足則請求增加，俸禄有餘就辭去多餘的，這是所以彰顯誠信的方法。大概君子處理國内政事也不過如此罷了。」

顏淵曰：「君子之内事也，回既聞命矣，敢問[5]君子之内教也有道乎？」孔子曰：「有。」顏淵：「敢問何如？」孔子曰：「修身以先，則民莫不從矣；前【之】[6]以博愛，則民莫遺親矣；導之以儉，則民知足矣；前之以讓，則民不爭矣。或（又）迪而教[7]之，能能，賤不肖而遠之，則民知禁矣。如進者勸行，退者知禁，則其於教也不遠矣。」

【注釋】

「内教」，「内事」「内教」皆就「國内」而言。「内教」的具體内容，整理者認爲指孝親、祭宗之教，與父義、母慈、兄友、弟恭、子孝的「五教」相同。從下文談論的修身以先、前之以博愛、前之以儉的内容來看，「内教」是在强調爲政者對民衆的道德引導，所以「内教」正好與上文内事的「人君以德」相應和，指的是人君修德以引導民衆。黄人二、趙思木認爲，「内」指「君子」統治範圍之内，「内教」指「君子」教化引導統治範圍内的人民[一]。

「先」，從復旦讀書會的釋讀。結合後面「前之以博愛」「前之以儉」來看，讀爲「先」是合理的，意思

[一] 黄人二、趙思木：《讀〈上海博物館藏戰國楚竹書（八）·顏淵問於孔子〉書後》，簡帛網，2011年7月26日。

是爲政者當在道德修養上先於、高於民衆。

『博愛』，從復旦讀書會的釋讀。這幾句簡文都是在講爲政者要如何教化百姓、引導民衆，讀爲『博愛』則與後面的『儉』『讓』等德目一致。

『或』，復旦讀書會讀爲『又』。整段對話提及的都是爲政者對民衆的引導問題，依讀書會讀爲『又』，文意很順暢。竹簡此句指的是在爲政者以身作則的基礎上，又當教化民衆。這也與孔子重視對民衆的教化、重視正己以正人等觀念一致。

『能能』，復旦讀書會連讀，指賞識有才能的人。

『肖』，復旦讀書會讀爲『肖』，可從。『賤不肖而遠之』的意思是，輕視小人並疏遠之。

『勸』，其義爲敦行、篤行。

【今譯】

顔淵説：『君子處理國内政事之道，我已經聽您講清楚了，請問君子對國内民衆的教化有没有方法呢？』孔子説：『有。』顔淵説：『請問其方法爲何呢？』孔子説：『君子在百姓之先修身，民衆都會聽從君子。先以博愛修身，則民衆不會拋棄親人；先以節儉修身，則百姓會知足；先以禮讓修身，則民衆不會爭奪。又啓導而教育民衆，賞識有才能的人，輕視小人並疏遠之，則民衆知道禁忌。如果進取者勉勵而行，退縮者知道禁止界限，則君子離對國内民衆的教化很近了。』

顔淵曰：【9】『君子之内教也，回既聞命矣，敢問至名？』孔子曰：『德成則名至矣，名至必卑身，

身治則大禄……[10][二]

……【君子讓】而得之，小人爭而失之。[8]

……示則斤，而毋欲得焉。[14]

……素行而信，先處忠也；貧而安樂，先處……[13]

……内矣。庸言之信，庸行之敬……[4]

……必不在兹之内矣。顔淵迺……[3][三]

【注釋】

［一］『命矣』，整理者讀爲『矣已』，黄人二、趙思木讀爲『命矣』〔一〕。讀爲『矣已』，文意亦可通。但對照前面所提兩個問題的提問方式，當讀爲『命矣』。並且這種句式在上博楚簡中頗爲常見，如《季康子問於孔子》中即多次出現。

『至名』，從復旦讀書會的釋讀。『至名』，即達到有名聲之義。『至』或讀爲『致』，獲得之義。『卑身』，從復旦讀書會的釋讀，認爲意思與《荀子·儒效》『君子隱而顯，微而明，辭讓而勝』相近，即爲政者要做到『身隱而名顯，行微而道明，辭讓而勝於人』，關鍵在於不要過於彰顯自己。

［二］『君子讓而得之，小人爭而失之。』從復旦讀書會的釋讀，講的是『至名』的方法，要點在於

〔一〕黄人二、趙思木：《讀〈上海博物館藏戰國楚竹書（八）·顔淵問於孔子〉書後》，簡帛網，2011年7月26日。

『讓』與『不爭』。讀書會指出這種思想在傳世文獻中多有記載，如上引《荀子·儒效》的文句中即有此意，其文云：『貴名不可以比周爭也，不可以誇誕有也，不可以勢重脅也，必將誠此然後就也。爭之則失，讓之則至，遵道則積，誇誕則虛。』

『迺』，從復旦讀書會的釋讀，『迺』即乃字。此句意爲顔回在聽了孔子的言論之後，乃有所行動。

【今譯】

顔淵説：『君子對國内民衆的教化之道，我已經聽懂了您的教誨，請問招致名譽之道爲何？』孔子説：『德性修成後名譽就來了，獲得名譽一定要謙卑，……』

……是以君子謙卑禮讓而獲得名譽，小人爭奪名譽却失去了。

……並且不要寄望得到它。

……先達到忠；貧窮但却安樂，先處於……

……日常言行要誠信，日常言行要謹慎……

……必不再其内。顔淵……

【思想】

《顔淵問於孔子》記載的是孔子與弟子顔淵的對話，涉及内事、内教和至名三個問題。關於『内事』，孔子認爲其内容包括儆有過、先有司、老老而慈幼、舍斂而收貧、禄不足則請、禄有餘則辭六者。『儆有過』指慎重寬赦百姓的過錯，這一思想應當是孔子一貫堅持的思想，它還見於上博竹書《仲弓》中，衹不過在該文獻中表述爲『赦過宥罪』。『先有司』指先於官員做到德性表率，亦即在德性修養上要先於、優於官員。這一觀念同樣見於《仲弓》，無奈因簡文殘缺，無法得知其意涵。『老老而慈幼』應該指的是孔子一貫主張的敬老愛幼思想。如果限定在爲政方面的話，應該與『老吾老以及人之老，幼吾幼以及人之幼』之説相近。這一觀念同樣見於《仲弓》，同樣是孔子對『爲政何先』問題的回答。但在《仲弓》中，仲弓並未追問『老老而慈幼』的意涵，似乎將之視爲人人皆知的觀念。『舍繳而收貧』的意思是，減免賦税以止息貧窮。『禄不足則請』『禄有餘則辭』兩者是關聯在一起的，討論的是官員的俸禄問題，認爲俸禄不够就增加，俸禄有餘就辭去多餘的。從内容上看，前三者討論的是爲政者的道德修養，後三者則與財産和賦税有關。

關於『内教』，指的是爲政者通過自身的德性引導民衆成爲有德之人，如他指出爲政者『前之以博愛，則民莫遺親矣』;『前之以讓，則民不爭矣』。『前之』即自身的道德修養，『民莫……』即百姓受爲政者道德引導的效果。換言之，『内教』實即孔子一貫所主張的德教，其意涵近於《仲弓》的『道民興德』。

關於『至名』，從上下文的語境來看，應該仍是在討論爲政問題或政治思想。在政治思想的視域中討論名的問題，還見於《論語·子路》的『子路曰:「衛君待子而爲政，子將奚先?」子曰:「必也正名乎!」子路曰:「有是哉?子之迂也!奚其正?」子曰:「野哉，由也!君子於其所不知，蓋闕如也。名不正則言不順，言不順則事不成，事不成則禮樂不興，禮樂不興則刑罰不中，刑罰不中則民無所措手足，故君子名之必可言也，言之必可行也。君子於其言，無所苟而已矣。」』引文中，孔子主張爲政當先正名。不過需要區别的是，孔子在引文中表達的是以禮義正名，而《顔淵問於孔子》則講的是如何在爲政活動中建立自己的名譽、名聲。在簡文中，孔子認爲『至名』的方法是道德修養，祇不過不是個人的道德修養，而是『爲政以德』。换言之，孔子的『至名』實際上還是講的『爲政以德』的德治思想。

在《論語》的記載中，顔淵以道德修養聞名，屬於『四科十傑』中的德行科。但《顔淵問於孔子》所述却與《論語》所記載的顔淵有一些差别。在《論語》中，顔淵關注的是仁，而對其他問題則關注較少；而在《顔淵問於孔子》中，顔淵不僅關注仁，還關注政治問題。這豐富了人們對於顔淵的認知，同時也説明當時思想界關注的主題之一便是政治思想。

貳　儒家竹書乙類

性情論

【簡介】

本篇竹書選自馬承源主編《上海博物館藏戰國楚竹書（一）》（上海古籍出版社 2001 年版），原整理者和釋文注釋者爲濮茅左先生。竹書圖版見是書第 69—115 頁，釋文注釋見是書第 215—280 頁。此篇竹書亦見於《郭店楚墓竹簡》（文物出版社 1998 年版），篇題爲《性自命出》。據整理者的説明，《性情論》現存四十支竹簡，書體與竹書《周易》《恒先》相同，一支完簡長約五十七釐米，編繩三道，每簡滿書約三十八字，全篇共一千二百五十六字。本篇竹書共有三種墨記符號：一爲墨丁，共六十三個；一爲墨節，共六個；一爲勾識，一個，畫在第 40 號簡末。墨節爲劃分大段落的識别符號，勾識爲結篇符號。

本篇佚書有兩個出土本子。相對説來，郭店簡《性自命出》篇在内容上更爲完整，簡序更佳。這兩個本子的不同，主要體現在如下三個方面：第一，《性自命出》有兩個勾識符號，據此可分爲上下篇，《性情論》則不分上下篇。第二，兩本的分章與簡序有所不同，《性情論》自第 21 號簡後有數個段落的排序與《性自命出》不同。第三，兩本的文句有繁簡不同，用字亦有不同。這兩個本子參差互見，可資校對和補文。《性情論》或《性自命出》是一篇思想貢獻較大的儒家文獻。這篇竹書提出了一套由天、命、性、情、道、教、心和仁、義、禮、樂等概念組成的思想系統，對儒家心性論首次作了系統陳述。它提出了『性自命出，命自天降』『四海之内其性一也，其用心各異，教使然也』『教，所以生德於中者也』和『道四術』等命題或概念，它將求心修身作爲道德實踐的關鍵，將禮樂作爲修養身心的重要手段。它以『情實』和『可信』爲修身的基本原則，反對虚僞的道德實踐和禮樂表演。不但如此，依賴此篇佚書，我們還可以推斷先秦確實存在所謂『性情論』的論域。

目前，除整理者外，對上博竹書本作校釋的學者有李零、陳霖慶、侯乃峰等人；對郭店簡本作注釋的學者有李零、李天虹、陳偉、劉釗、劉昕嵐、廖名春、郭沂、丁原植等人，筆者亦曾做過相關注釋。本注譯所用簡序和釋文，以原整理者濮茅左的工作爲基礎，同時吸納了其他學者的意見。李零以『凡』字爲據將全篇分爲二十一章，本注譯結合文意將全篇分爲十八章。本篇注釋兼顧兩種出土本，摘要校勘之，不作全面校勘。

凡人雖有生（性），心無正（定）志，待物而後作，待悦而後行，待習而後定。[一] 喜怒哀悲之氣，性也。及其見於外，則物取之【01】【也。[二] 性】自命出，命自天降。道始於情，情生於性。[三] 始者近情，終者近義。知情者能出之，知義者能入【之。[四] 好【02】惡，性也；所】好〔所〕惡，物也。善不善，性也；所善所不善，勢也。[五]

【注釋】

[一]『生』，郭店本作『眚』。在郭店簡中，『生』『眚』二字的用法十分嚴格，『眚』在《性自命出》中一律讀作『性』。對照郭店本，上博本唯此一例作『生』字。這是否即意味着兩個出土本子對於『凡人雖有生/眚』一句的理解不同呢？此句若作『生』字解，則生者，生命也，生成之事物也。郭店本作『眚』字，讀爲『性』。性者，生之所以然，是事物禀受在己且其所以如此大本大原，是禀受在己的天命。『性』是先天賦予的，是潛在而穩定的實體，而『生』則是『性』之已發，是生發、顯現於外的變化者。『性』是『生』的本體。『性』是中國思想的一個關鍵概念，它的提出，極大地深化了中國思想。綜合起來看，上博簡本句的『生』字應當讀爲『性』。除此例外，《性情論》的其他『性』字皆寫作『眚』。

『正』，郭店本作『奠』，均讀爲『定』。『志』，與『意』互訓，見《説文·心部》。『志』從心從之，形聲兼會意。志者，心之所之。心爲體，志爲用。

『待物而後作，待悦而後行，待習而後定。』這三句話的主語都是『心』。『習』，練習、學習。下文曰『養性者，習也』，『習也者，有以習其性也』，『獨處，則習父兄之所樂』，這幾句話中的『習』字彼此意思相近，但有作名詞用和作動詞用的區別。

[二]『喜怒哀悲』，是情感；『喜怒哀悲』之氣，是性。此『氣』就具體生命而指其本然者而言，故曰性。此『氣』，不是指呈現在面部、肢體上或充盈在身體内部的可經驗的情感之氣，而是從氣禀言之的『氣』。『喜怒哀悲』，《中庸》作喜怒哀樂。另外，古人有『六情』『七情』及『五性』的説法。『六情』指喜怒哀樂愛惡，見《白虎通·情性篇》。『七情』指喜怒哀懼愛惡欲，見《禮記·禮運》。『五性』指喜怒欲

懼憂，見《大戴禮記・文王官人》。

『見』，讀作『現』。見於外，即喜怒哀悲之氣發現於外。氣現之前後，有未發、已發之分。

『物』，從下文『凡見者之謂物』來看，指凡有聲色相貌味觸者。『取』，選取，擇取。或讀『取』爲『趨』，並訓爲『促』[二]，疑非。下文『凡性爲主，物取之也』，與此『及其見於外，則物取之也』義近。

[三]『性自命出，命自天降』。此二句與《中庸》『天命之謂性』相應，它們清晰地表明了天、命、性三個概念的關係。在此思想系統中，性和命是平列的關係，而命和天是縱貫的關係。『性』概念的提出，使得『天』作爲超越而內在的終極根源成爲可能。另外，據現有文獻推斷，《中庸》『天命之謂性』其實是對『性自命出，命自天降』兩句的壓縮和簡化。

『道』，本義爲道路，竹書用爲法則、規則義，且着重指禮樂之道。竹書認爲，『道』開始於人情。

『情』，與性相對，指人性生發、顯現於外的存在狀態，此狀態可以泛稱爲人情。從外延看，喜怒哀悲等情感無疑屬於『情』。不過，竹書的『情』是否專指『情感』，且『情』與『性』在竹書中是否爲對應關係？這是兩個問題。筆者認爲，竹書的『情』既不專指『情感』，又與『性』未形成完全對應的關係。[三]聯繫郭店簡《語叢二》來看，這一點變得更爲清晰。

[四]『始者近情，終者近義』。這兩句話是説『道』的生成問題。『始』是發端，『終』是完成之義。從

[二] 陳霖慶撰寫，季旭昇改訂：《〈性情論〉譯釋》，季旭昇主編：《〈上海博物館藏戰國楚竹書（一）〉讀本》，萬卷樓圖書股份有限公司2004年版，第155頁。

[三] 丁四新：《論郭店楚簡『情』的內涵》，《現代哲學》2003年第4期。

開始來看，『道』接近於『情』；從終點來看，『道』接近於『義』。從『情』到『義』，這是『道』的生成過程。

『出』，生出。『入』，進入。『知情者能出之，知義者能入之』兩句上下互文；『出入』即出入於道，是從實踐的角度來説的。

［五］『所好惡』，據郭店本，『好』下抄脱一『所』字，當作『所好所惡』。凡人皆有好惡，而不能無好惡，故曰『好惡，性也』。這即是説，好惡是人的本性。竹書將『物』看作好惡的對象，是所謂所好所惡者。『物』在竹書中大抵指滿足耳目鼻口手足之欲望的事物。

凡人皆有作道德判斷，即作善不善之判斷的天賦能力，故竹書曰『善不善，性也』。竹書將『勢』看作善不善之道德判斷活動的對象。『勢』在先秦有權勢、位勢、勢力、形勢和姿勢等義，竹書的『勢』指前三者。《孟子·告子上》曰：『是豈水之性哉？其勢則然也。人之可使爲不善，其性亦猶是也。』可以參看。

【今譯】

凡人雖然有性，但心本無固定的志向。性有待於事物的交接而後生作出來，有待於悦好而後變動，有待於反復練習而後安定。喜悦、憤怒、哀痛、悲傷之氣，是性；及至其生現於身外，這是外物選取它的結果。性從命轉化出來，命從天降下。道開始於情，情從性生出。其開始接近於情，其終點接近於義。知道情的人能够引出之，知道義的人能够合乎它。喜好和厭惡，這是性；其所好所惡，這是物。能判斷善或不善，這是性；所善所不善，這是勢。

右爲第一章。

凡性爲主，物取之也。[一] 金石之有聲，弗扣不鳴。【03】【凡人雖有性，心弗取不出。[二] 凡心有志也，無與不可：性之不可獨行，猶口之不可獨言也。[三] 牛生而張，鴈生而伸，其性使然；人而學或使之也】[四]。

【注釋】

[一]『主』，根本。在性、物關係中，性爲物的根本。『凡性爲主，物取之也』，與上文『及其見於外，則物取之也』相對應。

[二]『金石』，具體指鐘磬，又爲樂器之通稱。『扣』，敲擊。《玉篇·手部》：『扣，擊也。』《淮南子·詮言》：『金石有聲，弗扣弗鳴；蕭管有音，弗吹無聲。』《莊子·天地》：『故金石有聲，不考不鳴。』《詩·唐風·山有樞》：『子有鐘鼓，弗鼓弗考。』《毛傳》：『考，擊也。』『考』通『攷』。《廣雅·釋詁三》曰：『攷，擊也。』

『弗扣不鳴』下，竹書脱去一簡，然後再接殘簡4。脱簡文字，今據郭店本及上下文意補。『生而伸其性使然人而學或使之也凡物亡不』十八字，應與殘簡4『異也者剛之樹也剛取之也柔之約柔取之也四』十九字合抄在一支簡上。竹簡『金石之有聲，弗扣不鳴』兩句，是爲了譬説下文。

『凡人雖有性』二句，在『凡性爲主，物取之也』的基礎上論述了『心取性出』的命題：性之出於外，必待心取之；而如果心不取之，則性不出。在取性的問題上，竹書暗中闡明了『心』高於『物』的觀點。一讀「凡人雖有性心」，「心」字連上讀[一]，疑非。「無與不可」，這是説如果没有心的參與或贊許，那麼性不可以獨自流行於外。

〔三〕「與」，去聲，義爲參與、贊許。「無與不可」下，李零補作「人之不可獨行，猶口之不可獨言也」。[二] 所補「人」字無義，與上下文不諧。「性」爲本章的關鍵概念。所謂「性之不可獨行，猶口之不可獨言也」，竹書以此説明「心」的重要性。竹書《五行》：「耳目鼻口手足六者，心之役也。」心者，形之君也，它是耳目鼻口手足六者的主宰。這是先秦的通識，故曰「性之不可獨行」。

〔四〕「張」，[三] 舒張，指牛生下來之後隨即可以舒張身體，獨自支撑着站起來。這是牛的本能之一。此字，郭店本原作「悵」，一讀作「長」，不過讀作「牛生而長」，失其義。

「鴈」，《説文・鳥部》：「鵝也。」伸，謂鵝伸張其頭頸。

「而」，讀爲「能」，二字聲通。《玉篇・而部》：「而，能也。」《淮南子・原道》：「行柔而剛，用弱而强。」高誘《注》：「而，能也。」或，又也，連接「學」「使」兩個動詞。「之」，指代人本身。「人而學或使之」，謂人能學習，役使（主宰）自己。「使」，竹簡原作「叓」，或讀爲「變」。此上四句，竹書辨别了人與牛、鵝等的不同。「牛生而張，鴈生而伸」，乃動物的本性使然，但是人與牛、鵝不同，人能學習並主宰自

[一] 李零：《上博楚簡三篇校讀記》，萬卷樓圖書有限公司 2002 年版，第 66 頁。
[二] 同上書，第 67 頁。
[三] 原簡作「悵」，顏世鉉、陳偉讀爲「張」。轉見武漢大學簡帛研究中心、荆門市博物館編著：《楚地出土戰國簡册合集（一）・郭店楚墓竹書》，文物出版社 2011 年版，第 103 頁。

己。這説明人之性（『學使』）與動物之性（『本能』）是不同的。

【今譯】

性是主要方面，外物來選取它。銅鐘和石磬有宫商角徵羽之聲，如果不敲擊，它們是不會鳴響而發出來的。人雖然天生就有性，但如果心不選取它，它是不會表現出來的。凡心皆有志向，無心參與其中，這是不可以的：性不可以獨自運動，這猶如口不可獨自言説，它們都需要心的參與。牛一生下來即可以身體舒張，鵝一生下來即可以伸長脖頸，這是它們的天性使然。人與禽獸不同，能够通過後天的學習而役使其性。

右爲第二章。

【凡物無不】異也者。剛之樹（祝）也，剛取之也；柔之約，柔取之也。[一] 四【殘簡4】【海之】内，其性一也；其用心各異，教使然也。[二]

【注釋】

[一]『物』，『凡見者之謂物』，在本章中它與『性』相對。物無有不異，而人（作爲現實活動中的人亦物也）爲甚。

『剛之樹，剛取之也』二句，又見郭店簡《語叢三》第46號簡，作：『强（剛）之樹也，强（剛）取之也。』『樹』，應讀爲『祝』。祝，斷也。《荀子·勸學》：『强自取柱，柔自取束。』王引之説，『柱』當讀爲

『祝』，『祝』訓爲『斷』，『此言物强則自取斷折，所謂太剛則折也』。[一]《大戴禮記·勸學》作『强自取折』。『取』，選取，導致。

『約』，束也。《説文·束部》：『束，縛也。』對於竹書『剛之樹，剛取之也；柔之約，柔取之也』四句，學者的訓解紛紜，可參看《郭店楚墓竹書》的集釋。[二] 其實，這四句話不過是通過剛物、柔物的不同來闡明『凡物無不異也者』的道理。

〔二〕『其』，代詞，指人。『一』，一樣，相同。《玉篇·一部》：『一，同也。』『四海之内，其性一也』，對於人性來説，這是一個普遍性的陳述，在歷史上首次肯定了所有人的人性是相同的。此前，孔子説『性相近也，習相遠也』（《論語·陽貨》），又説『惟上知（智）與下愚不移』（《論語·陽貨》），這是人性有差異論，不同於竹書『其性一也』的説法。

『教』，教育，教化，《説文·攴部》：『教，上所施，下所效也。』從内容看，『教』在竹書中具體指詩、書、禮樂三術。『其用心各異，教使之然也』，人的用心各自不同，有差異，這是『教』使之如此的。『教』是使人相區别的根本原因。『性一』説同時説明人與人的區别在於『心』『教』，而不在於『性』：其用心不同，則其人不同；而用心的不同，又是教使之如此的。由此，竹書闡明了『教』在培養人才和成就君子人格過程中起着關鍵作用。

[一]［清］王念孫：《讀書雜志·荀子雜志》，江蘇古籍出版社2000年版，第631頁。

[二] 武漢大學簡帛研究中心、荆門市博物館編著：《楚地出土戰國簡册合集（一）·郭店楚墓竹書》，文物出版社2011年版，第104頁。

【今譯】

萬物没有不相異的。剛硬的東西容易折斷，這是由其剛性所導致的；柔軟的東西容易彎曲纏束，這是由其柔性所導致的。四海之内，每個人的本性是一樣的，但其用心各自不同，這是『教』使之如此的。

右爲第三章。

凡性，或動之，或逆之，或實之，或厲之，或屈【之，或養[4]之】，或長之。[一] 凡動性者，物也。逆性者，悦也。實性者，故也。厲性者，義也。屈性者，勢也。[5] 養性者，習也。長性者，道也。[二] 凡見者之謂物，忞〈快〉於己者之謂悦，物之設者之謂勢，有爲也[6]【者】之謂故。義也者，群善之蕝也。習也者，有以習其性也。道也者[7]，群物之道。[三]

【注釋】

［一］『實』，及下一『實』字，竹書原作□，郭店簡作□。裘錫圭指出，此字，上博簡上從室下從心，寫作窒；郭店簡則爲『室』字的譌形。按，裘説是。『交』字在《性情論》或《性自命出》中出現多次，其寫法跟□或□的上部不同。窒或室，裘錫圭有三讀，他先讀爲『實』字，又認爲『室』或當如字爲訓，後來又讀爲『節』字[二]。按，本篇竹書『節』字多見，均寫作即或從即之字，因此裘錫圭説此字讀爲『節』，

［二］以上説法，參見裘錫圭：《談談上博簡和郭店簡中的錯別字》《由郭店簡〈性自命出〉的『室性者故也』説到〈孟子〉的『天下之言性也』章》，見氏著：《中國出土古文獻十講》，復旦大學出版社 2004 年版，第 261、312—313 頁。

是不對的。李鋭和筆者都肯定此字當讀作「實」。[一]

[二]「動」，義爲感動、擾動。竹簡説，感動人性的是物。

「逆」，迎也。竹簡説，逢迎人性的是悦。

「實」，充實，使之真實。《孟子·盡心下》「充實之謂美」是從人性修養的角度來説的，孟子的「操存」觀念也是一種實性説。竹簡説，充實人性的是故。

「厲」，提高。《廣雅·釋詁四》：「厲，高也。」王念孫《疏證》：「厲者，《説文》：「巁，巍高也。」厲，與巁通。」又，《廣雅·釋詁一》：「厲，上也。」王念孫《疏證》：「厲訓爲上，故自下而上亦謂之厲。」《吕氏春秋·恃君篇》：「我將死之，以醜後世人主之不知其臣者也，所以激君人者之行，而厲人主之節也。」高誘《注》：「厲，高也。」[三] 竹簡説，提高人性的是義。

「屈」，及上一「屈」字，竹書原皆寫作「出」，李零、郭沂分别讀作「絀」和「黜」[三]，侯乃峰説「絀」「黜」又通「屈」。[四] 按，「出」當讀作「屈」或「詘」。絀，短缺、不足，《荀子·非相》：「緩急嬴絀。」黜，貶退，《説文·黑部》：「黜，貶下也。」據此，「出」在竹簡中不當讀作「絀」或「黜」，而應當

[一] 李鋭：《郭店簡〈性自命出〉實性説》，丁四新主編：《楚地簡帛思想研究》第三輯，湖北教育出版社2007年版，第446頁；丁四新：《〈孟子〉「天下之言性也」章研究與檢討——以竹簡〈性自命出〉爲中心》，「孟子思想及其當代詮釋學術研討會」論文，清華大學哲學系主辦，2018年10月20—21日。

[三] 參見漢語大字典編輯委員會：《漢語大字典》，四川辭書出版社、湖北辭書出版社1986年版，第78頁。

[三] 李零：《上博楚簡三篇校讀記》，萬卷樓圖書有限公司2002年版，第68頁；郭沂：《郭店竹簡與先秦學術思想》，上海教育出版社2001年版，第237頁。

[四] 侯乃峰：《上博楚簡儒學文獻校理》，上海古籍出版社2018年版，第84頁。

讀作「屈」或「詘」。屈和詘都是屈服、使之屈從的意思。《左傳·襄公二十九年》「曲而不屈」、《孟子·滕文公下》「威武不能屈」的兩「屈」字，及《韓非子·難勢》「賢人而詘於不肖者，則權輕位卑也」的「詘」字，都是此義。竹簡説，使人性屈從的是勢。「勢」，指權勢、形勢。

「養」，義爲修養、養護。竹簡説，修養人性的是習。「習」，練習、學習。

「長」，做長官，在竹簡中是統率之義。竹簡説，統率人性的是道。

〔三〕「忞」，即「快」字之譌，郭店本作「快」（上夬下心）。《説文·心部》：「快，喜也。」「快」，愉快，暢快。

「設」「勢」，此二字竹簡原均從埶從女，上下結構，郭店本則均作「埶」。據文意，上一字讀爲「設」〔一〕，下一字讀爲「勢」。《説文·言部》：「設，施陳也。」「設」，義爲設立、建設和構設。「勢」，指權勢、形勢。「物之設者之謂勢」，權勢、形勢都需要通過物的一定構設，如此纔成其爲權勢或形勢。

「有爲」，「爲」字讀去聲。「故」，《説文·攴部》：「使爲之也。」段玉裁《注》：「今俗云原故是也。」〔二〕從下文看，竹簡的「故」是舊典、舊法之義。《左傳·定公十年》：「齊、魯之故，吾子何不聞焉？」杜預《注》：「故，舊典。」「故」，具體指詩、書、禮樂之屬；在本篇竹書中，它是一個褒義詞。

「蕝」，《説文·艸部》：「朝會束茅以表位曰蕝。」《國語·晉語八》：「置茅蕝，設望表。」韋昭《解》：「蕝，謂束茅而立之。」引申之，其義爲「標誌」。「義也者，群善之蕝也」，是説「義」是諸善的標誌。由此

〔一〕參見李零：《上博楚簡三篇校讀記》，萬卷樓圖書有限公司2002年版，第69頁。
〔二〕〔清〕段玉裁：《説文解字注》卷三，上海古籍出版社1981年版，第123頁。

可見，竹書非常重視『義』的觀念。

『習也者，有以習其性也』的前一『習』字，爲學習義；後一『習』字，爲訓練義。『道也者』三字下，應接殘簡3的文字。『群物之道凡道【心術】』這幾個字屬於殘簡3。第7號簡和殘簡3應當合並起來，它們原本屬於同一支簡。

【今譯】

凡性，或者感動之，或者逢迎之，或者充實之，或者提高之，或者屈服之，或者培養之，或者統率之。凡感動人性的是物，逢迎人性的是悦，充實人性的是故（舊典、舊法），提升人性的是義，使人性屈服的是勢（權勢、形勢），養護人性的是習（學習），統率人性的是道。凡可以看見的叫作物，使自己感到愉悦的叫作悦，事物設置起來叫作勢，爲了一定目的叫作故。義，是群善的表徵。習，有什麽來修習其本性。道，是指存在於衆多事物中的法則。

右爲第四章。

凡道，【心術】【殘簡3】爲主。[一] 道四術也，唯人道爲可道也；其三術者，道之而已。[二] 詩、書、禮樂，其始出也皆生於[8]【人。詩】，有爲爲之也。書，有爲言之也。禮樂，有爲舉之也。[三] 聖人比其類而論（倫）會之，觀其先後而[9]逆順之，體其宜而節文之，理其情而出入之，然後復以教。教，所以生德於中者也。[四]

【注釋】

［一］『心術』，是戰國時期的常用詞，見於《禮記》《荀子》《墨子》《莊子》《管子》《鶡冠子》等古書。《説文·行部》：『術，邑中道也。』『術』與『道』對言，指道的分派，也可泛指街道、道路。『心術』之『術』，乃其引申義，指途徑和方法。《禮記·樂記》：『夫民有血氣心知之性，而無哀樂喜怒之常，應感起物而動，然後心術形焉。』鄭玄《注》：『術，所由也。』《漢書·禮樂志》引用了《樂記》這段話，顔師古《注》：『術，道徑也。心術，心之所由也。』《荀子·非相》：『術正而心順之，則形相雖惡而心術善，無害爲君子也。形相雖善而心術惡，無害爲小人也。』楊倞《注》：『術，道術也。』[二]『心術』，心所由的途徑。從《非相》原文看，『心術』亦指心所經由的途徑。《管子·七法》：『實也、誠也、厚也、施也、度也、恕也，謂之心術。』這是説實、誠、厚、施、度、恕是『心術』的内容。竹簡的『心術』概念亦是『心所由之途徑』的意思。從現代漢語來看，『術』爲『方法』義。『凡道，心術爲主』，這是説『道』以心術爲根本，即心所經由的根本途徑，或者心如何活動而能由此之彼的方法論原則。

［二］『四術』，四種途徑或方法，在竹簡中具體指心術、詩、書、禮樂。『禮樂』連言，僅爲一術。『可道』之『道』，由也，遵從也，或爲實行之義。《禮記·禮器》：『苟無忠信之人，則禮不虚道。』此『道』字即遵從、實行之義。

『道之而已』的『道』，是述説、講論之義。『其三術者，道之而已』是説，詩、書、禮樂三術不過是講

［二］［清］王先謙撰，沈嘯寰、王星賢點校：《荀子集解》，中華書局1988年版，第72頁。

論人道罷了。

〔三〕『有爲爲之』前一『爲』字，讀去聲；後一『爲』字，是撰作、撰寫之義。下兩『有爲』之『爲』字，亦讀去聲。

『言』，義爲言説、言論。

『舉』，《説文・手部》：『對舉也。』在竹簡中是『製作』之義。

〔四〕四句中的『其』字，分別代指上文的詩、書、禮、樂，故下文曰『然後復以教』。

『論』，讀爲『倫』，參見季旭昇説。[1]《荀子・解蔽》：『萬物莫形而不見，莫見而不論，莫論而失位。』郝懿行《注》：『論，讀爲倫。倫者，理也。』[2]

『中』，身中，尤指居身之中的『心』。

【今譯】

凡道，以心術爲根本。道有四術，唯人道爲可以遵從；其他三術，不過是用來講述人道的手段罷了。詩、書、禮樂三術的製作，其初始都生發於人自身。詩，是有目的地吟詠出來的。書，是有目的地寫作出來的。禮樂，是有目的地創設出來的。聖人排比其類別而條理會集之，觀察其先後次序而逆順之，體會其適宜條件

〔一〕陳霖慶撰寫，季旭昇改訂：《〈性情論〉譯釋》，季旭昇主編：《〈上海博物館藏戰國楚竹書（一）〉讀本》，萬卷樓圖書有限公司2004年版，第169頁。

〔二〕［清］王先謙撰，沈嘯寰、王星賢點校：《荀子集解》，中華書局1988年版，第397頁。

而節制、文飾之，梳理其實情而引出、導入之，然後復用它們來教化人。教，是人生德於心中的工具。

右爲第五章。

禮[10]【作於】情，或興之也，當事因方而制之；其先後之叙，則宜（義）道也。[一] 或叙爲之節，則文也。[11]【致容】貌，所以文節也。[二] 君子美其情，貴其宜（義），善其節，好其容，樂其道，悦其教，是以敬焉。[三] 拜，[12]【所以爲敬也】；其𦉢（數），文也。幣帛，所以爲信與徵也；其詞（治），宜（義）道也。[四] 笑，喜〈禮〉之淺澤也；樂，喜〈禮〉之[13]【深澤也】。[五]

【注釋】

［一］『禮作於情』，相同句子又見於郭店簡《語叢一》：『禮因人之情而爲之節文者也。』（簡31、97）《語叢二》：『情生於性，禮生於情。』（簡1）又見於傳世文獻《禮記·坊記》：『禮者，因人之情而爲之節文。』《淮南子·齊俗》：『禮因人情而爲之節文。』以上引文參看陳偉的文章[一]。『情』，情實，人情。

『或』，或者。『或興之』，與下文『或叙爲之節』相應。『興』，義爲創辦、創建。

『當』，義爲當着、對着。『因』，就也，可訓爲『依據』。『方』，義爲法則、義理。《周易·繫辭上》：『方以類聚，物以群分。』其中的『方』字即此義。

『叙』字及下一『叙』字，原簡皆寫作『舍』。上『叙』字，爲次第義，《説文·攴部》：『叙，次第

［一］ 陳偉：《郭店簡書〈人雖有性〉校釋》，《中國哲學史》2000年第4期。

也。」下「叙」字，爲條理義，《爾雅·釋詁上》：「叙，緒也。」

「宜」，讀爲「義」。

〔二〕「節」，法度，在竹簡中作動詞用，是「制定法度」的意思。「文」，文飾。

「致」，《説文·攴部》曰「送詣也」，在竹簡中是表達、體現之義。「容貌」，指禮容禮貌。「容」，儀容；「貌」，顏色之貌。

〔三〕上數句，言君子以禮修身也。

「敬」，恭敬。

〔四〕「所以爲敬也」五字，郭店本殘存「所以」兩字，陳偉曾補「敬」字〔一〕。

[illegible]，周鳳五讀爲「數」，並説猶《周禮·太祝》「九拜」之屬〔二〕。「數」，即禮數。

「詞」，讀爲「治」。「治」，義爲辦理幣帛。

〔五〕「喜」，原簡從壴從心；郭店本從豊從心，讀作「禮」。疑上博本誤，當從郭店本。本章所論，以「禮」爲中心。「澤」，是滋潤、感澤之義。

「樂」，音盧各切。

【今譯】

禮生作於人情，有人興作之，當着事情，依據義理而製作之；其先後的次序，這是義。又條理之，爲之

〔一〕陳偉：《郭店簡書〈人雖有性〉校釋》，《中國哲學史》2000 年第 4 期。

〔二〕周鳳五：《上博〈性情論〉小箋》，《齊魯學刊》2002 年第 4 期。

節制，這是文飾。禮表達在儀容形貌上，是用來文飾和節制人的。君子贊美禮的實情，尊重禮的正義，誇獎禮的節文，喜好禮的儀容，悦樂禮的規範，喜悦禮的教化，因此我們變得恭敬了啊。拜，所以爲恭敬之禮；其禮數，這是文飾。幣帛，所以爲信任和徵驗的依據；如何治理幣帛，這得依據『義』的原則。笑，是受到禮初淺潤澤的表現；而樂，則是受到禮深厚潤澤的表現。

右爲第六章。

【凡】聲，其出於情也信，然後其入撥人之心也厚。[一] 聞笑聲，則鮮如也斯喜。聞歌謡，【14】【則陶如也斯】奮。聽琴瑟之聲，則悸如也斯難（戁）。觀《賚》《武》，則齊如也斯作。觀【《韶》《夏》，則勉如也【15】斯斂】。[二] 詠思而動心，喟如也。[三] 其居節也久，其反善復始也慎，其出入也順，司（始）其德【也。[四] 鄭衛之【16】樂，則非其】聲而從（縱）之也。[五] 凡古樂龍（愉）心，益樂龍（愉）【指，皆教其】人者也。《賚》《武》樂取，《韶》《夏》樂情。[六]

【注釋】

[一]『聲』，樂聲，具體指宫、商、角、徵、羽五聲。『情』，人之情。『信』，信實。『撥』，撥動，打動。『厚』，深厚。

[二]『鮮如』，鮮明的樣子。《周易・説卦》：『爲蕃鮮。』孔穎達《疏》：『鮮，明也。』

『陶如』，從李零、劉釗讀[一]。郭店本原作『舀如』，陳偉讀作『慆如』[二]。《説文·心部》：『慆，説也。』『慆如』，是喜悦、快樂之貌。其實，『慆如』即『陶如』。揚雄《法言·先知》作『陶陶然』，劉熙《釋名·釋丘》作『陶然』。

『悸』，《説文·心部》：『心動也。』『悸如』，即心動之貌。『難』，讀作『戁』，郭店本作『戁』。《説文·心部》：『戁，敬也。』《爾雅·釋詁下》：『戁，懼也。』二義相爲表裏。

《賚》，見於《毛詩·周頌·閔予小子之什》。『賚』，予也。孔穎達《疏》：『《賚》詩者，大封於廟之樂歌也。謂武王既伐紂，於廟中大封有功之臣以爲諸侯。周公、成王大平之時，詩人追述其事而爲此歌焉。』《武》，見於《毛詩·周頌·臣工之什》。孔穎達《疏》：『《武》詩者，奏《大武》之樂歌也。謂周公攝政六年之時，象武王伐紂之事，作《大武》之樂既成，而於廟奏之。詩人睹其奏而思武功，故述其事而作此歌焉。』

『齊』，同『齋』字。《説文·示部》：『齋，戒潔也。』《廣韻·皆韻》：『齋，莊也，敬也。』『齊如』，虔敬之貌。

《韶》，舜樂。《漢書·禮樂志》：『舜作《韶》。』《禮記·樂記》鄭玄《注》：『《韶》，舜樂名，言能繼堯之德。』《夏》，禹樂。《莊子·天下》：『黄帝有《咸池》，堯有《大章》，舜有《大韶》，禹有《大夏》，

[一] 李零：《上博楚簡三篇校讀記》，萬卷樓圖書有限公司2002年版，第124—125頁；劉釗：《郭店楚簡校釋》，福建人民出版社2005年版，第96頁。

[二] 陳偉：《郭店簡書〈人雖有性〉校釋》，《中國哲學史》2000年第4期。

湯有《大濩》，文王有辟雍之樂，武王、周公作《武》。」

「勉」，《説文·力部》：「彊也。」「勉如」，即努力貌、盡力之貌。「斂」，《説文·攴部》：「收也。」斂即收斂。

〔三〕「羕」，讀作「詠」。《説文·言部》：「詠，歌也。或從口。」《玉篇·言部》：「詠，長言也。」「詠」即曼聲長吟。《禮記·樂記》：「詩言其志也，歌詠其聲也。」「思」，《説文·心部》：「容也。」在竹簡中「思」是思慕、思念之義。「詠思」，詠而思之，即以曼聲長吟的方式表達思慕或思念先聖、先祖之情。「喟」，《説文·口部》：「大（太）息也。」「喟如」，即喟然，長歎息之貌。《論語·子罕》：「顏淵喟然歎曰：『仰之彌高，鑽之彌堅，瞻之在前，忽焉在後。』」

〔四〕「居節」，學者的訓解紛紜，莫能一定。據上下文，「其居節也久」下數句的大意是講樂的陶養和教化作用。「居」大概是處於之義，「節」指音樂節奏，指代「樂」。「其居節也久」，意即人處於音樂的感化中如果長久的話。

「慎」，確實。《爾雅·釋詁上》：「慎，誠也。」《詩·小雅·巧言》：「昊天已威，予慎無罪。」《毛傳》：「慎，誠也。」

「出入」，出入於道，出入於禮。竹書上文曰：「知情者能出之，知義者能入之。」

「司」，當讀爲「始」，李零即讀爲「始」〔一〕。學者或讀爲「治」「殆」，或如字爲訓，疑俱不可從。「始」，生也。《禮記·檀弓下》「君子念始之者也」鄭玄《注》：「始，猶生也。」「始其德」即「生其德」，與竹書

〔一〕李零：《上博楚簡三篇校讀記》，萬卷樓圖書有限公司2002年版，第72頁。

上文『教，所以生德於中者也』相應。

〔五〕『鄭衛之樂』，淫聲，非雅正之聲。《論語·衛靈公》載『子曰』：『鄭聲淫，佞人殆。』《白虎通·禮樂》：『樂尚雅何？雅者，古正也，所以遠鄭聲也。孔子曰：「鄭聲淫何？鄭國土地民人，山居谷浴，男女錯雜，爲鄭聲以相誘悅懌，故邪僻，聲皆淫色之聲也。」』『其聲』，指雅正之聲；『非其聲』，指非雅正之聲。『從』讀爲『縱』〔一〕，鄭衛之聲淫，明知其非雅正之聲，但因其悅人耳目，故人們易於縱蕩之。

〔六〕『古樂』，古雅、雅正之樂，如《賚》《武》《韶》《夏》是也。『龍』，一讀爲『雍』（邕、雝）。《詩·酌》『我龍受之』《毛傳》曰：『龍，和也。』李學勤據之，訓竹簡『龍』字爲『和』。〔二〕侯乃峰據段玉裁說，云：『「龍」訓爲「和」，似當是以「龍」爲「雍」（邕）之假借。』〔三〕《説文》『龍』字段玉裁《注》：『《勺》傳曰：「龍，和也。」《長發》同。謂龍爲邕和之叚借字也。』〔四〕『雍』訓『和』，乃和諧、和同、和洽之義。一讀竹簡『龍』爲『愉』，這是白於藍、侯乃峰的説法。〔五〕按，『龍』當讀爲『愉』。『龍』

〔一〕李學勤：《郭店簡與〈樂記〉》，北京大學哲學系編：《中國哲學的詮釋與發展——張岱年先生90壽慶紀念文集》，北京大學出版社1999年版，第26頁。

〔二〕同上。

〔三〕侯乃峰：《上博楚簡儒學文獻校理》，上海古籍出版社2018年版，第91頁。

〔四〕［清］段玉裁：《説文解字注》卷十一，上海古籍出版社1981年版，第582頁。

〔五〕白於藍編著：《戰國秦漢簡帛古書通假字匯纂》，福建人民出版社2012年版，第639頁；侯乃峰：《上博楚簡儒學文獻校理》，上海古籍出版社2018年版，第92頁。

上古音爲來母東部，「雍」上古音爲影母東部，「愉」上古音爲喻母侯部。來、影二紐聲不近，故「龍」不宜讀爲「雍」。來、喻二紐同爲舌音，東、侯二部對轉，故龍、愉二字可通假。「愉」，愉悦，於義亦爲優。

「益」，趙建偉、上博簡整理者讀爲「溢」[一]。「溢」是「益」的分化字。《莊子·人世間》：「夫兩喜必多溢美之言，夫兩怒必多溢惡之言。」「溢」即訓爲「過度」「過分」。「溢樂」即「淫樂」，具體指鄭衛之樂，與「古樂」相對。「指」，竹簡殘，從郭店本。「指」，手指，在竹書中爲借代手法，指耳目鼻口手足六者。「凡古樂愉心，溢樂愉指」，這兩句話是説古樂使心靈感到愉快，淫樂使耳目鼻口手足感到愉快。

「取」，《説文·又部》：「捕取也。」在竹簡中是獲取、奪取之義。《賚》《武》爲武王之樂，故云「樂取」也。

「情」，人情，信情。

【今譯】

凡樂聲，其出於人情信實，然後它們反過來打動人心也就很厚重。聞聽到笑聲，這樣就鮮如而喜悦。聞聽到歌謡，這樣就陶如而興奮。聽到琴瑟的聲音，這樣就悸如而敬懼。觀看《賚》《武》之樂，這樣就齊如而振作。觀看《韶》《夏》之樂，這樣就勉如而收斂。曼聲長吟式地表達思念而能打動人心，是長歎息之聲。人居處於音樂的節奏中長久了，他返於善、回復其始初也就審慎，他出入道義也就很順從，這樣他的德行就

[一] 趙建偉：《郭店竹簡〈忠信之道〉〈性自命出〉校釋》，《中國哲學史》1999 年第 2 期；濮茅左釋文注釋：《性情論》，馬承源主編：《上海博物館藏戰國楚竹書（一）》，上海古籍出版社 2001 年版，第 245 頁。

開始生長了。鄭衛之樂，是那種非正當的、放縱的聲音。凡古雅之樂使人心感到愉快，淫放之樂則使耳目鼻口手足感到愉快，有什麽樣的音樂就教化出什麽樣的人。《賚》《武》以奪取天下爲樂，《韶》《夏》以世間真情爲樂。

右爲第七章。

凡[17]【至樂】必悲，哭亦悲，皆至（致）其情也。哀樂，其性相近也，是故其心不遠。[一] 哭之動心也，慘怛，其[18]【烈】戀戀如也，戚然以終。樂之動心也，濬深鬱陶，其烈流如也以悲，悠然以思。[二]

【注釋】

[一]『至樂』之『至』，訓爲『至極』；『樂』，讀爲快樂的『樂』。下『哀樂』的『樂』，音同此。『至其』的『至』，讀爲『致』，義爲表達。『性』，義爲本性、特性。悲哀和快樂都表達了人的真實情感，故曰『其性相近也』。『其心』的『心』，指心意、用心。

[二]『慘怛』，從李鋭釋文[一]。上一字，竹書原作『浸』；下一字，竹書上從旦，下部漫漶。『慘怛』，

[一] 李鋭：《郭店楚墓竹簡續釋》，《中國文字》第34期，2009年，第75—89頁。

義爲慘痛、悲傷。郭店本作「潚潑」，李零等讀作「浸殺」，認爲「是漸衰落的意思」[二]。從下文「濬深鬱陶」看，李鋭説近是。

「烈」，濃烈。郭店本作「剌」，劉釗讀作「烈」[三]。「戀戀如」，連綿不絶、依依不捨之貌。

「樂之動心也」之「樂」，是音樂之樂。

「濬深」，濬同浚，浚、深義近。「鬱陶」，喜悦之貌。《爾雅·釋詁》：「鬱陶，喜也。」《孟子·萬章上》曰「鬱陶思君爾」，《史記·五帝本紀》曰「我思舜正鬱陶」，《尚書·五子之歌》曰「鬱陶乎予心」，《楚辭·九辯》曰「豈不鬱陶而思君兮」，此四「鬱陶」均爲喜悦之貌。

「流如」，若水之流然、不絶之貌，與上文「戀戀如」相應。

「悠然」，憂思貌。《説文·心部》：「悠，憂也。」《爾雅·釋詁下》：「悠，思也。」《詩·關雎》：「悠哉悠哉，輾轉反側。」《毛傳》：「悠，思也。」「思」，即思念、思慕之義。

【今譯】

至極的快樂必定會導致悲傷，哭泣之聲也是悲傷，它們都是人用來表達真實感情的。哀痛和快樂，由於其本性相近，所以其心意相距不遠。哭泣之聲打動人心，慘痛悲傷，其濃烈處連綿不絶、依依不捨，最後在悲戚中終止。音樂之打動人心，使人深沉喜悦，其濃烈處若水流不絶，繼之以悲傷，使人悠然思念不已。

[二] 李零：《郭店楚簡校讀記（增訂本）》，北京大學出版社2002年版，第109頁。

[三] 劉釗：《郭店楚簡校釋》，福建人民出版社2005年版，第98頁。

右爲第八章。

凡憂思而後悲，【凡】【19】樂思而後忻。凡思之用心爲甚。[一] 歎，思之方也，其聲變，則〖其〗心從之矣。其心變，則其聲亦然。[二]【20】【吟由哀也】，譟由樂也；啾由聲也，謳由心也。[三]

【注釋】

[一]『憂思』，與下文『樂思』相同，指思念的發動即同時包含了或憂或樂的情感。『忻』，《説文·心部》：『闓也。從心斤聲。《司馬法》曰：「善者，忻民之善，閉民之惡。」』這裏是喜悦、歡欣的意思。《玉篇·心部》：『忻，喜也。』忻、訢、欣三字同義，都有喜悦之義。《説文·言部》：『訢，喜也。』同書《欠部》：『欣，笑喜也。』

『用心』，指專用其心於一端。

[二]『歎』，竹簡原字作『難』，郭店本作『𪔿』，均應讀作『歎』。下文所謂『其聲變』之『聲』，即指歎聲，包括吟、譟、啾、謳四種。『歎，思之方也』，是説『歎』是表達思念之情的方法。陳偉引《説苑·脩文》『孔子曰』：『鐘鼓之聲怒而擊之則武，憂而擊之則悲，喜而擊之則樂。其志變，其聲亦變。』[一] 與竹書意思相近。需要注意的是，在竹書中，『歎』包含了『其聲』和『其心』兩個方面。『心從』二字上，脱『其』字，當補。這幾句話是説心、聲二者的相互作用。

[一] 陳偉：《郭店簡書〈人雖有性〉校釋》，《中國哲學史》2000 年第 4 期。

〔三〕「吟」，或寫作「訡」「唫」，《説文・口部》：「呻也。」是吟詠、吟誦的意思。《釋名・釋樂器》：「吟，嚴也。其聲本出於憂愁，故其聲嚴肅，使人聽之悽歎也。」趙建偉引之〔一〕，其説是。「由」，原簡作「斿」，郭店本作「遊」，劉釗讀爲「由」〔二〕，可從。竹書説，歌吟出自悲哀之情。在此，「吟」爲聲，而「哀」爲心。

「譟」，歡呼。《周禮・夏官・大司馬》「車徒皆譟」鄭玄《注》：「譟，讙也……亦謂喜也。」「啾」，啾啾，啾唧，衆聲細碎而嘈雜。《廣韻・尤韻》：「啾，啾唧，小聲。」《楚辭・離騷》：「揚雲霓之晻藹兮，鳴玉鸞之啾啾。」正因其有衆聲嘈雜之義，故曰「啾由聲」也。

「謳」，原簡作「敂」，郭店本作「㖌」，李零讀爲「嘔」，劉釗讀爲「巇」。〔三〕按，此字當讀爲「謳」。「謳」與上文「啾」相對。《説文・言部》：「謳，齊歌也。」《廣雅・釋樂》：「謳，歌也。」

「謳由心也」下，郭店本有「喜斯陶，陶斯奮，奮斯詠，詠斯摇，摇斯舞。舞，喜之終也。慍斯憂，憂斯慼，慼斯歎，歎斯擗，擗斯踊；踊，慍之終也」一段文字。郭店本這段文字又見於《禮記・檀弓下》「子游曰」，是篇曰：「人喜則斯陶，陶斯詠，詠斯猶，猶斯舞，舞斯慍，慍斯戚，戚斯嘆，嘆斯辟，辟斯踊矣。」但此段文字是由子游首先言説的，還是他引用孔子的話，這是一個問題。

以上簡文，在郭店本中屬上篇。以下竹簡次序與郭店本相差較大。

〔一〕趙建偉：《郭店竹簡〈忠信之道〉〈性自命出〉校釋》，《中國哲學史》1999年第2期。

〔二〕劉釗：《郭店楚簡校釋》，福建人民出版社2005年版，第99頁。

〔三〕李零：《上博楚簡三篇校讀記》，萬卷樓圖書有限公司2002年版，第75頁；劉釗：《郭店楚簡校釋》，福建人民出版社2005年版，第99頁。

【今譯】

憂傷地思念而後悲傷，快樂地思念而後欣悦，其中思念得用心爲最。歎息，是表達思念得方法；其樂聲改變，其用心亦跟着變化。其用心變化，則其樂聲也是如此。吟詠發自悲哀，歡呼發自悦樂；啾唧發自聲音，謳歌發自内心。

右爲第九章。

凡人情爲可悦也，苟以其情，雖過不惡。不以[21]【其】情，雖難不貴。[一]未言而信，有美情者也。未教而民恒，性善者也。【未賞而民勸，含福（愊）者也。[22]未刑】而民畏，有心畏（威）者也。[二]賤而民貴之，有德者也。貧而民聚焉，有道者也。獨居而樂，有内通[23]者也。惡之而不可非者，達於義者也。非之而不可惡者，篤於仁者也。行之而不過，知道者[24]【也】。[三]……不知己者不怨人。苟有其情，【雖未之】【殘2+殘5】爲，斯人信之矣。[四]【殘1】

【注釋】

[一]『苟』，猶若也，見王引之《經傳釋詞》卷五。『情』，實情。『苟以其情，雖過不惡』，其意可參看《論語·里仁》『苟志於仁矣，無惡也』二句。『惡』，音烏各切。

『難』，即難以做到。

[二]『恒』，恒常。恒常，與『變亂』相對，在竹書中指一心向善而未有改變。《論語·述而》載『孔

子曰』：『善人，吾不得而見之矣；得見有恒者，斯可矣。亡而爲有，虚而爲盈，約而爲泰，難乎有恒矣。』竹書的『恒』字即此義。

『性善者』，與上文『有美情者也』相對，皆就其發見處言之，猶宋儒『氣質之性』的概念。『有美情者也』『性善者也』及下文相應句子，皆就君子言之。

『福』，劉釗讀作『愊』[一]。劉説可從。《説文・心部》：『愊，誠志也。』《玉篇・心部》：『愊，悃愊，至誠也。』

『心畏』之『畏』，讀作『威』。威，威嚴、尊嚴。《論語・學而》：『君子不重則不威，學則不固。』『威』即此義。

〔三〕『聚』，聚集、會集也。

『居』，郭店本作『凥』，『凥』即楚文『處』字。『居』『處』音義俱近，屬於同義换字。『獨居而樂』，亦見於《荀子・儒效》篇，云：『窮處而榮，獨居而樂。』

『通』，竹書原作『歏』，郭店本作『𦔻』。『歏』讀作『通』，是通達、通暢的意思。『𦔻』，不識；或釋作『豊』，疑非。

『惡之』之『惡』及下一『惡』字，均音烏路切。『非』，以之爲非，即責難之義。

『篤』，《爾雅・釋詁上》：『固也。』即堅實、堅固之義。

〔四〕『不知己』上，竹簡殘缺，與上文不相接。

〔一〕 劉釗：《郭店楚簡校釋》，福建人民出版社2005年版，第104頁。

殘簡2、殘簡5和殘簡1應當綴合在一支簡上，作『……不知己者不怨人苟有其情【雖未之】爲斯人信之矣【。聞道反上上交者】』。

【今譯】

人情是能令人喜悅的，設若以真情，即使過度了也不壞。如果人不用其真情，即使難以做到，也無須貴重之。不言語而令人相信，這是有美情的人。不用教化而民衆即能恒常如一，這是性善的人。沒有獎賞而民衆勸勉服從，這是內含實誠的人。不加刑罰而民衆畏懼，這是內心威嚴的人。身份低賤而民衆尊貴之，這是有德行的人。貧窮而民衆願意聚集在他周圍，這是有道的人。獨自居處而感到快樂，這是內心通達的人。討厭他却不可非難他，這是達到義的人。非難他却不可討厭他，這是篤於仁的人。實行之而不過度，這是懂得道的人……不知道自己的人而不怨恨他。假如有真情，即使還沒有做，這種人也令人相信。

右爲第十章。

【聞道反上，上交者[簡1]也。聞道反下，下交者也。聞道反己，修身者也。上交近事君，下交得衆近從政，修身近至仁[一]。同方而[25]交，以道者也。不同方而交，以故者也。【同悅】而交，以德者也。不同悅而交，以猷者也[二]。門內之治欲其掩也，[26]【門外】之治欲其折也[三]。

【注釋】

[一]『事君』，服侍君王。

『從政』，從事政治和處理政事。

〔二〕『方』，法則、準則。《詩・大雅・皇矣》：『萬邦之方，下民之王。』《毛傳》：『方，則也。』亦道理、義理義。《廣雅・釋詁二》：『方，義也。』《廣韻・陽韻》：『方，道也。』《周易・繫辭上》『方以類聚』孔穎達《疏》：『方，道也。』《禮記・樂記》『樂行而民鄉方』孔穎達《疏》：『方，猶道也。而民歸鄉仁義之道也。』

『猷』，謀略。《爾雅・釋詁上》：『猷，謀也。』

〔三〕『掩』，竹書原作『[illegible]』，郭店本作『[illegible]』，此字在竹書《孔子詩論》中用爲《詩・小宛》之『宛』字，劉釗讀爲『掩』〔一〕。『掩』，掩蓋也。

『折』，斷也。《説文・手部》：『折，斷也。』引申爲斷絶、决斷、裁决等義。『門内之治欲其掩也，門外之治欲其折也』兩句，參看《禮記・喪服四制》和《大戴禮記・本命》，這兩篇傳世文獻皆曰：『門内之治恩掩義，門外之治義斷恩。』

【今譯】

聞知道而返之於上，這是與居於上位的人相交。聞知道而返之於下，這是與居於下位的人相交。聞知道而返之於己，這是修身。與居於上位的人相交近似於侍候君主，與居於下位的人相交而得到衆人的信任，這近似於從政，修身近似於達到仁的境界。同志向而交往，這是因爲道義。不同志向而交往，這是因爲有意如

〔一〕劉釗：《郭店楚簡校釋》，福建人民出版社 2005 年版，第 105 頁。

此。同悦好而交往，這是因爲德行。不同悦好而交往，這是因爲謀略。門内的治理欲其相掩蓋，門外的治理欲其判斷分明。

上爲第十一章。

凡身欲静而毋遣（撼），用心欲悳（直）而毋僞，慮欲淵而毋暴，退欲肅而毋輕，[27]【進】欲隨而有禮；言欲直而毋流，居處欲逸易而毋曼（悗）。[一]君子執志必有夫杭杭（往往）之心，出言必有夫柬（簡簡）[28]【之信】，賓客之禮必有夫齊齊之容，祭祀之禮必有夫齊齊之敬，居喪必有夫戀戀之哀。[二]

【注釋】

[一]『凡身』之『凡』，郭店本無此字。『遣』，郭店本作『�』，劉釗讀爲『撼』[一]，可從。或讀爲『羡』『滯』，疑非。《説文·手部》：『搣，摇也。』『搣』即『撼』字。《廣雅·釋詁》：『撼，動也。』『静』與『撼』相對。此句可參看《吕氏春秋·仲夏紀·五月紀》『身欲静無躁，止聲色，無或進』等句。

『悳』，讀爲『直』。『直』與下『僞』字相對。『僞』，虚僞、詐僞。

『淵』，淵深。『暴』，暴露。《孟子·萬章上》：『暴之於民，而民受之。』『淵』與『暴』相對。『用心欲直而毋僞，慮欲淵而毋暴』兩句，郭店本作『慮欲淵而毋僞』一句。比較二本，疑郭店本晚出。

[一]　劉釗：《郭店楚簡校釋》，福建人民出版社2005年版，第106頁。

『肅』，端肅、莊重。『輕』，輕巧。『肅』與『輕』相對。『隨』，隨順、隨和。『有禮』，謂有禮節。『隨』與『禮』相對。『退欲肅而毋輕，【進】欲隨而有禮』兩句，郭店本作『進欲遜而毋巧，退欲昜而毋輕』，上下兩句顛倒，且文字不盡相同。

『直』，端正。『流』，淫放。《禮記·樂記》『使其聲足樂而不流』鄭玄《注》曰：『流，謂淫放也。』『直』與『流』相對。

『逸』，安逸、閒適。『易』，和悦。《詩·小雅·何人斯》『我心易也』《毛傳》曰：『易，説（悦）也。』『曼』，讀爲『悗』，二字上古音均爲明紐元部。『悗』，惑亂、煩悶。《玉篇·心部》：『悗，惑也。』《吕氏春秋·審分》：『夫説以智通，而實以過悗。』『悗』與『通』字相反，是惑亂之義，引申爲煩悶、煩亂。『逸易』與『悗』相對。

以上，『静』與『撼』，『直』與『僞』，『淵』與『暴』，『肅』與『輕』，『隨』與『有禮』，『直』與『流』，『逸易』與『悗』，兩兩相反對。

在諸『欲』字句下，郭店本有『欲皆文而毋僞』一句，以作總結。

〔二〕『杭杭』，從陳劍釋文〔一〕，郭店本作『㞷㞷』。『㞷』即『往』字。『杭杭』，當讀作『往往』，『杭』『往』二字聲通。《禮記·少儀》：『祭祀之美，齊齊皇皇。』鄭玄《注》：『齊齊皇皇，讀爲歸往之往。』孔穎達《疏》引皇侃曰：『謂心所繫往。』鄭、孔二氏即將『皇皇』讀作『往往』。『往往』，往之又往，形容心

〔一〕陳劍：《詩説戰國文字中寫法特殊的『亢』和從『亢』諸字》，劉釗主编：《出土文獻與古文字研究》第三輯，復旦大學出版社2010年版，第163—166頁。

有所繫往之貌。《荀子·成相》：『君子執之，心如結。』『心如結』，亦即此所謂『往往之心』。『柬柬』，讀作『簡簡』，平易、質樸之貌。上『齊齊』，莊重之貌。對待賓客，作爲主人在禮容上即不能輕慢之。下『齊齊』，原簡作『臍臍』，恭敬嚴正之貌。《禮記·玉藻》：『凡行，容惕惕；廟中，齊齊。』鄭玄《注》：『恭慤貌也。』孔穎達《疏》：『齊齊，自收持嚴正貌也。』『齊齊』之『齊』，均音莊皆切。

『居喪必有夫戀戀之哀』下，郭店本有『君子身以爲主心』一句，並以此句終篇。

【今譯】

身體要安靜而不要搖動，用心要正直而不要虛僞，思慮要淵深而不要暴露，向後退要端肅而不要輕巧，向前進要隨順而有禮貌；説話要簡直而不要淫放，居處要閒適平易而不要煩悶。君子執持志意一定要有種往往的心態，出言一定要有種簡簡的誠信，賓客之禮一定要有種齋齋的容貌，祭祀之禮一定要有種齋齋的恭敬，居處喪事一定有種戀戀不已的悲哀。

右爲第十二章。

凡悦人毋吝[29]【也】，身必從之，言及則明譽之而毋僞。[一] 凡交毋剌（裂），必使有末。[二] 凡於道路毋思，毋獨言；獨居，則習[30]【父】兄之所樂。[三] 苟毋（無）〖大〗害，少枉入之可也，已則勿復言也。[四] 凡憂患之事欲任，樂事欲後。[五]

【注釋】

〔一〕『吝』，吝惜，捨不得。一説，『吝』讀作『隱』〔一〕，不可從。

『身』，指行爲的主體。

『言及』，言辭提及，口頭説及。『譽』，從李天虹釋讀〔二〕，此字原簡作『琞』。《荀子·致士》：『君子慎之，聞聽而明譽之，定其當而當，然後士其刑賞而還與之。』『僞』，虚僞；『毋僞』，不要虚僞。《新書·道術篇》：『言行抱一謂之貞，反貞爲僞。』『貞僞』，或作『真僞』，或作『情僞』，其義一也。

〔二〕『剌』，讀爲『裂』。『裂』爲『列』之分別字。《説文·刀部》：『列，分解也。』

『有末』，有終。『末』，終末。

〔三〕『道路』，郭店本作『路』。『思』，郭店本作『愢』。『愢』當爲『思』之誤。

『居』，郭店本作『尻』。『尻』即楚文『處』字。居、處同義换字。

〔四〕『毋』，讀爲『無』。『害』，郭店本作『大害』，疑上博簡脱一『大』字。

『已』，止息，指某事已停止。

〔五〕『凡憂患之事欲任，樂事欲後』兩句，與范仲淹《岳陽樓記》『先天下之憂而憂，後天下之樂而

〔一〕此爲季旭昇説，參見季旭昇主編：《〈上海博物館藏戰國楚竹書（一）〉讀本》，萬卷樓圖書有限公司2004年版，第201頁；或轉見侯乃峰：《上博楚簡儒學文獻校理》，上海古籍出版社2018年版，第101頁。

〔二〕武漢大學簡帛研究中心主辦：《簡帛》第一輯，上海古籍出版社2006年版，第57頁。

樂』同意。此二句下，郭店本接『身欲靜而毋撼』一段文字。

【今譯】

凡喜歡他人，不要捨不得，身體（行爲）一定要跟上。言語提到了，就要明確地贊譽他，但不要虛僞。凡交往，不要中途斷裂，一定要使之有始有終。凡在道路上，不要胡思亂想，不要獨言獨語。獨居於家，就學習父兄輩所喜樂的事情。假如没有大的危害，稍稍枉曲一點是可以的；如果一件事已經停止了，那就不要再説及它了。凡憂患的事情要勇於承擔，凡悦樂的事情要放在後面。

右爲第十三章。

凡學者求其[31]〖心爲難。從其所爲，近得之矣，不如以樂之速也。〗[一]雖能其事，不能其心，不貴。[二]求其〗心有爲（僞）也，弗得之矣。人之不能以僞也，可知也。不過十【舉，其心必在焉，察其見者，情焉失哉】！[三][32]

【注釋】

[一]『學者』，指修養道德的人。『求』，郭店本誤寫作『隶』。『隶』『求』二字形近。『求其心』，即尋求其爲善之心。竹書認爲，修身成德應以求心爲本。心是身的主宰。

第31號簡後，疑抄脱一支簡，即抄脱『心爲難從其所爲近得之矣不如以樂之速也雖能其事不能其心不貴求其』三十字，當據郭店本補。

［二］『能』，猶爲也。『能其事』，猶爲其事。『能其心』，即爲其心，意爲求得其心。

［三］『爲』，郭店本亦作『爲』，從上下文看，應讀作『僞』。『不』，郭店本抄脱此字。『舉』，舉措，行爲。『見』，讀爲『現』。

【今譯】

對於修身學習的人來説，反求其心是一件很難的事情。跟從自己的所作所爲，他就差不多可以得到其心了；但此法不如以音樂感化來得迅速。即使一個人能够做到那件事情，但他如果不能够治理其心志，就不必貴尚它。反求其心，如果有虛假，那麼不會得到它。人們不能够以虛僞求心，由此可以推知了。不超過十件舉止行爲，他的心意一定會在其中，明察那些顯現出來的事迹，實情哪里會喪失哩！

右爲第十四章。

恕，義之方也；義，敬之方也；敬，物之節也。［一］篤，仁之方也；仁，性之方也，性或生之。［二］【忠，信之方也；信，情之方【33】也】；情出於性。［三］愛類七，唯性愛爲近仁。智類五，唯義道爲近忠。惡類三，唯惡不仁爲【近義。［四］所【34】爲道者四，唯人】道爲可道也。［五］

【注釋】

［一］『恕，義之方也』等句，與郭店簡《五行》『簡，義之方也；匿，仁之方也』『剛，義之方也；柔，仁之方也』數句相似。『方』在這些句子中都是比擬、品類的意思。『節』，準則、法度。《禮記·曲禮上》：『禮不踰節，不侵侮，不好狎。』《漢書·哀帝紀》：『制禮謹度以防奢淫，爲政所先，百王不易之道也。』

［二］『篤』，敦厚。《詩·唐風·椒聊》：『彼其之子，碩大且篤。』《毛傳》：『篤，厚也。』

『或』，又。性或生之，即性又生之。

［三］『情出於性』，郭店簡《語叢二》云：『情生於性。』『出於』即『生於』。

［四］『愛類七』，愛之類有七種。下『智類五』『惡類三』，例此。不過，除一類外，其餘諸類竹書均未提及。由此可知，與竹書相關聯的文獻還有一些在上博簡、郭店簡之外。『性愛』，從工夫論言，是説此愛達到了極其自然的境界，若出於本性然。『惡不仁』，《論語·里仁篇》：『惡不仁者，其爲仁矣。』《禮記·表記》：『無欲而好仁者，無畏而惡不仁者，天下一人而已矣。』可以參看。

［五］『所爲道者四，唯人道爲可道也』兩句，竹書上文有近似語句，云：『道四術，唯人道爲可道也。』但從上下文看，這兩句中的『所爲道者四』，可能指仁、義、忠、信之類，與彼處所謂心術、書、詩、禮樂的『道四術』不同。《孟子·告子上》：『仁義忠信，樂善不倦，此天爵也。』即可能出自此篇竹書。『可道』

之『道』，由也，遵從也。

『也』字下，竹書有墨節。

【今譯】

恕是義之類；義是敬之類；敬是事物的品節。篤是仁之類；仁是性之類，性又生出它。忠是信之類；信是情之類；情出生於性。愛之類有七，但衹有出自本性之愛是接近仁的。智之類有五，但衹有正義的原則是接近忠的。厭惡之類有三，但衹有厭惡不仁是接近義的。成爲道的東西有四種，唯人道是可以遵從的。

右爲第十五章。

凡用心之趮者，思爲甚。用智之疾者，患爲甚。用情之至【35】【者，哀】樂爲甚。用身之弁者，悦爲甚。用力之盡者，利爲甚。[一] 目之好色，耳之樂聲，鬱陶之氣也，【人】不【36】【難】爲之死。[二] 有其爲人之節節如也，不有夫柬柬（簡簡）之心則采。有其爲人之柬柬（簡簡）如也，不有夫恧〈恒〉忻之志則慢。人之【37】【巧】言利詞（辭）者，不有夫詘詘（拙拙）之心則流。人之悦然可與和安者，不有夫奮犷〈作〉之情則侮。[三] 有其爲人之快如也，弗牧不可。有其爲人之【38】【願如】也，弗補不足。[四]

【注釋】

[一]『趮』，《説文·走部》：『疾也。』郭店本作『喿』，亦讀作『趮』。《周禮·考工記·矢人》：『羽

豐則遲，羽殺則趮。」「趮」與「遲」相對，即疾速之義。

「思」，思慮。《孟子·告子上》：「心之官則思。」

「疾」，盡力。《墨子·尚同下》「愛民不疾」，《吕氏春秋·尊師》「疾諷誦」，兩「疾」字均爲盡力之義。

「患」，憂患、慮患。

「情」，在此處主要指心情、感情。

「弁」，訓爲「急」，參見劉昕嵐、劉釗説〔一〕。《禮記·玉藻》「弁行」，鄭玄《注》：「弁，急也。」「弁行」即「急行」。

「利」，財利、利益。

〔二〕「鬱陶」，原簡漫漶，此據郭店本補出。鬱陶之氣，即喜悦之氣。

〔三〕「節節」，竹書原作「僪僪」，〔二〕郭店本作「迦迦」。竹簡「節節如」，即《大戴禮記·四代》所謂「節節然」，王聘珍《解詁》引《釋名》曰：「節，有限節也。」〔三〕「節節如」在竹書中指儀態舉止頗有法度的樣子。

〔一〕劉昕嵐：《郭店楚簡〈性自命出〉篇箋釋》，武漢大學中國文化研究院編：《郭店楚簡國際學術研討會論文集》，湖北人民出版社2000年版，第345頁；劉釗：《郭店楚簡校釋》，福建人民出版社2005年版，第101頁。

〔二〕陳霖慶撰寫，季旭昇改訂：《〈性情論〉譯釋》，季旭昇主編：《〈上海博物館藏戰國楚竹書（一）〉讀本》，萬卷樓圖書有限公司2004年版，第213頁。

〔三〕［清］王聘珍：《大戴禮記解詁》，中華書局1983年版，第168頁。

「柬柬」，讀爲「簡簡」，是剛簡、剛嚴的意思。上「簡簡」，從心言；下「簡簡」，從舉止言。

「采」，即「彩」字。「彩」是「采」的分化字。「采」是浮華不實的意思。

「惡」，郭店本作「亘」，「惡」爲「恒」字之譌。「忻」，郭店本作「怡」，二字同義，都是喜悦之義。

「慢」，怠慢、輕慢。

「利詞」，鋒利的言辭。「詞」通「辭」。

「詘」，辭塞不暢之義，例見《史記·李斯列傳》「辯於心而詘於口」，在竹書中通「拙」字。《説文·手部》：「拙，不巧也。」在竹書中是質樸無華的意思。《韓非子·説林上》：「巧詐不如拙誠。」

「犱」，郭店本從犬從乍，亡、乍二字形近易譌，二本均應當讀爲「作」字。「奮」，振奮；「作」，興作。二字義近。

〔四〕「快」，放縱、肆意。

「牧」，竹書原作「羧」，郭店本作「牧」。「羧」即「牧」字，從羊從牛同義。《説文·牛部》：「牧，養牛人也。」在竹簡中「牧」是「養」之義。《廣雅·釋詁一》：「牧，養也。」《易·謙》初六《象傳》：「謙謙君子，卑以自牧。」「牧」都是養畜、修養、教養之義。一説竹簡「羧」爲「養」字，郭店本的「牧」字爲「羧」字之誤[一]，疑非。

「願」，竹書原作「㬎」，郭店本同，《説文·心部》：「謹也。」《尚書·皋陶謨》「願而恭」孔穎達

〔一〕「羧」，劉信芳讀作「養」，見氏著：《關於上博藏楚簡的幾點討論意見》，簡帛研究網，2002年2月13日。裘錫圭同意劉説，並指出郭店簡「不」上一字，係「羧」字之誤摹。參見裘錫圭：《中國出土古文獻十講》，復旦大學出版社2004年版，第313頁。

《疏》：『願者，慤謹良善之名。』

『補』，竹書原作『校』，郭店本同。一讀爲『輔』，於義亦通。

『足』下，竹簡有一墨節符號。

【今譯】

用心之趮急者，以思慮爲甚。用智之疾速者，以患難爲甚。用情之至極者，以悲哀和歡樂爲甚。用身之便急者，以喜悦爲甚。用力之竭盡者，以利益爲甚。眼目的喜好美色，耳朵的樂聽音聲，這是欝陶之氣使然，人不難爲之輕身赴死。有其爲人節節如的，但如果他没有簡簡之心，這就會變得浮華不實。有其爲人簡簡如的，但如果他没有恒常怡悦的心志，這就會變成怠慢無禮。有其爲人善於説話、言辭犀利的，但如果他没有拙樸之心，這就會變得流放不羈。有其爲人悦然而可與之相處和諧安寧的，但如果他没有振作之情，這就會受到欺侮。有其爲人放縱的，但如果他不加修養，這是不行的。有其爲人謹慤的，但如果他不加補救，這是不够的。

右爲第十六章。

凡人僞爲可惡也。僞斯吝矣，吝斯慮矣，慮斯莫與之結〖矣〗。

【注釋】

『僞』，虚僞，與『情』字相對。『惡』，厭惡。

「吝」，指品行貪吝、貪求。《論語·泰伯》：「如有周公之才之美，使驕且吝，其餘不足觀也已。」一讀爲「隱」[一]，備説。

「慮」，《爾雅·釋詁上》：「謀也。」在竹簡中是爲自己謀慮、謀劃的意思。一説竹簡此字中間部分從且，當讀爲「詐」[二]。按，此字，《性情論》或《性自命出》的寫法相同，都作「」（郭店第48號簡），與郭店《老子》甲組寫作「」的那個字，中間部分明顯不同。郭店《老子》甲組的那個字從且聲，讀作「詐」，而《性情論》的這個字則應當釋作「慮」。

「結」，結交。「結」下，郭店本多一「矣」，當據補。

「結」下，竹簡有一墨節符號。衡量此符號的上下文，它們的文意不同，故此符號之上下兩段當分章。

【今譯】

爲人虚僞，這是令人厭惡的。虚僞於是就貪吝，貪吝於是就謀慮（爲自己打算），謀慮於是就没有人願意跟他交結了。

右爲第十七章。

[一] 龐樸：《上博藏簡零箋》，上海大學古代文明研究中心、清華大學思想文化研究所編：《上博館藏戰國楚竹書研究》，上海書店2002年版，第241頁。

[二] 侯乃峰：《上博楚簡儒學文獻校理》，上海古籍出版社2018年版，第108頁。

慎，仁之方也，然而其過不惡。[一] 速，謀之方也，有過則咎。人不慎，【39】【斯】有過，信矣！[二]【40】

【注釋】

〔一〕『仁』，原整理者釋作『慮』[一]，郭店本作『仁』字，從身從心。竹書原字作『□』，白於藍認爲此字下部從心，上部從窮，窮爲聲符，當讀作『仁』[三]。其説是。

〔二〕『速』，快速，迅速。

『過』，過當、過分。『惡』，音烏各切，凶惡。

『咎』，《説文·人部》：『災也。』在竹簡中作動詞用，是追究罪過的意思。

『矣』字下，竹書有一分篇符號。《性情論》衹作一篇，郭店簡《性自命出》則分爲上下篇，有兩個分篇符號。比較這兩個本子，《性自命出》更爲完整，《性情論》似不全，疑後者抄寫更早。但無論是哪個本子，它們衹是抄本，在它們之前此篇還有更早的本子。

【今譯】

謹慎是仁的方類，如此即使謹慎過度，這也不壞。迅速是謀劃的方類，如果有過錯，則會導致悔咎。人

〔二〕濮茅左釋文注釋：《性情論》，馬承源主編：《上海博物館藏戰國楚竹書（一）》，上海古籍出版社 2001 年版，第 275 頁。

〔三〕白於藍：《〈上海博物館藏戰國楚竹書（一）〉釋注商榷》，簡帛研究網，2003 年 5 月 28 日。

如果不謹慎，這樣就會有過錯，確實如此啊！

右爲第十八章。

【思想】

《性情論》，即郭店簡《性自命出》篇。從中國哲學來看，此篇竹書的思想含量極高，價值極大。首先，該篇竹書構築了一個完整的天、命、性、情、道、教、心、德和仁、義、禮、樂等所組成的思想系統，而這個思想系統正是儒學的一般思想系統。竹書説：『性自命出，命自天降。』這兩句話確定了天、命、性三個概念的關係。『性』是在天命論和生成論的雙重思想背景下産生出來的，它既是生之所以然的潛在質體，又是天命的轉化和内在化。不過，作爲潛在質體的『性』並非白板，一無所有，而是包含着人之所以爲人的本質内涵於其中。竹書又説：『道始於情，情生於性。』這兩句話確定了性、情、道三個概念的關係。『道』的本義是道路，在儒家思想中一般指成就君子人格和指導人類活動的基本準則或原理。竹書説『道始於情』，又説『始者近情，終者近義』，此『道』雖然具有客觀性，但是它是由聖王製作的。同時，竹書的『道』主要落實在禮樂之道上。『道有四術』，而此四術即爲心術、詩術、書術和禮樂術。此四術亦爲教化的工具。『教』是在『道』的基礎上建立起來的觀念，其目的是爲了『生德於中』，使人成其爲人、君子和聖賢。這是一個完整的觀念邏輯，清晰地展示了先秦儒家思想系統的基本環節。《性情論》（《性自命出》）是目前可見最完整、最清晰地展示先秦儒家一般理論，特别是性命論思想體系的文章，其學術價值和意義自然十分重大。

儘管《性情論》自身對於人性善惡的判斷意識不强，但是根據其中一些陳述，我們可以推斷此篇竹書的相關立場及其立論所在。竹書説『四海之内，其性一也』，而所謂『性一』是什麽意義上的『性一』呢？是單純指其内涵種類的相同，還是包括其量上的等同呢？目前看來，『性一』應當理解爲其所包含的種類相同，而在量上人與人是不相同的，有多少厚薄的差别。據竹書可知，『性』中又包含善的因素，如竹書説：『仁，性之方也，性或生之。』又説：『善不善，性也。』又説：『忠，信之方也；信，情之方也；情出於性。』這些簡文表明『性』中有仁之端、忠信之端及人皆具有『善不善』的先天道德判斷能力。一般説來，它們即爲人性所内含的善端。『性』中又包含無善無惡的因素，如竹書説：『喜怒哀悲之氣，性也。』又説：『好惡，性也。』祇要是人，必有好惡，好惡是人的本性。而喜怒哀悲之氣及好惡之性並無善惡之分。單純從文本看，《性情論》似乎没有指明『性』包含了不善的因素。不過，聯繫郭店簡《語叢二》來看，我們又似乎可以肯定『性』包含了不善的因素。《語叢二》説：『欲生於性，慮生於欲，倍生於慮，爭生於倍，黨生於爭。』又曰：『貪生於欲，倍生於貪，枉生於倍。』『欲』在古代思想中並非必定是惡的，但是上述文字中的『欲』字着重從『貪欲』而言，很明顯具有惡的意味。由此判斷，竹書很可能認爲『人性』包含着不善的因素。另外，彼時『人性』内涵的複雜性，可以參看郭店簡《語叢二》的相關文字。總之，竹書《性情論》大概持人性有善有惡論，但偏重於叙説陳述善端的一面。需要注意的是，《性情論》説：『未教而民恒，性善者也。』從竹簡上下文看，此『性善者』是就『君子』而言的。而所謂『性善』，應當是從工夫論來説的，是指修善達到了若性之自然的地步。

心性關係是本篇竹書的思想重點之一。自『性』以下，『情』『道』『教』『德』的生成和作用都與

『心』有關。『心』是意志、思想、道德關切、情感心理的綜合體，是身體的直接主宰者。《性情論》認爲『性』具有潛在、含蓄、被動和自動的特點，而『心』則具有能動、主動及意志作用和目的作用的特性。竹書說：『金石之有聲，弗扣不鳴。凡人雖有性，心弗取不出。』此即以金石之聲比喻性，以敲擊的動作來比喻心，闡明了心、性二者的關係。而正因爲人有心，所以人能學習，改變其本性，而不讓人的言行舉止完全出於自發的流行。不僅如此，竹書還提出了『四海之内，其性一也；其用心各異，教使然也』的命題，而『教』是以『心』爲基礎的。

『性情論』是本篇竹書的特色論域，上博簡整理者即以《性情論》名篇。從内涵看，『情』是人情、實情、實質之義，在竹書中又帶有積極或褒義的價值傾向。『忠』『信』是實踐『情』的兩個德行規範。同時，『情』爲已發者，它與『性』之未發相對。竹書說『道始於情』，又說『禮作於情』，足見『情』在竹書的思想系統中是一個基本概念。從外延看，『情』又以情感爲重點。至於它與『欲』和『能力』的關係是什麽，此篇竹書沒有具體說明。簡言之，『情』的外延雖然豐富，但目前尚無法斷言其與『性』必定具有一一對應的關係。宋儒的性情論以《中庸》的中和說爲基礎，認爲性是未發，情是已發，且二者具有一一對應的關係。

竹書的修身論包括人性修養論、求心説和禮樂實踐等内容。同時，教化和自學是修身論的一個組成部分。竹書曰：『教所以生德於中者也。』竹書的『教』包括外在的教化和自學兩個方面。而教和學本爲同源字。『生德於中』是『教』的目的。竹書說：『凡性，或動之，或逆之，或實之，或厲之，或屈之，或養之，或長之。』以物感動之，以悦逢迎之，以故充實之，以義提高之，以勢屈服之，以習養護之，以道統率之，這些都是人性修養的具體方法。由於『心』是身體的主宰，其功能爲『思』，同時『凡人雖有性，心弗取不出』，故其在修養論中占據了極其重要的位置。從一定意義上來説，修養論即可以簡化爲心靈修養論。竹書的心靈修養論是從三個方面，即從教化、禮樂實踐和心靈的自反自求中來展開的。竹書認爲修養之道有『四術』，此四術即心術、詩術、書術和禮樂術。後三術是聖人用以教化萬民的方法和手段。竹書非常重視禮樂一術，所涉文字較多。而此術主要是從修身的禮樂實踐來説的。禮樂實踐對於修身的意義，首先表現在對身體的約束、整飭和正面引導上，並由此影響到心靈的存在狀態，從而『生德於中』的。『心術』是四術之首，竹書説『凡道，心術爲主』；而『反己求心』，是對於『心術』的深化。在反己求心的修養論中，竹書特別强調『誠信毋僞』的原則，竹書一曰『用心欲直而毋僞』，二曰『求其心有僞也，弗得之矣』，三曰『不以其情，雖難不貴』。而對於『生德』的方法，竹書亦有具體論述，如一曰：『恕，義之方也；義，敬之方也。』二曰：『篤，仁之方也；仁，性之方也。』三曰：『忠，信之方也；信，情之方也。』四曰：『慎，仁之方也。』這幾條簡文都是講致德、生德的具體方法的。進一步，在具體修養過程中，身心兩個方面其實是緊密聯繫在一起的。從行文來看，竹書正是如此來處理人的修養問題的。竹書曰：『凡身欲静而毋撼，用心欲直而毋僞，慮欲淵而毋暴；退欲肅而毋輕，進欲隨而有禮；言欲直而毋流，居處欲逸易而毋慢。君子執志必有夫往往之心，出言必有夫簡簡之信，賓客之禮必有夫齊齊之容，祭祀之禮必有夫齊齊之敬，居喪必有夫戀戀之哀。』這是一個具體例子，今不細論。

《性情論》與竹書《五行》不同，前者對於心性論、性情論及修身成德的問題作了系統論述，而後者專門論述了仁、義、禮、智、聖五行如何形於内以成德的問題。這兩篇竹書的思想有明顯差別，不可能屬於同一人的著作。據《荀子·非十二子》所謂『案往舊造説，謂之五行』及『子思唱之，孟軻和之』的説法，大多數學者認爲帛書《五行》屬於思孟學派一系的著作，而竹書《五行》則屬於子思子本人的著作。筆者認爲，《性情論》可能是孔子本人或其弟子的著作。在郭店簡中，《性自命出》（《性情論》）與《尊德義》《成之聞之》《六德》的竹簡形制相同，書迹同出一手。有充分的證據表明《尊德義》是孔子本人的著作，而《成之聞之》《六德》兩篇不但在思想上而且在文本上與《尊德義》篇有密切關係，因此這兩篇竹書也很可能是孔子本人的著作[一]。與這三篇竹書相關的《性自命出》（《性情論》）篇，如果不是孔子本人的著作的話，那麼它也應當是孔子弟子的著作。

從　政

【簡介】

本篇竹書選自馬承源主編《上海博物館藏戰國楚竹書（二）》（上海古籍出版社2002年版），原釋文者和注釋者是張光裕先生。竹書圖版見是書第57—84頁，釋文注釋見是書第211—238頁。原釋文者將本竹書分爲甲、乙兩篇，甲篇完、殘簡共十九支（第6、7號簡屬於同一支簡，故甲篇竹簡數實爲十八支），其中較完整者有九支，每簡長約四十二點六釐米，共計五百一十九字。乙篇僅存完、殘簡六支，其中完簡一支，長

[一] 丁四新：《郭店簡〈尊德義〉篇是孔子本人著作》，《孔子研究》2020年第5期。

四十二點六釐米，共計一百四十字。因本簡内容多强調從政所應遵循的道德原則與倫理規範，故原釋者以『從政』名篇。

整理者原將本篇竹書分爲甲、乙兩篇，後來根據邊綫位置、字體、内容、主旨等因素，學者普遍認爲甲、乙兩篇其實屬於同一篇，應該編連到一起〔二〕。本注譯所用釋文以張光裕原釋文爲基礎，同時吸收了陳劍、陳

〔二〕 關於《從政》篇的竹簡編聯，學界主要有如下方案：第一，張光裕：甲1+甲2；甲5+甲6+甲7；乙1+乙2。參見馬承源主編：《上海博物館藏戰國楚竹書（二）》，上海古籍出版社2002年版，第211—238頁。第二，陳劍：在張光裕的基礎上，認可以下三處編連：甲17+甲18+甲12+乙5+甲11；甲15+甲5+甲6+甲7；甲16+乙3。參見陳劍：《上博簡〈子羔〉〈從政〉篇的拼合與編連問題小議》，《文物》2003年第5期，第57—59頁。第三，王中江：甲1+甲2+甲10+甲15+甲5+甲6+甲7+乙1+乙2+甲8+甲9+乙6；甲3+甲4+甲17+甲18+甲12+乙5+甲11+甲14；乙4；甲13+甲16+乙3；甲19。（參見王中江：《〈從政〉重編校注》，《簡帛文明與古代思想世界》，北京大學出版社2011年版，第556—561頁。第四，史儀：甲1+甲2+甲3+甲4；甲15+甲5+甲6+甲7+乙1；甲16+乙3+乙2；甲17+甲18+甲12+乙5+甲11；乙6+甲8+甲9。另視『甲10、甲13、甲14、甲19、乙4』爲無依無靠的五個孤簡。參見史儀：《〈從政〉篇編連拾遺》，簡帛研究網，2003年1月17日。第五，楊朝明：甲1+甲2+甲3；甲4+甲17+甲18；甲12+乙5+甲11；甲10+甲15+甲5；甲6+甲7+乙1+乙2；乙6+甲8；甲9；甲13；甲16；乙3；甲14+乙4；甲19。參見楊朝明：《上博竹書〈從政〉篇分章釋文》，簡帛研究網，2003年5月11日。第六，陳美蘭：甲1+甲2……甲3……甲4、甲15+甲5+甲6+甲7……乙1+乙2……甲8……甲9……甲10……甲13……甲14……甲16+乙3……甲17+甲18+甲12+乙5、甲11……甲19+乙4……乙6……。參見陳美蘭：《〈從政〉釋譯》，季旭昇主編：《〈上海博物館藏戰國楚竹書（二）〉讀本》，萬卷樓圖書股份有限公司2003年版，第53—54頁。第七，湯淺邦弘：甲1+甲2……甲3……甲4；甲15+甲5+甲6+甲7……乙1+乙2+甲8+甲9；甲16……乙3；甲17+甲18……甲12……乙5+甲11；甲10；甲13；甲14；乙4；乙6；甲19。其中甲10、甲13、甲14、乙4、乙6五簡前後接續不明，可置於本篇末簡甲19之前。參見〔日〕湯淺邦弘：《〈從政〉的竹簡連接與分節》，《戰國楚簡與秦簡之思想史研究》，萬卷樓圖書股份有限公司2006年版，第85—87頁。

偉、陳美蘭、侯乃峰等學者的意見[二]。簡序以湯淺邦弘之説爲基礎，並參考了其他學者的意見[三]，將其調整爲：甲1+甲2……甲3……甲4；甲10+甲15+甲5+甲6+甲7……乙1+乙2……乙6……甲8+甲9；甲16……乙3；甲17+甲18+甲12+乙5+甲11；甲13；甲14；乙4；甲19。進一步，根據《從政》篇『聞之曰』的起始語，這篇竹書文本分爲二十個段落，以便於注釋和理解其文意。

聞之曰：昔三代之明王之有天下者，莫之予也，而□取之，民皆以爲義。夫是則守之以信，教【甲1】之以義，行之以禮也。其亂王予人邦家土地，而民或弗義……【行之以】【甲2】禮則寡〔過〕而爲仁，教之以刑則逐（遯）。

【注釋】

『【行之以】禮則寡〔過〕而爲仁，教之以刑則逐』，參見《論語·爲政》『子曰』：『道之以政，齊之以刑，民免而無恥；道之以德，齊之以禮，有恥且格。』《禮記·緇衣》『子曰』：『夫民，教之以德，齊之以禮，則民有格心；教之以政，齊之以刑，則民有遯心。』

〔二〕陳劍：《上海博物館藏戰國楚竹書〈從政〉篇研究三題》，卜憲群、楊振紅主編：《簡帛研究（2005）》，廣西師範大學出版社2008年版；陳美蘭：《〈從政〉釋譯》，季旭昇主編：《〈上海博物館藏戰國楚竹書（二）〉讀本》，萬卷樓圖書股份有限公司2003年版；陳偉：《上博簡〈從政〉〈周易〉校讀》，丁四新主編：《楚地簡帛思想研究》第二輯，湖北教育出版社2005年版；侯乃峰：《上博楚簡儒學文獻校理》，上海古籍出版社2018年版。

〔三〕馬承源主編：《上海博物館藏戰國楚竹書（二）》，上海古籍出版社2002年版，第232頁；〔日〕湯淺邦弘：《〈從政〉的竹簡連接與分節》，見氏著：《戰國楚簡與秦簡之思想史研究》，萬卷樓圖書股份有限公司2006年版，第83—85頁。

禮，則民有格心；教之以政，齊之以刑，則民有遯心。』簡文之意當與此相近。『行之以禮』與『教之以刑』對舉，『寡而爲仁』與『逐』對舉，其義皆對反。據此，則『寡而爲仁』可能脱去了『過』字，本爲『寡過而爲仁』，或者『寡』字可讀作『恪』，訓爲『敬』；而『逐』或當爲『遯』字，其義同『民有遯心』之『遯』[一]。

【今譯】

聽（古人）説：以前得天下的三代（夏、商、周）之聖君，並不將土地施與人，而是……人民都以爲這是正當的（合乎道義的），（這是因爲三代的聖王）同人民講信用，教人民以道義，待人民以禮儀。而昏亂無道之君雖給予人邦家土地，人民却以爲是不正當的……如果以禮規範人民，則人民很少犯過錯，而樂於爲仁；若教之以刑，威嚇他們服從君主的統治，那麽人民就會隱匿其心，行欺騙之術。

聞之曰：善人，善人也。是以得賢士一人，一人譽……【甲3】四鄰。失賢士一人，謗亦隨是。是故君子慎言而不慎事。【甲4】

[一] 李守奎：《讀〈上海博物館藏戰國楚竹書〉（二）雜識》，上海大學古代文明研究中心、清華大學思想文化研究所編：《上博館藏戰國楚竹書研究續編》，上海書店出版社2004年版，第481—483頁；周鳳五：《讀上博楚竹書〈從政〉甲篇札記》，上海大學古代文明研究中心、清華大學思想文化研究所編：《上博館藏戰國楚竹書研究續編》，上海書店出版社2004年版，第183頁；白於藍：《簡牘帛書通假字字典》，福建人民出版社2008年版，第98頁。

【注釋】

『善人』，善人也，前一『善』字作名詞，『善人』指有德之人；後一『善』字作動詞，『善人』指使人爲善或善待人們[一]。

【今譯】

聽（古人）説：有德之人，能使人爲善或善待人們，因而能獲得一位有德者……若喪失一位有德者，則譭謗就會隨之而來，所以君子謹慎言論而不（太或過於）小心行事。

【聞之】曰：從政所務三，敬、謹、信。信則得衆，謹則遠戾，遠戾所以……【甲10】毋暴，毋虐，毋賊，毋貪。不修不武〈戒〉，謂之必成，則暴；[一] 不教而殺，則虐；命無時，事必有期，則賊；[二] 爲利枉【甲15】事，則貪。

【注釋】

[一]『武』，當爲『戒』之誤字，形近而誤。簡文『不修不戒，謂之必成，則暴』，意即《論語·堯曰》

[一] 黄麗娟：《上博楚竹書〈從政〉二題》，上海大學古代文明研究中心、清華大學思想文化研究所編：《上博館藏戰國楚竹書研究續編》，上海書店出版社2004年版，第556頁。

『不戒視成謂之暴』。[一]

[二]『命無時，事必有期，則賊』三句，近於《論語·堯曰》『慢令致期謂之賊』之義，意爲隨時任意發布命令，事情却要求限期完成，這就是賊害人民。[三]

【今譯】

聽（古人）説：從政務必要做到三點，即恭敬、謹慎、守信，堅守誠信則能贏得民心，謹慎行事則可以遠離暴戾……（治國理政）切勿粗暴、切勿殘虐、切勿戕害（人民）、切勿貪婪。不加修爲、不予告誡，却以爲一定成功，則是粗暴；未經教化便加以殺戮，則是殘虐；隨時任意發號施令，却要求限期完成，則是賊害人民；因爲一己私利而顛倒是非，則是貪婪。

聞之曰：從政，敦五德，固三制，除十怨。五德，一曰寬，二曰恭，三曰惠，四曰仁，五曰敬。君子不寬則無【甲5】以容百姓，不恭則無以除辱，不惠則無以聚民，不仁【甲6】則無以行政，不敬則事無成。三制持行，視上卒食……[一]【甲7】【九】曰犯人之務，十曰口惠而不係。[二] 興邦家，治政教：從命，則

[一] 陳劍：《上博簡〈子羔〉〈從政〉篇的拼合與編連問題小議》，《文物》2003年第5期。

[二] 陳美蘭：《〈從政〉釋譯》，季旭昇主編：《〈上海博物館藏戰國楚竹書（二）〉讀本》，萬卷樓圖書股份有限公司2003年版，第66—67頁；周鳳五：《讀上博楚竹書〈從政〉甲篇札記》，上海大學古代文明研究中心、清華大學思想文化研究所編：《上博館藏戰國楚竹書研究續編》，上海書店出版社2004年版，第189—191頁。

正不勞；[三] 壅戒先匿，則自（辠）㠯（紀）治；[四] 顯嘉勸信，則僞【乙二】不彰；毋占民斂，則同；不膚法盈惡，[五] 則民不怨。

【注釋】

［一］『三制持行，視上卒食』，由於竹簡殘斷，此兩句意思不明。有學者認爲，『三制持行』是『固三制』的結果，『視上卒食』大概是指『制人者』『爲人之所制者』『不能制人、人亦不能制者』這三種國力都能先敬上事，然後得食，可與《論語・衛靈公》『事君，敬其事而後其食』對讀。孔子認爲賢者應該先敬上事，然後得其食，也就是『視上卒食』。在上者從政能够『固三制』，即穩固三種國力。而如果『三制持行』，那麽這三種國力就都能够『視上卒食』。[一] 也有學者將此處簡文斷讀爲『三制：持行，視上，卒食』，即以『持行，視上，卒食』作爲『三制』的具體内容，並認爲『三制』可能是三種重要的『禮儀』，但更可能是三種重要事項。作爲『禮儀』，『持行』疑爲走路應當保持的姿勢；『視上』可能是察看君上的姿勢；『卒食』也許指飲食的程序。作爲『事項』，『持行』疑爲篤行之義；『視上』可能是强調臣民要敬上；『卒食』，衣食關天，是爲政者優先考慮的問題。[三]

［二］『係』，當訓爲繼續之『繼』，用作動詞，可理解爲『以……繼續於……之後』。《爾雅・釋詁

[一] 朱淵清：《『三制』解》，簡帛研究網，2003 年 1 月 13 日。
[三] 陳偉：《上海博物館藏楚竹書〈從政〉校讀》，簡帛研究網，2004 年 4 月 5 日；王中江：《〈從政〉重編校注》，《簡帛文明與古代思想世界》，北京大學出版社 2011 年版，第 556—561 頁。

上》：『係，繼也。』《後漢書・孝安帝紀》：『親德係後，莫宜於祜。』李賢注：『係，即繼也。』簡文『口惠而不係』，與《禮記・表記》『口惠而實不至』、《忠信之道》『口惠而實弗從』意同[一]。

【九】曰犯人之務，十曰口惠而不係』兩句，爲簡文所説『十怨』中的兩怨。

[三]『正』，君長、官長之義。《爾雅・釋詁下》：『正、伯，長也。』郭璞注：『正、伯，皆官長。』《廣韻・勁韻》：『正，君也。』[二]

[四]『壅戒先匿』，『壅』是提防、防止之義，《國語・晉語一》：『苟可以攜，其入也必甘受，逞而不知，胡可壅也？』韋昭注：『壅，防也。甘言入耳，心以爲快，而不知其惡，何可防止也。』『匿』，同『慝』，邪惡、陰姦之義，《玉篇・匸部》：『匿，陰姦也。』《集韻・德韻》：『慝，惡也。通作匿。』『先』，用如『先幾』之『先』，『始』義。

『則自异治』，『自』可讀爲『辠』，或爲『辠』之省文，乃『罪』之本字。『异』，可讀作『紀』，治理之義，《廣雅・釋言》：『己，紀也。』《廣雅・止韻》：『紀，理也。』簡文『壅戒先匿，則辠紀治』的意思是，隱姦始萌時加以戒備，則罪惡可以得到整治。[三]

[五]『膚法盈惡』，『膚』可讀如字，是剥、離之義，《廣雅・釋詁三》：『膚，離也。』《廣雅・釋言》：

[一] 陳劍：《上海博物館藏戰國楚竹書〈從政〉篇研究三題》，卜憲群、楊振紅主編：《簡帛研究（2005）》，廣西師範大學出版社2008年版，第33—35頁；張光裕：《〈從政〉（甲篇、乙篇）釋文考釋》，馬承源主編：《上海博物館藏戰國楚竹書（二）》，上海古籍出版社2002年版，第233頁。

[二] 陳偉：《上海博物館藏楚竹書〈從政〉校讀》，簡帛研究網，2004年4月5日。

[三] 黎廣基：《上博楚竹書（二）〈從政乙〉『壅戒先匿，則罪紀治』考》，簡帛網，2007年8月5日。

『膚，剥也。』亦可讀作『廢』，廢棄之義。『盈』，訓『長』。簡文『膚法盈惡』，意即離棄法度而助長罪惡。[一]

【今譯】

聽（古人）説：爲政治國，應篤行五德、堅守三制、去除十怨。（其中）五種品德爲：寬容大度、謙遜有禮、樂善好施、仁民愛物、嚴肅認真。君子若不寬厚，則無法包容百姓；若不謙恭，則無法免除侮辱；若不施惠於民，則無法得民心；若不仁善，則無法治國理政；若不嚴謹，則事情無法成功。……第九怨是侵犯他人，第十怨是口頭承諾施惠於人而實際却做不到。興盛國家，治理政教：若順從天命或民意行事，則君上便不會那麽辛勞；若隱姦始萌時即加以戒備，則罪惡便可以得到整治；若能顯揚美善、勸勉誠信，則僞詐行爲便不會出現；若（統治者）不侵占人民的財物，則人們便會與之同心同德；若不離棄法度而助長罪惡，則老百姓便不會怨恨。

聞之曰：……【乙2】而不智則逢災害。

聞之曰：從政有七幾，[一]獄則𧷢，[二]威則民不道，[三]鹵則失衆，[四]猛則無親，[五]罰則民逃，好刑【甲8】【則】……則民作亂。凡此七者，政之所殆也。

[一] 趙建偉：《楚簡校記》，丁四新主編：《楚地簡帛思想研究》第三輯，湖北教育出版社2007年版，第184頁。

【注釋】

［一］『幾』，危殆之義。《爾雅·釋詁下》：『幾，危也。』郭璞注：『幾，猶殆也。』《説文·絲部》：『幾，殆也。』簡文『七幾』，乃指七種容易引致危殆的舉措。〔一〕

［二］『亹』，指人際間的嫌隙。簡文『獄則亹』是説如果統治者大興刑獄，便會導致其與臣民之間萌生嫌隙。〔二〕

［三］『威則民不道』，『威』，當指在上位者徒逞威勢、作威作福；『道』，此處用作動詞，遵從、跟隨之義。『威則民不道』，是説在上位者如果徒逞威勢、作威作福，人民便不會遵從其統治。〔三〕

［四］《莊子·則陽》：『長梧封人問子牢曰：「君爲政焉勿鹵莽，治民焉勿滅裂。」』成玄英疏曰：『鹵莽，不用心也。滅裂，輕薄也。夫民爲邦本，本固則邦寧，唯當用意養人，亦不可輕爾搔擾。封人有道，故戒子牢。』簡文『鹵莽則失衆』，可與此相參。〔四〕

［五］『猛則無親』，『猛』即『威而不猛』之猛。《左傳·昭公二十年》：『大叔爲政，不忍猛而寬……

〔一〕陳美蘭：《〈從政〉釋譯》，季旭昇主編：《〈上海博物館藏戰國楚竹書（二）〉讀本》，萬卷樓圖書股份有限公司2003年版，第74頁。

〔二〕單周堯、黎廣基：《上博楚竹書（二）〈從政〉甲篇『獄則興』試釋》，武漢大學簡帛研究中心主辦：《簡帛》第一輯，上海古籍出版社2006年版，第80頁。

〔三〕單周堯、黎廣基：《上博楚竹書（二）〈從政〉甲篇『悁（威）則民不道』小識》，張顯成主編：《簡帛語言文字研究》第三輯，巴蜀書社2008年版，第1—5頁。

〔四〕參見陳美蘭：《〈從政〉釋譯》，季旭昇主編：《〈上海博物館藏戰國楚竹書（二）〉讀本》，萬卷樓圖書股份有限公司2003年版，第75頁。

仲尼曰：「善哉！政寬則民慢，慢則糾之以猛。猛則民殘，殘則施之以寬。寬以濟猛，猛以濟寬，政是以和。」』此可與簡文『猛則無親』參讀。〔二〕

【今譯】

聽（古人）說：……但若缺乏智慧則會遭逢災難。

聽（古人）說：爲政有七種容易引致危殆的不當舉措，（統治者）如果大興刑獄，便會導致其與臣民之間萌生嫌隙；如果徒逞威勢、作威作福，人民便不會遵從其統治；如果行事草率、魯莽，便會失去民衆的擁護；如果施政剛猛嚴苛，老百姓便不敢親附；如果濫用懲戒，人民便會逃離；如果好施刑罰……人民反而會犯上作亂。這七種做法，便是從政十分危險的失當舉動。

聞之曰：志氣不至，其事不……【甲9】

以犯麕犯見，不順行以出之。

聞之曰：君子樂則治正，憂則【□，怒則□，懼則□，恥則】【甲16】復。小人樂則疑，憂則昏，怒則勝，懼則背，恥則犯。

〔二〕陳劍：《上博簡〈子羔〉〈從政〉篇的拼合與編連問題小議》，《文物》2003 年第 5 期。

【注釋】

『□，怒則□，懼則□，恥則』，甲16號簡殘去下段，可容納十餘字，陳劍據上下文補出。[一]

『復』，反也，意謂反求諸己或自我反省。

【今譯】

聽（古人）説：如若志氣不達，便難以成事……

以犯虞犯見，不順行以出之。

聽（古人）説：若君子和樂，則表明政治得以步入正軌；……若君子有爲恥辱之事，則會自我省察。小人喜樂無節，則必陷入疑惑；憂愁無度，則必昏昧迷亂；憤怒不止，則必粗暴魯莽；恐懼難安，則必背叛逃離；遭到羞辱，則必陷害他人。

聞之曰：從政，不治則亂，治巳〈也〉至則……【乙3】

……【君子先】人則啓道之，後人則奉相之，[二] 是以曰君子難得而易使也，其使人，器之。小人先人則弁（慢）敔（侮）之，【後人】【甲17】則陷毁之，是以曰小人易得而難使也，其使人，必求備焉。[三]

〔一〕 陳劍：《上博簡〈子羔〉〈從政〉篇的拼合與編連問題小議》，《文物》2003年第5期。

【注釋】

〔一〕『【君子先】人則啓道之，後人則奉相之』的意思是，君子先於人則引領、開導他人，後於人則侍奉、輔助他人。〔一〕

〔二〕『小人先人則弁敔之，【後人】則陷毁之』，『弁』可讀作『慢』，輕慢之義；『敔』可讀爲『侮』，欺侮之義。這兩句簡文的意思是，小人先於人則輕慢、欺侮他人，後於人則陷害、毁謗他人。〔三〕《論語·子路》：『子曰：「君子易事而難説也。説之不以道，不説也；及其使人也，器之。小人難事而易説也。説之雖不以道，説也；及其使人也，求備焉。」』《荀子·不苟篇》：『君子能亦好，不能亦好；小人能亦醜，不能亦醜。君子能則寬容易直以開道人，不能則恭敬繜絀以畏事人；小人能則倨傲僻違以驕溢人，不能則妬嫉怨誹以傾覆人。故曰：君子能則人榮學焉，不能則人樂告之；小人能則人賤學焉，不能則人羞告之。是君子、小人之分也。』凡此，皆可與簡文對讀。

【今譯】

聽（古人）説：爲政治國，若治理不善，則會導致社會混亂……

〔一〕陳劍：《上博簡〈子羔〉〈從政〉篇的拼合與編連問題小議》，《文物》2003年第5期。

〔三〕周鳳五：《讀上博楚竹書〈從政〉甲篇札記》，上海大學古代文明研究中心、清華大學思想文化研究所編：《上博館藏戰國楚竹書研究續編》，上海書店出版社2004年版，第191頁；陳美蘭：《〈從政〉釋譯》，季旭昇主編：《〈上海博物館藏戰國楚竹書（二）〉讀本》，萬卷樓圖書股份有限公司2003年版，第82—83頁。

……君子先於人則引領、開導他人，後於人則侍奉、輔助他人，所以君子雖難得却容易差遣或任用，待他用人之時，也會衡量各人的才德去分配任務。小人先於人則輕慢、欺侮他人，後於人則陷害、毀謗他人，所以小人雖易得却很難使唤，而待他用人之時，便會百般挑剔、求全責備。

聞之曰：行在己而名在人，名難爭也。【甲18】庸行不倦，[一]持善不厭，雖世不識，必或知之。是故【甲12】君子强行以待名之至也。[二]君子聞善言以改其【乙5】言，見善行，納其身焉，可謂學矣。[三]

【注釋】

［一］『庸行』，《乾卦·文言》：『（子曰）庸言之信，庸行之謹。』《禮記·中庸》：『（子曰）庸德之行，庸言之謹。』[一]可以參看。

［二］『强行』，即力行，有勤勉行道之義，亦即『庸行不倦，持善不厭』。[二]

［三］『見善行，納其身焉』，謂見善行則將己身納於善行之中，亦即自己也去行善。[三]

【今譯】

聽（古人）説：修行取決於自身而名聲在於他人，所以名聲難以爭辯（或求取）。堅持修德而不知倦怠，

[一] 黄錫全：《讀上博楚簡（二）札記八則》，上海大學古代文明研究中心、清華大學思想文化研究所編：《上博館藏戰國楚竹書研究續編》，上海書店出版社2004年版，第460—462頁。

[二] 顔世鉉：《上博楚竹書散論（三）》，簡帛研究網，2003年1月19日。

[三] 陳劍：《上博簡〈子羔〉〈從政〉篇的拼合與編連問題小議》，《文物》2003年第5期。

堅持爲善而不知滿足，即便一般人不了解，也一定會有人知曉，所以君子勤勉行道，以等待美名的到來（功到自然成，不期而至）。君子聽聞善言則必以之改善自我言論，見到善行則必勉勵自己也去行善，這可以説是真正的學了。

聞之曰：可言而不可行，君子不言；可行而不可言，君子不行。【甲二】

然後能立道。

聞之曰：君子之相就也，不必在近昵樂……【甲13】

【注釋】

『君子之相就也，不必在近昵樂』，『相就』即相交往，『近』即親近，『昵』即狎昵。這兩句簡文可與《莊子·山木》『君子之交淡若水，小人之交甘若醴。君子淡以親，小人甘以絶』對讀。[一]

【今譯】

聽（古人）説：可以説但不可以做的話，君子不説；可以做却不可以説的事，君子不做。

[一] 張光裕：《〈從政〉（甲篇、乙篇）釋文考釋》，馬承源主編：《上海博物館藏戰國楚竹書（二）》，上海古籍出版社2002年版，第226—227頁；陳美蘭：《〈從政〉釋譯》，季旭昇主編：《〈上海博物館藏戰國楚竹書（二）〉讀本》，萬卷樓圖書股份有限公司2003年版，第79—80頁。

如此纔能够挺立仁道（人道）。

聽（古人）說：君子之間交往，不必那麽親密……

有所有餘而不敢盡之，有所不足而不敢弗【勉】……[一]【甲14】

……也。聞之曰：訡（齊）㤜（敏）而恭遜，[三] 教之勸也。温良而忠敬，仁之宗【也】。【乙4】

【注釋】

[一]『有所有餘而不敢盡之，有所不足而不敢弗【勉】』，《禮記·中庸》云：『庸德之行，庸言之謹，有所不足，不敢不勉，有餘不敢盡；言顧行，行顧言，君子胡不慥慥爾！』據此，可在『弗』後補一『勉』字，且簡文之意可與此相參。[二]

[二]『訡㤜』，『訡』，從言、次聲，可讀作『齊』。『㤜』，可讀爲『敏』。『齊敏』猶言莊敬而敏捷，典籍多見。如《詩經·大雅·生民》『履帝武敏歆』，毛《傳》：『敏，疾也。從於帝而見於天，將事齊敏也。』[三] 孔穎達《疏》：『「將事齊敏」者，將，行也，謂行祀天之事齊敬而速疾也。』《文選·張衡〈南都賦〉》：『儇才齊敏，受爵傳觴，獻酬既交，率禮無違。』李善注：『敏，疾也。』『齊敏』與『恭遜』正可

[二] 陳偉：《〈從政〉校讀》，《新出楚簡研讀》，武漢大學出版社2010年版，第152頁。

[三] 陳美蘭：《〈從政〉釋譯》，季旭昇主編：《〈上海博物館藏戰國楚竹書（二）〉讀本》，萬卷樓圖書股份有限公司2003年版，第85頁；陳偉：《上海博物館藏楚竹書〈從政〉校讀》，簡帛研究網，2004年4月5日。

對文。[一]

【今譯】

有多餘的話而不敢把它全部説出來（謹言），德行有所不足則不敢不勉勵（自己努力修爲）……

……也。聽（古人）説：莊敬、明敏而又恭謹、謙遜，乃教化所勸勉的。温和、善良而又忠誠、恭敬，乃仁愛的宗旨。

【文而】不武則志不悳，仁而不智【則】……【乙6】

……之人可也。

聞之曰：行險致命，[一] 飢滄而毋會，從事而毋訟，[二] 君子不以流言傷人。【甲19】

【注釋】

[一]『行險致命』，與《論語·子張》『士見危致命』之意相近。[二]

[二]『飢滄而毋會，從事而毋訟』，意謂飢寒之歲不要與行會同，行事之時不要爭訟。[三]

[一] 侯乃峰：《上博楚簡儒學文獻校理》，上海古籍出版社 2018 年版，第 160—161 頁。

[二] 孟蓬生：《上博竹書（二）字詞札記》，上海大學古代文明研究中心、清華大學思想文化研究所編：《上博館藏戰國楚竹書研究續編》，上海書店出版社 2004 年版，第 476 頁。

[三] 陳美蘭：《〈從政〉釋譯》，季旭昇主編：《〈上海博物館藏戰國楚竹書（二）〉讀本》，萬卷樓圖書股份有限公司 2003 年版，第 85 頁。

【今譯】

（君子）如果能做到文而不武，那麽其心志不會邪慝；如果能做到仁而不智，那麽……

聽（古人）説：（君子）做危險的事能够獻出生命（殺身成仁）。飢寒之歲不要與行會同，行事之時不要爭訟，君子不以毫無根據的話中傷他人。

【思想】

本篇以若干『聞之曰』爲起首語，通過語録體的方式，較爲具體、精詳地呈現了爲政者所應遵循的道德法則與行爲規範，其主旨顯然在於彰明儒家『爲政以德』的觀念。就思想内容而言，該竹書完全可以同《論語》《禮記》等傳世文獻以及《爲吏之道》等出土文獻對讀。

就爲政的總原則來説，簡文主張『道之以德，齊之以禮』，反對『道之以政，齊之以刑』。具體而言，簡文指出，從政應當做到：（一）『三務』，即『敬』『謹』『信』；（二）『四勿』，即『毋暴』『毋虐』『毋賊』『毋貪』；（三）『五德』，即『寬』『恭』『惠』『仁』『敬』；（四）警惕『七幾』，即『獄則興』『威則民不道』『鹵則失衆』『猛則無親』『罰則民逃』『好刑則民作亂』等，此皆在於强調實行寬政、仁政，拒斥苛政、暴政；（五）固守三制；（六）除却十怨；（七）興邦家、治政教；（八）顯嘉勸信；（九）順天命而爲；（十）『毋占民斂』；（十一）『不膚法盈惡』，即不要離棄法度而增加罪惡；（十二）謹言慎行，言行一如，力行爲本；等等。

從論述的方式上來説，本篇比較重視對爲政之德目或行爲規範的概括，如『三務』『三制』『四勿』『五德』『七幾』『十怨』等説法；並且較爲注重通過正反對比或對舉的方式來論述爲政之道，比如從正面闡釋了爲政所需敦行的『五德』後，又言『不寬』『不恭』『不惠』『不仁』『不敬』，從反面再重申其義；此外，它還重視透過對某種爲政行爲效果的具體論析，來顯明從政的原則，比如『信則得衆，謹則遠戾』，用一個『則』字將爲政者的德行與其治政效果密切關聯起來。這可以體現出此篇簡文在析理形式上的一些特點。

昔者君老

【簡介】

本篇竹書選自馬承源主編《上海博物館藏戰國楚竹書（二）》（上海古籍出版社2002年版），原整理者和釋文注釋者爲陳佩芬先生。竹書圖版見是書第85—90頁，釋文注釋見是書第239—246頁。據整理者的説明，《昔者君老》現存竹簡四支，其中完簡三支，全長四十四點二釐米，編綫三道。本篇竹書篇末有勾識符號，是終篇的標志，其下留白。

整理者認爲本篇竹書的四支竹簡『簡文均不能連讀，第一簡和第四簡有起首語和結束語，第二簡和第三簡皆無可承接』。有學者認爲本篇竹書與上博四《内禮》的書體、竹簡形制均相同，内容也相關，有可能聯綴爲一篇。〔一〕上博五《季康子問於孔子》第16號簡可與本篇第2號簡相連。〔二〕另有學者直接將《昔者君老》

〔一〕〔日〕井上亘：《〈内豊〉篇與〈昔者君老〉篇的編聯問題》，簡帛研究網，2005年10月16日。

〔二〕〔日〕福田哲之：《上博四〈内禮〉附簡、上博五〈季康子問於孔子〉第十六簡的歸屬》，簡帛網，2006年3月7日。

視爲《内禮》末段。[一] 本書吸納了這些意見，將本篇第3號簡移至《内禮》第9號簡後，將《季康子問於孔子》第16號簡作爲本篇第2號簡下半段。由於整理者已將本篇竹書和《内禮》分爲兩篇，而《昔者君老》也文意完整，今仍將其作爲單獨的一篇。這樣，本篇竹書實際上現存三支竹簡，簡文内容也可以連讀。

本篇竹書不見於傳世文獻，原無篇題，竹書《昔者君老》的篇題是陳佩芬據第1號簡簡首文字擬定的。本篇竹書的内容涉及君老傳位及太子事君父、守喪之禮。

目前，除整理者外，彭浩、林素清、曹峰、陳偉、季旭昇、陳嘉凌、梁静及日本學者井上亘、福田哲之等人曾就本篇竹簡局部或全文的注釋發表了重要意見。本注譯的釋文及其簡序，以原整理者陳佩芬的成果爲基礎，同時吸納了其他學者的意見。

君子曰：昔者君老，太子朝君，君之母弟是相，太子昃（側）聽，庶諰，言進。[一] 太子前之母弟，母弟送，退，前之太子，再三，然後並聽之。[二] 太子、母弟【01】至命於閤，閤以告寺人，寺人入告於君，君曰：『召之。』[三] 太子入見，如祭祀之事□□□□□□□□之，必敬，如賓客之事也。[四] 君曰：『廌（尊）豊（禮）【季16】【02】尔（爾）司，各（恪）恭尔（爾）事，發（廢）命不夜（赦）。』[五] 君卒，太子乃亡（無）聞亡（無）聽，不問不命，唯哀悲是思，唯邦之大甹（屏）是敬。[六]【04】

[一] 梁静：《上博楚簡〈内豊〉研究》，《文獻》2012年第4期。

【注釋】

［一］『昔者君老』，《禮記·曲禮》：『七十曰老而傳。』孔穎達《疏》：『七十其老已至，故言老也。既年已老，則傳徙家事，付委子孫，不復指使也。』

『朝君』，《爾雅·釋言》：『陪，朝也。』陸德明《釋文》：『臣見君曰朝。』

『君之母弟』，指君之同母弟。『相』是佑導相禮之義。《周禮·秋官·司儀》『司儀掌九儀之賓客擯相之禮』鄭玄《注》：『出接賓曰擯，入贊禮曰相。』

『昃聽』，『昃』讀爲『側』〔二〕，《儀禮》多見側字，單獨無偶之義，『側聽』與下文『並聽』相對而言，指太子一人獨聽。〔三〕

『庶謁，言進』的『謁』『言』兩字，竹書原寫作『䛤』，其下有兩短横，疑是合文符號，〔三〕該句可讀爲『庶謁，言進』。『庶謁』，衆人謁告。《禮記·曲禮》：『問士之子：長，曰能典謁矣；幼，曰未能典謁也。』

〔二〕 林素清：《上博楚竹書〈昔者君老〉新釋》，上海大學古代文明研究中心、清華大學思想文化研究所編：《上博館藏戰國楚竹書研究續編》，上海書店出版社2004年版，第197頁。

〔三〕 曹峰：《上博楚簡〈昔者君老〉新注》，丁四新主編：《楚地簡帛思想研究》第二輯，湖北教育出版社2005年版，第34頁。

〔三〕 學者多將其視爲重文符號。如林素清把該句讀爲『庶謁，謁進』，上『謁』字爲官名謁者的省稱，下『謁』字爲動詞，通報之義。曹峰認爲『庶』非副詞，可能指人或物，如當時在場的庶子或庶姓大臣，當斷爲『庶䛤䛤，進』。林素清：《上博楚竹書〈昔者君老〉新釋》，上海大學古代文明研究中心、清華大學思想文化研究所編：《上博館藏戰國楚竹書研究續編》，上海書店出版社2004年版，第198頁；曹峰：《上博楚簡〈昔者君老〉新注》，丁四新主編：《楚地簡帛思想研究》第二輯，湖北教育出版社2005年版，第38頁。

鄭玄《注》：『謁，請也，謂能擯贊出入以事請告也。』據此可知，典謁通傳之事，多由士之子爲之，位卑故稱庶。君之母弟爲太子相禮，隨從或宫中庶衆士子先爲謁者，入告君之母弟相太子朝君之事，返命言進，太子乃聽命而進，行禮入門。太子必待『言進』而後進者，《禮記・曲禮》：『見父之執，不謂之進不敢進，不謂之退不敢退，不問不敢對。此孝子之行也。』鄭玄《注》：『敬父同志，如事父。』

［二］『前』，進也；『之』，猶諸也。《孟子・滕文公上》：『禹疏九河，瀹濟漯，而注諸海；決汝漢，排淮泗，而注之江。』『諸』『之』换用。太子前進之於母弟，亦即太子趨於母弟之前。〔一〕『送』，或釋讀爲『遜』〔二〕，然與禮相關之記述中，『送』（或拜送）『退』（或少退）作爲對應語經常出現，不見『遜退』之語。『送』『退』應分開讀。〔三〕

『前之太子』，與上文『太子前之母弟』一例，之亦猶諸。

『再三』，即再次、三次。《書・多方》：『至于再，至于三。』

太子與君之母弟的位置和行進之法，母弟爲相，其初始位置宜略前於太子，故太子欲進，必先向前。太子乃朝君之主，故宜行至於相者之前。『送』，隨也，太子前行，過君之母弟時，君之母弟即隨行在太子之後，太子止步，君之母弟乃退，然後復進於相者之位，行至太子之前。『再三』，當是概數，非重行三次之義。『太子前之母弟，母弟送，退，前之太子』，這一系列動作，太子和君之母弟要反復行之，以至於閤門之

〔一〕陳佩芬釋文注釋：《昔者君老》，馬承源主編：《上海博物館藏戰國楚竹書（二）》，上海古籍出版社2002年版，第243頁。
〔二〕李鋭：《上博館藏楚簡（二）初札》，簡帛研究網，2003年1月6日。
〔三〕曹峰：《上博楚簡〈昔者君老〉新注》，丁四新主編：《楚地簡帛思想研究》第二輯，湖北教育出版社2005年版，第39頁。

前纔完成，然後並聽之，轉入下一個環節。

［三］『至命』，讀爲『致命』，經典習見，即傳達命令的意思。[一]

『閽』，《爾雅·釋宫》：『宫中之門謂之闈，其小者謂之閨，小閨謂之閤。』《公羊傳·宣公六年》載靈王欲使人殺趙盾，『入其大門，則無人門焉者；入其閨，則無人閨焉者。』『門』『閨』皆動詞，意指守門，可引申指守門者，『閽』亦可指守閽門者。

『寺人』，《周禮·天官·寺人》：『寺人掌王之内人及女宫之戒令，相道其出入之事而糾之。若有喪紀、賓客、祭祀之事，則帥女宫而致於有司，佐世婦治禮事。掌内人之禁令，凡内人吊臨於外，則帥而往，立於其前而詔相之。』

［四］『如祭祀之事』，林素清引《論語·顔淵》『出門如見大賓，使民如承大祭』及《左傳·僖公三十三年》『出門如賓，承事如祭』證之，認爲簡文意思是：『如祭祀的心存虔敬，態度恭謹。』[二] 福田哲之將上博五《季康子問於孔子》第16號簡綴接爲本篇第2號簡下半段[三]，《季康子問於孔子》第16號簡文爲：『之必敬，如賓客之事也。君曰：薦豊。』[四] 如賓客之事，正與『如祭祀之事』對文。

〔一〕 邴尚白：《上博〈昔者君老〉注釋》，『第一屆應用出土資料國際學術研討會』會議論文，苗栗：育達商業技術學院，2003年4月23日。

〔二〕 林素清：《上博楚竹書〈昔者君老〉新釋》，上海大學古代文明研究中心、清華大學思想文化研究所編：《上博館藏戰國楚竹書研究續編》，上海書店出版社2004年版，第200頁。

〔三〕 ［日］福田哲之：《上博四〈内禮〉附簡、上博五〈季康子問於孔子〉第十六簡的歸屬》，簡帛網，2006年3月7日。

〔四〕 『賓』，整理者釋讀爲『則』，此從陳偉説。參見濮茅左釋文注釋：《季康子問於孔子》，馬承源主编：《上海博物館藏戰國楚竹書（五）》，上海古籍出版社2005年版，第225頁；陳偉：《上博五〈季康子問於孔子〉零識》，簡帛網，2006年2月20日。

在本篇第2號簡與《季康子問於孔子》第16號簡綴接後，其間仍有約六點八釐米殘斷，約殘八字。

［五］本篇第3號簡，應移至上博四《内禮》篇第9號簡之後。本篇第2號簡簡尾與第4號簡簡首均完整，第2號簡末，即《季康子問於孔子》第16號簡末兩字是『鳶豊』，第4號簡首兩字是『尔司』，疑兩簡可連讀。『鳶』讀爲『尊』。《説文・水部》：『瀳，水至也。從水薦聲，讀若尊。』《周易・觀卦》：『盥而不薦。』漢帛書本『薦』作『尊』。『尊』，敬、重也。『禮』，禮敬也，魏文侯『禮段干木』（《吕氏春秋・察賢》）、季春『禮賢者』（《禮記・月令》），皆禮敬之義。尊禮爾司，猶言敬禮大臣。《中庸》説凡爲天下國家有九經，其四曰『敬大臣也』，『敬大臣則不眩』。《論語・八佾》：『定公問：「君使臣，臣事君，如之何？」孔子對曰：「君使臣以禮，臣事君以忠。」』

『尊禮爾司』謂君當敬禮有司，『恪恭爾事』謂大臣當恭敬於君之事，『廢命不赦』謂臣若荒廢君命不行，則嚴懲不赦免。三者一理貫通，君臨終時授太子爲君之大法。這三句簡要的話，正是君的顧命之詞。『各共（恭）尔事』，『各』讀爲『恪』，《爾雅・釋詁下》：『恪，敬也。』『共』讀爲『恭』。《論語・子路》：『居處恭，執事敬，與人忠。雖之夷狄，不可棄也。』簡文以『尊禮爾司』與『恪恭爾事』對言，君應敬禮有司，臣應敬恭君事，從孔子答定公之問來看，『尊禮爾司，恪恭爾事』實爲古代君臣之道的要義。君老之時，授太子以君道，可謂合宜。因而，無論從内容還是文例來看，第2、4號簡之間都可密合，其間不宜再有一簡殘失。

『發命不夜』，讀爲『廢命不赦』。[一]《左傳・哀公十一年》：『奉爾君事，敬無廢命。』

［一］陳偉：《〈上海博物館藏戰國楚竹書（二）〉零釋》，簡帛研究網，2003年3月17日。

〔六〕『君卒』，《爾雅·釋詁下》：『卒，死也。』

『無聞無聽』，《説文·耳部》『聞』字下段玉裁《注》：『往曰聽，來曰聞。』『無聞』應是太子不令政事上達，使其聞知；『無聽』則是太子不主動去瞭解或參與政事。〔一〕二者均爲聽政之事。『不問不命』〔二〕，『問』是訊問政事，『命』是發布政令。在實際的政治活動中，聞、聽、問、令各自不同。

『甹』，讀爲『屏』，從林素清説。〔三〕大屏即輔佐王室的重臣。『唯邦之大屏是敬』，即敬禮王朝大臣。

【今譯】

君子説：以前有國君老了，太子朝見國君，君的同母弟相禮，太子獨自傾聽，衆人告謁，説進來。太子走到母弟之前，母弟跟送，（太子止，母弟）退，再走到太子之前，（又言進，太子又走到母弟之前……）如此再三，然後並立聽命。太子、母弟到達君所，告命於守閽門者，守閽門者轉告寺人，寺人入内告訴國君，國君説：『召他進來。』太子入内見君，如同祭祀之事……之，必恭敬，如禮敬賓客之事。國君説：『尊敬禮遇你的有司大臣，（大臣）都恭敬奉行你的事情，若有廢命則不赦免。』國君死了，太子於是不再聞聽政事，

〔一〕顔世鉉：《上博楚竹書散論（三）》，簡帛研究網，2003年1月19日。

〔二〕林素清：《上博楚竹書〈昔者君老〉新釋》，上海大學古代文明研究中心、清華大學思想文化研究所編：《上博館藏戰國楚竹書研究續編》，上海書店出版社2004年版，第202頁。

〔三〕參見林素清：《上博楚竹書〈昔者君老〉新釋》，上海大學古代文明研究中心、清華大學思想文化研究所編：《上博館藏戰國楚竹書研究續編》，上海書店出版社2004年版，第203—204頁。

也不問政發命，極盡哀悲之情，敬禮邦之藩屏大臣。

【思想】

本篇竹書詳細闡述了國君將老時將政權交付太子的禮制。國君將老，太子朝君，而君之母弟相禮，最後太子入見，受君臨終所傳的爲君之道，君卒之後孝順遵循。這一禮制未見世傳，其内容有幾點值得注意：其一，太子朝君時，君之母弟相禮。這涉及兄終弟及和嫡長子繼承兩種不同的王權傳遞制度，而竹書所載明確了太子繼位的正當性，通過母弟相禮，一方面賦予他一定的監管君權的權力，另一方面明確他不得繼位。從禮的淵源來説，這或許是周禮以嫡長子繼承制來損益殷禮兄終弟及制的結果。其二，國君臨終囑托的爲君之道，以尊敬禮遇大臣爲根本，君若能尊禮大臣，大臣便可能恭敬聽命執事，若有廢命不遵的，還是要嚴刑督責。這既體現了君義臣忠的君臣關係，也包含了信賞必罰的權術。其三，國君死後，太子在守君喪期間『無聞無聽，不問不命』，『唯邦之大屏是敬』，將政事暫托於邦之大臣，而『唯哀悲是思』，專心於守孝，這不僅是謹守君父『尊禮爾司』之訓，而且是孝治的關鍵。孔子説『三年無改於父之道，可謂孝矣』（《論語》之《學而》《里仁》），又引《書》『孝乎惟孝，友於兄弟，施於有政』（《論語·爲政》）的話，《論語·憲問》云：『子張曰：「《書》云：高宗諒陰，三年不言。何謂也？」子曰：「何必高宗，古之人皆然。君薨，百官總己以聽於冢宰，三年。」』這些思想和竹書可以互相詮釋，共同表明孝治的思想，即太子謹守君喪，以盡孝道，以爲天下所取法，孝悌乃爲仁之本，太子守孝，以興天下之仁。

容成氏

【簡介】

本篇竹書選自馬承源主編《上海博物館藏戰國楚竹書（二）》（上海古籍出版社2002年版），原釋文者和注釋者爲李零先生。竹書圖版見是書第91—146頁，釋文注釋見是書第147—293頁。全篇共存完、殘簡五十三支，簡長約四十四點五釐米，每簡抄寫四十二至四十五字不等，共計二千七百餘字。篇題見於第53號簡簡背，作『訟成氏』。原釋文注釋者由此推測，此篇題當是據篇首所載第一位帝王的名字而擬定的。『訟成氏』即《莊子·胠篋》所述上古帝王第一人『容成氏』。

本篇簡文以儒家學説爲主導，從赫胥氏、倉頡氏、容成氏等多位遠古帝王的『授賢』傳説講起，進而詳述唐堯、虞舜、夏禹的『禪讓』故事和商湯、周文王、周武王的『革命』事迹。此在形式上雖爲記述上古至周初的歷史，而其實質則在於表達『德治』『禪讓』『尚賢』等子學思想主旨。

本注譯所用釋文以李零的原釋文爲基礎，並參考了陳劍、陳偉、蘇建洲等學者的研究成果。原竹簡的排列存在諸多疑難之處，陳劍、白於藍、黄人二、陳麗桂、郭永秉、李承律、李守奎、李春利、王青、子居、孫飛燕、單育辰、夏世華等學者作了調整。[一] 本注譯所據釋文即以夏世華編排的簡序爲

[一] 單育辰先生對目前有關《容成氏》的諸種編聯有系統梳理，見氏著：《新出楚簡〈容成氏〉研究》，中華書局2016年版，第1—12頁。

基礎。〔一〕

【……尊】盧氏、赫胥氏、喬結氏、倉頡氏、軒轅氏、神農氏、椲〜氏、壚遅氏之有天下也，皆不授其子而授賢。其德欲清而尚恁，[一]【01】其政治而不賞，官而不爵，無勸於民，[二]而治亂不共（倦），[三]故曰賢。及【大】【43】涹（庭）氏之有天下，厚恁而薄斂焉，身力以勞，百姓【35B】入焉以行政，[四]於是乎始爵而行祿，以讓於有虞迵，有虞迵曰：『德速衰【矣】。』[五]【32】於是乎不賞不罰，不刑不殺，邦無飢人，道路無殤【04】死者。上下貴賤，各得其列。[六]四海之外賓，四海之內貞，禽獸朝，魚鼈獻。[七]有虞迵生（匡）天下之政十有九年而王天下，[八]三十有七【05】年而泯終。

【注釋】

[一]『欲』，想要之義；『清』即清靜。『欲清』與『身力以勞』相對爲義，言想要清靜，不尚力作與憂勞。〔二〕

『尚恁』，《說文·心部》：『恁，惠也。』『尚恁』即好尚施惠於民。〔三〕

〔一〕夏世華：《上海博物館藏楚竹書〈容成氏〉集釋》，丁四新、夏世華主編：《楚地簡帛思想研究》第四輯，崇文書局2010年版，第112—172頁。

〔二〕同上書，第114—115頁。

〔三〕同上書，第115頁。

〔二〕『勱』，《説文・力部》：『勉力也。《周書》曰：「用勱相我邦家。」讀若萬。從力，萬聲。』『無勱於民』意即不勉勵督促而民能自覺勞作。〔一〕

〔三〕『𠔏』，讀爲『倦』。〔二〕原簡此字有殘缺。

〔四〕『大汲氏』，『大』字據補，『汲』從及聲，讀爲『庭』。《莊子・胠篋》『昔者容成氏、大庭氏』云云，疑竹簡此處三字即指大庭氏。

『百姓』，意指百官。《尚書・堯典》：『九族既睦，平章百姓。』孔安國《尚書傳》：『百姓，百官。』〔三〕

〔五〕『有虞迥』，『有虞』是部族之名，『迥』乃有虞氏首領的名字。〔四〕

〔六〕『列』，訓爲『位』。《左傳・襄公十五年》：『王及公、侯、伯、子、男，甸、采、衛大夫，各居其列，所謂周行也。』『各居其列』猶『各得其列』。〔五〕

〔七〕『禽獸朝，魚鼈獻』的意思是，海内平定、天下艾安之後，萬邦皆以各地之珍稀物事朝貢君王。〔六〕

〔一〕夏世華：《上海博物館藏楚竹書〈容成氏〉集釋》，丁四新、夏世華主編：《楚地簡帛思想研究》第四輯，崇文書局2010年版，第116頁。

〔二〕何琳儀：《第二批滬簡選釋》，上海大學古代文明研究中心、清華大學思想文化研究所編：《上博館藏戰國楚竹書研究續編》，上海書店出版社2004年版，第454頁。

〔三〕夏世華：《上海博物館藏楚竹書〈容成氏〉集釋》，丁四新、夏世華主編：《楚地簡帛思想研究》第四輯，崇文書局2010年版，第117頁。

〔四〕郭永秉：《從上博簡〈容成氏〉的「有虞迥」説到唐虞傳説的疑問》，復旦大學出土文獻與古文字研究中心編：《出土文獻與古文字研究》第一輯，復旦大學出版社2006年版，第313—319頁。

〔五〕陳偉：《〈上海博物館藏戰國楚竹書（二）〉零釋》，簡帛研究網，2003年3月17日。

〔六〕夏世華：《上海博物館藏楚竹書〈容成氏〉集釋》，丁四新、夏世華主編：《楚地簡帛思想研究》第四輯，崇文書局2010年版，第119頁。

〔八〕『𡈼』，可讀爲『匡』，即匡正之義。《説文·匚部》説『匡』從𡈼聲，《爾雅·釋言》：『匡，正也。』

【今譯】

尊盧氏、赫胥氏、喬結氏、倉頡氏、軒轅氏、神農氏等上古帝王擁有天下，都不將王位傳授給其子嗣，而是傳授給有才德的賢者。其德行好尚清静無爲、施惠於民，其爲政不用賞賜而政事得到治理，不封爵位而官員能各盡其職，不勉勵督促而人民能自覺勞作，所以堪稱賢者。及至大庭氏擁有天下，大施恩惠於民並減輕賦税，躬行勤勉、不辭勞苦，百官皆入朝以牧民爲政，於是纔開始施行爵位制和俸禄制，（後來）他把王位禪讓給有虞迵，有虞迵説道：『（如今）道德已迅速衰退了。』於是不行賞、不施罰，不行刑、不殺戮，以致於國家没有忍饑挨餓之人，道路上没有（因在上位者的昏庸無道而無辜）夭死者。無論上下與貴賤，都能各得其位。四海之外（的人民）都來歸附，四海之内都得以平定，天下萬邦皆以各地珍饈佳餚（禽獸、魚鱉）前來朝貢。有虞迵歷經十九年匡正天下政治風氣從而稱王於天下，執政三十七年而老死告終。

昔堯處於丹府與藋陵之間，堯賤施而時是著，〔一〕不勸而民力，不刑殺而無盜賊，甚緩而民服。於是乎方【06】百里之中率，〔二〕天下之人就，〔三〕奉而立之以爲天子。於是乎方圓千里，於是乎持板正位，四向陎（綏）和，〔四〕懷以來天下之民。【07】是以視賢，履地戴天，篤義與信，會兹天地之間，而包兹四海之内，〔五〕畢能其事，而立爲天子。堯乃爲之教曰：『自【09】入焉，余穴窺焉，以求賢者而讓焉。』〔六〕堯以天下讓於賢者，天下之賢者莫之能受也。萬邦之君皆以其邦讓於賢【10】【者，萬邦之賢者莫之能受也。百姓之人，皆以其位讓於】賢者，而賢者莫之能受也。於是乎天下之人，以【11】堯爲善興賢而卒立之。

昔【者】舜耕於鬲丘，[七] 陶於河濱，漁於雷澤，孝養父母，以善其親，乃及邦子。堯聞之【13】而美其行。堯於是乎爲車十又五乘，以三從舜於畎畝之中，舜於是乎始免蓺，[八] 幵（投）耨鍤，[九] 介而坐之茲，[十] 堯南面，舜北面，舜【14】於是乎始語堯天地人民之道。與之言政，悦簡以行；與之言樂，悦和以長；與之言禮，悦敀（博）以不逆。[十一] 堯乃悦。堯【08】……【堯乃老，視不明】，聽不聰。堯有子九人，不以其子爲後，見舜之賢也，而欲以爲後。【12】【舜乃五讓以天下之賢者，不得已，然後敢受之】。

【注釋】

[一]『賤施』，『賤』表達一種不看重的態度，『賤施』並非不施予，而是一種不把施予當作爲政首要任務的態度，與『而』字後的意思适成對比。[一]

『時是』，原簡作『旹=』，『=』爲重文。『時是著』猶著時，即明天時、農時。簡文之意與《論語・學而》『使民以時』、《孟子・梁惠王上》『不違農時』相通。[二]

[二]『率』，屬上讀，有順服義。[三]

[三]『就』，訓『因』，有親近、親附之義。《説文・口部》：『因，就也。』《廣雅・釋詁三》：『因，親也。』[四]

[一] 夏世華：《上海博物館藏楚竹書〈容成氏〉集釋》，丁四新、夏世華主編：《楚地簡帛思想研究》第四輯，崇文書局2010年版，第120頁。

[二] 同上書，第121頁。

[三] 陳偉：《竹書〈容成氏〉零識》，簡帛網，2005年11月13日。

[四] 夏世華：《上海博物館藏楚竹書〈容成氏〉集釋》，丁四新、夏世華主編：《楚地簡帛思想研究》第四輯，崇文書局2010年版，第121頁。

［四］「阩」，所從「禾」可視爲「委」之省聲，與「綏」古音同在歌部，故可讀作「綏」。《爾雅·釋詁》：「綏，安也。」[一]

［五］「會兹天地之間，而包兹四海之内」，《説文·亼部》：「會，合也。」「兹」，此也。「會兹天地之間」意猶《荀子·儒效》之「合天下」，楊倞《荀子注》：「合天下謂合會天下諸侯歸一統也。」「包兹四海之内」猶《國語·越語下》之「包萬物以爲一」，意即生養萬物，使之各得其所。[二]

［六］「入」，即入朝之義，其主體爲天下之賢者。[三]

「穴窺」，意猶「管窺」，其主體爲堯君。《説苑·辨物》：「子之方如此，譬若以管窺天，以錐刺地，所窺者甚大，所見者甚少。」天下之大，賢者或隱或現，必是所窺者衆而所見者寡，堯以此來表達其自謙求賢之意，旨在鼓勵賢者自入其朝，以成就其讓賢之志。[四]

［七］「鬲丘」，即《史記·五帝本紀》所載「舜耕歷山」之歷山，據第40號簡「鬲山氏」可知其地望當在山西。[五]

[一] 顔世鉉：《上博楚竹書文字釋讀札記五則》，武漢大學簡帛研究中心主辦：《簡帛》第一輯，上海古籍出版社2006年版，第187—188頁。

[二] 夏世華：《上海博物館藏楚竹書〈容成氏〉集釋》，丁四新、夏世華主編：《楚地簡帛思想研究》第四輯，崇文書局2010年版，第122—123頁。

[三] 同上書，第124頁。

[四] 同上。

[五] 李零：《〈容成氏〉釋文考釋》，馬承源主編：《上海博物館藏戰國楚竹書（二）》，上海古籍出版社2002年版，第259—260頁。

〔八〕「免蓺」，「免」猶「釋」，指放下；「蓺」可訓爲種植之「種」，引申爲農業勞作之義。「免蓺」即停止農業勞作。〔一〕

〔九〕「⿰王主耨鍤」，「⿰王主」從主得聲，或可讀爲「投」，有置、擲之義。「投耨鍤」，指將手中的耨、鍤丟在地上，亦即放下耨、鍤等農具。〔二〕

〔十〕「介而坐之」，猶言「分而坐之」，指堯、舜相互禮讓而坐。〔三〕「茲」，指蓐席、籍席。〔四〕

〔十一〕「悅」，原簡均作「敓」，是喜悅之義。一讀爲「說」，疑非。〔五〕「敀」，當讀爲「博」。古者禮繁，故曰博。

〔一〕李零：《〈容成氏〉釋文考釋》，馬承源主編：《上海博物館藏戰國楚竹書（二）》，上海古籍出版社2002年版，第260頁；范常喜：《上博二〈容成氏〉簡14補説》，簡帛網，2006年1月14日。

〔二〕李零：《〈容成氏〉釋文考釋》，馬承源主編：《上海博物館藏戰國楚竹書（二）》，上海古籍出版社2002年版，第261頁；夏世華：《上海博物館藏楚竹書〈容成氏〉集釋》，丁四新、夏世華主編：《楚地簡帛思想研究》第四輯，崇文書局2010年版，第126頁。

〔三〕安徽大學古文字研究室：《上博楚竹書（二）研讀記》，上海大學古代文明研究中心、清華大學思想文化研究所編：《上博館藏戰國楚竹書研究續編》，上海書店出版社2004年版，第452頁；夏世華：《上海博物館藏楚竹書〈容成氏〉集釋》，丁四新、夏世華主編：《楚地簡帛思想研究》第四輯，崇文書局2010年版，第126頁。

〔四〕陳偉：《〈容成氏〉零識》，《新出楚簡研讀》，武漢大學出版社2010年版，第170—171頁。

〔五〕夏世華：《上海博物館藏楚竹書〈容成氏〉集釋》，丁四新、夏世華主編：《楚地簡帛思想研究》第四輯，崇文書局2010年版，第127頁。

【今譯】

堯曾經居住在丹府、藋陵一帶，他不尚施與而重視農時（即崇尚無爲而治），不用勸勉而人民自能勤勞，不施刑罰殺戮却没有盗賊，爲政寬和而人民心悦誠服。於是方圓百里之内以至於天下的人民都來歸附，欲尊奉或擁戴其爲君王。於是方圓千里之内，大臣們手持笏板、各就各位，四方得以安定和諧，進而懷柔天下人民、使之來歸。因而招賢納士，頂天立地（正直剛毅），篤行正道、堅守信譽，合會天下諸侯使之歸於一統，生養萬物使之各得其所，完全能坐實其政事，從而被尊奉爲君王。堯於是爲納賢而説道：『但願天下的賢者都能自動入朝受禪，我祇能管中窺豹（洞察部分賢者），希望求得賢者而禪讓其位。』堯將整個天下（亦即王位）禪讓給賢能之士，但天下没有一位賢者肯接受。所有諸侯國的國君都將其邦國（亦即君位）禪讓給賢者，但没有哪一位賢者願意接受。天下文武百官，都將其臣位讓給賢者，但天下的賢者没有誰肯接受。於是天下的人民，因爲堯興善舉賢，最終擁戴他爲王。從前舜在歷山種田，在河濱製陶，在雷澤捕魚，孝順地奉養父母，並善待其親屬，乃至於國人。堯聽説之後，讚美舜優良的德行。堯於是特地準備了十五輛禮車，多次到田間隨行於舜之後（即到田間見舜），舜於是纔停止農業勞作，放下耨、鍤等農具，二人相互禮讓而坐在蓐席上，堯朝南面而坐，舜朝北面而坐，舜於是開始告訴堯順天時、盡地利、和人民之道。堯與舜談論政事，舜樂於其簡易而能行；堯與舜談論音樂，舜樂於其和諧長久；堯與舜談論禮儀，舜樂於其廣博而不違逆。堯因此而感到欣悦……堯畢竟已老，視力模糊了，耳朵也聽不見了。堯雖育有九子，却不讓自己的兒子充當王位繼承人，他發現舜是個賢人，於是想讓他爲王位繼承者。舜多次相讓於天下的賢者，最後不得已纔接受堯的禪讓。

舜聽政三年，山陵不處，[一] 水潦不湝，[二] 乃立禹以爲司工。禹既已【23】受命，乃卉服、箁箬帽、芙蓻□，[三] 疋□□、【15】面皯皵、脛不生之毛，[四] 闓湝（溢）湝流。[五] 禹親執畚耜，[六] 以陂明都之澤，[七] 決九河【24】之滐（堨），[八] 於是乎夾州、徐州始可處〖也〗。禹乃通淮與沂，東注之海，於是乎競州、莒州始可處也。禹乃通蔞與易，東注之【25】海，於是乎荓州始可處也。禹乃通三江五湖，東注之海，於是乎荊州、揚州始可處也。禹乃通伊、洛，並瀍、澗，東【26】注之河，於是乎豫州始可處也。禹乃通涇與渭，北注之河，於是乎虘〈雍〉州始可處也。[九] 禹乃從漢以南爲名谷五百，從【27】漢以北爲名谷五百。天下之民居定，乃飭食，乃立后稷以爲田。后稷既已受命，乃食於野，宿於野，覆穀換土，[十] 五年乃【28】穰。民有餘食，無求不得，民乃賽（惎），[十一] 驕態始作，乃立皋陶以爲李（理）。皋陶既已受命，乃辨陰陽之氣，[十二] 而聽其訟獄，三【29】年而天下之人無訟獄者，天下大和均。舜乃欲會天地之氣而聽用之，[十三] 乃立質以爲樂正。質既受命，作爲六律六【30】呂，辨爲五音，以定男女之聲。[十四] 當是時也，癘疫不至，妖祥不行，禍災去亡，禽獸肥大，卉木晉長。昔者天地之佐舜而【16】佑善，如是狀也。舜乃老，視不明，聽不聰。舜有子七人，不以其子爲後，見禹之賢也，而欲以爲後。禹乃五讓以天下之賢【17】者，不得已，然後敢受之。

【注釋】

［一］『山陵不處』，『處』，訓爲『止』。『山陵不處』，意即山陵崩解（而不得安於其所）。[一]

［二］『水潦不湝』，『潦』，積水之義；『湝』，《廣韻·平皆》以爲『水流貌』。簡文意指積水不能瀉導。[二]

［三］『卉服』，即草服；『箬箬帽』，即竹笠。[三]

［四］『面皯皵』，指面部皮膚烏黑粗糙。[四]

『生之毛』，此乃古代漢語中『動之名』式雙賓語結構，其中『之』表處所。在上古漢語中，表示處所的『之』『焉』一類代詞作『生』的賓語，乃『生』使用的常例。在『生』的這種語義中，更重要的是動作結果。[五]

［五］『闓』，原簡右半殘，左半作豈，可讀作『開』，有開掘、開通之義。《易·繫辭上》：『夫《易》

[一] 白於藍：《讀上博簡（二）札記》，上海大學古代文明研究中心、清華大學思想文化研究所編：《上博館藏戰國楚竹書研究續編》，上海書店出版社2004年版，第487頁。

[二] 李零：《〈容成氏〉釋文考釋》，馬承源主編：《上海博物館藏戰國楚竹書（二）》，上海古籍出版社2002年版，第268頁。

[三] 同上書，第261頁。

[四] 孟蓬生：《上博竹書（二）字詞札記》，上海大學古代文明研究中心、清華大學思想文化研究所編：《上博館藏戰國楚竹書研究續編》，上海書店出版社2004年版，第476頁。

[五] 沈培：《説上博簡〈容成氏〉中的『脛不生之毛』》，復旦大學出土文獻與古文字研究中心編：《出土文獻與古文字研究》第一輯，復旦大學出版社2006年版，第33—34頁。

開物成務。」《釋文》：「開，王肅作闓。」可知二字可通。〔一〕

「滙」，可讀爲「洫」。《詩·大雅·旱麓》「瑟彼玉瓚」，《周禮·春官·典瑞》鄭玄《注》引「瑟」作「卹」。卹、洫皆從血聲，故「滙」與「洫」可通。「洫」本意是田間溝洫，可引申爲導水之渠。〔二〕

〔六〕「畚梠」，「畚」是盛土之器，「梠」是掘土之器。〔三〕

〔七〕「陂」，築堤障塞之義。〔四〕

〔八〕「决」，疏通水道之義。〔五〕

「滐」，可讀爲「堨」，壅塞之義。《廣韻·曷韻》：「堨，壅堨。」《集韻·祭韻》：「堨，堰也。」《水經注·涑水》云：「公私共堨水徑，防其淫濫，謂之鹽水，亦謂之爲堨水。」〔六〕

〔一〕蘇建洲：《〈容成氏〉譯釋》，季旭昇主编：《〈上海博物館藏戰國楚竹書（二）〉讀本》，萬卷樓圖書股份有限公司2003年版，第137頁；蘇建洲：《上海博物館藏戰國楚竹書（二）校釋》，花木蘭文化出版社2006年版，第133頁。

〔二〕夏世華：《上海博物館藏楚竹書〈容成氏〉集釋》，丁四新、夏世華主编：《楚地簡帛思想研究》第四輯，崇文書局2010年版，第131頁。

〔三〕陳劍：《上博簡〈容成氏〉的竹簡拼合與編連問題小議》，上海大學古代文明研究中心、清華大學思想文化研究所編：《上博館藏戰國楚竹書研究續編》，上海書店出版社2004年版，第329頁。劉樂賢：《讀楚簡札記二則》，簡帛研究網，2004年5月29日。

〔四〕李零：《〈容成氏〉釋文考釋》，馬承源主编：《上海博物館藏戰國楚竹書（二）》，上海古籍出版社2002年版，第269頁。

〔五〕同上。

〔六〕夏世華：《上海博物館藏楚竹書〈容成氏〉集釋》，丁四新、夏世華主编：《楚地簡帛思想研究》第四輯，崇文書局2010年版，第132頁。

［九］『虘州』，『虘』疑是『雝（雍）』字之譌。據上下文，竹書『虘州』當即《禹貢》所説的雍州。[一]

［十］『覆穀换土』，『覆』有審察、查核之義，《周禮·考工記·弓人》『覆之而角至』，鄭玄《注》：『覆，猶察也。』『覆穀』可指察谷物之品類，辨其所宜種植之地。古有『土宜之法』，如《逸周書·度訓》『土宜天時，百物行治』，《周禮·地官·大司徒》『以土宜之法，辨十有二土之名物』。據此，則『覆穀』『换土』分别指察驗物種和修養地力，都是增加糧食産量的基本方法。[二]

［十一］『賽』，古書從『寒』之字多有與『愆』通用之例，如《逸周書·謚法》『典禮不𧫷曰戴』，《史記正義》：『𧫷』作『愆』。《列子·黄帝》『不聚不斂，而已無愆』，《釋文》：『愆本又作蹇。』《詩·大雅·假樂》『不愆不忘』，《春秋繁露·郊語》引『愆』作『騫』。《説文·心部》：『愆，過也。𡨦，或從寒省。』《説文新附》：『賽』字從貝，寒省聲。據此，『賽』可讀爲『愆』，過也，失度之謂。民衣食無憂之後，開始自滿自足，可能行爲失當、嬌態萌生，以致人心恣肆、行爲無度。[三]

［十二］『辨陰陽之氣』，《管子·四時》：『管子曰：令有時……不知時，乃失國之基……是故陰陽者，

［一］ 李零：《〈容成氏〉釋文考釋》，馬承源主編：《上海博物館藏戰國楚竹書（二）》，上海古籍出版社2002年版，第271頁；陳偉：《〈容成氏〉所見的九州》，《新出楚簡研讀》，武漢大學出版社2010年版，第162頁。

［二］ 夏世華：《上海博物館藏楚竹書〈容成氏〉集釋》，丁四新、夏世華主編：《楚地簡帛思想研究》第四輯，崇文書局2010年版，第135頁。

［三］ 同上書，第135—136頁。

天地之大理也；四時，陰陽之大經也；刑德者，四時之合也。刑德合於時則生福，詭則生禍。』《周禮·春官·宗伯·占夢》：『占夢：掌其歲時，觀天地之會，辨陰陽之氣，以日月星辰占六夢之吉凶。』賈公彦《疏》：『辨陰陽之氣以知吉凶。』此外，《周禮訂義》引李嘉令曰：『協於陰陽歲時者吉，背於陰陽歲時者凶。』凡此皆可與簡文之意相參。[一]

[十三]『會天地之氣』，此『天地之氣』與上『陰陽之氣』義近，《吕氏春秋·仲夏紀·大樂》：『凡樂，天地之和、陰陽之調也。』《吕氏春秋·仲夏紀·音律》：『大聖治理之世，天地之氣，合而生風，日至則月鐘其風，以生十二律。』《國語·周語下》載伶州鳩向周景王諫曰：『於是乎氣無陰滯，亦無散陽。陰陽序次，風雨時至，嘉生繁祉，人民和利，物備而樂成，上下不罷，故曰樂正。』據此，『會天地之氣』乃在强調樂具有合和天下之大用。[二]

[十四]『定男女之聲』，『男女之聲』或當指六律所代表的『陽』與六吕所代表的『陰』合起來的『陰陽之聲』。《周禮·春官·大師》：『大師：掌六律、六同，以合「陰陽之聲」。陽聲：黄鐘、大簇、姑洗、蕤賓、夷則、無射；陰聲：大吕、應鐘、南吕、函鐘、小吕、夾鐘。皆文之五聲：宫、商、角、徵、羽。』鄭玄《注》：『以合陰陽之聲者，聲之陰陽各有合。』孫詒讓《周禮正義》：『「掌六律六同以合陰陽之聲」者，此著審音調樂之通義。』凡此皆可與簡文參看。[三]

[一] 蘇建洲：《上海博物館藏戰國楚竹書（二）校釋》，花木蘭文化出版社2006年版，第160頁。

[二] 李零：《〈容成氏〉釋文考釋》，馬承源主编：《上海博物館藏戰國楚竹書（二）》，上海古籍出版社2002年版，第274頁；蘇建洲：《上海博物館藏戰國楚竹書（二）校釋》，花木蘭文化出版社2006年版，第160頁。

[三] 蘇建洲：《〈容成氏〉譯釋》，季旭昇主编：《〈上海博物館藏戰國楚竹書（二）〉讀本》，萬卷樓圖書股份有限公司2003年版，第149頁。

【今譯】

舜治理政事的前三年，當時山陵崩解（而不得安於其所），積水不能瀉導，於是任命大禹擔任司空（去平治水土）。禹受命之後，於是穿着草服、戴着竹笠……面部皮膚烏黑粗糙、小腿（因長期被泥水冲刷）未能長毛，（奮力）開掘渠道、使水流通。大禹親自拿着畚耜（掘土、盛土的用具），以築堤阻塞（泛濫的）孟諸澤，以疏通九大河流的壅塞之處，於是夾州、徐州一帶方能居住。禹疏通了淮水和沂水，使其皆向東注入大海，於是競州、莒州一帶方能居住。禹也疏通了蔞水和易水，使之向東流入大海，於是荓州一帶方能居住。禹還疏通了三大江、五大湖，使它們都向東匯入大海，於是荆州、揚州一帶方能居住。禹於是打通伊水和洛水，匯合瀍水與澗水，使之向東匯入黄河，於是豫州一帶方能居住。禹於是疏通涇水和渭水，使其向北流入黄河，於是雍州一帶方能居住。禹於是從漢水以南劃定五百座有名山谷，同時從漢水以北也劃定五百座有名山谷。天下老百姓的居處既已安定，於是開始生産糧食，於是任命后稷爲農官（負責治理農事）。后稷受命之後，於是吃住都在野外（風餐露宿，勞作勤苦），不斷察驗物種、修養地力，經過五年的辛勤耕耘纔使得作物豐收。從此人民有了多餘的糧食，並無什麼得不到滿足，以至於人民行爲無度失當，驕傲自滿的心態開始萌生，於是后稷任命皋陶爲理官（負責處理訴訟之事）。皋陶既已領受后稷的任命，於是辨明陰陽之氣（運行之法度），以處理老百姓的種種訴訟案件，經過皋陶三年的整治，天下再無訴訟之人，整個天下一片祥和。舜因而打算融會天地之正氣（作樂），並發揮其和合天下之大用，於是任命質擔任樂正（負責樂教事宜）。質領命之後，創作六律（陽聲）六吕（陰聲），分辨五種不同的音調（宫、商、角、徵、羽），以確定陰聲與陽聲。就在那時，傳染病不復存在，災異凶兆不再出現，禍患災害業已消失，禽獸生得肥大，草木長得茂盛。從前皇天后土佐助大舜而護佑善人，就是如此呀。舜畢竟已老，視力模糊了，耳朵也聽不清了。舜雖育有七子，却不讓自己的兒子充當王位繼承人，他發現禹是個賢人，於是想讓他作爲王位繼承者。禹多次相讓於天下的賢者，最後不得已纔接受舜的禪讓。

禹聽政三年，不制革，不刃金，[一]不箸矢。[二]田無蹊，[三]宅不工，[四]關市無賦。禹乃因山、陵、坪、隰之可封邑【18】者而繁實之，[五]乃因邇以知遠，[六]去苛而行簡，因民之欲，會天地之利。夫是以近者悦治，而遠者自至，四海之内及【19】四海之外皆請貢。禹然後始爲之號旗，[七]以辨其左右，使民毋惑。東方之旗以日，西方之旗以月，[八]南方之旗以蛇，[九]【20】中正之旗以熊，[十]北方之旗以鳥。[十一]禹然後始行以儉，衣不褻美，[十二]食不重味，朝不車逆，[十三]舂不毇米，[十四]𦥛（饎）不折骨，[十五]製【21】服被黼。[十六]禹乃建鼓於廷，以爲民之有謁告者訊焉，[十七]擊鼓，禹必速出，冬不敢以凔辭，夏不敢以暑辭。身言【22】孝祇，[十八]方爲三造，[十九]斁（覃）聖之紀。[二十]東方爲三造，西方爲三造，南方爲三造，北方爲三造，以𨒪（越）於溪谷，[二十一]濟於廣川，高山登，蓁林【31】【□□□□□□□□下不】亂泉。[二十二]所曰聖人，其生易養也，其死易葬，[二十三]去苛慝，是以爲名。禹有子五人，不以其子爲後，見【33】皋陶之賢也，而欲以爲後。皋陶乃五讓以天下之賢者，遂稱疾不出而死。禹於是乎讓益，啓於是乎攻益自取。[二十四]【34】【□□□□□□□□□□】。[二十五]

【注釋】

［一］『刃金』，指砥礪兵刃。[一]

［二］『砮矢』，《爾雅·釋詁下》：『砮，利也。』『砮矢』指使矢鏃鋒利。[二]

［三］『踐』，《説文·足部》：『履也。』『踐』『履』義同，常解作踐踏田地。『田無踐』是説不踏勘田地，不取或少取税，以使百姓家宅存糧豐滿（不空）。[三]

［四］『宅不工』，《説文·工部》：『工，巧飾也。』『宅不工』即『宫室不作華麗裝飾』。[四]

［五］『因』，循、順之義。

『山、陵、坪、隰』，指高山、丘陵、平原、洼地四種地貌。

『封邑』，指封疆界、築城邑。

『繁實』，《説文·宀部》：『實，富也。』段玉裁《注》：『以貨物充於屋下，是爲實。』『繁實』是言先充

［一］李零：《〈容成氏〉釋文考釋》，馬承源主編：《上海博物館藏戰國楚竹書（二）》，上海古籍出版社2002年版，第264頁。

［二］同上。

［三］王輝：《讀上博楚竹書〈容成氏〉札記（十則）》，中國古文字研究會、浙江省文物考古研究所編：《古文字研究》第二十五輯，中華書局2004年版，第319頁。

［四］王志平：《上博簡（二）札記》，上海大學古代文明研究中心、清華大學思想文化研究所編：《上博館藏戰國楚竹書研究續編》，上海書店出版社2004年版，第504頁；何有祖：《楚簡釋讀七則》，《江漢考古》2006年第1期。

實人口而後使民衆發展致富，乃孔子與冉有所言庶、富、教之義。[一]

[六]『因邇以知遠』，《大戴禮記·四代》：『夫規矩準繩鈞衡，此昔者先王之所以爲天下也。小以及大，近以知遠，今日行之，可以知古，可以察今。』『因邇以知遠』或當指順今之變，執古之道，用其常道以理民。[二]

[七]『號旗』，指古人圖繪群物於旌旗以作爲徽號。[三]

[八]『東方之旗以日，西方之旗以月』，古人朝日於東，故東方之旗以日；古人夕月於西，故西方之旗以月。『朝日夕月』，乃指古人於春分祭日於東門之外，秋分祭月於西門之外。[四]

[九]『南方之旗以蛇』，蛇於十二屬當巳位，在南。蕭吉《五行大義·論禽蟲》：『《式經》云：「蛇，陽也，本在南……」。』[五]

[十]『中正之旗以熊』，古史傳説黄帝號有熊氏，是以熊爲圖騰，而黄帝在五方帝中位處正中，這當是中正之旗以熊的來歷。[六]

[十一]『北方之旗以鳥』，此或與我國古代信奉鳥圖騰的民族多來自北方有關，如《詩·商頌·玄

[一] 夏世華：《上海博物館藏楚竹書〈容成氏〉集釋》，丁四新、夏世華主編：《楚地簡帛思想研究》第四輯，崇文書局2010年版，第139—140頁。

[二] 同上書，第140頁。

[三] 李零：《〈容成氏〉釋文考釋》，馬承源主編：《上海博物館藏戰國楚竹書（二）》，上海古籍出版社2002年版，第265頁。

[四] 同上。

[五] 同上。

[六] 晏昌貴：《〈上海博物館藏戰國楚竹書（二）〉中〈容成氏〉九州柬釋》，《武漢大學學報（哲學社會科學版）》2004年第4期。

鳥》：『天命玄鳥，降而生商。』《史記·殷本紀》：『殷契，母曰簡狄，有娀氏之女，爲帝嚳次妃……三人行浴，見玄鳥墮其卵，簡狄取吞之，因懷生契。』[一]

［十二］『㪅美』，《説文·衣部》：『㪅，重衣也。』段玉裁注：『凡古云衣一襲者，皆一㪅之假借。㪅讀如重疊之疊。』《史記·吴太伯世家》：『衣不重采，食不重味。』《漢書·高祖本紀》：『衣不兼采，食不重味。』『㪅美』即『重采』『兼采』之義。[二]

［十三］『朝不車逆』，『朝』當指入朝聽政，如《詩·檜風·羔裘》『狐裘以朝』，孔穎達解『朝』爲『視朝聽政之事』，《荀子·宥坐》：『孔子爲魯攝相，朝七日而誅少正卯。』楊倞《注》：『朝，謂聽朝也。』『朝不車逆』應指禹入朝聽政而不以車相迎。[三]

［十四］『毇』，《説文·毇部》：『毇，糲米一斛舂爲九斗也。』『糲，粟重一石，爲十六斗大半斗，舂爲米一斛曰糲。』可見『毇』是在已加工過的糲米基礎上再加工而成的精米。[四]

［十五］『纆不折骨』，『纆』，當讀爲『饎』，指供祭祀之酒食，《説文·食部》：『饎，酒食也。』『折骨』，凌廷堪《禮經釋例·儀禮釋牲上》：『節解謂之折骨，折謂之殽烝。』『饎不折骨』是指祭祀殺牲，不節

[一] 晏昌貴：《〈上海博物館藏戰國楚竹書（二）〉中〈容成氏〉九州柬釋》，《武漢大學學報（哲學社會科學版）》2004年第4期。

[二] 孟蓬生：《上博竹書（二）字詞札記》，上海大學古代文明研究中心、清華大學思想文化研究所編：《上博館藏戰國楚竹書研究續編》，上海書店出版社2004年版，第475—476頁。

[三] 夏世華：《〈上海博物館藏楚竹書〈容成氏〉集釋》，丁四新、夏世華主編：《楚地簡帛思想研究》第四輯，崇文書局2010年版，第142頁。

[四] 同上。

解牲體，以示節儉。[一]

〔十六〕「製服被黼」，「被」，《儀禮・士昏禮》：「緇被纁裏。」鄭玄《注》：「被，表也。」「被黼」猶言表之以黼，即製其服等，又表之以黼黻文章，以別其差等。[二]

〔十七〕「訊」，當是指謁告者對鼓所施加的一個動作。《爾雅・釋詁》：「振，訊也。」《廣雅・釋詁》：「振、訊，動也。」[三]

〔十八〕「身言孝祇」，「身言」與《大戴禮記・曾子立事》「身言之，後人揚之」的「身言」同例，即身教之義；「祇」，訓爲「敬」。「身言孝祇」是説禹能躬行祭祀，教民孝、敬，其意可與郭店楚簡《唐虞之道》所云「夫聖人，上事天，教民有尊也；下事地，教民有親也；時事山川，教民有敬也；親事祖廟，教民有孝也」相參。[四]

〔十九〕「方爲三造」，「造」，於簡文爲一祭名，指在常祭之外向大神呼號以求福之祈禱告祭。《周禮・春官・太祝》：「掌六祈以同鬼神示：一曰類，二曰造，三曰禬，四曰禜，五曰攻，六曰説。」鄭玄《注》：

〔一〕張新俊：《説「饎」》，簡帛研究網，2004年4月29日；蘇建洲：《上海博物館藏戰國楚竹書（二）校釋》（上），花木蘭文化出版社2006年版，第184頁。

〔二〕夏世華：《上海博物館藏楚竹書〈容成氏〉集釋》，丁四新、夏世華主編：《楚地簡帛思想研究》第四輯，崇文書局2010年版，第143頁。

〔三〕陳劍：《上博楚簡〈容成氏〉與古史傳説》，復旦大學出土文獻與古文字研究中心網，2008年7月31日；夏世華：《上海博物館藏楚竹書〈容成氏〉集釋》，丁四新、夏世華主編：《楚地簡帛思想研究》第四輯，崇文書局2010年版，第143頁。

〔四〕夏世華：《上海博物館藏楚竹書〈容成氏〉集釋》，丁四新、夏世華主編：《楚地簡帛思想研究》第四輯，崇文書局2010年版，第145頁。

『爲有災變，號呼告於神，以求福。天神、人鬼、地祇不和，則六癘作見，故以祈禮同之。故書造作竈，杜子春讀竈爲造次之造，書亦或爲造，造祭於祖也。鄭司農云：「類、造、禬、禜、攻、説，皆祭名也。」』『方爲三造』，『三』爲概言之辭，即分赴四方名山大川，呼號告神以求福。〔一〕

〔二十〕『𣪘聖之紀』，『𣪘』，或可讀爲『覃』。《爾雅·釋言》：『流，覃也。覃，延也。』《釋文》：『「覃」本又作「㝷」字，孫叔然云：「古覃字。」』『覃聖之紀』指延續聖人治政的綱紀，即禹『身言孝祇』，敬事天地、祖先及山川之鬼神，繼承古聖王神道設教的傳統。〔二〕

〔二十一〕『𧗿』，可讀爲『越』（與『衛』聲韻相同，古音均屬匣母月部），訓爲『渡』。〔三〕

〔二十二〕『亂泉』，見於《説苑·反質》《漢書·楊王孫傳》：『其穿，下不亂泉。』顔師古注：『亂，絶也。』王先謙《漢書補注》：『不至泉是不亂也。』〔四〕

〔二十三〕『其生易養也，其死易葬』，是聖人所爲，『其』指代聖人。《説苑·反質》：『昔堯之葬者，空木爲櫝，葛藟爲緘。其穿地也，下不亂泉，上不泄臭。故聖人生易尚，死易葬。不加於無用，不損於無益。』《漢書·楊王孫傳》：『昔帝堯之葬也，窾木爲匵，葛藟爲緘。其穿，下不亂泉，上不泄殠。故聖王生易尚，死易葬也。不加功於亡用，不損財於亡謂。』顔師古注：『尚，崇也。言生死皆儉約也。』王先謙《漢書補

〔一〕夏世華：《上海博物館藏楚竹書〈容成氏〉集釋》，丁四新、夏世華主編：《楚地簡帛思想研究》第四輯，崇文書局2010年版，第145頁。
〔二〕同上。
〔三〕孫飛燕：《讀〈容成氏〉札記二則》，復旦大學出土文獻與古文字研究中心網，2009年1月17日。
〔四〕孫飛燕：《〈容成氏〉文本整理及研究》，中國社會科學出版社2014年版，第87—88頁。

注》：『尚謂尊奉。聖王不勞民以自厚，是生易尊奉也。』[一]

［二十四］『啓於是乎攻益自取』，此與傳世文獻所載不同，如《史記·夏本紀》：『十年，帝禹東巡狩，至於會稽而崩。三年之喪畢，益讓帝禹之子啓，而辟居箕山之陽。禹子啓賢，天下屬意焉。及禹崩，雖授益，益之佐禹日淺，天下未洽。故諸侯皆去益而朝啓，曰「吾君帝禹之子也」。於是啓遂即天子之位，是爲夏后帝啓。』《古本竹書紀年·啓》：『益干啓位，啓殺之。』《戰國策·燕策一》：『禹授益，而以啓爲吏。及老，而以啓爲不足任天下，傳之益也。啓與支黨攻益而奪之天下。是禹名傳天下於益，其實令啓自取之。』《孟子·萬章上》：『禹薦益於天，七年禹崩，三年之喪畢，益避禹之子於箕山之陰。朝覲訟獄者不之益而之啓，曰：「吾君之子也。」謳歌者不謳歌益而謳歌啓，曰：「吾君之子也。」』對此差殊，學界多有討論。[二]

［二十五］『□□□□□□□□□』，根據《容成氏》復原圖，第35A號簡邊綫爲第二道，其上端約缺十一字，除最末一字被認爲可能是『啓』字外，尚缺十字。[三]

【今譯】

夏禹治理政事的前三年，不製作盔甲，不砥礪兵刃，不使箭頭鋒利。田地不被踏勘（即不取或少取税，使百姓家宅存糧豐滿），宫室不作華麗裝飾，邊關交易場所不收賦税。禹於是就着高山、丘陵、平原、洼地

[一] 郭永秉：《從〈容成氏〉33號簡看〈容成氏〉的學派歸屬》，簡帛網，2006年11月7日。

[二] 李存山：《反思經史關係：從『啓攻益』說起》，《中國社會科學》2003年第3期。

[三] 夏世華：《上海博物館藏楚竹書〈容成氏〉集釋》，丁四新、夏世華主編：《楚地簡帛思想研究》第四輯，崇文書局2010年版，第147頁。

之中能封疆築邑的地帶，先充實人口而後使民衆發展致富，於是順應時變而推求古道（以禦今之有），去除苛捐雜税而推行簡政，根據人民的需求，匯聚天地之間的大利，因而國内之民樂意接受其統治，國外之民也自動來歸附，國内與國外的人民（即整個天下人）都來請求朝貢。然後禹開始爲各地臣民創制號旗，來分辨不同的地域、族群和尊卑等級，從而天下百姓不會迷亂。東方的旗幟以太陽爲圖案，西方的旗幟以月亮爲圖案，南方的旗幟以蛇爲圖案，地處中間的旗幟以熊爲圖案，北方的旗幟以鳥爲圖案。從此以後大禹開始厲行勤儉生活，穿着樸素，飲食清淡，入朝聽政而不以車隊相迎，做飯不用精米，祭祀殺牲却不節解牲體（以示節儉），（根據社會地位）製作服飾並配以多樣花紋（以别等差）。禹於是在朝廷中豎立大鼓，提供給告狀的百姓敲擊，祇要百姓擊鼓，禹就會立即出來，即便是冬天也不敢以嚴寒推辭，即便是夏天也不敢以酷熱推辭。禹能躬行祭祀、教民孝敬，並分赴四方名山大川、呼號告神以祈福，從而延續聖人治政的綱紀（即繼承古聖王神道設教的傳統）。東方進行三祭，西方進行三祭，南方進行三祭，北方進行三祭，以至於渡過溪谷，越過大河，登上高山，……。所謂聖人，在生易養，死後易葬，去除煩苛暴虐，因而得名。』禹雖育有五子，却不讓自己的兒子充當王位繼承人，他發覺皋陶是位賢者，於是想讓他做王位繼承人。皋陶多次相讓於天下的賢者，最終自稱有病不肯出任帝位而後老死。禹於是將王位禪讓給伯益，啓（禹之子）因此攻打伯益，自己取而代之。

【啓】王天下十有六年〈世〉而桀作。桀不述其先王之道，恣爲【芑（肆）爲，[一] 於】【□□□□□□□□□□□】[35A] 不量其力之不足，[二] 起師以伐岷山氏，取其兩女琰、琬妣，北去其邦，哲（塈）爲丹宮，[三] 築爲璿室，飾爲瑤臺，立爲玉門，其驕[38] 泰如是狀。湯聞之，於是乎慎戒登賢，德惠而不賊，[四] 秕（積）三十仁而能之。[五] 如是而不可，然後從而攻之，陞自戎遂，[六] 入自北【39】門，立於中塗，桀乃逃之鬲山氏；湯又從而攻之，降自鳴條之遂，[七] 以伐高神之門，桀乃逃之南巢氏；[八] 湯又從而攻之，【40】遂逃，去之蒼梧之野。[九] 湯於是乎徵九州之師，以包四海之内，[十] 於是乎天下之兵大起，於是乎亡宗、離族、殘群焉服。[十一] 【41】 當是時，强弱不辭揚，衆寡不聲頌，[十二] 天地四時之事不修。湯乃尃（溥）[十三]，爲正籍，以正關市，[十四] 民乃宜肙（婉）。[十五] 虐疾始生，於是【36】乎有喑、聾、跛、[illegible]（眇）、瘿、宲、僂始起。[十六] 湯乃謀戒求賢，乃立伊尹以爲佐。伊尹既已受命，乃執（戢）兵禁纂（暴），[十七] 永得於民，[十八] 遂彌天【37】下，[十九] 而一其志，而寢其兵，而官其材。[二十] 於是乎喑聾執燭，矇瞽鼓瑟，跛躃守門，[二十一] 侏儒爲矢，張者酥（衛）厇，[二十二] 僂者枚譽（數），[二十三] 瘿【02】者煮鹽，[二十四] 〈厇〉疣者漁澤，[二十五] 渠（癘）弃不廢。[二十六] 凡民俾（罷）敝（羸）者，[二十七] 教而誨之，飲而食之，使役百官而月省之。[二十八] 故當是時也，無並【03】【□□□□□□□□□】賊盗，夫是以得衆而王天下。

【注釋】

[一]『恣爲芭爲』，或可讀作『恣爲肆爲』。

[二]『□□□□□□□□□□』，根據《容成氏》復原圖，第35A號簡下端約缺十五字，除去根據第42號簡相關文本所補『芭爲於』三字，仍缺約十二字。[二]

[二] 夏世華：《上海博物館藏楚竹書〈容成氏〉集釋》，丁四新、夏世華主編：《楚地簡帛思想研究》第四輯，崇文書局2010年版，第148頁。

［三］『哲』，應從『祈』聲，可讀爲『墍』。《説文·土部》：『墍，仰塗也。』《廣雅·釋宫》：『墍，塗也。』由『塗』可引申爲『飾』義。《後漢書·西域傳》説大秦『列置郵亭，皆堊墍之』，李賢《注》：『墍，飾也。』簡文『墍爲丹宫』，意即塗飾成一座朱丹色的宫殿。〔一〕

［四］『惠』，可訓『順』。《詩·邶風·燕燕》：『終温且惠。』毛《傳》：『惠，順也。』《國語·晋語一》：『若惠於父，而遠於死，惠於衆，而利社稷，其可以圖之乎。』韋昭《注》：『惠，順也。』『賊』，《説文·貝部》云『賊』字從戈則聲。《周禮·秋官·士師》：『二曰邦賊。』鄭玄《注》：『爲逆亂者。』《詩·大雅·抑》謂『不僭不賊，鮮不爲則』，『僭』『賊』意近，僭言僭越，賊言謀國。『德惠而不賊』，是説桀雖爲亂政，但湯仍能順行臣道，而不欲圖謀桀之大位。〔三〕

［五］『秕』，從『此』聲，可讀作『積』，〔三〕二字聲通。『仁』，指仁者，與前『登賢』之『賢』相應。〔四〕

〔一〕郭永秉：《上博簡〈容成氏〉所記桀紂故事考釋兩篇》，武漢大學簡帛研究中心主辦：《簡帛》第五輯，上海古籍出版社2010年版，第225—228頁。

〔二〕夏世華：《上海博物館藏楚竹書〈容成氏〉集釋》，丁四新、夏世華主编：《楚地簡帛思想研究》第四輯，崇文書局2010年版，第149—150頁。

〔三〕蘇建洲：《〈容成氏〉譯釋》，季旭昇主编：《〈上海博物館藏戰國楚竹書（二）〉讀本》，萬卷樓圖書股份有限公司2003年版，第168—169頁。

〔四〕陳劍：《上博簡〈容成氏〉的竹簡拼合與編連問題小議》，上海大學古代文明研究中心、清華大學思想文化研究所編：《上博館藏戰國楚竹書研究續編》，上海書店出版社2004年版，第333頁；夏世華：《上海博物館藏楚竹書〈容成氏〉集釋》，丁四新、夏世華主编：《楚地簡帛思想研究》第四輯，崇文書局2010年版，第150頁。

『而能之』，其義與《孟子·萬章上》『（百里奚）相秦而顯其君於天下，可傳於後世，不賢而能之乎』之『而能之』相近。〔一〕

『積三十仁而能之』，『三十』乃概數，言其多也，湯多次向桀進獻仁者、賢者，欲其悔改，至於三十次之多而仍然能够做到，此於常人爲難，而湯能之，可見湯向桀進賢之意甚誠。由此足以體現湯『德惠而不賊』之心。〔二〕

〔六〕『陞自戎遂』，《商書·湯誓序》曰：『伊尹相湯伐桀，升自陑遂，與桀戰於鳴條之野，作《湯誓》。』『陞自戎遂』，即此『升自陑遂』。〔三〕

〔七〕『塗』，竹簡原字漫漶，疑爲『余』字譌形，可讀作『塗』。『中塗』，指都城之中居於中央的大道。簡文所言『門』『塗』，地點正相連貫。〔四〕

『降自鳴條之遂』，即《呂氏春秋·簡選》的『登自鳴條』，此事也見於《尚書·湯誓序》《淮南子·主術》

〔一〕夏世華：《上海博物館藏楚竹書〈容成氏〉集釋》，丁四新、夏世華主編：《楚地簡帛思想研究》第四輯，崇文書局2010年版，第150頁。

〔二〕同上。

〔三〕許全勝：《〈容成氏〉篇釋地》，上海大學古代文明研究中心、清華大學思想文化研究所編：《上博館藏戰國楚竹書研究續編》，上海書店出版社2004年版，第372—374頁。

〔四〕單育辰：《新出楚簡〈容成氏〉研究》，中華書局2016年版，第219頁

《史記·殷本紀》等文獻。『降』應作『陞』，『遂』與上『戎遂』的『遂』字可能都是指山陘（山間通道）。[一]

［八］『桀乃逃之南巢氏』，可與《尚書·仲虺之誥》『成湯放桀于南巢』、《國語·魯語》『桀奔南巢』、《淮南子·脩務》『困夏南巢』等傳世文獻所載相參。

［九］『之蒼梧之野』，《禮記·檀弓》：『舜葬蒼梧之野。』鄭玄《注》：『蒼梧，於周南越地野。』《史記·五帝本紀》：『（舜）巡南狩，崩於蒼梧之野，葬於江南九疑，是爲零陵。』

［十］『包』，包取之義。《漢書·匈奴傳上》『善爲誘兵以包敵』，顏師古《注》：『包，裹取也。』[二]

［十一］『離』，離散之義。[三]

『亡宗、離族、殘群』，即逃亡之宗、離散之族、殘存之群。[四]

［十二］『强弱不辭揚，衆寡不聲頌』，『强弱』『衆寡』泛指各等民衆，蓋民有强弱，亦有衆寡；『辭揚』與『聲頌』例同，即以言辭、聲音來稱美、贊揚君王的功業。簡文是説天下平定、大功告成之後，却未得百姓稱揚、歌頌。在古人看來，王者若有成功，則必有稱頌之聲。《釋名·釋典藝》云：『稱頌成功謂之

〔一〕 李零：《〈容成氏〉釋文考釋》，馬承源主编：《上海博物館藏戰國楚竹書（二）》，上海古籍出版社2002年版，第282頁；許全勝：《〈容成氏〉篇釋地》，上海大學古代文明研究中心、清華大學思想文化研究所编：《上博館藏戰國楚竹書研究續编》，上海書店出版社2004年版，第372—374頁。

〔二〕 白於藍：《讀上博簡（二）札記》，上海大學古代文明研究中心、清華大學思想文化研究所编：《上博館藏戰國楚竹書研究續编》，上海書店出版社2004年版，第491頁。

〔三〕 范常喜：《〈上博二·容成氏〉武王伐紂『誓詞』新釋》，簡帛網，2007年6月10日。

〔四〕 夏世華：《上海博物館藏楚竹書〈容成氏〉集釋》，丁四新、夏世華主编：《楚地簡帛思想研究》第四輯，崇文書局2010年版，第152頁。

頌。』《詩大序》云：『故詩有六義焉……六曰頌……頌者，美盛德之形容，以其成功，告於神明者也。』湯伐桀之戰雖爲正義之戰，但由於桀及其黨羽的頑强抵抗，終致兩敗俱傷，民生凋敝，百廢待興。這場持久、殘酷的戰爭使天下陷於水火，因而不歌頌湯的功業便在情理之中。由此可知簡文作者對這場戰爭的態度是比較複雜的。〔一〕

〔十三〕『尃』，宜讀爲賻補之『賻』。《周禮·秋官·小行人》：『若國札喪，則令賻補之。』鄭玄《注》：『故書賻作傅。……鄭司農云：「賻補之，謂賻喪家，補助其不足也。若今時一室二尸，則官與之棺也。」』湯與桀之戰持久而殘酷，湯在天下平定之後，能賻補那些在戰爭中有一人或多人喪身而又不足以善其後事的家庭，是一項合乎人情且必要的安撫政策。〔二〕

〔十四〕『爲正籍，以正關市』，兩『正』字皆指使合於正，其義同《禮記·月令》『正權概』、《禮記·經解》『禮之於正國』、《論語·堯曰》『正其衣冠』等之『正』。『爲正藉』即行十一之法，《春秋公羊傳·宣公十五年》：『什一者，天下之中正也，什一行而頌聲作矣。』《漢書·賈山傳》：『什一而籍，君有餘財，民有餘力，而頌聲作。』『以』猶而也，並列連詞。『正關市』，言使關市之賦税合於正。春秋戰國之時，人常將田之藉和關市之征税連言，以表達寬政内涵，如《禮記·王制》曰：『古者公田藉而不税，市廛而不税，關譏而不征。』簡文是説湯因戰後民生凋敝而行寬政以安民、富民。〔三〕

〔一〕夏世華：《上海博物館藏楚竹書〈容成氏〉集釋》，丁四新、夏世華主編：《楚地簡帛思想研究》第四輯，崇文書局2010年版，第152—153頁。
〔二〕同上書，第153頁。
〔三〕同上。

〔十五〕『宜』，『宜』有和順之意，《詩·周南·桃夭》：『宜其室家。』，朱熹《集傳》：『宜者，和順之意。』『肙』係楚文字『夗』或『宛』的一種寫法，可讀爲『婉』。《説文·女部》：『婉，順也。』故而宜、婉義近，皆言民之和順。[一]

〔十六〕『』，此是一會意字，即『眇』的本字，本像『目』一邊明亮一邊暗昧形，『眇』則爲後起的形聲字。『眇』本義爲『一目小』或『一目失明』，一目失明則自然比正常之目要小。《周易·履卦》：『眇能視，跛能履。』陸德明《釋文》：『眇，《説文》云：「小目。」』[二]

『寀』，或可讀作『浟』。徐鍇《繫傳》曰：『《爾雅》注：「戚施之疾，俯而不能使仰也。」』簡文『浟』或即戚施之疾，指一種俯而不能使仰的病。[三]

《穀梁傳·成公元年》：『季孫行父禿，晋郤克眇，衛孫良夫跛，曹公子手僂，同時而聘於齊。』《韓詩外傳》卷三曰：『太平之時，無瘖跛、眇、尪、蹇、侏儒、折短。』此或可與簡文相參看。

〔十七〕『執』，應讀作『戢』，訓爲『斂』『藏』。二者聲近韻同，應可相通。《説文·戈部》：『戢，藏兵也。從戈聲。《詩》曰：「載戢干戈。」』[四]

〔一〕夏世華：《上海博物館藏楚竹書〈容成氏〉集釋》，丁四新、夏世華主編：《楚地簡帛思想研究》第四輯，崇文書局2010年版，第153—154頁。

〔二〕劉釗：《〈容成氏〉釋讀二則》，《出土簡帛文字叢考》，古籍出版有限公司2004年版，第112—112頁。

〔三〕蘇建洲：《〈容成氏〉譯釋》，季旭昇主編：《〈上海博物館藏戰國楚竹書（二）〉讀本》，萬卷樓圖書股份有限公司2003年版，第164—165頁。

〔四〕孫飛燕：《〈容成氏〉文本整理及研究》，中國社會科學出版社2014年版，第105、141—143頁。

「瘰」，讀作「暴」。〔二〕戢兵禁暴，多見於傳世文獻，如《左傳・宣公十二年》：「夫武，禁暴、戢兵、保大、定功、安民、和衆、豐財者也。」

〔十八〕「永得於民」，「永」訓爲「長」「久」，「於」作語助詞或指事之詞「其」，「得民」「得其民」的説法於典籍常見，「永得於民」意即恒久地取信於民、得民衆之心。〔三〕

〔十九〕「彌」，訓「合」。《廣雅・釋詁》：「彌，縫也。」又：「彌，合也。」「彌天下」即合天下，湯興天下之兵以致民生凋敝、虐疾始生，故伊尹輔佐湯以彌合之。〔三〕

〔二十〕「官其材」，指任官以能。〔四〕

〔二十一〕「跛躃」，《禮記・王制》：「瘖聾、跛躃、斷者、侏儒、百工各以其器食之。」孔穎達《疏》：「跛躃謂足不能行。」陸德明《釋文》：「躄，兩足不能行也。」

〔二十二〕「張者」，指凸胸仰首之人，即今所謂有雞胸之人。〔五〕

「酥尾」，「酥」，疑從委省聲，可讀作守衛之「衛」。「衛尾」，指看護家宅。〔六〕

〔二〕 陳劍：《上博簡〈容成氏〉的竹簡拼合與編連問題小議》，上海大學古代文明研究中心、清華大學思想文化研究所編：《上博館藏戰國楚竹書研究續編》，上海書店出版社2004年版，第334頁。

〔三〕 孫飛燕：《〈容成氏〉文本整理及研究》，中國社會科學出版社2014年版，第105、143—146頁。

〔三〕 夏世華：《上海博物館藏楚竹書〈容成氏〉集釋》，丁四新、夏世華主編：《楚地簡帛思想研究》第四輯，崇文書局2010年版，第155頁。

〔四〕 李零：《〈容成氏〉釋文考釋》，馬承源主編：《上海博物館藏戰國楚竹書（二）》，上海古籍出版社2002年版，第251頁。

〔五〕 同上書，第252頁。

〔六〕 夏世華：《上海博物館藏楚竹書〈容成氏〉集釋》，丁四新、夏世華主編：《楚地簡帛思想研究》第四輯，崇文書局2010年版，第155頁。

［二十三］『僂者』，指彎腰駝背之人。[一]『枚謈』，『枚』本是計數之籌，可引申爲計算之義；『謈』，見於中山王大鼎，用作『數』字。簡文『枚數』即計數或算數之義。[二]

［二十四］『瘻者』，指患有大脖子病的人。[三]

［二十五］『疣者』，指長有贅疣之人。[四]

［二十六］『𤺺弃不廢』，『𤺺』，可能從『旡』（見紐物部）得聲，聲紐爲複聲母，或可讀作『癘』（來紐月部）。《説文·疒部》：『癘，惡疾也。』段玉裁《注》：『按古義謂惡病包内外言之，今義别製癩字訓爲「惡瘡」，訓癘爲癘疫。』『癘棄』，指身患癘疾爲人所棄者。『癘棄不廢』，是説即便那些身患癘疾爲人所厭棄者也不被拋却，即令之盡其才、得其所。[五]

［二十七］『俾敁』，『俾』，可讀作『罷』，『罷』於古書中常與『賢』『能』相對，有『少能』『無能』之義，所指或即身體有殘疾、不能如正常人工作者；『敁』，可讀作『羸』，『羸』在上古有瘦、病、劣、疲、弱等義。『罷羸』，乃總括上文所述殘疾者之通稱。簡文『凡民罷羸者』，冠以『凡』字總結上文之意，言所

〔一〕 李零：《〈容成氏〉釋文考釋》，馬承源主编：《上海博物館藏戰國楚竹書（二）》，上海古籍出版社2002年版，第252頁。

〔二〕 李零：《〈容成氏〉釋文考釋》，馬承源主编：《上海博物館藏戰國楚竹書（二）》，上海古籍出版社2002年版；劉信芳：《楚簡〈容成氏〉官廢疾者文字叢考》，中國古文字研究會、浙江省文物考古研究所编：《古文字研究》第二十五輯，中華書局2004年版，第326頁；邱德修：《〈上博楚簡〈容成氏〉注譯考證》，古籍出版有限公司2003年版，第169—171頁。

〔三〕 李零：《〈容成氏〉釋文考釋》，馬承源主编：《上海博物館藏戰國楚竹書（二）》，上海古籍出版社2002年版，第252頁。

〔四〕 同上。

〔五〕 蘇建洲：《〈上海博物館藏戰國楚竹書（二）校釋》（上），花木蘭文化出版社2006年版，第53—54頁。

有殘疾者都納入百工的管理之下，使其皆有一技之長而得以謀生，不至於爲社會帶來負面影響。[二]

［二十八］『使役百官』，『役百官』即『役於百官』，句式爲被動句，省略了表示被動的『於』字。簡文即『使罷嬴者役於百官』，指讓廢疾者爲百官所用。

『月省之』，『省』，《爾雅·釋詁下》：『省，察也。』邢昺《疏》：『省謂視察。』『月省』『日省』等説法常見於傳世文獻。『使役百官而月省之』，是説讓廢疾者爲百官所用，並月月省察其情況。[三]

【今譯】

啓稱王天下之後，經過了十六代，夏桀出現了。夏桀不繼承（或遵循）先王之道，而是恣意妄爲……他不自量力，起兵攻打岷山氏，並强娶了他的兩個女兒（名叫琰、琬），後又離開其邦國向北遷徙，塗飾打造朱丹色艷麗宫殿，用美玉築成豪華宫室，並裝飾出華美的瑶臺，以及樹立玉制的大門，其驕奢淫逸竟然到了這種地步。商湯聽聞之後，於是謹慎戒懼以向桀進賢，（桀雖爲亂政）仍能順行臣道而不欲篡位，他向桀進獻仁賢（欲其悔改）達三十次之多而依然能够堅持。可這樣還是不能讓桀悔改，然後湯纔開始驅逐、攻打他，（湯舉兵）經過戎遂一帶，從（夏朝首都）北門攻入……桀於是逃往鬲山氏那兒（避難）；湯進而追逐、討伐桀，（率兵）越過鳴條之地，攻打高神的城門（夏桀藏地），桀於是逃到南巢氏那兒（避難）；湯繼續驅逐、攻打桀，最終迫使桀逃到了南方蒼梧的山野。湯於是召集九州所有的軍隊，在全天下範

［二］林素清：《讀〈容成氏〉札記》，武漢大學簡帛研究中心主辦：《簡帛》第二輯，上海古籍出版社2007年版，第243—247頁。

［三］孫飛燕：《〈容成氏〉文本整理及研究》，中國社會科學出版社2014年版，第146—150頁。

圍内征伐夏桀及其餘孽，以致整個天下硝煙四起，最終逃亡之宗、刑戮之族、殘滅之群（三者泛指桀及其黨羽）歸服。然而在當時（即湯伐桀、平定天下之時），無論强者還是弱者都没有言論加以讚美，無論群體還是個人都不曾有聲音予以稱頌，政事不治、百廢待興。湯於是補償、厚待那些在戰爭中有人犧牲的家庭，並施行什一之法，以使關市賦税合理，於是人民纔和順安寧。（後來）隨着各種疾病開始滋生，於是啞巴、耳聾者、跛脚者、一目失明者、患大脖子病者、得戚施病者、有佝僂病者等患有惡疾的也開始多了起來。湯於是深謀熟慮、審慎地尋求賢才，任命伊尹爲他的得力助手。伊尹受命之後，平息戰爭、制止暴亂，因而能長久地取信於民，於是得以和合天下，使天下人同心同德，使戰事得以止息，使人人都能各盡其才。於是聾啞人士執燭，盲人彈瑟，兩足不能行者守門，身材矮小者造箭，有雞胸之人看護家宅，彎腰駝背之人從事計算，患大脖子病的人製鹽，長有贅疣的人捕魚，即便身患癘疾、爲人所厭棄者也不會被拋棄。所有殘疾人都加以教誨，都使之衣食無憂，都能爲百官所用，並月月省察其情況。所以在當時，……，因而能够得民心而君臨天下。

湯王天下三十有一世而紂作。紂不述其先王之道，恣爲肆爲，於【42】是乎作爲九成之臺，寘盂炭其下，加圜木於其上，使民道之，能遂者遂，不能遂者墜而死。不從命者，從而桎梏之，於是【44】乎作爲金桎三千。既爲金桎，又爲酒池，酖樂於酒，[一] 博弈以爲槿（嬉），[二] 不聽其邦之政。於是乎九邦叛之，豐、鎬、郍、𨙻、于、鹿、【45】耆（郘）、崇、密須氏。[三] 文王聞之，曰：『雖君無道，臣敢勿事乎？雖父無道，子敢勿事乎？孰天子而可反？』紂聞之，乃出文王於【46】夏臺之下而問焉，曰：『九邦者其可來乎？』文王曰：『可。』文王於是乎素端褰裳以行九邦，[四] 七邦來服，豐、鎬不服。文王乃起師以嚮【47】豐、鎬，三鼓而進之，三鼓而退之，曰：『吾所知，多廌（止）一人爲無道，百姓其何辠？』[五] 豐、鎬之民聞之，乃降文王。文王旹（時）故時而教民【48】時，[六] 高下肥毳（磽）之利盡知之，[七] 知天之道，知地之利，使民不疾。昔者文王之佐紂也，如是狀也。

【注釋】

〔一〕『酖』，《説文·酉部》：『樂酒也。』段玉裁《注》：『樂酒者，所樂在酒。』文獻又作『耽』，如《尚書·無逸》：『無皇曰：「今日耽樂。」乃非民攸訓，非天攸若，時人丕則有愆。燕若殷王受之迷亂，酗于酒德哉！』鄭玄《注》：『以酒爲凶謂之酗，言紂心迷政亂，以酗酒爲德，戒嗣王無如之。』此與簡文言紂『酖樂於酒』之意相合。[一]

〔二〕『槿』，可讀爲嬉戲之『嬉』。『嬉』『槿』相通最直接的證據莫如『囍』字，此爲双聲字。《説文·堇部》：『囍，籀文艱從喜。』《周禮·地官·遺人》：『以恤民之囍阨。』鄭玄《注》：『故書「艱阨」作「阨」……杜子春云：「阨當爲艱阨」。』[二]

〔三〕『豐』，《説文·邑部》：『酆，周文王所都，在京兆杜陵西南。』西周銅器銘文常記周王在豐邑活

〔一〕 范麗梅：《上博楚簡考釋四則》，武漢大學簡帛研究中心、臺灣大學中文系、芝加哥大學顧立雅中國古文學中心編：《「中國簡帛學國際論壇 2007」論文集》，武漢大學 2007 年版，第 8—9 頁。

〔二〕 夏世華：《上海博物館藏楚竹書〈容成氏〉集釋》，丁四新、夏世華主編：《楚地簡帛思想研究》第四輯，崇文書局 2010 年版，第 159 頁。

動，字作『豐』，不作『酆』。今陝西長安灃河以西的西周遺址即其所在。〔一〕

『鎬』，《説文·金部》：『鎬……武王所都，在長安西上林苑中。』其地應與『豐』鄰近。今陝西西安灃河以東的西周遺址即其所在。〔二〕

『郇』，此字亦見於邢丘所出陶文『郇公』，又見於典籍《水經·漯水》『郇州』，當爲出現於《左傳》等書、先屬於周後屬於晋的『州』邑，其地在今沁陽縣東南。〔三〕

『⿱石邑』，或即戰國時期的石邑，在今河北鹿泉東南。〔四〕

『于』，《尚書大傳》作『於』，《史記·周本紀》作『邘』，在今河南沁陽西北邘台鎮，亦文王所伐。〔五〕

『鹿』，即《左傳·昭公十七年》之『甘鹿』，在今河南嵩縣東北。〔六〕

『⿱來土』，當讀爲『邰』。《史記·周本紀》『封弃於邰』，《集解》引徐廣曰：『今斄鄉，在扶風。』《索隱》：『即《詩·生民》曰：「有邰家室」是也。邰即斄，古今字異耳。』后稷始封地『邰』，古書有『台』『駘』『⿱𠩺童』『⿱𠩺氺』『斄』等多種寫法，作『斄』者尤其多見。〔七〕

〔一〕 李零：《〈容成氏〉釋文考釋》，馬承源主編：《上海博物館藏戰國楚竹書（二）》，上海古籍出版社2002年版，第286頁。

〔二〕 同上。

〔三〕 陳劍：《上博楚簡〈容成氏〉與古史傳説》，復旦大學出土文獻與古文字研究中心網，2008年7月31日。

〔四〕 李零：《〈容成氏〉釋文考釋》，馬承源主編：《上海博物館藏戰國楚竹書（二）》，上海古籍出版社2002年版，第286頁。

〔五〕 同上。

〔六〕 同上。

〔七〕 陳劍：《上博楚簡〈容成氏〉與古史傳説》，復旦大學出土文獻與古文字研究中心網，2008年7月31日。

『崇』，即《文王有聲》之崇。《中國歷史大辭典》定其地望在今河南嵩縣北。[一]『密須氏』，密須是姞姓國，在今甘肅靈臺西。《詩・大雅・皇矣》《史記・周本紀》都提到文王伐密須之事。[二]

[四]『素端』，《周禮・春官・司服》：『其齊服有玄端、素端。』鄭玄《注》：『士齊有素端者，亦爲札荒有所禱請。變素服言素端者，明異制。』賈公彦《疏》：『素端者，即上素服，爲札荒祈請之服也。』《禮記・雜記上》：『素端一、皮弁一、爵弁一、玄冕一。』孫希旦《集解》：『素端制若玄端，而用素爲之，蓋凶札祈禱致齊之服也。』

『襮』，此字與『素』相類，當是描述『裳』的形容詞。具體釋讀，待考。

[五]『鳶』，可讀爲『止』。『鳶』與『豸』古音同爲『定紐支部』，可通。『豸』與『止』亦相通，《莊子・在宥》：『禍及止蟲。』，王先謙《莊子集解》引蘇輿曰：『止、豸同。』引俞樾曰：『按止蟲即豸蟲也，《爾雅・釋蟲》：「有足謂之蟲，無足謂之豸」是也。』據此，『鳶』可讀爲『止』。楊樹達《詞詮》卷五：『止，副詞，僅也。』簡文『吾所知，多止一人爲無道，百姓其何辠』，當是文王在攻打豐、鎬之前所說，聲稱其攻伐對象僅是無道之君，不會殃及無罪之民。[三]

[六]『旹』，可讀作『時』，訓爲『承』。《詩・周頌・賚》：『時周之命。』馬瑞辰《毛詩傳箋通釋》：

[一] 李零：《〈容成氏〉釋文考釋》，馬承源主編：《上海博物館藏戰國楚竹書（二）》，上海古籍出版社2002年版，第287頁。

[二] 同上。

[三] 夏世華：《上海博物館藏楚竹書〈容成氏〉集釋》，丁四新、夏世華主編：《楚地簡帛思想研究》第四輯，崇文書局2010年版，第161—162頁。

『時與承一聲之轉，古亦通用。』又《書·舜典》：『百揆時叙。』王引之《經義述聞·尚書上》：『時叙者，承叙也；承叙者，承順也……「百揆時叙」，謂百揆莫不承順也。』『時故時』，即指承順故時。[一]

［七］『毳』，可讀作『磽』。『毛』及從毛的『旄』『芼』等字古音均爲明紐宵部，而『磽』之古音在宵部，故『毳』『磽』可通。簡文『肥磽』多見於古籍，如《荀子·王制》：『相「高下」，視「肥墝」，序五種。』《管子·立政》：『相「高下」，視「肥墝」，觀地宜。』《淮南子·脩務》：『宜燥濕「肥墝高下」。』『墝』同『磽』。[二]

【今譯】

湯稱王天下之後，經過了三十一代，紂出現了。紂不秉承先王之道，恣意妄爲，於是乎修築了一個九層的高臺，在臺下放置銅盂和炭，並在高臺上架一根圓木，命人在圓木上行走，如果人能平安通過那就相安無事，如果不能通過就會掉進炭火被燒死。而凡是不肯聽命的人，就會用鐐銬拘捕起來，爲此打造了金屬足械三千套之多。既做了金屬足械，又建造了酒池，沉溺於酗酒玩樂，縱情於博弈嬉戲，而不治理國家政事。因而他統治下的九個邦國開始叛離，它們是豐、鎬、郍州、石邑、邘、甘鹿、郘、崇、密須九國。文王聽聞之後，説道：『即使人君無道，作爲人臣豈敢不侍奉麼？即使人父無道，作爲人子豈敢不孝敬麼？哪個天子可

[一] 夏世華：《上海博物館藏楚竹書〈容成氏〉集釋》，丁四新、夏世華主編：《楚地簡帛思想研究》第四輯，崇文書局2010年版，第162頁。

[二] 蘇建洲：《上海博物館藏戰國楚竹書（二）校釋》，花木蘭文化出版社2006年版，第251頁。

以反叛呢？』紂聽説之後，於是將文王從夏臺監獄釋放並詢問他，説道：『九大邦國的人民能來歸附麼？』文王説：『能。』於是文王穿着素裝到九國游説，（終至）其中七國歸服，但豐、鎬兩國仍然不服。文王於是揮師朝向豐、鎬，擊鼓三次準備向前進攻，再擊鼓三次準備收兵撤退，説道：『就我所知，衹有商紂一人荒淫無道，百姓又有什麼罪過呢？』豐、鎬兩國的人民聽聞後，於是向文王歸降。文王遵循傳統的曆法敬授民時，充分了解土地高下、肥磽之不同等級，並且通曉天道，明白地利，從而使人民免於災患。從前文王佐助商紂，就是如此這般呀。

文王崩，武王即位。武王【49】曰：『成德者，吾敓（説）而弋（翼）之；〔一〕其即（賊），吾伐而弋之。〔二〕今紂爲無道，泯捨百姓，桎約諸侯，天將誅焉，吾勴天威之。』〔三〕武王於【50】是乎作爲革車千乘，帶甲萬人，〔四〕戊午之日，涉於孟津，至於共、縢之間。三軍大範，〔五〕武王乃出革車五百乘，帶甲三千，【51】以霄會諸侯之師於牧之野。〔六〕紂不知其未有成政，而得失行於民之唇也，或亦起師以逆之。武王於是乎素冠冕以造，【52】閔於天曰：『紂爲無道，泯捨百姓，桎約諸侯，絶種侮姓，〔七〕土玉水酒，天將誅焉，吾勴天威之。』武王素甲以陳於殷郊，而殷【53】……

訟成氏【53背】

【注釋】

〔一〕『成德』，即盛德，言德之熟也、備也，其義同於《易・乾》『君子以成德爲行』、《左傳・成公十三年》『不穀惡其無成德』的『成德』。

『敓而弋之』，『敓』當讀爲説樂之『説』；『弋』可讀作『翼』，訓輔翼之『翼』。《書・多士》：『非我小國敢弋殷命。』《釋文》：『弋，徐音翼，馬本作翼。』《正義》謂『鄭玄、王肅本弋作翼』。據此，『弋』『翼』聲同可通。《孟子・滕文公上》：『輔之翼之。』《漢書・律曆志上》：『輔弼執玉，以翼天子。』顔師古《注》：『翼，助也。』簡文『説而翼之』，意即欣悦地輔助他。〔一〕

〔二〕『即』，可讀作『賊』，『即』與『則』及從則之字古多通用，賊從『則』聲，故『即』『賊』可通。《吕氏春秋・慎勢》：『即簡公於廟。』《説苑・正諫》『即』作『賊』。簡文『其賊』與『成德者』意義相對，指敗壞法度之人。《左傳・文公十八年》：『毁則爲賊。』孔穎達《疏》：『有人毁法則者是爲賊，言其賊敗法也。』桀、紂皆『不述其先王之道』，不修德撫民，反而暴虐淫亂，違人倫之紀，故而爲賊。

『弋』，此字與《書・多士》『非我小國敢弋殷命』之『弋』同，僞孔《傳》：『弋，取也。』《正義》：『弋，取也。射而取之，故弋爲取也。鄭玄、王肅本弋作翼，王亦云：「翼，取也。」鄭云：「翼猶驅也，非我周敢驅取女殷之王命。」雖訓爲驅，亦爲取義。』簡文『伐而弋之』，即通過征伐而取代之。〔二〕

〔三〕『勱天威之』，『勱』，訓『助』。《爾雅・釋詁上》：『導、助，勱也。』郭璞注：『勱謂贊勉。』郝懿行《義疏》：『勱者，孜字之省也。……教導所以爲贊助，故又爲勱也。』《説文・欠部》：『勱，助也。』『威』，同於《周易・繫辭下》『以威天下』的『威』字。《國語・越語上》記句踐伐吴之前『乃致其衆而誓

〔一〕夏世華：《上海博物館藏楚竹書〈容成氏〉集釋》，丁四新、夏世華主編：《楚地簡帛思想研究》第四輯，崇文書局2010年版，第162頁。

〔二〕同上書，第162—163頁。

之曰：「……今夫差衣水犀之甲者三千，不患其志行之少恥也，而患其衆之不足也。今寡人將助天威之……」』，簡文『勴天威之』即此『助天威之』。〔一〕

〔四〕『帶甲』，指披戴鎧甲的戰士。《國語·吴語》：『爲帶甲三萬，以勢攻，雞鳴乃定。』〔二〕

〔五〕『範』，指祭祀。《説文·竹部》：『範，範軷也。』同書《車部》：『軷，出將有事於道，必先告其神。立壇四通，樹茅以依神爲軷，既祭軷轢於牲而行爲範。《詩》曰：「取羝以軷。」』簡文特指三軍出行前的祭祀。〔三〕

〔六〕『宵』，《説文·宀部》：『夜也。』《國語·周語下》：『王以二月癸亥夜陳，未畢而雨。……王以黄鍾之下宫，布戎於牧之野，故謂之厲，所以厲六師也。』韋昭《注》：『二月，周二月。四日癸亥，至牧野之日，夜陳師，陳師未畢而雨。』《禮記·祭統》：『……舞莫重於《武宿夜》，此周道也。』孔穎達《疏》引皇侃所述《書傳》：『武王伐紂，至於商郊，停止宿夜，士卒皆歡樂歌舞以待旦，因名焉。』此可與簡文之意相參。〔四〕

〔七〕『造』，當指軍隊出征之禮中的『造』祭。《禮記·王制》：『天子將出，類乎上帝，宜乎社，造乎

〔一〕陳劍：《上博楚簡〈容成氏〉與古史傳説》，復旦大學出土文獻與古文字研究中心網，2008年7月31日；蘇建洲：《上海博物館藏戰國楚竹書（二）校釋》，花木蘭文化出版社2006年版，第255頁。

〔二〕李零：《〈容成氏〉釋文考釋》，馬承源主編：《上海博物館藏戰國楚竹書（二）》，上海古籍出版社2002年版，第290頁。

〔三〕何琳儀：《第二批滬簡選釋》，上海大學古代文明研究中心、清華大學思想文化研究所編：《上博館藏戰國楚竹書研究續編》，上海書店出版社2004年版，第455頁。

〔四〕陳偉：《〈上海博物館藏戰國楚竹書（二）〉零釋》，簡帛研究網，2003年3月17日。

禰；諸侯將出，宜乎社，造乎禰。』鄭玄《注》：『類、宜、造，皆祭名，其禮亡。』《周禮·春官·大祝》：『掌六祈以同鬼神示，一曰類，二曰造，三曰禬，四曰禜，五曰攻，六曰説。』《周禮·春官·肆師》：『凡師甸，用牲於社宗，則爲位。類造上帝，封於大神，祭兵於山川，亦如之。』[一]

『閔』，訓『勉』，自勉之義。《書·君奭》：『予惟用閔於天越民。』僞孔《傳》：『閔，勉也。我惟用勉於天道加於民。』孔穎達《疏》：『我惟用勉力自强於天道，行化於民。』簡文『武王素冠冕以造，閔於天曰』，意爲武王身着素服以『造』祭呼號於天，言將自勉力於天道。[二]

『絶種侮姓』，《漢書·郊祀志》：『家人尚不欲絶種祠。』顔師古《注》：『種祠，繼嗣所傳祠也。』《史記·匈奴列傳》：『惡種姓之失也。匈奴雖亂，必立宗種。』簡文蓋言其不述先王之道，以致絶滅其宗祀而辱及同姓之族。[三]

【今譯】

文王死後，武王開始執政。武王説道：『有盛德之人，我欣悦地輔助之；失德無道之人，我通過征伐而取代之。如今商紂荒淫暴虐無道，泯棄百姓，鉗制諸侯，老天將要誅罰紂，我助上天來懾服他。』武王於是準備戰車千輛、戰馬四千匹，以及披戴鎧甲的戰士上萬人，在戊午這一天，渡過孟津，到達共、滕二地之

〔一〕陳劍：《上博楚簡〈容成氏〉與古史傳説》，復旦大學出土文獻與古文字研究中心網，2008年7月31日。

〔二〕夏世華：《上海博物館藏楚竹書〈容成氏〉集釋》，丁四新、夏世華主编：《楚地簡帛思想研究》第四輯，崇文書局2010年版，第165—166頁。

〔三〕同上書，第166頁。

間，三軍進行（征伐前的）重大祭祀，然後武王纔派出戰車五百輛，以及披戴鎧甲的戰士三千人，於夜間在牧野之地與諸侯們進行會師。紂並不知其未施行善政，其成敗得失早就見之於人民的言論，（所以）有人起兵攻打他。武王於是身着素服以『造』祭呼號於天：『紂荒淫暴虐無道，泯棄百姓，鉗制諸侯，絶滅宗祀並侮辱同姓之族，視玉如土、視酒如水（奢侈糜爛），老天將要誅罰紂，我助上天來懾服他。』武王穿着素服立於都郊外……

【思想】

本篇竹書以叙述古史、古史傳説的方式，呈現了早期儒家對政權合法性、政治權力轉移等政治問題的思考，揭示了儒家『尚德讓賢』『以民爲本』『天下爲公』的政治理念。根據思想内容與文本結構，全篇可以分爲三大部分：

第一部分主要講述堯以前若干位上古帝王的爲政傳説，在最高政治權力轉移的問題上主張『不授其子而授賢』，並引入了『讓』的觀念。然而這部分是將容成氏等多位上古帝王放在一起加以論述，『賢』『授賢』『讓賢』等爲政觀念並未得到具體、充分的展開，顯得較爲簡略、籠統。所以，本部分可以視爲整篇的背景或下文的鋪墊。

第二部分着重叙説堯、舜、禹的禪讓故事，凸顯了『讓賢』這一最高政治權力轉移的觀念。本部分不僅對堯、舜、禹三王之事的記述頗爲精詳，而且在叙述方式與思想内容上高度一致。它將三王的事迹置於同一政治哲學觀念之下，並被納入相同的故事結構之中，通過三王的種種舉動與表現反復强調『賢賢相讓』的觀念。『賢』者德才兼備，當具有道德與政治才能兩方面内涵。『讓賢』，乃指在位的賢者積極主動地將權位讓給可能繼位的賢者。這一政權轉移的觀念意味着，賢者對於權位的本質應有清醒而深刻的認識，洞見到一切權位乃源於天下百姓並最終爲了天下百姓的公器，其存在的根本目的在於實現「天下爲公」的德治理想，由此彰顯了權位的公共性質。當然，簡文作者並非完全平列式地展開三王的禪讓故事，而是通過對三王事迹的不同論述，使得「禪讓」這一主題呈現出一個内在演變的脈絡。堯之時，「禪讓」觀念得以真正確立，他實現了從「授賢」到「讓賢」觀念的轉變，並尤爲注重「賢」的道德性内涵，其「視賢」「興賢」「讓賢」均以德爲根本。舜之時，「禪讓」觀念得以延續，面臨惡劣的自然與社會環境，舜不得不積極地「用賢」，而在此一過程中，「賢」的才能意涵得以不斷顯揚，這在客觀上可能會造成對作爲「賢」之本質的道德意涵的輕忽，以至於在一定程度上撼動「德」之於「賢」的根本性意義，從而使「禪讓」觀念的内涵逐漸發生變化。禹之時，「禪讓」觀念的内涵産生轉變，禪讓制度走向了終結。禹執政期間，在多個方面都有重要的建樹，由此更加凸顯了「賢」所包含的「能」方面的意義，而其道德意涵漸漸消解、隱没，以致「禪讓」觀念的内涵發生異化，從而禪讓制被終結了。「啓於是乎攻益自取」，或許正是「禪讓」觀念不斷演變的結果。

第三部分叙述了禪讓制之後商湯、文、武的「革命」事迹，由此所要表達的仍然是儒家「爲政以德」「以民爲本」的政治觀念。雖然湯伐桀、武王伐紂，是在不得已的情形下以一種非和平、非理想的方式使得政治權位發生轉移，然而還是具有合法性，且其合法性的根基仍在於天命、民意與爲政者之賢德賢能。

在簡文中，由「授賢」「禪讓」「革命」所體現的政權轉移原則與模式雖有不同，然其精神實質與合法性基礎無疑都歸之於仁道。

天子建州

【簡介】

本篇竹書選自馬承源主編《上海博物館藏戰國楚竹書（六）》（上海古籍出版社2007年版），原整理者和釋文注釋者爲曹錦炎先生。竹書圖版見是書第125—156頁，釋文注釋見是書第307—338頁。本篇竹書有甲、乙兩種版本。甲本完整，共存十三支簡，其中九支簡首略有殘損，可據乙本補足。完簡長約四十六釐米，每簡約書三十二字。乙本共存十一支簡，乙本完簡長四十三點五釐米，書寫疏密不均，每簡最少書二十五字，最多書三十八字。參照甲本，可知乙本其後佚失約四十字內容，第11號簡上下兩端略殘，長四十一點四釐米，所缺文字當需另外兩支簡纔能够抄完，故乙本簡數亦應爲十三支。甲、乙二本書體迥異，顯然爲兩人所抄。甲本書體謹嚴、抄寫工整，乙本書體稍嫌鬆散。無論從內容的完整性，還是從文字抄寫的準確性來説，甲本都優於乙本。本注譯即以甲本爲底本，同時參考乙本。

本篇竹書原無篇題，《天子建州》的篇題是整理者根據篇首的幾個字擬定的。是篇不見於傳世文獻，但其所載禮制及對於禮義的闡發，大部分內容可與傳世文獻互相參證，少部分內容可爲傳世文獻之補充。從文獻性質來看，是篇竹書與《禮記》所收篇章較爲接近，對研究先秦禮制、禮學及儒學都有重要價值。

目前，除整理者外，陳偉、楊華、何有祖、侯乃峰、裘錫圭、曹峰、曹建墩、李松儒、楊澤生等有相關研究成果。本篇竹書的簡序和釋文，即以原整理者曹錦炎的成果爲基礎，同時吸納了其他學者的意見。本篇竹書有墨丁符號，起分章或分段作用，但不完整、系統，本書據竹書内容將其分爲十三章。

【凡】天子建之以州，邦君建之以都，大夫建之以里，士建之以室。

【注釋】

『凡』字殘，整理者據文意補。《説文・二部》：『凡，最括也。』概括之辭曰凡。

『建』，建立、設置，指營建宫室。『以』，於。

『天子建之以州』，古代分天下爲九州，每一州又建數目不等的諸侯國。天子建府之州，應即天子所居之州。

『邦君建之以都』，《禮記・祭法》：『天下有王，分地建國，置都立邑，設廟祧壇墠而祭之，乃爲親疏多少之數。』『都』與『邑』的分别，《左傳・莊公二十八年》：『凡邑，有宗廟先君之主曰都，無曰邑。』《釋名・釋州國》：『國城曰都，言國君所居，人所都會也。』

『大夫建之以里』，《爾雅・釋言》：『里，邑也。』郭璞《注》：『謂邑居也。』

『士建之以室』，『室』字段玉裁《説文解字注》：『室，引申之，則凡所居皆曰室。』

【今譯】

【凡】天子建於其州，邦君建於其都，大夫建於其里，士建於所居之室。

右爲第一章。

凡天子七世，邦君五【〇一】【世，大夫】三世，士二世。

【注釋】

『世』，猶代也，父子相繼爲一世。《毛詩·大雅·文王》：『文王孫子，本支百世。』第2號簡上端殘約二字，整理者據乙本補所缺文字，『大夫』二字當是合文。

本節言廟數之制，可與傳世典籍相參看，整理者已引《大戴禮記·禮三本》《荀子·禮論》和《禮記》的相關文字。《禮記·禮器》：『禮，有以多爲貴者：天子七廟，諸侯五，大夫三，士一。』《王制》：『天子七廟，三昭三穆，與大祖之廟而七。諸侯五廟，二昭二穆，與大祖之廟而五。大夫三廟，一昭一穆，與大祖之廟而三。士一廟。庶人祭於寢。』《祭法》：『王立七廟，一壇一墠，曰考廟，曰王考廟，曰皇考廟，曰顯考廟，曰祖考廟；皆月祭之。遠廟爲祧，有二祧，享嘗乃止。去祧爲壇，去壇爲墠。壇墠，有禱焉祭之，無禱乃止。去墠曰鬼。諸侯立五廟，一壇一墠。曰考廟，曰王考廟，曰皇考廟，皆月祭之；顯考廟，祖考廟，享嘗乃止。去祖爲壇，去壇爲墠。壇墠，有禱焉祭之，無禱乃止。去墠爲鬼。大夫立三廟二壇，曰考廟，曰王考廟，曰皇考廟，享嘗乃止。顯考祖考無廟，有禱焉，爲壇祭之。去壇爲鬼。適士二廟一壇，曰考廟，曰王考廟，享嘗乃止。皇考無廟，有禱焉，爲壇祭之。去壇爲鬼。官師一廟，曰考廟。王考無廟而祭之，去王考曰鬼。庶士、庶人無廟，死曰鬼。』

士隶（莅）大夫之位，身不免；大夫隶（莅）邦君之位，身不免；邦君隶（莅）天子之[02]【位】，身不免。

【今譯】

天子祖廟立七世，邦君祖廟立五【世，大夫祖廟】立三世，士祖廟立二世。

右爲第二章。

【注釋】

「隶」[一]，讀爲「逮」，《説文・立部》：「逮，臨也。」「逮」經典多作「莅」或「涖」字，段玉裁《注》：「莅行而逮廢也。」士臨大夫之位、大夫臨邦君之位、邦君臨天子之位，皆屬僭越。「身不免」，謂「不免於罪」（《禮記・檀弓下》）和「不免乎刑戮」（《荀子・榮辱》）之類。權力僭越爲亂之根源，必遭嚴懲。

第3號簡首字殘，整理者據乙本補「立」字。

[一] 該字整理者釋作「爲」，陳偉釋作「象」。參見侯乃峰：《上博楚簡儒學文獻校理》，上海古籍出版社2018年版，第293頁。按：該字甲本三形略有别，乙本三字同形，將甲本所從又形與中間一筆混爲一體，轉而似「象」字，當是甲本之誤摹。疑皆從又從尾，可釋作「隶」。《説文・隶部》：「隶，及也。從又從尾省。又持尾者，從後及之也。」

【今譯】

士臨大夫之位，身不免（於刑戮）；大夫臨邦君之位，身不免（於刑戮）；邦君臨天子之位，身不免（於刑戮）。

右爲第三章。

禮者，義之皇也。[一] 禮之於宗廟也，不精爲精，不美爲美。義反之，精爲不【03】精，美爲不美。[二]故無禮大廢，無義大孽。[三]

【注釋】

[一]『皇』，原字從㞷從兄，[1] 疑讀爲『皇』，訓爲『美』。[2]『禮』謂禮之儀、禮之文，『義』謂禮之義，亦即禮之本、禮之質。《論語·衛靈公》：『子曰：君子義以爲質，禮以行之。』亦以禮、義對文。初起之禮，質樸無文，故不精美。根據原初行禮之義，加以修飾，則有文章，禮於是日趨精美。

[二] 此言大禮必簡質。《禮記·郊特牲》：『酒醴之美，玄酒明水之尚，貴五味之本也；黼黻文繡之美，

[1] 整理者視爲兄字繁構。曹錦炎釋文注釋：《天子建州》，馬承源主編：《上海博物館藏戰國楚竹書（六）》，上海古籍出版社2007年版，第314頁。

[2]《説文·之部》：『㞷，讀若皇。』《禮記·少儀》：『祭祀之美，齊齊皇皇。』鄭玄《注》：『皇皇讀如歸往之往。』參見林文華：《〈天子建州〉釋讀五則》，簡帛網，2008年7月15日。

疏布之尚，反女功之始也；莞簟之安，而蒲越槁鞂之尚，明之也；大羹不和，貴其質也；大圭不琢，美其質也；丹漆雕几之美，素車之乘，尊其樸也，貴其質而已矣。所以交於神明者，不可同於所安褻之甚也。如是而後宜。』宗廟之大禮，崇尚玄酒、明水、疏布、蒲越、大羹不和、大圭不琢、素車之乘，等等，這些都不精不美，但用於最重要的祭祀活動中。相反，所用之禮越是文章精美，表示禮之義的重要性越低。所以從形式上來説，禮之文以黼黻文章爲精美，其義則尚簡質、素樸無文。

〔三〕『無禮大廢』，『廢』謂廢壞。《禮記·曲禮上》：『道德仁義，非禮不成；教訓正俗，非禮不備；分爭辨訟，非禮不決；君臣上下父子兄弟，非禮不定；宦學事師，非禮不親；班朝治軍、蒞官行法，非禮威嚴不行；禱祠祭祀、供給鬼神，非禮不誠不莊。是以君子恭敬撙節退讓以明禮。』禮所以別異，以形成人倫秩序，無禮，則人倫綱紀廢壞。

『無義大孽』，『孽』訓『害』、訓『病』。〔一〕無義則禮不可立，故爲大害。

【今譯】

禮儀，是義的盛美。宗廟之禮，（儀式器物）不精的爲精，不美的爲美。義則相反，（儀式器物）精的爲不精，美的爲不美。所以没有禮就太廢壞，没有義就有大禍害。

右爲第四章。

〔一〕劉洪濤：《讀上博竹書〈天子建州〉札記》，簡帛網，2007年7月12日。

刑，純用情，邦亡；純用物，邦亡。必中情以罷（麗）於【04】物，僟殺而邦正。

【注釋】

『純』，單也、專也。『情』，謂情實、情理。〔一〕『物』，刑之物，應包括量刑所據之法及行刑之具等。〔二〕《孔子家語·刑政》：『凡聽五刑之訟，必原父子之情、立君臣之義以權之；意論輕重之序，慎深淺之量以别之；悉其聰明，正其忠愛以盡。大司寇正刑明辟以察獄，獄必三訊焉。』原父子之情、立君臣之義云云，用情也；正刑明辟、獄必三訊，用物也。

『罷』，即離、罹、羅的異體，疑讀爲『麗』，附也。〔三〕『以』，而也。必中於情以羅於物，謂必既中情理，又合乎常法。

『幾』，疑讀爲『僟』。《説文·人部》：『僟，精謹也。』『僟殺』，是説對刑殺的判處要精確、謹慎。〔四〕

【今譯】

用刑，單純靠議情論理，邦將喪亡；單純靠法網刑具，邦將喪亡。必須既中情理，又附麗於法物，精謹

〔一〕學者多把『情』理解爲情绪、感情，何有祖理解爲情實。參閱侯乃峰：《上博楚簡儒學文獻校理》，上海古籍出版社2018年版，第296頁。

〔二〕整理者把『物』訓爲『物資』『財物』，『用物』指以財物代罰，何有祖以爲『物』指法律條文。參閱侯乃峰：《上博楚簡儒學文獻校理》，上海古籍出版社2018年版，第296—297頁。

〔三〕劉洪濤：《讀上博竹書〈天子建州〉札記》，簡帛網，2007年7月12日。

〔四〕陳偉：《〈天子建州〉校讀》，簡帛網，2007年7月13日。

地用刑，纔能使邦得正。

右爲第五章。

文陰而武陽，信文得事，信武得田。文德治，武德伐，文生武殺。[一] 日月得其【05】甫（敷），相之以玉斗，[二] 仇讎殘亡，洛（樂）尹行，身和二：一喜一怒。[三]

【注釋】

[一]『文陰而武陽』，典籍或文武對言，或『文武』連言。『文』，禮樂儀制；『武』，軍事。[一]《禮記·祭法》：『文王以文治，武王以武功。』又《深衣》：『可以爲文，可以爲武，可以擯相，可以治軍旅。』簡文以文武與陰陽相配而言，學者以爲與馬王堆漢墓帛書《經法》《十大經》《淮南子·天文》等相關内容的思維方式相似。[二] 文陰而武陽，或兼有二義：其一，文治主寬柔，武功主强剛，可謂文陰而武陽；其二，因天之生以養生謂之文，因天之殺以伐死謂之武，則文始於陰極盛之時，武始於陽極盛之時，亦可謂文陰而武陽。

『信』，任、用之義；『得事』，把握事物、取得成功，是文治上的成功；『得田』，得到土田，是武功上

[一] 曹錦炎釋文注釋：《天子建州》，馬承源主编：《上海博物館藏戰國楚竹書（六）》，上海古籍出版社 2007 年版，第 317 頁。

[二] ［日］淺野裕一：《上博楚簡與先秦思想》，萬卷樓圖書股份有限公司 2008 年版，第 200—201 頁。

的建樹。〔一〕

［一二］『甫』〔二〕，陳偉讀爲布列之『布』，〔三〕疑讀爲『尃』，《説文·寸部》：『尃，布也。從寸，甫聲。』『尃』，今字作『敷』。日月得其尃，謂日月布列有常，行度不失。〔四〕

『相』〔五〕，《説文·木部》：『相，省視也。』『之』，指代日月所尃布之位。『玉斗』，即北斗。

『日月得其敷，相之以玉斗』，此概言日月星運行有常度，合乎斗建之法。《逸周書·周月解》：『惟一月，既南至，昏昴畢見，日短極，基踐長，微陽動於黄泉，陰慘於萬物。是月斗柄建子，始昏北指，陽氣虧，草木萌蕩，日月俱起於牽牛之初，右回而行，月周天起一次而與日合宿，日行月一次周天，歷舍於十有二辰，終則復始，是謂日月權輿。』斗柄所建、日月合宿於十二辰是斗建之法的關鍵，《大戴禮記·夏小正》《吕氏春秋·十二紀》《禮記·月令》《淮南子·天文》等都有論及。以天人感應論而言，『日月得其敷，相之以玉斗』，是王之善政的徵象。〔六〕

〔一〕　曹峰：《上博簡〈天子建州〉『文陰而武陽』章新詮》，《中華文史論叢》2013 年第 3 期。

〔二〕　整理者釋作『央』，蘇建洲改釋作『甫』，讀爲『輔』。參閲侯乃峰：《上博楚簡儒學文獻校理》，上海古籍出版社 2018 年版，第 299 頁。

〔三〕　陳偉：《上博竹書〈天子建州〉試讀》，劉釗主編：《出土文獻與古文字研究》第三輯，復旦大學出版社 2010 年版，第 209 頁。

〔四〕　何有祖讀『甫』爲『布』，『日月得其布，在這裏指日月運行正常。』參見何有祖：《上博簡〈天子建州〉初步研究》，武漢大學博士學位論文，2009 年，第 39 頁。

〔五〕　整理者釋作『根』，范常喜改釋作輔相之『相』。參閲侯乃峰：《上博楚簡儒學文獻校理》，上海古籍出版社 2018 年版，第 299 頁。

〔六〕　古人以爲王政善否，可見於天，日月得不得其位，是王政善否的重要徵象。《淮南子·泰族》：『逆天暴物，則日月薄蝕，五星失行，四時幹乖，晝冥宵光，山崩川涸，冬雷夏霜。《詩》曰：「正月繁霜，我心憂傷。」天之與人，有以相通也。』又同書《覽冥》説黄帝有善政：『於是日月精明，星辰不失其行。』

［三］『仇讎殘亡』〔一〕，王若無善政，則『民憎惡如仇讎』（《大戴禮記·禮察》），於是有湯武伐桀紂之事，此用武德之極致。

『洛尹行』〔二〕，洛尹，讀爲『樂尹』。〔三〕《爾雅·釋言》：『尹，正也。』樂尹猶樂正，樂官之名。〔四〕『行』，行而視事。《禮記·樂記》：『釋箕子之囚，使之行商容而復其位。』鄭玄《注》：『行，猶視也。使箕子視商禮樂之官。』『樂尹行』，謂樂正視事，言將作樂，此用文德之極致。

『身和二』：一喜一怒』。『和』，謂喜怒發而中節。湯武革命，順天應人，行武德而使仇讎殘亡，所謂『一怒而安天下之民』（《孟子·梁惠王上》）；『王者功成作樂』（《禮記·樂記》），『緣天下之所新樂而爲之文曲，且以和政，且以興德。』（《春秋繁露·楚莊王》）樂官據天下所喜樂而作樂，則是以喜和天下。

【今譯】

文治爲陰而武功爲陽，實行文治則得其政事，實行武功則得其土田，文德主治理，武德主攻伐，文如春夏之生，武如秋冬之殺。日月得其布列，視之以北斗所建，民之仇讎（暴君）殘毁滅亡，樂官行（視事作樂），親身和天下於二，一喜（文盛治善）一怒（武盛暴除）。

〔一〕『仇讎』二字的釋讀，參見陳偉：《〈天子建州〉校讀》，簡帛網，2007 年 7 月 13 日。

〔二〕『洛尹行身和二』，整理者作一句讀，疑當在『行』字後斷句。

〔三〕『洛尹』的通讀，意見很多。其中整理者讀爲『樂尹』，但訓『尹』爲『治』。何有祖提出了讀爲樂官之樂尹的假設。參見曹峰：《上博簡〈天子建州〉『文陰而武陽』章新詮》，《中華文史論叢》2013 年第 3 期。

〔四〕《左傳·定公五年》：『以爲樂尹。』杜預《注》：『樂尹，司樂大夫。』

右爲第六章。

天子坐以矩，食以儀，立以縣，行以[06]【興（繩），視】侯量，顧還身。[一] 諸侯食同狀，視百正，顧還肩，與卿、大夫同恥度。[二] 士，視目恒，顧還[07]【面】。不可以不聞恥度，民之儀也。[三]

【注釋】

[一]『天子坐以矩』，『矩』謂矩尺，直角正方之器。古人席地而跪坐，雙膝着席，臀部壓在脚後跟上。天子坐以矩，應是上身挺立，與地垂直。

『食以儀』，『儀』指觀測日影的表柱。[一] 此句可能指天子根據日晷之影而按時進食，古人有一日三食説和四食説。[二] 但『食以儀』也有可能如簡文前後的内容一樣就儀態而言。[三]

『立以縣』，『縣』謂懸綫，《墨子·法儀》：『直以繩，正以縣。』天子站立的姿勢，如同懸綫一般垂直。[四]

第7號簡上端殘約二字，整理者據乙本補『闢視』二字。『闢』，當改釋作『興』。[五]『興』指作樂起舞，

[一] 陳偉：《〈天子建州〉校讀》，簡帛網，2007年7月13日。
[二] 楊華：《〈天子建州〉禮疏》，見氏著：《古禮新研》，商務印書館2012年版，第432頁。
[三] 何有祖：《上博簡〈天子建州〉初步研究》，武漢大學博士學位論文，2009年，第46頁。
[四] 曹錦炎釋文注釋：《天子建州》，馬承源主編：《上海博物館藏戰國楚竹書（六）》，上海古籍出版社2007年版，第320頁。
[五] 劉洪濤：《讀上博竹書〈天子建州〉札記》，簡帛網，2007年7月12日。

《禮記·玉藻》：「趨以采薺，行以肆夏。」[一]

「視侯量」，「侯」，訓「惟」。「視惟量」，學者以爲指按照天子自己願意看到的量度、距離來行視禮，即隨其所視。[二] 簡文矩、儀、縣、繩等都是作爲規範的器物，則此「量」似亦當就器物而言。《莊子·胠篋》云「爲之斗斛以量之」，斛是常用的量器，其制方口。「視侯量」應是説天子之視「不上於袷，不下於帶」（《禮記·曲禮》），不左右傾側，其視綫範圍如量斛之方口。

「顧還身」，《説文·頁部》：「顧，還視也。」《論語·鄉黨》：「必有寢衣，長一身有半。」王引之《經義述聞·通説上》：「頸以下股以上亦謂之身。」[三] 下文諸侯「顧還肩」、士「顧還面」，還顧時，身體可動的幅度越來越小。

[二]「諸侯食同狀」，上文説天子「食以儀」，儀、狀義同，都指容貌儀狀，諸侯飲食之容，與天子相同。

「視百正」，「百」通迫，《説文·辵部》：「迫，近也。」視迫正，言近於正視。[四]

「恥度」，「恥」謂恥辱，「度」謂限度，過此度則受恥辱。

[三]「士，視目恒」，《君子爲禮》第6號簡「目毋游，定視是求」，「恒」「定」義近。《國語·周語

[一] 楊華：《〈天子建州〉禮疏》，見氏著：《古禮新研》，商務印書館2012年版，第432頁。或將「興」讀爲「繩」，「進退中繩」（《呂氏春秋·離俗覽》）、「行中矩繩」（《禮記·哀公問五義》）、「行中規繩」（《孔子家語·五儀解》）等。單育辰：《占畢隨録之二》，簡帛網，2007年7月28日。

[二] 楊華：《〈天子建州〉禮疏》，見氏著：《古禮新研》，商務印書館2012年版，第433頁。

[三] 何有祖：《上博簡〈天子建州〉初步研究》，武漢大學博士學位論文，2009年，第50—51頁。

[四] 楊華：《〈天子建州〉禮疏》，見氏著：《古禮新研》，商務印書館2012年版，第434頁。

下》：『視無還，端也。』韋昭《注》：『睛轉復反爲還。』目不定止，則心有異志。《左傳·成公六年》云鄭伯『視流而行速，不安其位』，又《成公十五年》云『右師視速而言疾，有異志焉』，又《襄公三十年》云王子括『視躁而足高，心在他矣』，此皆視無恒也。

第8號簡上端殘，整理者據乙本補『面』字。〔二〕

【今譯】

天子坐以矩之直爲度，進食以儀表爲度，站立以懸綫爲度，行走以【興樂爲度，視綫】以斛量爲度，還顧其後要轉身。諸侯，進食（與天子）同儀狀，視綫近於正視，還顧要轉肩，與卿、大夫恥辱之度相同。士，視時眼睛要恒定，還顧要轉【面】。不可以不聽聞恥度，因爲是民之儀表。

右爲第七章。

凡天子欽既，邦君食濁，大夫承薦，士受餘。

【注釋】

本章記進食之禮。

『欽』，讀爲『歆』，《説文·欠部》：『歆，神食氣也。』『歆』也有一般的饗食之義。《國語·周語上》：

〔二〕　曹錦炎釋文注釋：《天子建州》，馬承源主編：《上海博物館藏戰國楚竹書（六）》，上海古籍出版社2007年版，第323頁。

『王歆太牢。』韋昭《注》：『歆，饗也。』〔一〕『㱦』疑讀爲『既』，〔二〕盡也、終也。天子歆既，猶言天子饗食完畢。這是明確規定天子食畢，他人方可就食，可與傳世文獻所載的諸侯親視食之禮相參證。《周禮·秋官·掌客》：『王巡守、殷國，則國君膳以牲犢，令百官百牲皆具。』孫詒讓《正義》：『《史記·魯仲連傳》云：「天子巡狩，諸侯辟舍，納筦籥，攝衽抱机，視膳於堂下，天子已食，乃退而聽朝也。」是天子巡守，諸侯有親視食之禮也。』〔三〕諸侯之所以要親視食，原因如《禮記·郊特牲》《坊記》所載，天子『無客禮，莫敢爲主焉』。所巡之國的君臣親視天子進食已畢後，纔可行主客之禮，主國君臣親自行賓禮，邦君、大夫、士依次進食，《禮記·聘義》：『卿爲上擯，大夫爲承擯，士爲紹擯，君親禮賓。賓私面、私覿，致饔餼、還圭璋，賄、贈，饗、食、燕，所以明賓客君臣之義也。故天子制諸侯，比年小聘，三年大聘，相厲以禮。使者聘而誤，主君弗親饗食也。所以愧厲之也。』

『食濁』，『濁』指郁鬯，以秬黍（黑黍）釀成之酒稱爲秬鬯，此酒再和以郁金香草，便稱爲郁鬯。《周禮·春官·司尊彝》『郁齊獻酌，醴齊縮酌，盎齊涚酌』，按鄭玄《注》，郁齊、醴齊皆是濁酒，盎齊稍清。簡文『邦君食濁』正是《禮記·禮器》『諸侯相朝，灌用郁鬯』的意思。〔四〕

〔一〕『欽』，整理者釋作『鎗』，裘錫圭以爲右旁存疑，應從金聲，似可讀爲『歆』。何有祖改釋作『欽』，讀爲『歆』，訓爲『饗』。參見何有祖：《上博簡〈天子建州〉初步研究》，武漢大學博士學位論文，2009年，第52—53頁。

〔二〕整理者讀爲『氣』，楊華讀爲『餼』，即生牲，所謂『天子適諸侯，諸侯膳用犢』，何有祖懷疑『「餼」指生牲，似與簡文講食禮的情形不合』。參見何有祖：《上博簡〈天子建州〉初步研究》，武漢大學博士學位論文，2009年，第54頁。

〔三〕［清］孫詒讓：《周禮正義》，中華書局1987年版，第3065頁。

〔四〕楊華：《〈天子建州〉禮疏》，見氏著：《古禮新研》，商務印書館2012年版，第438頁。

『承薦』，『承』訓『受』，『薦』在《儀禮》中是進設脯醢的專稱。『脯』爲籩實，『醢』爲豆實，『薦脯醢』爲禮書常語。古禮凡獻酒必有籩、豆，唯郁鬯之灌無之。簡文的『大夫承薦』，指『大夫聘禮以脯醢』，見《禮記·禮器》篇，又與《禮器》篇『諸侯相朝，灌用郁鬯，無籩豆之薦』相照應。其禮謂大夫出使他國，主國招待時不用郁鬯而酌以清酒，同時又有脯醢之薦。〔一〕『士受餘』，『餘』，指他人吃過之餘食。士等級較低，與高級貴族交往時，必須待諸侯、大夫等食畢纔進食。〔二〕

本章以天子親巡爲標準，兼禮食之順序及饗食規格之差次，以確定天子、諸侯、大夫、士所應享的膳食之禮，具體運用則視來者之級別而定。其禮儀如《禮器》所言，乃『以少爲貴』。

【今譯】

天子饗食完畢，諸侯食郁鬯，大夫受籩豆之薦，士受餘食。

右爲第八章。

天子四辟【08】【筵】席，邦君三辟，大夫二辟，士一辟。

〔一〕楊華：《〈天子建州〉禮疏》，見氏著：《古禮新研》，商務印書館 2012 年版，第 438—439 頁。

〔二〕同上書，第 439 頁。

【注釋】

第9號簡上端殘損一字，整理者據乙本補「延」字。[一]

「四辟」，猶言四疊、四重。《説文·竹部》：「筵，竹席。」通言之，筵即席也。細分之，筵指先設墊底之席，筵上所鋪則稱席。[二]

本章言設席之法，天子用四重筵席，邦君（諸侯）用三重，大夫用二重，士用一重。《禮記·禮器》：「天子之席五重，諸侯之席三重，大夫再重。」天子席數與簡文略異，其他相同。

【今譯】

天子四重筵席，邦君三重，大夫二重，士一重。

右爲第九章。

事鬼則行敬，懷民則以德，斷刑則以哀。

【注釋】

「事鬼」，事奉鬼神。《論語·先進》：「季路問事鬼神。子曰：『未能事人，焉能事鬼？』」

[一] 曹錦炎釋文注釋：《天子建州》，馬承源主編：《上海博物館藏戰國楚竹書（六）》，上海古籍出版社2007年版，第325頁。

[二] 同上書，第324—325頁。

『懷』，如『懷遠以德』（《左傳·僖公七年》）、『懷諸侯』（《禮記·中庸》）之懷，《爾雅·釋言》：『懷，來也。』

【今譯】

事奉鬼神則踐行誠敬，懷來民衆則用德，斷刑則用哀。

右爲第十章。

朝不語内，攻【09】【不語】戰。[一] 在道不語慝，居政不語樂。[二] 尊俎不折（誓）事，聚衆不語逸。[三] 男女不語鹿（麗），朋友不【10】【語分】。[四]

【注釋】

[一] 第10號簡上端殘，整理者據乙本補『不語』二字。[1]『内』，與下『戰』字對言。『内』即入也，《左傳》多言『入向』『入莒』之類，未得他國許可，而以師攻入他國稱『入』。《禮記·王制》：『耆老皆朝於上庠。』鄭玄《注》：『朝，猶會也。』朝有會義，簡文言師之會。《左傳·僖公二年》『晋里克、荀息帥師會虞師伐虢』，晋師進入虞國，與虞師相會以伐虢，這是晋荀息以『屈産之乘與垂棘之璧』賄虞公，『虞公許之』的結果。朝不語入，是説軍隊經允許而來朝會，不稱

[1] 曹錦炎釋文注釋：《天子建州》，馬承源主編：《上海博物館藏戰國楚竹書（六）》，上海古籍出版社2007年版，第327頁。

爲入。

『攻不語戰』，『攻』謂攻侵他國，『戰』是戰爭的通名。攻不語戰，强行以師攻入，不稱爲一般意義的戰，而必稱『入』以明其爲非義之戰。

〔二〕『在道不語慝』，《廣雅·釋詁二》：『在，居也。』《易·乾·文言》：『是故居上位而不驕，在下位而不憂。』居、在對言，簡文『在道』與『居正』亦當屬對言。『在道』猶居道。居道即修己爲道，孟子言『居仁由義』（《孟子·離婁上》）。《廣雅·釋詁三》：『慝，惡也。』在道不語慝，修道者好善惡惡，故不言惡。

『居政不語樂』，『居政』猶爲政，『樂』如『般樂怠敖』（《孟子·公孫丑上》）之樂。爲政當勤勉，故不言豫樂。

〔三〕『尊俎不折事』，『尊』爲酒器，『俎』爲載肉之具，古代常以『尊俎』代指宴席。『折』，讀爲『誓』。《左傳·閔公二年》：『誓軍旅。』杜預《注》：『誓，宣號令也。』尊俎不誓事，是説宴會的時候不聚衆宣告誓命。〔一〕

『聚衆不語逸』，『逸』謂逸樂。這句與上句當是相對爲文。『尊俎』代指宴會，衆人相聚以爲逸樂，聚衆的目的則在於誓事。故尊俎宴會之間宜逸樂，不誓事，而聚衆宜誓事，不言逸樂。

〔一〕　曹錦炎釋文注釋：《天子建州》，馬承源主編：《上海博物館藏戰國楚竹書（六）》，上海古籍出版社2007年版，第327—328頁。陳偉讀『折』爲『制』，楊華以爲上下文都在談言語之法，『折』讀爲『誓』更貼切。宴席尊俎之間談論軍國大事並不罕見，而誓一般在室外而不可能在尊俎之間。參見楊華：《〈天子建州〉禮疏》，見氏著：《古禮新研》，商務印書館2012年版，第442頁。

〔四〕第11號簡上端殘，整理者據乙本補「語分」二字。[一]「男女不語鹿」，「鹿」讀爲「麗」，[二]麗與分對言，麗訓「偶」「合」。禮嚴男女之别，别則不麗偶。「朋友不語分」，《兑卦·象傳》：「麗澤，兑。君子以朋友講習。」以麗澤解兑卦象，又申之以朋友之義，可知朋友宜言麗。所謂「有朋自遠方來，不亦樂乎」（《論語·學而》），朋友講習，以友輔仁之義。男女不語麗，朋友不語分，亦是對言，男女主分别，朋友主麗偶。

【今譯】

以師來朝會不説入，攻侵他國不説戰。居道不説慝惡，爲政不説豫樂。尊俎宴會不誓事，聚衆誓事不説逸樂。男女有别不説麗偶，朋友相輔不説分開。

右爲第十一章。

臨食不語惡。[一]

臨兆：不言亂，不言帰，不言威，不言犮，不言耑，故龜有五忌。[二]

臨城不[三]【言】毁，觀邦不言喪。故見傷而爲之祈，見窔而爲之内。[三]

〔一〕曹錦炎釋文注釋：《天子建州》，馬承源主编：《上海博物館藏戰國楚竹書（六）》，上海古籍出版社2007年版，第329頁。

〔二〕「鹿」，整理者讀爲「獨」，陳偉讀爲麗偶之「麗」，范常喜讀爲離散之「離」。參見何有祖：《上博簡〈天子建州〉初步研究》，武漢大學博士學位論文，2009年，第63—64頁。

【注釋】

〔一〕『臨食不語惡』，『臨』謂面臨，『惡』謂粗惡。《論語·鄉黨》所記孔子進食之法，非禮不食，腐敗不食，不時不食，不在此列者，則『食不厭精』，『雖蔬食菜羹瓜，祭，必齊如也。』食物即便粗惡簡陋，祇要合禮可食，則當敬祭而食之，孔子説：『士志於道，而恥惡衣惡食者，未足與議也。』（《論語·里仁》）

〔二〕『臨兆』，《爾雅·釋詁》：『臨，視也。』《説文·卜部》：『𠧞，灼龜坼也。』『𠧞』今多作『兆』，指龜卜的兆象。本段是説察看卜兆時的言語禁忌。〔二〕

『亂』，疑指兆象之雜亂、無序，《論衡·卜筮》：『《傳》或言：「武王伐紂，卜之而龜熸。」占者曰：「凶。」太公曰：「龜熸，以祭則凶，以戰則勝。」』『熸』字音義未詳，疑與『錯』通，錯，亂也。簡文以『亂』爲龜之一忌，『龜熸』或即其例也。兆象錯綜雜亂，但臨兆者不可以亂言之，因爲這樣説是在懷疑龜示象的能力。

『帰』，疑讀爲『祲』。《説文·示部》：『祲，精氣感祥。從示，侵省聲。』《廣韻》《集韻》訓爲『妖氣』。《左傳·昭公十五年》：『吾見赤墨之祲，非祭祥也，喪氛也。』杜預《注》：『祲，妖氛也。』《周禮·

〔二〕簡文『龜有五忌』之説，前所未見，其義難解，學者所論多不同。『五忌』，整理者依次讀爲雜亂之亂、寢伏之寢、消滅之滅、選拔之拔、長短之短。亂、寢、短指卜兆呈現的狀況，滅、拔是對卜兆人爲的結果。楊澤生依次讀爲動亂、暴亂、淫亂之亂，侵伐、侵犯、侵奪之侵；滅亡之滅，攻伐、拔取之拔，剪滅之剿。五者都與戰爭有關。楊華依次讀爲動亂之亂、大饑之侵、威（可能是栽字誤寫）、犮（讀爲魃，對悍鬼的祭祀）、短（夭殤）。全句意爲：占卜之前不能説與動亂、大饑、水火災害、悍鬼、夭殤有關的内容。參見楊華：《〈天子建州〉禮疏》，見氏著：《古禮新研》，商務印書館 2012 年版，第 443—444 頁。

春官宗伯・占人》：『凡卜筮，君占體，大夫占色，史占墨，卜人占坼。』鄭玄《注》云：『體，兆象也；色，兆氣也；墨，兆廣也；坼，兆璺也。體有吉凶，色有善惡，墨有大小，坼有微明。尊者視兆象而已，卑者以次詳其餘也。周公卜武王，占之曰：體，王其無害。凡卜，象吉、色善、墨大、坼明則逢吉。』『祲』爲兆氣之惡者，不吉。不言祲，可能是説對於兆氣爲惡的情況，忌以祲言之，言祲則以龜爲妖。

『威』，讀爲『滅』，火熄滅也。《説苑・權謀》文公謂咎犯曰『吾卜戰而龜熸』，《玉篇・火部》：『熸，火滅。』《左傳・襄公二十六年》：『王夷師熸。』杜預《注》：『吴楚之間謂火滅爲熸。』不言滅，可能是説對於灼龜而火滅的情況，忌以滅言之，言滅則疑龜之知將盡絶。

『犮』，疑讀爲『祓』。《説文・示部》：『祓，除惡祭也。從示，犮聲。』《吕氏春秋・孝行覽・本味》：『湯得伊尹，祓之於廟，爝以爟火。』《淮南子・氾論》：『祓之以爟火。』『爝』即火炬，祓祭除惡之法，以爝、炬燒之。《周禮・春官・宗伯》有菙氏，『掌共燋契，以待卜事。凡卜，以明火爇燋，遂龡其焌契，以授卜師。』灼龜用火之法，先以陽燧取火於日，先燃燋，再以燋燃束苣手持之火炬，再吹持火以燃灼龜之木契，契即《儀禮・士喪禮》之楚焞。灼龜與祓祭皆用火，簡文『不言祓』，可能是説灼龜用火，但忌以祓言之，言祓則疑龜爲惡物，故宜變言。

『耑』，讀爲『短』。《左傳・僖公四年》卜人云『筮短龜長』，《周易・繫辭上》：『探賾索隱，鉤深致遠，以定天下之吉凶，成天下之亹亹者，莫大乎蓍龜。』《論衡・狀留》：『龜生三百歲，大如錢，游於蓮葉之上。三千歲青邊緣，巨尺二寸。蓍生七十歲生一莖，七百歲生十莖。神靈之物也，故生遲留，曆歲長久，故能明審。』古人信用龜卜，以其歷歲久長，故以龜爲無所不知之靈物，其知幽隱吉凶之力甚至長於蓍筮。簡文『不言短』，可能是説忌以短來言龜，言短則疑龜不足於知吉凶。

［三］第12號簡上端殘一字，整理者據乙本補『言』字。『臨』，登臨；『城』，城垣；『毁』，壞；『觀邦』，猶言觀國。〔一〕『見傷而爲之祈』，乙本此句以下皆殘，甲本存。『傷』疑讀爲『蕩』。《法言·淵騫》：『魯仲連傷而不制。』李軌《注》：『傷，古蕩字。』《集韻·蕩韻》：『惕，《説文》：「放也。」或作傷。』《國語·周語下》：『夫周，高山、廣川、大藪也，故能生之良材，而幽王蕩以爲魁陵、糞土、溝瀆。』韋昭《注》：『蕩，壞也。』前文説『臨城不言毁』，『蕩』也是毁壞的意思。『臨城不言毁』，和『見蕩而爲之祈』，都就毁壞城垣而言。城爲古人禦寇安居之屏障，故臨城不宜言毁，見其毁則憂其不得安居而爲之祈禱，所言雖異，用心則同，故可言『故』。

『見窔而爲之内』，『窔』疑讀爲『絞』，指束死者之帶〔二〕；『内』疑讀爲訥言之『訥』。〔三〕與前文『觀邦不言喪』相應，見絞即見因邦喪而死者也。爲之訥者，爲之無言以默哀之。

【今譯】

面對食物，不説食物不好。

〔一〕曹錦炎釋文注釋：《天子建州》，馬承源主编：《上海博物館藏戰國楚竹書（六）》，上海古籍出版社2007年版，第330—331頁。

〔二〕《禮記·檀弓下》：『制絞衾。』鄭玄《注》：『絞衾，尸之飾。』《儀禮·士喪禮》：『緇絞，橫三縮一，廣終幅，析其末。』鄭玄《注》：『絞，所以收束衣服，爲堅急者也，以布爲之。』《管子·立政》：『死則有棺槨、絞衾、壙壟之度。』

〔三〕整理者説『窔』指室中東南角；『内』，入也。楊華據《儀禮·既夕·記》『比奠，舉席，埽室，聚諸窔，布席如初』，認爲簡文『見窔爲之入』，是指當看到舊奠撤到窔處時，便立即把新奠端進去。參見楊華：《〈天子建州〉禮疏》，見氏著：《古禮新研》，商務印書館2012年版，第446頁。

面對龜兆，不説亂，不説祲，不説滅，不説祓，不説短，所以龜卜有五種言語禁忌。登臨城垣，不説毁壞；觀國，不説喪亡。所以看到城垣蕩壞就爲之祈禱，看到尸帶所束者（因邦喪而死）就爲之默哀。

右爲第十二章。

時言而世行，因德而爲之制，是謂【12】中不違。[一]

所不教於師者三：强行、忠謀、信言，此所不教於師也。[二]【13】

【注釋】

[一] 本段以下内容，乙本闕。

「時言」，謂因其時而言。[一]「時可言則言」，時不可言，則或變言，或緘默。「世行」，《吕氏春秋·觀世》：「以終其世。」高誘《注》：「没身爲世。」「時言而世行」，是因其時而言，言而當則終身行之。「因」，因循；「制」，節制。「因德而爲之制」，循順德行而爲言行之節制。「是謂中不違」，「中」與「不違」應是並列語。[三]「中」，無過無不及；「不違」，言行不相違。

[一] 「時」，整理者解爲有時、偶爾；陳偉以爲似當讀爲守持之「持」。參見陳偉：《〈天子建州〉校讀》，簡帛網，2007年7月13日。

[三] 「不韋」，整理者讀爲「不諱」，屬下讀。陳偉讀作「不違」，不違，作「中」的補語，是説不過多偏離正確的標準。參見陳偉：《〈天子建州〉校讀》，簡帛網，2007年7月13日。

〔二〕『强行』，《爾雅·釋詁下》：『强，勤也。』强行即勤勉而行。『忠謀』，即曾子『爲人謀而不忠乎』（《論語·學而》）之義。『信言』，即子夏『與朋友交言而有信』（《論語·學而》）之義。

【今譯】

因時而言，終身行之，循順德行而爲言行之節制，這就叫適中、言行不相違背。不要老師教的有三件事：勤勉地踐行，忠誠地爲人謀，誠信地説話，這是不要老師特别教誨的。

右爲第十三章。

【思想】

本篇竹書未見世傳，記載了諸多較爲重要的禮制與禮學思想。其一，與貴族相關、不可僭越的等級禮制。如建立官府之制，天子建之以州，邦君建之以都，大夫建之以里，士建之以室；建立宗廟之制，天子七世，邦君五世，大夫三世，士二世；貴族日常生活的恥度，天子坐以矩，食以儀，立以縣，行以興，視侯量，顧還身。諸侯，食同狀，視百正，顧還肩，與卿、大夫同恥度。士，視目恒，顧還面；天子巡守時的進食之制，天子取既，邦君食濁，大夫承薦，士受餘；筵席之制，天子四辟，邦君三辟，大夫二辟，士一辟。這些禮制決定着不同的分位，不可僭越，士莅大夫之位、大夫莅邦君之位、邦君莅天子之位，皆身不免於刑戮。其二，言語之法及其蕴涵的人文價值。如『朝不語内，攻不語戰』，來朝會的軍隊不稱入，攻侵的戰爭不説成一般意義的戰，這是通過對名詞意義的嚴格限定來區分入侵他國的軍隊和一般的戰爭，包含着禮對侵略戰爭的貶抑傾向。『在道不語慝，居政不語樂』包含了爲道應純善無惡、爲政應勤勉無逸樂的訴求，『尊俎不誓事，聚衆不語逸』包含了對誓事和聚衆的慎重態度，『男女不語麗，朋友不語分』包含了謹慎對待男女之别和重視以友輔仁的觀念。『臨食不語惡』，君子謀道不謀食之義。臨兆：不言亂、侵、滅、祓、短。不以惡事命龜，敬畏鬼神之義。『臨城不言毁，觀邦不言喪。見蕩而爲之祈，見窔而爲之訥』，這體現了深厚的人文關懷和對戰爭的戒懼。其三，對禮之義理的闡發。如論禮與義的關係，提出『禮者，義之皇』的命題，而强調『亡禮大廢，亡義大孽』這種禮義兼備、文質並行的禮學思想。論用刑之道，反對『純用情』和『純用物』，而强調『必中情以離於物』的原則，用刑既要深觀人情，又要有法可依，二者兼備，謹慎用刑，纔能以刑輔德，治理好邦國。論禮的文武之德，强調文武兼備，應天順人，纔能天下大治，陰陽和調。其四，對修德要義的闡發。如强調以敬事鬼、以德懷民、以哀斷刑、時言而世行、强行、忠謀、信言等，這些都是常見於六藝與儒家經典的精神。

武王踐阼

【簡介】

本篇竹書選自馬承源主編《上海博物館藏戰國楚竹書（七）》（上海古籍出版社2008年版），原整理者和釋文注釋者是陳佩芬女士。竹書圖版見是書第15—29頁，釋文注釋見是書第149—165頁。本篇竹書有今本，見《大戴禮記·武王踐阼》篇。竹書原無篇題，今篇題係整理者據今本擬定的。本篇竹書現存十五支簡，有三道編繩，簡長在四十一點六至四十三點七釐米之間。竹簡第一道編繩以上多殘斷，一般缺失一字或二字，每簡上抄二十八字至三十八字，共存四百九十一字。

本篇竹書可分爲兩大部分，第一部分由前十支簡組成，第二部分由後五支簡組成，可以稱爲甲篇和乙篇，或甲本和乙本。這兩部分的書風不同，且第二部分從内容上來看是前五支簡的另一種叙述。今本《武王踐阼》篇綜合了這兩部分内容，並作了一定程度的改寫。從總體上看，今本多舛誤，可以據竹書本校正，而今本則有助於竹書本的釋讀。在陳述器銘部分，竹書的文字相對簡略，而今本則多有推衍。

本篇竹書主要叙述了周武王與師尚父太公望之間的一次對話。這次對話發生在武王克商、回到豐都踐天子之位後的第三日。武王在那一天詢問了先王之道、修身之道和百世不失天命之道等問題，太公望則以《丹書》作答。武王退而爲銘於席的四端，又爲機、鑒、盥、楹、杖、牖諸器銘以自警。器銘内容主要圍繞人主如何修身爲政展開。就傳世本《武王踐阼》篇，王應麟《踐阼篇集解》引真德秀説：『武王之始克商也，訪《洪範》於箕子，其始踐阼也，又訪《丹書》於太公，可謂急於問道者矣。而太公望所告，不出「敬」與「義」之二言。蓋敬則萬善俱立，怠則萬善俱廢。義則理爲之主，欲則物爲之主，吉凶存亡所由分，上古聖人已致謹於此矣。武王聞之，惕若戒懼，而銘之器物以自警焉，蓋恐斯須不存，而怠與欲得乘其隙也。』[一]真德秀的概括是對的。不過，需要指出，竹書並非對於周初思想的直接反映，它很可能反映的是戰國儒家的思想。它宣揚敬、義、仁而反對怠、欲、不仁的觀點，鮮明地體現了戰國儒家思想的特徵，因此本篇竹書屬於子書性質。今本《武王踐阼》的叙述進一步集中在『敬』『義』兩個觀念上，這可能是戴德在編述文本的

[一]［宋］王應麟：《踐阼篇集解》，［宋］王應麟輯：《玉海》第六册，江蘇古籍出版社、上海書店1987年據浙江書局本影印，第3頁。

過程中受到了《周易》經學影響的結果，其時《周易》已上升爲『五經之原』。今本《武王踐阼》强調『敬』『義』兩個觀念，與《坤卦·文言傳》『敬以直内，義以方外』的説法高度一致。

原整理者所定簡序是合理的，但在文字釋讀上，學者的改進較大。本注譯的釋文以原整理者的釋文爲基礎，並參考了復旦大學出土文獻與古文字研究中心研究生讀書會（下簡稱『復旦讀書會』）《〈上博七·武王踐阼〉校讀》、楊華《上博簡〈武王踐阼〉集解》、侯乃峰《上博楚簡儒學文獻校理》等的新釋文。在注釋上，除了參考當今學者的成果外，本注譯着重參考了清人王聘珍《大戴禮記解詁》（中華書局1983年版）一書。

甲篇

【武】王問師尚父，曰：『不知黄帝、顓頊、堯、舜之道在乎？意豈喪不可得而睹乎？』[一] 師尚父曰：[01]『【在】《丹書》，王如欲觀之，盍齋乎？將以書視〈見〉。』[二]

【注釋】

[一]『武』字，據補。本簡的簡首一字殘。『尚父』，原簡均作『上父』，『上』通『尚』，今本即作『尚父』。

『不知』，今本無。據文氣，今本當有此二字。『黄帝』前，一本有『昔』字。從竹書看，此字不當有。『堯』『舜』，今本無，應是今本删去。『在』，原簡作『才』，今本作『存』，存、在同義。『才』亦可直接讀爲「存」。

「意」，抑也，參見王引之《經傳釋詞》卷三。「豈」，原簡作「幾」（參見復旦讀書會釋文〔一〕），二字音通，今本作「亦」。「意豈」即「抑豈」，今本「意亦」即「抑亦」。此句，今本作「意亦忽不可得見與」，「忽」字誤，竹書作「喪」字。竹書的意思清晰、明白。又，「幾」字原整理者釋作「微」，陳偉認同之，並説連下「喪」字讀爲「微茫」，進而認爲與今本「忽」字同義。〔三〕按，「微茫」一詞不見於先秦秦漢傳世古書，陳説恐非。

〔二〕《丹書》，古人常指聖神之書。《吕氏春秋·應同》篇：「及文王之時，天先見火，赤烏銜《丹書》集於周社，文王曰「火氣勝」，火氣勝，故其色尚赤，其事則火。」這是陰陽家的説法。《漢書·高帝紀》：「又與功臣剖符作誓，《丹書》鐵契，金匱石室，藏之宗廟。」《淮南子·俶真》篇：「洛出《丹書》，河出《緑圖》。」蓋周人尚赤，故云《丹書》，得天命之瑞應也。竹簡的《丹書》，下文即指明爲「先王之書」。不過，這種説法也合於周人尚赤之説。

「盍」，何不。「齋」，原簡從祈得聲，今本作「齋」。《説文·示部》：「齋，戒潔也。」戒潔身心的目的在於表示虔敬。下文所謂「齋三日」「齋七日」，即是具體的齋戒制度。

「視」，竹簡從目從立人旁，是「見」字之誤。「見」字從目從跪人旁。視、見二字形近易譌。原整理者

〔一〕 復旦讀書會：《〈上博七·武王踐阼〉校讀》，復旦大學出土文獻與古文字研究中心網站，2008 年 12 月 30 日。此文後收入劉釗主編：《出土文獻與古文字研究》第三輯，復旦大學出版社 2010 年版，第 255—263 頁。

〔三〕 陳偉：《讀〈武王踐阼〉札記》，見氏著：《新出楚簡研讀》，武漢大學出版社 2010 年版，第 302 頁。原題《讀〈武王踐阼〉小札》，簡帛網，2008 年 12 月 31 日。

即直接釋作『見』字。[二] 見，謁見，謂尚父將以《丹書》謁見武王。

【今譯】

武王詢問太師尚父，説道：『不知道黄帝、顓頊、堯、舜之道存不存在？抑或喪失不存，今天已無法睹見了？』太師尚父説道：『黄帝、顓頊、堯、舜之道在《丹書》，王如果想觀看它，何不先齋戒一番呢？這樣，我會拿出《丹書》來給您看的。』

武王齋三日，端服毦〈冕〉，逾當楣，南面而立。[一] 師尚父[02]【曰】：『夫先王之書，不與北面。』武王西面而行，矩折而南，東面而立。[二] 師尚父奉書，道書之言曰：『怠[03] 勝義〈敬〉則喪，義〈敬〉勝怠則長；義勝欲則從，欲勝義則兇（凶）。[三] 仁以得之，仁以守之，其運百【世】。[04] 不仁以得之，仁以守之，其運十世。不仁以得之，不仁以守之，及於身。[四]』

【注釋】

[一]『毦』，趙平安説是『曼』字的謁文[三]，此字當讀作『冕』。

[二] 陳佩芬釋文注釋：《武王踐阼》，馬承源主編：《上海博物館藏戰國楚竹書（七）》，上海古籍出版社2008年版，第152頁。

[三] 趙平安：《〈武王踐阼〉『曼』字補説》，復旦大學出土文獻與古文字研究中心網站，2009年1月15日。

『逾當楣』，後兩字原簡作『堂散』，何有祖讀作『當楣』，『逾當楣』即『逾於當楣』之義[一]。楊華説：『即是從堂上當楣之位降至庭中，面朝南而立。』並引禮書爲證。[二] 按，何、楊説可從。《儀禮·鄉飲酒禮》：『主人阼階上當楣北面再拜。賓西階上當楣北面答拜。』《儀禮·聘禮》：『公當楣再拜。』『楣』，房屋的横樑，或稱二梁。《儀禮·相射禮》『序則物當棟，堂在物當楣』鄭玄《注》：『是制五架之物也，正中曰棟，次曰楣，前曰庪。』同書《鄉飲酒禮》『當楣北面答拜』鄭玄《注》：『楣，前梁也。』一説竹簡此三字當讀爲『降堂階』，參見侯乃峰《校理》。[三]

［二］『與』，許也。《論語·述而》載『子曰』：『與其進也，不與其退也。』朱熹《集注》：『與，許也。』[四] 不與北面，即不許北面之義。

『矩』，原整理者釋作『柚』，讀作『曲』[五]；張崇禮改釋爲『櫃』，讀作『矩』[六]。從聲音通假看，柚和櫃都可讀作『矩』。『矩折』的説法符合古禮。《禮記·玉藻篇》：『周還中規，折還中矩。』《説苑·修文篇》：『行步中矩，折旋中規，立則磬折，拱則抱鼓。』

［三］『道』，言説、講述。《詩·鄘風·牆有茨》：『中冓之言，不可道也。』『道』即言説之義。

[一] 何有祖：《釋『當楣』》，簡帛網，2008年12月30日。
[二] 楊華：《上博簡〈武王踐阼〉集釋（上）》，《井岡山大學學報（社會科學版）》2010年第1期。
[三] 轉見侯乃峰：《上博楚簡儒學文獻校理》，上海古籍出版社2018年版，第316—317頁。
[四] ［宋］朱熹：《四書章句集注》，中華書局1983年版，第100頁。
[五] 陳佩芬釋文注釋：《武王踐阼》，馬承源主編：《上海博物館藏戰國楚竹書（七）》，上海古籍出版社2008年版，第153頁。
[六] 張崇禮：《釋〈武王踐阼〉的『矩折』》，復旦大學出土文獻與古文字研究中心網站，2009年1月5日。

『怠勝義則喪，義勝怠則長』的兩『義』字，涉下兩句『義』字而誤，當作『敬』字。今本《武王踐阼》作『敬勝怠者吉，怠勝敬者滅』，竹簡乙篇作『敬勝怠則吉，怠勝敬則滅』，《六韜》與竹書乙篇同。『怠』，怠慢、荒怠。『怠』『敬』都是就人主的政治心態來説的。『喪』，喪滅、喪亡。『長』，長久。

『欲』，欲望、貪欲。『從』，順從。

『欲勝義則凶』以上四句，喪與長、從與凶押韻。

［四］『運』，原簡作『筆』，今本《武王踐阼》作『量』。今本『量』係誤字。下『運』字，今本亦誤作『量』。

『及於身』，今本作『比及於世』，『身』今本誤爲『世』字。世、身二字雙聲，韻部旁對轉，故致誤。『百世』『十世』的『世』字，都是『三十年爲一世』的意思，而『比及於世』的『世』字則是『當代』之義。兩個不同義的『世』字用在同一段文字裏是不恰當的。

【今譯】

武王齋戒三日，端正衣服和冠冕，越過當楣之位降至庭中，面朝南而站立。太師尚父説道：『先王之書，不能够北面遞給您（如果這樣的話，這對於先王就是不尊敬的）。』於是武王先面向西而行，接着轉身九十度向南而行，最後面向東方立定。太師尚父手捧《丹書》，讀着書上的言辭：『怠慢勝過了恭敬則喪亡，恭敬超過了怠慢則長久。正義勝過了欲望則順從，欲望超過了正義則凶殆。仁愛以得天下，仁愛以守天下，其運數爲百世。不仁愛以得天下，仁愛以守天下，其運數爲十世。不仁愛以得天下，不仁愛以守天下，其覆亡之災將及於己身。』

武王聞之恐懼，爲【05】銘於席之四端，〖席前左端〗曰：『安樂必戒。』右端曰：『毋行可悔。』席後左端曰：『民之反側，亦不可志〈忘〉。』後右端曰：【06】『【所】鑒不遠，視而所代。』[一] 憑機（几）曰：『皇皇惟謹口，口生敬，口生詬，慎之口〔之口〕。』[二] 鑒銘曰：『見其前，必慮其後。』[三]【07】【盤】盥銘曰：『與其溺於人，寧溺於淵。溺於淵猶可游，溺於人不可救。』[四] 楹銘惟【曰】：『毋曰何傷，禍將長。【08】【毋】曰惡害，禍將大。毋曰何殘，禍將然。』[五] 杖銘惟曰：『惡危？危於忿戾。惡失？失道於嗜欲。惡【09】【忘？忘】於貴富。』[六] 卣〈户〉銘惟曰：『位難得而易失，士難得而易間。毋勤弗志曰余知之，毋【10】……』[七]

【注釋】

[一]『席前左端』四字，竹簡抄脱，當據今本補。『安樂必戒』的『戒』字，今本作『敬』，屬於同義换字。《説文・廾部》：『戒，警也。』即戒備之義。今本作『敬』字，亦警惕、戒備之義。《詩・大雅・常武》：『既敬既戒，惠此南國。』鄭玄《箋》：『敬之言警也。』

『毋』，今本作『無』。『毋』讀爲『無』。

『志』，今本作『忘』。『志』爲『忘』字之譌，二字形近。《莊子・大宗師》『若然者，其心志，其容寂，其顙頯』，『志』即『忘』字之譌，清人宣穎説『志當作忘』是也[1]。

[1] 轉見［清］王先謙：《莊子集解》，中華書局1987年版，第56頁。

「鑒」上，竹簡殘一字，此字今本作「所」，當據補。「而」，讀爲「邇」，近也。

［二］「憑几」，竹書原作「堋機」〔一〕，今本作「机之銘」。按，今本非是。本當作「爲銘於憑机曰」，竹書則承前省略了「爲銘於」三字。憑几，人即在席之側。今本作「机之銘曰」，則失其義。「几」，古書或寫作「机」字，《易·涣》「涣奔其机」，《莊子·齊物論》「南郭子綦隱机而坐」，皆其例。「机」即「几」之假字。「皇皇」，形容言語之美。《禮記·少儀》：「言語之美，穆穆皇皇。」又見《荀子·大略篇》。「謹」，謹慎。慎口即慎言。慎言，乃孔子之教，參見《周易·繫辭上》相關文字。「詬」，今本作「听」。《説文·言部》：「詬，謑詬，恥也。」《玉篇·言部》：「詬，恥辱也。」「听」即「詬」字異體，王聘珍《解詁》：「听，謂詬病羞辱也。《書》曰：「惟口起羞。」」〔二〕「之口」下，竹書原有重文符號。不過，從上下文看，此重文符號應是衍文。「慎之口」，今本作「口戕口」，誤。

［三］「鑒」，竹書原作「檻」，在句中作名詞。《廣雅·釋器》：「鑑謂之鏡。」《左傳·莊公二十一年》：「王以後之鞶鑑予之。」即其例。「鑒」爲「鑑」的通行字。《説文·皿部》：「監，臨下也。」其實「監」爲「鑑」之本字。唐蘭《殷墟文字記》説「監」字曰：「本象一人立於盆側，有自監其容之意。」〔三〕《書·酒誥》

〔一〕「堋」字，從劉剛説。劉剛：《讀簡雜記·上博七》，復旦大學出土文獻與古文字研究中心網站，2009年1月18日。
〔二〕［清］王聘珍：《大戴禮記解詁》，中華書局1983年版，第105頁。
〔三〕唐蘭：《殷墟文字記》，中華書局1981年版，第101頁。

引古人之言曰：『人無于水監，當于民監。』即用其本字。上『鑒不』之『鑒』字，在句中作動詞。『見其前，必慮其後』，今本作『見爾前，慮爾後』。

［四］『盥』，復旦讀書會説簡文從宛得聲[一]，原整理者釋作『盤』[二]。按，學界對於竹書此字的釋文尚有爭議，暫從復旦讀書會之説。『盥』上殘去一字，當爲『盤』字。『盤盥』，今本作盥盤。盤，古代的沐浴、盥洗器。《禮記・喪大記》『木用瓦盤』，即此器。盥，《説文・皿部》：『澡手也。』

『盜』，即『寧』字。《説文・宀部》：『盜，安也。』『淵』，竹書原作『㴇』，『㴇』是『淵』字的楚文字寫法。下『淵』字同此。出土中山王厝鼎銘文曰『（寡人聞之）與其溺於人也，寧溺於淵』兩句，即出自竹書《武王踐阼》篇。

『游』『救』二字，押幽部韻。

［五］『楹』，《説文・木部》：『柱也。』指廳堂的柱子或前柱。『惟』，語助詞。下諸『惟』字，訓同此。

『毋』，禁止之辭。『何傷』，有何傷害。『何』，今本作『胡』，二字同義。

『禍將長』，今本作『其禍將長』，爲四字句。下『禍將大』『禍將然』兩句前，今本均增一『其』字，變爲四字句。

『惡』，音哀都切，何也。

『殘』，《説文・歺部》：『賊也。』故訓或解爲『傷』『害』，其義相同。

［一］復旦讀書會：《〈上博七・武王踐阼〉校讀》，復旦大學出土文獻與古文字研究中心網站，2008年12月30日。

［二］陳佩芬釋文注釋：《武王踐阼》，馬承源主編：《上海博物館藏戰國楚竹書（七）》，上海古籍出版社2008年版，第158頁。

「然」，竹書原作「言」，整理者讀作「延」〔一〕，誤，「禍將延」與「禍將長」義複。此字，今本作「然」，王聘珍《解詁》：「然，燒也。《孟子》曰「若火之始然」。」〔二〕「然」，後寫作「燃」字。

以上數句，竹書與今本次序不同，今本作：「毋曰胡殘，其禍將然；毋曰胡害，其禍將大；毋曰胡傷，其禍將長。」

〔六〕「杖」，手杖。《説文・木部》：「杖，持也。」《禮記・曲禮上》：「大夫七十而致事。若不得謝，則必賜之幾杖。」

「忿戾」，今本作「忿疐」。「戾」字，從復旦讀書會釋讀。〔三〕「忿戾」一詞，亦見郭店簡《尊德義》第1號簡，傳世先秦古籍見《論語・陽貨》《韓非子・外儲説左下》等篇。《説文・至部》：「疐，忿戾也。」今本「疐」字通「懥」，《玉篇・心部》：「懥，怒也，恨也。」「忿懥」，見《禮記・大學》「身有所忿懥」一句。其實，「忿懥」即「忿戾」，「懥」通「戾」。懥字的上古音在知紐質部，戾字的上古音在來紐質部，知來二紐同屬舌音，故二字聲通。

「嗜欲」，今本作「嗜慾」，即嗜好和貪欲，指肉體上的過分欲望。

「忘於貴富」，竹書戒之，其意與《史記・陳涉世家》曰「苟富貴，毋相忘」相同。

在「杖銘惟曰」一段文字下，今本還有「帶之銘曰」一段文字。

〔一〕陳佩芬釋文注釋：《武王踐阼》，馬承源主編：《上海博物館藏戰國楚竹書（七）》，上海古籍出版社2008年版，第159頁。

〔二〕［清］王聘珍：《大戴禮記解詁》，中華書局1983年版，第105頁。

〔三〕復旦讀書會：《〈上博七・武王踐阼〉校讀》，復旦大學出土文獻與古文字研究中心網站，2008年12月30日。

［七］『卣』，疑是『户』字之譌，二字形近。其銘文與今本所述户銘一段文字相近。一說『卣』讀作『牖』。

『閈』，從陳偉說[一]，竹書原字從外從車，上下結構。『閈』是離間的意思。

『毋勤』，今本作『無懃』。『毋』讀爲『無』，『懃』即『勤』字的異體。《爾雅·釋詁上》：『勤，勞也。』『志』，通『識』，記也。王聘珍《解詁》：『志，念也。』[二] 義近。『無勤』對位而言，『弗志』對士而言。據今本，『無勤弗志曰余知之』是作者所批評的現象。

第 10 號簡下，有缺文。在『户之銘曰』一段文字下，今本還有『牖之銘曰』『劍之銘曰』『弓之銘曰』和『矛之銘曰』四段文字。

【今譯】

武王聽了尚父的講話而感到恐懼，於是在座席的四端寫上銘文，席前左端的銘文說：『安樂必戒。』席前右端的銘文說：『毋行可悔。』席後左端的銘文說：『民之反側，亦不可忘。』席後右端的銘文說：『所鑒不遠，視邇所代。』憑几上的銘文說：『皇皇惟謹口，口生敬，口生詬，慎之口。』銅鑒上的銘文說：『見其前，必慮其後。』盤盥上的銘文說：『與其溺於人，寧溺於淵。溺於淵猶可游，溺於人不可救。』楹柱上的銘文說：『毋曰何傷，禍將長。毋曰惡害，禍將大。毋曰何殘，禍將然。』手杖上的銘文說：『惡危？危於忿戾。

［一］陳偉：《讀〈武王踐阼〉札記》，見氏著：《新出楚簡研讀》，武漢大學出版社 2010 年版，第 302 頁。

［二］［清］王聘珍：《大戴禮記解詁》，中華書局 1983 年版，第 106 頁。

惡失？失道於嗜欲。惡忘？忘於貴富。』門户上的銘文説：『位難得而易失，士難得而易間。毋勤弗志曰余知之，毋……』

乙篇

武王問於太公望曰：『亦有不盈於十言，而百世不失之道有之乎？』太公望答曰：『有。』[一] 武王曰：『其道可得【11】以聞乎？』太公望答曰：『身則君之臣，道則聖人之道。君齋，將道之。君不齋，則弗道。』[二] 武王齋七日，太【12】〔公〕望奉《丹書》以朝。太公南面，武王北面而復問。[三] 太公答曰：『《丹書》之言有之曰：「志勝欲則【13】昌，欲勝志則喪。志勝欲則從，欲勝志則凶。[四] 敬勝怠則吉，怠勝敬則滅。不敬則不定，弗【14】〔彊〕則枉，枉者敗而敬者萬世。」[五] 使民不逆而順成，百姓之爲聽，《丹書》之言有之。』[六]【15】

【注釋】

[一]『太公望』，竹書甲篇稱『師尚父』，其實異名同謂。『十言』，十句話。『不盈於十言』，不滿於十句話。下文太公望述《丹書》之言共九句，正合於此處『不盈於十言』的説法。

『不失』，不喪失，指天命不改易。『道』，指君臨天下的根本原則、觀念和方法。

[二]『身』，己也，太公望用以自指。

『聖人』，據甲篇來看，指黄帝、顓頊、堯、舜四人。『身則君之臣，道則聖人之道』，言我身雖爲武王之臣，然我所言者乃聖人之道，故王不可不恭敬也。

『齋』，齋戒。《孟子·離婁下》：『雖有惡人，齊戒沐浴，則可以祀上帝。』《禮記·曲禮上》：『齊戒以告鬼神。』齋戒本指祭祀前潔淨身心以表虔敬的一種儀節，但至戰國中期，此詞已可以挪用。

『將道之』之『道』，義爲言説。下『道』字，亦言説之義。

〔三〕『齋七日』，竹書甲篇及今本均言『齋三日』，與此異。古人齋戒，以天數爲度，有齋三日、齋五日、齋七日之説。

『奉』，恭敬地拿着、持着。《丹書》，參見竹書甲篇注釋。

『太公南面，武王北面而復問』，此以君臣之位。竹書甲篇曰：『武王西面而行，矩折而南，東面而立。』今本曰：『王行西，折而南，東面而立。』此以賓主之位。竹書乙篇悖逆，亂君臣之禮，故今本棄之不用。

〔四〕『志』，意志。『勝』，戰勝。『欲』，欲望。『昌』，原簡字形有殘缺，沈培説是『昌』字〔二〕。『昌』，昌盛。

『喪』，喪亡。

『從』，順也。

〔五〕『怠勝敬則滅』以上六句，竹書甲篇作：『怠勝義〈敬〉則喪，義〈敬〉勝怠則長；義勝欲則從，欲勝義則凶。』今本作：『敬勝怠者吉，怠勝敬者滅；義勝欲者從，欲勝義者凶。』均無『志勝欲則昌，欲勝

〔二〕沈培：《〈上博（七）〉·殘字辨識兩則》，復旦大學出土文獻與古文字研究中心網，2009年1月2日。

志則喪』兩句。

『定』，通『正』，今本作『正』字。『正』與下文『枉』字相對。『彊』，此字竹書無，疑脱，當據今本補。『彊』讀爲『强』，勉力也。《荀子·宥坐》『幼不能彊學』之『彊』，即通『强』。『强』與『怠』相對。

『敗』，敗亡。『萬世』，謂其命萬世不易。

『枉者敗而敬者萬世』以上三句，今本作：『凡事不彊則枉，弗敬則不正，枉者滅廢，敬者萬世。』竹書甲篇與此大異。很顯然，今本吸收了乙篇的文字。

〔六〕『百姓之爲聽』以上兩句，不見於今本和竹書甲篇，它們不屬於《丹書》之言，而屬於太公望的評論。

『聽』，順從也。《國語·周語下》『民是以聽』韋昭《注》：『聽，從也。』〔一〕《禮記·祭義》『故聽且速也』鄭玄《注》：『聽，謂順教令也。』百姓之爲聽，即爲百姓所聽從。

【今譯】

武王詢問太公吕望説：『有没有不超過十句話，即能夠説盡百世都不會喪失天下的道理呢？』太公吕望答道：『有。』武王説：『那種道理，我可以聽聽嗎？』太公吕望答道：『我身是君王之臣，但説出來的道理是聖人之道。如果主上齋戒，我就會説出來。如果不齋戒，我就不説出來。』武王齋戒七天，太公吕望於是

〔一〕［三國吴］韋昭注，徐元誥集解，王樹民、沈長雲點校，《國語集解》，中華書局2002年版，第112頁。

手捧《丹書》來朝見。太公南面而立，武王北面又問之（問題如上）。太公回答説：『《丹書》的言辭有這樣説的：「意志戰勝了欲望則昌盛，欲望戰勝了意志則喪亡。意志勝過了欲望則順利，欲望勝過了意志則凶殆。恭敬超過了怠慢則吉利，怠慢勝過了恭敬則喪滅。不恭敬則不穩定，不剛强則枉屈，枉屈則敗喪天下，恭敬則保有萬世。」使人民不叛逆而順成國事，百姓皆聽從，《丹書》的言辭有這番道理。』

【思想】

竹書《武王踐阼》甲、乙兩篇的主要内容，見於《大戴禮記·武王踐阼》篇。正因爲傳世文獻有大體相似的内容，故整理者據以命名了這兩篇竹書。這兩篇竹書的内容和字數有多寡的不同，乙篇衹有甲篇的前半部分，甲篇『武王聞之恐懼』以下文字不見於乙篇。而即使在内容上同於甲篇的部分，乙篇在文字表達上也有不小的差别。甲、乙兩篇是戰國時期的兩個不同傳本，它們之間是否有先後關係，這是一個問題。很可能，今本《武王踐阼》篇是以竹書甲篇爲基礎而同時吸收了乙篇内容，再加改寫和推演的結果。今本『王聞書之言惕若恐懼』以下文字較繁，其上部分儘管與竹書大意相同，但亦有一些差别和變化。如『黄帝、顓頊之道存乎』一句，竹書甲篇作『不知黄帝、顓頊、堯、舜之道在乎』，多『堯舜』二字。據《論語》，孔子言堯舜，不言黄帝、顓頊；孟子亦『言必稱堯舜』（《孟子·滕文公上》）。今本《武王踐阼》删去『堯舜』二字，顯然弱化了它的儒家色彩。另外，竹書有『黄帝、顓頊』二人，顯然是五帝説流行後的抄本，帶上了齊學的色彩。與此相應，《丹書》的名字很可能受到了『周人尚赤』説的嚴重影響。

竹書《武王踐阼》甲、乙篇是基於如何守成天下的問題而在武王和師尚父（太公望）之間展開問答的。從這兩組竹簡來看，其中心是圍繞天子（人君）之政治主體性的建構，而不是圍繞如何治理天下的問題來展開的。如何建構天子的政治主體性？對此問題，竹書即由兩個方面來作回答，其一見於《丹書》，涉及指導觀念和核心價值原則，竹書以『道』來表示。此『道』亦即面對政治活動的人君的修身之道。其二見於席銘、几銘、鑒銘、盤盥銘、杖銘和户名，屬於行爲守則及其修身的工夫論原則，是對『道』的具體化。

據竹書，我們可以得出如下幾個思想要點：其一，在地位上，『道』高於『位』的觀念在竹書中得到了維護和强化。武王以天子之尊，然而面對傳載聖王之道的《丹書》，他必須先齋戒七日，繼而以臣子之禮北面而聞聽之。而『道高於位』是儒家一貫堅持的傳統，它不但實現了與世俗權力的分離，而且找到了儒家之所以存在的真正合理性。其二，根據甲篇，『道』的核心内容是：『怠勝敬則喪，敬勝怠則長；義勝欲則從，欲勝義則凶。仁以得之，仁以守之，其運百世。不仁以得之，仁以守之，其運十世。不仁以得之，不仁以守之，及於身。』從要點看，『道』包括修身原則和治理原則。修身以『敬』『義』爲核心觀念，而以『敬勝怠』『義勝欲』爲原則。治理以『仁』爲核心觀念，以『仁以得之，仁以守之，其運百世』爲原則。『仁義』正是聖王之道(《丹書》之道)的根本價值原則，而《武王踐阼》之所以屬於儒家性質的著作，實有賴於此。其三，人君（天子）的主體性是治理成功與否的關鍵，而主體性的培養是通過修養工夫來實現的。在修身問題上，竹書談到了内在和外在的兩個方面，外在的方面主要是放在行爲守則上來説的。竹書的行爲守則是各種『座右銘』，這包括席銘、憑几銘、鑒銘、盤盥銘、楹銘、杖銘和户銘，它們都是對不良言行和心理活動的否定性陳述，是基於政治道德原則而引發的諸種政治禁忌。這些銘的内容多樣，日常生活化的處理方式使得人君觸目即是，從而處處、時時引發其内心的反省和敬畏之情，進而産生巨大的道德化的政治力量。要之，竹書《武王踐阼》是從主體方面來講爲君之道的，治理（統治）主體（天子，人君）的價值根源及其修身原則在於『仁義』，修身工夫在於『敬畏』，目的在於長治久安，『其運百世』。與『仁義』『敬畏』相對，『怠惰』和『欲望』是人君所應當克服和戰勝的兩個負面因素。

王應麟曾説《武王踐阼》和《尚書·洪範》一樣，是武王戰勝殷國後問道於賢長者的兩篇文獻，後者問道於箕子，前者問道於太公望。他大概將《武王踐阼》看作與《洪範》一樣的文獻。但在筆者看來，這一看法是不對的。《武王踐阼》的文獻性質實際上與《洪範》不同，前者是子書性質，而後者是經書性質。《洪範》是一篇可靠的周初文獻，歸之於《尚書》，『洪範九疇』是對於殷人治理思想的系統總結〔一〕，對於後世政治思想産生了深遠影響。而《武王踐阼》是儒家著作，屬於子書性質，是戰國中期的儒者依托於武王和太公望的問答來表達其自家觀點的著作。它以『仁』爲核心觀念，以『義』『敬』克制『欲』『怠』作爲其工夫論原則，這正是孔子之後戰國儒家的經典思路之一。從文本比較來看，竹書乙篇缺失殆半，頗不完整，似乎寫作在前；竹書甲篇則已具大體規模，不過仍與今本有不小的差異，今本則以甲篇爲基礎而吸收了乙篇相異的部分。無疑，在文本形成的問題上竹書甲篇也是一個開放性的本子，漢代經師以竹書甲篇爲基礎吸納了竹書乙篇的内容而編撰了今本。簡言之，《武王踐阼》的定型較晚，且其遠不及《洪範》重要。

〔一〕參見丁四新：《近九十年〈尚書·洪範〉作者及著作時代考證與新證》，《中原文化》2013年第5期；《論〈尚書·洪範〉的政治哲學及其在漢宋的詮釋》，《廣西大學學報（哲學社會科學版）》2015年第2期；《再論〈尚書·洪範〉的政治哲學——以五行疇和皇極疇爲中心》，《中山大學學報（社會科學版）》2017年第2期。

【附録】《大戴禮記・武王踐阼》

武王踐阼三日，召士大夫而問焉，曰：『惡有藏之約、行之行，萬世可以爲子孫恒者乎？』諸大夫對曰：『未得聞也！』

然後召師尚父而問焉，曰：『黄帝、顓頊之道存乎？意亦忽不可得見與？』

師尚父曰：『在《丹書》，王欲聞之，則齊矣。』三日，端冕，師尚父亦端冕，奉書而入，負屏而立。王下堂，南面而立。師尚父曰：『先王之道，不北面。』王行西，折而南，東面而立。

師尚父西面道書之言，曰：『「敬勝怠者吉，怠勝敬者滅，義勝欲者從，欲勝義者凶。凡事不彊則枉，弗敬則不正，枉者滅廢，敬者萬世。」藏之約，行之行，可以爲子孫恒者，此言之謂也。且臣聞之，以仁得之，以仁守之，其量百世；以不仁得之，以仁守之，其量十世；以不仁得之，以不仁守之，必及其世。』

王聞書之言，惕若恐懼，退而爲戒書，於席之四端爲銘焉，於机爲銘焉，於鑒爲銘焉，於盥盤爲銘焉，於楹爲銘焉，於杖爲銘焉，於帶爲銘焉，於履屨爲銘焉，於觴豆爲銘焉，於户爲銘焉，於牖爲銘焉，於劍爲銘焉，於弓爲銘焉，於矛爲銘焉。席前左端之銘曰：『安樂必敬。』前右端之銘曰：『無行可悔。』後左端之銘曰：『一反一側，亦不可以忘。』後右端之銘曰：『所監不遠，視邇所代。』机之銘曰：『皇皇惟敬，口生听，口戕口。』鑒之銘曰：『見爾前，慮爾後。』盥盤之銘曰：『與其溺於人也，寧溺於淵。溺於淵猶可游也，溺於人不可救也。』楹之銘曰：『毋曰胡殘，其禍將然；毋曰胡害，其禍將大；毋曰胡傷，其禍將長。』杖之銘曰：『惡乎危？於忿疐。惡乎失道？於嗜欲。惡乎相忘？於富貴。』帶之銘曰：『火滅脩容，慎戒必恭，恭則壽。』履屨之銘曰：『慎之勞，勞則富』；觴豆之銘曰：『食自杖，食自杖！戒之憍，憍則逃。』户之銘曰：『夫名，難得而易失。無懃弗志，而曰我知之乎？無懃弗及，而曰我杖之乎？擾阻以泥之，若風將至，必先搖搖，雖有聖人，不能爲謀也。』牖之銘曰：『隨天之時，以地之財，敬祀皇天，敬以先時。』劍之銘曰：『帶之以爲服，動必行德，行德則興，倍德則崩。』弓之銘曰：『屈伸之義，廢興之行，無忘自過。』矛之銘曰：『造矛造矛，少間弗忍，終身之羞。』予一人所聞，以戒後世子孫。

（王聘珍：《大戴禮記解詁》，中華書局 1983 年版）

君人者何必然哉

【簡介】

本篇竹書選自馬承源主編《上海博物館藏戰國楚竹書（七）》（上海古籍出版社 2008 年版），原整理者和釋文注釋者爲濮茅左先生。竹書圖版見是書第 53—73 頁，釋文注釋見是書第 190—213 頁。本篇有甲、乙兩本，各存九支簡，内容基本一致，保存完整。甲本簡長三十三點二至三十三點九釐米，簡寬零點六釐米，簡厚約零點一二釐米；滿簡書寫，字數在二十四至三十一字之間，總共二百四十一字，其中合文四。乙本簡長三十三點五至三十三點七釐米，簡寬零點六釐米，簡厚約零點一二釐米；滿簡書寫，字數在二十六至三十一字之間，共計二百三十七字，其中合文三。甲、乙兩本皆無篇中句讀符號，但篇末各有一墨節符號，起終篇作用。本竹書原無篇題，原釋文整理者據篇中一句話『君人者可必安才』擬定。此句整理者讀爲『君人者何必安哉』，其實『安』當讀爲『然』。

這是一篇勸諫文章，文中主人公范戊以『白玉三回』爲隱喻，指出楚王爲政的三大偏失。在范戊看來，楚王爲政的偏失歸根結底在於其輕忽了人之正常欲求的表達和滿足，以致違背了基本人性和人情，從而也就違反了本於人性、人情而産生的禮樂制度，由此難免會導致其失民心和失天下。

本注譯所用釋文以濮茅左的原釋文爲基礎，同時吸收了陳偉、李天虹、劉信芳等學者的成果。原簡序編排合理，不必再作調整。

范戊曰：『君王有白玉三回而不察，[一] 命爲君王察之，[二] 敢告於見日。[三] 』

王乃出而【甲1】見之。王曰：『范乘，吾焉有白玉三回而不察哉！』

范乘曰：『楚邦之中有食【甲2】田五頃，[四] 竽管衡於前。君王有楚，不聽鼓鐘之聲，此其一回也。[五] 玉圭之君，百【甲3】貞（頃）之主，[六] 宫妾以十百數。君王有楚，侯子三人，[七] 一人杜門而不出，此其二回也。州徒【甲4】之樂，[八] 而天下莫不御，[九] 之〈先〉王之所以爲目觀也。[十] 君王用其祭而不爲其樂，[十一]【甲5】此其三回也。先王爲此，[十二] 人謂之安邦，謂之利民。今君王盡去耳【甲6】目之欲，人以君王爲㑒（忤）以戲（傲）。[十三] 民有不能也，鬼無不能也，民乍（詛）而使祟【甲7】之，[十四] 君王唯不長年，可也。[十五] 戊行年七十矣，然不敢𢾊身，[十六] 君人者何必然哉！桀、【甲8】紂、幽、厲戮死於人手，先君靈王乾溪殞爾。[十七] 君人者何必然哉！【甲9】』

【注釋】

〔一〕『白玉三回』，據上下文意，此當爲雙關語。『回』本有曲、繞之義，《集韻·賄韻》：『回，繞也。』《漢書·李廣傳》：『東道少回遠。』顔師古注：『回，遶也，曲也。』此義用之於玉，當指玉有凹凸不平而成屈曲之處。由此引申之，『回』有迂曲、偏私、邪僻之義。《國語·晋語八》：『且秦、楚匹也，若之何其回於富也。』韋昭注：『回，曲也。』《廣雅·釋詁二》：『回，衺（邪）也。』清徐灝《説文解字注箋·口部》：『回之引申爲回旋，爲迂回。迂有曲義，故回亦訓衺曲，因之有姦回之偁。』簡文『白玉三回』的直接意思是，白玉上有三處屈曲不平的微瑕，諷喻聖潔的君王身上仍存在三種邪僻或偏頗的行爲。『白玉』是對君王的稱頌，而『三回』則隱射其爲政的偏失。這是范戊向君王進諫的一種策略，體現了其勸諫的智慧。〔一〕

『察』，察覺之義。〔二〕

〔二〕『命』，此爲臣對君之命，可理解爲『請』。〔三〕

〔三〕『見日』，乃下對上之尊稱，於簡文當指君王或皇上。〔四〕

〔一〕周鳳五：《上博七〈君人者何必安哉〉新探》，《臺大中文學報》2009年第30期；王繼如：《『有白玉三回而不戔』臆解》，復旦大學出土文獻與古文字研究中心網，2009年1月14日；趙思木：《讀上博七〈君人者何必安哉〉札記》，簡帛網，2009年1月7日。

〔二〕董珊：《讀〈上博七〉雜記（一）》，復旦大學出土文獻與古文字研究中心網，2008年12月31日。

〔三〕劉信芳：《竹書〈君人者何必安哉〉試説（之一）》，復旦大學出土文獻與古文字研究中心網，2009年1月5日；陳偉：《〈君人者何必安哉〉新研》，李宗焜主編：《古文字與古代史》第三輯，『中研院』歷史語言研究所2012年版，第361頁。

〔四〕濮茅左：《〈君人者何必安哉〉釋文考釋》，馬承源主編：《上海博物館藏戰國楚竹書（七）》，上海古籍出版社2008年版，第195—196頁。

［四］『食田五頃』，《國語·晋語四》：『公食貢，大夫事邑，士食田……』在簡文中當指『士』這一擁有食田五頃的官員或貴族。相對後文的『玉圭之君』和『百頃之主』，其地位較低。〔一〕

［五］『回』，當訓作『邪』或『曲』，乃偏失、邪僻之義。簡文『君王有楚，不聽鼓鐘之聲』與『楚邦之中有食田五頃，竽管衡於前』構成對比，指楚王的第一大爲政偏失是不重視禮樂。

［六］『貞』，可讀作『頃』。古音『頃』與從巠聲的『輕』『硜』等字均爲溪母耕部字，而《説文》從巠聲的『經』之異體或從『貞』聲作『赬』，此可證『頃』『貞』有相通之可能。《淮南子·道應》：『子發攻蔡，踰之。宣王郊迎，列田百頃而封之執圭。』高誘注：『子發，楚宣王之將。踰，越，勝之也。楚爵功臣，賜以圭，謂之執圭，比附庸之君。』簡文『玉圭之君，百頃之主』，可與此『列田百頃而封之執圭』對讀。〔二〕

［七］『侯子』，與『宫妾』對舉，當指楚王的妃妾。〔三〕

［八］『州徒之樂』，『州』，乃古代民户編制；『徒』，指徒衆。『州徒之樂』，當指天下人都能享用的民

〔一〕 復旦讀書會：《〈上博七·君人者何必安哉〉校讀》，劉釗主編：《出土文獻與古文字研究》第三輯，復旦大學出版社2010年版，第271頁；單育辰：《占畢隨録之七》，復旦大學出土文獻與古文字研究中心網，2009年1月1日；李天虹：《〈君人者何必安哉〉補説》，簡帛網，2009年1月21日。

〔二〕 李天虹：《上博七〈君人者何必安哉〉補説》，武漢大學簡帛研究中心主辦：《簡帛》第四輯，上海古籍出版社2009年版，第216—217頁。

〔三〕 陳偉：《〈君人者何必安哉〉初讀》，簡帛網，2008年12月31日；顧莉丹：《略談〈上博七·君人者何必安哉〉之『侯子』》，復旦大學出土文獻與古文字研究中心網，2009年1月7日。

間樂舞。《墨子·三辯》：『程繁問於子墨子曰：夫子曰：「聖王不爲樂。」昔諸侯倦於聽治，息於鐘鼓之樂；士大夫倦於聽治，息於竽瑟之樂；農夫春耕夏耘，秋斂冬藏，息於聆〈瓴〉缶之樂。今夫子曰「聖王不爲樂」，此譬之猶馬駕而不稅，弓張而不弛，無乃非有血氣者之所不能至邪？』其中『鐘鼓之樂』對應諸侯，『竽瑟之樂』對應士大夫，『瓴缶之樂』對應農夫。簡文『竽管』對應『食田五頃』者，『鼓鐘之聲』對應『君王』，而『州徒之樂』對應『天下人』，應當是萬民都可以享用的樂舞，亦即一種普遍習俗，與『瓴缶之樂』或有相通之處。另根據後文『君王用其祭而不爲其樂』，可知『州徒之樂』乃祭祀性的樂舞，亦即禮樂之樂，而非完全世俗性的樂舞。[一]

［九］『御』，訓爲『用』。[二]

［十］『先王之所以爲目觀也』，古代音樂往往配合舞蹈，賞心悦目，故而有以目觀樂之説。由於古樂可以涵詠德性、敦篤德行，所以天下人莫不用之。『州徒之樂』作爲萬民所用之樂，乃民情、民風之體現，是先王用以了解民意、關心民生以便施行相應教化、有效治理國家的重要手段，這也是楚國先王之所以爲目觀之由。[三]

[一] 張崇禮：《〈君人者何必安哉〉釋讀》，復旦大學出土文獻與古文字研究中心網，2009年1月13日；李天虹：《〈君人者何必安哉〉補説》，簡帛網，2009年1月21日。

[二] 復旦讀書會：《〈上博七·君人者何必安哉〉校讀》，劉釗主編：《出土文獻與古文字研究》第三輯，復旦大學出版社2010年版，第271頁。

[三] 林文華：《〈君人者何必安哉〉『州徒之樂』考》，簡帛網，2009年1月18日；蔡樹才：《〈上海博物館藏戰國楚竹書（七）〉文獻研究》，華中師範大學博士學位論文，2011年，第80頁。

〔十一〕「用」，訓「行」。「用其祭」，猶言「行其祭」。此與後文「爲其樂」相對爲文。[一]君王用其祭而不爲其樂，是説君王舉行萬民所尚之祭禮，却不行祭祀所需而萬民所尚的樂舞之儀。古時舉行祭禮，往往配以合宜的祭樂，且此樂爲萬民所崇尚，具有重要的教化功能。楚王不爲祭樂，既與禮樂制度相左，亦不合乎民心，不能發揮樂教安邦利民的作用。所以，這是楚王爲政的第三大偏失。

〔十二〕「爲此」，與上文所言君王「不聽鐘鼓之聲」、「宫妾以十百數」、「不爲其樂」相對，當指「聽鐘鼓之聲」、依禮納「宫妾以十百數」、行「州徒之樂」三事，這些都是先王安邦利民之舉。

〔十三〕「㕦」，可讀作「忤」，違逆之義。此字又見於郭店簡《尊德義》第 24 號簡：「爲邦而不以禮，猶㕦之無策也。」「㕦」讀爲「御」。《新書・耳痺》：「天下服而無御，四境靜而無虞。」俞樾《諸子平議》：「御與啎聲近而得通……天下服而無啎者，天下服而無逆也。」簡文當指君王的作爲違背了先王之法。因先王之法本於人情、順乎民意，故而此亦指君王的作爲與民情民意相左。[二]

「以」，當訓爲「而」，在簡文中作並列連詞用。[三]

「戳」，可讀爲「傲」，傲慢之義。《戰國策・楚策一》：「莫敖大心。」《淮南子・脩務》「敖」作「囂」。《史記・曹相國世家》：「大莫敖。」《漢書・曹參傳》「敖」作「囂」，可證「戳」與「傲」可通。簡文

〔一〕李詠健：《〈上博七・君人者何必然哉〉「龍」字試解》，簡帛網，2011 年 7 月 14 日。

〔二〕蘇建洲：《也説〈君人者何必安哉〉「人以君王爲所以囂」》，復旦大學出土文獻與古文字研究中心網，2009 年 1 月 10 日；張崇禮：《〈上博七〈君人者何必安哉〉箋釋》，復旦大學出土文獻與古文字研究中心網，2014 年 4 月 23 日。

〔三〕董珊：《讀〈上博七〉雜記（一）》，復旦大學出土文獻與古文字研究中心網，2008 年 12 月 31 日；季旭昇：《上博七芻議》，復旦大學出土文獻與古文字研究中心網，2009 年 1 月 1 日。

『傲』，指君王不行先王之法、不能與衆和同之傲慢。〔一〕

［十四］『乍』，可讀爲『詛』，『詛祝』之義，即祈求神明加禍於人。《詩·大雅·蕩》：『侯作侯祝。』陸德明《經典釋文》：『作，側慮反。本或作詛。』《尚書·無逸》：『民否則厥心違怨，否則厥口詛祝。』孔穎達疏：『詛祝謂告神明令加殃咎也。以言告神謂之祝，請神加殃謂之詛。』《新序·雜事第一》：『一人祝之，一國詛之，一祝不勝萬詛，國亡不亦宜乎？』〔二〕

『祟』，從孟蓬生釋讀，〔三〕此字原簡漫漶。《説文·示部》：『祟，神禍也。』《集韻·術韻》：『祟，鬼神爲厲。』

『民詛而使祟之』，這句話的意思是，人民祈求鬼神懲罰不得民心之君王，换言之，君王如若無視百姓的正常欲求而背棄民意作爲，則會招致災禍。

［十五］『唯』，在文中是表示讓步關係的連詞，即便、縱使之義。簡文『君王唯不長年，可也』，意爲君王縱然不能長壽，那也是可以理解或有原因的。因爲『君王盡去耳目之欲』，既違養身之道，又與民情、民意相左，難免罹禍折壽以致在位不長。

［十六］『斁』，有厭棄、懈怠、終止等義，簡文『斁身』當指懈怠或厭棄養身、修身。

［十七］『先君靈王』，指楚靈王，公元前540年至公元前529年在位，熊氏，名圍，圍一作回，後改名

〔一〕　復旦讀書會：《〈上博七·君人者何必安哉〉校讀》，劉釗主編：《出土文獻與古文字研究》第三輯，復旦大學出版社2010年版，第272頁。

〔二〕　孟蓬生：《〈君人者何必安哉〉賸義掇拾》，復旦大學出土文獻與古文字研究中心網，2009年1月4日。

〔三〕　同上。

虔，楚康王弟。此人是楚國歷史上有名的暴君，侵陵諸侯，好戰無道，驕奢淫逸，作章華臺，求周九鼎，志小天下。[二]

『乾溪』，古地名，春秋時屬楚，在今安徽省亳州市東南。《左傳》《國語》等文獻多載有楚靈王敗亡於乾溪之事。《左傳·昭公十三年》：『楚公子比自晉歸於楚，弑其君虔於乾谿。』《史記·管蔡世家》：『楚滅蔡三歲，楚公子棄疾弑其君靈王代立，爲平王。』[三]

【今譯】

范戊說：『君王身上有塊白玉存在三處微瑕（喻指君王爲政有三大偏失）却尚未察覺，（臣下）請求能爲君王明察，並斗膽禀告君上。』王於是出來會見范戊。王對范戊說：『范乘啊，我如何會有塊白玉有三處微瑕而不能發覺呢！』范乘答道：『楚國即便衹有五頃封地的小官員或貴族，都會常把竽管横跨於身。而君王擁有整個楚國，却不聽鐘鼓作樂之聲（即不重視禮樂），這是您第一大缺失。無論是享有玉圭的君主，還是擁有百頃封地的諸侯，都有數十上百位宫妾。而君王雖有整個楚國，却衹有妃嬪三人（不合當時的禮法），且其中一人還閉門不出，這是您第二大缺失。萬民所崇尚的祭祀樂舞，天下人没有不享用它的，這也是楚國先王讓人民賞心悦目（關愛民生）或教化人民的重要方式。然而君王却衹舉行祭禮，而不行祭祀所需的樂舞之儀，這是您第三大缺失。先王做這些事（『聽鐘鼓之聲』、依禮納『宫妾以十百數』、行『州徒之樂』三事），

〔二〕 濮茅左：《〈君人者何必安哉〉釋文考釋》，馬承源主編：《上海博物館藏戰國楚竹書（七）》，上海古籍出版社 2008 年版，第 207 頁。

〔三〕 何有祖：《上博七〈君人者何必安哉〉校讀》，簡帛網，2009 年 12 月 31 日。

人民認爲是安邦、利民的重要舉措。如今君王完全去除耳目感官方面的享樂（無視百姓的正常欲求而背棄民意作爲），人民以爲君王違背了先王之法（即不合於民情民意）而顯得傲慢無理。老百姓雖有所不能，但鬼神則是無所不能的，人民會祈求鬼神警示或懲罰不得民心的君王，（所以）君王縱使不能長壽，那也是有原因、可以理解的。我范戊雖然已經七十歲了，但仍不敢懈怠修身、養生，而一國之君又何必要這樣（指盡去耳目之欲，即厭棄或懈怠身心修養）呢！（不要忘記）桀、紂、幽、厲（如何）被天下人所誅殺，先君楚靈王（如何）殞滅於乾溪。（所以）統帥人民的君王何必要如此呢！』

【思想】

本篇主要講述忠臣范戊向某楚王勸諫之事，通過對這一勸諫過程的論述，體現了儒家以民情民生爲本、注重禮樂教化的爲政理念。

范戊以『白玉三回』爲喻，隱射當時楚國君王存在三種弊失，並以君王未能自我省思、察覺而加以直言勸諫。他指出，『君王有楚，不聽鐘鼓之聲』乃第一大偏失，這一失的關鍵在於不重樂教、不通人情；『君王有楚，侯子三人，一人杜門而不出』乃第二大偏失，此失要在違背君王納妾之禮、輕忽人的飲食男女之正常欲求；『君王用其祭而不爲其樂』乃第三大偏失，此失在於不行萬民所尚之樂、忽視了民情民意。這三種偏失歸結爲一點，即『君王盡去耳目之欲』，走向了禁欲主義，違背了基本的人性、人情，忽視了人之正常欲求的表達與滿足，這也會造成對民情民意的輕忽與壓制，以及對禮樂制度、禮樂教化的漠視乃至背棄。其最終結果必將是喪身、喪天下，此與縱欲無度的桀、紂無異。由此，范戊不惜犯顏直諫，希望君王能够自覺其過失並加以改正，否則將難免重蹈先君楚靈王的覆轍。

據此亦可知，儒家所倡導的道德倫理、禮樂教化，乃植根於人性、人情，以肯認人的一切正常欲求爲前提，既非縱欲主義，也非禁欲主義，而是力求人的欲求能够得到合理、有效的表達與實現。作爲執政者，不可不深明此義，否則非但不能濟民生，反而會踐踏民生。就此而言，無論縱欲之王，還是禁欲之君，並無實質性差别。

叁　道家竹書

恒先

【簡介】

本篇竹書選自馬承源主編《上海博物館藏戰國楚竹書（三）》（上海古籍出版社2003年版），原整理者和釋文注釋者爲李零先生。竹書圖版見是書第103—118頁，釋文注釋見是書第285—300頁。全篇共十三支簡，大多保存完好，一支完簡長約三十九點四釐米。簡文原有篇題，書於第3號簡的簡背，係摘取簡文首句『亙先』二字以題篇。『亙』即『恒』字古文，見《説文·二部》。

李零的釋文注釋面世以後，隨即引起學界的極大關注。在李零所定簡序的基礎上，中外學者提出了多種方案，其中：

龐樸所編簡序爲：1→2→3→4→8→9→5→6→7→10→11→12→13；

顧史考所編簡序爲：1→2→4→3→5→6→7→8→9→10→11→12→13；

曹峰所編簡序爲：1→2→3→4→5→6→7→10→8→9→11→12→13；

夏德安所編簡序爲：1→2→3→4→5→6→7→10→11→8→9→12→13。

隨着討論的深入，龐樸先生的意見獲得了廣泛支持，本注譯所用釋文即依據龐氏簡序。由於簡序不同，學者對於本篇竹書的分章也産生了不同意見。其中，丁四新根據龐樸先生的簡序將全文分爲七章，我們即采納了此種做法。

根據其内容，本篇竹書可以推斷爲一篇道家著作。但細心的學者會發現，它的道家傾向與傳世及其他出土道家文獻，諸如《老子》、《莊子》、《鶡冠子》、《淮南子》、馬王堆帛書《道原》、郭店楚簡《太一生水》等，在思想旨趣上存在一定不同。本篇竹書涉及宇宙論、道論、氣論、名辯思想和政治哲學等内容，對於我們深入認識早期道家的思想具有重要的參考價值。

亙（恒）先無有，[一] 質、静、虚。[二] 質，大質；静，大静；虚，大虚。[三] 自厭不自忍，或作。[四] 有或焉有氣，有氣焉有有，有有焉有始，有始焉有往者。[五]

【注釋】

[一]『亙』，讀爲『恒』，恒常不動、不變之義；亦有學者讀爲『極』，[二] 非是。『恒』字在簡文中有本原義，似指道體。也有學者認爲『恒』在此處作副詞用，意爲終極的、絶對的、本原的。結合下文『恒莫生

[二]『亙』字，李零《釋文》讀爲『恒』，後裘錫圭以爲當改讀爲『極』，意爲極高、極遠，學者多反對。參見裘錫圭：《是『恒先』還是『極先』？》，『2007 中國簡帛學國際論壇』論文，臺灣大學 2007 年 11 月版。對裘説的反駁，參見王中江：《〈恒先〉的宇宙觀及人間觀的構造》，《文史哲》2008 年第 2 期。

氣」來看，這裏的「恒」字似當作名詞解。

「恒先」，指恒常未動之先，也可以理解爲「道」的端始。

「無有」，意即没有「有」，或「有」尚未出現。「有」在這裏是一個重要的哲學概念，可以理解爲「萬有」。

〔二〕「質」，此取整理者説，一説此字當讀爲「樸」。按，此字在字形的隸定上雖有困難，但無論讀「質」、讀「樸」，於文意的理解均無害，「質」有質樸、質素義。《玉篇·貝部》：「質，樸也。」《韓非子·解老》：「夫君子取情而去貌，好質而惡飾。」

「靜、虚」，與「質」在文中都是對恒先之狀態的描述，皆係道家常用觀念。「靜」，靜止；「虚」，空虚。

〔三〕「大」，形容程度之深。《莊子·知北遊》：「天地有大美而不言。」簡文此句意爲：質素，是非常質素；「靜」，是非常安靜；「虚」，是非常空虚。一説讀爲「太」，意爲至、極。〔一〕

〔四〕「猒」，飽也，引申爲滿足。《集韻·豔韻》：「猒，足也。」「忍」，抑制、克制。「自猒不自忍」，這裏是説道雖然自身是滿足的，但它並不壓抑自己而拒絶施化。

「或」，是本篇中的重要概念之一，整理者以爲這裏表示一種介於純無和實有的「有」，或潛在的分化趨勢；一説可以理解爲介於無有與氣有之間，或有或無的階段；〔二〕一説指「初始的、不確定的、微弱的存在狀

〔一〕廖名春：《上博藏楚竹書〈恒先〉新釋》，《中國哲學史》2004 年第 3 期。

〔二〕丁四新：《楚簡〈恒先〉章句釋義》，教育部人文社會科學重點研究基地、武漢大學中國傳統文化研究中心主辦，馮天瑜主编：《人文論叢》2004 年卷，武漢大學出版社 2005 年版；丁四新主编：《楚地簡帛思想研究》第二輯，湖北教育出版社 2005 年版。本文注釋和今譯多依從丁文，一般不再出注，如需特别説明，則采用省稱。

態」。[一]『作』，爲創生之義。

[五]『焉』，於是。有或焉有氣，此處的『氣』字，具有抽象、一般的特性，應當是指形而上者，類似於後來的『元氣』。

『有氣焉有有』，第三個『有』字是指一般性的『有』，類似於我們所謂萬物的普遍存在性。本句是説：『氣』是『有』的本原，也是天地萬物的根源。

『始』『往』，一説爲時間概念，[二]似不確；一説指氣的來現與消散、歸往，一始一往，形容周而復始的循環運動。[三]今從後説。

【今譯】

在恒常未動之先（『恒先』），萬有皆無。它是質樸、寧靜和空虚的。質素，是非常質素；靜，是非常安靜；虚，是非常空虚。它自我滿足，無假於外，但是又不刻意地抑制自己而拒絶施化，所以纔產生了『或』。有了『或』，於是又有了最初的『氣』；有了『氣』之後，纔有了『有』；有了『有』，於是就有了氣的來現與歸往。

[一] 曹峰：《〈恒先〉研讀》，《國學學刊》2014年第2期。

[二] 董珊：《楚簡〈恒先〉初探》，簡帛研究網，2004年5月12日。

[三] 丁四新：《楚簡〈恒先〉章句釋義》，教育部人文社會科學重點研究基地、武漢大學中國傳統文化研究中心主辦，馮天瑜主編：《人文論叢》2004年卷，武漢大學出版社2005年版。

右爲第一章。

未有天地，未【1】有作行，出生虛靜。[一] 爲一若寂，夢夢靜同，[二] 而未或明、未或茲（滋）生。[三] 氣是自生，恒莫生氣。[四] 氣是自生自作，恒氣之【2】生，不獨，有與也。[五] 或，恒焉；生或者，同焉。[六]

【注釋】

[一]『作』，意爲動起而生物；『行』，謂流行而成物。『虛靜』，指前文所謂『恒先無有』。『未有天地』至『出生虛靜』三句，意思是説：在『恒先無有』之時，尚没有天地，没有作行；而有天地，有作行，則皆出於虛靜之『恒先無有』。此處之『天地』，非具體的天和地，而是指一般性的『有』，即萬物之總名。[1]

[二]『爲』，判斷動詞『是』。『一』，當爲對本體的描述詞，突出了本體之『有』。『寂』，意爲寂寥，表示無的狀態；『若寂』，意爲仿佛没有一般，此處用來形容本體之『無』。『爲一若寂』分别從『有』和『無』兩個方面對道體加以形容，表示道體具有『有』『無』對立統一的特性。『夢夢』，形容昏亂不明的狀態。《爾雅·釋訓》：『夢夢、沌沌，亂也。』『靜同』，意爲在靜的狀態下與本根玄同爲一。

[1] 此采丁四新説，參見丁四新：《楚簡〈恒先〉章句釋義》，簡帛研究網，2004年7月25日。

〔三〕『未或明，未或滋生』兩句，『或』訓爲『有』；〔二〕『明』指光明；『滋生』，意指派生活動。

〔四〕『是』，副詞，在文中起加强語氣的作用。

『氣是自生，恒莫生氣』二句，字面意思是説：『氣』是自我産生，『恒』並不創造氣。

〔五〕『不獨』，意爲不是單獨存在；『有與』，意爲有物相與同在。本句似在描述『恒氣』生作萬物的過程，在此過程中，『恒氣』由静而未動變現爲具體的天地萬物，因此作者説『不獨，有與也』。

〔六〕『或，恒焉』，意爲『或』也是『恒』；『生或者』，從前文來看，當是指『恒先無有』；『同焉』，似表示其同樣具有恒在的性質。

【今譯】

（在『恒先無有』之時，）尚没有天地，没有作行，而有天地，有作行，則皆出於虚静之『恒先無有』。這個本根既恒一無二，又仿若寂寥空虚，它看起來昏亂不明，但却始終不曾與自身相分離。在這時，它無晦無明，也没有出現派生活動。『氣』是自我産生，『恒』並不創造氣。『氣』的出現，是其自生自作的結果。至於在『恒氣』生化萬物的過程中，『恒』並不是單獨存在的，它始終與萬物相伴隨，内在於萬物之中。『或』，具有恒的特性，那生『或』的『恒氣』，同樣也具有『恒』的特性。

右爲第二章。

〔二〕此采廖名春、丁四新説，參見廖名春：《上博藏楚竹書〈恒先〉新釋》，《中國哲學史》2004 年第 3 期；丁四新：《楚簡〈恒先〉章句釋義》，簡帛研究網，2004 年 7 月 25 日。

昏昏（混混）不寧，求其所生。[一] 異生異，鬼生鬼；韋生非，非生韋〈韋（韙）生韋（韙），非生非〉；哀生哀。[二] 求欲自復；復，【3】 生之生行。[三]

【注釋】

[一]『昏昏』，讀爲『混混』，[一] 原意爲水奔流之貌。『不寧』，躁動不安。『混混不寧』在此用來形容『恒氣』生化的過程。

『求』，尋求。『其』，指混混而來、躁動不安的天地萬物。這句話似表明在作者看來，雖然萬物的生成是由於氣的生與作，但萬物最終成其所是，也離不開其自身的『求』其所是。

[二]『異生異』至『哀生哀』一段，學者們在文字釋讀上存在較大爭議，暫時無法明了其具體含義。我們大致可以判定，這幾句話意在説明：事物成爲何種樣式，都是它們自求的結果，而不是由外在於事物自身的其他原因造成的。[二]

『韋生非，非生韋』，一説據上下文，當作『韋生韋，非生非』。[三]『韋』疑讀爲『韙』，『韙』『非』相對爲義。上文『異』『鬼』相對爲義。下文『哀生哀』下，疑脱『喜生喜』一句，『哀』『喜』相對爲義。

[一] 廖名春：《上博藏楚竹書〈恒先〉新釋》，《中國哲學史》2004 年第 3 期。

[二] 此采丁四新説，見氏著：《楚簡〈恒先〉章句釋義》，教育部人文社會科學重點研究基地、武漢大學中國傳統文化研究中心主辦，馮天瑜主编：《人文論叢》2004 年卷，武漢大學出版社 2005 年版。

[三] 李學勤：《楚簡〈恒先〉首章釋義》，《中國哲學史》2004 年第 3 期。

〔三〕『求欲自復』一段，在斷句和訓釋方面意見紛紜。『求欲』，當爲求其所欲的省略語。『復』，返也。意思是説：萬物尋求其所想要成爲的事物，必須自己不斷地回復（往返）於本根之氣中。

『復，生之生行』，前一生字乃化生、衍生之生；後一生字，乃生存、存活之生。『行』，訓『道路』；『生行』，意即萬物存活之道，生生相續之道。〔一〕

【今譯】

在『恒氣』生化的過程中，天地萬物混混而來、躁動不安，它們都在尋求自身的規定性，以成就其自身。異生異，鬼生鬼；是生是，非生非；哀生哀，〔喜生喜〕。事物成爲何種樣式，都是它們自求的結果，而不是由外在於事物自身的其他原因造成的。萬物尋求其所想要成爲的事物，必須自己不斷地回復（往返）於本根之氣中。『復』，就是那萬物生生相續之道。

右爲第三章。

濁氣生地，清氣生天。〔一〕氣信神才（哉）！云云（芸芸）相生，信（伸）浧（盈）天地。〔二〕同出而異生（性），因生其所欲。〔三〕業業（察察）天地，焚焚（紛紛）而【04】多采。〔四〕勿（物）先者有善，有治無亂。〔五〕有人焉有不善，亂出於人。〔六〕

〔一〕本句斷句與注釋采丁四新説，參見丁四新：《楚簡〈恒先〉章句釋義》，教育部人文社會科學重點研究基地、武漢大學中國傳統文化研究中心主辦，馮天瑜主編：《人文論叢》2004 年卷，武漢大學出版社 2005 年版。

【注釋】

［一］『濁氣生地，清氣生天』的説法，又見於《淮南子·天文》《素問·陰陽應象大論》《易緯·乾鑿度》《列子·天瑞》等篇。

［二］『氣信神哉』，『信』讀如字，意爲誠然。『神』意爲神妙。

『芸芸』，衆多貌。王弼本《老子》第十六章：『夫物芸芸，各復歸其根。』《抱樸子·外篇·逸民》：『萬物芸芸，化爲埃塵矣。』

『信涅天地』，『信』讀作『伸』，意爲伸張開來；『涅』讀爲『盈』，意爲盈滿。

［三］『同出』，意謂同出於『恒氣』之生作。『生』，讀爲『性』。『異性』，指萬物各異其性。『因』，於是。『欲』，想要。這句話的意思是説：天地萬物都出於『恒氣』之生作，但是却各異其性。正是由於萬物各異其性，於是各生其所欲是之物。

［四］『察察』，意爲彰著、著明，係對天地之形容。

『焚焚』，讀爲『紛紛』，繁多貌。『采』，原意爲彩色，這裏形容天地萬物之樣貌繁多、多彩多姿。

［五］『勿』，讀爲『物』。『物先』，即在物之先，具體之物産生之前。

［六］『有人焉有不善，亂出於人』，意思是説：在人類産生之後，由於人在認識、意志和行爲上的作用，於是纔産生了善與不善、治與亂的差别。

【今譯】

濁氣下降而變成地，清氣上升而變成天。『氣』的作用真是神妙啊！氣流行、伸長到哪裏，萬物就據其所求而生長、出現在哪裏。天地萬物都出於『恒氣』之生作，但是却各異其性。正是由於萬物各異其性，於是各生其所欲是之物。朗朗天地，萬物多彩多姿。在萬物産生之前，有善無惡，有條不紊。待有了人之後，纔有了不善，混亂是人造成的。

右爲第四章。

先有中，焉有外。先有小，焉有大。先有柔，焉【08】有剛。先有圓，焉有方。先有晦，焉有明。先有短，焉有長。[一] 天道既載，唯一以猶一，唯復以猶復。[二] 恒氣之生，因【09】復其所欲。明明天行，唯復以不廢。[三] 知既而荒（亡）思不宊（天）。[四]

【注釋】

[一]『先有中』至『焉有長』，這段話論述了萬物的生成具有中外、小大、柔剛、圓方、晦明、短長的先後順序，也即具體事物的一般生成規律。一説，『在人之先，中外、小大、柔剛、圓方、晦明、短長統統是「一」，原本是渾沌的、和諧的，人類文明的發展認識了這些對立，利用這些對立，並由此生出「亂」來』。〔一〕

〔一〕 劉信芳：《上博藏竹簡〈恒先〉試解》，簡帛研究網，2004年5月16日。

〔二〕『天道既載』，『天道』指自然萬物所遵循之恒常規律；『載』訓爲『成』，義爲具備。『唯一以猶一，唯復以猶復』兩句，『一』指純一而不離，『復』指反復而循環，兩者均爲天道所呈現之規律，同時也是維持天道不墜的原則。

〔三〕『明明天行』，與上文『察察天道』相對。《爾雅·釋訓》：『明明，察也。』『天行』即『天道』，『行』可訓爲『道』。『廢』，意爲廢毁。

〔四〕『知既而荒思不天』，學者對於此句的釋讀和解釋頗多，其中有兩説較爲可取。其一，讀作『知既而亡思不天』，句意爲：知道既成的天道，則没有什麽思慮是不符合天道，不合乎自然的；其二，讀作『知既而荒思不殄』，句意爲：知道『天道』或『天行』既備之理，而遠思將來，則人事、人命不會滅絶。〔一〕

【今譯】

萬物的生成具有中外、小大、柔剛、圓方、晦明、短長的先後次序。萬物的生成次序既成，則天道亦已具備。所謂天道，就是純一而不離，反復而循環。『恒氣』的生化過程，也就是萬物通過復於本根而成就其自己的過程。那昭著顯明的『天行』，正是因爲『復』的作用而不會廢毁。知道既成的天道，則没有什麽思慮是不符合天道，不合乎自然的。

右爲第五章。

〔一〕丁四新：《楚簡〈恒先〉章句釋義》，教育部人文社會科學重點研究基地、武漢大學中國傳統文化研究中心主辦，馮天瑜主編：《人文論叢》2004 年卷，武漢大學出版社 2005 年版。

有出於或，生（性）出於有，[一] 音（意）出於生（性），言出於音（意），名出於【05】言，事出於名。[二] 或非或，無謂或。有非有，無謂有。生（性）非生（性），無謂生（性）。音（意）非音（意），無謂音（意）。言非言，無謂言。名非【06】名，無謂名。事非事，無謂事。[三] 恙宜利主，綵物出於作。[四] 作焉有事，不作無事。[五]

【注釋】

[一]『有出於或』，『有』指世間萬物的普遍存在性；『或』可能指或有或無、或有氣或無氣的狀態或階段。

『性出於有』，『性』指事物差異性的本質規定。

[二]『音出於性』，『音』當讀爲『意』，意爲心之所識。所謂『意出於性』，是説『意』的本原或根據在於性，也即對人性、物性的認識。

『言』，指言辭、言語。『名』，指名稱、名號。『事』，指人事。《鶡冠子·環流》：『有一而有氣，有氣而有意，有意而有圖，有圖而有名，有名而有形，有名而有事，有事而有約。約立而時生，時立而物生。』與簡文有頗多相近之處。

[三]『或非或』至『無謂事』，意思較爲晦澀。一般認爲這段話反映了作者對於包括名、言在內的各種人文建構如何評價的問題。以『或非或，無謂或』爲例，作者的大意可能是説：如果『或』這個名已經没有

了『或』之實，那就不應再稱其爲『或』了。至於整段話傳達的觀念，學界尚有爭議。[一]

[四]『恙宜利主』，此句語意不明。整理者以爲『疑指詳察其所宜，而利合於主』。一説『宜即義。詳義利，指有爲者之明辨善惡與利害、理想與事功。』[二]

『綵物』，此處當指通過『采章物色』而製作的禮制之物，泛指禮樂之教。『作』，指人爲。簡文『作』字之下原有墨横，整理者以爲句讀符號，一説爲重文符號，[三] 今從後説。

[五]『作焉有事，不作無事』兩句，『作』指人爲。『有事』『無事』兩概念，習見於《老子》《莊子》二書。

【今譯】

『有』是從『或』中派生出來的，『性』是從『有』中産生，『意』（意念）是從『性』中産生，『言』是從『意』中産生，『名』從『言』中産生，『事』又從『名』中産生。『或』如果没有了『或』之實，就不應再稱其爲『或』了；『性』如果没有了『性』之實，就不應再稱其爲『性』了；『意』如果没有了『意』之實，就不應再稱其爲『意』了；『言』如果没有了『言』之實，就不應再稱其爲『言』了；『名』如果没有了『名』之實，就不應再稱其爲『名』了；『事』如果没有了『事』之實，就不應再稱其爲『事』

[一] 關於此段文本的爭議，參見曹峰：《〈恒先〉注譯》，見氏著：《近年出土黄老思想文獻研究》，中國社會科學出版社2015年版。

[二] 龐樸：《〈恒先〉試讀》，簡帛研究網，2004年4月26日。

[三] 廖名春：《上博藏楚竹書〈恒先〉新釋》，《中國哲學史》2004年第3期。

了。『恙宜利主』，種種禮儀制度的産生，都是『作』的結果。如果不去『作』，那麼反而百事順成。

右爲第六章。

舉天〖下〗之事，自作爲，事甬（庸）以不可賡（更）也。[一]凡【07】言名先者有疑，荒言之後者校比焉。[二]舉天下之名，虚樹，習以不可改也。[三]舉天下之作强者，果天下【10】之大作，其覊尨不自若（諾）作，甬（庸）有果與不果。[四]兩者不灋（法）。[五]舉天下之爲也，無夜（掖）也，無與也，而能自爲也。[六]【三】舉天下之生（性），同也，其事無不復。[七]〖舉〗天下之作也，無許（忤）恒，無非其所。[八]舉天下之作也，無不得其恒而果述（遂），[九]甬（庸）或【12】得之，甬（庸）或失之。[十]舉天下之名，無有灋（廢）者與（歟）？[十一]天下之明王、明君、明士，甬（庸）有求而不慮。[十二]【13】

【注釋】

[一]『舉天之事』，『天』下疑脱『下』字，據文意當補。[一]『舉』，舉凡也。『庸』，乃也，於是。『賡』，讀爲『更』，改也。

[二]『名先』，與『物先』相對。由上章論『名』『事』的生作來源，可知『名先』者主要指或、有、性、意四者。

[一] 龐樸：《〈恒先〉試讀》，簡帛研究網，2004年4月26日。

『竢』，即俟字，待也。意謂凡言名先者，皆有所依待，即待於恒常之道，待於道自身的生生作用。

『荒』，大也，廣也。『荒言』與『凡言』義近。『之』，其也。『之後者』，即『其後者』，指名與事。

『校』，意爲校定、考覆；『比』，意爲比較、辨别。『荒言之後者校比焉』，意思是説：凡廣言名後者，應校定、考核名事二者之間的關係是否符合。

〔三〕『樹』，樹立、建立。『虚樹』，意即虚僞不實地樹立。『習』，因習、重複。

〔四〕『作强者』，指違反恒道，做出强横、蠻霸之事情者。『果』，意爲果真。後句兩『果』字，訓爲『成功』『成就』。

『寮尨』，詞義不明。一説讀作『冥蒙』；〔一〕一説讀作『熾尨』，意爲盛大。〔二〕

『若』，疑讀爲『諾』，應許也。

〔五〕『兩者』，指『果天下之大作』與『不自若作』兩種『作强』的情況。

『灋』，即『法』字，意爲效法。一説讀爲『廢』，與文意不合。

〔六〕『夜』，讀爲『掖』，意爲扶持、引導。〔三〕『無掖』，即不去扶持。『無與』，不去參與、干預。

〔七〕『生』，讀爲『性』。天下之性，謂萬物之性。『同』，取同之、合之之義。

『其事無不復』，類似於《老子》所謂『其事好還』。『復』謂還復於恒道。

〔一〕廖名春：《上博藏楚竹書〈恒先〉新釋》，《中國哲學史》2004年第3期。
〔二〕劉信芳：《上博藏竹簡〈恒先〉試解》，簡帛研究網，2004年5月16日。
〔三〕龐樸：《〈恒先〉試讀》，簡帛研究網，2004年4月26日。

［八］『舉』字原簡疑脱，龐樸據上下文補。

『許』，當讀爲『忤』，意爲違逆。『所』，處所。無非其所，謂得其所，引申爲得其所當然。

［九］『述』，讀爲『遂』，意爲順遂、通達。

［十］『庸』，何也。『庸或』，意爲何有。

［十一］『瀌』，此處當讀爲『廢』。『無有廢』，是指『名』無有廢，即『名』不『虛樹』。『與』，通『歟』，表疑問。

［十二］『庸』，訓爲『乃』，於是也。『求』，尋求，這裏是循名責實之義。『慮』，意爲思慮。『不慮』，意即不必思慮。

【今譯】

舉凡天下之事，如果都是它們自作自爲，而不是人作人爲的話，那麼事情就必定如此，而不可以改變了。凡言名先者，皆有待於本原、恒道；廣言名後者，就是審核名事。舉凡天下之名，如果虛立不實，因襲久了，就不可以更改了。舉凡天下之作强者，無非有兩種結果，其一是果真爲天下之大作爲者，其事有成功；其二是如果其作爲不能得到允諾，其事就没有成功。不論是否成功，這兩種作强的情况，都不可以效法。舉凡天下的行爲活動，都不應該受外來因素、力量的扶持、引導，也不應該受到人爲的干預或參與，而應該聽任其自作自爲。舉凡天下萬物之性，皆能同一而遂達之，其事没有不成功的。舉凡天下的所有作爲，如果不違逆恒道，那麼就會皆得其所當然。舉凡天下之作，無不得其『恒』道而果真遂順之，就哪裏會有得，哪裏會有失呢？舉凡天下之名，如果實而立之，没有虛廢的話，那麼天下的明王、明君、明士就可以循名責實以治，而不必用心於思慮、智巧了。

右爲第七章。

【思想】

楚簡《恒先》是一篇思想性很强的文獻，從它所使用的概念、致思的路徑，以及對自然天道和社會治理提出的觀點來看，基本上可以確定它反映了黄老道家的思想。有學者指出，《恒先》可以分爲上下兩個部分，上半部分重在談論天道問題，作者試圖圍繞『恒先』『或』『氣』『有』等概念範疇，建立一種自生、自爲的宇宙生成論；下半部分則重在討論政治哲學，或理想的人間治理模式。這兩者之間緊密聯繫，聖王的治理天下，應當效法宇宙生成及演化的規律。

關於宇宙生成論，《恒先》篇首先將宇宙生成的過程分爲『恒無—氣有』兩個階段。其中，『恒無』階段由『恒先』和『或』組成；而『氣有』的階段則包括了自然和人事世界的生成。在這種區分的基礎上，《恒先》篇叙述了三重宇宙生成論。第一重爲：恒先→或→氣→有→始→往，第二重爲：清氣、濁氣→性→萬物（有治無亂）→人（亂出於人），第三重爲：或→有→性→意→言→名→事。第一重最爲宏觀，它將整個宇宙生成的脈絡劃分爲『恒無』和『氣有』兩大階段，它以『氣』規定『有』，而『無』即是對於『有』、對於『氣』的否定。後兩重生成論以第一重生成論爲基礎，其中第二重以『濁氣』『清氣』爲起點，而指向人物的生成及其如何生成；第三重以『或』爲起點，而指向名事世界的生成。[一] 在叙述其宇宙生成論思想的過程中，《恒

[一] 參見丁四新：《楚竹書〈恒先〉的三重宇宙生成論與氣論思想》，《哲學動態》2017 年第 9 期。

先》篇對『本根』的追溯，對『氣』的討論，以及『氣是自生』的命題等，均具有重要的思想史意義。

關於宇宙生成論的探討，可以看作《恒先》的上半部分。在叙述了形上世界、由形上到形下的生成過程之後，作者將目光聚焦到社會治理的領域。由『氣是自生自作』的普遍原理，和『名不虚樹』的名實觀念，作者提出了依據此普遍原理指導現實政治的基本方略，認爲統治者（『明王、明君、明士』）在政治上必須采取無爲的姿態，循名責實的方法，以不參與、不干預（『舉天下之爲也，無掖也，無與也』），不必用心於智巧（『不慮』），來實現萬物的『自作』『自爲』和國家的有效治理。

需要指出的是，《恒先》所反映的『揭天道以明人道』的思想傾向，在戰國中期以後是一種頗爲流行的觀念。例如，陰陽家所提倡的『人與天調』（《管子·四時》）『帝者同氣』（《吕氏春秋·應同》）等，都帶有法天而治的思維方式。所不同者，陰陽家的法天更注重君主在種種施政細節上與天的運轉規律保持一致；而《恒先》的作者則强調宇宙的規律是自生、自作、自爲，因而主張君主應無爲而治，類似的思路我們在先秦秦漢道家著作中經常可以見到。

彭祖

【簡介】

本篇竹書選自馬承源主編《上海博物館藏戰國楚竹書（三）》（上海古籍出版社2003年版），原整理者和釋文注釋者爲李零先生。圖版見是書第121—128頁，釋文注釋見是書第303—308頁。現存完、殘竹簡共八支，完簡長約五十三釐米。篇題是由整理者根據竹書内容擬定的。本篇竹書是今人能夠見到的最早彭祖書。

彭祖，或稱彭鏗、籛鏗，屬於傳説人物，其行事見《國語》《莊子》《荀子》《吕氏春秋》等書。據《國語》《史記》《大戴禮記》等書，彭祖屬於祝融八姓之一，是陸終的第三子，封於彭（今江蘇徐州），故以彭爲氏。據古書説法，他是堯舜時人，一直活到殷末，爲殷大夫。相傳彭祖特别長壽，故爲後世養生家和神仙家所推崇。《莊子·逍遥遊》：『而彭祖乃今以久特聞。』同書《大宗師》：『彭祖得之，上及有虞，下及五伯。』同書《刻意》：『吹呴呼吸，吐故納新，熊經鳥申，爲壽而已矣，此道引之士，養形之人，彭祖壽考者之所好也。』《論衡·道虚篇》因襲了《莊子》的説法。《荀子·修身》：『扁善之度，以治氣養生，則後彭祖。』《韓詩外傳》卷一因襲了《荀子》的説法。在上博簡發現之前，彭祖已見於張家山漢簡《引書》和馬王堆醫書《十問》。在這些傳世和出土古書中，彭祖主要以養生家的面目出現，其術大抵爲食氣和治氣，而以養生長壽爲目的。

耇老，本是高壽之稱。《爾雅·釋詁上》：『耇，壽也。』《説文·老部》：『老，考也。七十曰老。』『耇老』是對七十歲以上老者的通稱。《國語·周語上》：『肅恭明神而敬事耇老。』同書《晋語八》：『吾聞國家有大事，必順於典刑，而訪諮於耇老，而後行之。』傳世古書的『耇老』均爲老壽者之通稱。本篇竹書的『耇老』則爲人名，屬於傳説中的人物，在竹書中他與彭祖對話，向彭祖詢問養生長壽之道。馬王堆醫書《十問》曰『帝盤庚問於耇老』，『耇老』同樣爲人名，與本篇竹書相同。此外，王家臺秦簡《歸藏》亦有『耇老』，可能與本篇竹書的『耇老』爲同一人。

在本篇竹書中，彭祖爲得道者和答問者的一方，耇老則爲求道者和提問者的另一方。人君的生命狀况及其壽命的長短跟政治有密切關係，自戰國中期以來即成爲重要話題。從哲學看，即爲形神問題。耇老和彭祖的問答以養生長命爲宗旨，而養生以治心爲管要。竹書提出『愼終保勞，難易遺欲』和『遠慮用素，心白身懌』等觀點，具有鮮明的黄老道家色彩，而與《莊子》《荀子》等書的彭祖術有所不同。《莊子》《荀子》等書所説的彭祖術，《漢志》稱之爲方術。而對此『爲壽』的方術，莊子學派在《刻意》篇中作了批評。

關於本篇竹書的簡序，季旭昇、周鳳五、李守奎等人有不同方案。今從周鳳五、林志鵬所編簡序，他們的方案是：1—3—4—2—5—6—7—8。本書所據竹簡釋文及注釋，主要參考了李零、周鳳五、陳斯鵬、林志鵬等人的成果，並據周鳳五、林志鵬的意見劃分爲四個段落。

耇老問于彭祖曰：『耇氏執心不妄，受命永長。臣何藝何行，而舉於朕身？而謐（匹）于帝常？』[一] 彭祖曰：『休哉！乃將多問因由，乃不失度。彼天之道，唯恒□【2】……不知所終。』[二]、耇老曰：『眊眊余朕兹未則于天，敢問爲人？』[三] 彭祖【曰】：『……。』【耇老曰】：[四]【3】『既戾於天，或潛於淵。夫子之德盛矣，何其崇！古（故）君之願，良……』[五]【4~】

【注釋】

[一]『耇老』，下文自稱『耇氏』，出土文獻已見於馬王堆竹簡醫書《十問》、上博楚竹書《弟子問》。《十問》：『帝磐庚問於耇老。』《弟子問》：『耇老不復壯。』耇老本是壽者之稱，《説文·老部》：『耇，老人面凍黎若垢。』《爾雅·釋詁上》：『耇，壽也。』『耇老』一詞見於《國語》《逸周書》等古書。本篇竹書的『耇老』則爲傳説中的人物，爲養生家所推崇。彭祖，出土文獻已見於馬王堆醫書《十問》和張家山漢簡《引書》。《十問》：『王子巧父問彭祖曰。』不過，在漢簡《十問》中彭祖跟耇老不相接，他們彼此没有對話。

《引書》:『春産，夏長，秋收，冬藏，此彭祖之道也。』彭祖既爲傳世史書所載，又被諸子所傳，參見《國語》《史記》《莊子》《荀子》《吕氏春秋》等書。本篇的彭祖爲傳説中的人物，以其壽考爲養生家、神仙家所推崇，傳世古書多以其爲遠古養生家。在本篇對話中，耇老爲臣，彭祖爲君。

『執心』，即持心。持，操持。《逸周書·謚法》:『執心克莊曰齊……執心決斷曰肅。』一讀『執』爲『設』。《孟子·離婁下》:『其設心以爲不若是，是則罪之大者。是則章子已矣。』在先秦秦漢古籍中，『設心』僅此一例。筆者認爲，《孟子》此『設心』亦應讀爲『執心』。『妄』，虚妄;『不妄』，實誠也。

『受』，禀受。『命』，壽命。古人認爲此身的壽命來源於天，故曰『受命』。

『藝』，竹書原作『埶』，是修養的意思。『何藝』，即藝何。『行』，施行。『何行』，即行何。

『舉』，施行。

『匹』，從陳斯鵬讀，竹書原作『謐』。『匹』是匹合之義。『帝常』，陳斯鵬一如字讀，一讀爲『禘嘗』。[一] 按，當從前一讀。『帝常』，即天常、天則，即竹書下文所説的天道。

[二]『休』，應許之辭;『休哉』，即美哉、善哉之義。《尚書·立政》:『嗚呼，休兹(哉)!』

『因由』，原因，原由。

『度』，法度。

[一]『謐』，陳斯鵬讀爲『匹』，以爲『匹合』之義。見氏著:《簡帛文獻與文學考論》，中山大學出版社 2007 年版，第 84 頁。此字，周鳳五讀爲『毖』，謹慎也。『帝常』，周氏讀爲『禘嘗』，即禘禮和嘗禮。他並説『毖於禘嘗』是治理天下的意思。見氏著:《上博楚竹書〈彭祖〉重探》，《傳統中國研究集刊》第一輯，上海人民出版社 2006 年版，第 277 頁。

『恒』，恒常。

［三］『眊眊』，昏瞶之義，是耇老自謙之辭，參見李零説。[一]《韓詩外傳》卷六：『不聞道術之人，則冥於得失。不知治亂之所由，眊眊乎其有醉也。』孟蓬生讀『眊眊』爲『眇眇』；眇眇即微小之貌。[二]『余朕』，同義複詞[三]，俱爲第一人稱代詞。『余朕』亦見下文。『兹』，原文作『孳』。『兹』，今也。周鳳五讀『朕孳』爲『冲子』[四]，疑不可從。『冲子』，義爲童子。『則』，法則、效法。

［四］『耇老曰』三字，據文意補，參見林志鵬釋文。[五]

［五］『戾』，竹書原作『只』。『只』上古音是章母支部字，『戾』上古音是來母質部字。來、章二紐同爲舌音，支、質二部屬於通轉關係，故此二字可以相通。《爾雅·釋詁上》：『戾，至也。』《詩·小雅·小宛》：『宛彼鳴鳩，翰飛戾天。』竹書『只』字，李零讀爲『躋』。躋者，登也，升也。『或』，通『又』。『潛』，從周鳳五讀，[六]竹書原作『椎』。椎上古音爲定母微部字，潛上古音爲從母侵部字。定、從二母爲鄰紐，微、侵二部屬於通轉關係，故此二字可以通假。

［一］李零釋文注釋：《彭祖》，馬承源主編：《上海博物館藏戰國楚竹書（三）》，上海古籍出版社 2003 年版，第 305 頁。

［二］參見孟蓬生：《〈彭祖〉字義疏證》，《燕趙學術》2008 年第 1 期，四川辭書出版社 2008 年版，第 10 頁；周鳳五：《上博楚竹書〈彭祖〉重探》，《傳統中國研究集刊》第一輯，上海人民出版社 2006 年版，第 277 頁。

［三］參見陳偉武：《讀上博藏簡第三册零札》，《華學》編輯委員會編：《華學》第七輯，中山大學出版社 2004 年版，第 176 頁。

［四］周鳳五：《上博楚竹書〈彭祖〉重探》，《傳統中國研究集刊》第一輯，上海人民出版社 2006 年版，第 277 頁。

［五］林志鵬：《宋钘學派遺著考論》，萬卷樓圖書股份有限公司 2009 年版，第 80 頁。

［六］周鳳五：《上博楚竹書〈彭祖〉重探》，《傳統中國研究集刊》第一輯，上海人民出版社 2006 年版，第 277 頁。

『盛』，原文作『登』。盛，盛大。

『崇』，竹書原作『宗』。崇，高也。何其崇，言彭祖之德盛，所達境界之高。〔一〕

【今譯】

耇老向彭祖詢問道：『耇氏執持此心不虛妄，受此壽命長久。臣修養什麽、施行什麽，而可以將此命施之於我的身體呢？而與上帝的常道相配呢？』彭祖説：『好啊！於是將多問原因，這樣就不會喪失法度。彼天之道，唯恒常□……不知所終。』耇老説：『昏聵之我至今尚未法則上天，敢問如何做人呢？』彭祖説：『……』耇老説：『既飛至天上，又深潛於淵底。夫子的德行盛滿，何其崇高啊！故人君的願望，良……』

【彭祖曰】：『……[4]言。天地與人，若經與緯，若表與裏。』[一]問：『三去其二，幾（豈）若已（矣）？』[二]彭祖曰：『吁！汝孳孳敷問，余告汝人倫，曰：戒之毋驕，慎終保勞，大箸（圖）之裹（數），難易訍（違）欲。[三]余【告汝[2]尤】，父子兄弟，五紀畢周，雖貧必修。五紀不工（肆），雖富必失。[四]余告汝禍，……[5]……怱怱之謀不可行，怵惕之心不可長，遠慮用素，心白身懌。[五]余告汝咎，[6]伓（倍）者不以，多務者多憂，賊者自賊也。[六]』[7~]

【注釋】

〔一〕『經』『緯』，此二字言『人』與『天地』相交錯，無『天地』則無以相參。

〔一〕『宗』，林志鵬讀爲『充』，備説。見氏著：《宋鈃學派遺著考論》，復旦大學出版社2018年版，第91頁。

「表」「裏」，此二字言「人」依賴於「天地」，若表必待其裏。

〔二〕「三去其二」，這是一個假設句。「三」指天、地、人三才，「二」指天、地。「幾」，周鳳五讀爲「奚」〔二〕，可從。「奚若」，何如，怎麼樣。「已」，讀爲「矣」，句末語氣詞。《莊子·徐无鬼》：「則奚若矣。」與竹書句式相同。

〔三〕「孳孳」，同「孜孜」，勤勉、努力不懈的樣子。《孟子·盡心上》：「雞鳴而起，孳孳爲善者，舜之徒也。」即其例。「敷」，從陳斯鵬讀〔三〕，竹書原作「尃」。「敷問」，敷陳疑問。「人倫」，人道，具體指養生之道。《説文·人部》：「倫，道也。」竹書的「人倫」，與《孟子·滕文公上》「教以人倫」的「人倫」意義不同。「戒之毋驕」，即戒之以毋驕，竹書省略了「以」字。「驕」，放縱。《玉篇·馬部》：「驕，逸也。」「慎終」，謂謹慎其命終。「保」，知也。《禮記·樂記》：「非歌孰能保此。」鄭玄《注》：「保，知也。」《楚辭·惜誦》：「羌不可保也。」王逸《注》：「保，知也。」〔三〕「保勞」，即知勞。養生家强調「運動」的重要性，但並不推崇人勤勞其身體。《説文·力部》：「勞，劇也。」勞的本意爲辛勤、勞苦。一説保勞爲保持勞動之義。

「箸」，讀作「圖」。大圖，大的考慮。「婁」，讀作「數」〔四〕。「數」，法則也。

〔一〕周鳳五：《上博楚竹書〈彭祖〉重探》，《傳統中國研究集刊》第一輯，上海人民出版社2006年版，第278頁。

〔二〕陳斯鵬：《簡帛文獻與文學考論》，中山大學出版社2007年版，第85頁。

〔三〕［宋］洪興祖：《楚辭補注》，中華書局1983年版，第123頁。

〔四〕「箸」「婁」二字釋文，見陳斯鵬：《簡帛文獻與文學考論》，中山大學出版社2007年版，第85頁；季旭昇主编：《〈上海博物館藏戰國楚竹書（三）〉讀本》，萬卷樓圖書股份有限公司2005年版，第259、261頁。

『難易』，以易爲難，即重視養生的意思，與上文『慎終』一詞相通。『𧦝』，讀爲『遣』。『遣欲』，即遣除欲望。

［四］第5號簡首的缺文，林志鵬補一『尤』字，[一] 可從。『尤』，過失、罪過。《玉篇·乙部》：『尤，過也。』《詩·小雅·四月》：『莫知其尤。』鄭玄《箋》：『尤，過也。』

『五紀』，作爲術語在先秦秦漢時期有兩種用法，一種是曆法用語，參見《尚書·洪範》；一種是倫理學用語，具體指五倫，見《管子》《莊子》《春秋繁露》三書。[二] 竹書的『五紀』，作者已明言父、子、兄、弟，故此『五紀』當指父、子、兄、弟、妻五者，或父子、君臣、夫婦、長幼、朋友五者。

『彑』，從陳斯鵬釋文，讀爲『肄』。[三]《説文·聿部》：『肄，習也。』『肄』是學習、練習的意思。『肄』與上文『修』字義近。

［五］『忽忽』，從陳斯鵬説，[四] 林志鵬進而讀爲『悤悤』。[五]《説文·心部》：『悤，多遽悤悤也。』不過，

[一] 林志鵬：《宋鈃學派遺著考論》，萬卷樓圖書股份有限公司2009年版，第99頁。

[二]《管子·幼官》：『五紀不解，庶人之守也。』《莊子·盜跖》：『（子張曰）子不爲行，即將疏戚無倫，貴賤無義，長幼無序，五紀六位將何以爲別乎？』此兩『五紀』，傳統注疏均未明言其所指。董仲舒有『三綱五紀』的説法，學者或認爲《白虎通·三綱六紀》的『六紀』説（諸父、兄弟、族人、諸舅、師長、朋友）即是董仲舒所謂『五紀』，或據《莊子·盜跖》篇『五紀六位』，認爲董仲舒的『五紀』不同於《白虎通》的説法，蘇輿即據《國語·周語》『五義紀宜』韋昭《注》認爲『五紀』可能指父義、母慈、兄友、弟恭、子孝（《春秋繁露義證》，中華書局1992年版，第304頁）。另外，『五紀』也可能指五倫。《孟子·滕文公上》：『聖人有憂之，使契爲司徒，教以人倫：父子有親，君臣有義，夫婦有別，長幼有序，朋友有信。』『五倫』概念最早、最完整的表述即見於《孟子》此文。

[三] 陳斯鵬：《簡帛文獻與文學考論》，中山大學出版社2007年版，第88頁。

[四] 竹簡原字從蟲從心，上下結構，讀爲『忽忽』。陳斯鵬：《簡帛文獻與文學考論》，中山大學出版社2007年版，第88頁。

[五] 林志鵬：《宋鈃學派遺著考論》，萬卷樓圖書股份有限公司2009年版，第101頁。

「忽」亦有迅疾、輕率之義。《左傳・莊公十一年》：「其亡也忽焉。」杜預《注》：「忽，速貌。」讀爲「忽忽」或讀爲「悤悤」，均可。

「怵惕」，是複語詞，見《孟子・公孫丑上》《禮記・祭義》等篇。《説文・心部》：「怵，恐也。」「惕」亦爲警惕、戒懼義，《玉篇・心部》：「惕，懼也。」竹書「忽忽之謀不可行，怵惕之心不可長」這兩句話，被《説苑・談叢》所引用，作「忽忽之謀不可爲也，惕惕之心不可長也」。不過，這兩處文本的用意不同。

「遠慮」，是遠離思慮的意思。「用素」，使用素樸。「遠慮用素」，是從養生來説的。

「白」，精白、潔白，是對於巧智、欲望的澄汰。心是養生的關鍵，「心白」是修心所達到的境界和結果。帛書《二三子》：「以精白長衆者，難得也。」竹書《凡物流形》：「奚謂小徹？人白爲察。」這兩處引文中的「白」，其意與本篇竹書大抵相同。傳世文獻的「白」字亦有類似用法，參見《莊子・人間世》「虛室生白」、《天地》「純白不備」等句。「懌」，從陳偉武、周鳳五讀[一]，竹書原作「澤」字。懌，悦也，樂也。

〔六〕「咎」，過愆。

「伓」，讀爲「倍」。《説文・人部》：「倍，反也。」此義今通用「背」字。背者，指背離養生之道的東西。「不以」，即不用。

「務」，是專力從事之義。「憂」，憂愁、煩憂。

「賊」，傷害，《玉篇・戈部》：「傷害人也。」

〔一〕陳偉武：《讀上博藏簡第三册零札》，《華學》編輯委員會編：《華學》第七輯，第177頁；周鳳五：《上博楚竹書〈彭祖〉重探》，《傳統中國研究集刊》第一輯，上海人民出版社2006年版，第279頁。

【今譯】

彭祖說：『……言。天地與人，好像經綫和緯綫，好像外表和裏子。』耇老問道：『三項去掉其中兩項，這會怎麼樣呢？』彭祖說：『吁！汝孳孳不倦地發問，我告訴你人倫吧：戒懼之而不要驕逸，謹慎命終而知道適當鍛煉身體；大圖謀的法則，以易爲難，遣除欲望。我告訴你罪尤，父子兄弟五倫應當十分周全，即使貧窮也一定要修養。五倫不學習，即使富裕了，也一定會喪失。我告訴你災禍……忽忽的謀劃不可以實行，怵惕之心不可以生長，遠離思慮、施用白素之道，心靈潔白，即會身體悅樂。我告訴你過咎，背離養生之道的東西不要采用，多追求者多煩憂，賊害者自賊。』

彭祖曰：『一命弌（二）俯，是謂益愈。一〈二〉命三俯，是謂自厚。三命四俯，是謂百姓之主。[一] 一命弌（二）仰，是謂遭殃。弌（二）命【三仰】，【7】是謂不長。三命四仰，是謂絕世。[二] 毋故（怙）富，毋倚賢，毋向（尚）桓（鬬）。[三]』【8~】

【注釋】

[一]『命』，賜命。『弌』，周鳳五說此字在竹書中其實表示『二』字[一]，其說可從。下『弌』字當表示

[一] 周鳳五說：『簡文此字從弋，從一，蓋以弋爲一，加一爲二。』見氏著：《上博楚竹書〈彭祖〉重探》，《傳統中國研究集刊》第一輯，上海人民出版社2006年版，第280頁。

「三」。下「一命三俯」之「一」字，從上下文看，可能是「弌（二）」字之誤。「俯」[一]，是俯首之義。此字，竹書原從頁從攸，乃「俯」字異構。「俯」，俯首，表示謙遜。

「益」，更加。「愈」，變好、轉好。

「厚」，重也。自厚，自重。

「主」，君主。

〔二〕「仰」，從陳斯鵬、周鳳五釋讀[二]，是仰頭的意思。此字，竹書原從肉從襄，讀作「仰」。「仰」，表示桀驁不馴。

「殃」，殃禍。

「長」，音直良切，是長久的意思。

「世」，從周鳳五讀；[三] 竹書原從糸，蔡聲。「絶世」，棄絶於世。《左傳・哀公十五年》：「大命隕隊（墜），絶世於良。」杜預《注》：「絶世，猶言棄世。」

〔三〕「故」，讀爲「怙」，參見張新俊說。[四]「怙」，依恃。《左傳・定公四年》有「無怙富，無恃寵」

〔一〕 此字，從陳斯鵬、周鳳五釋文。陳斯鵬：《簡帛文獻與文學考論》，中山大學出版社 2007 年版，第 89 頁；周鳳五：《上博楚竹書〈彭祖〉重探》，《傳統中國研究集刊》第一輯，上海人民出版社 2006 年版，第 280 頁。

〔二〕 陳斯鵬：《簡帛文獻與文學考論》，中山大學出版社 2007 年版，第 90 頁；周鳳五：《上博楚竹書〈彭祖〉重探》，《傳統中國研究集刊》第一輯，上海人民出版社 2006 年版，第 280 頁。

〔三〕 周鳳五：《上博楚竹書〈彭祖〉重探》，《傳統中國研究集刊》第一輯，上海人民出版社 2006 年版，第 280 頁。

〔四〕 張新俊：《上博簡〈彭祖〉「毋怙富」解》，2004 年全國博士學術論壇論文，武漢大學主辦，2004 年 10 月。林志鵬贊成張說，見林志鵬著：《宋鈃學派遺著考論》，萬卷樓圖書股份有限公司 2009 年版，第 108 頁。

二句。

『向』，讀爲『尚』。『梪』，讀爲『鬭』。『鬭』也作『鬥』，是爭鬥、戰鬥之義。〔二〕《説文·鬥部》：『鬥，兩士相對（爭），兵杖在後。』唐慧琳《一切經音義》引《蒼頡篇》：『鬭，爭也。』《論語·季氏》：『及其壯也，血氣方剛，戒之在鬭。』此『鬭』即爭鬭義。

【今譯】

彭祖説：『命令一次、俯首二次，這叫作更加轉好。命令二次、俯首三次，這叫作自重。命令三次、俯首四次，這叫作百姓的主人。命令一次、仰首二次，這叫作遭殃。命令二次、仰首三次，這叫作壽命不長。命令三次、仰首四次，這叫作自絶於人世。不要依恃富有，不要倚杖賢能，不要崇尚爭鬭。』

耇老弌（三）拜稽首曰：〔一〕『朕孳（兹）不敏，既得聞道，恐弗能守。』〔二〕【8】

【注釋】

〔一〕『拜』，《説文·手部》：『首至地也。』拜禮是古代表示敬意的一種禮節。『稽』，音康禮切。稽首是古代的一種跪拜禮。《尚書·堯典》『禹拜稽首』僞孔《傳》：『稽首，首至地。』孔穎達《疏》：『稽首爲

〔二〕 參見陳斯鵬：《簡帛文獻與文學考論》，中山大學出版社2007年版，第90頁；林志鵬：《宋鈃學派遺著考論》，萬卷樓圖書股份有限公司2009年版，第109—110頁。

敬之極，故爲首至地。』稽首是拜禮中最重的一種，一般爲臣拜君之禮。『拜稽首』，即以叩頭行禮。

［二］『朕』，《爾雅・釋詁下》：『我也。』郭璞《注》：『古者貴賤皆自稱朕。』秦始皇二十六年（公元前221）始定『朕』爲至尊（『天子』）之專稱。

『守』，守道也，從工夫而言。

【今譯】

耇老三拜稽首說：『我此時不敏捷，已得機會而聞道，但恐怕不能操守之。』

【思想】

本篇竹書以耇老和彭祖問答治理天下之道、做一個合格的君主（百姓之主）爲中心。古書中的耇老和彭祖都是傳說中的長壽者，本篇竹書即表明了這一點。不過，本篇竹書是從治理天下之政治主體的角度來談如何養生的。從身份看，彭祖聞道，是尊者和答問者；耇老未聞道，是卑者和提問者。耇老主要提出了三個問題：第一，『臣何藝何行，而舉於朕身，而匹於帝常』；第二，『未則於天，敢問爲人』；第三，『三去其二，奚若矣』。彭祖對於第二問的具體回答，由於竹簡殘缺，雖然已不可確知，但與第三問似有關聯。而所謂『爲人』，從下文看，是從治身和治人兩個方面來說的。第三問即指向『人』自身，從下文看，彭祖的確從治身和治人兩個方面對此問題作了回答。

概括起來，彭祖的回答包括如下幾個要點：第一，天道有恒，人應當『則天』，即法則天常、天道。天人相通，天道是人道的來源和依據，這是中國古人的一般思想。而且，法則天道的目的是爲了修身和治人。

第二，天、地、人三才若經緯，天地爲經，人爲緯。而竹書的思想重點即落在『人』上，竹書並由此提出了四點主張：一是就養生問題，竹書主張『戒慎毋驕，慎終保勞』和『難易遺欲』。『保勞』即知道勞動，『難易』即重視易做之事。二是就如何處理家庭和政治倫理關係的問題，竹書主張『修五紀』。所謂『五紀』，大抵指父子、兄弟、夫婦、君臣等幾重關係，它們是位分倫理的基本層面，竹書主張『雖貧必修』。三是就謀略問題，竹書認爲，匆忽草率的謀略不可實行，怵惕之心不可生長，要遠離患慮，用素樸之道達到『心白身懌』的地步，如此纔能够謀劃得當。四是竹書主張『背者不用』，認爲『多務者多憂，賊者自賊』，而後一點其實即爲消極意義上的無爲。第三，就立身處世，竹書主張謙遜以承命，甚至認爲『三命四俯』是作爲『百姓之主』的條件；又主張『毋怙富，毋倚賢，毋尚鬭』，財富、賢能和武力均非立身處世之道。綜合起來看，竹書所説的『道』涉及養生、爲政和立身處世三個方面。從旨趣來看，竹書具有較爲濃厚的黄老道家意味。

關於竹書《彭祖》的學派性質，這是需要討論的問題。目前，學界大體有三種説法。第一種認爲竹書《彭祖》是養生家的著作，原整理者李零似乎即持此種主張。李氏雖然没有直接指明其學派性質，但他説《彭祖》是『目前發現年代最早的彭祖書』，並引彭祖老壽之説及仙家文獻作爲支持，在暗中肯定了竹書《彭祖》爲養生家的著作。第二種認爲竹書《彭祖》以儒家思想爲主，同時雜以道家之説，周鳳五即持此説。他説：『綜觀《彭祖》全篇，闡述「人倫」「五紀」，强調謙恭，其主張似以儒家思想爲主。但從彭祖、耇老二人問答的過程來考察，彭祖所欲闡述的顯然是「天道」而非「人道」。因此本篇雖以儒家思想爲主，但不排斥道家，甚至隱然寓有「揚道抑儒」的傾向。』〔二〕第三種認爲竹書《彭祖》是道家作品，這是普遍意見。

〔二〕周鳳五：《上博楚竹書〈彭祖〉重探》，《傳統中國研究集刊》第一輯，上海人民出版社2006年版，第275頁。

陳斯鵬認爲《彭祖》是『先秦道家佚籍』；〔一〕趙炳清認爲《彭祖》『明顯地具有道家抱樸守素、知足不爭的思想』，因此『應是一篇黄老道家的作品』；〔二〕林志鵬更爲具體，認爲《彭祖》是『宋钘一派遺著』。〔三〕

從總體上看，首先可指出，本篇竹書不可能爲儒家著作，因爲第7號簡曰『怵惕之心不可長』。而『怵惕之心』即仁心，是儒家所主張和堅持的根本點。《孟子·公孫丑上》：『皆有怵惕惻隱之心。』《禮記·祭義》：『君子履之，必有怵惕之心。』與竹書『怵惕之心不可長』相似的觀點其實見於《黄帝内經》等書。〔四〕從理上講，道家可以持此一觀點。筆者認爲，將竹書《彭祖》判定爲戰國中期的道家著作，是比較恰當的。其論據如下：一是宣揚養生遺欲。竹書一曰：『耇氏執心不妄，受命永長。』又曰：『戒之毋驕，慎終保勞；大圖之數，難易遺欲。』二是以『白素』修養身心。竹書曰：『忽忽之謀不可行，怵惕之心不可長，遠慮用素，心白身懌。』三是主張無爲少務。竹書曰：『倍（背）者不以，多務者多憂，賊者自賊也。』四是主張卑弱或謙卑。竹書曰：『一命二俯，是謂益愈。二命三俯，是謂自厚。三命四俯，是謂百姓之主。』五是不尚賢能、不貴難得之貨，讚成不爭。竹書曰：『毋怙富，毋倚賢，毋尚鬭。』這些思想，既見於老子和黄老帛書，

〔一〕陳斯鵬：《簡帛文獻與文學考論》，中山大學出版社2007年版，第83頁。

〔二〕趙炳清：《上博楚簡〈彭祖〉性質探討》，《西華師範大學學報（哲學社會科學版）》2010年第1期。趙文原題《上博三〈彭祖〉篇的性質探析》，簡帛研究網，2005年11月20日。

〔三〕林志鵬：《戰國楚竹書〈彭祖〉考論》，見氏著：《宋钘學派遺著考論》，萬卷樓圖書股份有限公司2009年版，第112—117頁。

〔四〕《黄帝内經·靈樞經·本神》：『是故怵惕思慮者則傷神，神傷則恐懼流淫而不止。』同書《靈樞經·本藏》：『其有不離遮罩室内，又無怵惕之恐，然不免於病者，何也？願聞其故。』同書《靈樞經·賊風》：『其毋所遇邪氣，又毋怵惕之所志，卒然而病者，其故何也？』由這三則引文可以看出，醫家、養生家對怵惕之心是滿懷戒懼的。

又見於《管子》《吕氏春秋》的相關篇章。在先秦，談養生，大體上有養生家、醫家和道家之分。本篇竹書的養生説之所以屬於道家，主要有兩個根據：一者，其論養生之道，深入到身心關係上，竹書提出了『遠慮用素，心白身懌』的説法；二者，竹書的此種養生觀點與《管子·心術》《白心》及上博簡《凡物流形》的思想類似。按照司馬談《論六家要旨》，形神是道家的重要議題之一。儘管帛書《道法》《十六經》等篇没有涉及形神問題，但《老子》《管子》和《吕氏春秋》等書無疑是重視養生的。本篇竹書還提出了『五紀必修』『五紀畢周』的觀點，五紀即父子兄弟之類，學者或據此判斷本篇竹書爲儒家性質。其實，『五紀』乃古代世界的基本倫理位分，而對於『五紀必修』『五紀畢周』，即使是道家，亦必肯定之，老子、莊子都是這樣。莊子以『安之若命』（《莊子·人間世》）的消極態度容納了君臣之義、父子之親的倫理位分。此外，本篇竹書雖然重在問答『人道』，但其以天、地、人三才相統一及以天道爲人道之根據的觀點，則爲黄老道家所重視。

本篇竹書的思想，可以歸屬於所謂彭祖術。從先秦至兩漢文獻來看，彭祖術大概有兩種，在歷史上可分爲兩條綫索。一種以食氣、治氣爲養生的方法，這見於《莊子》《荀子》等書。《莊子·刻意》曰：『吹呴呼吸，吐故納新，熊經鳥申，爲壽而已矣，此道（導）引之士，養形之人，彭祖壽考者之所好也。』這種導引之士所好的食氣、治氣方法，《漢書·藝文志》稱之爲方術，它並非道家所本有。不過，它後來被道家和仙家所吸收，則是毫無疑問的。《列仙傳·彭祖篇》曰：『彭祖者，殷大夫也……歷夏至殷末八百餘歲。常食佳芝，善導引行氣。』導引行氣即可以成仙，這是養生思想的發展和轉進。另一種彭祖術見於本篇竹書，竹書《凡物流形》、帛書《二三子》、《莊子·人間世》、《天地》和《管子·心術上》有相近文本。〔一〕這種彭祖術的關鍵在於修心，使『心』達到潔白、精白或純白的狀態，如此『道』纔可能進入修養者的內心，被修養者所把握，進而達到養生的目的。

凡物流形

【簡介】

本篇竹書選自馬承源主編《上海博物館藏戰國楚竹書（七）》（上海古籍出版社2008年版），原整理者和釋文注釋者爲曹錦炎先生。竹書圖版見是書第75—132頁，釋文注釋見是書第219—300頁。本篇竹書原有甲、乙兩本，其中甲本相對完整，共二十九簡（李鋭認爲原第27簡不屬本篇，此説爲學界所認可），部分竹簡有缺字，可據乙本補足，全篇共八百四十二字。乙本殘缺較多，現存二十簡，計六百〇一字。簡文原有篇題，書於甲本第3號簡的簡背，係摘取簡文首句『凡物流形』四字以題篇。本注譯采用甲本作注釋，乙本附録於文後。

〔一〕竹書《凡物流形》：『聞之曰：心不勝心，大亂乃作；心如能勝心，是謂小徹。奚謂小徹？人白爲察。奚以知其白？終身自若。能寡言乎，能一乎，夫此之謂小成。』帛書《二三子》：『能精能白，必爲上客。能白能精，必爲古世。以精白長衆者，難得也。』《管子·心術上》：『洁其宫，開其門，去私毋言，神明若存。』『宫』即『心』之喻。《莊子·人間世》：『瞻彼闋者，虚室生白，吉祥止止。』同書《天地》：『機心存於胸中，則純白不備；純白不備，則神生不定；神生不定者，道之所不載也……夫明白入素，无爲復朴，體性抱神，以遊世俗之間者，汝將固驚邪？』

在曹錦炎釋文出版、公布後，學界陸續發表了許多討論文章，對原釋文作了多處重要改動或重釋。[一] 其中，復旦大學出土文獻與古文字研究中心研究生讀書會：（簡稱『復旦讀書會』）所作《上博（七）〈凡物流形〉重編釋文》（鄔可晶執筆），在簡文的重新釋讀上作出了較多貢獻。[二] 其他如李鋭、廖名春、顧史考等學者也提出了一些修正意見。對於這些意見，本文多有參考與吸收。鑒於本注譯的簡注性質，所引前賢意見盡量在注釋中作出説明，一般不於正文羅列。

關於竹簡的排序，學界曾提出多種方案，其中復旦讀書會、李鋭等人對簡序的重新編排作出了重要貢獻。嗣後，顧史考對編連方案作了部分改進，王中江與顧氏的排序相同，並提供了較爲充分的調整理由。目前，簡文的重新排序已得到學界的普遍認同。本注譯所用釋文即采用修訂過的編連順序，即：1–12a、13b–14、16、26、18、28、15、24–25、21、13a、12b、22–23、17、19–20、29、30。另外，原釋文中有■、⌋、▮與∠四種符號。爲行文簡潔，這些符號現都省去。

關於簡文的分章，從行文方式來看，本篇竹簡由十段文本構成；除第一段外，其他九段均以『聞之曰』起首。據此，學界一般認爲本篇竹書可分爲十章。其中，前三章和後七章又可以視爲兩個大的部分。前一部分可以『凡物流形』來稱謂之，後一部分可以『察道』來命名之。

[一] 相關文章主要發表於2018年12月底至2019年上半年，刊登在復旦大學出土文獻與古文字研究中心網、簡帛網、簡帛研究網和孔子2000網『清華大學簡帛研究』網頁。

[二] 復旦大學出土文獻與古文字研究中心研究生讀書會：《上博（七）〈凡物流形〉重編釋文》（鄔可晶執筆），最初於2008年12月31日在『復旦大學出土文獻與古文字研究中心網』發布。此文後來正式刊出，見劉釗主編：《出土文獻與古文字研究》第三輯，復旦大學出版社2010年版。

凡物流形，奚得而成？[一] 流形成體，奚得而不死？[二] 既成既生，奚顧而鳴？[三] 既本既根，奚後【二】之奚先？[四] 陰陽之處，奚得而固？水火之和，奚得而不危（詭）？[五]

【注釋】

〔一〕「凡物」，即總言萬物。「凡」爲概括之辭。《説文·二部》：「凡，最括也。」「流」，移動，變化。《説文·水部》：「水行也。」王筠《説文解字句讀》：「謂水之自行也。」這裏是用水之流動來形容萬物生成變化的過程。

「形」，指形體。《易·繫辭上》：「在天成象，在地成形，變化見矣。」

「凡物流形」，語近《乾·彖》「品物流形」，意思是説：萬物受自然之滋育而運動變化其形體。

「奚」，副詞，表疑問，相當於「怎麽」。

「得」，能够。

「成」，指完成或實現。《説文·戊部》：「成，就也。」

〔二〕「體」，原意爲人或動物的身體，引申爲形體。《易·繫辭上》：「故神無方而易無體。」孔穎達《疏》：「體是形質之稱。」「形」「體」二字意思接近而有所區分，「體」偏重於「形」的完成與實現。

〔三〕「既」，副詞，表動態，相當於「已經」。《廣雅·釋詁四》：「既，已也。」

「顧」，整理者原以爲「寡」字的省體，讀爲「呱」。此説不確。當讀爲「顧」，念也。〔一〕朱駿聲《説文

〔一〕廖名春：《〈凡物流形〉校讀零札（一）》，簡帛研究網，2008年12月31日。

通訓定聲・豫部》：『寡，叚借爲顧。』《禮記・緇衣》：『故君子寡言而行。』鄭玄《注》：『寡當爲顧，聲之誤也。』

『鳴』，本義爲『鳥鳴』，引申爲『鳴叫』。段玉裁《説文解字注》云：『引申之，凡出聲皆曰鳴。』下文『禽獸奚得而鳴』與本句『奚顧而鳴』相應。

［四］『本』，原意指草木的根，亦指莖或干。《説文・木部》：『本，木下曰本。』段玉裁《説文解字注》：『木下曰本，木身亦曰本。』此處之『本』，當取本根義。

『之』，其義爲『與』。王引之《經傳釋詞》卷九：『之，猶與也。』《左傳・文公十一年》：『皇父之二子死焉。』杜預注：『皇父與穀甥及牛父皆死。』《吕氏春秋・適音》：『樂之弗樂者，心也。』許維遹《集釋》：『之，猶與也。』皆其例。

［五］『陰陽』，這裏指事物内部同時存在又相互對立的兩種動能或構成因素。王弼本《老子》第四十二章：『萬物負陰而抱陽。』《周易・繫辭上》：『一陰一陽之謂道。』

『處』，《説文・几部》：『止也，得几而止。』這裏指陰陽平衡的狀態。

『固』，穩固。

『水火』，這一對概念當來自《尚書・洪範》『火曰炎上，水曰潤下』，春秋時期發展出水火相剋、相濟的觀念。此處指使形體本身得以和諧、穩定存在的兩種基本力量或因素。

『和』，和諧、協調。《廣雅・釋詁三》：『和，諧也。』《周易・乾卦》：『保合大和，乃利貞。』

『危』，原字從厂、坐聲，即『危』字，讀作『詭』。[二]『詭』，反也。例見《呂氏春秋・淫辭》：『言行相詭，不祥莫大焉。』

【今譯】

天下萬物究竟是如何成就其形體的？它們在成就其形體之後，又如何纔能夠做到不死呢？它們已生成之後，尚需顧念什麼而發出聲音？本根已樹，而其餘部分何者先生、何者後成？天地之間的陰陽、水火等相生、相剋之對立面，何以能夠維持穩定、和諧的狀態（以構成形體之物）呢？

右爲第一章。

聞之曰[一]：民人流形，奚得而生？【2】流形成體，奚失而死？[二] 有得而成，未知左右之情？[三] 天地立終立始，天降五度，吾奚【3】衡奚縱？[四] 五氣並至，吾奚異奚同？五音在人，孰爲之公？[五] 九囘（域）出畝，孰爲之封？[六] 吾既長而【4】或老，孰爲薦奉？[七] 鬼生於人，奚故神明？骨肉之既靡，其智愈彰，其魂奚適，孰知【5】其疆？[八] 鬼生於人，吾奚故事之？骨肉之既靡，身體不見，吾奚自食之？[九] 其來無度，【6】吾奚待之祝？祭〈異（祀）〉奚升？吾如之何使飽？[十] 順天之道，吾奚以爲首？

[二] 此字整理者原隸定爲『厔』，讀作『厚』。後復旦讀書會重新隸定爲『危』或『詭』，秦樺林從之而釋爲『危』，讀爲『詭』。參見復旦讀書會：《上博（七）〈凡物流形〉重編釋文》，復旦大學出土文獻與古文字研究中心網，2008年12月31日；秦樺林：《楚簡〈凡物流形〉中的「危」字》，簡帛網，2009年1月4日。

吾欲得【7】百姓之和，吾奚事之？[十一] 通天之明奚得？鬼之神奚食？先王之智奚備？[十二]

【注釋】

[一]『聞之曰』，《凡物流形》篇總計出現了八個『聞之曰』。以『聞之曰』起首的意思，大致是表明其後出現的文本是早已形成的、流傳有年的，且具有一定社會影響的前人舊説。

[二]『民人』，泛指人類。《詩·大雅·假樂》：『宜民宜人，受禄於天。』朱熹《注》：『民，庶民也；人，在位者也。』

『生』，出生，産生。作者在上一段先問自然萬物何以産生，本段接着討論人類的生死問題。與此相關的論述可見於《左傳·成公十三年》：『民受天地之中以生。』孔穎達《疏》：『民者人也。言人受此天地中和之氣以得生育。』

『失』，《説文》：『失，縱也』，訓爲『喪失』。

[三]『有得而成』，意謂人類既然能够産生自然是有所憑藉的。

『左右』，整理者以爲指方位，即左面和右面，乃泛指。此説不確。『左右』當取『支配』義，[一] 表示『支配或促成形質體貌的原由』。[二]

『情』，整理者釋爲『請』，今依學界一般意見改釋爲『情』，指情實。

[一] 廖名春：《〈凡物流形〉校讀零札（一）》，簡帛研究網，2008年12月31日。

[二] 吴國源：《上博（七）〈凡物流形〉零釋》，復旦大學出土文獻與古文字研究中心網，2009年1月20日。

〔四〕「立」，設置、建立。「天地立終立始」是說，天地設立了自然萬物的規律或法則。「五度」，《說文·又部》：「度，法則也。」此處的「五度」，一說爲五種系統配套的測度標準、方法或工具，引申爲五種治國的法度；[一] 一說指「五行」，即金、木、水、火、土。[二] 以「五行」爲此處之「五度」，有類於《尚書·洪範》所謂「天乃畀禹洪範九疇，彝倫攸叙。初一曰五行」。「奚衡奚縱」，《集韻·鍾韻》：「東西曰衡，南北曰縱。」這裏取引申義，即謂如何去順應天所降下的法則。

〔五〕「五氣」，當是指五行之氣。戰國中後期流行一種「帝者同氣」的觀念，認爲帝王的施政應當與當令的五行之氣保持一致，始能達成良好的治理。後文的「系異奚同」似可以從這個角度去理解。「五音」，學界爭議較大。整理者釋爲「五言」，指「仁、義、禮、智、信」五德之言。一說「五」表虛數，「五言」指各種言論、毀譽；[三] 一說當改釋爲「五音」，即宮、商、角、徵、羽。[四]「在人」，「在」整理者訓爲「由於、取決於」。一說讀爲「薦至」，意爲「紛至沓來」。[五]「公」，整理者訓爲「公正」「公平」。一說當訓爲「君」，古人以「宮」爲五音之「君」。[六]

〔一〕吴國源：《〈上博（七）〈凡物流形〉零釋》，復旦大學出土文獻與古文字研究中心網，2009 年 1 月 20 日。
〔二〕陳偉：《〈凡物流形〉「五度」句試說》，簡帛網，2009 年 6 月 19 日。
〔三〕廖名春：《〈凡物流形〉校讀零札（一）》，簡帛研究網，2008 年 12 月 31 日。
〔四〕李鋭：《〈凡物流形〉釋讀札記》，簡帛研究網，2008 年 12 月 31 日。
〔五〕宋華强：《〈凡物流形〉「五音在人」試解》，簡帛網，2009 年 6 月 15 日。
〔六〕同上。

［六］「囡」，整理者原釋爲「區」，復旦讀書會改隸爲「囡」。[一]「囡」即「囿」字，通「域」。「九囡」可讀爲「九有」「九域」，是「全天下」的意思。[二]

「畋」，整理者原讀爲「誨」，釋爲勸諫的話。一説讀爲「謀」，意爲考慮、謀劃，意謂天下之人各有其謀劃。[三]一説讀爲「晦」，即「畋」字，句意爲「九域之人出於田畝」。[四]

「封」，整理者原釋爲「逆」，不確。此字當讀爲「封」，[五]意爲封土、疆域。《説文·土部》：「封，爵諸侯之土也。」引申爲劃分疆界。

［七］「或」，副詞，表示相承，相當於「又」。王引之《經傳釋詞》卷三：「或，猶又也。」

「薦」，整理者原釋爲「侍」，意爲在尊者旁邊陪從伺候。一説當隸爲「薦」，讀「薦」。[六]今從後説，《玉篇·艸部》：「薦，進獻也。」指進獻給鬼神的祭品。

［八］「鬼生於人」，即人死而爲鬼。《説文·鬼部》：「鬼，人所歸爲鬼。」

「神」，原義爲天神。《説文·示部》：「神，天神，引出萬物者也。」這裏引申爲人死之後所産生之精魂。《禮記·樂記》：「幽則有鬼神。」鄭玄《注》：「聖人之精氣謂之神，賢知之精氣謂之鬼。」神亦可理解爲神

〔一〕復旦讀書會：《〈上博（七）〈凡物流形〉重編釋文》，復旦大學出土文獻與古文字研究中心網，2008年12月31日。

〔二〕季旭昇：《〈上博七芻議（二）：凡物流形〉》，簡帛網，2009年1月2日。

〔三〕復旦讀書會：《〈上博（七）〈凡物流形〉重編釋文》復旦大學出土文獻與古文字研究中心網，2008年12月31日；吴國源：《〈上博（七）〈凡物流形〉零釋》，復旦大學出土文獻與古文字研究中心網，2009年1月20日。

〔四〕沈培：《〈上博（七）〉字詞補説二則》，復旦大學出土文獻與古文字研究中心網，2009年1月3日。

〔五〕復旦讀書會：《〈上博（七）〈凡物流形〉重編釋文》，復旦大學出土文獻與古文字研究中心網，2008年12月31日。

〔六〕同上。

妙，神機妙算。《易·繫辭上》：『陰陽不測之謂神。』

『明』，整理者讀爲『盟』，指古代在神前盟誓的活動；一説當讀爲『明』。[一] 今從後説。《上博簡》另有《鬼神之明》篇，其中有『鬼神有所明』的説法，意謂鬼神有明辨之能，可以行賞善罰暴之事。

『靡』，通『糜』，意爲糜爛，即身體滅亡。

『彰』，原文作『暲』，整理者原讀爲『障』，意爲阻塞、阻隔。一説當作『彰』。今從後説。《廣雅·釋詁四》：『彰，明也。』這裏是承上文而言，謂人死之後化而爲鬼，較生時更能明辨善惡。

『魂』，一説讀爲『慧』，[二] 一説讀爲『魂』。[三] 今從後説。這裏用以指人死之後的靈魂。

『適』，往，至。《爾雅·釋詁上》：『適，往也。』

『疆』，邊際，止境。[四]《廣雅·釋詁四》：『疆，窮也。』也可指疆域。

［九］『事』，侍奉。《論語·先進》：『季路問事鬼神。子曰：「未能事人，焉能事鬼」。』推作者之意，人應當侍奉生己者，如父母之類；至於鬼乃由人而生，故不應以侍奉言。

『奚自』，猶言何從。

『食』，作動詞解，即食之。這裏是指以祭品獻祭於鬼。

［十］『度』，法度。《説文·又部》：『度，法制也。』引申爲規則、規律。『無度』，即没有一定的規律，

〔一〕 復旦讀書會：《〈上博（七）〈凡物流形〉重編釋文〉》，復旦大學出土文獻與古文字研究中心網，2008 年 12 月 31 日。
〔二〕 同上。
〔三〕 宋華强：《〈凡物流形〉甲本 5—7 號部分簡文釋讀》，簡帛網，2009 年 6 月 23 日。
〔四〕 吴國源：《上博（七）〈凡物流形〉零釋》，復旦大學出土文獻與古文字研究中心網，2009 年 1 月 20 日。

難以預料。〔一〕

「祝」，一指祭祀時司祭禮的人，男巫，《説文・示部》：「祝，祭主贊詞者。」又指用言語向鬼神祈禱求福。這裏當取後一意。〔二〕

「異」，原字當隸定爲「員」，疑爲「異」字之譌，讀作「祀」。〔三〕

「升」，意爲進奉、進獻。《集韻・蒸韻》：「升，進也。」《吕氏春秋・孟秋紀》：「是月也，農乃升穀，天子嘗新，先薦寢廟。」高誘注：「升，進也。」

〔十一〕「順天之道」，順應上天的法則。順天、承天、法天是春秋戰國時期十分流行的觀念，廣泛見於儒、道、陰陽諸家之文獻。這裏的「順天之道」似當與上文「天降五度，吾奚衡奚縱。五氣並至，吾奚異奚同」之説合看。

「百姓之和」，即人民和諧相處。百姓和諧是古代常見的施政目標之一。《尚書・堯典》：「克明俊德，以親九族。九族既睦，平章百姓。百姓昭明，協和萬邦。」

〔十二〕「通」，整理者讀爲「敬」，一説當讀爲「通」，〔四〕今從後説。《釋名・釋言語》：「通，洞也，無所不洞貫也。」《易繫辭・上》：「曲成萬物而不遺，通乎晝夜之道而知。」孔穎達《疏》曰：「言通曉於幽冥之道，而無事不知也。」通天之明，意爲貫通天道的聰明。

〔一〕廖名春：《〈凡物流形〉校讀零札（一）》，孔子2000網，2008年12月31日。

〔二〕李鋭轉引孫飛燕説，認爲此字從六聲，讀作「祝」。參見李鋭：《〈凡物流形〉釋文新編（稿）》，孔子2000網，2008年12月31日。

〔三〕沈培：對《〈上博（七）・凡物流形〉重編釋文的評論》，復旦大學出土文獻與古文字研究中心網，2009年1月1日。

〔四〕高佑仁：《釋〈凡物流形〉簡8之「通天之明奚得」》，簡帛網，2009年1月16日。

『先王之智』，指上古聖王的智慧。

『備』，具備，齊備。《廣韻·至韻》：『備，具也。』《易·繫辭下》：『廣大悉備。』

【今譯】

聞之曰：人類通過流形成體的方式獲得其生命，然而其中有什麼因素在它的生與死的過程裏起到關鍵的作用呢？生命的獲得自然是有所憑藉的，可是這背後的支配者到底是什麼呢？天地設立了自然萬物的規律與法則：上天降下五行的法度，我應當如何去順應它們呢？五氣一齊並至，我該當如何施爲纔能合乎上天的意旨呢？五音紛至沓來，可是誰又能够擔當宫音之君位呢？（或譯：人們提出各種言論，誰來對之進行評判裁決呢？）天下之人耕於田畝，又由誰來劃分他們的疆域呢？（或譯：天下之士各自謀劃，又該由誰來劃分界域呢？）我既已長大而又衰老，（死後）還需要人進獻祭品嗎？人死之後化而爲鬼，何故比活着的時候更加聰明？人死之後肉體消亡，而聰明智慧却更勝往昔，它們的魂靈將去往何處，有人知道它們的疆域嗎？既然鬼是由人變化而來的，那我爲什麼要侍奉它呢？它的肉身已經消亡，不再以身體的形式出現，我又怎麼用食物來供養它呢？它們的出没難以預測，那麼我要在什麼時候祭祀纔好？又怎樣纔能讓它們享受到我的祭祀從而感到滿足呢？如果要做到順應上天的法則，我該把哪一項事務放在第一位呢？到底要怎樣對待它們，纔可以得到天下安寧、百姓和樂的報償呢？那貫通上天的聰明我如何纔能獲得？鬼的神靈又如何奉祀？前代聖王的智慧如何纔能爲我所具備？

右爲第二章。

聞之曰：登【8】高從卑，至遠從邇。十圍之木，其始生如蘖。足將至千里，必從寸始。[一] 日之有【9】耳（珥），將何聽？月之有暈，將何征？水之東流，將何盈？[二] 日之始出，何故大而不炎？其人〈入〉【10】中，奚故小雁〈雁（焉）〉暲暑？[三] 問：天孰高歟？地孰遠歟？孰爲天？孰爲地？孰爲雷【11】神（電）？孰爲啻（霽）？[四] 土奚得而平？水奚得而清？草木奚得而生？【12a】禽獸奚得而鳴？【13b】夫雨之至，孰雩〖而〗濡（薦）之？夫風之至，孰颱（嘘）飄（吸）而迸之？[五]【3】

【注釋】

[一]『登高從卑』至『必從寸始』數句，古籍習見。『卑』，低下。『蘖』，指草木旁生之萌芽。

[二]『耳』，讀爲『珥』，指太陽兩旁的光暈，其狀似耳。《釋名·釋天》：『珥，氣在日兩旁之名也。珥，耳也，言似人耳之在兩旁也。』『暈』，指月亮周圍的光圈。《廣韻·問韻》：『暈，日月旁氣。』『征』，意爲遠行。《爾雅·釋言》：『征，行也。』《詩·小雅·小明》：『我征徂西，至于艽野。』鄭玄《箋》：『征，行。』『征』字亦可引申爲『征伐』。『盈』，意爲充滿、裝滿。《説文·皿部》：『盈，滿器也。』《廣雅·釋詁四》：『盈，充也。』

[三]『炎』，整理者原讀爲『耀』，一説當讀爲『炎』，取熱義。[1]

---

[1] 宋華强：《上博竹書〈問〉篇偶識》，簡帛網，2008年10月21日。

『人』，整理者以爲『入』字之譌，意爲進入、到達。『入中』，指中午時分太陽升到天中。『𡰪』，此字應如何釋讀的問題，學者的爭議較多，疑爲『雁』字之形訛，讀作『焉』，其用法與連詞『而』字相同。[一]

『暲』，整理者讀爲『障』，訓爲『遮蔽』。一説如字讀，訓爲輝煌耀眼。[二]

『暑』，該字在釋讀方面的爭議頗多，今姑讀爲『暑』[三]，表熱之義。

［四］『歟』，疑問語氣詞。

『神』，原簡字迹模糊，整理者以爲無此字。復旦讀書會釋作『神』，讀爲『電』，意爲閃電。[四] 當從之。《説文・雨部》：『電，陰陽激燿也。』許慎是東漢時人，故以陰陽觀念解釋電。本篇作者可能尚未接受這種觀念，故而發爲此問。

『啻』，讀爲『霽』，意爲雨停。《説文・雨部》：『霽，雨止也。』《尚書・洪範》：『乃命卜筮，曰雨，曰霽。』

［五］『雩』，古代爲祈雨而舉行的祭祀。《説文・雨部》：『雩，夏祭樂於赤帝以祈甘雨也。』《荀子・天論》：『雩而雨，何也？曰無何也，猶不雩而雨也。』『雩』下，疑脱『而』字，當據補。

〔一〕此采宋華强引劉建民説，參見宋華强：《上博竹書〈問〉篇偶識》，簡帛網，2008年10月21日。

〔二〕［日］淺野裕一：《上博楚簡〈凡物流形〉之整體結構》，復旦大學出土文獻與古文字研究中心網，2009年9月15日。

〔三〕此采孫飛燕説，參見孫飛燕：《讀〈凡物流形〉札記（二）》，簡帛研究網，2009年1月4日。

〔四〕復旦讀書會：《上博（七）〈凡物流形〉重編釋文》，復旦大學出土文獻與古文字研究中心網，2008年12月31日。

『澫』，讀爲『薦』，意爲進獻。〔二〕《玉篇・艸部》：『薦，進獻也。』《左傳・隱公三年》：『可薦於鬼神，可羞於王公。』

『颰飄』，讀爲『噓吸』。〔三〕以噓吸比喻風的生起，又見於《莊子・齊物論》：『子綦曰：「夫大塊噫氣，其名爲風。」』所謂大塊噫氣，即大地吐氣。

『迸』，同『迸』，唐慧琳《一切經音義》卷九：『迸，放流也。』

【今譯】

聞之曰：登高要從低處開始，遠行要從近處出發。參天大樹最初不過是一顆嫩芽，千里之行起初也要始於一寸。那太陽長着耳朵，是要聽些什麽呢？那月亮周圍騰起塵土，是準備向何方進軍？江河的水奔流東去，打算把哪裏填滿？太陽剛剛升起的時候體型巨大，爲何却不讓人感到炎熱？太陽升上中天，體型變小，爲什麽却又耀眼而火辣？問：天有多高？地有多廣？那天地又是誰創設的？下雨時的電閃雷鳴是誰發起的，又是誰讓雨停歇的？大地爲什麽是平坦的？水爲何是清澈的？草木爲什麽會生長變化？禽獸因何會發出叫聲？天降大雨，是哪個人祈求的結果？大風之起，又是誰在呼吸而放散出來的？

右爲第三章。

〔二〕『澫』字，從郭永秉釋。何有祖説，字當從水從鳶，讀作『薦』。參見郭永秉：《由〈凡物流形〉『鳶』字寫法推測郭店〈老子〉甲組與『朘』相當之字應爲『鳶』字變體》，復旦大學出土文獻與古文字研究中心網，2008 年 12 月 31 日；何有祖：《〈凡物流形〉札記》，簡帛網，2009 年 1 月 1 日。

〔三〕此采宋華强説，參見宋華强：《〈上博（七）・凡物流形〉札記四則》，簡帛網，2009 年 1 月 3 日。

聞之曰：察道，坐不下席；〔一〕端冕，【14】箸不與事；〔二〕之〈先〉知四海，至聽千里，達見百里。〔三〕是故聖人處於其所，邦家之【16】危安存亡，賊盜之作，可先知。〔四〕

【注釋】

〔一〕關於「察」字的釋讀，曾有頗多爭議。整理者原以爲係「識」的異體字，嗣後有學者指出其與楚簡「察」字的寫法很接近，當釋爲「察」。〔一〕《爾雅·釋詁下》：「察，審也。」《説文·宀部》：「察，覆也。」「覆」謂「周審」。竹簡「察」字，即「明察」「明知」「詳知」之義。〔二〕「察道」，即明察道。這裏的「道」字，從上下文來看較爲接近《老子》中所説的「道」，指形體世界（百物）的終極本原和存在根據，同時，它也是聖人修身治邦家的前提條件。

「坐不下席」，意思近於今天所謂足不出户。

〔二〕「端冕」，整理者讀爲「端文」，李鋭讀爲「端冕」〔三〕，李讀可從。「端冕」一詞又見於《禮記·樂記》，孫希旦注：「端冕，端衣而服冕也……古樂用於祭祀，祭時端冕，故端冕而聽古樂。」

「箸」，整理者以爲通「書」，指書籍；顧史考讀爲「圖」，意爲圖謀。〔四〕按此字當讀爲「箸」，《集韻·

〔一〕何有祖：《〈凡物流形〉札記》，簡帛網，2009年1月1日。
〔二〕關於「察」字的釋讀爭議，丁四新有詳細的梳理，參見丁四新：《論上博楚竹書〈凡物流形〉的哲學思想》，孫熙國、李翔海主編：《北大中國文化研究》第二輯，社會科學文獻出版社2012年版，第139—140頁。
〔三〕李鋭：《〈凡物流形〉釋文新編（稿）》，孔子2000網，2008年12月31日。
〔四〕［美］顧史考：《上博七〈凡物流形〉上半篇試探》，復旦大學出土文獻與古文字研究中心網，2009年8月23日。

御韻》：『箸，立也。』《國語・周語上》：『大夫士日恪位箸以儆其官。』韋昭《注》：『中廷之左右曰位，門屏之間曰箸。』〔一〕

『與』，意爲參與、干預。

〔三〕『之』，係甲本誤抄，據乙本改正爲『先』字。

『四海』，猶言四方，『海』在先秦時多用以指荒遠之地。《爾雅・釋地》：『九夷、八狄、七戎、六蠻，謂之四海。』《周禮・夏官・校人》：『凡將事於四海山川，則飾黄駒。』鄭玄《注》：『四海，猶四方也。』《荀子・王制》：『北海則有走馬吠犬焉，然而中國得而畜使之。』楊倞《注》：『海，謂荒晦絶遠之地，不必至海水也。』『先知四海』，意即預先掌握天下四方的情况。

『至』，至極，達到極點。『至聽千里』，意謂千里之内的事情皆能够收於耳内。

『達』，周遍、全面。此處的『達見』意爲『遍觀』，即全面的了解。《書・召誥》：『周公朝至於洛，則達觀於新邑營。』蔡沈《書集傳》：『周公至則遍觀新邑所經營之位。』《論衡・實知》：『先知之見方來之事，無達視洞聽之聰明，皆案兆察迹，推原事類。』

〔四〕『處』，暫止。《説文・几部》：『處，止也。』徐鍇《繫傳》：『《詩》曰：「爰居爰處」，以爲居者定居，處者暫止而已。』

『所』，處所。

〔一〕此引丁四新説，參見丁四新：《論上博楚竹書〈凡物流形〉的哲學思想》，孫熙國、李翔海主編：《北大中國文化研究》第二輯，社會科學文獻出版社2012年版，第142頁。

『邦』，指古代的諸侯封國。《説文·邑部》：『邦，國也。』《六書故·工事二》：『邦，國也。别而言之，則城郭之内曰國，四境之内曰邦。』

『家』，指卿大夫的家族或封地。《字彙·宀部》：『家，大夫之邑曰家。』《書·洪範》：『臣之有作福作威玉食，其害于而家。』孔穎達《疏》引王肅云：『大夫稱家』。

『作』，興起、産生。《説文·人部》：『作，起也。』

【今譯】

聞之曰：如果有人能够明察和把握道，則足不出户便能對天下的狀况了若指掌，無須親自參與各項事務，端坐朝堂便能使天下大治。察道之人能够先知四海之事，預聞千里之情，明了百里之内的境况。因此，聖人處於宫室之内便能預知國家的安危存亡，提前覺察盜賊的作亂。

右爲第四章。

聞之曰：心不勝心，大亂乃作；[一] 心如能勝心，【26】是謂小徹。[二] 奚謂小徹？人白爲察。[三] 奚以知其白？終身自若。[四] 能寡言乎，能一【18】乎，夫此之謂小成。[五]

【注釋】

[一]『勝』，剋制、制服。《論語·子路》：『善人爲邦百年，亦可以勝殘去殺矣。』《吕氏春秋·先己》：『故欲勝人者，必先自勝。』由『心不勝心』的表述，我們似可以感到作者對『心』進行了區分，但前

後二『心』的具體所指，簡文並未明確指出。對於這句話，我們可以理解爲不能對自己的心加以剋制。

『亂』，意爲紛亂，此處應是就心理狀態而言。

〔二〕『徹』，通達、通曉義。《說文·攴部》：『徹，通也。』文中的『小徹』一語當是指『心能勝心』而達到的一種狀態或境界。

〔三〕『奚』，疑問代詞，相當於何。

『白』，清楚、明白。《玉篇·白部》：『白，明也。』《荀子·王霸》：『三者明主之所謹擇也，仁人之所務白也。』楊倞《注》：『白，明白也。』『白』字在此處所表示的意思當與『察』字相應。

〔四〕『自若』，意爲自在、自如。『自若』在這裏可以理解爲一種不受拘束、自然而然的狀態或境界。[一]

〔五〕『寡言』，即少言，引申爲統治者少發號施令、不擾民。《老子》中有謂『希言自然』，與此意近。

『一』，整理者原隸作『豸』，以爲『豹』字楚文省寫，讀作『貌』。嗣後學者們否定了此説，認爲此字當隸作『鼠』，讀爲『一』。[二]『一』字在本篇簡文中共出現了十九次，係本文的重要概念，其意義與『道』字基本相同。王弼本《老子》第三十九章：『昔之得一者，天得一以清，地得一以寧，神得一以靈，谷得一以盈，萬物得一以生，侯王得一以爲天下貞。』

『小成』，指能够做到寡言、專一而達到的境界，與上文『小徹』相對。

〔一〕曹峰：《〈凡物流形〉的『少徹』與『少成』——『心不勝心』章疏證》，簡帛研究網，2009年1月9日。

〔二〕《凡物流形》的『一』字，最先由沈培認出。隨後，復旦讀書會將其隸作『鼠』，亦讀作『一』。這個意見，很快得到了學界的廣泛認同。參見沈培：《略説〈上博（七）〉新見的『一』字》，復旦大學出土文獻與古文字研究中心網，2008年12月31日；復旦讀書會：《〈上博（七）·〈凡物流形〉釋文重編》，復旦大學出土文獻與古文字研究中心網，2008年12月31日。

【今譯】

聞之曰：不能以大智（心）剋服小智（心），這是大亂産生的原因。如果能够用大智（心）剋服小智（心），便可稱爲『小徹』。什麼是『小徹』呢？就是指一個人可以做到明白透徹。如何檢驗其是否明白透徹呢？那就是看他是否做到終身自若。能够做到寡言和守一嗎？如果做得到，那便可以稱爲『小成』了。

右爲第五章。

【聞之】曰：[一] 百姓之所貴唯君，君之所貴唯心，心之所貴唯一。[二] 得而解之，上【28】賓於天，下番（蟠）於淵。[三] 坐而思之，謀於千里；起而用之，通於四海。[四]

【注釋】

[一] 本段簡文以『曰』字開頭，疑漏抄『聞之』二字，今補。

[二] 『貴』，尊貴，此處作動詞用。《玉篇·貝部》：『貴，高也，尊也。』『君』，指君主。『百姓之所貴唯君』一句體現了尊君的思想。『所貴唯心』，即以心爲貴，心之所貴又以是否做到『一』爲準繩。《文子·下德》『夫一者至貴』和《吕氏春秋·爲欲》『執一者，至貴也』等文，可與此段文本合看。

[三] 『解』，意爲知曉、理解，引申爲領悟。『解之』，即理解、領悟了這樣的道理。

『賓』，訓爲『登』『至』。[一]『番』，讀爲『蟠』，至也。[二]《莊子·刻意》篇謂『上際於天，下蟠於地』，與此處文意接近。

[四]『通』，整理者讀爲『陳』，訓爲『布陳』。一説當讀爲『通』，[三]意爲通達、達到。《説文·辵部》：『通，達也。』『通於四海』爲先秦慣用語，今姑從後説。《荀子·儒效》：『此若義信乎人矣，通於四海，則天下應之如讙。』

『四海』之義，見上文注釋。

【今譯】

【聞之】曰：百姓以君主爲最尊，君主以心爲最尊，在心的衆多狀態之中，保持『一』的狀態又是最爲可貴的。如果君主之心做到守一，即可達到與天地共在的境界。靜坐思慮，可以謀劃千里之事務；起而施爲，可以通達四海之情實。

右爲第六章。

[一] 此字整理者原釋爲『視』，復旦讀書會讀爲『賓』，參見復旦讀書會：《上博（七）·〈凡物流形〉釋文重編》，復旦大學出土文獻與古文字研究中心網，2008年12月31日。

[二] 此字整理者釋爲『番』，以爲『審』字省體；後顧史考讀爲『蟠』，學界多從之。參見顧史考：《上博七〈凡物流形〉下半篇試解》，復旦大學出土文獻與古文字研究中心網，2009年8月24日。

[三] 此采蘇建洲説，參見蘇建洲：《釋〈凡物流形〉甲15『通於四海』》，復旦大學出土文獻與古文字研究中心網，2009年1月14日。

聞之曰：至情（精）而智，[一]【15】察智而神，察神而同，[二]〖察同〗而僉（斂），察僉（斂）而困，察困而復。[三]是故陳爲新，人死復爲人，水復【24】於天。咸〈凡〉百物不死如月，[四]出則又入，終則又始，至則又反。察此焉，起於一端。[五]【25】

【注釋】

[一]『情』，整理者據乙本補。一説讀爲『靜』，『至靜』，意即做到靜；[1]一説讀爲『精』[2]，意爲虔誠、專一。今從後説。《古今韻會舉要·庚韻》：『精，專一也。』《管子·心術下》：『形不正者德不來，中不精者心不治。』尹知章《注》：『精，誠至之爲也。』《淮南子·脩務》：『官御不厲，心意不精。』高誘《注》：『精，專也。』『至精』，意即達到高度的專一狀態。

[二]『神』，此處當理解爲『精魂』。《荀子·天問》：『形具而神生。』楊倞注：『神謂精魂。』『同』，相同，這裏指天地萬物相同的變化趨勢，即後文所謂『斂』，不斷收聚。

[三]『察同』二字，甲本抄脱，當據乙本補。『僉』，整理者讀爲『險』，訓爲『危險』。一説讀爲『斂』，《説·支部》：『斂，收也。』收即收聚也。[3]

[1] 廖名春：《〈凡物流形〉校讀零札》，簡帛研究網，2008年12月31日。
[2] 此采李鋭説，參見李鋭：《〈凡物流形〉釋讀札記（再續）》，簡帛研究網，2009年1月3日。
[3] 此采丁四新説，見氏著：《論上博楚竹書〈凡物流形〉的哲學思想》，孫熙國、李翔海主编：《北大中國文化研究》第二輯，社會科學文獻出版社2012年版，第136頁。

『困』，作如字讀，極也。《廣雅·釋詁一》：『困，極也。』《國語·越語下》：『日困而還，月盈而匡。』是其例。[一]

『復』，返、返回。《爾雅·釋言》：『復，返也。』《説文·彳部》：『復，往來也。』段玉裁《注》：『返，還也。還，復也。皆訓往而仍來。』此處的『復』字，可參考王弼本《老子》第十六章：『致虚極，守静篤，萬物並作，吾以觀復。夫物芸芸，各復歸其根。』『復』指萬物生成變化的總規律。

〔四〕『咸』，疑爲『凡』字的形譌，屬下讀。[二] 凡者，總括之詞。

『不死如月』，意即如月之圓而又缺、缺而又圓，循環往復。

〔五〕簡文『察此焉』後原有符號『∠』。

『察此焉，起於一端』，是一段結束語，意謂上述之言，若察其所自起，皆起於一端。

【今譯】

聞之曰：保持高度的專一，就會達到智慧；明了智慧，便會感知到精魂；明了精魂，就會發現萬物相同的變化趨勢；這一共同趨勢，就是不斷收聚；待聚到極處，就會陷入困境；而困極之後，萬物又歸復其本原。因此，陳舊之物會迎來新生，人衰老死去，之後還會重新化生爲人；源於上天的水也將重新復歸於天。天下萬物是不會徹底滅亡的，它們的產生與消亡，就像月亮的升與降，循環不已，永無窮盡。上面的這些道

〔一〕此采丁四新説，見氏著：《論上博楚竹書〈凡物流形〉的哲學思想》，孫熙國、李翔海主編：《北大中國文化研究》第二輯，社會科學文獻出版社2012年版，第136頁。

〔二〕『凡』字屬下讀，最早由何有祖提出，參見何有祖：《〈凡物流形〉札記》，簡帛網，2009年1月1日。

理，若要察其所自起，皆起於一端。

右爲第七章。

聞之曰：一生兩，兩生三，三生女〈四〉，女〈四〉成結。〔一〕是故有一，天下無不有；無一，天下亦無一有。〔二〕無【21】【目】而知名，無耳而聞聲。〔三〕草木得之以生，禽獸得之以鳴，遠之矢（事）【13a】天，近之矢（事）人。〔四〕是故【12b】察道，所以修身而治邦家。

【注釋】

〔一〕『一生兩，兩生三』，類似於《老子》『道生一，一生二，二生三』，其中『一』當是指道，『兩』指陰陽二氣，『三』指陰陽二氣交合而成的『冲和之氣』。

『女』，整理者原隸爲『弔』，釋爲『善』。一説從字形上看，此字與『女』字接近。〔1〕又一説此字係『四』字之誤抄。〔2〕今從後一説。

『結』，取聚合、凝聚義，此處作名詞用，表示萬物流形成體的聚合狀態。

〔二〕簡文『不有』『一有』下原有符號『∠』。從此句來看，作者係認爲『一』是萬物流形成體的起點和本原，百物的生成均有賴於『一』的推展。

〔1〕復旦讀書會：《上博（七）·〈凡物流形〉釋文重編》，復旦大學出土文獻與古文字研究中心網，2008年12月31日。
〔2〕沈培：《略説〈上博（七）〉新見的『一』字》，復旦大學出土文獻與古文字研究中心網，2008年12月31日。

〔三〕『目』字，原簡有殘缺，可據文意補。

〔四〕『矢』，整理者隸作『戈』，讀爲『弋』，訓爲『射』。一説此字疑爲『矢』字，讀爲『施』；[一] 一説此字當隸爲『矢』，讀爲『事』。[二] 今從後一説。

【今譯】

聞之曰：由一之中産生出二，二又産生三，三又産生四，四便是結聚而有形有體的萬物。因此，有了一之後，天下萬物乃得以産生；如果没有一，則萬物就失去了産生的可能。一的功用無遠弗届：人得一，即使没有眼睛也可以知名，没有耳朵也可以聽見聲音。草木得到一便生長，禽獸得到一而鳴叫。它遠可以用來服事天，近可以用來指導人事的施爲。因此，對道的體察，是人們修養自身以及齊家治國的根據。

右爲第八章。

聞之曰：能察一，則百物不失；如不能察一，則【22】百物俱失。[一] 如欲察一，仰而視之，俯而癸（揆）之，[二] 毋遠求度，於身稽之。[三] 得一【而】【23】圖之，如並天下而抯之；[四] 得一而思之，若並天下而治之；肘（守）一以爲天地稽。[五]【17】是故一，咀之有味，嗅【之有嗅】，鼓之有聲，近之可見，操之可操；[六] 掾（擁）之則失，敗之則【19】槁，賊之則滅。[七] 察此焉，起於一端。

〔一〕李鋭：《〈凡物流形〉釋文新編（稿）》，孔子2000網，2008年12月31日。

〔二〕褚紅軒：《上博（七）〈凡物流形〉文字釋讀研究》，西南大學碩士學位論文，2011年。

【注釋】

［一］『俱』，整理者以爲字從雙手捧『員』，是『具』字的繁構，意爲皆、都。

［二］『仰』，整理者原釋爲『丩』，讀爲『糾』，訓爲『聚集』。一説當隸爲『卬』，讀爲『仰』，〔二〕今從後一説。

『俯』，整理者原釋爲『任』，義爲放縱、聽憑。一説當釋爲『伏』或『俯』，〔三〕今從後一説。

『揆』，整理者釋作『伏』，訓爲『守候』。一説當釋爲『癸』，讀『揆』，〔三〕今從後一説。

［三］『毋』，整理者隸定爲『女』，讀爲『如』。一説當隸爲『母』，讀爲『毋』。今從後一説。

『度』，整理者隸定爲『乇』，讀爲『讬』，訓爲『憑藉』。一説當讀爲『度』。〔四〕今從後一説。

本句在斷句上有爭議，一説『度』字當屬下讀，作『度於身稽之』；一説『度』字屬上讀，作『毋遠求

〔一〕 復旦讀書會：《上博（七）·〈凡物流形〉釋文重編》，復旦大學出土文獻與古文字研究中心網，2008年12月31日。

〔二〕 此字陳偉、凡國棟認爲右上部從勹，應讀爲『伏』或『俯』。劉信芳認爲右上部從宀，下從土，讀爲『俯』。劉洪濤認爲此字爲『府』字異體。參見陳偉：《讀〈凡物流形〉小札》，簡帛網，2009年1月2日；凡國棟：《上博七〈凡物流形〉甲7號簡從『付』之字小識》，簡帛網，2009年4月21日；劉信芳：《試説竹書〈凡物流形〉『俯而尋之』》，復旦大學出土文獻與古文字研究中心網，2010年2月23日；劉洪濤：《上博楚簡釋讀札記》，簡帛網，2010年11月1日。

〔三〕 劉剛：《讀簡雜記·上博七》，復旦大學出土文獻與古文字研究中心網，2009年1月5日。

〔四〕 復旦讀書會：《上博（七）·〈凡物流形〉釋文重編》，復旦大學出土文獻與古文字研究中心網，2008年12月31日；李鋭：《〈凡物流形〉釋文新編（稿）》，孔子2000網，2008年12月31日。

度，於身稽之」。[一] 今從後一説。其意爲：無須去别處尋求法度，在自身之中便可加以體察。

［四］「而」字，據乙本補。「圖」，謀取。

「如」，整理者原據乙本簡 16「圖之」後之殘字誤補一「識」字，後經學者改正爲「如」字殘筆。[二]

「捝」，訓爲「取」。《方言》卷十：「捝，取也。南楚之間，凡取物溝泥中謂之捝。」

［五］「守」，整理者原釋爲「此」，一説當釋爲「肘」，讀爲「守」，今從後説。[三]

［六］「咀」，整理者以爲「且」字，通「捝」，訓爲「取」。一説當讀爲「咀」，今從後説。[四] 咀，意爲品嘗，正與「味」字相應。《説文·口部》：「咀，含味也。」

「之有嗅」三字，據乙本補。「嗅」，整理者以爲「畀」字繁構，誤。此字其實是「嗅」或「臭」字。[五]

「鼓」，整理者原隸爲「食」，訓爲「飲食」，後學者改釋爲「鼓」。[六]

[一] 復旦讀書會、李鋭等持前一種意見，顧史考持後一種意見，參見顧史考：《上博七〈凡物流形〉下半篇試解》，復旦大學出土文獻與古文字研究中心網，2009 年 8 月 24 日。

[二] 復旦讀書會：《上博（七）·〈凡物流形〉釋文重編》，復旦大學出土文獻與古文字研究中心網，2008 年 12 月 31 日；李鋭：《〈凡物流形〉釋文新編（稿）》，孔子 2000 網，2008 年 12 月 31 日。

[三] 此從鄔可晶説，參見復旦讀書會：《〈上博（七）·凡物流形〉補釋二則》，復旦大學出土文獻與古文字研究中心網，2009 年 4 月 11 日。

[四] 復旦讀書會：《上博（七）·〈凡物流形〉釋文重編》，復旦大學出土文獻與古文字研究中心網，2008 年 12 月 31 日。

[五] 此從復旦讀書會、李鋭等説。

[六] 此從復旦讀書會説。參見復旦讀書會：《上博（七）·〈凡物流形〉釋文重編》，復旦大學出土文獻與古文字研究中心網，2008 年 12 月 31 日。

『近』，整理者讀爲『忻』，意爲欣喜，後學者改釋爲『近』。〔二〕

『操』，如字讀，持也。

〔七〕『掾』，整理者以爲通『録』，即『收録』義。一説當讀爲『掳』。〔三〕今從後一説。《集韻·屋韻》：『掾，振也。』

『敗』，毁壞。《説文·攴部》：『敗，毁也。』

『槁』，干枯，引申爲失去活力。《廣韻·皓韻》：『槁，木枯也。』

『賊』，害、傷害。《玉篇·戈部》：『賊，傷害人也。』

【今譯】

聞之曰：如果能够明察一之道，則可以了然於萬物之情；否則，萬物之情將無法明了。察一的方法，既要做到仰觀俯察，又不可脱離自身去别處尋求。若能獲得一之道，則可以取天下；按照一之道去謀劃，則可以治天下。對一之道的遵循是天地之準則。一並不是虛無縹緲的，而是可以在具體的活動中感知到的；它可以被觀察到，也可以爲我們所使用。如果摇振它就會失去它，敗壞它就會使它失去活力，戕害它就會使它滅絶。上面的這些道理，若要察其所自起，皆起於一端。

〔二〕此從復旦讀書會説。參見復旦讀書會：《上博（七）·〈凡物流形〉釋文重編》，復旦大學出土文獻與古文字研究中心網，2008年12月31日。

〔三〕此從李鋭説，參見李鋭：《〈凡物流形〉釋文新編（稿）》，孔子2000網，2008年12月31日。

右爲第九章。

聞之曰：一焉而終不窮，一焉而有衆，【20】一焉而萬民之利，一焉而爲天地稽。[一] 握之不盈握，敷之無所容。[二] 大【29】之以知天下，小之以治邦。之力古之力乃下上……[三]【30】

【注釋】

[一] 簡文「萬民之利」後原有符號「∠」。

四「焉」字，整理者原讀爲「言」，一説當讀爲「焉」，[一] 今從後説。「焉」在此處爲語氣詞，表停頓，相當於「啊」。

「終」，整理者原釋爲「禾」，讀爲「和」，訓爲「附和」。一説當爲「攴」字譌寫，讀爲「終」。[二] 今從後一説。

「窮」，整理者原釋爲「侌」，讀爲「陰」；學者皆釋爲「窮」，今從後説。

「天地稽」，意即天地萬物的法式。

[二] 「盈」，訓爲「滿」。「敷」，鋪展、散布。「容」，盛載、容納。

[一] 廖名春最早將「言」字讀爲「焉」，意爲「乃」「就」；顧史考亦讀爲「焉」，認爲作「於之」解。參見廖名春：《〈凡物流形〉校讀零札（二）》，簡帛研究網，2008 年 12 月 31 日；[美] 顧史考：《上博七〈凡物流形〉下半篇試解》，復旦大學出土文獻與古文字研究中心網，2009 年 8 月 24 日。

[二] 復旦讀書會：《上博（七）·〈凡物流形〉釋文重編》，復旦大學出土文獻與古文字研究中心網，2008 年 12 月 31 日。

〔三〕『之力古之力乃下上』八字見於甲本，爲乙本所無。整理者以爲係『抄寫者隨便所書』，今姑存疑。

【今譯】

聞之曰：一的功用不可窮盡，遵循一之道就可以爲萬民所信服，遵循一之道就能够爲萬民帶來福祉，一可以作爲天地萬物的法式。從小的方面看，它可以一手握之；從大的方面看，當它鋪展開來又大而無垠。它的功用，往大了説可以幫助君主明察天下萬物之情狀，往小了説可以幫助君主治理國家。

右爲第十章。

【思想】

竹簡《凡物流形》是一篇思想性很强的出土文獻。在這篇文本的第一部分，也即前三章，作者通過發問的形式，叙述了形體世界的多樣性，並追問了形體世界的統一性及如何『流形成體』等問題；同時，作者還重點討論了『民人流形』，以及鬼神觀的問題。在文本的第二部分，也即後七章，作者一方面對前述問題作出回應，揭示了作爲本體的『道』或『一』的存在，及其在萬物『流形成體』的過程中起到的作用；另一方面，作者又着重論述了『察道』或『察一』的工夫次第，以及『修身』『治邦家』的雙重功用。

作者關於形體世界及其生成原因的思考，主要見於文本的第一、三、七、八四章。在第一章中，他首先認定，萬物的生成是一個流形成體的過程。接着，作者開始對形體得以生成及其或生或死、或成或毁的本原進行追問，例如，他追問道：『凡物流形，奚得而成？』『流形成體，奚得而不死？』等等。我們知道，在戰國時期，『陰陽』『水火』等觀念常被用來解釋自然萬物的産生與變化，但作者對此並不滿足，而是認爲在『陰陽』『水火』的背後，應當還存在着更加根本的力量或形而上者。於是他進一步追問道：『陰陽之處，奚得而固？水火之和，奚得而不詭？』在第三章中，作者又將追問擴大到形體世界的具體存在物（天地、水土、風雨雷電）或現象（日珥、月暈、水東流、日出大而涼、日中小而暲）。到第七、八兩章，作者對前述追問進行了回答，認爲世間萬物存在和變化的根本原因在於『一』，『一』在這裏扮演了形上本體的角色。

作者對『民人』和鬼神觀的討論主要見於第二章。作者首先認爲，『民人』也是『流形成體』的一個結果；然後又追問了『民人』的生、死問題，『民人』如何與天地相處的問題，『民人』的社會組織問題。尤其是對死後世界和人鬼關係，簡文進行了深入的思考。作者認爲，死亡首先是形體（骨肉、身體）的靡散、消失，隨之，人的魂魄即被釋放出來而成爲『鬼』。在作者眼中，『鬼』具有『其智愈彰』，來去自由，有飲食之需、必待祭祀等特點。當然，除了人如何服侍『鬼』的問題外，作者在本段之中還思考了人在宇宙中、在人類社會中應當承擔的責任和扮演的角色，例如他說：『順天之道，吾奚以爲首？吾欲得百姓之和，吾奚事之？』等。

關於本篇文獻後半部分的哲學思想，即『察道』或『察一』的工夫及其功用，丁四新有專門的分析。如他説：『「察一」是對「察道」的深化和具體化，「一」與「道」具有相應乃至等同關係，「一」爲百物的本體；「察一」「得一」與「守一」是一個連續的工夫過程，「察一」包括「心能勝心」和「心之所貴唯一」兩個層面，並在此突出了「心」的「主宰」和「精一」的作用；「修身而治邦家」是「察道」的兩種功用，「小徹」「小成」乃「修身」的兩個層次，而「大徹」包括「先知四海」「謀於千里」和「一焉而爲天地稽」

三個方面，「大成」指「大之以知天下，小之以治邦」的政治功用。』〔一〕

此外，已有多位學者注意到《凡物流形》與《管子》四篇，即《内業》《心術上》《心術下》《白心》的關係問題。兩者不僅在敘述的結構上有許多相近之處，甚至在具體的用詞上也有諸多可以兩相對應的地方。據曹峰先生的意見，《凡物流形》後半部分的内容當『來自和《管子》四篇尤其是《内業》創作者相關的人（或團體），其知識和語言的使用很可能有《管子》的背景』。〔二〕

附録：凡物流形（乙本）

乙本：1–3、4＋11b、5–8、缺、9、10A＋11A、19、13A＋20、21＋10B、17–18、缺、缺、15、16＋12、13B＋14A、14B、22。

凡物流形，奚得而成？流形成體，奚得而不死？既成既生，奚顧而鳴？既本既根，奚後之奚先？陰陽□□，[1]奚得而固？水火之和，奚得而不詭？

聞之曰：民人流形，奚得而生？流形成體，奚失而死？有得而成，未[2]知左右之情？天地立終立始：天降五度，吾奚衡奚縱？五氣並至，吾奚異奚同？五音在人，孰爲之[3]公（宫）？九囝（域）出誨，孰爲

〔一〕 丁四新：《『察一』（『察道』）的工夫與功用——論楚竹書〈凡物流形〉第二部分文本的哲學思想》，《武漢大學學報（人文科學版）》2013年第1期。

〔二〕 曹峰：《上博楚簡〈凡物流形〉的文本結構與思想特徵》，《清華大學學報（哲學社會科學版）》2010年第1期。

之封？吾既長而或老，孰爲侍奉？鬼生於人，奚故神明？骨肉之[4]既靡，其智愈暲（彰），其[11B]慧▬奚適，孰知其疆？鬼生於人，吾奚故事之？骨肉之既靡，身體不見，吾奚自食之？其來▬無度，□□□[5]之祝？祭祀奚升，吾如之何使飽（飽）？順天之道，吾奚以爲首？吾□□□□□□□□□□□□□□□□[6]奚食？先王之智▬奚備？

聞之曰：登高從卑，至遠從迩。十圍之木，其始生▬如蘖。足將至千里，必[7]□□□□□□□何聽？月之有暈▬，將何征？水之東流▬，將何盈？日之始出，何故大而不炎？其人〈入〉中▬，奚[8]□□□□□□□□□□□□□□□□□□□□□□奚得而清？艸木奚得而生？禽獸奚得而鳴？夫雨之至▬，孰雩【而】薦之？夫風之至▬，孰噓吸而迸之？

聞之曰：[9]察道，坐不下席，端冕，[10A]圖不與事，先知四海，至聽千里，達見百里。是故聖人處於其所，邦□□□[11A]安存亡，賊盜之作乚，可先知乚。

聞之曰：心不勝心，大亂乃作；心如能勝心，□□□□□□□□□□□□知其白▬？終身自若▬。能寡言乎，能一乎，夫[13A]此之謂小成乚。

【聞之】曰：百姓之所貴唯君，君之所貴唯心，心之所[20]貴唯一。得而解之，[21]□□□□，下蟠於淵。坐而思之，謀於□□□□□□□□□。

【聞之曰：】□[10B]精而智，察智而神，察神而同，察同而斂，察斂而困，察困而復。是故陳爲新，人死復爲人，水復[17]於天，凡百物不死如月：出則或又入，終則又始，至則又反。察此焉▬，起於一端。

聞之曰：一生兩，兩[18]□□，□□□，□□□。□□□□，□□□□□；□□，□□□□□。□□□□□，□□□□□。□□□□□，□□□□□，□□□□□，□□□□□。□□□□□，□□□□□

□□。

【聞之曰：】□察一，則百物不失；如不能察一，則百物俱失。如欲察一，仰而視之，俯而揆之，毋遠求度，[15] 於身稽之。得一而圖之，如[16]　［並］天下而抯之；得一而思之，若並天下□□□。□□□□□□。[12] □□□■，咀之有味，嗅之有臭，鼓之有聲，[13B] □□□□，□□可操；握□□□，□□□□，□□□□。□□□，□於一端。

聞之曰：一焉而終不窮，一焉而有衆，一焉□□□□□，□□□[14B] 爲天地稽。握之不盈握，敷之無所容？大之以知天下，小之以治邦乚。◇◇◇[22]

説明：甲本第30號簡『之力古之力乃下上』八字，乙本無。甲本第27號簡，乙本無。

肆　其他竹書

參　德

【簡介】

本篇竹書選自馬承源主編的《上海博物館藏戰國楚竹書（五）》（上海古籍出版社2005年版），原整理者和釋文注釋者爲李零先生。本篇竹書圖版見是書第127—148頁，釋文注釋見是書第287—303頁。全文共存完、殘簡二十二支，另有一支殘簡爲香港中文大學中國文化研究所藏。完簡長約四十五釐米，編繩兩道，約抄四十五字。本篇竹書未見篇題，整理者據第1號簡的文字擬題爲『三德』。第1號簡曰『是胃參德』，『參德』，李零讀爲『三德』。范常喜不同意李零的意見，認爲『參』應如字爲訓。第1號簡曰：『天供時，地供材，民供力，明王無思，是謂參德。』『參德』指明王『無思』之德，很顯然『參』不能讀爲『三』。參，音蘇甘切，謂與天、地、民三者相並列。《荀子·天論篇》曰：『天有其時，地有其財，人有其治，夫是之謂能參。』『參』在文中即『與天地相並列』之義。若依『參德』讀爲『三德』，則竹書有天時、地材、民力、明王無思四德，與『三德』的說法即不相合。

本篇竹書多由四字句構成，多用韻語，並有句讀符號。全篇包含如下思想特徵：竹書具有非常濃厚的宗教氣息，使用了『天神』『皇天』『上帝』『天命』等詞匯；强調『無思』的『參德』，主張人主應當效法天地，禮敬天地鬼神；主張『臨民以仁』，主張節用民財、民力。全篇充滿了訓誡口吻，多用禁忌語，宣揚善惡果報、賞善罰暴的觀念。關於本篇竹書的學派性質，學界有爭議，曹峰認爲《參德》是『陰陽家色彩濃厚的黄老文獻』；湯淺邦弘、福田一也、王中江認爲是儒家著作，湯淺等認爲《參德》和《黄帝四經》的關係不大，却與儒家思想有着密切的聯繫；陳麗桂認爲《參德》没有達到黄老帛書那麼高的思想深度，祇充滿了敬天畏神的初樸的宗教意味。[一] 筆者認爲，本篇佚書的思想成分比較複雜，不主一家，它包含陰陽家、農家、黄學和儒家的思想。不過，從總體上來看，陰陽家、農家的色彩更爲濃厚，故本篇不應當判斷爲黄老或儒家著作。

關於本篇的簡序，學界有不同意見，陳劍、曹峰、王蘭、顧史考、李守奎和王晨曦各有方案。陳劍的編聯是：1—4—5；2—3；8—9；10—11—12；12—20；13—14—19；21—18；22—6—17—15—16；其他爲散簡。曹峰的編聯是：上篇，1—2A；2B—3—4—5；8—7；22—6—17；17—15—16—香港簡—9；下篇，9—10—11—12；12—20—13—14—19—21—18；18。王蘭的編聯是：第一部分，2—3—1—10—11—12 上—香港簡—8 下—9—4—5；第二部分，13—14—19—12 下—20—22—6—7—8 上—21—18—17—15—16。顧史考的編聯是：1；2—3—4—5；22—6—17—15—16；7；8；9；10—11—12a；香港簡；12b—20；13—14—19；21—18。李守奎的編聯是：1—2—3—4—5；22—6—7—8；9；10—11—12a；12b—20；13—14—19；21—

〔一〕 以上，參見曹峰：《近年出土黄老思想文獻研究》，中國社會科學出版社 2015 年版，第 230—232 頁。

18，17—15—16"；香港簡。王晨曦的編聯是："2A—2B—3—1—4—5"；22—6—17—15—16—香港簡"；7，8—9，10—11—12—20"；13—14—19"；21—18。本注譯主要參照了顧史考、李守奎兩家的編聯方案，釋文和注釋則着重參考了李零、陳雅雯和曹峰等人的成果。

天供時，地供材，民供力，明王無思，[一] 是謂參德。[二]【1~】

【注釋】

[一]『時』，時節，具體指春夏秋冬四時，見《説文·日部》。『時』有多種含義，竹簡以四時、時節爲主。《禮記·孔子閒居》曰："『天有四時，春秋冬夏，風雨霜露，無非教也。』"《吕氏春秋·首時》曰："『天不在與，時不久留。』"對於古人來説，時間意識來源於天，它是由天文現象决定的。《尚書·堯典》曰："『乃命羲和，欽若昊天，曆象日月星辰，敬授人時。』"即表明了此一點。

『材』，本指木梃、木料，這裏泛指材料、材利。『地材』，古書多作『地財』。『財』通『材』。《墨子·尚賢下》『有一牛羊之財不能殺』，此『財』字即通『材』。

『無思』，不用思慮，這是從政治的角度來説的，是一種政治之德、君人之德。這種意義上的『無思』，在先秦一般見於道家典籍。《莊子·天地》曰："『居无思，行无慮。』"同書《知北遊》曰："『无思无慮始知道。』"《韓非子·解老》曰："『所以貴無爲無思爲虚者，謂其意無所制也。』"出土道家竹書也出現了『無思』之説。《彭祖》簡6曰："『遠慮用素，心白身懌。』"竹書《恒先》更值得注意，簡13曰："『天下之明王、明君、明士，庸有求而不慮。』"《彭祖》的説法與本篇竹書『明王無思』的説法是高度一致的。故曹峰説《參德》『總體上反映出黄老思想特色』[一]，這個判斷是有一定道理的。

［二］『參德』，在竹書中指明王『無思』之德，因其能與天時、地材、民力相參，故謂之『參德』。『參』是相並列、相參雜之義。

中國古人很早即形成了天、地、人（民）三才的觀念，這是由蓋天説的宇宙結構所決定的。帛書《經法·六分》曰：『王天下者之道，有天焉，有人焉，有地焉。』帛書《十六經·前道》曰：『故王者不以幸治國，治國固有前道：上知天時，下知地利，中知人事。』這是三分的例子。天、地、人（民）的三分結構成爲君王治國理政所運用的一般宇宙觀。在此基礎上，《荀子·天論》曰：『天有其時，地有其財，人有其治，夫是之謂能參。』所謂『能參』，就『人有其治』而言。帛書《十六經·立命》曰：『吾受命於天，定位於地，成名於人。參（三）者參用之，然後而有天下矣。』『參者參用之』中的兩個『參』字，意思不同，前一字讀爲『三』，後一字是參互、參雜、並列的意思。古書也有四分的例子，《管子·山權數》曰：『天以時爲權，地以財爲權，人以力爲權，君以令爲權。』這是以天時、地財、人力、君令爲四元，非常接近竹書所説的結構[三]。另外，《禮記·王制》曰：『凡居民，量地以制邑，度地以居民。地、邑、民、居，必參相得也。』這個例子以地、邑、民、居爲四元，也是四分結構，其中的『參』字是參互、參雜、相並的意思。

李零據《大戴禮記》將竹書的『參德』讀爲『三德』，並擬爲本篇竹書的篇題，實誤。《大戴禮記·四

[一] 曹峰：《近年出土黄老思想文獻研究》，中國社會科學出版社2015年版，第231頁。

[三] 顧史考有此説，參見［美］顧史考：《上博竹書〈三德〉篇逐章淺釋》，『屈萬里先生百年誕辰國際學術研討會』論文，臺灣大學中文系等主辦，2006年9月。

代》篇『子曰』：『有天德，有地德，有人德，此謂三德。』此『三德』即指天德、地德和人德，這是毫無疑問的。不過，依此數之，則竹書《參德》篇有天時、地材、民力和明王無思四德，此顯然不合所謂『三德』之數，故竹書的『參德』不能讀作『三德』。竹書的『參德』其實僅指『明王無思』之德，它與天時、地材、人力三德相並。關於『參德』，范常喜、王晨曦的意見與筆者相同[一]，可以參看。

【今譯】

天供給四時，地供給材利，民供給勞力，明王無所思慮，這就是所謂參德。

右爲第一章。

草木須時而後奮，天惡女〈毋〉忻，平旦毋哭，明毋歌，弦望齊宿，是謂順天之常。[一]【三】敬者得之，怠者失之，是謂天常，天神之口。[二]【2~】

【注釋】

[一]『須』，待也。此義，後來也寫作『𥪰』字。《説文·立部》：『𥪰，立而待也。』『奮』，震動。《廣雅·釋詁一》：『奮，動也。』《豫卦·象傳》：『雷出地奮，豫。』

(一) 范常喜：《〈上博五·三德〉札記六則》，簡帛網，2006 年 5 月 18 日；王晨曦：《上海博物館藏戰國楚竹書〈三德〉研究》，復旦大學碩士學位論文，2008 年，第 12 頁。

『天惡』，指天氣惡劣、天氣不好。『女』，范常喜懷疑是『母』字之誤，且『母』是『毋』的譌混字[一]，其説可從。『忻』，《説文·心部》：『闓也。』《玉篇·心部》：『喜也。』今字通作『欣』。『毋欣』，不要欣喜。

「平旦」，日出前一段時間，當寅時。

『明』，天明，指日出後的一段時間，當卯時。此字，竹書原作『朙』字，參見陳雅雯的論述[二]。『朙』即『明』字。『明毋歌』與上句『平旦毋哭』相應。睡虎地秦簡《日書》甲種155背：『墨（晦）日，利壞垣、徹室、出寄者，毋歌。朔日，利入室、毋哭。望，利爲困倉。』《顔氏家訓·風操》：『《道書》又曰：晦歌朔哭，皆當有罪。天奪之算，喪家朔望，哀感彌深，寧當惜壽，又不哭也。』此以晦朔（月相）爲説，與本篇竹書『平旦毋哭，明毋歌』以日夜爲説不同，二者不可混看。

『弦望』，均就月相而言，弦指上弦月和下弦月，上弦月當農曆初七、初八，下弦月當農曆二十二、二十三；『望』指月滿，當農曆十五或十六。『齊宿』，即齋宿，此語古書習見。《孟子·公孫丑下》：『弟子齊宿而後敢言。』趙岐《注》：『齊，敬；宿，素也。』[三] 其實宿、齊（齋）二字同義，宿通肅。《禮記·禮器》：『三月繫，七日戒，三日宿，慎之至也。』宿、戒同義。就上引《孟子》語，俞樾《古書疑義舉例·兩字一義而誤解例》：『齊、宿二字同義。《禮記·特牲饋食禮》《禮記·祭統篇》注並曰：「宿讀爲肅。」然則「齊

[一] 范常喜：《〈上博五·三德〉札記六則》，簡帛網，2006年5月18日。
[二] 陳雅雯：《〈上海博物館藏戰國竹書（五）·三德〉研究》，臺灣師範大學國文系碩士學位論文，2008年，第69—73頁。
[三] ［清］焦循：《孟子正義》上册，中華書局1987年版，第304頁。

宿」即「齊肅」也。』[一] 從制度看，齋是茹素，宿是獨宿。《淮南子・兵略篇》曰『乃令祝史太卜齋宿三日』，據此可知『齋宿』有一日、三日、五日、七日之分。楊伯峻解『齊宿』爲『先一日齋戒』[二]，這是正確的，但不够詳盡。

『常』，恒常，謂常道、常數。《荀子・天論》：『天行有常。』帛書《經法・道法》：『天地有恒常。』《經法・論》：『進退有常，數之稽也。』『常』字的這種用法，古書習見。竹書所謂『順天之常』，以禮敬言之。

［二］『怠』，懈怠、怠慢，與上文『敬』字相對。『敬者得之，怠者失之，是謂天常』三句的意思是説，恭敬就會得到，怠慢就會失去，這就叫作天常。由此，彰顯了『天常』的神聖性。

末句闕文，當爲陽部字，顧史考説可能是『享』或『賞』字[三]。

【今譯】

草木等待春天的到來然後奮作生長，天氣惡劣時不要欣喜，平旦時不要哭泣，天明時不要歌唱，從上弦到月望要齋宿，這就叫作因順天之恒常。恭敬者得之，怠慢者失之，這就叫作天常，天神之口。

右爲第二章。

[一]［清］俞樾等：《古書疑義舉例五種》，中華書局1956年版，第142—143頁。

[二] 楊伯峻：《孟子譯注》上册，中華書局1960年版，第107頁。

[三]［美］顧史考：《上博竹書〈三德〉篇逐章淺釋》，『屈萬里先生百年誕辰國際學術研討會』論文，臺灣大學中文系等主辦，2006年9月。

【必誠必信】，皇天將興之。毋爲僞詐，上帝將憎之。[一] 忌而不忌，天乃降災。已而不已，【2】天乃降異。其身不没，至于孫子。[二]【3~】

【注釋】

[一] 本章首句所缺四字與下文相對，可能是『必誠必信』或『必誠必敬』一類語句。『皇天』，見《左傳·僖公五年》引《周書》：『皇天無親，惟德是輔。』皇，大也。皇天，即神性之天。『興』，《説文·舁部》：『起也。』這裏是興盛之的意思。《玉篇·舁部》：『興，盛也。』《詩·小雅·天保》：『天保定爾，以莫不興。』鄭玄《箋》：『興，盛也。』『僞詐』，見《韓非子·六反》《吕氏春秋·知度》等篇，亦見郭店簡《老子》甲組，曰『絶僞棄詐』。僞詐，或作詐僞，見《禮記·樂記》《荀子·不苟》等篇。《禮記·月令》：『是月也，命婦官染采，黼黻文章，必以法故，無或差貸。黑黄倉赤，莫不質良，毋敢詐僞，以給郊廟祭祀之服，以爲旗章，以别貴賤等給之度。』竹書《參德》與《月令》文意相近。『毋爲僞詐，上帝將憎之』兩句，是古書中的一種特殊句法，猶云：若爲僞詐，則上帝將憎之。

[二]『忌』，忌諱。所謂『忌而不忌』，言當忌諱而不忌諱之。『災』，《説文·火部》：『烖，天火曰烖。災，籀文從巛。』『災』原指自然發生的火災，後來泛指一切自然和人爲的災害或災禍。『已而不已』，是説當停止而不停止。『異』，與上文『災』字相對。非常之事曰異，竹簡『異』字指怪異的事件。『災異』與『瑞應』相對。

古人認爲災異現象不是純客觀的，它們包含着天意或神旨。旱災、水災、蝗災曰災，日蝕、月蝕、地震、隕石、星墜、木鳴、六鷁退飛曰異。災異説的起源很早，西漢最爲興盛。

『没』，終也。『不没』，謂不得善終，或不得正命而死。《左傳·僖公二十二年》：『（叔詹曰）楚王其不没乎？』《禮記·檀弓下》：『（趙文子曰）行並植於晉國，不没其身，其知不足稱也。』《史記·宋微子世家》：『成王無禮，其不没乎？』《史記·孔子世家》：『（子貢曰）君其不没於魯乎！』『不没』是古人成詞。『至於孫子』，謂災異延及於子孫。『孫子』即『子孫』之倒，泛指子孫後代。『子』與上文『異』字押韻，故竹書倒言之。

【今譯】

必誠必信，皇天將興作之。不要做虚僞欺詐之事，上帝憎恨虚僞欺詐。當忌諱而不忌諱之，上天於是降下災禍。當停止而不停止，上天於是降下怪異。不僅他本人不得好死，而且其禍將延及子孫後代。

右爲第三章。

陽而幽，是謂大惑。幽而陽，是謂不祥。[一] 齊齊節節，外内有辨，男女有節，是謂天禮。[二] 敬之敬之，天命孔明。【3】如反之，必遇凶殃。[三]【4~】

【注釋】

[一]『陽而幽』，謂本陽顯之事却幽隱之。

「慼」，憂慼、憂傷。

「幽而陽」，謂本幽隱之事却陽顯之。曹峰説「陽」指外、男，「幽」指内、女[一]，疑非。

[二]「齊齊」，即齋齋，恭敬之貌。「節節」，整飭之貌，有限節之貌。李零説簡文「齊齊節節」即《大戴禮記·四代》所謂「齊齊然，節節然」。[二]

「外内」，古人常用語。竹書的「外内」，當指宫室内外。「辨」，别也。「内外有辨」兩句的大意，可參見《禮記·内則》《仲尼燕居》和《荀子·天論》。《内則》：「禮，始於謹夫婦，爲宫室，辨外内。男子居外，女子居内，深宫固門，閽寺守之。男不入，女不出。」《仲尼燕居》：「昔聖帝明王諸侯，辨貴賤、長幼、遠近、男女、外内，莫敢相逾越，皆由此塗出也。」《天論》：「禮義不脩，内外無别，男女淫亂，則父子相疑，上下乖離，寇難並至：夫是之謂人祆。」

「節」，在文中是準則、法度之義。《禮記·曲禮上》：「禮不逾節，不侵侮，不好狎。」

「天禮」，亦見於竹書下文，但先秦秦漢傳世古籍無此詞。「天理」古書習見，參看《禮記·樂記》《莊子·養生主》《韓非子·大體》《春秋繁露·爲人者天》《新書·等齊》等篇。雖然如此，「天禮」一詞還是可理解的，「禮」本身即包含「理」字義。

[三]「孔明」，大明。「明」，顯明也。

「反之」，與上文相對，指不敬天禮。

[一] 曹峰：《近年出土黄老思想文獻研究》，中國社會科學出版社2015年版，第241頁。

[二] 李零釋文注釋：《三德》，馬承源主編：《上海博物館藏戰國楚竹書（五）》，上海古籍出版社2005年版，第290頁。

『殃』，災禍。《説文·歺部》：『殃，咎也。』段玉裁改爲『殃，凶也』，並《注》曰：『各本作咎也，今依《易·釋文》。』[一]

【今譯】

當公開的事情却幽隱爲之，這就叫作大悲戚。本應該暗中爲之的事情却將其公開，這就叫作不吉祥。齊齊然，節節然，宫室内外有分辨，男人和女人有節制，這就叫作天禮。恭敬又恭敬，天命於是會大顯明。如果反其道而行之，就一定會碰到凶禍和災殃。

右爲第四章。

毋詬政（正）卿於神次，毋享逸安。[一]求利，殘其親，是謂臯。君無宔（重）臣，是謂危，邦家其壞。[二]憂懼之閒，疏達之次，毋謂之【4】不敢，毋謂之不然。[三]【5~】

【注釋】

[一]『詬』，詈罵、辱罵。《玉篇·言部》：『詬，罵也。』《左傳·哀公八年》：『曹人詬之，不行。』杜預《注》：『詬，詈辱也。』『政卿』，先秦秦漢傳世古籍無此詞。『政』當讀爲『正』，陳雅雯的讀法是對的。[三]

[一]［清］段玉裁：《説文解字注》卷四，上海古籍出版社1981年版，第164頁。

[三]陳雅雯：《〈上海博物館藏戰國竹書（五）·三德〉研究》，臺灣師範大學國文系碩士學位論文，2008年，第101頁。

『正卿』即『上卿』，古書習見。『次』，位次。『神次』，指『神主之位次』，參見陳偉説[一]。『神次』一詞，見《管子·侈靡篇》。

『逸安』，即安逸。毋享逸安，即不要貪享安逸。從統治者的身份看，貪享安逸一般被人視爲惡德。

［二］『求利』，指貪求財利。

『殘』，殘害。『親』，親人。

『皋』，即『罪』之本字。

『宔臣』，陳雅雯讀作『重臣』，『宔』通『重』[二]，其説可從。《韓詩外傳》卷三：『夫重臣群下者，人主之心腹支體也。』此以心腹喻重臣。重臣，指權勢巨重之臣。《韓非子·八説》：『明主之國，有貴臣無重臣。貴臣者，爵尊而官大也；重臣者，言聽而力多者也。』《管子·名法解》：『故治亂不以法斷而决於重臣，生殺之柄不制於主而在群下，此寄生之主也。』法家和黄老都維護君臣之位，對於『重臣』充滿警惕。竹書與法家、黄老不同，認爲重臣對於國家的穩定和存在具有重要的積極意義。

『邦家』，即國家。『壞』，毁壞、崩壞。

［三］『疏達』，從陳偉釋讀[三]，是疏朗通達的意思。此詞，古書習見。《禮記·樂記》：『廣大而静、疏達而信者，宜歌大雅。』《吕氏春秋·誣徒》：『聞識疏達，就學敏疾。』兩『疏達』均爲疏朗、通達之義。

［一］陳偉：《楚簡讀爲『次』之字補説》，簡帛網，2006年3月11日。
［二］陳雅雯：《〈上海博物館藏戰國竹書（五）·三德〉研究》，臺灣師範大學國文系碩士學位論文，2008年，第109頁。
［三］陳偉：《上博簡〈三德〉初讀》，簡帛網，2006年2月19日。

『之次』，義爲之間、之際。『不敢』，不敢做到。『不然』，不以爲如此。

【今譯】

不要在神靈之位前詆毁正卿，不要貪圖享受安逸。貪求財利，殘害其親人，這叫作罪過。君主若無重臣，這叫作危險，國家會崩壞。憂懼之間，疏朗通達之際，不要輕易説這不敢做、那不敢做，不要輕易説這不是如此、那不是如此。

右爲第五章。

故常不利，邦失幹常，小邦則剗，大邦過傷。[一]變常易禮，土地乃圻，民乃嚣（夭）死。[二]善哉，善哉，參（三）善哉！唯福之基，過而改[5]【之】。[三]

【注釋】

［一］『故常』，『故』，故舊，特指舊法、舊典、成例。『常』，恒常，指常法、常數。《莊子·天運》『不主故常』及《韓非子·亡徵》『羈旅起貴以陵故常者』兩句，均有此詞。帛書《經法·國次》：『五逆皆成，【亂天之經，逆】地之綱，變故亂常，擅制更爽，心欲是行，身危有【殃。是】謂過極失當。』《經法·姓爭》：『若夫人事則無常，過極失當，變故易常。』『故』『常』二字，訓詁見前。『利』，順也；『故常不利』即『不順故常』。《孟子·離婁下》：『故者，以利爲本。』『故』即訓爲『故常』，『利』即訓爲『順』。

「幹」，指事物、事情的主體。「幹常」，馬王堆帛書稱爲「恒幹」「恒常」，帛書《十六經・果童》《行守》兩篇「天有恒幹，地有恒常。」「常」亦「幹」之義。帛書《經法・道法》：「天地有恒常，萬民有恒事，貴賤有恒位，畜臣有恒道，使民有恒度。天地之恒常，四時、晦明、生殺、柔剛。萬民之恒事，男農、女工。貴賤之恒位，賢不肖不相放。畜臣之恒道，任能毋過其所長。使民之恒度，去私而立公。」竹書所謂「幹常」，具體所指不明，據帛書，可能跟「恒事」「恒位」「恒道」和「恒度」類似。

「剗」，同「鏟」字，是滅除、削除的意思。

「過」，過分、過甚。《荀子・修身》：「怒不過奪，喜不過予。」

〔二〕「易」，變易。

「坼」，裂開。《説文・土部》：「坼，裂也。」《淮南子・本經》：「天旱地坼。」

「囂死」，李天虹讀爲「夭死」〔一〕。《大戴禮記・易本命》：「民乃夭死。」《管子・七臣七主》：「民多夭死。」

本章具有濃厚的天人相關和天人感應的思想。

〔三〕「過」，過錯。「改」，更改。「改」下所接佚簡的首字，曹峰説可能是「之」字，因爲「之」與上「哉」「基」二字押韻〔二〕。「過而改之」之義，參見《論語・子罕》「子曰」：「主忠信，毋友不如己者，過則勿憚改。」亦見《論語・學而》篇。

〔一〕 李天虹：《〈上博五〉零識三則》，簡帛網，2006 年 2 月 26 日。

〔二〕 曹峰：《近年出土黄老思想文獻研究》，中國社會科學出版社 2015 年版，第 245 頁。

【今譯】

如果故典常法不順暢，國家喪失其幹常，那麼小國就會被滅除，大國就會有過甚的傷害。變易綱常禮法，土地於是坼裂，民衆於是夭亡而死。善哉，善哉，三善哉！心中應當衹有福的根基存在，有過錯即應改正之。

右爲第六章。

……之疏未可以遂。君子不慎其德，四荒之内，是帝（敌）之關。[一] 臨民以仁，民莫弗[22]親。與止民事，行往視來。民之所喜，上帝是祐。[二]【6~】

【注釋】

[一] 第22號簡上端殘缺。『之疏未可以遂』，此六字上有缺文，其義未明。

『慎』，《説文·心部》：『謹也。』慎德本是周人的觀念，諸子多有繼述。《周書·文侯之命》：『丕顯文武，克慎明德，昭升于上，敷聞在下。』《國語·周語下》：『慎，德之守也。』

『四荒』，古書習見，指觚竹、北户、西王母、日下，見《爾雅·釋地》，都泛指蠻荒、極遠之地。四荒之内，相當於『海内』一詞。

『帝』，讀爲『敵』，仇敵也。『關』，從范常喜讀，何有祖讀爲『間』。[1] 『關』，關隘、要塞。王晨曦

[1] 范常喜：《〈上博五·三德〉札記三則》，簡帛網，2006年2月24日；何有祖：《上博五〈三德〉試讀》，簡帛網，2006年2月20日。

說：『「關」在此處應該是城門、要塞的意思。』〔二〕

〔二〕『臨』，在竹簡中是統治、治理之義。『臨民以仁』，即以仁的法則統治民衆。

『親』，親近。

『興止』，竹書原字爲上下結構，合文。『興』，作也。『止』與『興』相對。『興止』，猶舉廢。

『行』，通達，義同《論語·衛靈公》『子張問行』的『行』字。此字，季旭昇讀爲『衡』，並訓爲『權衡』『衡量』。〔三〕『視』，瞻顧。『行往視來』，意即通達過往而放眼未來。

『祐』，保佑、庇佑。《説文·示部》：『祐，助也。』『祐』，原簡作『有』。

【今譯】

……之疏未可以遂。君子如果不敬慎其德，那麼四荒之内都會是仇敵的關隘。以仁蒞臨民衆，民衆没有不親近他的。興作或止息民事，應通達過往而放眼未來。民衆所喜悦的東西，即被上帝所保佑。

右爲第七章。

凡度官於人，是謂邦固；度人於官，是謂邦窳；建五官弗措，是謂反逆。〔一〕土地乃坼，民人乃【6】落（落）。〔二〕【17~】

〔二〕王晨曦：《上海博物館藏戰國楚竹書〈三德〉研究》，復旦大學碩士學位論文，2008年，第23頁。

〔三〕轉見陳雅雯：《〈上海博物館藏戰國竹書（五）·三德〉研究》，臺灣師範大學國文系碩士學位論文，2008年，第131頁。

【注釋】

〔一〕「度」，從陳偉讀[一]，原簡作「宅」，音徒落切，是量度、衡量之義。「窳」，器物品質粗劣不堅。《韓非子·難一》：「東夷之陶者器苦窳，舜往陶焉，期年而器牢。」牢，堅牢、堅固。「窳」與上文「固」相對。「窳」，原簡從艸從膚（上下結構），陳劍讀爲「露」；露，敗落。[二]「五官」，指天子之五官，曰司徒、司馬、司空、司士、司寇，見《禮記·曲禮下》。據孔穎達《疏》，司徒主教，司馬主征伐，司空主士居民，司士主公卿以下版藉爵禄之等，司寇主除賊寇。「弗措」[三]，謂弗置、弗任。《逸周書·史記解》：「久空重位者危，昔有共工自賢，自以無臣，久空大官，下官交亂，民無所附，唐氏伐之，共工以亡。」王晨曦據此認爲「弗措」是「立官而不任人」之意。[四]。

〔二〕「坼」，裂也，見《說文·土部》。《詩·大雅·生民》：「不坼不副，無災無害。」《淮南子·本經》：「天旱地坼。」兩「坼」字都是開裂的意思。

「茖」，讀爲「落」，參見陳劍說。[五]《國語·吳語》：「士民離落。」《管子·輕重》：「士民零落。」竹書

〔一〕陳偉：《上博五〈三德〉初讀》，簡帛網，2006年2月19日。
〔二〕陳劍：《上博（五）零札兩則》，簡帛網，2006年2月19日。
〔三〕「措」，原簡從昔從攴，季旭昇說讀作「措」。參見陳雅雯：《〈上海博物館藏戰國竹書（五）·三德〉研究》，臺灣師範大學國文系碩士學位論文，2008年，第143頁。
〔四〕王晨曦：《上海博物館藏戰國楚竹書〈三德〉研究》，復旦大學碩士學位論文，2008年，第25頁
〔五〕陳劍：《〈三德〉竹簡編聯的一處補正》，簡帛網，2006年4月1日。

的『落』即離落、零落之義。『民人乃落』，與帛書《十六經·觀》『民乃蕃滋』相對。

【今譯】

凡度量官職而授予合適的人，這叫作邦固（國家堅固）；凡度量人而授予其官爵，這叫作邦𠘧（國家不堅固）；建立五官而没有授予恰當的人，這叫作反逆。土地於是拆裂，民衆於是敗落。

右爲第八章。

敬天之敔（禦），興地之矩，恒道必[illegible]。[一] 天哉人哉，憑何親哉，没其身哉？[二] 知天足以順時，知地足以古（固）材，知人足以會親。[三] 不修其成，而【17】聽其朁，百事不遂，且事不成。[四] 仰天事君，嚴（儼）恪必信。俯視口口，務醲敬戒。毋不能而爲之，毋能而易之。[五]【15~】

【注釋】

［一］『敔』，即『禦』字，是禁止、禁令的意思。[一] 《説文·攴部》：『敔，禁也。』段玉裁《注》：『敔爲禁禦本字，禦行而敔廢矣。』[二] 『禦』或作『圉』。帛書《十六經·正亂》篇『帝曰』：『毋乏（犯）吾禁。』可以參考。竹書所謂『天禦』，具體指時令、節令。

[一] 參見陳劍：《〈三德〉竹簡編聯的一處補正》，簡帛網，2006年4月1日。
[二] ［清］段玉裁：《説文解字注》卷三，上海古籍出版社1981年版，第126頁。

『矩』，法則。地矩，與上文天禦相對。

『恒道』，常道，即恒常不變的法則。『必』下一字，學者不識，但可以肯定，它是一個褒義詞，且應當屬於魚部字。

［二］『憑』，本爲依几，在竹書中作動詞，是依憑、依靠的意思。『親』，親近。『没其身哉』，與上句『憑何親哉』有因果關係。因四字句的限定，此句『没』前省略了『以』字。『没其身』，謂善終其身。

［三］『時』，四時、時節。

『古』，讀爲『固』。固，堅固、堅牢。《詩·小雅·天保》：『天保定爾，亦孔之固。』原簡此字一釋爲『由』，訓爲『育』。〔一〕『古』『由』二字形近。『材』，本義爲木材，在竹書中是指材性、質性。《禮記·中庸》：『故天之生物，必因其材而篤焉。』與竹簡『知地足以固材』一句義近。

『親』，親戚、親人。

［四］『營』，熒惑、惑亂，通常以其假字『營』代替之。

『遂』，順遂、通達。《禮記·月令》：『慶賜遂行。』《淮南子·精神》：『何往而不遂。』兩『遂』字均爲順遂、通達之義。

『且』，原簡從虍從且從心，上中下結構。一將此字釋讀爲『慮』〔二〕。

〔一〕　秦曉華：《上博（五）〈三德〉釋讀一則》，簡帛網，2006年2月27日。

〔二〕　陳偉：《上博五〈三德〉初讀》，簡帛網，2006年2月19日。

〔五〕『嚴』，讀爲『儼』。《爾雅·釋詁下》：『儼，敬也。』《玉篇·人部》：『儼，矜莊貌。』『恪』，與『儼』字義近。《爾雅·釋詁下》：『恪，敬也。』『恪』亦有莊嚴義。《禮記·祭義》：『嚴威儼恪，非所以事親也。』嚴，嚴威；儼，儼敬、莊敬。二字對言有别，散言則通。《漢書·匡張孔馬傳》：『蓋欽翼祇栗，事天之容也；温恭敬遜，承親之禮也；正躬嚴恪，臨衆之儀也；嘉惠和説，饗下之顔也。』《風俗通·過譽》：『容止嚴恪，鬚眉甚偉。』《後漢書·皇后紀上》：『如有纖介，則先見嚴恪之色，然後加譴。』三『嚴恪』，均當爲『儼恪』。『信』，信實。

『俯視』下二字，竹簡漫漶，難以辨識，李零説也許是『百姓』〔一〕，學者或補爲『地理』『地職』，均未必然也。

『醴』，本義爲厚酒，見《説文·酉部》。原簡從林從辰（上下結構），讀作『醴』，在竹書中是重厚的意思。『敬』，肅也，見《説文·茍部》。『戒』，警也，見《説文·廾部》。『敬戒』，先秦秦漢古籍習見。『易』，輕視、輕慢。

【今譯】

敬奉上天的禁令，興起大地的規矩，恒道一定□。天啊人啊，憑何親近之，而能善終其身呢？知道天，即足以依順時節；知道地，即足以固厚材用；知道人，即足以團結其親人。不修養其所成，而聽任其熒惑，則百事不會順遂，而且不會成功。仰觀上天，服侍君主，莊嚴恭敬，一定要信實。俯視□□，務求以敬肅警

〔一〕李零釋文注釋：《三德》，馬承源主編：《上海博物館藏戰國楚竹書（五）》，上海古籍出版社2005年版，第298頁。

戒的態度爲重。不要不能做成某事，却强行去做它；不要能够做成某事，却輕視它。

右爲第九章。

驟奪民時，天〈大〉饑必來。【15】奪民時以土功，是謂稽；不絶憂恤，必喪其匹。[一] 奪民時以水事，是謂潮（淖）；喪怠（以）係（繼）樂，四方來囂（虐）。[二] 奪民時以兵事，是【16】【謂厲；禍因胥歲，不舉銍艾】。[三]

【注釋】

[一]「驟奪民時，天饑必來」兩句，《吕氏春秋·上農篇》作：「數奪民時，大饑乃來。」「驟」是屢次的意思。《廣雅·釋詁三》：「驟，數也。」《左傳·宣公二年》「宣子驟諫」，《史記·齊太公世家》「驟顧於朝」，兩「驟」字都是「屢次」之義。「天」字當爲「大」字之譌，二字形近，參見范常喜説[一]。「饑」，饑荒。據「驟奪農時」一句，可知饑荒由人，故竹書作「天饑」非，「天」確爲「大」字之誤。

「奪民時以土功，是謂稽」兩句，《吕氏春秋·上農篇》作：「奪之以土功，是謂稽。」「土功」，指修築城邑、宫殿和水利等工程。「稽」，《説文·稽部》：「留止也。」竹書即用此義，是稽遲、稽留、停留的意思，具體指稽遲時令或農時。

「不絶憂恤，必喪其匹」兩句，《吕氏春秋·上農篇》作：「不絶憂唯，必喪其粃。」「匹」，朋匹、同類。

[一] 范常喜：《〈上博五·三德〉札記三則》，簡帛網，2006年2月24日。

《詩·大雅·假樂》「無怨無惡，率由群匹」，「匹」即朋匹、同類之義。憂卹之事不絶，故致必喪其朋匹。就《上農》篇，前人或認爲「唯」讀爲「惟」，訓爲「思惟」；「粃」，惡米。現在看來，「唯」「粃」二字均誤。

〔二二〕「奪民時以水事，是謂潮」兩句，《吕氏春秋·上農篇》作：「奪之以水事，是謂籥。」俞樾説「籥」當作「淪」。[二] 淪，潰也。現在看來，作「淪」字誤。「潮」字，從陳斯鵬、陳劍釋文。[三] 潮、籥二字聲近。「潮」，陳雅雯讀爲「淖」[三]，可從。「淖」，泥沼，深泥。《説文·水部》：「淖，泥也。」玄應《一切經音義》卷十二：「淖，深泥也。」

「喪怠係樂，四方來囂」兩句，《吕氏春秋·上農篇》作：「喪以繼樂，四鄰來虚。」「虚」，俞樾説當爲「虐」字。[四] 簡文「喪」，指上文「喪其匹」；「怠」讀爲「以」，而也；「係」讀作「繼」；「樂」，音「快樂」之「樂」。「四方」，與「四鄰」同義。《説文·㗊部》：「囂，聲也。」即喧嘩聲。據《吕氏春秋·上農》篇，「囂」當讀作「虐」。「囂」字上古音在曉紐宵部，「虐」字上古音在疑紐藥部，曉、疑同爲牙音，宵、藥二部對轉，故二字相通。《説文·虍部》：「虐，殘也。」即殘害、殘虐之義。

〔一〕 許維遹：《吕氏春秋集釋》下册，梁運華整理，中華書局2009年版，第686頁。

〔二〕 陳斯鵬：《讀〈上博竹書（五）〉小記》，簡帛網，2006年4月1日。陳劍説，轉見王晨曦：《上海博物館藏戰國楚竹書〈三德〉研究》，復旦大學碩士學位論文，2008年，第40頁。一説竹簡此字爲「淵」，參見王晶：《釋〈上博五·三德〉簡十六》，簡帛網，2006年3月6日。「淵」取深淵義。

〔三〕 陳雅雯：《上博竹書（五）〈三德〉研究》，臺灣師範大學國文系碩士學位論文，2008年，第169頁。

〔四〕 許維遹撰，梁運華整理：《吕氏春秋集釋》下册，中華書局2009年版，第686頁。

［三］『兵事』，兵戎之事，即戰事。

『是』字下，竹書有佚簡，據《吕氏春秋·上農》篇可補『謂厲，禍因胥歲，不舉銍艾』十字。『厲』，凶險、災禍。《玉篇·广部》：『厲，虐也。』《詩·大雅·瞻仰》：『孔填不寧，將此大厲。』《上農》篇的『厲』字，陶鴻慶訓爲『凶厲』。〔一〕『胥』，通『須』，待也。『胥歲』，待於歲。『歲』，年穀，一年的收成。『銍艾』，見《詩·周頌·臣工》『奄觀銍艾』。『銍』爲短鎌。《釋名·釋用器》：『銍，穫禾鐵也。』《説文·金部》：『銍，穫禾短鎌也。』《管子·輕重乙》：『一農之事，必有一耜、一銚、一鎌、一鎒、一椎、一銍，然後成爲農。』艾通刈，是鎌刀的意思。《墨子·備城門》：『城上九尺一弩、一戟、一椎、一斧、一艾，皆積絫石、蒺藜。』孫詒讓《閒詁》：『艾，刈之借字。《國語·齊語》：「挾其槍、刈、耨、鎛。」韋《注》：「刈，鎌也。」』〔二〕

本章，范常喜發現即《吕氏春秋·上農》篇之文。今録《上農》篇相關原文如下：

凡民自七尺以上屬諸三官，農攻粟，工攻器，賈攻貨。時事不共，是謂大凶。奪之以土功，是謂稽；不絶憂唯，必喪其粃。奪之以水事，是謂籥，喪以繼樂，四鄰來虚。奪之以兵事，是謂厲；禍因胥歲，不舉銍艾。數奪民時，大饑乃來。野有寢耒，或談或歌，旦則有昏，喪粟甚多。皆知其末，莫知其

〔一〕許維遹撰，梁運華整理：《吕氏春秋集釋》下册，中華書局2009年版，第687頁。

〔二〕［清］孫詒讓：《墨子閒詁》下册，孫啓治點校，中華書局2001年版，第505頁。

本真。

【今譯】

屢次攘奪民時，大饑荒一定會來臨。以土功攘奪民時，這叫作稽遲（時令）。憂恤之事不斷，君主一定會喪失其朋匹。以水事攘奪民時，這叫作泥淖。喪其朋匹而繼之以歡樂，四方即來殘虐。以兵事攘奪民時，這叫作凶厲。禍害依待於年歲，而如果歲荒，就不必舉起鐮刀了。

右爲第十章。

……喪。喜樂無限度，是謂大荒；皇天弗諒，必復之以憂喪。[一]凡食飲無量計，是謂滔皇；上帝弗諒，必復之以康。上帝弗諒，以祀不享。[二]【7】邦四益，是謂方（旁）芋（華），雖盈必虛。宮室過度，皇天之所惡，雖成弗居。[三]衣服過制，失於美，是謂違章，上帝弗諒。[四]鬼神禋祀，上帝乃怡，邦家【8】……保，乃無凶災。[五]【9~】

【注釋】

[一]『喪』字上，竹書有佚簡。

『大荒』，古書習見，見《荀子·彊國》《逸周書·大匡解》《國語·吴語》和帛書《經法·六分》等篇。『大荒』在典籍中有多種含義，竹書的『大荒』指荒淫無度。

『皇天』，古書習見，是一最高神靈實體，與『上帝』同義。《左傳·僖公十五年》：『君履后土而戴皇天，皇天后土，實聞君之言。』《吕氏春秋·六月紀》：『是月也，令四監大夫合百縣之秩芻，以養犧牲。令民無不想咸出其力，以供皇天上帝、名山大川、四方之神，以祀宗廟社稷之靈，爲民祈福。』『皇天』即『上帝』。

『諒』，相信、信任。《詩·小雅·何人斯》：『母也天只，不諒人只。』《毛傳》：『諒，信也。』『弗諒』，不信任。

『復』，報也，反也。

『憂喪』，憂愁喪亡之事。《淮南子·本經》：『人之性，心有憂喪則悲，悲則哀，哀斯憤，憤斯怒，怒斯動，動則手足不静。』

〔二〕『無量計』，意爲無限量、無計數，是没有節制的意思。

『滔皇』，語義不明，李零讀爲『饕皇』〔一〕。貪食謂之饕。范常喜如字讀，認爲『滔』是怠慢，『皇』是『天』之義；〔二〕『滔皇』，其義爲慢天。

『康』，猶『荒歉』。《穀梁傳·襄公二十四年》：『四穀不升謂之康。』范甯《集解》：『康，虚。』楊士勛《疏》：『康是虚荒之名。』〔三〕

『不享』，不享受。

〔一〕 李零釋文注釋：《三德》，馬承源主編：《上海博物館藏戰國楚竹書（五）》，上海古籍出版社2005年版，第293頁。

〔二〕 范常喜：《〈上博五·三德〉『滔皇』小議》，簡帛網，2008年9月6日。

〔三〕 『康』字訓『釋』，參見陳雅雯：《上博竹書（五）〈三德〉研究》，臺灣師範大學國文系碩士學位論文，2008年，第186頁。

〔三〕「益」，增益、增加。「四益」，指邦土向四方增加、擴張。「方」，通「旁」。《廣雅·釋詁一》：「方，大也。」《書·堯典》「湯湯洪水方割」，《墨子·天志上》「方施天下」，兩「方」字均通「旁」，訓「大」，訓「溥」，訓「遍」。「竽」，通「華」，何有祖說「竽」是「華」的譌字[一]。「華」在竹書中是繁盛、榮華、虛華的意思。曹峰引用帛書《經法·亡論》「聲華實寡，危國亡土」等文，認爲與竹書「雖盈必虛」的「思路基本一致」。[二]

「度」，制度。

「宮室過度」下三句，被馬王堆帛書《稱》篇所引，曰：「宮室過度，上帝所惡；爲者弗居，雖居必路。」《稱》篇的「稱」，是稱述之義。

「惡」，厭惡。

〔四〕「制」，制度、規定。「過制」，超過了禮制。

「失於美」，失之於精美。

「章」，法也。《國語·周語中》：「予何敢以私勞變前之大章，以忝天下。」「大章」即「大法」。「違章」，即違背規章制度。

「諒」至下文「家」之間十一字，竹簡已漫漶不清，李零據所謂舊稿録出[三]。

〔一〕何有祖：《上博五零釋二則》，簡帛網，2006年3月3日。
〔二〕曹峰：《近年出土黄老思想文獻研究》，中國社會科學出版社2015年版，第246頁。
〔三〕李零釋文注釋：《三德》，馬承源主編：《上海博物館藏戰國楚竹書（五）》，上海古籍出版社2005年版，第293頁。按，李零是上博楚竹書的最初整理者，他對簡文做有筆記。

［五］『禋祀』，古代祭天、祭鬼神的一種禮儀。《説文・示部》：『禋，潔祭也。』《周禮・春官・大宗伯》：『以禋祀昊天上帝，以實柴祀日月星辰，以槱燎祀司中、司命、風師、雨師。』鄭玄《注》：『禋之言煙。周人尚臭，煙氣之臭聞者……三祀皆積柴實牲體焉，或有玉帛燔燎而升煙，所以報陽也。』孫詒讓《正義》曰：『竊以意求之，禋祀者蓋以升煙爲義，實柴者蓋以實牲體爲義，槱燎者蓋以焚燎爲義。禮各不同，而禮盛者得下兼其燎柴則一。』[一] 禋祀，是先燔柴升煙，然後加牲體或玉帛於柴上焚燒的一種祭祀方式。

『怡』，和悦、喜悦。

『凶』，災禍，不吉利。《爾雅・釋言》：『凶，咎也。』《詩・王風・兔爰》『逢此百凶』，鄭玄《箋》：『百凶者，王構怨連禍之凶。』『百凶』即『百禍』。『災』，在竹書中泛指一切自然災害和人爲災害。《吕氏春秋・二月紀》：『先雷三日，奮鐸以令於兆民曰：「雷且發聲，有不戒其容止者，生子不備，必有凶災。」』亦見《禮記・月令》《淮南子・時則篇》，竹書表達的可能是陰陽家的思想。

【今譯】

……喪。喜悦和歡樂無限制度量，這叫作大荒淫；皇天不信任，一定會以憂喪回報之。食飲没有量上的限定和計數，這叫作饕餮之王；上帝不信任，一定會以虚荒回報之。上帝不信任，即使祭祀祂，祂也不會享用。邦國向四方增益，這叫作大榮華；即使盈滿，也一定會空虚。宫室超過制度，這是皇天所憎惡的事情；即使建成了，也不能居住。衣服超過制度，失之於過美，這叫作違反章法，上帝不會信任。升煙祭祀鬼神，

[一] ［清］孫詒讓：《周禮正義》第五册，王文錦、陳玉霞點校，中華書局 1987 年版，第 1297 頁。

上帝於是怡悦，邦家……保，於是没有凶禍災害。

右爲第十一章。

高陽曰：『毋凶服以享祀，毋錦衣交袒。[一] 係子是謂忘神……』[二]【9】

【注釋】

[一]『高陽』，即楚先祖顓頊之號。關於他的古史傳説，見《左傳·文公十八年》《墨子·非攻下》《史記·五帝本紀》《大戴禮記·五帝德》，亦三見於帛書《十六經·正亂》《姓爭》篇。

『凶服』，即喪服。根據親疏關係，喪服分爲斬衰、齊衰、大功、小功、緦麻五等。

『享祀』，獻享、祭祀。凶服用於凶禮，享祀屬於吉禮，二者不類，故竹書曰『毋凶服以享祀』。陳雅雯進一步説：『令人不解的是，正常的情况下，有人會刻意穿着喪服去祭祀神明嗎？《周禮·秋官·司寇》提及一則禁忌，就是「凡國之大祭祀，令州里除不蠲，禁刑者、任人及凶服者」，其中刑者、任人爲有罪責者，不蠲爲不潔者；而對凶服者，鄭氏注則云：「祭者吉禮，不欲聞見凶人。」即凶服、服喪者被視爲穢惡不潔，故需除禁之。因此推測「毋凶服以享祀」是指在祭祀之場合，須將服喪等不潔之人驅趕離開，以避免對神明不敬。』[二] 其説可參看。

『錦衣』，即采衣，即華美的衣服。『交』，交换、代替。陳偉讀爲『絞』，並説『絞』和『袒』都是

[二] 陳雅雯：《上博竹書（五）〈三德〉研究》，臺灣師範大學國文系碩士學位論文，2008年，第198頁。

『喪服即凶服的特徵』。[一]《儀禮・既夕禮》：『既馮尸，主人袒，髻髮，絞帶。』《禮記・奔喪》曰：『乃爲位，括髮袒，成踊，襲、絰、絞帶，即位。』絞帶，以絞麻爲繩作帶。『袒』，袒露上衣。『錦衣』與『絞袒』相對，故曰『毋』。『袒』字下，竹簡有短墨塊符號。

［一二］『係子』，可能是繫於子的意思。一説，『係子』連上讀。『忘神』，即忘記了神靈的存在。

【今譯】

帝高陽説道：『不要穿着凶服來享祀鬼神，不要穿着華美的衣服以代替袒露之禮。被子孫所牽繫，這叫作忘記了祖先神靈的存在……』

右爲第十二章。

皇后曰：『立，毋爲角（矯）言，毋爲人倡；毋作大事，毋害常；[一] 毋壅川，毋斷洿；毋滅宗，毋虚牀（壙）；毋改敔（禦），毋變事；[二] 毋煩姑嫂，毋【10】恥父兄；毋羞貧，毋笑刑；[三] 毋揣深，毋度山；[四] 毋逸其身而多其言；居毋惁（惰），作毋康。善勿滅，不祥勿爲。[五] 入虚（墟）毋樂，登【11】丘毋歌。所以爲天禮。』[六]【12上～】

[一] 陳偉：《上博五〈三德〉初讀》，簡帛網，2006年2月19日。

【注釋】

［一］『皇后』，當爲皇皇后帝之簡稱。《詩·魯頌·閟宫》：『皇皇后帝，皇祖后稷。』這兩句詩，《左傳·文公二年》作了引用。《論語·堯曰》：『予小子履，敢用玄牡，敢昭告於皇皇后帝。』『皇后』，古書或作『皇天上帝』，《尚書·吕刑》作『皇帝』。從出土文獻看，『皇后』一詞又見於帛書《十六經·雌雄節》，是篇曰：『皇後（后）洞歷吉凶之常，以辨雌雄之節，乃分禍福之鄉。』曹峰認爲此篇竹書及此帛書的『皇后』均指『黄帝』。[一] 林文華不同意此説，認爲簡文『皇后』不能解作『黄帝』，而是指『皇天上帝』。[二]《詩·大雅·皇矣》三曰『帝謂文王』云云，《墨子·天志中》《天志下》均引之。《左傳·昭公元年》記載武王『夢帝謂己』曰：『余命而子曰虞，將與之唐，屬諸參而蕃育其子孫。』事又見《史記·鄭世家》《漢書·地理志下》。據這些引文可知，皇天上帝在典籍中也具有言命、言説的特性。

『立』，當指人君處位。《史記·五帝本紀》：『其孫昌意之子高陽立，是爲帝顓頊也。』

『角言』，其義不明，未見於傳世古籍。林文華據《莊子·盜跖》篇讀爲『矯言』。[三]《莊子·盜跖》：『今子脩文、武之道，掌天下之辯，以教後世，縫衣淺帶，矯言僞行，以迷惑天下之主，而欲求富貴焉，盜莫大於子。』《史記·日者列傳》：『世皆言曰：「夫卜者多言誇嚴以得人情，虚高人禄命以説人志，擅言禍災

［一］ 曹峰：《近年出土黄老思想文獻研究》，中國社會科學出版社 2015 年版，第 258 頁。
［二］ 林文華：《〈上博五·三德〉「高陽」「皇后」考》，簡帛研究網，2007 年 9 月 10 日。
［三］ 林文華：《〈三德〉新詁三則》，簡帛研究網，2007 年 12 月 10 日。

以傷人心，矯言鬼神以盡人財，厚求拜謝以私於己。」此吾之所恥，故謂之卑汙也。』『矯』，假托。『矯言』，假托之言，詐言，具體指處位的人君假托皇后（上帝）之言。

『倡』，先倡、帶頭。『人倡』，李零説『疑指先人而發』[一]；曹峰説，不先倡，『表現出不爭、不爲天下先的姿態』[二]。『不爲人倡』，這是一種統御臣下的方法。

『大事』，指祀、戎、土功等事。曹峰説：『先秦秦漢文獻中的「毋作大事」幾乎都與時令相關。』[三]《呂氏春秋·二月紀》：『是月也，耕者少舍，乃修闔扇，寢廟必備。無作大事，以妨農功。』亦見《禮記·月令》，『無』作『毋』。《禮記·禮器》：『故作大事，必順天時，爲朝夕必放於日月，爲高必因丘陵，爲下必因川澤。』《參德》可能屬於農家、陰陽家的著作，由此又添一證。

『害』，季旭昇疑原簡爲『刈』字，讀作『害』[四]，學者多從之。『害』，妨害。

『常』，常法、常則、常事。此詞，《參德》多見，如第5號簡一曰『故常不利，邦失幹常』，二曰『變常易禮』。

〔二〕『壅』，壅塞。

『斷』，《説文·斤部》：『截也。』『斷』爲截斷、斷開之義。『洿』，水池。濁水曰洿，清水曰池。

『滅宗』，即毀滅宗廟之省語，是滅亡他國的象徵性舉措。此詞，古書習見，《左傳·定公四年》：『滅宗

〔一〕李零釋文注釋：《三德》，馬承源主编：《上海博物館藏戰國楚竹書（五）》，上海古籍出版社2005年版，第295頁。
〔二〕曹峰：《近年出土黃老思想文獻研究》，中國社會科學出版社2015年版，第259頁。
〔三〕曹峰：《上博楚簡思想研究》，萬卷樓圖書有限公司2006年版，第204—205頁。
〔四〕季旭昇：《上博五芻議（下）》，簡帛網，2006年2月18日。

廢祀，非孝也。』《國語・楚語下》：『舊怨滅宗，國之疾眚也。』《墨子・明鬼下》引禽艾之道之曰：『得璣無小，滅宗無大。』《鶡冠子・學問》：『不知善善，故有身死國亡絕祀滅宗。』

『虚』，從上下文看是動詞，是使空虚的意思。『虚牀』，從上文看，『毋虚牀』當與『毋滅宗』相類。『牀』疑當讀爲『壙』，義爲墓壙、墓穴。《説文・土部》：『壙，塹穴也。』『毋虚壙』，符合古人重視葬品的特點。古人的喪葬之禮，參見《儀禮・既夕禮》等書。《墨子・節葬下》：『（子墨子之言曰）此存乎王公大人有喪者，曰棺椁必重，葬埋必厚，衣衾必多，文繡必繁，丘隴必巨。存乎匹夫賤人死者，殆竭家室。「存」乎諸侯死者，虚車府，然後金玉珠璣比乎身，綸組節約，車馬藏乎壙，又必多爲屋幕。鼎鼓、几梴、壺濫（鑑），戈劍、羽旄、齒革，挾而埋之，滿意。』這種厚葬實壙的現象，自然受到了墨家的批評。

『改』，從陳劍説[一]，原簡漫漶不清。『敔』，讀爲『禦』，是禁禦、禁止的意思，在竹書中指禁忌或禁令。

『事』，大概指政事。

[三]『毋煩姑嫂』，從劉國勝讀[二]。『煩』，煩勞。『姑嫂』，與下文『父兄』相對。《爾雅・釋親》曰：『（婦）稱夫之母曰姑。』又曰：『父之姊妹爲姑。』竹簡當取第二義。

『恥』，使之感到恥辱。

[一] 陳劍：《〈三德〉竹簡編聯的一處補正》，簡帛網，2006年4月1日。

[二] 劉國勝：《上博竹書（五）零札五則》，丁四新主編：《楚地簡帛思想研究》第三輯，湖北教育出版社2007年版，第104—105頁。劉文原載簡帛網，2006年3月30日。

『羞』，羞辱。『貧』，貧窮之人。

『笑』，嘲笑。『刑』，《説文・刀部》：『罰罪也。』在竹書中指受刑之人。

［四］『揣』，揣度、揣量。《説文・手部》：『揣，量也。』『深』，指水深。

『度』，量度。『毋度山』，與上句『毋揣深』相對。

竹書爲什麼説『毋揣深，毋度山』呢？《管子・九守》：『高山，仰之不可極也。深淵，度之不可測也。』曹峰據此認爲：『這衹能是一個比喻，提醒人們不要做不自量力之事。』〔一〕顧史考認爲《管子・九守》這段文字的題目應爲『聽之術』，並説：『「揣深度山」若誠爲喻，指的可能是揣度他人之言行時貴在於耳目所及，所不及者則缺疑而勿可望人預測。』〔二〕

［五］『逸』，放逸。

『居』，閒居。『悊』，李零讀爲『惰』。〔三〕一讀爲『泰』，訓爲『侈泰』。〔四〕

『作』，《説文・人部》：『起也。』興起以從事某種活動，例見《尚書・堯典》『辨秩東作』，《莊子・讓王》『日出而作』。『康』，在竹書中是貶義，指過分的遊樂、安樂，《逸周書・謚法解》：『好樂怠政曰康。』王晨曦引《詩・昊天有成命》『成王不敢康』、《楚辭・離騷》『日康娱以淫遊』、《淮南子・原道》『是故不

〔一〕曹峰：《近年出土黄老思想文獻研究》，中國社會科學出版社2015年版，第260頁。

〔二〕［美］顧史考：《上博竹書〈三德〉篇逐章淺釋》，『屈萬里先生百歲誕辰國際學術研討會』論文，臺灣大學中文系等主辦，2006年9月。

〔三〕李零釋文注釋：《三德》，馬承源主編：《上海博物館藏戰國楚竹書（五）》，上海古籍出版社2005年版，第296頁。

〔四〕王晨曦：《上海博物館藏戰國楚竹書〈三德〉研究》，復旦大學碩士學位論文，2008年，第85—86頁。

以康爲樂」等句以説之[二]。

「善」，善事也。「滅」，滅除、消滅。「善勿滅」，是説善事勿滅除之而不做。「不祥」，不祥之事。「爲」，做也。

〔六〕「虛」，讀爲「墟」。墟，廢址、故城。《廣雅·釋詁二》「墟」王念孫《疏證》：「邱、墟，皆故所居之地。」《吕氏春秋·貴直》：「使人之朝爲草而國爲墟。」「丘」，或寫作「邱」，丘（邱）亦廢墟之義。「丘墟」連言，古書習見，常爲國亡之象。

「天禮」，禮節、禮儀。

【今譯】

皇后説：「立己爲人，不要説矯飾的言辭，不要倡導他人；不要興作大事，不要妨害常道；不要壅塞河川，不要斷絶洿池；不要滅絶宗廟，不要虛葬墓壙；不要改變禁忌，不要改變事情；不要煩擾姑嫂，不要使父兄感到恥辱；不要羞辱貧窮的人，不要嘲笑受到刑罰的人；不要揣度水深，不可度量山高；不要放逸己身而多言多語，指責他人；閒居不要怠惰，興起不要過分游樂。善事雖小不要滅除，不祥之事不要做。入廢墟不要歡樂，登上廢墟不要歌唱。它們都是用來踐行天禮的。」

右爲第十三章。

〔二〕王晨曦：《上海博物館藏戰國楚竹書〈三德〉研究》，復旦大學碩士學位論文，2008年6月，第85—86頁。

監〈臨〉川之都，憑澗之邑，百乘之家，十室之佶（聚），宫室汙池，各慎其度。[一] 毋失其道，未【12上】懈於時，上帝喜之，乃無凶災。[二] ……【香港簡】

【注釋】

[一]『監』，即『臨』字之譌。臨，臨近、靠近。『都』，《説文·邑部》：『有先君之舊宗廟曰都。』《左傳·襄公二十八年》：『凡邑，有宗廟先君之主曰都，無曰邑。』在竹書中『都』泛指比較大的城邑。《荀子·富國》：『入其境，其田疇穢，都邑露，是貪主已。』其大曰都，其小曰邑。

『憑』，憑依、臨近。『澗』[二]，《説文·水部》：『山夾水也。』

『乘』，一車四馬之謂。『家』，卿大夫的封地。

『室』，在竹書中是家、户的意思。《管子·乘馬》：『上地方八十里，萬室之國一，千室之都四。』『佶』，蘇建洲讀爲『聚』；聚，邑居，通常比邑小[三]。《説文·㐺部》：『聚，邑落云聚。』段玉裁《注》：『邑落，謂邑中村落。』《史記·五帝本紀》：『一年而所居成聚，二年成邑，三年成都。』

『宫室』，房屋的通稱。分别之，宫在外，室在内。『汙池』，即洿池；『汙』通『洿』。洿，濁水池，或曰小水池。《説文·水部》：『洿，濁水不流也。』同書《水部》：『汙，一曰小池爲汙。』學者或説此『汙』同『洿』字。洿池，池塘的通稱。

[二]『澗』字，從何有祖釋讀。何有祖：《上博五〈三德〉試讀（二）》，簡帛網，2006年2月21日。

[三] 蘇建洲：《〈上博（五）〉柬釋（二）》，簡帛網，2006年2月28日。

『慎』，讀爲『順』。『度』，制度、規定。

〔二〕『未』下十一字，見香港中文大學藏簡，李鋭綴接於此〔一〕。『懈』，鬆懈。『時』，時節、時令。

『喜』，喜歡。

【今譯】

臨近河川的都城，憑依澗流的小邑，百乘的家室，十室的聚落，宮室洿池，各自都順其制度。不要喪失其道，對時節没有鬆懈，上帝喜愛之，於是就没有凶險災害了。

右爲第十四章。

……欲殺人，不飲不食。〔一〕秉之不固，【12下】施之不威。致刑以哀，□迲以謀。〔二〕民之所欲，鬼神是祐。慎守虚□……〔三〕【20】

【注釋】

〔一〕『欲殺人，不飲不食』兩句的意思不明，它們可能包含着如下幾層意思：第一，此兩句從居上位或

〔一〕李鋭：《讀上博五札記（二）》，孔子2000網，2006年2月27日。『未』字下部，原簡殘，王蘭認爲是『末』字。王蘭：《上博五〈三德〉編聯》，簡帛網，2006年2月26日。

君位者而言，而可能包括行刑者（劊子手）在内；第二，從刑殺罪人而不是從戰爭角度來説的；第三，「不飲不食」是不飲酒、不吃肉（或不茹葷）的意思；第四，此兩句是「貴生」觀念的一種表達，是對人自身生命的一種敬重；第五，「欲殺人，不飲不食」在當時已經被禮儀化了，《禮記·檀弓下》記孔子曰「殺人之中，又有禮焉」，其目的在於通過齋戒活動來抑制嗜殺的心理衝動，同時表達對於人類自身的哀悲之情，《大戴禮記·曾子立事》即曰「殺人而不戚焉，賊也」。

〔二〕「秉」，秉持；「固」，牢固。「秉之不固」是從兩個方面來説的，一者好生慎殺，二者罪至可殺者必殺。

「施」，原簡從它從攴，參見袁金平釋文和范常喜釋讀〔一〕。「施」當訓爲「施用」「施行」；所施者，指殺人之刑。「威」，從效果言，是威嚴的意思。「施之不威」與上句「秉之不固」有因果關係。

〔三〕「致」，施行、執行。「致刑」，古書習見，如《周易·豐卦·象傳》：「君子以折獄致刑。」「以哀」，是以哀悲、哀矜之情的意思。「致刑以哀」，參見《禮記·文王世子》，是篇曰：「公族其有死罪，則磬於甸人。其刑罪，則纖剸，亦告於甸人。公族無宫刑。獄成，有司讞於公。其死罪，則曰「某之罪在大辟」；其刑罪，則曰「某之罪在小辟」。公曰：「宥之。」有司又曰：「在辟。」公又曰：「宥之。」有司又曰：「在辟。」及三宥，不對，走出，致刑於甸人。公又使人追之曰：「雖然，必赦之。」有司對曰：「無及也！」反命於公，公素服不舉，爲之變，如其倫之喪。無服，親哭之。」

〔一〕 袁金平：《讀上博（五）札記三則》，簡帛網，2006年2月26日；范常喜：《〈上博五·三德〉簡12、20補議》，簡帛網，2007年4月28日。

『□迲以謀』，此句的意思不清。『迲』上一字，右半作『曾』，但左半不清。『謀』，原簡作『毋』，是『謀』字古文，見《說文·言部》。

『祐』，《說文·示部》：『助也。』『民之所欲，鬼神是祐』兩句，可能是從《尚書·泰誓》『民之所欲，天必從之』變化而來的。《左傳·襄公三十一年》《左傳·昭公元年》《國語·周語中》《國語·鄭語》《漢書·五行志》《潛夫論·遏利》《風俗通義·過譽》，均引用了《泰誓》的這兩句話。《孟子·萬章上》引《太誓》曰『天視自我民視，天聽自我民聽』，其意與『民之所欲，天必從之』相同，疑孟子不過換言之而已。《泰誓》，古書或寫作《太誓》。

『慎守虛□』，末字左半從言，右半殘缺，此句的意思不明。『慎守』之義，可能與《大戴禮記·曾子天圓》《管子·霸言》的相關段落有關。《曾子天圓》：『聖人慎守日月之數，以察星辰之行，以序四時之順逆，謂之曆。』《霸言》：『是以聖王務具其備而慎守其時，以備待時，以時興事。』

【今譯】

……將要殺人，不要飲酒，不要茹葷。秉持此德如果不牢固，那麼施行就不會威重。以悲哀的態度來對待刑罰，□迲以謀。民衆所想要的東西，會得到鬼神的保佑。慎守虛□……

右爲第十五章。

……【毋以】虞（娛）爲首。[一] 身且有病，惡羹與食；邦且亡，惡聖人之謀。室且棄，不墮（隨）祭祀，唯虞（娛）是服。[二] 凡若是者，不有大禍必〔有〕大恥。[三]【13~】

【注釋】

〔一〕「虞」，從王晨曦釋讀[一]，原簡從艸從虍從女從心，上中下結構。此字亦見於「唯虞是服」中，一讀爲「怒」。按，讀「怒」字不可取，「唯怒是服」於文意不通。「虞」當讀爲「娱」。娱，歡娱、娱樂。《説文·女部》：「娱，樂也。」《韓非子·八姦》：「人主樂美宫室臺池、好飾子女狗馬以娱其心，此人主之殃也。」《楚辭·離騷》：「夏康娱以自縱。」皆其例。典籍或借「虞」爲「娱」字。《國語·周語下》「虞於湛樂」，《吕氏春秋·忠廉》「利不足以虞其意矣」，兩「虞」字皆爲「娱」字之假。「娱」字上有脱文，「娱爲首」當爲「毋以娱爲首」，「毋以」兩字在脱簡中。「毋以娱爲首」，類似句型見《國語·魯語下》「以《那》爲首」、《莊子·天下》「齊萬物以爲首」，意思是不要將娱樂放在首位，或不要以娱樂爲最重要。

〔二〕「且」，副詞，將且、將要。下文「邦且亡」「室且棄」的兩「且」字，均爲將且、將要之義。「惡」，厭惡。下「惡」字，義同。「羹」，從陳劍釋讀。[二]「羹」是「鬻」的小篆字形，今通用「羹」字。《説文·䰜部》：「鬻，五味盉羹也。」竹書「羹」字指菜湯。「謀」，一讀爲「誨」。按，當作如字讀。

[一] 王晨曦：《〈上海博物館藏戰國楚竹書〈三德〉研究〉》，復旦大學碩士學位論文，2008年，第58頁。

[二] 陳劍：《釋上博竹書和春秋金文的「羹」字異體》，復旦大學出土文獻與古文字研究中心網，2008年1月6日。簡文原字，李零認爲上從采，下從皿，讀爲「菜」。參見李零釋文注釋：《三德》，馬承源主編：《上海博物館藏戰國楚竹書（五）》，上海古籍出版社2005年版，第297頁。

『墮』，讀爲『隨』〔二〕，是隨從、隨順的意思。『祭祀』，指在室家内進行的五種祭祀。《禮記·月令》『臘先祖五祀』鄭玄《注》：『五祀：門、户、中霤、灶、行也。』『五祀』，見於清華簡《八氣五味五祀五行之屬》篇第5—6號簡，曰：『帝爲五祀，玄冥率水以食於行，祝融率火以食於竈，句余芒率木以食於户，司兵之子率金以食於門，后土率土以食於室中。』這説明『五祀』的形成不會晚於戰國中期。

〔三〕『服』，從事。

〔三〕『禍』，災禍。『必』下，疑脱一『有』字。『恥』，恥辱、侮辱。《説文·心部》：『恥，辱也。』

【今譯】

不要將娱樂放在首位。身體將有疾病，就會厭惡羹湯食物；邦國將且滅亡，就會厭惡聖人的謀略。家室將要廢棄，就會不隨順祭祀，衹從事娱樂。凡是像這樣的，如果没有大禍，就一定會有大的恥辱。

右爲第十六章。

天之所敗，多其求，而【13】寡其憂。〔一〕興而起之，思（使）逿（蹎）而勿救。〔二〕【14~】

【注釋】

〔一〕『多』，原簡從二卩，作𠬝，疑是『多』字之譌。『求』，欲求、貪求。竹書原字從救從貝，上下結

〔一〕王蘭：《〈上博五三德〉編聯》，簡帛網，2006年4月15日。

構〔一〕。

『憂』，憂慮、憂患。

〔二〕『興而起之』，是從敗毁敵方的手段來説的。『興』『起』兩字義近，『興』大概是發動、鼓動的意思，『起』大致是凸起、升起的意思。

『思』，讀爲『使』。『遉』，讀爲『蹎』，是蹎仆、倒仆之義。《説文·足部》：『蹎，跋也。』『蹎』通作『顛（顛）』字。曹峰説，『興而起之，使蹎而毋救』兩句與帛書《十六經·正亂》『纍而高之，踣而弗救也』的意思『幾乎相同』。〔三〕《吕氏春秋·行論》：『將欲毁之，必重累之；將欲踣之，必高舉之。』《韓非子·説林上》《戰國策·魏策一》引《周書》：『將欲敗之，必姑輔之，將欲取之，必姑予之。』《韓非子·喻老》引《老子》，亦有類似語句，見王弼本《老子》第三十六章。從傳世古籍所引《詩》《書》《老子》的這些語句來看，利用對方在人性上的弱點而圖謀擊敗對方，乃古人的流行想法。

【今譯】

上天對其所敗毁的君主，先增多其欲求，而寡少其憂患。突然發動起來，使其顛仆，而無法加以挽救。

右爲第十七章。

〔一〕 此字最初由季旭昇釋出。季旭昇：《上博五芻議（下）》，簡帛網，2006 年 2 月 18 日。

〔三〕 曹峰：《近年出土黄老思想文獻研究》，中國社會科學出版社 2015 年版，第 266 頁。

方縈（榮）勿伐，將興勿殺，將齊勿刳，是逢凶孽。[一] 天災繩繩，弗滅不隕。[二] 【14~】

【注釋】

[一]「縈」，通「榮」，榮盛也。「伐」，砍伐。「榮」以草木爲喻，故曰「方榮勿伐」。「興」，《説文・舁部》：「起也。」興是興作、興起的意思，指驚蟄之後昆蟲蘇醒，開始活動。「興」就昆蟲而言，故曰「將興勿殺」。「齊」，齊全，疑指胎生、卵生之屬孕子月齊。「刳」，是剖判、挖開、挖出的意思。「齊」以胎生、卵生之屬爲説，故曰「將齊勿刳」。

以上三句的意思，可參見賈誼《新書・禮》篇，是篇曰：「草木不零落，斧斤不入山林；昆蟲不蟄，不以火田；不麛不卵，不刳胎，不殀夭，魚肉不入廟門；鳥獸不成毫毛，不登庖廚。取之有時，用之有節，則物蓄多。」

「孽」，通「蠥」，妖孽，指災禍。此義，今字通用「孽」。「是逢凶孽」承上三句而言，並有省略。這三句是説，如果方榮而伐、將興而殺、將齊而刳，那麼這就會遭逢凶禍。

[二]「繩繩」，衆多貌，綿綿不絶貌。此詞見《詩・周南・螽斯》「宜爾子孫，繩繩兮」，及見於王弼本《老子》第十四章「繩繩兮不可名」。

「滅」，消滅之。「隕」，隕落、覆亡。

【今譯】

方且榮盛，不要剪伐；將且興起，不要殺滅；將且胎齊，不要刳殺。如果反此道而行之，那麼這就會遭逢凶禍妖孽。天災繩繩不斷，不被滅除即不會隕落。

右爲第十八章。

爲善福乃來，爲不善禍乃或（有）之。[一] 卑【14】牆勿增，灋（廢）人勿興，皇天之所棄，而后帝之所憎。[二] 毋曰冥冥，上天有下政，晝囗……[三]【19】

【注釋】

[一]『或』，讀爲『有』。

『爲善福乃來，爲不善禍乃有之』兩句，參見《荀子·宥坐》篇，是篇曰：『（由聞之）爲善者天報之以福，爲不善者天報之以禍。』《説苑·敬慎》《談叢》《雜言》三篇皆曰：『人爲善者，天報以福；人爲不善者，天報以禍也。』與竹書意思相同。

[二]『卑牆勿增』，這是因爲增之而容易傾圮的緣故。

『灋』，讀爲『廢』。廢，廢黜。《管子·法法》：『危人而不能，殆。廢人而復起，殆。』或以『廢人』爲『自取滅亡之人』[1]，殆非。『興』，興立。

[1] 陳雅雯：《〈上海博物館藏戰國楚竹書（五）·三德〉研究》，臺灣師範大學國文系碩士學位論文，2008年，第287頁。

『棄』，拋棄、廢棄。

『后帝』，即皇天，二詞換言之。『憎』，憎惡、憎恨。

［三］『冥冥』，古書習見，與『昭昭』相對，指高遠無際、渺茫無迹之貌。

『下』，指天下、人間。『下政』，對天而言，指主宰性的天落實在人間的政治措施上。『下政』的觀念，很可能出自宗教性很强的學術團體；人間的政治被人賦予上天的來源，或托之於上天，故曰『下政』。《墨子·天志上》：『順天意者，義政也；反天意者，力政也。』同書《天志中》：『觀其刑政，順天之意，謂之善刑政；反天之意，謂之不善刑政。』『義政』和『善刑政』，即本篇竹書所説上天的『下政』。

【今譯】

爲善事福氣於是來臨，爲不善之事凶禍於是有之。低矮的土牆不要增高，廢棄之人不要再將其扶持起來，皇天所拋棄的人也是世間帝王所憎恨的人。不要説其渺冥高遠，上天有頒布於天下的政令，晝口……

右爲第十九章。

諒竿之長。［一］枸株覆車，善游者【21】死於梁下，貃狽食虎。［二］天無不從：好昌天從之，好喪天從之；好友（伐）天從之，好長天從之。［三］順天之時，起地之【材，慎民之力】。［四］【18】

【注釋】

［一］『諒竿之長』四字，應屬另外一章。第21號簡上段殘，下段完整。

［二］『枸株』，古書或作『株枸』『株拘』等。《莊子·達生》：『吾處身也若厥株拘，吾執臂也若槁木之枝。』《釋文》出『若厥』條，曰：『本或作橛。』《列子·黄帝篇》作『若橛株駒』。『厥』讀爲『橛』；橛者，斷木爲杙。『株』，木根也，見《説文·木部》。拘、駒均讀爲枸。『枸』，據《山海經·海内經》郭璞《注》，乃『根盤錯』之義。『株枸』，據郭嵩燾説，指『近根盤錯處』。[一] 現在看來，橛、株、枸是三物。『吾處身也若厥株拘』，當斷句爲：『吾處身也若厥（橛）、株、拘（枸）。』就竹書『枸株』，陳劍説『指大根盤錯的樹椿』。[二] 更準確地説，『枸』指木根盤錯者，『株』指露出地表的木根。《韓非子·六反》引先聖之諺曰：『不躓於山，而躓於垤。』其意與竹書『枸株覆車』相通。

『梁』，橋樑。《管子·樞言》：『人之自失也，以其所長者也，故善游者死於梁池，善射者死於中野。』《淮南子·原道》：『夫善遊者溺，善騎者墮，各以其所好，反自爲禍。』與竹書『善游者死於梁下』同意。

『豻猊』，李零説是『狻猊』的别名。『狻猊』見《爾雅·釋獸》，云：『狻麑如虦貓，食虎豹。』又見《穆天子傳》卷一，郭璞《注》：『狻猊，獅子，亦食虎豹。』狻麑，古代傳説中的神獸。李零説，『狻猊』『豻猊』即是『獅子』。[三] 但它是否真是獅子，需要討論。

［三］『好』，音去聲。下諸『好』字，音同。『昌』，昌盛。

『喪』，喪亡、喪滅。此字，竹書原從喪從貝（喪爲楚文字的一種變體寫法）[四]，上下結構，亦可以讀爲

[一]［清］郭慶藩：《莊子集解》中册，中華書局2004年版，第640—641頁。
[二] 陳劍：《談談〈上博五〉的竹簡分篇、拼合與編聯問題》，簡帛網，2006年2月19日。
[三] 李零釋文注釋：《三德》，馬承源主編：《上海博物館藏戰國楚竹書（五）》，上海古籍出版社2005年版，第301頁。
[四] 參見禤健聰等人的説法。禤健聰：《上博楚簡（五）零札（二）》，簡帛網，2006年2月26日。

『亡』。

『犮』，從陳劍釋文[一]，李鋭讀爲『伐』[二]，可從。《説文·人部》：『伐，敗也。』《詩·小雅·賓之初筵》『是謂伐德』王引之《經義述聞》：『家大人曰：德不可以言誅伐；伐者，敗也。』[三] 伐，謂自伐其德。

『長』，音知長切，是增長、進益的意思。

［四］第 18 號簡上端完整，下端殘，現存三十八個字。簡下端缺文，曹峰認爲可根據第 1 號簡『天供時，地供材，民供力』等句來作補充。[四] 依此，缺文可以補作：『順天之時，起地之【材，慎民之力】。』《管子·禁藏》有一段話説：『四時事備，而民功百倍矣。故春仁夏忠，秋急冬閉。順天之時，約地之宜，忠人之和，故風雨時，五穀實，草木美多，六畜蕃息。』亦可以作爲參考。

【今譯】

諒竿之長。枸株會顛仆馬車，擅長游泳的人會溺死於橋樑之下，狻猊會吃掉老虎。上天没有不順從的：人喜好昌盛，天順從之；人喜好喪滅，天順從之；人喜好伐滅，天順從之；人喜好生長，天順從之。順守天時，起用地材，慎使民力。

右爲第二十章。

〔一〕陳劍：《談談〈上博五〉的竹簡分篇、拼合與編聯問題》，簡帛網，2006 年 2 月 19 日。
〔二〕李鋭：《讀上博（五）札記》，簡帛網，2006 年 2 月 28 日。
〔三〕［清］王引之：《經義述聞》，江蘇古籍出版社 2000 年版，第 156 頁。
〔四〕曹峰：《近年出土黄老思想文獻研究》，中國社會科學出版社 2015 年版，第 269 頁。

【思想】

上博楚竹書《參德》篇是思想比較重要的出土佚籍，它的問題意識是明王如何爲治。作者主張，明王應當以消解自我爲前提，以敬順天常天時、慎用民財民力，並通過禁忌之禮和律則之禮來實行之，進而取得有效的政治治理。這篇竹書無疑具有非常濃厚的宗教色彩，這特別表現在對於上帝鬼神及其賞善罰暴之能力的肯定上，以及對於禁忌文化的渲染上。

其一，《參德》開篇即提出了『明王無思』的『參德』説。竹書説：『天供時，地供材，民供力，明王無思，是謂參德。』前三者，即天時、地材、民力是明王爲政、治理國家的對象；而後者，即『無思』是明王所以爲治的根據，明王以其來對待天時、地材、民力，而所以爲治。『明王無思』正是全篇的思想重點之一，故竹書即稱『無思』爲『參德』。『參德』，即與天時、地材、民力相並列之德，而不是指三種特性或品德。『無思』即無思無慮之義，是指人君具有此政治品德而後可以爲明王，可以與天時、地材、民力相並列。而這個『無思』之德，必然要求人君以無爲作爲其主體性的内涵，而此種主體性即是一種高度消極、被動的主體性。而這種消極、被動的主體性在實踐上是通過效法天地和禮敬鬼神，進而通過禁忌和訓誡來實現的。竹書説：『敬天之䈞，興地之矩，恒道必星。天哉！人哉！憑何親哉，没其身哉？知天足以順時，知地足以固材，知人足以會親。』又説：『天無不從：好昌天從之，好喪天從之；好伐天從之，好長天從之。順天之時，起地之【材，慎民之力】。』這是對敬順天時、地材和人力的合説。

其二，《參德》篇具有極爲濃厚的宗教意識，在此從根本上來説『天』即爲至上神，儘管竹書的『天』在一定程度上包含了客觀自然的含義。在竹書中，『天』又是人君政治活動的終極根據。《參德》全篇一共出現了二十七個『天』字，除少數用例外，大多數用例直接是神性的『天』。通常説來，『天供時』『順天之常』『是謂天常』『是謂天禮』『知天足以順時』中的諸『天』字，是一個客觀自然性的天；但聯繫全篇來看，此『天』字其實處於神性之天的籠罩之下，是神性意識的客觀自然之天。『天惡毋忻』『天神之口』『皇天將興之』『天乃降災』『天乃降異』『天命孔明』『皇天弗諒』『皇天之所惡』『天之所敗』『皇天之所棄』『上天有下政』等中的諸『天』字，直接是神性的『天』。神性的『天』，或稱『皇天』『上帝』『后帝』。竹書中的『上帝』無疑是至上神。除此以外，『高陽』雖然是楚先祖顓頊帝，但其實他是一個半人半神的存在。由此反觀那些少數帶有客觀法則和自然規律義的『天』字，其實在竹書中是受到神性之『天』的統攝的。例如，竹書説：『天無不從：好昌天從之，好喪天從之；好伐天從之，好長天從之。順天之時，起地之材，用民之力。』其中帶有客觀、自然意義的『天』正是處於神性之『天』的統攝之下。正因爲『天』以神性義、主宰義爲主導，而兼攝客觀法則義和自然規律義，所以充斥全篇的禁忌和災異、凶殃用語即可由此得到理解。而且，全篇的思想主旨亦可通過神性的『天』得以開顯。進一步，竹書認爲，明王應具有『無思』之德，並通過敬順天時天常、慎用民財民力來加以表現。需要指出，竹書要求人君以禮儀的形式來表現此敬順、慎用之義，這是比較特殊的。

正因爲神性的『天』或『上帝』對於人間具有主宰作用，上帝、鬼神是價值的根源，故作爲人間的天子、人君都應當絶對服從上天或上帝的旨意。而『天』或『上帝』的神性又來自五重因素或五個方面：第一，對於自然世界和自然規律的敬重；第二，對於善惡的道德行爲及其報應的重視；第三，對於民意、民欲的重視，竹簡曰『民之所喜，上帝是祐』，又説『民之所欲，鬼神是祐』；第四，對於誠實的美德及對於上帝是否誠敬的重視，竹簡説『鬼神禋祀，上帝乃怡』，又説『毋爲僞詐，上帝將憎之』；第五，對於禁忌和災異的重視，通過它們來表現『天』或『上帝』的神性，如竹書説『忌而不忌，天乃降災。已而不已，天乃降異』。

其三，《參德》篇强調人君應當敬順天常、天時。竹書説：『草木須時而後奮，天惡毋忻，平旦毋哭，明毋歌，弦望齊宿，是謂順天之常。敬者得之，怠者失之，是謂天常。』又曰：『毋失其道，未懈於時，上帝喜之，乃無凶災。』這即是敬順天常天時。天常，指天行之常或天運行的常道。天時，指四時八節十二度之類。在傳統農業社會，自然世界本身及其運行節律對於人類生活本身起着顯著作用，因此人君爲政即應當首先關注天常和天時。在此基礎上，竹書又説：『驟奪民時，大饑必來。奪民時以土功，是謂稽；不絶憂恤，必喪其匹。奪民時以水事，是謂淖；喪以繼樂，四方來虐。奪民時以兵事，是【謂厲；禍因胥歲，不舉銍艾】。』『民時』是一個政治概念，它以『天時』爲前提。『民時』跟農作物生産的節律是一致的。人君注重民時，這是傳統農業型社會必然具有的政治學含義之一。在春秋戰國時期，由於兼並戰爭的頻繁和激烈，故强調『民時』在當時具有特别重要的意義。

其四，《參德》篇對『天禮』概念作了特别强調，而這一概念與人君的克己修身相關。竹書説：『齊齊節節，外内有辨，男女有節，是謂天禮。敬之敬之，天命孔明。如反之，必遇凶殃。』『天禮』是將人間秩序和禮儀、禮節的合理性訴之於『天』的一個概念，它强調了『禮』的必然性和神聖性，將人君禮義的正當性和必要性奠定在神性化的自然之禮的基礎上。在上述引文中，我們看到，『齊齊節節，外内有辨，男女有節』即爲『天禮』。但其實，在作者心目中，『天禮』不止於此。而對於天禮，作者主張人君應當敬順之。竹書又説：『立，毋爲矯言，毋爲人倡，毋作大事，毋害常，毋壅川，毋斷洿，毋滅宗，毋虚壙，毋改禦，毋變事；毋煩姑嫂，毋恥父兄，毋羞貧，毋笑刑，毋揣深，毋度山，毋逸其身而多其言，居毋惰，作毋康。善勿滅，不祥勿爲。入墟毋樂，登丘毋歌，所以爲天禮。』這一段話以『毋』字句或『勿』字句起頭，從負的方面陳述了人君應當如何實踐天禮（『爲天禮』）的問題。從内容上看，它們涉及家庭、社會、政治，涉及道德倫理，涉及人與自然的關係，涉及人君的舉止言行，十分廣泛。

其五，《參德》篇具有濃厚的民本思想，這包括多個方面。一者，竹書說：『毋以娱爲首。』又說：『喜樂無限度，是謂大荒；皇天弗諒，必復之以憂喪。凡食飲無量計，是謂滔皇；上帝弗諒，必復之以康。上帝弗諒，以祀不享。邦四益，是謂旁華，雖盈必虚。宫室過度，皇天之所惡，雖成弗居。衣服過制，失於美，是謂違章，上帝弗諒。』這是說，明王爲政應當慎用民財、民力，反對『以娱爲首』，反對『喜樂無限度』，反對一切過制過度的行爲。乍看之下，這段話似乎帶有墨家色彩，但其實先秦其他諸家一般都反對君主窮奢極欲，過分追求物質享受和滿足個人感官的欲望。與此相關，竹書主張明王應當以『仁』的原則來處理與老百姓的關係。二者，《參德》說：『君子不慎其德，四荒之内，是敵之闢。臨民以仁，民莫弗親。』『慎德』，即謹身修己，主要是對於感官欲望的克制。所謂『臨民以仁』，即以人君施惠爲主導。正因爲『仁』是處理統治階級與被統治階級之間的利益，因此它纔可以成爲一個政治學的原則。三者，《參德》篇提出了『民之所喜，上帝是祐』和『民之所欲，鬼神是祐』的説法，以上帝的名義將人民性（民本思想）看作統治的合法性根源。

其六，《參德》篇還談到了明王在政治上要處理國家法典成例的繼承等問題。竹書說：『毋詬正卿於神次，毋享逸安。求利，殘其親，是謂罪。君無重臣，是謂危，邦家其壞。憂懼之閒，疏達之次，毋謂之不敢，毋謂之不然。』又說：『故常不利，邦失幹常，小邦則剗，大邦過傷。變常易禮，土地乃坼，民乃囂死。

善哉，善哉，三善哉！唯福之基，過而改【之】。』又曰：『凡度官於人，是謂邦固；度人於官，是謂邦窳；建五官弗措，是謂反逆。土地乃坼，民人乃落。』

最後，《參德》篇的思想成分比較複雜，如何判斷其學派歸屬，這是一個較難的問題。筆者認爲，竹書《參德》篇以明王爲政爲叙述中心，不主一家思想。從成分看，它包含了陰陽家、農家、黄學、儒家和墨家的思想，但陰陽家的色彩最爲濃厚。司馬談在《論六家要旨》中説：『嘗竊觀陰陽之術，大祥而衆忌諱，使人拘而多所畏。然其序四時之大順，不可失也。』《漢書·藝文志》曰：『陰陽家者流，蓋出於羲和之官，敬順昊天，曆象日月星辰，敬授民時，此其所長也。及拘者爲之，則牽於禁忌，泥於小數，舍人事而任鬼神。』這些叙述與竹書《參德》篇比較吻合。《參德》篇非常重視『天時』『民時』的概念，重視無思、法天的思想，重視鬼神，特别是神性之天、皇天、上帝、后帝的存在，都與陰陽家的思想相合。而《參德》『驟奪民時大饑必來』一章明確見於《吕氏春秋·上農》篇，反映的是農家思想。《參德》有一些思想、文字的確與帛書《經法》《十六經》《稱》中的某些篇章相近[一]，此種情況又反映出它吸納了黄學的思想。《參德》篇還主張『臨民以仁』、以禮的形式敬順鬼神，主張節用民財、民力，説明它吸納了儒家甚至墨家的思想。

[一] 帛書《經法·君正》：『【省】苛事，節賦斂，毋奪民時，治之安。』《經法·六分》：『王天下者之道，有天焉，有地焉，有人焉，三者參用之，【然後】而有天下矣。』帛書《十六經·觀》：『毋亂民功，毋逆天時。』《十六經·三禁》：『地之禁，不【墮】高，不增下；毋服川，毋逆土；毋逆土功，毋壅民明。』《十六經·行守》：『天有恒榦，地有恒常，與民共事，與神同【光】。』帛書《稱》：『宫室過度，上帝所惡；爲者弗居，唯（雖）居必路。』

鬼神之明

【簡介】

本篇竹書選自馬承源主編《上海博物館藏戰國楚竹書（五）》（上海古籍出版社2005年版），原整理者、釋文注釋者爲曹錦炎先生。竹書圖版見是書第151—156頁，釋文注釋見是書第310—320頁。本篇竹書與《融風有成氏》合抄在一起，在第5號簡第十字位置下有一較粗墨節，將這兩篇竹書分開：墨節之上的部分爲《鬼神之明》，墨節之下的部分爲《融風有成氏》。抄録《鬼神之明》的五支竹簡基本完整，文意可以互相銜接，應當單獨成篇。一支完簡的長度約五十三釐米，編繩三道，全篇共一百九十七字。

原釋文者將本篇竹書命名爲《鬼神之明》，乃擬《墨子·明鬼下》『鬼神之明必知之』一句而來。不過，《墨子》中的墨家鬼神觀與本篇竹書的鬼神觀不同，墨子『鬼神之明必知之』的觀點，其實與竹書『鬼神有所明，有所不明』的觀點是彼此對立的，因此將本篇竹書題名爲『鬼神之明』，這未必恰當。根據古書命名的常例，本篇竹書應當題名爲《鬼神》，它是一篇主張『鬼神有所明，有所不明』的文章。原釋文者認爲它是一篇『前面章節已散佚』，且『記述墨子與弟子或他人的對話』的『《墨子》佚文』的觀點，這是不能成立的。本篇竹書不屬於對話體，且『鬼神有所明，有所不明』的主張與墨子觀點相左，因此不屬於《墨子》佚文。本篇竹書反映了戰國中期中國古人鬼神觀的一個側面，它對於鬼神的神性和神能産生了一定程度的懷疑，而這正是《墨子·公孟》等篇所載墨子在與其弟子問答中所要批評的觀點。

本篇竹書的釋文以曹錦炎的原釋文爲基礎，同時參考了陳偉、廖名春等人的研究成果。原簡序的編排是恰當的，本注譯不作調整。

今夫鬼神有所明，有所不明，則以其賞善罰暴也。[一] 昔者堯舜禹湯仁義聖智，天下灋（法）之。[二] 此以其貴爲天子，【三】富有天下，長年有譽，後世述之，則鬼神之賞，此明矣。[三]

【注釋】

[一]『則』字上，竹書原有七字留白，並有刮削的痕迹。可能其上原有誤文，經檢視後刮去。『今夫』，發語詞。吴昌瑩《經詞衍釋》：『今，發語詞也，指事之詞也。今夫，亦發語詞也。其承上文而以今夫發語者，則猶言若彼也。』[1] 古書多見其例，如《論語·季氏》：『今夫顓臾固而近於費。』《墨子·天志中》：『今夫輪人操其規，將以量度天下之圜與不圜也。』《孟子·梁惠王上》：『今夫天下之人牧者未有不嗜殺者也。』

『鬼神』，乃本篇竹書談論的主要對象。鬼神觀念産生很早。《説文·鬼部》：『鬼，人所歸爲鬼。從人，象鬼頭。鬼陰氣賊害，從厶。』同書《示部》：『神，天神，引出萬物者也。』許慎係東漢人，故其書即以陰陽觀念解釋之。一般説來，在古代以人死爲鬼，山川等自然物均有神靈，細物有精怪，在諸鬼神之上則有上

[1]［清］吴昌瑩：《經詞衍釋》卷五，中華書局 1956 年版，第 74 頁。

天或上帝。

『明』，顯明，在文中作動詞用。『鬼神有所明，有所不明』，是從鬼神應該賞善罰暴來説的：所謂『鬼神有所明』，與人間的善者得賞、暴者得罰相對應，而鬼神已賞善罰暴；所謂『有所不明』，與人間的善因得惡果、惡因得善果對應，而鬼神尚未賞善罰暴。『明』，即指鬼神賞善罰暴的應然原則在現實上的顯明。《墨子·明鬼下》：『故鬼神之明，不可爲幽閒廣澤、山林深谷，鬼神之明必知之。』此『明』字作名詞用，指鬼神的聰明或明智。

『則』，此也，是也。參見王引之《經傳釋詞》『即』字條和吴昌瑩《經詞衍釋》『則』字條。

『以』，楊樹達《詞詮》：『介詞，表論事之標準。今語云「以……論」。』楊伯峻説：『「以」作介詞，介紹論事標準，現在漢語作「以……論」，或「論……」。』[二]《左傳·宣公四年》：『以賢，則去疾不足；以順，則公子堅長。』《孟子·萬章下》：『子思之不悦也，豈不曰：以位，則子，君也；我，臣也；何敢與君友也？以德，則子事我者也，奚可以與我友？』

『賞善罰暴』，亦見於《墨子·天志下》《非命下》兩篇，同書《兼愛下》作『賞賢罰暴』，《天志中》《明鬼下》作『賞賢而罰暴』。『賞善罰暴』與『賞賢罰暴』同義。不過，『善暴』或『賢暴』對言，與『善惡』對言有所不同，前者更能體現墨子思想的經驗主義和功利主義色彩。《墨子·明鬼下》：『則皆以疑惑鬼神之有與無之别，不明乎鬼神之能賞賢而罰暴也。今若使天下之人，偕若信鬼神之能賞賢而罰暴也，則夫天下豈亂哉？』這是直接肯定『賞賢罰暴』是鬼神的終極意志。《墨子·天志下》：『何以知天之愛百姓也？吾

[二] 楊樹達：《詞詮》卷七，中華書局 1965 年版，第 352 頁；楊伯峻：《古漢語虚詞》，中華書局 1981 年版，第 261 頁。

以賢者之必賞善罰暴也。何以知賢者之必賞善罰暴也？吾以昔者三代之聖王知之。』同書《天志中》：『且吾所以知天之愛民之厚者有矣，曰：……爲王公侯伯，使之賞賢而罰暴。』在此，鬼神的『賞善罰暴』或『賞賢罰暴』是間接的，假之於『賢』『聖王』和『王公侯伯』之手。

［一二］『堯舜禹湯』連言，僅在《墨子·尚賢上》篇出現了一例。而『堯舜禹湯文武』連言，在《墨子》中共出現了十例，見《尚賢中》《尚賢下》《節葬下》《天志上》《明鬼下》諸篇。儒墨兩家皆推崇堯舜禹湯，皆以其爲效法的對象。

『仁義聖智』，此四字連言不見於《墨子》，唯《天志下》曰：『故凡從事此者，聖知也，仁義也，忠惠也，慈孝也。』聖智、仁義、忠惠、慈孝作前後並列的叙述關係。竹帛《五行》或曰仁義禮智聖五行，或曰仁義禮智四行，《孟子》亦常仁義禮智連言，但均未見仁義聖智連言之例。仁義聖智爲儒墨兩家所推許的美德，但是遭到了老莊的批判，莊子的批判尤爲突出。例如《莊子·在宥》：『吾未知聖知之不爲桁楊椄槢也？仁義之不爲桎梏鑿枘也？』同書《田子方》：『始吾以聖知之言、仁義之行爲至矣，吾聞子方之師，吾形解而不欲動，口鉗而不欲言。吾所學者直土梗耳！』始見仁義聖智連言或對言之例。

『灋』，古文『法』字，省文即爲『法』。《説文·水部》：『灋，刑也。平之如水，從水。廌，所以觸不直者，去之，從去。法，今文省。』法，效法也。

［一三］『此以』，猶是以，是表因果關係的連詞。楊伯峻説：『還有用「此以」作「是以」而爲連詞片語的。』〔一〕《禮記·大學》：『君子賢其賢而親其親，小人樂其樂而利其利，此以没世不忘也。』『此以』即表因

〔一〕 楊伯峻：《古漢語虚詞》，中華書局1981年版，第17頁。

果關係的連詞。

『貴爲天子，富有天下』兩句，《墨子》一書多見，參見《天志》《明鬼》《節葬》等篇。《孟子·萬章上》：『富，人之所欲，富有天下而不足以解憂。貴，人之所欲，貴爲天子而不足以解憂。』堯舜禹湯貴爲天子、富有天下，這是當時人所共知的常識，但是以『貴爲天子，富有天下』兩句來作叙述，則與《墨子》的關係最爲直接。

『長年』，年壽長久。《説文·長部》：『長，久遠也。』『年』，年壽。《尚書·高宗肜日》：『降年有永有不永。』長年與永年同義。《韓非子·姦劫弑臣》：『人主無法術以御其臣，雖長年而美材，大臣猶將得勢擅事主斷，而各爲其私急。』

『長年有譽』，謂堯舜禹湯年壽長久而有聲譽。堯舜之老壽，見《史記·五帝紀》。大禹的老壽，見《史記·夏本紀》，死時大概有九十餘歲。

『則』，乃也，於是也，是一個表示因果關係的連詞。『則鬼神之賞，此明矣』，此句是説：於是鬼神的賞善，這就顯明出來了。下句『則鬼【神之罰，此明】矣』是説：於是鬼神的罰惡，這就顯明出來了。

【今譯】

我認爲『鬼神有所明，有所不明』，這是從其應該賞善罰暴的原則來説的。昔者堯、舜、禹、湯具有仁義聖智的德行，天下效法之。因此他們貴爲天子，富有天下，壽命長久而有美譽，後世之人循順、推崇他們。於是鬼神的賞善這就顯明了。

及桀紂幽厲，焚聖人，殺訐（諫）者，賊百姓，亂邦家。〔一〕此以桀折於鬲山，而紂首於只社，【2背】身不没，爲天下笑，則鬼【2】【神之罰，此明】矣。〔二〕

【注釋】

〔一〕「及」，至於，介詞。楊伯峻説：「「及」作介詞，還有「至」「到」之義。」〔二〕《孟子·梁惠王上》：「晉國，天下莫强焉，叟之所知也。及寡人之身，東敗於齊，長子死焉。」王弼本《老子》第十三章：「吾所以有大患者，爲吾有身。及吾無身，吾有何患？」皆其例。

「訐」，讀作「諫」，參見陳偉説〔三〕。「訐」爲見母月部字，「諫」爲見母元部字，月、元二部對轉，故此二字可以通假。從傳世文獻來看，對於儒家和墨家來説，「訐」都是惡德，與竹書文意不合。「訐」應當讀作「諫」。《墨子·尚同》：「上有過，則規諫之。」同書《非儒》：「應之曰：夫仁人事上竭忠，事親得孝，務善則美，有過則諫，此爲人臣之道也。」《論語·里仁》：「子曰：事父母，幾諫，見志不從，又敬不違，勞而不怨。」「諫」是儒墨所讚許的美德。

「賊」，殘害、傷害。《説文·貝部》：「賊，敗也。」《墨子·法儀》：「天必欲人之相愛相利，而不欲人之相惡相賊也。」《莊子·秋水》：「寒暑弗能害，禽獸弗能賊。」皆其例。

「家」字下，原有一墨節，乃脱文標識，簡背「此以桀折於鬲山而紂首於只社」十三字即爲此脱文。

〔二〕 楊伯峻：《古漢語虚詞》，中華書局1981年版，第80頁。
〔三〕 陳偉：《上博五〈鬼神之明〉篇初讀》，簡帛網，2006年2月18日。

［一二］「折」，挫敗。《説文・手部》：「折，斷也。」引申爲挫折、挫敗。《史記・夏本紀》：「桀走鳴條，遂放而死。」《楚辭・天問》：「何條放致罰，而黎服大説？」《墨子・七患》：「夫桀無待湯之備，故放；紂無待武王之備，故殺。」《莊子・盜跖》：「湯放桀，武王殺紂，貴賤有義乎？」這四條引文皆説桀以放而死。「桀折於鬲山」，又見上博楚竹書《容成氏》。是篇竹書曰：「桀乃逃之鬲山氏，湯或從而攻之……桀乃逃之南巢氏，湯或從而攻之。遂逃去，之蒼梧之野。」「鬲山」，《荀子・解蔽》篇作「亭山」。「桀死於亭山」楊倞《注》：「亭山，南巢之山。或本作鬲山。案《漢書・地理志》廬江有灊縣，當是誤以灊爲鬲，傳寫又誤爲亭。」王念孫説：「案作「鬲山」者是也。鬲讀與歷同，字或作歷。《太平御覽・皇王部七》引《尸子》曰：「桀放於曆山。」《淮南・修務》篇：「湯整兵鳴條，困下南巢，譙以其過，放之歷山。」高《注》曰：「歷山，蓋歷陽之山。」《史記・夏本紀》《正義》引《淮南子》曰：「湯放桀於歷山，與末喜同舟浮江，奔南巢之山而死。」歷山，即鬲山也。……楊以鬲山爲灊山之誤，非也。」［二］此外，《解蔽》篇「桀死於鬲山」，與竹書「折於鬲山」不同，疑有誤。自鬲山戰敗之後，桀自此一蹶不振而至於夏滅。

「首」，服罪之義，與上文「折」字對文，義近。《後漢書・西域傳》：「雖有降首，曾莫懲革。」李賢《注》：「首，猶服也。」［三］

「只社」，不明。曹錦炎説「只社」指「岐社」，「受首於岐社」指「商紂之首級獻於岐社」，疑非。《史

［二］［清］王先謙撰，沈嘯寰、王星賢點校：《荀子集解》，中華書局1988年版，第388—389頁；［清］王念孫：《讀書雜誌》之八，江蘇古籍出版社2000年版，第718頁。

［三］［南朝宋］范曄撰，［唐］李賢等注：《後漢書》，中華書局1964年版，第2914頁。

記·殷本紀》：『甲子日，紂兵敗。紂走，入登鹿臺，衣其寶玉衣，赴火而死。周武王遂斬紂頭，縣之大白旗……殷民大悦。』《逸周書·克殷》：『斬之以黄鉞，折縣諸太白。』《墨子·明鬼下》：『折紂而繫之赤環，之白旗。』紂自燔而死，而斷首懸幟之事皆在殷都，傳世文獻未見『紂首於岐社』之説。『没』，終也。身没，謂正命而死。『身不没』，謂非命而死。

【今譯】

至於桀紂幽厲，却焚燒聖人，殺死諫者，賊害百姓，危亂邦家。因此桀在鬲山戰敗，而紂服罪於只社，他們不得壽終正寢，而受到天下人的恥笑。於是鬼神之罰暴，這就顯明了。

及伍子胥者，天下之聖人也，鴟夷而死；榮夷公者，天下之亂人也，長年而没。[二]女（如）以此詰之，則善者有不賞，而暴[3]【者有不罰。[二]故】吾因加『鬼神不明』。[三]

【注釋】

[一]『聖人』，從賢能和道德兩個方面而言之。伍子胥的事迹，見《左傳》《國語·吴語》《史記·伍子胥列傳》和《吴越春秋》等。其人有雄才大略和深遠的政治預見，並以對吴國的忠誠和對父兄的孝悌著稱。不過，傳世儒家典籍未見將伍子胥稱爲聖人之例，以此判斷，本篇竹書殆非儒家著作。

『鴟夷』，革囊。《史記·鄒陽傳》『子胥鴟夷』，《索隱》引韋昭曰：『以皮作鴟鳥形，名曰鴟夷。鴟夷，皮榼。』伍子胥鴟夷而死，參見《史記·伍子胥列傳》：『伍子胥仰天歎曰：嗟乎！讒臣嚭爲亂矣，王乃反誅我。我令若父霸，自若未立時，諸公子爭立，我以死爭之於先王，幾不得立。若即得立，欲分吳國予我，我顧不敢望也。然今若聽諛臣言以殺長者！乃告其舍人曰：「必樹吾墓上以梓，令可以爲器。而抉吾眼縣吳東門之上，以觀越寇之入滅吳也。」乃自剄死。吳王聞之大怒，乃取子胥尸盛以鴟夷革，浮之江中。』

『榮夷公』，參見《史記·周本紀》：『夷王崩，子厲王胡立。厲王即位三十年，好利，近榮夷公。大夫芮良夫諫厲王曰：「王室其將卑乎？夫榮公好專利而不知大難。夫利，百物之所生也，天地之所載也，而有專之，其害多矣。天地百物皆將取焉，何可專也？所怒甚多，而不備大難。以是教王，王其能久乎？夫王人者，將導利而布之上下者也。……今王學專利，其可乎？匹夫專利，猶謂之盜；王而行之，其歸鮮矣。榮公若用，周必敗也。」厲王不聽，卒以榮公爲卿士，用事。』『榮夷公』亦見於《國語·周語》《墨子·所染》和《呂氏春秋·當染》三篇。

〔二〕『女』，讀爲『如』，假設連詞。女、如，上古音皆在泥母魚部，聲音相通。『女』讀作『如』，竹簡習見。曹錦炎讀『女』爲『汝』，並據此判斷此篇竹書爲『墨子與弟子或他人的對話』，其實是不對的。『詰』，責問、誅問。《説文·言部》：『詰，問也。』『詰』一般是從上對下、從尊對卑而言的。

〔三〕缺文『故』字，訓『此』。《莊子·齊物論》：『有成與虧，故昭氏之鼓琴也；无成與虧，故昭氏之不鼓琴也。』王引之、楊樹達訓『故』爲『則』，承遞連詞。楊伯峻説：『兩「故」字都應作「此」解，指示代詞。』[二] 下『故』字，訓『緣故』『原因』。『則必有故』，指竹書作者言『鬼神不明』一定有其緣故。

〔二〕［清］王引之：《經傳釋詞》卷五，岳麓書社 1985 年版，第 119 頁；楊樹達：《詞詮》卷三，中華書局 1965 年版，第 101 頁；楊伯峻：《古漢語虛詞》，中華書局 1981 年版，第 54 頁。

「因」，副詞，於是的意思。《穀梁傳・僖公二十八年》：「天子免之，因與之會。」《戰國策・齊策四》：「以責賜諸民，因燒其券。」

「加」，益也，增益也。

【今譯】

至於伍子胥，乃天下公認的聖人，却鴟夷而死；榮夷公乃天下公認的亂人，却長壽而終。如果以此來詰問鬼神的話，那麼就會出現善者有不賞，而暴者有不罰的情況，於是我加上「鬼神不明」的主張。

則必有故：其力能至（致）焉而弗爲乎？吾弗知也。意（抑）其力古（固）不能至（致）安（焉）乎？吾又弗知也。[一] 此兩者枳（歧），[二] 吾故[4]【曰：「鬼神有】所明，有所不明。」此之謂乎！[5]

【注釋】

[一]「則」，而也。《左傳・昭公三年》：「寡人願事君朝夕不倦，將奉質幣以無失時，則國家多難，是以不獲。」《孟子・梁惠王下》：「竭力以事大國，則不得免焉。」

「其力」，指鬼神致賞善罰暴的能力。

「至」，通「致」，給予之義。《墨子・明鬼下》「天乃使湯至明罰焉」，即其例。

「安」，讀作「焉」，指示代詞，指「賞善罰暴」。「安」字讀法，簡帛習見。楊樹達云：「焉，指示代名詞，用與「之」同。』楊伯峻説：『「焉」作代詞，相當於「之」。』〔二〕《左傳・僖公二十五年》：『子女玉帛，則君有之；羽毛齒革，則君地生焉。』《論語・衛靈公》：『衆好之，必察焉；衆惡之，必察焉。』這幾個例子都屬於之、焉互用和换用。

『意』，通『抑』，選擇連詞。《國語・晋語八》：『不知人殺乎，抑厲鬼邪？』《説苑・辨物》『抑』作『意』。《論語・學而》：『抑與之與？』漢石經『抑』作『意』。《墨子・明鬼下》：『豈女爲之與？意鮑爲之與？』《莊子・盗跖》：『今子獨無意焉，知不足邪？意知而力不能行邪？』《荀子・修身》：『不識步道者將以窮無窮、逐無極與？意亦有所止之與？』諸『意』字皆通『抑』。

『古不能』的『古』字，讀作『故』或『固』，是本來、原來之義。王弼本《老子》第三十六章曰：『將欲歙之，必固張之。』帛書兩本『固』字俱作『古』。『固不能』之語，古書習見。

〔二〕『枳』，即『枝』字，讀作『歧』。郭店簡《語叢四》『不折其枳』，《廣雅・釋木》：『枳，枝也。』『枳』即『枝』字。本篇竹書的『枳』字乃『歧』之假。歧，訓『分歧』『不同』。

此兩者，指『其力能至焉而弗爲』和『其力固不能至焉』二者。

【今譯】

然而『鬼神不明』必定有其原因：這是因爲鬼神的力量能够給予賞善罰暴，却故意不爲的呢？對此，我不知道。抑或因其力量有限而本來無法做到賞善罰暴的呢？對此，我也不知道。這兩種原因是不同的。我因

〔二〕楊樹達：《詞詮》卷七，中華書局1965年版，第389頁；楊伯峻：《古漢語虚詞》，中華書局1981年版，第223頁。

此説道：『鬼神有所明，有所不明。』乃就此而言的啊！

【思想】

概括説來，竹書《鬼神之明》的鬼神觀包括四點：其一，『鬼神有所明，有所不明』是竹書的根本觀點；其二，人的現實活動具有善惡的因果關係，但是對於作者來説這可能是鬼神意志的體現，也即説，作者是從鬼神的觀念來看待人的現實活動的；其三，從超越的角度來看，賞善罰惡是鬼神的應然法則，但從現實的角度來看，可能出現『善者或不賞，暴者或不罰』的情況；其四，作者從鬼神的能力和意願上試圖猜測『鬼神不明』而没有致賞善罰惡的原因，不過他對此無力以明知之。

竹書『鬼神有所明，有所不明』的觀點，與墨子學派的主張相對，受到了墨子學派的批判。《墨子·明鬼下》曰：『故鬼神之明，不可爲幽閒廣澤、山林深谷，鬼神之明必知之。鬼神之罰，不可爲富貴衆强、勇力强武、堅甲利兵，鬼神之罰必勝之。』這是宣揚和論證鬼神實有且鬼神之明必知的觀點。《明鬼下》還説：『……是以天下大亂。此其故何以然也？則皆以疑惑鬼神之有與無之别，不明乎鬼神之能尚賢而罰暴也。今若使天下之人，皆若信鬼神之能賞賢而罰暴也，則夫天下豈亂哉？』墨子之所以提出和堅持『鬼神之明必知』的主張，正是爲了批判和矯正時人疑神疑鬼、缺乏信仰，並致天下亂的現狀。爲了論證自己的主張，《墨子》一書還反復列舉善者得賞、暴者得罰的許多例子來作證明。

墨子的論證邏輯有兩個，一個是信仰原則，即信仰先於賞善罰暴；一個是經驗證明原則，即使用歷史和現實的案例來作善者得賞、暴者得罰的論證。後一個的證明邏輯，正是竹書的論證邏輯，但是竹書却得出了『鬼神有所明，有所不明』的主張。竹書一曰：『今夫鬼神有所明，有所不明，則以其賞善罰暴也。』二曰：

『昔者堯舜禹湯仁義聖智……則鬼神之賞，此明矣。』又曰：『及桀紂幽厲……則鬼【神之罰，此明】矣。』三曰：『如以此詰之，則善者或不賞，而暴【者或不罰。故】吾因加「鬼神不明」，則必有故。』四曰：『其力能致焉而弗爲乎？吾弗知也；意（抑）其力固不能致焉乎？吾又弗知也。此兩者歧。吾故曰：「鬼神有所明，有所不明。」此之謂乎！』所謂『有所明』，指善者得賞而暴者得罰；所謂『有所不明』，指善者不得賞而暴者不得罰。從經驗證明的邏輯來看，竹書的主張是正確的，而墨子的主張是錯誤的。不過，需要指出，竹書没有否認鬼神的存在，即鬼神實有的觀點，儘管『鬼神有所明，有所不明』在一定程度上危害到了『鬼神實有』的觀點。

從論述的主要問題，即從鬼神賞善罰惡是有限的還是無限的問題來看，竹書與墨家鬼神觀的關係是非常密切的，它們是在同一個話題之下衍生出來的不同答案或主張。竹書的主要論點即在《墨子·公孟》篇中得到了反映，但是作爲受到批判的靶子出現的。本篇竹書不屬於對話體，不屬於墨子或墨家學派的著作。《墨子》一書事實上既没有收録本篇竹書文本，也没有支持竹書的觀點，此即爲明證。此外，本篇竹書也不屬於儒家著作。

慎子曰恭儉

【簡介】

本篇竹書選自馬承源主編《上海博物館藏戰國楚竹書（六）》（上海古籍出版社2007年版），原整理者和釋文注釋者爲李朝遠先生。竹書圖版見是書第93—102頁，釋文注釋見是書第273—282頁。全篇現存竹簡六支，共計一百二十八字（含合文二）。其中僅有一支完簡，長三十二釐米，其餘五支皆爲僅存上半段的殘簡，長短不一，且整簡幾乎無天頭地脚。完簡上下共有兩道編繩，第一道編繩距離簡端七點八至八釐米，第二道編繩距離簡尾六點一釐米，兩道編繩的間距爲十八點一釐米。全篇六支簡的上下編繩合一，但契口數多於編繩數，且有編繩蓋字的現象。本篇竹書自有篇題，第3號簡背書有『慎子曰恭儉』五字。

由於本篇竹簡殘損嚴重，故其編聯存在很大困難，目前學界共提出了十餘種編排方案〔二〕，可謂衆説紛紜、莫衷一是。本注譯在借鑒諸家編聯方案的基礎之上，根據該篇思想内容擬定了以下簡序：1，5，3，2，4，6。

本篇竹書以慎子有關修身治國的言論爲基點，闡述了以恭儉、堅强、忠實、逆友、得中等爲主要内容的修養之道，以及既崇尚德治又注重『法』『勢』的爲政觀。根據其思想内容可知，本篇竹書既滲透着慎到學派的基因，又明顯具有儒學的痕迹。因簡文開篇即引慎子之語，故可推測本篇竹書很可能爲慎子後學所作，似爲《慎子》佚文。〔三〕

〔二〕 李朝遠：1，2，3，4，5，6；陳偉：1，2，4，3，5，6；李鋭（一）：1+4，5，6，2，3；陳劍：1+3，5……2，4，6；林志鵬：1，2，5，4，6，3；黄人二：1，3，5，6，4+2（於簡4殘損處補字，故與簡2相連）；李學勤：1，2，3（僅討論了這三簡，認爲其編次可信）；郭梨華：1，2，3，5……4，6；李鋭（二）：1+4，2，6，5，3；單育辰：1，2，凡27+5，3，4，6；李鋭（三）：1+4，2，5，6，3。參見李鋭：《上博簡〈慎子曰恭儉〉疏解》，復旦大學出土文獻與古文字研究中心網，2009年8月11日。

〔三〕 李鋭：《上博簡〈慎子曰恭儉〉管窺》，《中國哲學史》2008年第4期。

慎子曰：『恭儉以立身，堅强以立志，忠實以反俞，[一] 逆友以載道，[二] 精瀺以順勢。[三]』【01】禄不累其志，[四] 故曰强。[五] 首戴茅芙（蒲），[六] 撰筱（莜）執樝（鉏），[七] 遵畎服畝，[八] 必於……【05】

物以坏（丕）身。[九] 中處而不頗，任德以竢，[十] 故曰青（精）。[十一] 斷室……【03】

干（？）。恭以爲履儉，[十二] 莫偏焉；信以爲言，[十三] 莫偏焉；强以【爲】賡志，[十四]【莫偏焉】……【02】

尚得用於世，[十五] 均分而廣施，侍德而傍義，民之……【04】

踐迖，[十六] 爲民之故，[十七] 仁之至。是以君子向方知道，不可以疑，臨……【06】

慎子曰恭儉【03背】

【注釋】

[一]『實』，即信實之義。《史記·萬石張叔列傳》：『上以爲廉，忠實無他腸。』《史記·李將軍列傳》：『彼其忠實心誠信於士大夫也。』《後漢書·蔡邕傳》：『故太尉劉寵，忠實守正。』[1]『反』，訓『返』，即返歸、復歸之義。『俞』，有安定之義，簡文指心定、心安。[2]《吕氏春秋·知分》：『古聖人不以感私傷神，俞然而以待耳。』高誘注：『俞，安。』

[1] 何有祖：《〈慎子曰恭儉〉札記》，簡帛網，2007年7月5日。
[2] 同上。

［二］『逆友』，逆，訓『迎』。『逆友』即吸納、結交朋友。『載道』，即行道、修道。[一]

［三］『精瀳』，『精』即精通，『瀳』即法制。[二]

［四］『累』，從陳偉釋讀，竹簡原字右旁從畾（雷），是連累、妨礙之義。[三]

［五］『强』，對應於『堅强以立志』之『强』。[四]

［六］『戴』，從劉建民釋讀，竹簡原字從止從首，上下結構。[五]『芺』，可讀作『蒲』（與『芺』皆屬魚部並紐，音同可通）。《國語・齊語》：『脱衣就功，首戴茅蒲，身衣「襏襫」，沾體塗足，暴其髮膚，盡其四支之敏，以從事於田野。』韋昭注：『茅蒲，簦笠也。』[六]

［七］『撰』，有握持之義。[七]『筱』，讀爲『莜』。《説文・艸部》：『莜，艸田器。《論語》曰：「以杖荷莜。」』今《論語》作『蓧』。

[一] 李朝遠釋文注釋：《慎子曰恭儉》，馬承源主編：《上海博物館藏戰國楚竹書（六）》，上海古籍出版社2007年版，第277頁；高佑仁：《談〈慎子曰恭儉〉簡1之『逆友以載道』》，簡帛網，2007年10月16日。

[二] 李朝遠釋文注釋：《慎子曰恭儉》，馬承源主編：《上海博物館藏戰國楚竹書（六）》，上海古籍出版社2007年版，第277頁。

[三] 陳偉：《〈慎子曰恭儉〉校讀》，簡帛網，2007年7月19日。

[四] 李鋭：《上博簡〈慎子曰恭儉〉疏解》，復旦大學出土文獻與古文字研究中心網，2009年8月11日。

[五] 參見劉洪濤：《上博竹書〈慎子曰恭儉〉校讀》，簡帛網，2007年7月6日。

[六] 何有祖：《〈慎子曰恭儉〉札記》，簡帛網，2007年7月5日。

[七] 劉洪濤：《上博竹書〈慎子曰恭儉〉校讀》，簡帛網，2007年7月6日；陳偉：《〈慎子曰恭儉〉校讀》，簡帛網，2007年7月19日。

『櫨』，讀爲『鉏』。《説文・金部》：『鉏，立薅所用也。』〔一〕

〔八〕『遵』，其用法同於《詩經・豳風・七月》『遵彼微行』的『遵』。『遵畎』，即沿着田間水溝的意思。

『服畎』，即『服田』，（到田裏）從事農作之義。『服田』或『服田畝』的説法見於古書，《尚書・盤庚上》：『若農服田力穡，乃亦有秋。』又曰：『惰農自安，不昏作勞，不服田畝，越其罔有黍稷。』〔二〕

〔九〕『坏』，似當讀『丕』。《漢書・郊祀志下》：『丕天之大律。』顔師古注：『丕，奉也。』簡文『丕身』，即奉身，有養身、守身之義。〔三〕

〔十〕『任德』，即『用德』。古代常有『天之任德不任刑也』之説，『任德』與『任刑』相對。『竢』，《説文・立部》：『竢，待也，從立、矣聲。』〔四〕

〔十一〕『青』，可據前文『精法以順勢』讀作『精』。『中處而不頗，任德以竢』，應爲達至『精』的方法。

〔十二〕『履』，訓爲『行』。簡文『恭以爲履儉』，應與前文『恭儉以立身』呼應。〔五〕

〔一〕讀『筱』爲『篠』，讀『櫨』作『鉏』，皆從劉建民先生所主，參見劉洪濤：《上博竹書〈慎子曰恭儉〉校讀》，簡帛網，2007年7月6日。

〔二〕劉洪濤：《上博竹書〈慎子曰恭儉〉校讀》『補記』，簡帛網，2007年7月11日；沈培：《〈上博（六）〉字詞淺釋（七則）》，簡帛網，2007年7月20日；陳劍：《讀〈上博（六）〉短札五則》，簡帛網，2007年7月20日。

〔三〕陳偉：《〈慎子曰恭儉〉校讀》，簡帛網，2007年7月19日。

〔四〕李朝遠釋文注釋：《慎子曰恭儉》，馬承源主編：《上海博物館藏戰國楚竹書（六）》，上海古籍出版社2007年版，第278—279頁。

〔五〕李鋭：《上博簡〈慎子曰恭儉〉疏解》，復旦大學出土文獻與古文字研究中心網，2009年8月11日。

〔十三〕『信以爲言』，其意可參照《穀梁傳·僖公二十二年》：『言之所以爲言也，信也；言而不信，何以爲言？』

〔十四〕『賡』，訓爲『續』。[一]

〔十五〕『尚』，訓爲『儻』，倘若之義。《墨子·尚賢上》：『尚欲祖述堯舜禹湯之道，將不可以不尚賢。』王引之《經傳釋詞》卷六：『黨、當、尚，並與儻同。』

〔十六〕『踐』，原簡從辵從戔，大概履行、實踐之義。[二]『迲』讀何字，待考。

〔十七〕『爲民之故』，其意可參照《易傳·繫辭上》『察於民之故』。

【今譯】

慎子説：『恭敬儉約方能安身立命，堅定剛毅方能立志，忠誠信實方能内心篤定，樂交善友方利於行道，明通法制方能順時應勢。』

心志能不受利禄的牽累，故稱之爲剛强。頭上戴着斗笠，拿着蓧竹、鋤頭等農具，耕作於田地之中……

……持守中道而不偏不倚，修德以待時勢，故稱之爲明達……

……恭敬是爲了奉行儉約，當不偏不倚；誠信是爲了實現諾言，當不偏不倚；堅强是爲了守志，當不偏

〔一〕李朝遠釋文注釋：《慎子曰恭儉》，馬承源主編：《上海博物館藏戰國楚竹書（六）》，上海古籍出版社2007年版，第278頁；李鋭：《上博簡〈慎子曰恭儉〉疏解》，復旦大學出土文獻與古文字研究中心網，2009年8月11日。

〔二〕李朝遠釋文注釋：《慎子曰恭儉》，馬承源主編：《上海博物館藏戰國楚竹書（六）》，上海古籍出版社2007年版，第281頁。

不倚……

若能得用爲政，則必當大公至正、博施濟衆，始終秉承德義而行……

……能體恤民情，乃爲大仁。所以君子志道明道，不可遲疑……

【思想】

本篇竹書首先引用慎子的言論，以指明修身之道（恭儉、堅强、忠實、逆友）與治世之法（精法、順勢）。其次，它説明何謂强、何謂精等内容，對此主旨性言論加以具體闡釋。再次，它强調恭儉、堅强等修身之道貴在不偏，即必須合乎中道。又次，它主張治世之法重在均分廣施、恃德傍義和關愛民生。最後，它以君子『向方知道』爲統攝修己治民的關鍵。由此可知，本篇竹書主要論述了如何修身與如何治國兩大問題。對於前者，它强調的是恭謹儉約、堅定剛毅、忠誠信實、樂交善友、執中守正等美德修養。對於後者，它一方面崇『法』尚『勢』，另一方面又頗爲注重德治仁政。因此本篇竹書在思想上具有糅合儒、法等諸家之學的特點。

參考文獻（一）：出土文獻及其研究文獻

［美］艾蘭（Sarah Allan）：《楚竹書〈子羔〉與早期儒家思想的性質》，復旦大學出土文獻與古文字研究中心編：《出土文獻與傳世典籍的詮釋（紀念譚樸森先生逝世兩周年國際學術研討會論文集）》，上海古籍出版社2010年版。

安徽大學古文字研究室：《上博楚竹書（二）研讀記》，上海大學古代文明研究中心、清華大學思想文化研究所編：《上博館藏戰國楚竹書研究續編》，上海書店出版社2004年版。

白於藍：《讀上博簡（二）札記》，上海大學古代文明研究中心、清華大學思想文化研究所編：《上博館藏戰國楚竹書研究續編》，上海書店出版社2004年版。

邴尚白：《上博〈昔者君老〉注釋》，第一屆應用出土資料國際學術研討會，育達商業技術學院，2003年4月23日。

曹峰：《〈恒先〉編聯、分章、釋讀札記》，簡帛研究網，2004年5月16日。

曹峰：《從『自生』到『自爲』——〈恒先〉政治哲學探析》，見氏著：《近年出土黃老思想文獻研究》，中國社會科學出版社2015年版。

曹峰：《上博楚簡〈昔者君老〉新注》，丁四新主編：《楚地簡帛思想研究》第二輯，湖北教育出版社2005年版。
曹峰：《上博楚簡〈凡物流形〉的文本結構與思想特徵》，《清華大學學報（哲學社會科學版）》2010年第1期。
曹峰：《上博簡〈天子建州〉『文陰而武陽』章新詮》，《中華文史論叢》2013年第3期。
曹峰：《〈恒先〉研讀》，《國學學刊》2014年第2期。
曹峰：《近年出土黃老思想文獻研究》，中國社會科學出版社2015年版。
曹建國：《讀上博簡〈子羔〉札記》，簡帛研究網，2003年1月12日。
曹建國：《楚簡與先秦〈詩〉學研究》，武漢大學出版社2010年版。
曹建墩：《上博簡〈天子建州〉與周代的饗禮》，《孔子研究》2012年第3期。
曹建墩：《上博竹書〈天子建州〉『禮者義之兄』章的禮學闡釋》，《孔子研究》2014年第3期。
曹錦炎釋文注釋：《鬼神之明》，馬承源主編：《上博博物館藏戰國楚竹書（五）》，上海古籍出版社2005年版。
曹錦炎：《上海博物館藏戰國楚竹書〈墨子〉佚文》，《文物》2006年第7期。
曹錦炎釋文注釋：《天子建州》，馬承源主編：《上海博物館藏戰國楚竹書（六）》，上海古籍出版社2007年版。
曹錦炎釋文注釋：《凡物流形》，馬承源主編：《上博博物館藏戰國楚竹書（七）》，上海古籍出版社2008年版。

曹錦炎：《〈天子建州〉首章重釋》，清華大學出土文獻研究與保護中心編：《出土文獻》第四輯，中西書局2013年版。

晁福林：《上博簡〈仲弓〉疏證》，《孔子研究》2005年第2期。

陳嘉淩：《〈昔者君老〉譯釋》，季旭昇主編：《〈上海博物館藏戰國楚竹書（二）〉讀本》，臺灣萬卷樓圖書股份有限公司2003年版。

陳劍：《上博簡〈容成氏〉的竹簡拼合與編連問題小議》，簡帛研究網，2003年1月9日。

陳劍：《上博簡〈子羔〉〈從政〉篇的拼合與編連問題小議》，《文物》2003年第5期。

陳劍：《上博竹書〈仲弓〉篇新編釋文（稿）》，簡帛研究網，2004年4月18日。

陳劍：《談談〈上博（五）〉的竹簡分篇、拼合與編聯問題》，簡帛網，2006年2月19日。

陳劍：《〈上博（五）〉零札兩則》，簡帛網，2006年2月19日。

陳劍：《讀〈上博（六）〉短札五則》，簡帛網，2007年7月20日。

陳劍：《〈上博（六）·孔子見季桓子〉重編新釋》，復旦大學出土文獻與古文字研究中心網，2008年3月22日。是文又刊於《出土文獻與古文字研究》，復旦大學出版社2008年版。

陳劍：《上博楚簡〈容成氏〉與古史傳説》，復旦大學出土文獻與古文字研究中心網，2008年7月31日。

陳劍：《上海博物館藏戰國楚竹書〈從政〉篇研究三題》，卜憲群、楊振紅主編：《簡帛研究（2005）》，廣西師範大學出版社2008年版。

陳劍：《〈上博（三）·仲弓〉賸義》，武漢大學簡帛研究中心主辦：《簡帛》第三輯，上海古籍出版社

2008 年版。
陳美蘭：《〈從政〉釋譯》，季旭昇主編：《〈上海博物館藏戰國楚竹書（二）〉讀本》，萬卷樓圖書股份有限公司 2003 年版。
陳美蘭：《〈容成氏〉釋譯》《〈容成氏〉隸定及摹字》，季旭昇主編：《〈上海博物館藏戰國楚竹書（二）〉讀本》，萬卷樓圖書股份有限公司 2003 年版。
陳佩芬釋文注釋：《紂衣》，馬承源主編：《上海博物館藏戰國楚竹書（一）》，上海古籍出版社 2001 年版。
陳佩芬釋文注釋：《昔者君老》，馬承源主編：《上海博物館藏戰國楚竹書（二）》，上海古籍出版社 2002 年版。
陳斯鵬：《讀〈上博竹書（五）〉小記》，簡帛網，2006 年 4 月 1 日。
陳斯鵬：《戰國竹簡散文文本校理舉例之一——〈彭祖〉通釋與韻讀》，見氏著：《簡帛文獻與文學考論》，中山大學出版社 2007 年版。
陳斯鵬：《簡帛文獻與文學考論》，中山大學出版社 2007 年版。
陳戍國、延瑞芳：《先秦至西漢〈禮記·緇衣〉學術溯源》，《衡陽師範學院學報》2011 年第 2 期。
陳偉：《郭店簡書〈人雖有性〉校釋》，《中國哲學史》2000 年第 4 期。
陳偉：《上博、郭店二本〈緇衣〉對讀》，上海大學古代文明研究中心、清華大學思想文化研究所編：《上博館藏戰國楚竹書研究》，上海書店出版社 2002 年版。
陳偉：《上博簡〈從政〉〈周易〉校讀》，丁四新主編：《楚地簡帛思想研究》第二輯，湖北教育出版社

2005 年版。

陳偉：《上博楚竹書〈仲弓〉『季桓子章』集釋》，簡帛網，2005 年 12 月 10 日。

陳偉：《上博五〈季康子問於孔子〉零識》，簡帛網，2006 年 2 月 20 日。

陳偉：《上博五〈弟子問〉零釋》，簡帛網，2006 年 2 月 21 日。

陳偉：《上博五〈鬼神之明〉篇初讀》，簡帛網，2006 年 2 月 18 日。

陳偉：《上博簡〈三德〉初讀》，簡帛網，2006 年 2 月 19 日。

陳偉：《〈君子爲禮〉9 號簡的綴合問題》，簡帛網，2006 年 3 月 6 日。

陳偉：《上博竹書〈慎子曰恭儉〉初讀》，簡帛網，2007 年 7 月 5 日。

陳偉：《讀〈上博六〉條記之二》，簡帛網，2007 年 7 月 10 日。

陳偉：《〈慎子曰恭儉〉校讀》，簡帛網，2007 年 7 月 19 日。

陳偉：《讀〈凡物流形〉小札》，簡帛網，2009 年 1 月 2 日。

陳偉：《上博竹書〈天子建州〉試讀》，劉釗主編：《出土文獻與古文字研究》第三輯，復旦大學出版社 2010 年版。

陳偉：《〈上海博物館藏戰國楚竹書（二）〉零釋》，簡帛研究網，2003 年 3 月 17 日。

陳偉：《新出楚簡研讀》，武漢大學出版社 2010 年版。

陳偉：《〈顏淵問於孔子〉内事、内教二章校讀》，簡帛網，2011 年 7 月 22 日。

陳偉：《〈君人者何必安哉〉新研》，李宗焜主編：《古文字與古代史》第三輯，『中研院』歷史語言研究所 2012 年版。

陳雅雯：《〈上海博物館藏戰國楚竹書（五）·三德〉研究》，臺灣師範大學國文系碩士學位論文，2008年。
程燕：《讀上博六札記》，簡帛網，2007年7月24日。
褚紅軒：《上博（七）〈凡物流形〉文字釋讀研究》，西南大學碩士學位論文，2011年。
鄧少平：《〈顏淵問於孔子〉九號簡殘字辨析——兼論文中『=』符》，復旦大學出土文獻與古文字研究中心網，2011年7月22日。
丁四新：《論郭店楚簡『情』的内涵》，《現代哲學》2003年第4期。
丁四新：《楚簡〈恒先〉章句釋義》，教育部人文社會科學重點研究基地、武漢大學中國傳統文化研究中心主辦，馮天瑜主編：《人文論叢》2004年卷，武漢大學出版社2005年版。
丁四新：《上博楚簡〈鬼神〉篇注釋》，丁四新主編：《楚地簡帛思想研究》第三輯（《新出楚簡國際學術研討會論文集》），湖北教育出版社2007年版。
丁四新：《楚簡〈鬼神〉篇的鬼神觀及其學派歸屬》，郭齊勇主編：《儒家文化研究》第一輯，生活·讀書·新知三聯書店2007年版。
丁四新：《楚簡〈容成氏〉『禪讓』觀念論析》，劉大鈞主編：《簡帛考論》，上海古籍出版社2007年版。
丁四新：《論上博楚竹書〈凡物流形〉的哲學思想》，孫熙國、李翔海主編：《北大中國文化研究》第二輯，社會科學文獻出版社2012年版。
丁四新：《『察一』（『察道』）的工夫與功用——論楚竹書〈凡物流形〉第二部分文本的哲學思想》，《武漢大學學報（人文科學版）》2013年第1期。

丁四新：《楚竹書〈恒先〉的三重宇宙生成論與氣論思想》，《哲學動態》2017年第9期。
董珊：《楚簡〈恒先〉初探》，簡帛研究網，2004年5月12日。
董珊：《讀〈上博六〉雜記》，簡帛網，2007年7月10日。
方旭東：《二重證據法研究思想史之一例——上博簡〈民之父母〉篇論析》，《學術月刊》2004年第1期。
范常喜：《〈上博五·三德〉札記六則》，簡帛網，2006年5月18日。
范常喜：《〈弟子問〉〈季康子問於孔子〉札記三則》，簡帛網，2006年8月2日。
范常喜：《上博簡〈容成氏〉武王伐紂『誓詞』新釋》，《中國歷史文物》2010年第6期。
馮勝君：《讀上博簡〈孔子詩論〉札記》，《古籍整理研究學刊》2002年第2期。
馮時：《戰國竹書〈内禮〉考釋》，劉釗主編：《出土文獻與古文字研究》第三輯，復旦大學出版社2010年版。
[日]福田哲之：《上博楚簡〈内豊〉的文獻性質——以與〈大戴禮記〉之〈曾子立孝〉〈曾子事父母〉爲中心》，武漢大學簡帛研究中心主辦：《簡帛》第一輯，上海古籍出版社2006年版。
[日]福田哲之：《上博四〈内禮〉附簡、上博五〈季康子問於孔子〉第十六簡的歸屬》，簡帛網，2006年3月7日。
復旦大學出土文獻與古文字研究中心研究生讀書會：《攻研雜誌（三）——讀〈上博（六）·季康子問於孔子〉札記（四則）》，復旦大學出土文獻與古文字研究中心網，2008年5月23日。
復旦大學出土文獻與古文字研究中心研究生讀書會：《〈上博七·武王踐阼〉校讀》，復旦大學出土文獻與古文字研究中心網，2008年12月30日。此文後收入劉釗主編：《出土文獻與古文字研究》第三輯，復旦大學出版社2010年版。

復旦大學出土文獻與古文字研究中心研究生讀書會：《〈上博七·君人者何必安哉〉校讀》，劉釗主編：《出土文獻與古文字研究》第三輯，復旦大學出版社2010年版。

復旦大學出土文獻與古文字研究中心研究生讀書會：《上博（七）〈凡物流形〉重編釋文》（鄔可晶執筆），復旦大學出土文獻與古文字研究中心網，2008年12月31日。此文後收入劉釗主編：《出土文獻與古文字研究》第三輯，復旦大學出版社2010年版。

復旦大學與吉林大學古文字專業研究生聯合讀書會：《〈上博八·顏淵問於孔子〉校讀》，復旦大學出土文獻與古文字研究中心網，2011年7月17日。

高佑仁：《談〈慎子曰恭儉〉簡1之『逆友以載道』》，簡帛網，2007年10月16日。

［美］顧史考：《上博竹簡〈恒先〉簡序調整一則》，簡帛研究網，2004年5月8日。

［美］顧史考：《上博竹書〈三德〉篇逐章淺釋》，『屈萬里先生百歲誕辰國際學術研討會』論文，臺灣大學中文系等主辦，2006年9月15至16日。

［美］顧史考：《上博五〈三德〉篇與諸子對讀》，武漢大學簡帛研究中心主辦：《簡帛》第二輯，上海古籍出版社2007年版。

［美］顧史考：《上博（七）〈凡物流形〉簡序及韻讀小補》，簡帛網，2009年2月23日。

［美］顧史考：《上博七〈凡物流形〉上半篇試探》，復旦大學出土文獻與古文字研究中心網，2009年8月23日。

［美］顧史考：《上博七〈凡物流形〉下半篇試解》，復旦大學出土文獻與古文字研究中心網，2009年8月24日。
郭靜雲：《親仁與天命：從〈緇衣〉看先秦儒學轉化成〈經〉》，萬卷樓圖書股份有限公司2010年版。
郭靜雲：《先秦自然哲學中的『天恒』觀念——由竹簡〈太一〉與〈恒先〉論及宇宙源頭》，郭齊勇主編：《儒家文化研究》第一輯，生活·讀書·新知三聯書店2007年版。
郭梨華：《從『民之父母』論先秦儒家與〈管子〉爲政觀》，簡帛研究網，2009年1月5日。
郭永秉：《從上博簡〈容成氏〉的『有虞迥』説到唐虞傳説的疑問》，復旦大學出土文獻與古文字研究中心編：《出土文獻與古文字研究》第一輯，復旦大學出版社2006年版。
郭永秉：《上博簡〈容成氏〉所記桀紂故事考釋兩篇》，武漢大學簡帛研究中心主辦：《簡帛》第五輯，上海古籍出版社2010年版。
郭永秉：《上海竹書〈孔子見季桓子〉考釋二題》，《文史》2011年第四輯。
韓英：《〈昔者君老〉與〈内豊〉集釋及相關問題研究》，吉林大學碩士學位論文，2008年。
河北省文物研究所定州漢墓竹簡整理小組編：《定州漢墓竹簡〈論語〉》，文物出版社1997年版。
何琳儀：《第二批滬簡選釋》，上海大學古代文明研究中心、清華大學思想文化研究所編：《上博館藏戰國楚竹書研究續編》，上海書店出版社2004年版。
何琳儀：《𢛳簡詩論選釋》，見氏著：《安徽大學漢語言文字研究叢書：何琳儀卷》，安徽大學出版社2013年版。
何有祖：《上博三〈中弓〉小札》，簡帛研究網，2004年5月12日。

何有祖：《〈季康子問於孔子〉與〈姑成家父〉試讀》，簡帛網，2006年2月19日。
何有祖：《上博五〈君子爲禮〉試讀》，簡帛網，2006年2月19日。
何有祖：《上博楚簡試讀三則》，簡帛網，2006年9月20日。
何有祖：《〈慎子曰恭儉〉札記》，簡帛網，2007年7月5日。
何有祖：《讀〈上博六〉札記（四）》，簡帛網，2007年7月14日。
何有祖：《上博五〈弟子問〉校讀札記》，簡帛網，2008年4月5日。
何有祖：《〈凡物流形〉札記》，簡帛網，2009年1月1日。
何有祖：《上博七〈君人者何必安哉〉校讀》，簡帛網，2009年12月31日。
何有祖：《上博簡〈天子建州〉初步研究》，武漢大學博士學位論文，2009年。
何有祖：《上博楚簡釋讀札記》，簡帛網，2011年7月24日。
侯乃峰：《上博楚簡儒學文獻校理》，上海古籍出版社2018年版。
胡　琼：《釋〈慎子曰恭儉〉中的『陟』》，簡帛網，2007年8月8日。
黄德寬：《〈戰國楚竹書（二）〉釋文補正》，《學術界》2003年第1期。
黄德寬、徐在國：《〈上海博物館藏戰國楚竹書（一）·孔子詩論〉釋文補正》，《安徽大學學報（哲學社會科學版）》2002年第2期。
黄傑：《初讀〈上海博物館藏戰國楚竹書（八）〉筆記》，簡帛網，2011年7月19日。
黄人二：《出土文獻論文集》，高文出版社2006年版。
黄人二：《上博藏簡第五册〈鬼神之明〉試釋》，簡帛網，2007年2月17日。

黄人二：《上博藏簡第六册〈慎子曰恭儉〉試釋》，《2007 中國簡帛學國際論壇（會議論文集）》，武漢大學簡帛研究中心等主辦，2007 年 11 月。
黄人二：《上博七〈君人者何必安哉〉試釋》，《故宫博物院院刊》2009 年第 6 期。
黄人二：《讀上博藏簡〈子羔〉書後》，見氏著：《出土文獻論文集》，高文出版社 2005 年版。
黄人二、林志鵬：《上博藏簡第三册〈恒先〉試探》，簡帛研究網，2004 年 5 月 12 日。
黄人二、趙思木：《讀〈上海博物館藏戰國楚竹書（八）·顔淵問於孔子〉書後》，簡帛網，2011 年 7 月 26 日。
黄羽璿：《郭店、今本〈緇衣〉比較——兼論傳世本之形成與〈子思子〉的關係》，武漢大學簡帛研究中心主辦：《簡帛》第五輯，上海古籍出版社 2010 年版。
黄羽璿：《上博六〈慎子曰恭儉〉與〈慎子〉義證——論『慎子』思想中的儒家成分及相關問題》，《東華漢學》2016 年第 24 期。
冀小軍：《〈季康子問於孔子〉補説》，簡帛網，2006 年 6 月 26 日。
季旭昇：《〈上博二〉小議（二）：〈民之父母〉『五至』解》，簡帛研究網，2003 年 3 月 19 日。
季旭昇：《上博二小議（四）：〈昔者君老〉中的『母弟送退』及君老禮》，簡帛研究網，2003 年 6 月 16 日。
季旭昇：《〈子羔〉釋譯》，季旭昇主編：《〈上海博物館藏戰國楚竹書（二）〉讀本》，萬卷樓圖書股份有限公司 2004 年版。
季旭昇主编：《〈上海博物館藏戰國楚竹書（一）〉讀本》，萬卷樓圖書股份有限公司 2004 年版。

季旭昇：《上博五芻議（上）》，簡帛網，2006年2月18日。
季旭昇：《上博五芻議（下）》，簡帛網，2006年2月18日。
季旭昇：《〈容成氏〉新釋文及其上古史料的價值》，《玄奘人文學報》2009年第7期。
［日］井上亘：《〈内豊〉篇與〈昔者君老〉篇的編聯問題》，簡帛研究網，2005年10月16日。
黎廣基：《上博楚竹書（二）叢考：『無體之禮，日逑月相』》，簡帛研究網，2004年5月12日。
李朝遠釋文注釋：《内禮》，馬承源主編：《上海博物館藏戰國楚竹書（四）》，上海古籍出版社2004年版。
李朝遠釋文注釋：《仲弓》，馬承源主編：《上海博物館藏戰國楚竹書（三）》，上海古籍出版社2003年版。
李朝遠釋文注釋：《慎子曰恭儉》，馬承源主編：《上海博物館藏戰國楚竹書（六）》，上海古籍出版社2007年版。
李家浩：《戰國竹簡〈民之父母〉中的『才辯』》，《北京大學學報（哲學社會科學版）》2004年第2期。
李佳興：《〈慎子曰恭儉〉簡1、簡5試釋二則》，簡帛研究網，2008年12月8日。
李佳興：《〈慎子曰恭儉〉簡1再校二則》，簡帛研究網，2008年12月18日。
李　零：《上博楚簡三篇校讀記》，萬卷樓圖書有限公司2002年版。
李　零：《上博楚簡校讀記（之一）——〈子羔〉篇的『孔子詩論』部分》《上博楚簡〈子羔〉篇『孔子詩論』部分釋文》，見氏著：《上博楚簡三篇校讀記》，中國人民大學出版社2007年版。
李零：《上博楚簡校讀記（之二）：〈緇衣〉》，上海大學古代文明研究中心、清華大學思想文化研究所編：《上博館藏戰國楚竹書研究》，上海書店出版社2002年版。
李零釋文注釋：《容成氏》，馬承源主編：《上海博物館藏戰國楚竹書（二）》，上海古籍出版社2002年版。
李零釋文注釋：《恒先》，馬承源主編：《上海博物館藏戰國楚竹書（三）》，上海古籍出版社2003年版。
李零釋文注釋：《彭祖》，馬承源主編：《上海博物館藏戰國楚竹書（三）》，上海古籍出版社2005年版。
李零釋文注釋：《三德》，馬承源主編：《上海博物館藏戰國楚竹書（五）》，上海古籍出版社2005年版。
李　鋭：《讀上博簡（二）〈子羔〉札記》，簡帛研究網，2003年1月10日。
李　鋭：《上博楚簡續札》，上海大學古代文明研究中心、清華大學思想文化研究所編：《上博館藏戰國楚竹書研究續編》，上海書店出版社2004年版。
李　鋭：《試論上博簡〈子羔〉諸章的分合》，上海大學古代文明研究中心、清華大學思想文化研究所編：《上博館藏戰國楚竹書研究續編》，上海書店出版社2004年版。
李　鋭：《讀上博館藏楚簡（二）札記》，上海大學古代文明研究中心、清華大學思想文化研究所編：《上博館藏戰國楚竹書研究續編》，上海書店出版社2004年版。
李　鋭：《〈恒先〉淺釋》，孔子2000網，2004年4月17日。
李　鋭：《〈仲弓〉新編》，孔子2000網，2004年4月22日。
李　鋭：《『氣是自生』：〈恒先〉獨特的宇宙論》，《中國哲學史》2004年第3期。
李　鋭：《讀上博五札記（二）》，孔子2000網，2006年2月27日。
李　鋭：《讀〈季康子問於孔子〉札記》，簡帛研究網，2006年3月6日。

李　銳：《〈慎子曰恭儉〉學派屬性初探》，孔子2000網，2007年7月9日。

李　銳：《〈孔子見季桓子〉新編（稿）》，簡帛網，2007年7月11日。

李　銳：《上博簡〈慎子曰恭儉〉管窺》，《中國哲學史》2008年第4期。

李　銳：《〈凡物流形〉釋文新編（稿）》，孔子2000網，2008年12月31日。

李　銳：《〈凡物流形〉釋讀札記》，簡帛研究網，2008年12月31日。

李　銳：《郭店楚墓竹簡續釋》，《中國文字》2009年第34期。

李　銳：《上博簡〈慎子曰恭儉〉疏解》，復旦大學出土文獻與古文字研究中心網，2009年8月11日。

李　銳：《讀上博八札記（一）》，孔子2000網，2011年7月18日。

李松儒：《〈天子建州〉甲乙本字迹研究》，中國文化遺產研究院編：《出土文獻研究》第十一輯，中西書局2012年版。

李守奎、曲冰、孫偉龍編著：《上海博物館藏戰國楚竹書（一至五）文字編》，作家出版社2007年版。

李天虹：《讀〈季康子問於孔子〉札記》，簡帛網，2006年2月24日。

李天虹：《上博七〈君人者何必安哉〉補説》，武漢大學簡帛研究中心主辦：《簡帛》第四輯，上海古籍出版社2009年版。

李秀玲撰、季旭昇訂改：《〈彭祖〉譯釋》，季旭昇主編：《〈上海博物館藏戰國楚竹書（三）〉讀本》，萬卷樓圖書股份有限公司2005年版。

李學勤：《〈詩論〉説〈關雎〉等七篇釋義》，《齊魯學刊》2002年第2期。

李學勤：《再説〈詩論〉簡的編聯》，［美］艾蘭（Sarah Allan）、邢文編：《新出簡帛：研究——新出簡帛國際學術研討會文集》，文物出版社 2004 年版。
李學勤：《楚簡〈子羔〉研究》，上海大學古代文明研究中心、清華大學思想文化研究所編：《上博館藏戰國楚竹書研究續編》，上海書店出版社 2004 年版。
李學勤：《楚簡〈恒先〉首章釋義》，《中國哲學史》2004 年第 3 期。
李學勤：《談楚簡〈慎子〉》，《中國文化》2007 年第 25、26 期（合刊）。
廖名春：《上海博物館藏詩論簡校釋札記》，上海大學古代文明研究中心、清華大學思想文化研究所編：《上博館藏戰國楚竹書研究》，上海書店出版社 2002 年版。
廖名春：《〈子羔〉篇感生簡文考釋》，上海大學古代文明研究中心、清華大學思想文化研究所編：《上博館藏戰國楚竹書研究續編》，上海書店出版社 2004 年版。
廖名春：《上博藏楚竹書〈恒先〉簡釋》，孔子 2000 網，2004 年 4 月 16 日。
廖名春：《上博藏楚竹書〈恒先〉新釋》，《中國哲學史》2004 年第 3 期。
廖名春：《楚簡〈仲弓〉與〈論語·子路〉仲弓章讀記》，《淮陰師範學院學報》2005 年第 1 期。
廖名春：《讀楚竹書〈内豊〉篇札記》（一）（二），簡帛研究網，2005 年 2 月 20 日。
廖名春、張岩：《從上博簡〈民之父母〉『五至』説論〈孔子家語·論禮〉的真僞》，《湖南大學學報（社會科學版）》2005 年第 5 期。
廖名春：《讀〈上博五·鬼神之明〉篇札記》，簡帛研究網，2006 年 2 月 19 日。
廖名春：《〈上博五·君子爲禮〉篇校釋札記》，簡帛研究網，2006 年 3 月 6 日。
廖名春：《〈凡物流形〉校讀零札（一）》，簡帛研究網，2008 年 12 月 31 日。

廖名春：《〈凡物流形〉校讀零札（二）》，簡帛研究網，2008年12月31日。
連劭名：《上海博物館藏戰國楚簡叢釋》，劉大鈞主編：《簡帛考論》，上海古籍出版社2007年版。
梁　靜：《上博簡〈孔子見季桓子〉校釋》，簡帛網，2010年9月17日。
梁　靜：《〈内禮〉文獻研究》，《文獻》2012年第4期。
梁　靜：《上博楚簡〈仲弓〉篇研究》，《中國典籍與文化》2013年第1期。
梁　濤：《上博簡〈内禮〉與〈大戴禮記·曾子〉》，簡帛研究網，2005年6月26日。
林文華：《〈上博五·三德〉「高陽」「皇后」考》，簡帛研究網，2007年9月10日。
林素清：《上博楚竹書〈昔者君老〉新釋》，上海大學古代文明研究中心、清華大學思想文化研究所編：《上博館藏戰國楚竹書研究續編》，上海書店出版社2004年版。
林素清：《上博（二）〈民之父母〉幾個疑難字的釋讀》，上海大學古代文明研究中心、清華大學思想文化研究所編：《上博館藏戰國楚竹書研究續編》，上海書店出版社2004年版。
林素清：《釋匱——兼及〈内豊〉新釋與重編》，《南山論學集——錢存訓先生九十五生日紀念》，北京圖書館出版社2006年版。
林素清：《上博四〈内禮〉篇重探》，武漢大學簡帛研究中心主辦：《簡帛》第一輯，上海古籍出版社2006年版。
林志鵬：《戰國楚竹書〈彭祖〉考論》，見氏著：《宋鈃學派遺著考論》，萬卷樓圖書股份有限公司2009年版。
林志鵬：《論楚竹書〈慎子曰恭儉〉「去囿」及相關問題》，華東師範大學先秦諸子研究中心主辦：《諸子學刊》第四輯，上海古籍出版社 2010 年版。
劉國勝：《上博（五）零札六則》，簡帛網，2006 年 3 月 31 日。
劉洪濤：《〈上博五·弟子問〉小考兩則》，簡帛網，2006 年 5 月 31 日。
劉洪濤：《談上海博物館藏戰國竹書〈君子爲禮〉的拼合問題》，簡帛網，2006 年 9 月 6 日。
劉洪濤：《上博竹書〈慎子曰恭儉〉校讀》，簡帛網，2007 年 7 月 6 日。
劉洪濤：《上博竹書〈慎子曰恭儉〉校讀》『補記』，簡帛網，2007 年 7 月 11 日。
劉洪濤：《讀上博竹書〈天子建州〉札記》，簡帛網，2007 年 7 月 12 日。
劉洪濤、劉建民：《上博竹書〈慎子曰恭儉〉校讀》，武漢大學簡帛研究中心主辦：《簡帛》第三輯，上海古籍出版社 2008 版。
劉洪濤：《上博竹書〈民之父母〉研究》，北京大學碩士學位論文，2008 年。
劉樂賢：《讀上博簡〈容成氏〉小札》，上海大學古代文明研究中心、清華大學思想文化研究所編：《上博館藏戰國楚竹書研究續編》，上海書店出版社 2004 年版。
劉信芳：《上博藏竹簡〈恒先〉試解》，簡帛研究網，2004 年 5 月 16 日。
劉信芳：《孔子詩論述學》，安徽大學出版社 2003 年版。
劉信芳：《上博藏楚簡〈從政〉『四毋』補釋》，簡帛研究網，2003 年 2 月 3 日。
劉信芳：《上博藏五試解續》，簡帛網，2006 年 3 月 20 日。
劉信芳：《竹書〈君人者何必安哉〉試説（之二）》，復旦大學出土文獻與古文字研究中心網，2009 年 1 月 6 日。

劉昕嵐：《郭店楚簡〈性自命出〉篇箋釋》，武漢大學中國文化研究院編：《郭店楚簡國際學術研討會論文集》，湖北人民出版社2000年版。
劉貽群：《試説『五至』、『三無』和『五起』》，《武漢大學學報（哲學社會科學版）》2007年第4期。
劉　釗：《〈容成氏〉釋讀二則》，見氏著：《出土簡帛文字叢考》，古籍出版有限公司2004年版。
劉　釗：《郭店楚簡校釋》，福建人民出版社2005年版。
劉中良：《上博楚竹書〈凡物流形〉研究》，三峽大學碩士學位論文，2011年。
羅新慧：《〈容成氏〉〈唐虞之道〉與戰國時期的禪讓學説》，《齊魯學刊》2003年第6期。
羅新慧：《上博楚簡〈内禮〉與〈曾子〉十篇》，《齊魯學刊》2009年第4期。
馬承源主編：《上海博物館藏戰國楚竹書（一）》，上海古籍出版社2001年版。
馬承源主編：《上海博物館藏戰國楚竹書（二）》，上海古籍出版社2002年版。
馬承源主編：《上海博物館藏戰國楚竹書（三）》，上海古籍出版社2003年版。
馬承源主編：《上海博物館藏戰國楚竹書（四）》，上海古籍出版社2004年版。
馬承源主編：《上海博物館藏戰國楚竹書（五）》，上海古籍出版社2005年版。
馬承源主編：《上海博物館藏戰國楚竹書（六）》，上海古籍出版社2007年版。
馬承源主編：《上海博物館藏戰國楚竹書（七）》，上海古籍出版社2008年版。
馬承源主編：《上海博物館藏戰國楚竹書（八）》，上海古籍出版社2011年版。
孟蓬生：《〈彭祖〉字義疏證》，《燕趙學術》2008年第1期。
孟蓬生：《〈君人者何必安哉〉賸義掇拾》，復旦大學出土文獻與古文字研究中心網，2009年1月4日。

［美］墨子涵（Daniel Patrick Morgan）：《〈天子建州〉中所見反印文、未釋字及幾點臆斷》，簡帛網，2007月12月25日。

牛新房：《讀上博（五）〈弟子問〉札記一則》，簡帛網，2006年3月4日。

歐陽禎人：《論〈民之父母〉的政治哲學内涵》，《孔子研究》2007年第1期。

龐　樸：《話説『五至三無』》，《文史哲》2004年第1期。

龐　樸：《〈恒先〉試讀》，簡帛研究網，2004年4月26日。

彭　浩：《〈昔者君老〉與『世子法』》，《文物》2004年第4期。

彭裕商：《上博簡〈民之父母〉對讀〈禮記·孔子閒居〉》，簡帛研究網，2004年3月13日。

彭裕商：《禪讓説源流及學派興衰——以竹書〈唐虞之道〉〈子羔〉〈容成氏〉爲中心》，《歷史研究》2009年第3期。

濮茅左釋文注釋：《民之父母》，馬承源主編：《上海博物館藏戰國楚竹書（二）》，上海古籍出版社2002年版。

濮茅左釋文注釋：《弟子問》，馬承源主編：《上海博物館藏戰國楚竹書（五）》，上海古籍出版社2005年版。

濮茅左釋文注釋：《季康子問於孔子》，馬承源主編：《上海博物館藏戰國楚竹書（五）》，上海古籍出版社2005年版。

濮茅左釋文注釋：《孔子見季桓子》，馬承源主編：《上海博物館藏戰國楚竹書（六）》，上海古籍出版社2007年版。

濮茅左釋文注釋：《顔淵問於孔子》，馬承源主編：《上海博物館藏戰國楚竹書（八）》，上海古籍出版社 2011 年版。

［日］淺野裕一：《〈容成氏〉的禪讓與放伐》，見氏著：《戰國楚簡研究》，萬卷樓圖書股份有限公司 2004 年版。

邱德修：《上博楚簡〈容成氏〉注譯考證》，古籍出版有限公司 2003 年版。

裘錫圭：《中國出土古文獻十講》，復旦大學出版社 2004 年版。

裘錫圭：《讀上博簡〈容成氏〉札記二則》，中國古文字研究會、浙江省文物考古研究所編：《古文字研究》第二十五輯，中華書局 2004 年版。

裘錫圭：《〈天子建州〉（甲本）小札》，武漢大學簡帛研究中心主辦：《簡帛》第三輯，上海古籍出版社 2008 年版。

裘錫圭：《〈上海博物館藏戰國楚竹書（二）·子羔〉釋文注釋》，見氏著：《裘錫圭學術文集·簡牘帛書卷》，復旦大學出版社 2012 年版。

曲　冰：《試論上博四〈内禮〉中的『五祀』與簡文的釋讀》，《古籍整理研究學刊》2009 年第 2 期。

蘇建洲：《初讀〈上博五〉淺説》，簡帛網，2006 年 2 月 18 日。

蘇建洲：《〈容成氏〉校釋》，見氏著：《上海博物館藏戰國楚竹書（二）校釋（上）》，花木蘭文化出版社 2006 年版。

蘇建洲：《〈從政〉校釋》，見氏著：《上海博物館藏戰國楚竹書（二）校釋（下）》，花木蘭文化出版社 2006 年版。

蘇建洲：《〈子羔〉校釋》，見氏著：《上海博物館藏戰國楚竹書（二）校釋（下）》，花木蘭文化出版社2006年版。
蘇建洲：《讀〈上博六·孔子見季桓子〉筆記》，簡帛網，2007年7月24日。
蘇建洲：《也談〈君人者何必安哉〉『先君霝王乾溪云亩（從艸）』》，簡帛網，2009年1月10日。
蘇建洲：《關於〈上博八〉兩個『尋』字的簡單説明》，復旦大學出土文獻與古文字研究中心網，2011年7月23日。
孫飛燕：《讀〈凡物流形〉札記》，簡帛研究網，2009年1月1日。
孫飛燕：《上博簡〈容成氏〉文本整理及研究》，中國社會科學出版社2014年版。
孫偉龍：《〈容成氏〉釋文一》《〈容成氏〉釋文二》，李守奎、曲冰、孫偉龍編著：《上海博物館藏戰國楚竹書（1至5）文字編》，作家出版社2007年版。
單育辰：《占畢隨録之九》，簡帛網，2009年1月19日。
單育辰：《占畢隨録之十五》，復旦大學出土文獻與古文字研究中心網，2011年7月22日。
單育辰：《新出楚簡〈容成氏〉研究》，中華書局2016年版。
申紅義：《〈上海博物館藏戰國楚竹書〉（三）〈仲弓〉雜記》，簡帛研究網，2004年6月30日。
沈　培：《試釋戰國時代從『之』從『首（或從頁）』之字》，簡帛網，2007年7月17日。
沈　培：《〈上博（六）〉字詞淺釋（七則）》，簡帛網，2007年7月20日。
沈　培：對《〈上博（七）·凡物流形〉重編釋文的評論》，復旦大學出土文獻與古文字研究中心網，2009年1月1日。

史傑鵬：《上博竹簡（三）注釋補正》，簡帛研究網，2005年7月16日。
鳲鳩（王凱博）：《上博八〈顔淵問於孔子〉淺議（兩則）》，簡帛網，2011年10月1日。
［日］湯淺邦弘：《〈從政〉的竹簡連接與分節》《〈從政〉與儒家的『從政』》，見氏著：《戰國楚簡與秦簡之思想史研究》，萬卷樓圖書股份有限公司2006年版。
［日］湯淺邦弘：《上博楚簡〈顔淵問於孔子〉與儒家系統文獻形成史》，《出土文獻研究方法國際學術研討會會議論文集》，臺灣大學中文系主辦，2011年11月26至27日。
唐洪志：《上博五孔子文獻校理》，華南師範大學碩士學位論文，2007年。
王晨曦：《上海博物館藏戰國楚竹書〈三德〉研究》，復旦大學碩士學位論文，2008年。
王春華：《上博簡〈君子爲禮〉首章所體現的仁、禮、義之關係——以〈論語〉『顔淵問仁』章爲參照》，《中國哲學史》2011年第1期。
王　輝：《『豫絞而收貧』小札》，復旦大學出土文獻與古文字研究中心網，2012年4月16日。
王　平：《上海博物館藏〈戰國楚竹書·緇衣〉引〈詩〉異文考》，《華東師範大學學報（哲學社會科學版）》2003年第4期。
王巧生：《上博藏戰國楚竹書（四）〈内豊〉篇集釋》，丁四新、夏世華主編：《楚地簡帛思想研究》第四輯，崇文書局2010年版。
王　青：《〈容成氏〉注釋論説》，楊朝明、宋立林等著：《新出簡帛文獻注釋論説》，書房出版有限公司2008年版。
王中江：《〈恒先〉的宇宙觀及人間觀的構造》，《文史哲》2008年第2期。

王中江：《〈凡物流形〉的宇宙觀、自然觀和政治哲學——圍繞『一』而展開的探究並兼及學派歸屬》，《哲學研究》2009 年第 6 期。

王中江：《〈從政〉重編校注》，見氏著：《簡帛文明與古代思想世界》，北京大學出版社 2011 年版。

吴國源：《〈上博（七）〈凡物流形〉零釋》，復旦大學出土文獻與古文字研究中心網，2009 年 1 月 20 日。

武漢大學簡帛研究中心、荆門市博物館編著：《楚地出土戰國簡册合集（一）·郭店楚墓竹書》，文物出版社 2011 年版。

夏世華：《上海博物館藏楚竹書〈容成氏〉集釋》，丁四新、夏世華主編：《楚地簡帛思想研究》第四輯，崇文書局 2010 年版。

夏世華：《上海博物館藏戰國楚竹書〈子羔〉集釋》，丁四新、夏世華主編：《楚地簡帛思想研究》第四輯，崇文書局 2010 年版。

夏世華：《楚簡中的孔門出處之義——以〈君子爲禮〉〈弟子問〉爲例》，丁四新主編：《楚地簡帛思想研究》第六輯，岳麓書社 2015 年版。

夏世華：《孔子的格物説？——基於楚簡〈民之父母〉的討論》，《孔子研究》2018 年第 3 期。

徐少華：《楚竹書〈民之父母〉思想源流探論》，《中國哲學史》2005 年第 4 期。

徐少華：《論竹書〈君子爲禮〉的思想内涵與特徵》，《中國哲學史》2007 年第 2 期。

徐少華：《論〈上博五·君子爲禮〉的編連與文本結構》，丁四新主編：《楚地簡帛思想研究》第三輯，湖北教育出版社 2007 年版。

徐在國、黄德寬：《〈上海博物館藏戰國楚竹書（一）緇衣·性情論〉釋文補正》，《古籍整理研究學刊》

2002 年第 2 期。

徐在國：《上博竹書〈子羔〉瑣記》，上海大學古代文明研究中心、清華大學思想文化研究所編：《上博館藏戰國楚竹書研究續編》，上海書店出版社 2004 年版。

許子濱：《上博簡〈仲弓〉『害近矣』解》，簡帛研究網，2005 年 6 月 21 日。

禤健聰：《上博簡（三）小札》，簡帛研究網，2004 年 5 月 12 日。

禤健聰：《上博楚簡（五）零札（一）》，簡帛網，2006 年 2 月 24 日。

楊朝明：《上博竹書〈從政〉篇分章釋文》，簡帛研究網，2003 年 5 月 11 日。

楊　棟：《從上博簡看慎子的『君人之道』》，《社會科學戰綫》2014 年第 1 期。

楊　華：《上博簡〈武王踐阼〉集釋（上）》，《井岡山大學學報（社會科學版）》2010 年第 1 期。

楊　華：《〈天子建州〉禮疏》，見氏著：《古禮新研》，商務印書館 2012 年版。

楊懷源：《讀上博簡〈仲弓〉札記四則》，簡帛研究網，2004 年 8 月 7 日。

楊澤生：《〈上博五〉零釋十二則》，簡帛網，2006 年 3 月 20 日。

楊澤生：《讀〈上博六〉札記（三則）》，簡帛網，2007 年 7 月 24 日。

楊澤生：《戰國竹書研究》，中山大學出版社 2009 年版。

楊澤生：《上博藏簡〈天子建州〉中有關言語的禁忌禮俗》，《文化遺産》2009 年第 4 期。

姚小鷗、鄭永扣：《論上海楚簡〈民之父母〉的『五至』説》，《哲學研究》2004 年第 4 期。

虞萬里：《上博館藏楚竹書〈緇衣〉綜合研究》，武漢大學出版社 2009 年版。

余小調：《上博簡〈緇衣〉〈民之父母〉與相關文獻的異文研究》，華南師範大學碩士學位論文，

2007 年。
袁金平：《讀上博（五）札記三則》，簡帛網，2006 年 2 月 26 日。
臧克和：《上海博物館藏〈戰國楚竹書·緇衣〉所引〈尚書〉文字考——兼釋〈戰國楚竹書·緇衣〉有關的幾個字》，《古籍整理研究學刊》2003 年第 1 期。
趙炳清：《〈昔者君老〉與楚國的太子教育》，簡帛研究網，2005 年 4 月 30 日。
趙建偉：《郭店竹簡〈忠信之道〉〈性自命出〉校釋》，《中國哲學史》1999 年第 2 期。
趙平安：《楚竹書〈容成氏〉的篇名及其性質》，見氏著：《新出簡帛與古文字古文獻研究》，商務印書館 2009 年版。
趙苑夙：《釋〈孔子見季桓子〉簡 17『興道學淫，言不當其所』》，簡帛網，2008 年 6 月 24 日。
張崇禮：《談〈慎子曰恭儉〉的思想屬性》，簡帛研究網，2007 年 8 月 23 日。
張崇禮：《上博七〈君人者何必安哉〉箋釋》，復旦大學出土文獻與古文字研究中心網，2014 年 4 月 23 日。
張崇禮：《『𡊄』字解詁》，復旦大學出土文獻與古文字研究中心網，2015 年 1 月 26 日。
張豐乾：《早期儒家與『民之父母』》，《現代哲學》2008 年第 1 期。
張桂光：《〈上博簡〉(二)〈子羔〉篇釋讀札記》，上海大學古代文明研究中心、清華大學思想文化研究所編：《上博館藏戰國楚竹書研究續編》，上海書店出版社 2004 年版。
張光裕釋文注釋：《從政（甲篇、乙篇）》，馬承源主編：《上海博物館藏戰國楚竹書（二）》，上海古籍出版社 2002 年版。

張光裕：《上博楚竹書〈從政〉篇釋讀補説》，葉國良、鄭吉雄、徐富昌編：《出土文獻研究方法論文集（初集）》，臺灣大學出版中心2005年版。
張光裕釋文注釋：《君子爲禮》，馬承源主編：《上海博物館藏戰國楚竹書（五）》，上海古籍出版社2005年版。
張　磊：《上海博物館竹書〈内豊〉與〈大戴禮記〉『曾子十篇』》，《管子學刊》2007年第1期。
張通海：《上博簡〈容成氏〉補釋數則》，華東師範大學中國文字研究與應用中心編：《中國文字研究》第六輯，廣西教育出版社2005年版。
張通海：《上博簡〈容成氏〉補釋數則（二）》，中國文字學會、陝西師範大學文學院、陝西師範大學國際漢學院編：《『中國文字學會第四届學術年會』論文集》，2007年。
［日］竹田健二：《〈容成氏〉中有關身心障礙者之論述》，葉國良、鄭吉雄、徐富昌編：《出土文獻研究方法論文集（初集）》，臺灣大學出版中心2005年版。
張振謙：《上博（五）札記二則》，簡帛網，2006年2月27日。
鍾碩整理：《網摘：〈上博八〉專輯》，復旦大學出土文獻與古文字研究中心網，2011年10月1日。
周鳳五：《〈孔子詩論〉新釋文及注解》，上海大學古代文明研究中心、清華大學思想文化研究所編：《上博館藏戰國楚竹書研究》，上海書店出版社2002年版。
周鳳五：《上博〈性情論〉小箋》，《齊魯學刊》2002年第4期。
周鳳五：《讀上博楚竹書〈從政〉甲篇札記》，上海大學古代文明研究中心、清華大學思想文化研究所編：《上博館藏戰國楚竹書研究續編》，上海書店出版社2004年版。

周鳳五：《上博楚竹書〈彭祖〉重探》，《傳統中國研究集刊》編輯委員會編：《傳統中國研究集刊》第一輯，上海人民出版社2006年版。
周鳳五：《上博七〈君人者何必安哉〉新探》，《臺大中文學報》2009年第30期。

參考文獻（二）：傳世古籍

［日］安居香山、中村璋八輯：《緯書集成》，河北人民出版社1994年版。

［漢］班固撰、［唐］顏師古注：《漢書》，中華書局1999年版。

［清］陳立：《白虎通疏證》，中華書局1994年版。

［宋］程顥、程頤：《二程集》，中華書局1981年版。

程樹德：《論語集釋》，中華書局1990年版。

［清］段玉裁：《説文解字注》，上海古籍出版社1981年版。

［南朝宋］范曄撰，［唐］李賢等注：《後漢書》，中華書局1964年版。

［唐］房玄齡等撰：《晉書》，中華書局1974年版。

［清］桂馥：《説文解字義證》，中華書局1987年版。

［清］郭慶藩撰，王孝魚點校：《莊子集釋》，中華書局2004年版。

何寧：《淮南子集釋》，中華書局1998年版。

［魏］何晏注，［宋］邢昺疏：《論語注疏》，北京大學出版社2000年版。

[宋] 洪興祖：《楚辭補注》，中華書局 1983 年版。
黄懷信：《鶡冠子匯校集注》，中華書局 2004 年版。
黄懷信：《論語匯校集釋》，上海古籍出版社 2008 年版。
黄暉：《論衡校釋》，中華書局 1990 年版。
[清] 焦循：《孟子正義》，中華書局 1987 年版。
[漢] 孔安國傳，[唐] 孔穎達疏：《尚書正義》，北京大學出版社 1999 年版。
[宋] 黎靖德編：《朱子語類》，中華書局 1986 年版。
[清] 黎翔鳳：《管子校注》，中華書局 2004 年版。
[宋] 林希逸撰，周啓成校注：《莊子鬳義齋口義》，中華書局 1997 年版。
[唐] 陸德明：《經典釋文》，上海古籍出版社 2013 年版。
[漢] 毛亨傳，[漢] 鄭玄箋，[唐] 孔穎達疏：《毛詩正義》，北京大學出版社 1999 年版。
錢寶琮校點：《算經十書》，中華書局 1963 年版。
[漢] 司馬遷：《史記》，中華書局 1959 年版。
[清] 蘇輿：《春秋繁露義證》，中華書局 1992 年版。
孫欽善：《四部要籍注疏叢刊本〈論語〉》，中華書局 1998 年版。
[清] 孫詒讓撰，孫啟治點校：《墨子閒詁》，中華書局 2001 年版。
[清] 孫詒讓撰，王文錦、陳玉霞點校：《周禮正義》，中華書局 1987 年版。
[漢] 王符著，[清] 汪繼培箋：《潛夫論箋校正》，中華書局 1985 年版。

［清］王夫之：《讀四書大全説》，中華書局 2011 年版。
［清］王夫之：《船山全書·四書箋解》，岳麓書社 2011 年版。
［清］王聘珍：《大戴禮記解詁》，中華書局 1983 年版。
［清］王念孫：《讀書雜誌》，江蘇古籍出版社 2000 年版。
［清］王先謙：《詩三家義集疏》，中華書局 1987 年版。
［清］王先謙撰，沈嘯寰、王星賢點校：《荀子集解》，中華書局 1988 年版。
［清］王引之：《經傳釋詞》，岳麓書社 1985 年版。
［清］王引之：《經傳釋詞》，江蘇古籍出版社 2000 年版。
［清］王引之：《經義述聞》，江蘇古籍出版社 2000 年版。
［宋］王應麟輯：《玉海》，江蘇古籍出版社、上海書店出版社 1987 年版。
［清］吴昌瑩：《經詞衍釋》，中華書局 1956 年版。
許維遹撰，梁運華整理：《吕氏春秋集釋》，中華書局 2009 年版。
［三國吴］韋昭注，徐元誥集解，王樹民、沈長雲點校：《國語集解》，中華書局 2002 年版。
［漢］荀悦著，［明］黄省曾注，孫啟治校補：《申鑒校注補》，中華書局 2012 年版。
楊伯峻：《列子集釋》，中華書局 1979 年版。
楊伯峻：《春秋左傳注》，中華書局 1981 年版。
［清］俞樾：《莊子平議》，胡道靜等主編：《藏外道書》第三册，巴蜀書社 1992 年版。
［清］俞樾等：《古書疑義舉例五種》，中華書局 1956 年版。

［宋］張載撰，章錫琛點校：《張載集》，中華書局1978年版。
［漢］趙岐注，［宋］孫奭疏：《孟子注疏》，北京大學出版社2000年版。
［漢］鄭玄注，［唐］孔穎達疏：《禮記正義》，北京大學出版社2000年版。
［宋］朱熹：《四書章句集注》，中華書局1983年版。
［宋］朱熹：《詩經集傳》，宋元人注：《四書五經》第七種，中國書店1985年版。
［宋］朱熹：《朱子全書》，上海古籍出版社、安徽教育出版社2002年版。

後　記

本書是筆者任職於武漢大學期間向武漢大學中國傳統文化研究中心申報的教育部高等學校人文社會科學重點研究基地重大項目『上博楚竹書儒道哲學文獻研究』（12JJD750003）的最終成果。這個項目按照原計劃本應在2015年完成，但由於多種原因，筆者一直拖到2019年年底纔申請結項。結項結果出來，已經是次年5月份了。原因之一是，作爲主持人，筆者決定將原計劃的研究範圍擴大，成果形式作一些調整，其目的是提高成果的學術品質；原因之二是，筆者同時在參與其他人所主持的課題，且2015年冬筆者成功申請到了一項國家社科基金重大項目——『出土簡帛四古本《老子》綜合研究』；原因之三是，筆者的工作單位在此期間發生了變動，筆者從武漢大學調入清華大學。這樣，完成此項課題及申請結項的事就被拖延了數年。

本書的初稿大部分完成於2018年年底之前。2019年，除了進一步完成剩餘部分之外，作者們又對全部書稿作了修改和細化。2019年上半年，筆者完成了《孔子詩論》《性情論》等數篇竹書的注譯；2019年最後兩三個月，鄒嘯宇協助筆者編輯了全書的文稿。2021年上半年，筆者和幾位主要撰稿人根據統一體例的要求對全部書稿作了進一步的加工和潤色。最近兩個月，筆者對全部書稿又作了比較嚴格的審訂。統稿工作完成後，筆者對本書的學術品質感到滿意。本書包括『思想研究』和『竹書注譯』兩個部分，前一部分的目的是對上博楚竹書哲學文獻作全面的思想研究，後一部分的目的則是對上博楚竹書哲學文獻作『讀本』式的注譯。這兩種成果都具有較高的創新性，都是學界當前所缺乏的。

需要交待，本書凡引用簡帛文本，盡量使用通行字，減少不必要的造字。本書盡量使用規範繁體字，避免使用舊字形和異體字。本書徵引清代以上古籍，一般采用原書字形，但如眾—衆、況—况、夠—够、採—采、決—决等字，現不論古今，本書一律采用後一字。凡徵引近人著作（民國以來，包括港臺地區），本書作了文字統一。

本書的主要完成人，除筆者之外，還有鄒嘯宇、陳群、夏世華和馮鵬四位。鄒、陳、夏、馮四位是筆者指導的博士研究生，他們皆已畢業，現任教於國内幾所大學。本書上編第一章的作者是王政傑（清華大學），第二章的作者是白發紅（清華大學），第三、六、七、八、九、十一章的作者是丁四新（清華大學），第四章的作者是陳群（貴州師範大學），第五章的作者是鄒嘯宇（湖南師範大學）、丁四新，第十章的作者是馬兵（清華大學）、丁四新。第一、二、十章，原計劃是由筆者來撰寫的，但鑒於時間緊迫，筆者交由王政傑、白發紅、馬兵三位來完成。這三章的初稿完成後，筆者作了指導，提出了一些修改意見。需要指出，第十章經過筆者的修改和補充，以筆者和馬兵共同署名的方式發表在集刊《思想與文化》第二十七輯上。第五章經過删節，以筆者和鄒嘯宇共同署名的方式發表在《湖北大學學報（哲學社會科學版）》2016 年第 1 期上。發表前，筆者提出了一些修改意見，並對部分文字作了潤色。由筆者獨撰的幾章，此前都已在期刊上公開發表。

本書下編『儒家竹書甲類』《孔子詩論》的注譯者是丁四新，《緇衣》《民之父母》《内禮》《君子爲禮》的注譯者是夏世華（中南財經政法大學），《子羔》的注譯者是鄒嘯宇，《仲弓》《弟子問》《季康子問於孔子》《孔子見季桓子》《顔淵問於孔子》的注譯者是陳群。『儒家竹書乙類』《性情論》《武王踐阼》的注譯者是丁四新，《從政》《容成氏》《君人者何必然哉》的注譯者是鄒嘯宇，《昔者君老》《天子建州》的注譯者是夏世華。『道家竹書』《恒先》《凡物流形》的注譯者是馮鵬（河南大學），《彭祖》的注譯者是丁四新。『其他竹書』《參德》《鬼神之明》的注譯者是丁四新，《慎子曰恭儉》的注譯者是鄒嘯宇。此外，書前的《緒言》是由筆者寫作的，書末的『參考文獻』是由鄒嘯宇編輯的。

固然參加課題研究有助於研究生學術能力的培養和鍛煉，但是畢竟做研究不是請客吃飯，它是一件苦差事，需要付出大量的時間和艱辛的腦力勞動，因此筆者要特別感謝上述撰稿人，感謝他們和筆者一道最終完成了本課題的研究和本書的撰稿任務及其修改。

本書的出版得到了河北教育出版社相關領導、編輯的大力支持。季磊、高一品、丁亮皓、王政傑、胡曉曉、王子航、王振輝、周心儀參與了本書的校對。在此，筆者深表感謝。

是爲記。

丁四新

辛丑年小滿於北京學清苑